贵州省社会科学院智库系列·圈示课题

创新理论　服务决策

贵州省领导指示圈示课题 2013 年研究成果汇编

贵州省社会科学院　编

社会科学文献出版社
SOCIAL SCIENCES ACADEMIC PRESS (CHINA)

《创新理论　服务决策》编委会

主　任　金安江　吴大华

副主任　汤会琳　王朝新　唐显良　宋　明　索晓霞

成　员　罗　剑　谢忠文　杨雪梅　戈　弋　刘　岚　张　松　方　翌

出版说明

《贵州省社会科学院智库系列》是贵州省社会科学院新型智库建设中组织出版的智库系列研究成果学术丛书。组织出版《贵州省社会科学院智库系列》是进一步加强新型智库建设课题成果管理和学术成果出版规范化、制度化建设的重要举措。

建院以来，我院广大科研人员坚持站在时代发展的前沿，时刻铭记肩负的历史使命，切实履行资政育人的职责；始终以马克思主义、毛泽东思想、邓小平理论、“三个代表”重要思想、科学发展观为指导，深入贯彻落实习近平总书记系列重要讲话精神，努力夯实哲学社会科学理论基石；始终坚持面向全国，立足贵州，研究贵州，服务贵州；始终坚持开拓创新，孜孜进取，宽容包容，求学问道，崇尚卓越；始终坚持凝聚团队的综合力量，发挥个体的创造激情；始终坚持以应用研究为主，为贵州经济发展建言献策，同时重视具有地域优势、民族特点和地方特色的基础学科研究，努力打造贵州学术特色。几代社科人厚德笃学、求真务实、勇于创新、薪火相传，涌现出一大批哲学社会科学各个领域的专家，取得了丰硕的成果。据不完全统计，50多年来，贵州省社会科学院共承担完成国家级研究项目近100项，省部级研究项目300余项，国际合作项目30余项，横向委托项目500余项；出版著作约600种，发表学术论文约10000篇，完成各类研究报告2500余份。其中，有1项成果获国家优秀成果奖，有近200项成果获省部级优秀成果奖。50多年共培养出高级专业技术人员近200人。尤其是“十二五”以来，贵州省社会科学院以中国特色社会主义理论体系为指导，深入贯彻落实中央全会和省委全会精神，结合中央和省委重大决策部署，深入推进“科研立院、人才强院、管理兴院”三大战略和以质量为中心的科研转型升级，成为我院历史上发展势头最好的五年。

从现在起，我们经过一定的鉴定、结项和评审程序，逐年从中选出一批各类别课题研究中具有较高学术水平和一定代表性的研究成果，编入

《贵州省社会科学院智库系列》集中出版。我们希望这能从一个侧面展示我院整体科研状况和学术成就，进一步推动“十三五”时期我院哲学社会科学研究的创新发展，同时为优秀科研成果的及时转化面世创造更好的条件。

贵州省社会科学院科研处

2017 年 6 月

目录

CONTENTS

法治篇

文化篇

教育篇

专题篇

法治篇

创新理论　服务决策

贵州省领导指示圈示课题 2013 年研究成果汇编

贵州与全国同步全面建成小康社会的法治保障研究

前　言

当前，贵州全面建成小康社会已进入决战期。贵州省委、省政府围绕“加速发展、加快转型、推动跨越”主基调，围绕“工业强省战略、城镇化带动战略”的目标和任务，结合“国发2号文件”精神与全面推进“贵州和全国同步全面建成小康社会”这一宏伟目标紧密结合起来，认真总结十八大报告提出的全面建成小康社会的基本内涵，明确和谋划实现小康社会的时间表和路线图。与此同时，还描绘了全面建成小康社会的法治蓝图，勾画出了未来一个时期法治发展的新目标和新愿景：“依法治国基本方略全面落实，法治政府基本建成，司法公信力不断提高，人权得到切实尊重和保障。”① 由此可见，小康社会的全面建成既是一个与经济发展指标、人民群众生活水平提高、生态环境改善密切相关的社会概念，同时又是一个包括法治要素在内的综合性概念。这就明确了法治与小康社会的全面建成之间辩证关系即“法治既是小康社会的重要组成部分，也是全面建成小康社会的切实保障。法治是全面建成小康社会的制度保障，离开了法治，全面建成小康社会就失去了可靠的制度基础”。② 也就是说，法治建设状况作为小康社会能否全面建成的一项重要指标，“法治小康”也必将成为建成小康社会的一个重要目标。所以狠抓法治建设，为西部贵州在全面建成小康社会过程中创造安全稳定的社会环境，清廉公正、稳定有序、公平正义的良好法治环境和优质高效的服务环境。为了实现贵州省全面建成

① 周晓军：《法治：全面小康社会的重要标志》，载《宁夏日报》2013年1月9日，第14版。

② 周晓军：《法治：全面小康社会的重要标志》，载《宁夏日报》2013年1月9日，第14版。

小康社会的“贵州梦”，我们必须充分发挥依法治省在开创贵州新局面中的重要作用，用法律和制度促进并保障战略目标和任务的实现，坚持普法与法治实践相结合，全面推进地方和行业依法治理，推进依法治理工作向纵深发展，扎实开展“法治贵州”构建活动，促进社会管理创新，推进依法治省（区、市）、依法治市（地、州）、依法治县（市、区）工作，各行业、各部门要结合实际，开展多层次多领域的依法治理活动，同时积极开展法治城市、法治州县（区、乡、村、社）创建活动，制定评选标准，适时组织评先表彰。贵州省需继续深化基层依法治理，积极开展“民主法治村”“民主法治社区”创建活动，会同有关部门做好评比表彰工作，深入开展农村、社区、企业、学校等基层单位的依法治理，推进基层民主法治建设，扎实开展专项依法治理。结合贵州省平安建设、和谐区域建设，针对社会热点、难点问题，积极开展环境保护、土地资源管理、安全生产、知识产权保护、食品卫生安全、道路交通安全等专项依法治理活动和依法行政示范单位创建活动，扎实推进依法治理。我们要继续坚持法治惠民办实事工程，让群众享受法治；积极创建各类法治中心，让群众看到法治；大力推进法律进机关、进乡村、进社区、进学校、进企业、进单位活动，让群众体验法治；广泛开展执法评议活动，让群众参与法治；不断加强和完善司法救助措施，让群众受惠于法治。我们要通过一系列的举措和活动，让贵州省在全面建成小康社会的各个方面都在法治的轨道上正常、有序地进行，让法治真正走进全省人民群众的日常生活，充分体现执法为民的社会主义法治的本质要求，让法治真正走进群众生活，让群众亲身感受到“小康社会”带给人们的实惠。我们要进一步认清形势、提高认识、拓宽思路、改进工作，认真解决影响社会和谐稳定的源头性、根本性和基础性问题，为贵州省与全国同步全面建成小康社会提供有力的法治保障。为此，依法治理是依法治国基本方略在贵州的具体实践，是贵州科学发展、率先发展，建设美好新贵州的重要保障，是贵州实现全面建成小康梦的法治蓝图。

一　全面小康社会的基本内涵

党的十八大报告中明确提出为全面建成小康社会而奋斗。与党的十六大、十七大报告相较，对于“小康社会”的提法，即由“全面建设小康社会”改为“全面建成小康社会”。这一字之差，内涵深刻，意味着党对建设小康社会的目标更明确，要求更严格，未来发展的信心更充足。当然，我们立足法治保障的视角来衡量和判断，小康社会必然是法治社会。法治保障对于全面实现小康社会的宏伟目标要求可以理解为小康社会要达到法治的标准。

（一）小康社会之源流简析

“小康”是仅次于“大同”的理想社会模式。早在战国末年或秦汉时候成书的《礼记·礼运》一书中得到比较系统的描绘：“今大道既隐，天下为家。各亲其亲，各子其子，货力为己。大人世及（贵族世袭）以为礼，城郭沟池以为固。礼义以为纪，以正君臣，以笃父子，以睦兄弟，以和夫妇，以设制度，以立（设置）田里……是谓小康。”这里描绘的是在夏禹、商汤、周代的文王、武王、成王、周公治理下出现的盛世。从朱熹在《诗经集传》中《诗·大雅·民劳》的“民亦劳止，汔可小康”[①]，到康有为著作《大同书》中“升平者，小康也”[②] 的社会构想，这表明了“小康”一词一直是我国老百姓一代一代的社会理想。考究《辞海》对“小康”的解释，主要指经济比较宽裕的状况。如宋人洪迈所著《夷坚志》卷一就有“（刘）痒……久困于穷，冀以小康”的话。之后见诸各类报端、报告中所出现的“小康”，基本都是“人民群众安居乐业，家庭经济生活富足”之意。

新中国成立以来，在以毛泽东为核心的第一代中央领导集体的带领下，人民的生活水平有了很大幅度的提高。这为小康社会的实现奠定了坚实的制度基础。20 世纪 70 年代，邓小平同志在会见日本首相大平正芳时说：“我们要实现‘四个现代化’，是中国式的‘四个现代化’。我们的‘四个现代化’的概念，不是像你们那样的现代化的概念，而是‘小康之家’。就算达到那样的水平，同西方来比，也还是落后的。所以，我只能说，中国到那时也还是一个小康的状态”，“只是一个小康的国家。”[③] 20 纪 80 年代初党的十二大正式把小康作为 20 世纪末的奋斗目标，人民的物质文化生活可以达到小康水平。由此，“小康”一词便成为邓小平理论中

---

① 朱熹：《诗经集传》，上海古籍出版社，1987，第 56 页。

② 康有为：《大同书》，上海古籍出版社，2009，第 123 页。

③ 邓小平：《邓小平文选》第 2 卷，人民出版社，1995，第 237 页。

首次使用的一个非常重要的概念。为此，中国的“小康梦”由于邓小平的精心设计而变得实际起来。当然，对于“小康社会”的内涵，邓小平在 20 世纪 80 年代初会见日本客人时，进行了综合性的描绘：“在本世纪末，我们只能达到一个小康社会，日子可以过。经过我们的努力，设想十年翻一番，两个十年翻两番，就是达到人均国民生产总值一千美元。”① 于是，“小康社会”这个古老的词汇在此阶段便正式成为中国共产党建设社会主义现代化的一个重要目标。20 世纪 80 年代末党的十三大报告又正式将小康作为现代化建设“三步走”战略。报告提出：“第一步，实现国民生产总值比 1980 年翻一番，解决人民的温饱问题。这个任务已经基本实现。第二步，到本世纪末，使国民生产总值再增长一倍，人民生活达到小康水平。第三步，到下个世纪中叶，人均国民生产总值达到中等发达国家水平，人民生活比较富裕，基本实现现代化。”②

20 世纪 90 年代初，根据国家统计局与原国家计划委员会联合提出并征求 12 个部委意见修改完成的人民生活小康水平的基本标准，截至 2000 年，我国已经实现了总体达到小康水平。不过此时的“小康水平”具有水平低、不全面和不平衡之特点。此时“小康水平”的重点是解决温饱问题，而真正的“小康社会”则包括物质文明、精神文明、政治文明等。因此，建设全面的更高水平的小康社会势在必行。20 世纪 90 年代末，以江泽民同志为核心的中央领导集体在党的十五大提出了第三步战略部署具体化，即 21 世纪的头 10 年、第二个 10 年和前 50 年的奋斗目标。这样，就把第三步战略部署又具体地划分为一个新的“三步走”。21 世纪初，党的十六大正式提出全面建设小康社会的奋斗目标。江泽民同志指出：“我们要在 20 世纪头 20 年，集中力量，全面建设惠及十几亿人口的更高水平的小康社会，使经济更加发展、民主更加健全、科教更加进步、文化更加繁荣、社会更加和谐、人民生活更加殷实。”③ 根据党的十六大精神，党的十七大提出：“一是增强发展协调性，努力实现经济又好又快发展；二是扩大社会主义民主，保障人民权益和社会公平正义；三是加强文化建设，提高全民族文化素质；四是加快发展社会事业，全面改善人民生活；五是建

① 邓小平：《邓小平文选》第 2 卷，人民出版社，1995，第 238 页。

② 邓小平：《邓小平文选》第 2 卷，人民出版社，1995，第 245 页。

③ 江泽民同志 2003 年 10 月 9 日代表十五届中央委员会向党的十六大所做的报告。中国经济网：http://www.ce.cn/ztpd/xwzt/guonei/2003/sljsanzh/szqhbj/t20031009_1763196.shtml。

设生态文明，基本形成节约能源资源和保护生态环境的产业结构、增长方式和消费模式。”① 与党的十六大相比，党的十七大了实现全面建设小康社会奋斗目标的新要求。在总体布局上增加了社会建设的内容，在经济建设上强调要实现人均国内生产总值比2000年翻两番，突出了“人均”概念等。从2002年到2011年，我国经济总量从世界第六位跃升到第二位，人均国内生产总值从1000多美元增加到5000多美元。这表明我国人民全面建设小康社会取得了重大进展。② 不过，此时的小康社会存在如下四个特点：一是发展不平衡；二是产业结构不合理；三是农业基础薄弱；四是资源环境约束加剧。这些特点体现了当时人们面临的困难和问题，是经济社会发展到这个阶段绕不过的挑战。故党的十八大审时度势，及时将“全面建设小康社会”改为到2020年“全面建成小康社会”。

（二）“全面小康社会”之含义

“全面小康社会”是一个内涵丰富的关键词，是一个经济、政治、文化、环境及人民的全面发展的关键词，更是一个民主法治、经济发展、人民生活、资源环境、科技教育、社会事业、人口素质、思想道德等各个方面的关键词，不仅要有速度，而且要有质量；不仅要有物质文明建设，还要有精神文明、政治文明建设；不仅要包含先进地区的发展，而且也要包括落后地区的社会发展。这才能称为全面小康社会的“全面”内涵。

结合我国的国情，20世纪我们建设小康社会侧重点在解决温饱，提高物质文明的水平。21世纪提出的小康社会决不单纯指物质文明，还应该包括精神文明和政治文明的建设。也就是要使经济更加发展、民主更加健全、科教更加进步、文化更加繁荣、社会更加和谐、人民生活更加殷实。这才是对小康社会更加全面的描述。同时，我们在“全面小康社会”的理解上应该有新的标准。比如，我们的国内生产总值到2020年要力争比2000年翻两番，那么，按此目标，人均GDP就应该超过3000美元，符合世界银行2000年关于世界各国收入水平四类划分标准的中上收入国家的水平。当前，我们要抓紧研究用哪些指标来描述“全面小康社会”。可以肯

---

① 胡锦涛同志2007年10月24日在中国共产党第十七次全国代表大会上的报告。新华网：http://news.xinhuanet.com/newscenter/2007-10/24/content_6938568.htm。

② 刘华清：《全面建成小康社会的历史渊源》，《湘潮》2013年第3期。

定的是，在对全面小康社会的进程实行监测或量化时，不仅要提高反映人民生活水平的统计指标的临界值，而且要全面反映精神文明和政治文明的发展进程。课题组通过对国家统计局对小康社会的统计监测相关文献的考察，认为全面建成小康社会的主要评价体系应该包括经济发展、社会和谐、生活质量、民主法制、文化教育、资源环境等方面。其中经济发展指标包括人均 GDP、R&D（即科学技术领域）经费支出占 GDP 比重、第三产业增加值占 GDP 比重、城镇人口比重和失业率（城镇），其主要反映经济的发展情况。生活质量指标包括居民人均可支配收入、恩格尔系数、人均住房使用面积、5 岁以下儿童死亡率和平均预期寿命，其主要是对居民生活发展变化的反映。民主法制指标包括公民自身民主权利满意度和社会安全指数两项监测指标。社会和谐指标包括基尼系数、城乡居民收入比、地区经济发展差异、基本社会保险覆盖率和高中阶段毕业生性别差异，其主要是对社会发展的协调程度的反映。文化教育指标包括文化产业增加值占 GDP 比重、居民文教娱乐服务支出占家庭消费支出比重和平均受教育年限，其主要反映文化教育方面的发展情况。资源环境指标包括单位 GDP 能耗、耕地面积指数和环境质量指数监测指标，其主要反映环境保护成果和资源利用状况。可以看出，这些体系能明确体现出：政治建设是保证，经济建设是根本，文化建设是灵魂，生态文明建设是基础，社会建设是条件。鉴于此，课题组结合上述相关指标体系的相关内容，提出了全面小康社会的基本标准。

表 1 全面小康社会的基本标准（仅供参考）

序号	基本标准	序号	基本标准
1	人均国内生产总值超过 3000 美元	10	大学入学率 20%
2	城镇人均可支配收入 1.8 万元	11	每千人医生数 2.8 人
3	农民人均纯收入 8000 元	12	恩格尔系数[①]低于 40%
4	城镇住房人均使用面积 30 平方米	13	成人识字率 85%
5	农村钢木结构住房人均使用面积 15 平方米	14	人均预期寿命 70 岁
6	人均蛋白质日摄入量 75 克	15	婴儿死亡率 3.1%
7	城市每人拥有铺路面积 8 平方米	16	教育娱乐支出比重 11%
8	农村通公路行政村比重 85%	17	电视机普及率 100%
9	城镇化率 50%	18	森林覆盖率 15%

续表

序号	基本标准	序号	基本标准
19	农村初级卫生保健基本合格县比重 100%	21	城镇居民最低生活保障率 95% 以上
20	居民家庭计算机普及率 20%		

注：恩格尔系数（Engel's Coefficient）是根据恩格尔定律而得出的比例数。它是食品支出总额占个人消费支出总额的比重。19 世纪德国统计学家恩格尔根据统计资料，对消费结构的变化得出一个规律：一个家庭收入越少，家庭收入中（或总支出中）用来购买食物的支出所占的比例就越大，随着家庭收入的增加，家庭收入中（或总支出中）用来购买食物的支出比例则会下降。推而广之，一个国家越穷，每个国民的平均收入中（或平均支出中）用于购买食物的支出所占比例就越大，随着国家的富裕，这个比例呈下降趋势。恩格尔定律的公式：食物支出变动百分比 ÷ 总支出变动百分比 ×100% = 食物支出对总支出的比率（R1）或食物支出变动百分比 ÷ 收入变动百分比 ×100% = 食物支出对收入的比率（R2）。（注意：R2 又称为食物支出的收入弹性。）

资料来源：参见国家统计局关于全面小康社会基本标准一览。

由此可见，全面建成小康社会，在维度上应该是全面覆盖全体人民，只要有一个指标体系没有达到，就没有达到全面小康。结合我国实际，全面建成小康社会的重点应该置于薄弱领域、薄弱地区和弱势群体，当然，如何实现这些方面的改变，实现这些区域的小康，才是实现全面小康问题的关键所在。时下，我们应该从统计角度观察，统计标准主要是从数据上来度量小康社会的进程。同时应该从数量上来衡量和评判，统计数据也只能反映基本的发展趋势，要从多个角度去研究，包括目标值的确定、权数的确定、统计技术的应用等，这些数值与实际情况都存在着很大的差异，还需要从很多方面去做。基于以上认识，可以对“全面建成小康社会”的含义作如下确切的理解：所谓“全面建成小康社会”就是一个内涵丰富、目标明确的社会发展方式，是一个覆盖全体人民、覆盖各个区域的社会发展维度，其中包含了物质生活、精神生活、生态环境、社会环境等影响人民生活各个方面的具体要求。同时要注重关注一些薄弱环节、偏远地区和弱势群体，从人的维度、收入分配的维度出发，切实改变我们全面小康的实现途径。尽管如此，从学术上讲，我们还需要在把握全面建成小康社会历史性、动态性、相对性发展特征的基础上进行科学规范。

（三）全面小康社会之特征

“全面建成小康社会”是一个具有鲜明中国特色的概念，是中国现代化发展进程中承上启下的一个必经阶段。全面建成小康社会具有十分丰富的发展内涵，是一个集经济、政治、文化、法治以及人的全面发展为一体的综合发展目标。十八大报告对全面建成小康社会的新要求、新部署，既与时俱进、鼓舞人心，又立足现实、切实可行。从小康社会的历史方位不难看出，小康社会作为一种社会形态，具有一般社会所具有的本质属性，但又体现出一种时代性和独特性，极具与历史上其他社会形态不同的鲜明特征。

1. 目标追求的连续性

发展目标是长期性与阶段性的统一。党的十六大和十七大提出的全面建设小康社会的奋斗目标，描绘了到2020年中国特色社会主义事业发展的宏伟蓝图。党的十六大以来取得的重大成就充分证明了这一目标是完全正确的，我们必须为之努力。我国社会主义初级阶段的长期性决定了我国实现最接近现代化的社会形态的新要求。而该新要求正是十八大立足于全面建成小康社会的总体目标。尤其是，我们必须看到在发展平衡性、协调性、可持续性明显增强的基础上，实现国内生产总值到2020年比2010年翻一番。从发展情况看，2011年，我国国内生产总值比上一年增长9.3%，今后9年年均增长7%就可实现翻一番，比较符合实际，增速也与“十二五”规划纲要一致。同时还要实现城乡居民人均收入到2020年比2010年翻一番，这个目标体现了民生优先、惠民富民的政策取向，也顺应了广大人民群众过上更好生活的新期盼。全面小康社会是一个初级发展阶段，而全面建成小康社会则是较高标准的小康，它将使人民生活更加殷实与富足。

2. 均衡协调的和谐性

任何民族的分层与社会流动的理论、社会运行机制理论、社会公平与正义理论、社会秩序与社会张力理论以及善治理论等，都可以认为是“均衡协调的和谐社会”可资借鉴的思想资源。[①] 而全面小康社会正是均衡协调发展的和谐性社会形态的缩影。我国当前和今后一个时期经济社会发展中存在的突出矛盾和问题是不平衡、不协调、不可持续的“三不”问题，十八大报告对该问题修订或增加了一些定性和定量指标，以强化提高发展的质量、效益以及全面实现可持续发展的目标导向，全面、协调、可持续发展，是科学发展观的基本要求。十八大确立的全面小康，是一个全方位的小康，强调在人与自然的关系、人与人的关系不断优化的前提下，实现

① 哀祖社：《全球化时代类群本位的公共生活理念与新“公民文化”及其价值观》，《哲学研究》2005年第8期。

经济效益、社会效益、生态效益的有机统一，从而使社会整体得到可持续发展。同时，全面小康还是一个发展相对平衡的小康，中西部地区、农村地区的发展将进一步加快，区域、城乡差距进一步缩小，和谐发展是全面小康社会发展的客观规律。

3. 改革开放地位的凸显

小康社会是改革开放更加深入推进的社会形态。我国各个领域的快速发展，是改革开放推动的，而未来的科学发展，也必须继续深入推进改革开放。全面建成小康社会，更需不失时机地深化改革，我们不但要着力解决好经济社会发展中的一些突出矛盾和问题，更要在重要领域和关键环节改革上迈出实质性步伐。比如，要抓住制约转变经济发展方式的体制症结深化改革，形成有利于加快转变经济发展方式、推动科学发展的制度安排和利益导向；要顺应时代潮流和人民愿望加大社会领域改革力度，从制度安排上保障和改善民生，为全面建成小康社会提供强有力的动力和制度保障。

4. 以人为本的体现

小康社会是以人为本的社会形态。科学发展观的核心是以人为本。而真正的和谐、有序的社会形态将是个人全面自由发展与社会进步的一致：和谐社会的建设奠基于个人的自主生活和积极生活，社会充分发展个体自主和主体间平等协商对话的德行，从而实现现代社会的多元和谐、多元平等、多元承认。① 小康社会的最终目的是“社会进步、社会和谐、人民幸福”，小康社会的具体标准要用老百姓对自己的生活是否满意予以反证。显然，“以人为本”是全面小康的最根本特征。对全面建成小康社会而言，以人为本就是要扩大社会保障、缩小收入分配差距、提高就业率、实现基本公共服务均等化等，为每个人自我价值的实现创造公平公正的竞争机会，使公民作为经济社会发展的主体地位得以充分发挥。实践证明，公民主体间平等性作为人的本质化的存在方式，体现了人作为主体的社会性，因此，公民主体间平等性的实践品格也就显示出对以人为本思想研究的必要性。要把人视为改革发展的社会力量主体，为全面小康社会的建成营造良好的社会氛围。

① 李和佳：《霍耐特承认理论问题研究》，《哲学研究》2008 年第 5 期。

二　实现全面小康社会的法治保障概述

毋庸讳言，目前对于贵州实现全面小康的探析大多数是围绕着经济发展进行的。为有效实现贵州全面小康而重点进行经济建设是无可厚非的，但经济建设若离开了法治建设，其功效是得不到保障的，其运作也会因没有法律的有效调控而显得无序。作为全面建成小康社会的各个环节和人们的合法权益，如果没有可靠的法律保障，就会使其受到侵害从而就会挫伤建成全面小康社会的有关环节的积极性，同时也会挫伤建成全面小康社会的参与者的积极性。贵州地方政府的立法、执法、司法行为如果没有法律的正确、及时规制，其权限就可能随意扩大，法律冲突、抵触现象就可能显得严重，实现同步全面小康就会偏离我们预定的方向。所以，在实现贵州同步全面小康的过程中，自始至终要加强法治建设。为贵州与全国同步全面建成小康社会创造安全稳定的社会环境、公平正义的法治环境和优质高效的服务环境。

（一）法治保障在贵州实现同步小康中的作用

贵州要与全国同步建成小康，时间非常紧迫，面临既要“赶”又要“转”的双重目标，任务繁重。当前正值改革攻坚期，教育、医疗、住房、养老、就业、收入分配等领域涉及的利益格局十分复杂，牵一发而动全身。各种社会问题的解决、利益格局的调整、社会矛盾的协调，归根结底要靠法治。贵州奔小康，需要法治的力量；贵州要跨越，需要法治的环境；贵州要赶超，需要法治的保障。因此要从全局和战略的高度，深刻认识加快“法治贵州”建设的重要性、紧迫性和艰巨性。

1. 实施依法治国方略的需要

“依法治国”是治国理政的基本方式，是全面建成小康社会的制度动力和根本保障，是政治体制改革的必由之路。实现全面小康社会是我党在21世纪的一项重大战略转变，是在政府的领导下进行的一项改变我国落后面貌的政府行为。任何政府行为都必须纳入法治化轨道，都必须贯彻“依法治国”的基本方略。就贵州而言，要认真贯彻落实中央关于依法治国、建设社会主义法治国家的一系列部署，积极推进依法治省，法治建设取得了显著进步，既为全省经济社会发展提供了有力保障，也为全国提供了好的先进经验，比如未成年人保护条例、生态文明建设有关条例、食品安全条例等。面对新形势新任务，要按照十八大要求，遵照胡锦涛主席考察贵州时的重要指示，准确把握习近平总书记的一系列讲话要求，更加注重把法治建设的要求贯穿同步实现小康的始终，更加注重依靠法律手段、提升法治实力促进贵州的科学发展。①

2. 各项方针、政策和措施有效运行的需要

为了有效地促进贵州要与全国同步建成小康社会，从中央到地方都纷纷出台了许多优惠政策和措施，制定了一系列的法律法规。这些方针、政策、法律法规的制定过程中，必须符合法定的权限。不能越权立法，必须遵循法定程序，不能盲目立法，以免出现法律条文和相关文件过多，从而使执法无所适从的现象，必须建立地方立法的协调机制，使地方在立法上互相配合，取长补短，充分发挥地方立法的协作效能。贵州省委、省政府为实现全省同步小康，充分发挥法律工作的保障和促进作用，提出法律工作要主动参与全省各级各部门所从事的各项工作。有效指导业务部门开展风险防范工作，积极处置纠纷案件，提出案件管控和提升管理措施，加强地方性法律法规的制定和完善工作。贵州省委省政府在有关地方性法律法规和相关措施出台后，要求必须依法制定相应的责任机制，以保障他们得以切实贯彻执行。在各项工作的运作过程中，必须用法律进行监控，及时进行反馈和调整。通过法律手段建立各种利益激励机制，提供公平的竞争环境。

3. 市场经济良性运作的需要

市场经济本质上是法治经济，它需要法律对其市场准入、市场交易、市场竞争进行规范和约束。实现全面小康在很大程度上体现为一种经济开发，而经济开发主体间追求经济利益的最大化，使其经济运转的速度加快，不过在经济交往中各个开发主体间的关系极为复杂，这对法律的保障作用就越发需要。当前贵州主要以省内中心城市和大中型企业为依托，加大投资力度，加快改革开放步伐，开展外引内联，推进科技进步，重点培植对全省经济发展带动性大、竞争性强的汽车、电子等后续支柱产业的成长。同时，按高起点、高标准、高速度的要求，把开发区建设成为城市现代化新区。不过，经济开发过程总存在的扩区建设问题，管委会的法律主体资格缺失，政策优惠弱化，循环经济发展模式面临难题，生态环境被破

① 赵克志：《在攻坚克难中确保贵州同步小康》，《干部论坛》2013 年 3 月 1 日。

坏的问题等，而一旦有各种经济纠纷产生，人们就可以请求法律援助，通过调解、仲裁或诉讼等法律手段予以依法解决。可见，法律保障在贵州的市场经济运作过程中发挥着重要的作用。

4. 贵州同步小康的推行需要法律保障

坚持共同推进依法治省、依法执政、依法行政，坚持法治贵州、法治政府、法治社会一体建设，把推进依法治省放在全局性、基础性和战略性地位，提出在依法治省中推进同步全面建成小康社会。“在依法治省中推进同步小康，首要任务是保证宪法在贵州省得以遵守和执行，要切实推进科学立法、严格执法、公正司法、全民守法。从法治与小康社会之间的相互关系来看，通常会理解为法治是小康社会的制度保障，没有法治，小康社会就没有可靠的制度基础。鉴于此，贵州在同全国同步全面建成小康社会的奋斗过程中，要树立“法治是发展要素、法治是民生工程”和“法治是第一环境”[①] 的理念，坚持法治建设能够保障和促进经济社会发展、增强区域发展软实力、提升社会法治化管理水平，既要抓好法律的建设，又要抓好法律的实施。在推进同步小康的实践中要始终做到依法治省，特别是坚持做到各级领导干部要提高运用法治思维和法治方式深化改革、推动发展、化解矛盾、维护稳定，率先垂范、严格守法、依法办事。在法治轨道上推动各项工作，形成办事依法、遇事找法、解决问题用法、化解矛盾靠法的良好法治环境。

（二）贵州实现同步小康法律保障机制的构建

所谓“保障机制”是机制按照功能划分出来的概念。从机制的功能来分，有激励机制、制约机制和保障机制。而“法律保障机制”则是在实践中，该机制则是按照法律功能划分出来的概念，它是为管理活动提供物质和精神条件的机制。

贵州实现同步小康法律保障机制是指为贵州实现同步小康提供法律保障的组成形式、运作方式。我们在构建贵州实现同步小康法律保障机制时应该辩证地借鉴国外实现小康的成功经验。在搞好自身机制建设的同时，从立法、执法、司法、法律监督、法律服务以及民族法治建设和法治环境的营造等诸多方面来构建实现贵州同步小康的法律保障机制。

① 雷晓路、孙春英：《法治思维法治方式助推法治江苏建设》，《法制日报》（第01版）2012年12月10日。

1. 实现同步小康的立法建设

法治是全面建成小康社会的制度基础和法律保障。在全面建成小康社会的整个进程中，就法治建设而言，要根据同步全面建成小康社会的各项目标要求，通过健全和完善立法，构建系统完备、科学规范、运行有效的制度体系。就法治实施而言，就是要根据同步小康的各项基本要求，确保法律统一、正确、有效地实施。我们要树立正确的立法指导思想，把握立法的基本原则，明确立法重点，完善立法体系，同时要注意贵州地方政府立法和中央立法的协调。通过加强民族立法建设，加快建立生态文明法律制度，健全贵州空间开发、资源节约、生态环境保护的体制机制，推动形成人与自然和谐发展现代化建设新格局，引导贵州省依法平稳度过当前的"生态环境敏感期"，全面建成美丽贵州。

2. 严格执法理念

所谓"严格执法"是指要求在执行法规或掌握标准时，不放松、不走样，做到严厉、公平、公正。严格执法体现在两个方面：一是要求执法人员必须秉公执法、严肃执法，严格按照法律规定和程序办案，真正做到以事实为依据，以法律为准绳；二是要求执法人员必须尽职尽责，对发生的违法行为敢于纠正并依法处罚，不搞"态度执法""关系执法""人情执法"，做到见违必纠，纠违必罚，处罚有据。对于一个法治国家，只有通过依法行政，严格执法，严格行政程序，提高行政效率，推行执法责任制，正确处理依法行政与坚持党的领导的关系，才能创造适应社会发展和人民生活需要的实现贵州同步小康的良好法治环境。

3. 司法公平公正

贵州省司法厅党委书记、厅长吴跃表示：贵州省广大基层干警在"十破十立"① 解放思想大讨论中，着力"三大建设"②、推进"四项改革"③、

① 贵州省提出的"十破十立"：要突破信心不足的思想，树立敢于争先的意识。要突破墨守成规的思想，树立开拓创新的意识。要突破自我满足的思想，树立追求卓越的意识。要突破封闭保守的思想，树立包容合作的意识。要突破消极等待的思想，树立抢抓机遇的意识。要突破怕担责任的思想，树立勇于担当的意识。要突破说多做少的思想，树立干字当头的意识。要突破反应迟缓的思想，树立立说立行的意识。要突破忽视产业的思想，树立工业强省的意识。要突破不跑不要的思想，树立积极争取的意识。

② 此处的"三大建设"是指深化平安建设、推进法治建设、加强队伍建设。

③ 此处的"四项重点改革"是指推进劳教制度改革、涉法涉诉信访工作改革、司法权力运行机制改革、户籍制度改革。

提高“五个能力”①，全面推进司法行政工作的创新发展，为全省科学发展、后发赶超、建成同步小康做出努力。同时认为公平正义是社会主义法治的价值追求，是司法行政工作的生命线。维护和实现公平正义，最根本的是要求在执法和执业过程中，必须从群众最为关注的诉求保障、物权保障、社会保障和生计保障等民生问题着手。抓住服务民生保障问题，就抓住了社会管理的根本，就体现了法律服务和法律保障的价值，就能让人民群众切实感受到自己的权益受到保护、人格受到尊重、心情更加舒畅，从而自觉接受管理、主动配合管理、积极参与管理。为此，我们要正确、客观分析目前影响贵州实现同步小康过程中司法公正的因素，加大贵州司法改革的力度，正确处理执政党、行政机关和司法机关的关系，克服司法系统中存在的地方保护主义倾向。进一步夯实基层基础，加强党的建设和干部队伍建设，努力为服务贵州平安建设、法治建设和“科学发展、后发赶超、同步小康”营造良好的社会环境，提供有力的法律服务和法律保障。

4. 搞好实现同步小康法律监督

所谓“法律监督”又称法制监督，有广、狭两种理解。狭义的“法律监督”是指有关国家机关依照法定职权和程序，对立法、执法和司法活动的合法性进行的监察和督促。广义的“法律监督”是指由所有的国家机关、社会组织和公民对各种法律活动的合法性所进行的监察和督促。法律监督是对法律实施中严重违反国家法律的情况所进行的监督。法律监督不包括对立法活动的监督，而只是对法律实施情况的监督，并且是以监督严重违反法律的情况为主。法律监督是一种专门性的监督、程序性的监督、事后性的监督。而本文主要表明我们在推进实现同步全面小康社会的过程中，要从立法、执法、司法、社会监督等方面完善当前贵州省的法律监督机制，充分发挥法律在实现贵州同步小康过程中的作用。法律监督有利于人民行使监督权，有利于巩固人民当家做主的政治地位，有利于促进法治建设逐步趋于完善。

5. 提供实现同步小康的法律服务

所谓“法律服务”是指律师、非律师法律工作者、法律专业人士（包括法人内部在职人员、退、离休政法人员等）或相关机构以其法律知识和

① 此处的“五个能力”是指做好新形势下群众工作能力、维护社会公平正义能力、新媒体时代舆论引导能力、科技信息化应用能力、拒腐防变能力。

技能为法人或自然人实现其正当权益、提高经济效益、排除不法侵害、防范法律风险、维护自身合法权益而提供的专业活动。要正确把握实现贵州与全国同步实现全面小康给法律服务带来的大好机遇，大力开展司法行政部门、律师、公证机构、基层法律服务组织等多部门的服务活动。贵州全省上下要在实践中不断探索“改革创新求发展、整合职能促效益”的新路子，逐步形成“机构健全、职责明确、设施完善、运作规范、优质高效”的法律服务工作新格局，充分发挥“为一方服务，促一方繁荣，保一方平安”的独特作用。多形式的法律服务中，尤其要认真把握贵州与全国同步实现全面小康过程中的服务重点，为贵州与全国同步实现全面小康提供优质、高效的法律服务。

6. 营造实现同步小康的法治环境

所谓“法治环境”① 是指全社会主张法律主治、依法而治所形成的特定意义上的社会环境，是社会管理趋向文明过程中所形成的制度化特征和必不可少的客观基础，对生产力的发展起着维护、保障、促进、规范和巩固的作用，是生产力的重要组成部分。法治环境是国家治理体系结构中的一个方面，属于上层建筑的重要部分。它是在一定阶级的政治、法律、宗教观念的指导下，在一定法律文化环境的影响下建立起来和运转的。而它一旦成了社会的独立力量，便会积极地影响着人们的思想、观念和行政环境。在具有多民族特点的贵州境内，完善《民族区域自治法》，适应度扩大到贵州各个民族自治区的自治权、立法权和其他权力，加大政策的投入、科技投入和资金投入，发展民族教育，尤其要提供少数民族聚居区广大人民群众的法治意识和法治水平。我们既要辩证地分析贵州省内少数民族聚居区的少数民族传统，他们面临的现实法治环境中的不利因素，又要采取切实可行的措施来营造一个有利于实现同步小康顺利进行的良好法治环境。

当前，贵州省正处于加快发展、加快转型、推动跨越的关键时期，深化改革面临新的课题，改善民生面临新任务，社会法治化管理面临新情况，在与全国同步建成全面小康的伟大实践中，强劲的法治保障具有特别重要的护航作用。我们坚信：在省委省政府的领导、在省人大和省政协的

① 这里“法治环境”的内容主要包括经济环境、政治与行政环境、文化环境、人口环境、民族环境、历史传统环境、法治自然环境以及国际环境。

监督和支持下，不断完善贵州扶贫攻坚，开发法律实施监督制度，加强法律实施监督，真正做到有法可依、有法必依、执法必严、违法必究，为到 2020 年与全国同步建成全面小康社会做出贡献。

三 贵州实现全面小康的法治现状与问题

贵州是西部多民族聚居的省份，也是贫困问题最突出的欠发达省份。国发〔2012〕2 号文件指出："贫困和落后是贵州的主要矛盾，加快发展是贵州的主要任务。"2020 年中国全面实现小康，是中国政府向世界进行的庄严承诺。处于中国贫困人口最多、贫困程度最深的贵州，2020 年能否与全国同步小康事关重大。当然，为了顺利实现同步小康，我们不但要考虑到贵州在经济、政治、社会、文化、生态方面如何同步的问题而且更为重要的还要考虑到贵州同步小康的法治保障问题。为此，贵州省成立了由省委、省人大、省政府、省政协四大班子领导分别担任组长和副组长，省司法厅、省高级法院、省检察院等省直有关部门负责人担任成员的依法治省领导工作小组，负责研究、部署、督促、检查贵州同步实现全面小康的法治发展工作。为把该项工作落到实处，省委、省政府制定目标并层层分解任务，把任务落实到基层，落实到人。诚然，贵州在实现同步小康的法治保障方面虽已初见成效，但其所表现出的深层次的种种局限性又不得不让人以冷静的头脑来进行一番理性思考。

（一） 贵州实现全面小康的法治化现状分析

为了更好地了解贵州与全国同步实现全面小康的现状，在确定调研主题、调研目的、调研方式和调研对象后，课题组共设计了 90 道题目。通过对贵阳市、六盘水市、盘县、六枝公检法司及政府，铜仁市、石阡县、思南县公检法司及政府，安顺市公检法司及政府，黔东南州政府，凯里市、台江县、剑河县、黔西南州晴隆县、普安县、黔南州都匀市、贵定县、瓮安县、遵义市余庆县、务川县的公检法司及政府有关部门的负责人、企业经理、大专以上文化程度人员、工人、农民、个体户、无业人员和其他常住农村或城市的流动人员进行了问卷调查。此次问卷调查共发出问卷 1000 份，回收问卷 1000 份，回收率为 100%，其中有效问卷 998 份，占回收问卷总数的 99.8%。对回收的问卷进行了规范的统计分析，得出的数据准确、可靠。通过对问卷调查统计结果的初步分析，我们认为贵州在实现同步小康的法治保障现状要紧紧抓住法治进程中存在的种种问题进行分析，这样我们就找准了贵州在实现同步小康社会过程中如何推进法治保障的根源所在，有利于从宏观的角度整个把握贵州整体法治发展体系与结构，最终有利于重新构建更加合理的贵州实现同步小康的法治保障之构成。

1. 调研对象的选择

本次调研的对象是贵阳市、六盘水市、盘县、六枝公检法司及政府，铜仁市、石阡县、思南县公检法司及政府，安顺市公检法司及政府，黔东南州政府，凯里市、台江县、剑河县、黔西南州晴隆县、普安县、黔南州都匀市、贵定县、瓮安县、遵义市余庆县、务川县的公检法司及政府有关部门的负责人、企业经理、知识分子、工人、农民、个体户、无业人员和其他常住农村或城市的流动人员。这些人员中20—35岁约占10%，35—55岁的比较多，约占90%；小学文化的较少，约占18%，其次是文盲，约占2%（根据当地的实际情况来看，已基本扫除青壮年文盲，但是，当地来讲走形式主义还是比较多），初中以上的人数约占25%，高中或以上的人数约占55%；其中少数民族人数约占95%，汉族人数约占5%。很明显，整体经济水平和文化水平都不是很高。

2. 调研内容的设计

调研内容主要围绕贵州与全国同步全面建成小康社会过程中如何做到法治保障。其具体内容主要包括全省各部门如何加强公民法治观念的培养，开展各种形式的法制宣传活动，法学专家学者深入基层开展法律讲座活动，全省各级以及基层群众学法用法培训活动，开展过市、区、县、乡、村、社各级法律服务活动等，全省各部门加快行政管理体制改革的情况如何，执行地方性法律法规的情况如何，强化行政机关执法程序化情况如何，政府部门依法行政的情况怎样，政务事项公开的途径是否便捷，行政机关是否存在乱收费、乱摊派、乱罚款的现象。政府部门去办事时对工作人员的态度是否满意、如何进一步加强法治政府的建设等、如何实现司法公平正义、如何加强基层民主法治建设、如何加强基层群众性自治组织建设、如何进一步加强区县乡村社经济法治建设、如何拓展和规范区县乡村社的法律服务、如何建立健全法治监督体系等一系列与调研主题非常相关的具体问题。要搞清这些问题，我们必须有一种独到思维方式，正如维特根斯坦所言：“洞见或透视隐藏于深处棘手问题的表层，它就会维持原状，仍然得不到解决。因此，必须把它‘连根拔起’，使它彻底地暴露出来。这就要求我们开始的一种新的思维方式。”① 这种新的思维方式可以说就是课题组寻根问卷调查和走访调研的方式②，同时也是我们分析当前贵州如何与全国同步全面建成小康社会法治保障现状的关键所在。

3. 调研问卷的分析

课题组根据所到调研之处的实际情况，结合问卷调查材料统计结果的初步分析，并认为当前贵州与全国同步全面建成小康社会的法治化建设方面存在的主要问题。该问卷调查③的基本情况论证分析：

（1）贵州省树立公民法治观念方面。全面建成小康社会中就应当包括法治小康，因为法治小康是与小康社会相适应的。如果一个社会的法治状况达不到小康标准，从宏观意义上来讲，这个社会就不能称之为达到了小康水准。可见，作为重要的价值理念的法治已经深入人心，法治价值应当真正渗透到社会生活的方方面面，法治思维与法治精神无时不有、无处不在，通过法治思维与法治精神的力量影响贵州省人们共建全面小康社会的发展方向。实践证明，像贵州这样的贫困落后地区越是要跨越发展，就越是要解放思想，就越是要破除墨守成规、封闭保守、消极等待的思想，破除制约发展的传统观念和体制障碍等，我们只有把握发展大势，认清发展规律，开展各种形式的关于全面建设小康社会的法制宣传活动，组织全省各级领导干部学法用法活动，组织法学专家学者深入基层讲授“法治与小康”的讲座活动，开展市、县、乡、村、社各级有关贵州同步小康的法律

① 转引自邓正来《〈市民社会理论研究〉序言》，中国政法大学出版社，2002，第3页。

② 这种调研方式表现在课题组成员走访了贵州省市、区、县、乡，访问（调查）了不同层次、不同行业的人员。具体步骤：首先是通过在市、县、乡级召开座谈会，在基层乡级走村串组对当地村民进行讲解性的访问式调查，每一个问题都要向被访问人讲清、讲细。其次，是利用大众场合进行合适的宣传、法律常识讲解、接受咨询。调查者利用了几个地方的基层相关人员进行了几次现场宣传和接受咨询，就农村人员所提出的相关法律常识问题做了部分解释，最后是收集问卷和相关问题材料。

③ 课题组将问卷的重点置于贵州省政府有关部门和基层农村社区。就问卷的结构与内容看，力求做到真实性、清晰性和整体性的统一。真实性，即问卷调查尽量避免诱导性用语，以保证问卷结果尽可能反映被调查人的真实想法；清晰性，即问卷用语尽量明确，避免模棱两可；整体性，即问卷内容考虑到了前后印证，相互联系，以便整张问卷构成一个有机联系的整体。此次问卷调查回收率为100%。就问卷调查统计结果的初步分析，我们看到了提升贵州省法治化管理进程中的问题，更看到了成就和希望。在我国，府际关系是学理上而非法律上的概念，一般指各级政府之间的关系，包括纵向政府间关系和横向政府间关系。府际关系所关注的管理幅度、管理权力、管理收益的问题，实际上是政府之间的权力配置和利益分配关系。在这种上下级管理层次中，我们能够更好地了解到贵州省各级政府及部门对全面建成小康社会的法治保障认识不足。

服务活动等，才能加速发展，才能迎来富民强省的“贵州小康梦”。

问卷调查中，我们在提问“您是否知道‘法治化管理’工作的真正含义?”这一问题时，县级以上的人员回答“知道”的人数占60%，县级以下的人员回答“知道”的人数占30%，回答“不知道”的人员占10%。在提问“您知道‘全面建成小康社会’的科学内涵吗?”回答“知道”的人数占70%，县级以下及农村地区回答“不知道”的人员占30%。“您是否知道‘法治化管理’工作的真正含义?”这一问题时，县级以上的人员回答“知道”的人数占60%，县级以下的人员回答“知道”的人数占30%，回答“不知道”的人员占10%。在回答“您知道贵州省正在加紧开展‘与全国同步全面建成小康社会’这项工作吗?”这一问题时，县级以上的人员回答“知道”的人数占85%，县级以下及农村地区回答“不知道”的人员占15%。在回答“您知道‘小康社会与法治的关系’吗?”这一问题时，回答“知道”的人数占80%，县级以下及农村地区回答“不知道”的人员占20%。上述问卷表明：城市地区对法治管理工作、全面建成小康社会的科学内涵以及法治与小康社会的关系问题的认识比较深刻，而县级以下基层单位和农村地区还有不够的认识，尤其是农村地区连小康社会的科学含义都不知道，更不要说小康社会与法治的关系问题。就法治与小康社会之间关系而言，县级以上国家机关，企事业单位工作人员及大部分市民都知道法治既是小康社会的重要组成部分，也是全面建成小康社会的切实保障。在回答“贵州省（市、县、乡）是否组织法学专家学者深入基层讲授‘法治与小康’的讲座以及是否组织过全县各级基层群众学法用法服务同步小康的培训活动”这一问题时，回答“一年有3—4次但不多”的人数占80%；还有20%的农村和县级以下基层单位人员根本就不知道有讲座这么回事。在“您认为组织全省各级领导干部学法用法服务贵州同步小康的情况如何”选项的统计中，回答“很好”的人占40%；回答“较好”的人占30%；回答“一般”的人占20%；而回答“差”的人占10%。在回答“您所在的市、县、乡、村、社各级是否开展过实现贵州同步小康的法律服务活动”这一问题时，回答“一年有4—6次”的人数占90%。比如晴隆县为了提高政法干部服务贵州同步小康的法律素质，增强法制观念，做到学法、守法、用法、护法，要认真学习《宪法》《刑法》《刑事诉讼法》《民法通则》《民事诉讼法》《治安管理处罚法》《行政许可法》《行政处罚法》《行政诉讼法》《国家赔偿法》《公务员法》等法律法规知识，台江县近年在开展实现贵州同步小康的法律服务进社区活动中，在县中心街共开展18次大型“法律广场”宣传活动，累计发放宣传单9000余份，居民简易普法读本5000余本，使法治小康真正走进社区走进基层。同时在6个社区建立法治小康服务工作站，发放法治小康服务便民联系卡800余张，现场为群众解答法治与小康问题咨询1035余人次，调处矛盾纠纷1135件。在“您认为开展各种形式实现贵州同步小康的法制宣传活动的效果如何”选项的统计中，回答“很好”的人占30%；回答“较好”的人占50%；回答“一般”的人占15%；而回答“差”的人占5%。这表明：法治小康理念逐渐为越来越多的社会成员所认同和接受，依法治省、提升贵州省法治化管理水平服务小康正逐渐成为全省的共识。近年来，贵州省的改革开放进程由于贯彻了“一手抓经济，一手抓法制”，“两手都要硬”的战略方针，在党和政府高度关注依法治国的背景下，经过“六五”普法巨大的社会动员，全省的法治小康观念得到逐步增强，法治化管理的观念基础基本得以建立。比如黔东南州举办普法骨干服务实现贵州同步小康培训班近4000期，培训普法骨干14215人次。剑河县近年在开展法治小康进乡村活动中，共组织开展“法治小康进乡村、法治与小康大集”法制宣传活动40多次，由司法局牵头，组织公安派出所、民政局、国土局、信访办等十多个单位，到16个村发放法治小康知识、政策法规宣传单和《农民简易普法读本》，出动宣传车巡回宣传《中华人民共和国治安处罚法》《信访条例》和《中华人民共和国土地管理法》等涉农法律法规，在活动中张贴悬挂宣传标语达70条，展出宣传挂图60余幅，为群众解答法律与小康关系问题咨询2000余人次，免费赠送《农民简易普法读本》5000余册，发放法治与小康知识、政策、法规宣传单6000余份，受到广大群众好评。通过比较我们认为，这一情况比较真实地反映了贵州省在实现贵州同步小康进程中社会成员的一种现实心理期待，即对实现贵州同步小康的认识与当前贵州社会稳定与发展这两大主题有很好的结合，因而不失为一种具有现实意义的实现贵州同步小康的观点。不过一部分基层群众受传统的思想文化和地方风俗、伦理道德的影响较为深远，他们的法治理念和实现同步小康观念有所缺失。

（2）贵州省地方性立法建设方面。近年来，贵州省地方法治建设取得了一定的成就，省委、省政府坚持以人为本，立法为民，积极推进科学立法、民主立法，地方立法质量逐步提高，地方立法不断完善。自贵州省第十一届人民代表大会常务委员会第二十七次会议通过《贵州省人民代表大会常务委员会关于修改部分地方性法规的决定》以来，制定规章4件、废止1件、修改8件，共涉及18件法规33个条款的修改，其中修改了9项行政强制措施，删除了4项行政强制措施，修改了12项行政强制执行。同时清理了省、市、县三级政府及其部门文件34.8万件，废止和宣布失效省政府及办公厅规范性文件1003件。但是，在实现贵州全面小康方面的立法还有待加强。

问卷调查中，在回答“您是否知道贵州省建成全面小康社会，需要加强地方立法方面的内容包括哪些?”这一问题时，回答“知道”的人占30%；回答“不知道”的人占70%。回答“知道”的人员主要是行政机关和高校法学院专家教授学者，回答“不知道”的人员主要是非法律意义上的单位和农村地区。又如在回答“当前，贵州省正处在加快发展、加快转型、推动跨越的关键时期，《贵州省扶贫开发条例》针对贵州省扶贫开发工作中存在的突出问题，明确了相应的制度性措施有哪些?”这一问题时，全部回答正确的人员有30%，多选、漏选、少选的人员占65%，不选的人员占5%。对这一问题，我们认为应该从四个方面做出回答：一是强化扶贫攻坚的组织保障；二是强化构建大扶贫工作格局；三是贵州省要以《贵州省扶贫开发条例》为龙头，规章为支撑，若干规范性文件为框架的法规政策体系；四是在贵州省委、省政府的领导下，不断完善扶贫开发法律实施监督制度，真正做到“有法可依、有法必依、执法必严、违法必究”。在回答“贵州省在创建全国扶贫开发攻坚示范区的法律实践中，有针对性地做出了许多创新性规定，体现出了鲜明的贵州特色，这些特色主要包括哪些内容?”这一问题时，全部回答正确的人员有40%，多选、漏选、少选的人员占60%。对这一问题，我们认为应该从五个方面做出回答：一是减贫摘帽法定化；二是资源要素整合法定化；三是贫困影响评估法定化；四是实施主体法定化；五是资金项目监管法定化。这表明：还有绝大多数人根本不知道贵州省十一届人大常委会第三十三次会议审议通过了《贵州省扶贫开发条例》。该条例标志着贵州省扶贫开发工作步入了法治化轨道。这是贵州全省贫困地区和1149万扶贫对象的一件大事，是事关贵州省与全国同步全面建成小康社会的大事，在贵州扶贫开发史上具有里程碑意义。课题组认为，这部法规是惠及贫困地区和扶贫对象的“民生改善法”，是规范促进扶贫开发工作，向贫困发起总攻的“减贫发展法”，更是一部聚合全省力量，构建“大扶贫”格局的“同步小康法”，必将在贵州省全面建成小康社会伟大实践中谱写辉煌灿烂的壮丽篇章。与此同时，我们要认真总结基层人民群众创造的经验，将该经验吸收到贵州的立法工作中去，譬如遵义“四在农家”①，铜仁、余庆、贵阳“三关爱”② 和“阳光工程”③ 等大都反映了基层民主制度的发展。加强贵州省地方立法建设不仅是全国立法的重点，也是贵州省立法的重点。要从贵州省特有的地理环境、生活方式、人口状况、风俗文化、经济特点出发，围绕贵州省实现全面建成小康社会的发展规划进行地方立法建设。

（3）贵州省法治政府建设方面。坚持依法执政，规范办事程序，减少行政成本，提升运用法治思维和法治方式积极推进政府管理体制改革、化解矛盾、维护稳定的能力，善于运用法律手段定纷止争、处理矛盾纠纷，确保政府行为的公正性、公平性和公开性，切实为贵州省实现贵州同步小康创造良好的法治环境。但在这方面，课题组认为我们在实现贵州同步小康进程中，加快行政管理体制改革，强化行政机关执法程序化，规范政府，将行政权系统纳入法治化轨道是法治建设的重中之重。

问卷调查中，在回答“您认为贵州省（市、县、乡）在实现贵州同步小康进程中加快行政管理体制改革的情况如何?”这一问题时，回答“很好”的人占 20%；回答“较好”的人占 30%；回答“一般”的人占 40%；而回答“差”的人占 10%。在回答“您认为贵州省（市、县、乡）在实现贵州同步小康进程中执行地方性法律法规的情况如何?”这一问题时，回答“很好”的人占 15%；回答“较好”的人占 10%；回答“一般”的人占 70%；而回答“差”的人占 5%。在“您认为贵州实现全面小康进程中强化行政机关执法程序化情况如何?”该选项回答的统计中，回答“很好”的人占 10%；回答“一般”的人占 60%；回答“较好”的人占

---

① 此处的“四在农家”是指“富在农家，学在农家，乐在农家，美在农家”。这种乡村精神文明创建活动，以引导农民增收致富为前提，改善了农民的人居环境和生产生活条件，改变了农民的精神面貌。

② 这是积极响应中央文明办主办的关爱他人、关爱社会、关爱自然的“三关爱”志愿服务活动精神，在贵阳、铜仁、余庆、开展“三关爱”志愿服务活动，将重点开展关爱空巢老人、农民工、留守儿童和残疾人等几个重点群体志愿服务活动。

③ 这里的“阳光工程”是指“就业安置”为核心，以“阳光企业”为载体，集“生理脱毒、身心康复、就业安置、融入社会”四位一体的社区戒毒、社区康复“阳光工程”新模式。

30%。在回答“你对所在的省（市、县、乡）政法队伍及其执法公正是否满意”时，回答“基本满意”的占90%；回答“满意”的占10%。上述情况表明：加强法治政府建设是发展贵州省市场经济的必然要求，是促进贵州省社会公平正义的基本保证，是贵州省政治体制改革的组成部分，是反腐败的重要举措。正如贵州省人大常委会党组副书记、副主任龙超云同志在省委中心组学习读书会上发言时指出：“各级行政部门也知道依法行政是建设法治政府的核心，是现代政治文明的重要标志，也明白贵州省要解决建设法治政府面临的新问题、新矛盾，必须深化改革。”① 但从问卷调查的总体情况来看，贵州省在加强法治政府建设方面存在的问题是加强法治政府建设的力度不够，如何把以人为本、执政为民理念贯穿在法治建设的全过程和各个环节不够。近年来，贵州省在行政管理过程中，逐步不再以强制、处罚为基本手段，逐步开始注重采用说服、指导、协商、对话等维护相对人尊严的柔性管理方式，逐步改变传统的以管制为中心的执法模式。同时也要求加快推进依法行政，建设法治政府。总之，规范化建设是法治政府建设的关键，这更应该引起高度的重视。

（4）贵州省发挥司法行政职能建设方面。司法是实现社会正义的最后一道防线，司法制度直接维系着小康社会的安宁和稳定、公平与正义。贵州省司法厅党委书记、厅长吴跃认为：“公平正义是社会主义法治的价值追求，是司法行政工作的生命线。维护和实现公平正义，最根本的是要求在执法和执业过程中，必须从群众最为关注的诉求保障、物权保障、社会保障和生计保障等民生问题着手②。”我们在实现贵州同步小康进程中，必须要抓住服务民生保障问题，抓住了民生问题就体现了法律服务和法律保障的价值，就能让人民群众切实感受到自己的权益受到保护，人格受到尊重。我们要运用法治思维和法治方式，全面履行司法行政职能。为此我们还要正确处理实体公正与程序公正的关系，在创新司法工作的各种管理制度等方面，保证司法制度的公正性与独立性，是维护法律尊严、协调社会关系、铸造法治精神的制度保障，司法行政职能在整个法治系统中处于十分重要的地位。

---

① 贵州省人大常委会党组副书记、副主任龙超云同志2013年1月1日在省委中心组学习读书会上的发言。参见贵州先锋网 http://cache.baiducontent.com/。

② 郑剑峰：《为科学发展后发赶超同步小康提供法治保障》，《司法行政》2013年01月16日。见法治网 http://www.legaldaily.com.cn/。

问卷调查中，在回答“您所在的省（市、县、乡）领域内有无干预法院审理案件的情况”问题时，回答“有，很严重”的占40%；回答“不同程度地有这种情况”的占45%；回答“没有这种情况”的占15%。与司法独立密切相关的另一问题就是司法公正。司法必须公正无私，否则人们就会对司法制度失去信任，对法律和法治失去信心。目前人们对司法不公的反映十分突出。在回答“贵州省建成全面小康社会，需要‘加强司法保护’方面的内容主要包括哪些”这一问题时，全部回答正确的人员有35%、多选、漏选、少选的人员占60%、不选的人员占5%。针对该问题，我们认为应该是全部选项，一是司法是实现社会正义的最后一道防线，贵州省司法制度直接维系着小康社会的安宁和稳定、公平与正义；二是对于正在运作的司法改革，要遵循党的十六大、十七大和十八大报告提出的保障全社会实现公平和正义为价值取向，对此，贵州省应着重围绕司法体制宏观结构的变革和司法权力体系内部的职能配置而尽职尽责；三是逐步建立起贵州省权责清晰、相互配合、相互制约、高效运行的司法体制，从体制上保证司法权的独立、公正的行使，提高司法效率；四是维护贵州省司法公正，保障全省实现公平和正义，为全面建成小康社会提供优质的司法服务和强有力的司法保障。在回答对“公安机关、检察机关、法院对老百姓来说是门难进、话难听、脸难看、事难办”这一观点的看法时，“完全赞同”的占25%，“基本赞同”的占35%，不赞成的占40%，在回答“如果你打过官司，对于审判结果的胜诉还是败诉有什么看法”时，回答“钱能通神，谁给的好处多谁赢”的占20%；回答“谁在法院有关系谁赢”的占40%；回答“不好说”的占30%，而认为“相信法律和法院是公正的”只占10%。我们设计了“当你认为自己合法权益受到侵犯时，你主要通过何种途径解决”这一问题，统计问卷结果中选择通过“政府解决”的人员占15%，不通过政府解决“直接到法院告状”的人员占39%两种法律途径，另外选择“能忍则忍”的人员占15%的消极态度和“私下与对方和解”人员占9%的“私了”等选项相比，运用法律手段解决已成为社会成员保护自身权益的主要行为方式。从法律的运作过程看，在实施法律的过程中不可避免地会发生各种纠纷，而司法制度是解决这些纠纷的最主要的甚至是最终的途径。在回答“您所在的省（市、县、乡）区域目前存在的主要问题”时，回答“执法不严”的占70%；回答“办事拖拉”的占20%。在回答“你所在的省（市、县、乡）目前是否存在影响法官公正司法的主要因素是什么”时，回答“人情关系”的占40%；回答“法官自身素质”的占20%；回答“领导干预”的占40%。在回答“你所在的省（市、县、乡）目前是否存在司法执行难的现象”时，回答“存在”的占100%。为什么执法难的问题难以从根本上得到解决呢，除了贵州省执法机制不健全、执法人员素质不高等执法本身的原因外，一些地方党政领导将法制建设与经济建设、局部利益与整体利益、眼前利益与长期利益对立起来也是十分重要的原因。在回答“你对所在的省（市、县、乡）关于创新司法工作的各种管理制度是否满意”时，回答“基本满意”的占90%。我们认为司法制度的健全和完善，可以最大限度地使社会冲突得到有序解决，从而维护社会的安定团结，避免社会成员以无序的、甚至非理性的方式采取行动。保证司法制度的相对独立性，是保障法律得以公正实施，法律纠纷得以公平解决的形式要件。但通过问卷调查我们得知，在实践中地方党政领导对司法机关干预过多，司法机关难以独立办案的情况仍然较为突出。

（5）贵州省建立健全法治监督体系方面。贵州省委书记赵克志强调，全省各级政府要更加自觉主动接受各级人大及其常委会的法律监督和工作监督，积极推进民主制度建设，为贵州科学发展、后发赶超、同步小康创造更加和谐稳定的社会环境。鉴于此，我们要做好完善权力制约和监督机制；强化人大、政协、司法的监督职能；强化行政复议对行政执法的监督；强化审计、监察专项监督；加强举报制度和网络举报监督；加强新闻媒体和社会舆论监督等法律监督领域的工作。只有完善权力制约和监督机制，才能避免权力腐败。

从问卷调查来看，群众对廉政建设极为关注。当问及“您对你所在的省（市、县、乡）区域的廉政建没有什么看法”时，回答“腐败严重、惩治乏力”的占30%；回答“腐败比较严重，但正在采取措施治理”的占40%，回答“腐败严重，惩治措施流于形式”的占30%；“腐败严重”或“比较严重”的占70%，可见腐败问题已到了我们必须下大决心、花大力气解决的时候了，特别是后者更是人民群众关注的焦点。在调查对“干部任免中的腐败是最严重的腐败”这一观点的看法时，“完全赞同”的占50%；“基本赞同”的占30%；“不赞同”的占20%。前两项合计占80%。为此在回答“您所在的省（市、县、乡）区域对完善权力制约和监督机制的措施情况怎样”时，回答“赞成”的占20%；回答“基本赞成”的占

80%。根据咨询分析，目前腐败的主要表现形式有：以权谋私、滥用权力、执法犯法，以及干部任免上的腐败问题。在回答“您所在的省（市、县、乡）区域在推进同步小康过程中对强化人大、政协、司法的监督职能的看法怎样”时，回答“满意”的占25%；回答“基本满意”的占70%；回答“不满意”的占5%。这说明强化人大的监督就是代表人民行使权力，同时也必须把监督工作的开展情况置于人民群众的监督之下。这就需要人大及其常委会把监督的内容和重点通过各种不同的形式，随时公布于众，广泛听取人民群众的意见和建议，提高监督决策的民主化水平。在咨询“您所在的省（市、县、乡）区域人大代表是否真正反映了群众意见”时，回答“能真正反映”的占30%；“不能真正反映”的占30%；“基本不能反映”的占40%，后两项合计占70%。此外，课题组发现在执法监督制度方面，在人大对法律实施的监督制度，消费者权益保障制度等方面，也都存在诸多不健全和不完善之处。在回答“您对贵州省（市、县、乡）进行强化行政复议对行政执法的监督的态度如何”时，回答“赞成”的占80%；回答“基本赞成”的占20%。当然，如何充分发挥行政复议的监督职能，促进依法行政水平的提高，成为各级行政复议机关思考的问题。从问卷中回答“赞成”的占80%来看，各单位各部门都能认识到：行政复议作为行政机关内部纠正错误的一种重要监督制度，在保障和监督行政机关依法行使职权，保护公民、法人和其他组织的合法权益等方面发挥着十分重要的作用。以行政复议进行行政执法监督更具有可操作性，完善了我国当前的行政监督手段，通过行政复议加强行政执法监督，促进行政机关依法行政和从严治政，建设廉洁、勤政、务实、高效政府，具有重要价值。在回答“您对贵州省（市、县、乡）强化审计、监察专项监督的态度如何”时，回答“赞成”的占90%；回答“基本赞成”的占10%。这表明：贵州省当前要坚持“依法审计、服务大局、围绕中心、突出重点、求真务实”的工作方针，走“以履行审计监督职责为出发点，以强化审计和审计调查为手段，以提报高层次审计报告和要情为载体，以促进宏观管理与决策为标准，以服务经济社会发展稳定为目标”的审计工作路子，在更高层面和更宽领域发挥审计监督作用，为贵州经济社会更好更快发展和法治建设提供强有力的保障和高水平的服务，同时加强与纪检监察等部门的联系，提升审计成果利用水平。要建立健全与纪检监察、组织、人事等部门的联系制度。在回答“你对贵州省（市、县、乡）加强举报制度和网络举报监督的情况如何”时，回答“满意”的占30%；回答“基本满意”的占60%；回答“不满意”的占10%，后两项合计占70%。该问卷表明：我们应重点抓好保密、身份重置等预防性保护制度的建设，逐步完善惩治性制度的规定，同时还应该注重社会健康举报观念的培育。依据批评、建议、申诉、控告和检举等监督形式的行使和效应需要，依据媒体监督关涉的不同关系方，建立健全网络监督机制必须建立以下制度链接：一是要建立人大代表与选区人民群众的网络联系制度；二是要建立上下互连的省、市、县、乡、村、社六级人大网站；三是网络监督与网络媒体自律、行业自律和政府管理的制度链接；四是网络监督与司法监督的制度链接。在回答“你对贵州省（市、县、乡）加强新闻媒体和社会舆论监督的看法如何”时，回答“满意”的占70%；回答“基本满意”的占20%；回答“不满意”的占10%。后两项合计占30%。回答“满意”的占70%，该问卷表明各单位部门都能高度重视：对于新闻媒体客观公正的监督批评和意见建议，只要提出来了，党委政府和主管部门就要及时加以改正，要对社会负责，对人民群众负责，大家共同把舆论监督作用发挥得更好。因此，新闻媒体一定要开展批评和自我批评，对错误的东西，对不符合改革开放大方向，不符合人民根本利益，不符合党的路线、政策的东西要敢于揭露、敢于批评，真正实行舆论监督。我们认为进一步健全和完善人民群众行使民主权利的机制和程序，调动全社会推动法治化管理的主动性、积极性和创造性，是提升贵州社会法治化管理水平的根本动力，现阶段人民群众行使民主权利、监督权利的各项制度还远不够健全。在回答“您所在省（市、县、乡）区域对养老、医疗、工伤、生育、失业等保险是否落实”时，回答“落实”的占20%；回答“部分落实”的占70%；回答“未落实”的占5%，后两项合计占75%。问卷过程中，从乡到县，从县到州，从州到省回答“部分落实”的占70%，这说明我们在对养老、医疗、工伤、生育、失业等保险方面，还要付出努力，回答“落实”的仅占20%，可见问题的严重性。在回答“您所在省（市、县、乡）区域的政务（厂务、村务）公开情况怎样”时，回答“很好”的占20%；回答“较好”的占40%；回答“一般”的占30%；回答“差”的占10%。后三项合计占80%。问卷统计表明：村务公开情况比较严重，回答“很好”的占20%，全省还有80%有待解决，比如当前剑河县村务公开问题成为矛盾纠纷的难点。随着贵州省司法行政工作改革的深化，社会价值观呈现多元化倾向，利益结构的分化也逐渐加剧，社会上形形色色的腐朽落后思想同样会侵蚀一些党员、干部。如果思想防线不牢、意志不坚定，就很容易受到腐败病毒的感染，甚至跌入腐败的泥坑。这会导致贵州实现全面小康停滞不前。

(6) 贵州省市、县、乡、村、社法律服务方面。贵州省司法厅基层处李翔处长认为："要求全省广大基层法律服务工作者面对困难，知难而进，勇于进取，为满足社会的法律服务需求、维护社会公平正义、基层稳定、推进基层民主法治建设发挥重要作用。"[①] 结合此会议精神，我们认为贵州省当前在服务全面建成小康社会进程中，要逐步规范全省基层法律服务工作，充分发挥基层法律服务工作服务基层的职能作用。为基层政府、基层各类经济实体、基层的各种社会团体、基层的群众尤其是农村群众提供法律服务、法律帮助、法律援助，维护他们的合法权益，维护法律的正确实施，促进当地社会稳定、经济发展和法制建设是基层法律服务工作的定位所在，服务基层是基层法律服务工作的根本职责。为此，课题组围绕完善基层法律服务体系；拓展法律服务领域、方式及功能；规范和健全法律服务市场；健全区、县、乡、村、社法律援助工作机制；完善区、县、乡、村、社法律顾问制度等方面展开了调研。

基层法律服务从无到有、从小到大、从简单到复杂，由最早的调解纠纷，代写法律文书，解答法律问题，到现在的法制宣传，学法用法，推进基层法治建设，这不仅宣传了法，推广了法，也教会了群众学法用法，可以说，基层法律服务对于促进城乡经济社会的和谐发展、推进基层的法治现代化、维护群众的合法权益发挥了不可替代的重要作用。在回答"你所在的省（市、县、乡）在实现全面建成小康社会过程中，是否正在完善基层法律服务体系"时，在县级以上各单位部门回答"是"的人员占95%，回答"不是"的占5%；在县级以下基层单位回答"是"的占80%，回答"不是"的占20%，课题组在台江县、剑河县、晴隆县、普安县、贵定县、瓮安县、务川县等农村地区问卷调查时发现，他们在现有条件下，由于地域、历史、文化等多方面的原因，城乡之间法律服务失衡的状态将延续相当长的时期，乡政府如果不大力支持基层法律服务所，那么中低收入群体

① 贵州省司法厅基层处李翔处长2012年5月18日在贵州省基层法律服务工作者协会一届六次理事会上的讲话。

就得不到有效的法律服务，甚至没有法律服务。在回答“你所在的省（市、县、乡、村、社）对拓展法律服务领域、方式及功能以及规范和健全法律服务市场的看法怎样”时，回答“满意”的占5%；回答“基本满意”的占90%；回答“不满意”的占5%。实践证明，基层法律服务工作是能满足城乡广大群众法律服务需求的重要渠道。在黔东南州召开的座谈会上，州司法局认为今后要立足拓展法律服务领域，采取不同的方式，加大力度制定措施，鼓励律师事务所在正常开展业务的同时，定向为一个或多个乡镇基层单位提供法律服务。湄潭县司法局从2012年起，面向全省或全国公开招聘基层法律服务工作者，剑河县司法局认为要加大司法救助的扶持力度，倡导律师每年承办一定数量的法律援助案件，组织实习律师为社区提供公益性法律服务，并将此作为考核其能否转为正式律师的重要内容。在回答“面对贵州实现全面小康，你所在的市（县、乡、村、社）健全法律援助工作机制的态度怎样”时，回答“很好”的人员占5%；回答“较好”的占80%；回答“一般”的占10%；回答“差”的占5%。台江县从2009年到2012年申请法律援助案件从2009年的76件增加到2012年的近400件。剑河县全县227名干警人均走访群众20户以上，共走访群众4551户，为412户1456人提供法律援助，为弱势群体提供法律援助156件。黔东南州在155个乡镇建立了“法律援助工作站”，2012年年底完成在每个村建立法律援助工作点和联络员，每年指导调解纠纷近9000起，成功率达95%，办理法律援助案件7000件。黔东南州在普法期间共组织3人以上的小分队近250个，共计750人，到3000多个村开展了普法活动，为636个村担任了法律顾问。剑河县担任律师顾问组接受群众法律咨询2023人次，协助为群众办案280件。台江县开展律师在区、县、乡、村、社法律顾问活动，聘请法律顾问的村均达100%。在回答“你所在的省（市、县、乡、村、社）完善法律顾问制度的态度怎样”时，回答“很好”的占5%；回答“较好”的占60%；回答“一般”的占30%；回答“差”的占5%。由此可见，健全和完善科学规范的工作机制是提高贵州省区、县、乡、村、社法律援助工作站服务能力和工作水平的重要途径和有效手段，是实现依法治省的必要之举。

（7）贵州省、市、县、乡、村、社经济法治建设方面。贵州省在全面建成小康社会过程中，秉承建立一个良好的区域经济规划、决策的法治机制，并辅以法律责任制度，为保证政府决策、规划的科学化、民主化、规范化，避免主观性、随意性和“长官意志”的法治型政府打下坚实的基础。全省各级各部门按照市场经济的内在要求，转变政府职能。同时，逐步规范办事程序，减少行政成本，提高行政效率，保证政府行为的公正性、公平性和公开性，切实为经济的发展创造良好的法治环境。在目前贵州省整体法治环境不够理想的背景下，某些市、县、乡、村、社为了短期的经济效益，搞地方保护主义，认为严格依法治理不利于本地区的经济发展等。殊不知，这种以损害贵州省法律权威和区域法治环境为代价来换取本地区暂时经济发展的做法，只能是饮鸩止渴，导致投资环境恶化，区域信誉丧失，最终经济发展只能成为一句空话，人民群众也同样反对这种靠牺牲法治建设而获取短期利益的做法。

在此情况下，课题组根据贵州省当前经济发展需要，在构建经济法治的各项制度；完善和补充经济立法；完善经济执法和经济司法；强化经济法治监督体系等方面设计了问卷。在回答“你是否知道‘经济法治’的含义”这一问题时，回答“知道”的人数占95%，县级以上的人员回答“知道”的人数占98%；乡、镇等基层部门回答“不知道”的人数占99%。经济法治是指包括政治、文化等在内的整个社会环境，即要求整个社会的法治化、民主化、文明化与经济法治相配合和适应。从系统的观点来看，经济法治至少应包括经济法治观念、经济法治制度、经济法治秩序、经济法治环境。只有从它们的系统整体效应着眼，才能完整地把握法治经济和经济法治的内涵及其实践环节。在回答“你所在的省（市、县、乡）是否正在完善和补充经济立法工作以及构建经济法治的各项制度”时，回答“是”的人员占95%；回答“不是”的占5%。回答“不是”的主要是县级以下基层部门，因为他们根本不懂“经济法治”的含义。在回答“个别城市抓法治，经济上会吃亏”的问题时，选择“赞同”的占60%；选择“不太赞同”的占20%；选择“不赞同”的占20%。以现代市场经济为坐标模式，以法治经济为价值取向，努力加强贵州省经济法治系统工程的建设，就能够为贵州省经济的健康、顺利发展提供有效的法律保障和极有利的条件。所以，就建设贵州省经济法治制度而言：一方面必须建立和完善一整套经济法规体系；另一方面还必须完善经济执法和经济司法，使其无论是政府执法或是经济检察、经济审判以及行政审判，都能严格依照法律的规定和程序进行；再一方面同时还须强化经济法治监督体系，加强经济法治的宣传教育，努力提高广大干部和群众懂法、用法、护法、守法的能力和自觉性。在回答“你所在的省（市、县、乡）是否对完善经济立法和经济司法工作的态度”时，回答“满意”的占2%；回答“基本满意”的占70%；回答“不满意”的占28%。说明贵州省经济行政执法情况虽然有所改善，但是仍然存在着不少突出的问题，已成为行政法治和廉政建设的一个薄弱环节。所以，重视和加强经济行政执法工作，对发展贵州省改革开放的大好形势，促进贵州省的法治建设是非常必要的。在回答“你所在的省（市、县、乡）对强化经济法治监督体系的态度”时，回答“满意”的占5%；回答“基本满意”的占70%；回答“不满意”的占25%。从法律位阶上来看，贵州省目前并没有很多经济法治监督方面的地方性法规，只能以其他相关部门法中的相关法律法条来间接指导经济法治监督行为，如《行政诉讼法》《行政处罚法》《行政复议法》《行政监察法》等。因此，需尽快制定一些符合地方性适用的法律监督体系以为经济法治监督提供可靠的法律保障。根据贵州省的实际情况，这套监督体系应包括：监督体制、监督机关及其职责权限、监督原则、监督的内容和形式、监督程序、相关的法律责任。通过制定统一的监督体系法，可以进一步理顺经济法治监督体制，明确经济法治监督主体的职责权限，规范经济法治监督的程序，强化经济法治监督手段，使经济法治监督全面步入法治化的管理轨道。

（8）贵州省基层民主法治建设方面。在全面建成小康社会的新形势下，逐步加强和改进基层民主法治建设，是实施依法治省，加强贵州法治建设，加快贵州省民主法治示范区建设和建设“和谐贵州”的一项十分重要的课题。为了更好地了解和掌握贵州省基层民主法治建设现状，笔者结合不断健全和完善基层民主制度；提升广大基层干部群众的法治素养；民主法治示范区县乡村社的构建等方面，设计了问卷调查。

在回答“你是否经常参加所在的省（市、县、乡）的普法教育”时，回答“经常”的占60%；回答“不经常”的占30%。据调查我们发现，不经常参加普法教育的人员大多数在基层农村，因为他们从来就没有接触过一次正规的法律常识教育，一般都是看电视或听别人说而了解到一点。农村的法律工作机构和法律资料相当少（一般来讲，当地的法律工作机构主要是乡镇司法所和派出所，而司法所和派出所的工作人员数量和专业知识结构的配备是有限的），农村人员很难接触到相关法律常识。在回答“你所在的省（市、县、乡）是否采取措施来提升广大干部群众的法治素养”时，回答“是”的占100%；这表明依法治省固然需要培育贵州省公民的守法观念，干部群众综合素质主要由思想道德素质、科学文化素质和法律素质组成。发展民主政治，加强基层民主法治建设，必然要有广大干部群众法律素质的提高为保障，才会真正落到实处。在回答“你所在的省（市、县、乡）是否正在大力推进城镇社区依法治理工作”时，回答“完全推进”的占70%；回答“部分推进”的占30%。在回答“你所在的省（市、县、乡）是否构建过民主法治示范区县乡村社”时，回答“部分落实”的占80%；回答“完全落实”的占20%。创建“民主法治示范区、县、乡、村、社”，是推进基层民主法治建设最直接、最重要的载体。村和社区是我国社会结构中最基层的自治组织，是联结党委、政府和群众的桥梁和纽带，承担着贯彻党的方针、政策，组织群众、宣传群众、服务群众的重要责任。如黔东南州2359个行政村和53个社区开展了“民主法治村（社区）”创建活动，创建率达74.1%。凯里市开展“民主法治示范村”创建活动，创建181个村，占90%，开展“民主法治社区”创建活动，创建16个社区，占100%。其中锦屏县茅坪镇阳溪村、麻江县碧波乡柿花村、黄平县旧州镇寨碧村以及凯里市龙场镇平寨村先后被民政部、司法部授予“全国民主法治示范村”称号。平坝县城南村榜上有名，成为贵州省11个荣获全国民主法制建设示范村之一。就目前贵州创建的现状而言还不完善，因为在全省80多个县中，完全落实创建“民主法治示范区、县、乡、村、社”的只占20%。贵州省在搞好村（居）委会换届选举，真正把思想作风好、公道正派，能够带领群众致富的人选进村（居）委会班子，有利于巩固城乡基层政权，加强基层自治组织建设。在回答“你所在的省（市、县、乡）对组织居（村）委会换届选举情况如何”时，回答“基本满意”的占80%；回答“满意”的占20%。这表明当前选举工作仍面临着一些不容忽视的问题。一是有的基层干部对村委会民主选举认识不到位；二是外出务工的村民不断增多将会造成选民资格难认定，选民无满意人选推选，给村级换届选举增加了难度；三是村干部报酬仍然偏低；四是一些选民民主观念、法制意识淡薄，参与选举积极性不高；五是一些村还存在可能影响和干扰换届选举的不利因素，如土地征用、安置补偿等；六是一些地方忽视农民民主权利、压制民主、破坏民主的现象也时有发生。在回答“你所在的省（市、县、乡）对积极推进基层行政管理体制改革的情况如何”时，回答“部分推进”的占90%；回答“完全推进”的占10%。问卷表明全省完全推进的只占10%，这说明贵州省在全面推进基层民主法治建设的工作任务更重。贵州省目前推行的基层行政管理体制改革，要紧紧抓住村社合并、基层社区建设的机遇，将统筹城乡党建工作纳入城乡一体化发展大局中进行谋划和推进，组织开展一个社区一名大学生村干部、一个社区一个部门帮扶、一个社区一个企业支持、一个社区一套规划发展、一个社区一个政策扶持等活动。

随着贵州省社会经济的发展，基层民主法治建设工作的相对落后已经成为制约贵州省各项事业发展的瓶颈。如何加强和改进基层民主政治建设，走法治化的发展道路，是推动贵州省社会经济全面发展，实现全面建成小康社会战略中面临的一个重大问题。课题组在所到之处的调研工作中，我们还发现其他相关问题，诸如政策性矛盾纠纷、生产经营性矛盾纠纷、移民搬迁安置和征地拆迁补偿纠纷、信访纠纷、土地侵权纠纷、行政违法纠纷等。

（二）贵州实现同步全面小康存在的问题

通过上述调研材料的分析，我们清醒地看到，贵州在实现全面小康社会的工作中还存在诸多不足，主要表现在以下方面：

（1）法制宣传队伍建设和普法宣传工作有待加强。贵州省统计局调查数据显示，有15%的人民群众反映法制宣传教育工作落实不力。有些地区和部门没有专门的法制宣传队伍，没有专门的工作机构，特别是省直机关甚至连普法依法治理工作属于哪一个部门都不清楚、不明确。即使有法治宣传队伍但法治宣传不够深入，少数职能部门向社会宣传专业法力度不大，少数乡镇、街道的普法工作图形式，做表面文章。如台江县台盘乡领导认为由于该乡地理位置优越，经济较发达，大小企业7家，但在对企业经营管理人员、企业员工、外来务工人员和流动人员的法治宣传教育仍是普法依法治理工作的难点，对他们普法教育工作流于形式。同时认为依法治理信息调研工作还比较薄弱，普法教育形式和方法不够创新，还是以传统的上街设台开展咨询、散发宣传单、悬挂标语等为主要形式，缺乏富有时代气息、寓教于乐、行之有效的普法措施。

（2）同步小康立法中的限制性政策过于超然。贵州省在实现全面同步建成小康社会的进程中，通过健全和完善立法，加快形成科学有效的社会管理体制。一是以立法完善社会保障体系，健全基层公共服务和社会管理网络。二是推进社会管理法律化，及时把加强和创新社会管理的成功经验上升为法律制度，弥补我国社会管理法律、体制和机制的不足。三是加强反腐败立法，为提高党的执政能力打下了坚实的基础，为推动党风廉政建设开拓了广阔的空间。反腐倡廉法规制度建设将会填补这方面的重要空白。四是加快贵州省建立生态文明法律制度。通过健全和完善立法，健全国土空间开发、资源节约、生态环境保护的体制机制，推动形成人与自然和谐发展现代化建设新格局，引导贵州省依法平稳度过当前的“生态环境敏感期”，全面建成美丽贵州。

鉴于此，在贵州省地方立法过程中的限制性政策过于超然导致权力制衡机制的非正常状态运作和公民利益的损伤。课题组通过对贵阳市周边部分城郊城镇化发展情况的走访和调查发现：目前贵州省一些限制性政策仍旧难以突破，譬如户籍制度、社会保障制度、土地制度、反腐倡廉制度、生态环境保护等问题。而涉及城市规划的设计实施、公共服务体制、考核机制、监督机制、征地制度、城市治理体制和拆迁制度的实施和监督机制的滞后和欠缺，使贵州省城镇化的过程实施不力。同时也发现地方立法机关对有关单位和部门的违法或者滥权行为熟视无睹，尤其是法定的司法审查作用没有得到实际发挥，造成部门和地方保护主义规章的盛行，既扩张了行政机关、司法机关的自我授权范围，也侵犯了公民的合法权益，给人有法不依的强烈印记。

（3）依法行政理念有待树立。习近平总书记在首都各界纪念现行宪法公布施行30周年大会上发表重要讲话指出，“要坚持依法治国、依法执政、依法行政共同推进，坚持法治国家、法治政府、法治社会一体建设”①。习近平总书记上述讲话精神的核心就是要从全局的角度和整体意义上看待依法治国的意义，必须要将“依法治国”“依法执政”和“依法行政”看成建设法治国家不可或缺的三位一体的发展战略。当前贵州省在依法行政过程中存在的主要问题：一是对依法行政重视程度不够。课题组结合问卷调查，从现状看，首先，贵州省各级政府还未完全把依法行政作为独立考核指标纳入考核范围，由此使各级政府不能对依法行政产生足够的重视，一定程度上影响了依法行政的推进。其次，贵州省民族众多，各个民族长期的生活习惯和国家法可能发生冲突的现象。在政府管理过程中，

---

① 习近平总书记2012年12月4日在首都各界纪念现行宪法公布施行30周年大会上发表重要讲话。见新华网 http://news.xinhuanet.com/politics/2012-12/04/c_113907206.htm。

在一定程度上存在不尊重少数民族的传统习惯，这在一定程度上延缓了推进依法行政的进程。二是依法行政意识淡薄。依法行政在我国是一个全新的管理理念和管理方式，是带有方向性和全局性的工作，做好依法行政工作就必须使依法行政成为自觉的行为，并使之真正融入行政管理的各个环节和领域中去。但在贵州省现实工作中，有些行政机关的工作人员对依法行政还存在着模糊的，甚至是错误的认识和做法，认为依法行政不管用，按法定程序办事太麻烦。依法行政还多是喊在嘴上，写在纸上，钉在墙上，并没有落实到行动上；有的把依法行政同经济建设对立起来，一味强调经济发展，以经济建设为借口，制定土政策、土办法，不严格依法行政；有的领导个人意志严重，习惯于传统的思维方式和工作方法，轻法律手段重个别处理，轻制度管理重协调解决；有的片面强调行政相对人应当服从行政机关的管理，重权利轻责任，重利益轻服务；有的唯上、畏上，唯权、畏权；有的只重视领导的讲话、批示，忽视法律的规范、引导功能，导致依法行政水平不高。三是执法没有保障，问题突出。贵州省有些地方执法部门执法工作条件差，执法设备陈旧落后，执法经费短缺甚至没有经费，由于执法人员的待遇和执法经费得不到保障，严重挫伤执法人员的积极性，制约了执法工作的正常开展。在经济利益的驱动下，有的执法部门就不作为、不执法，消极对待；有的甚至为下属单位及人员定下创收指标任务，以收费、罚款供养执法，把行政执法当成“赚钱”的工具。有的则热衷于收费和罚款，轻服务和纠正，罚、缴分离制度也得不到真正落实，徇私枉法的现象也就时有发生。

（4）公平正义的司法缺失。“司法公正”作为人民法院审判、执行工作的生命线，是人民法院永恒的主题和不懈的追求目标。随着贵州省实现同步建成全面小康社会的任务加剧，随着贵州省政治、社会、经济的不断发展与进步，社会转型过程中矛盾冲突加剧，各种价值观念交互碰撞，各种矛盾错综复杂。

课题组经过调研发现，目前影响贵州省司法公正的重要因素及主要原因有：一是地方保护主义和部门保护主义的存在给人民法院审判和执行工作带来很大阻力，使公正的裁判和有效的执行偏离轨道、运行缓慢。二是对法院的行政干预较多，特别是贵州省基层法院，在办理很多案件时，基层党委、政府、人大及部分部门，对法院判决及执行横加干涉，以稳定为名“打招呼”“提要求”，致使法院和法官不得不做出一些有违法律的事。

三是有的审判人员政治素质和业务素质不高，以审判权谋私利，枉法裁判，经不起人情、关系、女色的诱惑，违法违纪，很难保障裁判的公正。四是制度不严，监督不力，处理不到位。审判委员会、纪检监察、审判监督及上级法院监督不力，各管一块，缺乏配合、协调，对审判权缺乏有效的监督制约。一些地方性制度比较笼统、粗糙，没有可操作性和科学性，无法起到横向到边、纵向到底的监督作用。对违法违纪处理时手下留情，查处不力，甚至畸轻。五是司法体制不健全，人民法院的人、财、物都由地方控制，受多头制约，无法行使独立审判权。这样，人们维护私权利的诉讼效果不佳便导致司法权的萎缩及其公信力的滑落，造成社会矛盾的恶性循环。司法机关的一个最重要功能乃是通过居中裁决来化解社会矛盾，达到定纷止争的效果。但遗憾的是，由于司法机关自身存在的公正性、判决执行力问题与外部力量干预所造成的独立司法品格的丢弃，有违民望的司法不公景象日渐凸显，公民权益得不到有效保障，致使人们丧失对司法机关的信赖。其突出表现就是上访、缠访和聚访现象非常普遍。譬如贵州黔南州一天有三十多起属于非正常上访和无理缠访闹访扰乱事件发生，贵阳市各级政法机关领导一天内就接待上访群众335人。因为人们相信上级党政领导的批示、指令而不相信司法机关的裁判、决定。

（5）法律监督意识有待加强。法律监督权是检察机关工作的中心议题，是贵州省检察机关履行检察机关职责的重要体现，是保障执法公平、公正的重要举措。然而，课题组结合贵州省法律监督情况发现，检察机关的“监督权”事实上是流于形式，有的根本没有起到应有的作用，使法律监督走进了怪圈。一是体制上的问题。一些行政干预权大于法的现象还在不少地方不同程度地存在。完善有力的监督手段是检察机关实现监督职能的重要保证，然而从目前检察机关所使用手段的现状看远不能适应法律的要求，难以完成各项监督任务。思想方面主要是重办案、轻监督，重配合、轻制约。检察机关自身监督意识淡化。对这些存在的问题必须予以排除。当然这是一项艰巨复杂的工作需要逐步地、有秩序地完善。二是法律监督机制不健全。从贵州省现行地方性法律法规来看，对行政管理的监督机制很多，有权力机关的监督、司法监督、行政复议监督以及行政审计监督和行政监察监督等，但却没有形成整体监督效能。另外，还必须从制度构建、工作落实两个方面入手，注重充分发挥人民群众、新闻媒体、民主党派、人民团体和各种社会组织的监督作用，增进监督的公开性，保障公众的知情权、参与权，从而达到促进公正监督、提高法律监督效能的目标。

（6）法律服务形式有待完善。贵州省的法律服务通过与社会提供法律服务，对维护当事人的合法权益，化解社会矛盾，维护社会和谐稳定，促进贵州省经济发展具有重要的价值。不过，课题组结合贵州实际，对贵州在实现同步建成小康社会进程中的法律服务问题进行的问卷调查表明，贵州省当前法律服务还存在很多不足。一是法律服务业中从业人员政治素质有待提高。作为社会中介组织的法律服务业，有些从业人员政治觉悟不高，办案只讲经济利益，不考虑政治大局，对所代理的案件不是实事求是地分析对待，而是怂恿当事人盲目地行使诉讼权利，形成讼累，有的甚至鼓励对裁判结果不服的当事人违法上访。二是非法律服务机构和人员执业，扰乱了法律服务市场的正常秩序，损害当事人的合法权益。由于法律服务是一项严肃的法律工作，是有很强的政策性和专业性，因此凡面向社会提供有偿法律服务的机构及其人员，均需具备相应的条件和资格并经批准，未经批准，任何单位和个人均不得向社会提供有偿法律服务。但是由于利益驱动，有些根本不具有法律服务资格的机构和人员非法面向社会提供有偿法律服务，冒充律师或者基层法律服务工作者承揽法律事务，有的人甚至以此作为谋生的手段。同时，由于非法执业人员不具备提供相关法律服务的资格，收费随意，又不受相关规章制度的约束，当事人的合法权益得不到保障。三是法律服务市场恶性竞争、不正当竞争严重，损害了法律服务业的健康发展。对于贵州省特定的地区来说，法律服务市场有限，为谋取自身利益，少数法律服务从业人员以不正当竞争手段承揽业务，由于基层法律服务所、非法执业机构及其人员的办案成本远远低于律师事务所及律师，他们就以低收费与律师事务所进行恶性竞争。而律师事务所、律师之间为了争抢案源，也积极进行不正当竞争。

（7）实现同步小康的法治环境构建不力。毋庸置疑，贵州的法治环境建设稳步推进，取得一定的成绩。不过我们还是要清醒地看到，贵州省在与全国同步实现全面建成小康社会进程中的法治环境建设还非常艰巨，主要表现在：一是营造全面建成小康社会良好法治环境的立法滞后，结合贵州省人大、贵州省政府调研材料分析，当前贵州省地方性法律法规立、改、废任务非常艰巨。二是地方立法重点不够突出，如促进贵州经济发展的立法以及反腐倡廉立法、网络监督立法等较少。即使在本身相关的地方性法律法规中，其立法中对如何解放与发展生产力和如何服务的意识不够强，有些法规设定的多是部门的管理权、审批权、收费权、处罚权，强化行政权力的倾向比较普遍，为公民、企事业组织的经济发展、合法权益和实现同步小康提供保障和服务的设定不多。有些法规片面强调行政制约，拓展部门职权，使部门与部门之间职能交叉重叠，设置了一些不适应市场经济要求的行政壁垒。三是行政执法主体比较混乱，执法主体职能交叉重叠，就同一件事而言，经常会发生多个部门、多级机构都插手去管，增加了解决问题的环节，从而也影响了执法效率。四是投资和建设的外部环境仍然偏紧，必要的融资渠道还有所缺乏，问卷调查过程中，有些投资者反映，贵州的投资环境不够宽松，从而导致外商纠纷案件的不断发生。贵州省内有些地方在招商引资时层层许愿，事后却言而无信，使一些外商热心而来，灰心而去，这的确给外商酿成了“内伤”。到目前为止，贵州省内很多地方至今没有一家外商投资企业。五是成熟的市场发育正在进行，市场规则不太规范，同行业的恶性竞争在短期内还难以消除，社会诚信体系正在逐步建立。六是政府职能转变缓慢。有些职能部门领导和执法人员法治观念淡薄，服务意识较弱，习惯于用行政手段和计划经济方式管理和决策，不善于用法律和市场经济手段进行引导和调控，行政审批繁杂，办事效率不高，依法行政的自觉性不高，甚至还存在权重于法的错误观念。七是治安形势依然严峻，破坏市场经济秩序犯罪频发，金融系统和国有企业经济大案多发，国有资产流失严重，职务侵占和挪用资金案件在逐年增多。目前存在走私贩私、无证经营、骗汇逃汇、偷税骗税、制假贩假、金融诈骗、违法传销、欺行霸市、侵犯知识产权等各种经济违法犯罪现象存在，严重扰乱市场秩序。同时让广大正当经营企业处于不利的竞争地位。八是司法行政部门一些干警办案质量不高，素质较差，效率低。加上地方保护、审理不公、诉讼成本过大、执行难等问题，损害了投资者和合法经营者的合法权益。由此可见，贵州当前在与全国同步实现全面建成小康社会进程中的法治环境状况不容乐观。

结合上述，贵州省在“与全国同步实现全面建成小康社会”方面的现状与存在的问题，课题组认为：贵州在营建推动同步实现全面小康社会的法治环境方面的工作，已经积累了一些宝贵经验，也取得了一定的成效。但贵州在与全国同步实现全面建成小康社会的法治保障方面还有待加强；地方性法规体系框架有待逐步构架；政府行为和行政法规需逐步规范；行业治理和基层治理要逐步开展；法制宣传教育的深度、广度需逐步拓展；司法执法的内外环境需逐步改善；社会稳定、崇尚法治的环境气氛需逐步增强。

四 贵州与全国同步全面小康的法治保障措施

贵州与全国同步全面建成小康社会的法治保障是一项系统工程，我们要从贵州的实际出发，认真总结改革开放的经验，并上升为法律法规，同时借鉴、学习和参考国外区域扶贫开发采用法治保障的有益经验，不断创造安全稳定的社会环境、公平正义的法治环境和优质高效的服务环境。

（一）增强公民的法文化意识

当今法治文化生活中，社会公众的民主、法治和宪政的素养才有望得以提高，公民的法治文化才能得以培养。① 譬如在贵州，投资者在决定投资时，不可避免地计算经济收益的保护问题，会考虑少数民族地区法律制度及法律组织机构是否健全，法律的执行是否严格，法律职业者的法律素质和文化如何，法律的社会化程度如何，公民是否使用法律、信仰法律，公民对行使法律权威的法律机构及法律职业者持何种态度，全体公民守法的自觉程度如何等，这些都是法治文化的具体体现。因此，贵州在与全国同步全面建成小康社会的法制保障过程中，人们必须培育法治文化。

贵州如何在公民中开展法治教育，增强法治意识，提高普法效果，仍是摆在法治宣传教育工作者面前的主要课题。以文化为载体，以法治教育为内容，用人性化、艺术化、渗透式和群众爱看、爱听、爱学、爱参与的形式，倡导和弘扬法治文化，普及法律知识，是切合贵州实际的行之有效的法治教育途径。

1. 农村法治文化建设

一是抓阵地。各行政村要有法制宣传栏和法律图书柜。当前贵州司法厅对宣传栏和图书室（柜）的设置和更新情况进行全面摸排和督促落实，如遵义市务川县全县现有法制宣传栏 480 个，法律图书室 240 个。二是竖标牌。各镇街要有一批宣传宪法和法律的大型标牌。这些通俗易懂、简洁好记的标牌，点明了中国特色社会主义民主政治的精髓思想。三是建队

① 张文显：《马克思主义法理学》，高等教育出版社，2003，第 354—357 页。

伍。每村有一名法制宣传员，条件较好的村（社区）成立文艺宣传队，在村（社区）演出，将普法自然汇入农村休闲生活之中。

2. 企业法治文化建设

创诚信，黔西北乌蒙山区毕节地区中南部的纳雍县，开展“诚信守法企业”创建活动。勤培训，组织学习劳动法、产品质量法、工伤保险条例等法律法规，特别是劳动合同法颁布以后，开展以企业经营者、人事劳资管理人员为重点的法制宣传培训活动，活动期间共举办培训班70场次，累计培训9800余人。送资料，编印《依法签订合同、避免经济损失》10000余册，翻印物权法6000册、劳动合同法6000册免费送给各企业和个体经营户。强服务，组织律师、法律工作者开展以“服务家庭工业，促进经济社会又好又快发展”为主题的活动，向家庭企业经营户赠送法律书籍，提供法律服务。

3. 校园法治文化建设

黔西北乌蒙山区毕节地区黔西县司法局、黔西县教育局共同举办了“法治文化校园行”活动，他们利用校园广播，专设“法治前沿”板块并按时开播；设置校园普法宣传牌；由校法制宣传组负责，定期张贴法律法规、案例资料及相关活动照片等；在校阅览室、图书馆内增加法律刊物；在每期的校报上增设“学法专栏”；每班开设“法制园地”，登载相关法律知识、警言、活动资料；增订一份法治报或相关法治刊物等。编印《青少年以案说法读本》8000册，免费分发到各职校、初中、小学；开展“法在身边”法制征文比赛；举办法制讲座。又如贵州合兴律师事务所和贵州省建设学校携手，贵阳市首个“校园法治文化辅导站”在建设学校正式揭牌。贵州省建设学校校园内法律咨询台被学生们围得严严实实，贵阳市数位“大律师”在这里为学生们现场咨询。这是该校成立的“校园法治文化辅导站”推出的“第一堂课”。

4. 候车亭、楼道法治文化建设

针对村村通公交的公交候车亭广告设施未开发的情况，黔东南州丹寨县、三都水族自治县、遵义市遵义县等司法局在全县主要公路的候车亭横梁上设置色彩亮丽、通俗易读的法治文化宣传标语。小小候车亭成了法治“宣传窗”，成为各镇、街道的一道亮丽风景。遵义市务川县、遵义县等全县有约28个社区的小区楼道、公众活动场所悬挂图文并茂、内容丰富的法制宣传牌，内容为“学法用法，从我做起”，“法律面前人人平等”。此外，该县有关部门都开展了专业法的宣传，设置了专门的法制宣传窗、文化牌，如禁毒宣传、人口计生宣传、环境卫生宣传等。

重视和发展法治文化、利用法治文化传播和落实法律法规，推动社会法治化、执法人性化、工作服务化，对政治稳定、社会稳定、经济发展有着很积极的影响。贵州省经过近几年的探索实践，法治文化建设为贵州省营造了浓厚的学法用法守法环境，有了法律的强制力，守法者才能继续守法，不守法者才会有所顾忌，形成守法、护法、讲法、信法、尚法的社会氛围。同时我们还要继续加大法治宣传教育的力度，促进贵州全社会的法律文化传播，为全省普法依法治理工作的深入推进奠定扎实的基础，为经济发展、社会和谐和同步建成小康社会做出努力。

（二）实现同步小康需立法先行

加强立法工作，是促进贵州与全国同步全面建成小康社会的重要保障。相关资料显示，贵州省人大常委会始终把提高地方立法质量摆在第一位，为地方经济社会又好又快发展提供支持和法制保障。如为了更好保护赤水河流域环境保护、生态补偿机制和管理机构等，省人大常委会领导就三省环保联手问题多次深入流域相关地区和有关部门调查研究，先后到赤水河流经的云南、四川走访，对流域重大问题进行磋商，对如何制定好《贵州省赤水河流域保护条例》这一地方立法进行交流座谈，堪称2011年度贵州地方立法的一个亮点。这说明地方立法要充分体现人民意志，反映客观规律，协调各方利益，突出地方特色，应着力解决贵州实际问题，以切实增强地方性法律法规的针对性和可操作性。

1. 完善地方立法的利益表达机制

地方立法过程中我们要建立利益表达机制，从制度层面上保障和规范人民群众利益表达的途径和程序，疏通社会各阶层利益表达的渠道。如贵州省人大常委会制定并审议通过了《森林林木林地流转条例》《酒类生产流通管理条例》《消防条例》《邮政条例等法规》，对《禁毒条例》《旅游条例草案》等进行了初审，这正是贵州省完善地方立法的利益表达机制和拓宽利益表达空间的具体体现。[1]当然，构建地方立法中的利益表达机制还有待健全。

结合贵州实际，我们认为构建地方立法中利益表达机制的具体措施：首先，拓宽利益表达空间。积极拓宽贵州社会民众在立法过程中的表达空间，以推进民众的有效表达。“只有普遍地、真实地和全面地公开立法过程，才能更加有效地保障公民参与立法活动，切实保障人民在立法时当家做主。"[2]这表明贵州省的立法决策要真正建立在有效集中各方面利益要求的民主基础上；其次，完善利益表达的反馈机制。通过建立健全民众利益表达的反馈机制，其目的既能畅通民众利益表达渠道，又能规范民众利益表达行为，还能增强民众利益表达实效。最后，建立贵州省人大代表利益表达激励机制。要充分保护人大代表主动表达社情民意的积极性，通过有效的途径来支持人大代表表达社会各阶层人民群众的利益和主张，对代表的不作为、不负责任进行必要制约，对不当表达、恶意表达予以规制。要切实实行民主选举，保证选举过程的民主化、公开化，让选民能够真正说了算，保证代表在人大活动中的活动能够为他们的选民所知，使选民清楚地知道代表在做些什么，在为谁做，从而使他们能够清楚地知道自己应该支持还是罢免自己的代表。

2. 完善地方立法推动民族法治建设

在西方历史上，如美国、英国、法国以及德国等在开发贫穷落后地区上都有一条成功的经验，那就是制定完备的法律体系。相关资料显示，贵州省人大常委会批准了贵阳市、三都水族自治县等民族自治地方制定的《贵阳市劳动保障监察条例》《贵阳市住宅小区人口和计划生育管理服务规定》《贵阳市燃气管理条例》《贵阳市促进生态文明建设条例》《贵阳市城乡规划条例》《三都水族自治县村寨消防条例》《威宁彝族回族苗族自治县畜牧业发展条例》《黔西南布依族苗族自治州农作物种子管理条例》《松桃苗族自治县农村公路条例》《黔南布依族苗族自治州畜禽防疫条例》《玉屏侗族自治县非物质文化遗产保护条例》。这些地方性法规和单行条例，立足当地实际和需要，着力体现地方特色和需求，在推动当地经济社会发展的同时，更加注重反映民情、改善民生以及对环境和资源的保护，对保障贵州与全国同步实现全面小康社会起到十分重要的作用。

（三）同步小康与法治政府建设

众所周知，建设一个让人民满意的政府，对加快经济社会发展至关重要，而谋求省域经济快速发展的切入点和着力点之一，就是准确把握政府职能定位。全面实现从"管制政府"向"服务政府"转变，从"权力政府"向"法治政府"转变，从"信用缺失政府"向"诚信政府"转变，变"小职能、大政府"为"大职能、小政府"，其核心是建设法治诚信服务型政府。

调查发现，贵州省法治政府建设尽管取得了重大成就，但仍然暴露出一些问题，随着经济社会的进一步发展，这些问题将更为突出。具体表现：一是规范性文件的清理和行政审批制度改革最终效果不佳。通过大规模的清理和改革工作引起了一些担忧：某些政府部门在改革工作中出现一定程度上急功近利、矫枉过正等错误倾向。一方面，为了吸引投资、加快经济发展，无原则地降低行政审批门槛和市场监管力度，为国家已经明令淘汰、与产业结构升级目标相背离的产业开绿灯，一些部门出台的改革措施甚至与法律强制性规定相违背；另一方面，过分强调规范性文件的清理和行政审批制度改革对经济发展中的作用，将“依法行政”和“法治政府建设”片面地理解为促进经济快速发展的手段，忽视依法行政本身所具有的深意。从长期来看，规范性文件的清理和行政审批制度改革最终效果有待检验，需要谨防因过分追求改革速度、片面强调短期效应导致的负面影响。① 二是政府信息公开力度不足，透明政府建设速度缓慢。资料显示，贵州省信息公开工作在机制构建、覆盖范围等方面还存在一定问题。一方面，缺乏完备的工作机制，如缺乏信息公开的专设机构和明确的责任人，对政府信息密级评定和保密审查等问题没有具体规定等；另一方面，政府信息公开工作覆盖范围有限，向乡（镇）、村、社区延伸不够；再一方面公开信息内容有限，政府有选择地公开信息，公民知情权无法得到保障，如在已公开的信息中，通知、公告、规章等抽象性文件多，而具体指导部门如何执行、群众如何办理相关事项的政府信息少，事前告知的多，而事后反馈评价少等。调查表明：在信息公开方式上，与“主动公开”相比，贵州省“依申请公开”相关工作尤其有待完善，主要存在申请渠道不畅、申请程序不明等问题。② 三是基层政府法治建设状况堪忧。如贵州省法治政府建设水平地区差异大，基层政府法制建设滞后，状况堪忧。一方面，贵州省经济发展整体水平低，地方差距大，二元结构差异明显，对于某些还在为穿衣吃饭苦苦挣扎的欠发达地方来说，法治建设也许还是一个遥远的话题；另一方面，我国法治政府建设具有自上而下推动的性质，在传导过程中，建设力量递减，政府法治建设水平也随之下降，垂直差异明显。存在的问题主要表现为某些基层政府依法行政意识不强，个别工作人员欠

① 李霞著《2009 年中国行政法治》，《中国法治发展报告》，社会科学文献出版社，2010，第 101 页。

② 钱昊平等：《“政府信息公开没有突破进展”》，《南方周末》2011 年 9 月 29 日。

缺法律意识和法律素养，同时暴露出政府工作人员基本法制意识的缺失，受到机制构建、工作条件、重视程度等因素的限制，政府信息公开和行政审批制度改革向乡（镇）延伸不足等。①

（四）维护同步小康的司法保障

司法是维护社会正义的最后一道屏障。我们只要能维护司法公正，就能树立法律的权威，就能维护法律的尊严，就能确保政治安定和社会稳定。据调查，2010年以来，贵州省司法行政工作取得一定成效。

一是监狱布局调整取得突破性进展，监所安全保持稳定。比如完善以“五项机制”② 和“四防一体化”③ 为主要内容的安全稳定长效机制，加强警务督察，维护了监管场所安全稳定。二是律师、公证、司法鉴定工作规范化管理水平明显提高。据不完全统计，仅2011年，贵州全省律师担任“园区”法律顾问近500家，担任非公经济法律顾问810家，担任政府法律顾问近400家。全年办理诉讼案件23870件，其中刑事案件有9375件、民事案件有15156件、行政案件近500件，办理非诉法律事务近12000件，义务法律咨询54182人次。同时全省公证机构共为200个大、中型重点项目提供公证服务，其中国内公证有62540件，涉及台港澳公证1848件，涉外公证10586件。目前，贵州省经过备案登记和审核过的司法鉴定机构共181家、司法鉴定人2002名。仅2011年完成司法鉴定检案共15112件，其中法医鉴定、物证、声像资料“三大类”检案近15000件，其采信率达98%以上。三是法律援助重心下移，服务保障改善民生取得新进展。全省办理法律援助案件17118件，接待咨询74074人次，回访受援人1919人，满意率达99.7%。四是预防化解社会矛盾，人民调解、法制宣传取得新成效。[3]全年人民调解组织共排查矛盾纠纷114821件，调处矛盾纠纷122772

① 调查显示，基层政府的法治建设水平普遍低于省级政府法治建设水平。参见北京大学公众参与研究与支持中心《2010年度中国行政透明度报告》。资料来源：搜狐网，http://gon-gyi.sohu.com/s2011/2011zhongguoxingzheng/index.shtml，最后访问日期：2011年10月12日。

② 这里的“五项机制”是指目标考核管理、技术支持服务、领导联系帮扶、评优争先激励、项目示范带动的远程教育五项工作机制，使各项工作逐步走上制度化、规范化和科学化轨道。

③ 这里的“四防一体化”是省委常委、市委书记李军在加强我市武警部队建设的书面讲话中指出执勤目标单位要按照人防、物防、技防、联防“四防一体化”建设的要求，加大执勤隐患治理力度，提高目标安全系数，推动整个社会面的安全稳定。

件，分别比上年上升32%和39%，调解成功率98%。卓有成效的人民调解工作把大量矛盾纠纷化解在基层和初始状态。五是安置帮教、社区矫正工作信息化制度化水平明显提高以及司法行政管理体制和工作机制改革进一步深化。相关资料显示，仅2011年贵州全省在县（市、区）和乡（镇、街道）成立了社区矫正工作委员会及办公室的比例达99%，县级司法局设立了社区矫正工作机构的达82%。同年累计接收社区服刑人员12225人，累计解除矫正近3000人，在册近9000人；全省新增刑释解教人员25495人，安置22136人，安置率达86.8%，帮教近25000人次，帮教率96%。上述数据说明这仅仅是构建法治贵州的开端，在切实维护司法公正方面还要加大力度，寻求完善的维护司法公正体制机制。

1. 深化司法体制和工作机制改革

2010年4月，时任贵州省委政法委书记崔亚东在省委政法委第一次全体委员会议上对2010年全省司法体制和工作机制改革的项目进行了责任分解，省委政法委及省法院、检察院、公安厅、国家安全厅和司法厅等单位均明确了各自的工作任务。2011年11月14日，时任省委政法委书记崔亚东又详细了解了瓮安县司法体制和工作机制改革开展情况以及取得的成功经验。这表明省委已经把贯彻落实司法体制和工作机制改革工作与加强社会管理创新工作结合起来，在加强社会管理创新工作中推进司法体制和工作机制改革，在推进司法体制和工作机制改革工作中加强社会管理创新，使二者相互促进，相互影响，相互产生积极作用。当然，在贯彻落实贵州省司法体制机制改革的各项部署和优化司法职权配置的同时，我们还要进一步采取有力措施做好相关工作：一是完善贵州省司法职权结构和组织体系；二是完善贵州省宽严相济刑事政策的制度和措施；三是完善贵州省司法队伍管理制度以加强司法职业保障；四是健全贵州省司法经费保障机制；五是完善贵州省司法救助制度和刑事赔偿制度；六是逐步规范和健全贵州省人民陪审员和人民监督员制度以扩大司法参与。[4]

2. 保障司法机关依法行使职权

为了强化司法保障机制建设，贵州省各级党委、各级人大及其常委会要带头维护司法权威、要依法实施监督，坚决排除地方保护主义和本位主义对司法活动的干扰，保障司法机关依法独立公正行使职权。同时各级行政机关要依法参与诉讼活动、认真履行协助义务、自觉履行生效裁判。行政机关负责人对重大行政诉讼案件要主动出庭应诉，加大生效裁判的执行力度，健全执行联动威慑机制，有效解决执行难问题。加强司法公信力建设，着力解决人民群众反映强烈的司法不公问题，健全司法纠错机制。建立对非法干预司法活动备案登记及查处的责任追究制度，规范新闻媒体对司法机关正在办理案件的报道制度。[5]

3. 全面推进司法公平正义

完善全省审判公开、检务公开、警务公开、狱务公开制度，扩大公开范围，拓宽公开渠道，创新公开形式，以司法公开促进司法公正廉洁。除依法不能公开的外，法律依据、司法程序、办案各个环节和结果都要向社会公开。[6]完善司法听证制度、新闻发布制度以及当事人权利义务告知、群众旁听庭审、裁判文书上网、诉讼档案查询等制度。推进司法信息化建设，加大数字法庭建设力度，建立案件信息查询系统，推行庭审同步录音录像、同步记录、同步显示和重要案件庭审的电视或网络直播。增强公开意识，扩大公开范围，创新公开方式，以公开促公正，以公开保廉洁。

4. 强化诉讼活动法律监督力度

为了加大对贵州省诉讼活动法律监督力度，我们必须注重“六加强”工作：一是加强对司法工作人员渎职违法犯罪行为的监督，防止徇私舞弊、枉法裁判等行为；二是加强对事实的认定和适用法律严重错误案件的监督；三是加强对严重违法诉讼程序，防止和纠正有案不立、违法立案，刑讯逼供、违法取证，违法扣押、查封、处理款物、冻结；四是加强在判决执行、裁定活动中不负责任或滥用职权致使公民、合法组织和社会公共利益遭受损害等问题；五是加强纠正定性明显错误和处理严重不公等问题；六是加强对刑罚执行和监管活动的监督以促进监管场所依法管理。[7]

（五）《民族区域自治法》的完善

解决具有多民族特点的贵州社会问题是我国民族法制完善非常重要的一部分，是建设稳定贵州的一大使命。在很大程度上，贵州当前社会问题取决于该地区的制度安排。贵州省当前实行的民族区域自治制度，便是正确处理该地区与全国同步建成全面小康社会的最好制度见证。

1. 逐步充实《民族区域自治法》

结合当前课题组在贵州调研情况实际并认为，我们应该实事求是地找到当前《民族区域自治法》存在哪些问题，如何完善该基本法的不足，如何补充该基本法需要补充的具体内容等，提出完善建议：

(1) 建议增加公民在少数民族地区享有权利和履行义务的相关规定。

通观《民族区域自治法》的法律条文，我们发现一方面缺少少数民族地区公民权利的专章规定，与汉族公民相比，国家给予了少数民族地区广泛的自治权以及各项优惠政策，如高考加分以及优先招工等特殊权利的享有，但这方面的优惠政策的专门设置条款不多。同时《民族区域自治法》也缺少履行义务的相关规定。为了让少数民族地区公民，既明确该享有的权利，又要明确应承担的义务，鉴于此，建议增加并有具体规定“少数民族地区公民权利与义务”专章，将该部分内容置于自治机关的自治权之前。

（2）建议增加保障散居少数民族权益的条款。作为中国共产党处理民族问题的总政策，应该具体体现在如何保障散居少数民族[①]的利益，这不但有利于各民族的法律地位平等，而且也有利于各民族的共同发展和繁荣。通过调研发现，虽然我国已经基本形成了社会主义法律体系，但我国地方的法律体系中的立法层次较低，没有成文的法律，需要加大力度进一步完善，因此，笔者认为，我国应尽快制定《中华人民共和国散居少数民族权益保障法》，以保障散居少数民族平等权利的实现，以维护多民族地区社会的稳定与发展。

（3）建议增加“法律责任”方面的条款。作为在我国民族地区实施的一部基本法——《民族区域自治法》中，也应当像其他法律法规一样，有明确的“法律责任”的相关规定。当前，鉴于违法与制裁规定条款的缺失，在多民族地区不但有违法律规范逻辑结构完整性的要求，而且也使得下位法在是否设置“法律责任”之时处于两难的局面。故在《民族区域自治法》中，“法律责任”条款的欠缺，就容易导致国家机关的违法行为得不到追究，这不但没有厉行法治，而且还直接影响了《民族区域自治法》的贯彻实施与落实。因此，笔者认为，增加如民事责任、刑事责任、行政责任和政治责任等“法律责任”专章非常重要。

（4）明确规定少数民族的立法参与权。在我国的《行政法规制定程序条例》《立法法》《规章制定程序条例》等和一些地方规章中，都规定了公众的立法参与。如果《民族区域自治法》中赋予少数民族立法参与权，在制定关于民族自治地方的命令、决定等之前，只要上级国家机关向其辖区内的民族自治机关，征询民族区域各个领域的政治、经济、文化、科

① 我国散居少数民族占全国少数民族总人数的1/3，他们居住分散，人员流动性强，其居住特点就决定了他们的合法权益很容易被忽视或不能得到充分的保障。参见张文显《法理学》，高等教育出版社，2005，第111页。

技、教育等相关事宜，这就会很容易避免上级国家机关对其辖区内的民族地区的具体情况了解不多的情况，同时，只要上级国家机关对其辖区内的民族地区制定的决议、决定、命令和指示经常有所理解或调查，也就不会存在很难符合民族区域实际的决议、决定、命令和指示等情况。因此，笔者认为，有必要明确规定少数民族地区享有的立法参与权。为此，笔者建议修改《民族区域自治法》第 54 条的规定[①]。

（5）完善《民族区域自治法》关于经济建设的规定。在《民族区域自治法》中，规定了适应市场经济的相关内容。例如《森林法》第 9 条规定，国家和省、自治区人民政府，民族自治地方的林业生产建设，依照国家对民族区域自治地方自治权的规定，在森林开发、木材分配和林业基金使用方面，给予较一般地区更多的自治权和经济利益。[②] 这表明国家对民族自治地方的扶持力度有所加大，尽管如此，我国的《民族区域自治法》仍然存在着不足。随着社会的急剧转型，多民族地区并不是处于传统经济型阶段，而是逐步与现代经济社会接轨，所以要增加失业保险和医疗保险；工伤保险与养老保险；残疾者救济、贫困者救济、受灾者救济与弱者救济等社会保障制度方面的内容，更好地建立民族自治地方社会保障体系。此外，建议增加公平合理的市场竞争机制的内容。同时建议结合本自治地方的实际情况，制定有关社会保障的自治条例。

（6）立法技术的提高。政治术语与法律术语的混用在《民族区域自治法》条文中有所体现，同时还体现了概念遗漏等立法技术问题。一般而言，立法者结合法律语言的基本要求，应该把好文字关和语言表述关，一定不能出现一般号召性或模棱两可的语言。[③] 法的形式美之处主要体现在，法要有严谨完整的结构、完备的内容且符合实际，同时要有规范统一的语言表达。因此合理、科学的立法技术是保证立法质量的重要方面。立法技术是立法人员在社会实践中解决各种实际问题的过程中创造和发展出来的技术与方法，是立法者为了使立法文本在形式、结构、内容等方面尽可能地趋于合理、完善而采取的各种策略、技巧和方法。从某种意义上说，立法技术更多的是反映人类对立法实践的共同性因素的认识，是人类共享的

① 我国《民族区域自治法》第 54 条的规定，上级国家机关在制定有关民族自治地方的决议、决定、命令和指示前，应当事先向自治机关征询，以适合民族自治地方的实际情况。

② 法律出版社编辑部：《中华人民共和国常用法律大全》，法律出版社，2006，第 1386 页。

③ 吴金龙：《民族区域自治地方立法新议》，《延边大学学报》2004 年第 6 期。

文明成果与财富。加强《民族区域自治法》配套立法技术，主要目的是使配套立法更加科学、合理，并实现立法调整的高效率，因为，在现代社会，民主、法治和宪政的现代精神、理念与原则已日益深入人心，尊重和保障基本人权为内在道德品质的；良好的法律之治，已成为现代社会基本的内在需求与必然选择。所以，为了在民族区域地方完成日益复杂而繁重的高效立法重任，科学的立法技术的广泛采用已是大势所趋。

2.《民族区域自治法》配套立法体系化

实施民族法制体系建设工程，制定与《民族区域自治法》相配套的法律法规，这强调了建立民族法律体系的重要性。

（1）单行法的制定。“单行法”是指由全国人民代表大会常务委员会制定的法律，它主要规范社会生活中某一方面或某一领域的问题。一般英美法系采用判例法就主要是单行法的模式，这与大陆法系制定法典的做法是相对的。单行法是和一般法相对应的称谓。一般法规定的是比较综合的法律问题，而单行法是对一般法中规定的某个特别法律事项进行的特别规定。我国民法通则就规定了物权事项，什么担保、抵押、质押等，而我国另外还有一部担保法，担保法就是一部单行法，而相对于担保法而言，民法通则就是综合的一般法了。

在我国，单行法缺位问题直接影响到民族地区社会领域的相关法律保障，在社会管理法治化建设过程中，针对社会领域的相关问题，找不到法律依据，因此建议全国人大常委会抓紧制定单行法律法规，因为它是《民族区域自治法》配套立法的重要组成部分。就当前社会法治化态势而言，急需制定的单行法律法规应该有：《民族自治地方经济发展促进法》《散居少数民族权益保障法》《少数民族教育促进法》《民族自治地方自然资源开发与保护法》《少数民族文化保障法》等。

自治条例和单行条例的制定和完善。我国《民族区域自治法》第19条规定，民族自治地方的人民代表大会有权按照当地的政治、经济和文化的特点，制定自治条例和单行条例。自治条例和单行条例的区别在于它们是专门规定具体事项的规范性法律文件而不是综合性的法律规范性文件。也就是说，单行条例和自治条例不是规定一般意义上的或宏观意义上的法律规范性文件，而是就具体的事项方面做出具体的规定。而从数量上看，笔者通过对贵州调研发现，在自治条例和单行条例的制定方面，他们结合不同的民族制定了一些相关自治条例。如《贵州省三都水族自治县自治条例》《黔西南布依族苗族自治州自治条例》《贵州省关岭布依族苗族自治县自治条例》《贵州省松桃苗族自治县城镇管理条例》《贵州印江土家族苗族自治县自治条例》《贵州省务川仡佬族苗族自治县自治条例》《贵州省镇宁布依族苗族自治县自治条例》《贵州紫云苗族布依族自治县自治条例》等，从内容上看，自治条例和单行条例仍存在内容老化、内容单一的现象，它们调整的范围狭窄，具体内容具有全国性意义的多而缺少民族特色和地域特点，由于各方面工作力度不到位，导致民族自治区域的自治条例和单行条例修订工作不及时，立法程序或修订程序不完善等缺陷。[①] 各民族尤其是多民族地区应当根据《民族区域自治法》的规定，结合本民族区域的实际情况，并在总结经验的基础上，及时立、废、改自治条例和单行条例。

（2）变通权的有效行使。“变通权”是指我国法律赋予民族自治地方和经济特区实施的一种独特的立法自主权。当前实施“变通权”需解决的问题，例如一方面立法变通权的主体不统一，这样就会导致在实践中往往会出现有利可图就抢先制定，无利可图就相互推诿的现象。而多民族地区自治州、自治县（旗）的人民代表大会，不能行使变通规定权，只能行使变通建议权，同时，将其变通建议上报给自治区的人民代表大会备案和自治区人民政府。[②] 不过，在我国制定的位数众多的法律法规中，我们发现仅仅在少数的法律法规中，明确规定了民族自治地方可以制定变通或补充规定，[③] 而在其他大多数法律法规中，有关民族自治地方可以做出变通或补充执行的规定却没有提出。毫无疑问，使多民族自治地方变通权的行使受到了严重影响，这也可能是导致该地区社会管理法治化建设不完善的主要因素。因此，笔者建议，在不违背法律法规原则的前提下，法律法规中应明确规定民族自治地方，结合本自治地方的实际可以制定变通规定。

（3）行政法规、地方性法规和政府规章的制定。在我国民族自治地方，国务院在领导和帮助其政治、经济、文化等各领域建设的同时，国务院也应该制定相关的行政法规和规章，另外，辖有民族自治地方的省、自

① 李涵伟：《论自治条例制定与完善的困境及出路》，《西北民族学院学报》2008 年第 2 期。

② 朱玉福：《落实民族区域自治法律变通补充权的法律保护研究》，《福建论坛》2007 年第 8 期。

③ 这里只有少数的法律法规中明确规定了民族自治地方可以制定变通或补充规定，如《刑法》第 90 条、《妇女权益保障法》第 60 条、《继承法》第 35 条、《婚姻法》第 50 条等，还有少数法律法规规定民族自治地方可以制定实施办法，如《全民所有制工业企业法》第 68 条、《水土保持法》第 41 条等。

治区、直辖市的人民代表大会及其常务委员会，也要根据本民族区域内的民族特点和地方特点，制定相关的地方性法规，这是体现如何对我国《民族区域自治法》进行配套立法的重要方面，也才能体现多民族地区加强社会法治化管理领域的法律法规制度体系的完善。

为了更好地体现贵州多民族特色，保证民族地区法律法规的有效实施。首先，我们要修改《民族区域自治法》中过于纲领性、原则性的条文，使之更加具体化，以增强民族区域自治法的针对性和可操作性；其次，民族立法要尊重和包容少数民族的文化传统、民族心理以及思维特征；再次，民族自治地方的民族立法既要尊重本地区各民族的普遍法律文化，又要包容不同民族的独特法律文化；最后，加强民族地区规范性法律文件的规范化与系统化建设。[9]

（六）健全同步小康法律监督机制

法国经典思想家孟德斯鸠指出："从事物的性质来说，要防止滥用权力，就必须以权力约束权力。我们可以有一种政制，不强迫人去做法律所不强制他做的事，也不禁止任何人做法律所许可的事。"同时他认为无论任何人，"他越是有权力，就越是拼命想取得权力；正是因为他已经有了许多，所以要求占有一切"。① 这表明要防止权力的扩张，只有以另一种权力对其制约。为此需要完善贵州省权力制约和监督机制，综合运用各种监督形式以增强监督合力和实效，真正做到有权必有责、用权受监督、违法要追究。强化人大、政协、司法的监督职能，惩防腐败体系的领导体制和工作机制完善，领导干部述职述廉制度和重大事项报告制度以及党风廉政建设责任制落实，党政班子民主测评中，反腐倡廉工作评价等次达到优秀；未发生造成恶劣影响的违法违规办案事件，群众对党风廉政满意度高。健全举报制度和设置网络举报体系，加强信访工作以畅通群众监督渠道，加强舆论监督以切实发挥社会监督作用。

（1）完善权力制约和监督机制。英国经典思想家洛克认为："权力一旦失去法律的约束，它就会偏离它产生和存在的宗旨，人民遭受暴政之苦便不可避免。"② 这意味着权力在运行过程中能够给权力主体带来利益、荣誉和地位，因为权力的运行过程实际上就是社会价值的分配过程，国家权

① 〔法〕孟德斯鸠：《论法的精神》（上册），张雁深译，商务印书馆，1997，第154页。

② 〔英〕洛克：《政府论》（下篇），叶启芳、瞿菊农译，商务印书馆，1996，第123页。

力主体如果不能经受住社会价值的考验，如果不加以法律的限制，那么国家权力主体就避免不了成为侵犯人们权利的专制工具，同时也会诱发出各种腐败现象。贵州省在改革过程中，随着社会价值观呈现多元化倾向，随着利益结构的分化与加剧，一些党员干部在使用权力方面如果思想防线不牢固，意志不坚定，就很容易滥用权力，甚至很容易受到权力腐败病毒的感染，甚至跌入腐败的深渊。所以以权力制约权力、以权利制约权力、以社会制约权力、以法律程序制约权力以及以责任制约权力的体制机制在贵州省还需要进一步加强与完善。

（2）强化人大、政协的监督职能。强化人大的监督就是代表人民行使权力，同时也必须把监督工作的开展情况置于人民群众的监督之下。这就需要人大及其常委会把监督的内容和重点通过各种不同的形式随时公布于众，广泛听取人民群众的意见和建议以提高监督决策的民主化水平。强化并健全政协民主监督工作机制至少应考虑建立三方面的制度：一是规范政协参加单位和委员履行民主监督职能的制度；二是支持和保障政协参加单位和委员履行民主监督职能的制度；三是执政党和国家机关吸纳、落实、反馈来自政协意见、批评和建议的制度。由于监督工作涉及监督者和被监督者两个方面，所以建立政协监督健全相关制度要在党委的领导下进行。同时强化司法监督职能是地方人大行使监督权的一项重要内容，尤其是在随着经济和社会治理结构发生了重大变化的现实情况下，强化地方人大对司法工作的监督对构建和谐社会具有极其重要的作用。因此，完善人大、政协、司法的监督职能也是提升贵州省各级政府效能的有效途径。

（3）强化行政复议对行政执法的监督。行政复议作为行政机关内部纠正错误的一种重要监督制度，在保障和监督行政机关依法行使职权保护公民、法人和其他组织的合法权益等方面发挥着十分重要的作用。以行政复议进行行政执法监督更具有可操作性，完善了贵州省当前的行政监督手段。通过行政复议加强行政执法监督，促进行政机关依法行政和从严治政，建设廉洁、勤政、务实、高效政府具有重要价值。那么，如何充分发挥行政复议的监督职能，促进依法行政水平的提高，成为各级行政复议机关思考的问题。是简单地审理几件行政复议案件来达到个案监督的目的还是以个案审理为手段，通过审理发现执法中的问题，进而普遍加强行政执法规范工作。对此，贵州省各级行政复议机关应该把行政复议工作同行政执法规范、行政复议同违法执法责任追究相结合，在充分发挥行政复议的监督职能方面进行了探索。只有这样，全省各级行政机关才能普遍加强行政执法规范工作，才能严格行政执法责任，行政复议的监督作用才能得到较好的发挥，行政执法水平和行政复议质量才能提高。

（4）强化审计、监察专项监督职能。加强与纪检监察等部门的联系提升审计成果利用水平。要建立健全与纪检监察、组织、人事等部门的联系制度，包括定期报告制度、定期沟通制度、定期反馈制度，形成工作合力以加大对审计结果的利用力度和提升审计工作效能。当前，贵州省要坚持“依法审计、服务大局、围绕中心、突出重点、求真务实”的工作方针，走“以履行审计监督职责为出发点，以强化审计和审计调查为手段，以提报高层次审计报告和要情为载体，以促进宏观管理与决策为标准，以服务经济社会发展稳定为目标”的审计工作路子，在更高层面和更宽领域发挥审计监督作用，为贵州经济社会又好又快发展和法治建设提供强有力的保障和高水平的服务，把推进法治、维护民生、促进发展作为审计工作的出发点和落脚点，充分发挥审计的建设性作用，使审计机关真正成为人民群众合法利益的维护者、各级领导科学决策的参谋者、各项工作政策改革的促进者、各种经济违规行为的查处者。

（5）加强举报制度和网络举报监督。“举报”是公民行使监督权的一种具体形式，因而属于公民基本权利的范畴。构建以“举报法”为主干的权利保障体系应当明确公权力主体的责任以及制定严密的具体制度程序，让举报权救济的渠道畅通无阻。为此，应重点抓好保密、身份重置等预防性保护制度的建设，进一步完善惩治性制度的规定，同时还应该注重社会健康举报观念的培育。目前贵州省要把学习实施新的行政监察法作为一项重要任务切实抓紧抓好。要加大宣传力度认真组织学习和培训，进一步提高依法履职的能力。要根据修改的内容完善相关配套制度。进一步完善举报制度加强对举报人的保护，要健全纠风和政务公开工作机制，不断提高工作水平。要依法推行监察工作信息公开主动接受监督。要加强对新的行政监察法实施情况的检查和指导确保贯彻落实到位。同时网络监督是新闻舆论监督的主要形式之一。网络监督的威慑力和影响力越来越大，网络监督反腐呈现井喷的新局面。网络具有虚拟、开放、互动、及时、高效、便捷和经济等特点。较之其他监督，网络监督举报的优势更明显：一是网络监督举报更安全；二是网络监督举报更有效；三是网络监督举报抗干扰性更强；四是网络监督举报形式更丰富、说服力更强；五是网络监督举报的线索来源更广泛。依据批评、建议、申诉、控告和检举等监督形式的行使和效应需要，依据媒体监督关涉的不同关系建立健全网络监督机制必须建立以下制度链接：一是要建立人大代表与选区人民群众的网络联系制度；二是要建立上下互连的省、市（州）、县、乡、村、社六级人大网站；三是网络监督与网络媒体自律、行业自律和政府管理的制度链接；四是网络监督与司法监督的制度链接。

（6）加强新闻媒体和社会舆论监督。江泽民同志曾认为我们的报纸办得好，那么可以对我党的路线、方针、政策和任务等起到有力的宣传、贯彻作用，对广大群众起到极大的动员和鼓舞作用，对先进的东西能够起到积极的倡导弘扬作用，对错误的东西能够起到及时的制止和纠正作用。[①]同时邓小平同志也曾说过："报纸办好了，对领导是最大的帮助。"[②] 这意味着国家领导人高度重视新闻媒体在社会发展中的不可替代性作用。现实生活中我们要更好地发挥新闻媒体的舆论监督作用，对于新闻媒体客观公正的监督批评和意见建议，只要能提出来，党委政府和主管部门就会及时予以纠正。因此，新闻媒体一定要对错误的东西，对不符合改革大局，不符合人民切身利益，不符合党的路线、方针和政策的东西要敢于批评、敢于揭露，真正践行舆论监督。贵州省在整个经济社会发展建设尤其是"三个建设年"[③] 中，应该始终高度重视新闻舆论和社会公众的监督作用，全面有效拓宽社会监督渠道，增强党员干部与群众的沟通，使社会监督成为转变机关作风、促进廉政建设的强心剂，成为提升干部素质、加速赶超发展的推动剂，成为增进党群干群关系、维护社会和谐的黏合剂。我们应该做到：一是充分发挥全省各级人大的监督作用，将公开内容及时向各级人大报告；二是建立健全省行政机关内部监督机制，把办事结果与事前、事中民主决策和民主监督结合起来；三是设立公布举报电话、意见箱、政务监督信箱、邮箱，对群众反映的问题及时进行调查处理，并迅速将调查结果反馈给监督人；四是积极接受上级部门对市（地、州）、县、乡、村、

---

① 江泽民同志于1996年在视察解放军报社时的重要讲话。参见别庆林《军兵种报纸如何开展舆论监督》，载《军事记者》2004年第6期。

② 《邓小平文选》第1卷，人民出版社，1994，第149页。

③ 此处贵州省委、省政府决定从2010年起到2011年年底，在全省深入扎实开展作风建设年、环境建设年、项目建设年活动。目的是通过这样一个抓手，增强全省上下的机遇意识、忧患意识、责任意识和主体意识，以作风建设保障发展，以环境建设促进发展，以项目建设带动发展设年。

社财政预算决算情况和机关基金、资金收支情况定期审计。

（7）完善经济法治监督体系。贵州省在经济法治监督体系方面先后出台了大量相关的意见与办法，其目的是规范经济法治监督活动。但是，可以看到贵州省目前的经济法治监督工作的状况还很不尽如人意。从法律位阶上来看，贵州省目前并没有很多经济法治监督方面的地方性法规，只能以其他相关部门法中的相关法律法规来间接指导经济法治监督行为，譬如《行政诉讼法》《行政处罚法》《行政复议法》《行政监察法》等。而经济法治监督方面大量依据的仍然是党和政府的政策和行政文件，而这些政策文件具有很强的主观性和不确定性。经济法规的缺失，造成了贵州省目前经济行政无法可依的尴尬局面。贵州省已形成了一套监督管理网络，但目前来看，这套网络仍然是比较粗糙的。贵州省监督机构和监督人员由于没有独立地位，监督权的设置混同于一般的行政职能中。为此，需要进行经济法治监督机制的改革。其中最重要的是将行政管理权和经济法治监督权进一步划分，将行政管理职能和经济法治监督职能进一步分离，即将行政管理机关和行政监督机关分别设置，组成相对独立的综合监督的专门机构，使其在智能上从行政管理日常活动中脱离出来。贵州省现行的监督法规不仅不健全，而且有一些监督法规在某些环节缺乏相配套的实施细则难以操作。因此，我们需尽快制定一些符合地方性适用的法律监督体系以为经济法治监督提供可靠的法律保障。结合贵州省的实际情况，这套监督体系应包括：监督体制、监督机关及其职责权限、监督原则、监督的内容和形式、监督程序、相关的法律责任。通过制定统一的监督体系法，我们可以进一步理顺经济法治监督体制、明确经济法治监督主体的职责权限、规范经济实施办法治监督的程序、强化经济法治监督手段，使经济法治监督全面步入法治化的管理轨道。

（七）建立健全同步小康法律服务机制

社会转型时期经济的快速发展、利益群体的多元化导致了法律服务需求的旺盛和多样化，这就要求构建满足不同人群、不同层次需求的法律服务体系。课题组通过调研分析仅就黔东南州剑河县干警法律服务活动为例而说明之。2010 年以来，剑河县全县 24065 万人，227 名政法干警人均走访群众 20 户以上，共走访群众 4551 户，为 412 户 1456 人解决生产生活困难问题，为弱势群体提供法律援助 15 件，排查出不稳定因素 168 起，调解矛盾纠纷 146 起，其中成功调解 140 起，制止群体性械斗事件 2 起 33 人，制止群体性上访2起24人，开展法治讲座56场，散发法律宣传资料50000份，接受群众法律咨询2023人次，协调相关部门为群众办实事30件。这些数据说明贵州省积极拓展与规范法律服务对贵州省司法行政部门提出了新的要求。

（1）完善法律服务体系。法律服务对于促进城乡经济社会的和谐发展、推进基层法治现代化、维护群众合法权益发挥了不可替代的重要作用。完善法律服务体系的对策：一是构建整个法律服务体系的多层次、多样化的服务态势。在现有条件下，政府如果限制法律服务所，那么中低收入群体就得不到有效的法律服务，甚至没有法律服务。因此，现阶段必须承认法律服务市场存在不同层次供需的现实，通过明确法律工作者和普通律师各自拥有不同的服务范围和出庭权限，为法律人才进入落后地区，根本解决落后地区法律服务资源短缺和服务水平、服务质量偏低的问题搭建体制平台，构造全方位、多层次、多角度的法律服务体系。二是完善相关立法。明确法律服务工作者的合法身份及其权利职责范围。贵州省社会纠纷解决体系中各主体职能的混沌状态，取决于社会发展的较低层次和相应简单、低廉的社会需求。但必须强调的是，农村地区与城市地区所需求的法律服务的差异，绝不是简单的层次高低之分，而是有类型和方式上的重大差异。建议将贵州省基层地区基层法律工作者统称为基层律师，明确基层律师的法律地位、权利义务、服务领域、法律限定等，明确其合法身份，使其接受《律师法》的统一规范。三是完善乡镇法律服务所的构建，为基层农村法律服务提供组织保障。一方面加强乡镇法律服务是开展法律服务的立足点；另一方面推进“法律进农村”工作，引导群众通过合法途径解决矛盾纠纷；再者对现有基层法律工作者要给出路，同时鼓励家在基层的高等院校毕业生报考“基层律师”，在政策上予以扶持。四是设立律师协会理顺管理体制。设立“律师协会”，实行自我管理是法律服务机构有序发展的保证。建议尽快明确法律服务机构和人员的管理归属，充分发挥司法行政机关与行业协会管理的优势。五是抓住重点，规范管理。规范市场竞争主体，重点是实施法律服务市场准入制；规范市场竞争行为，重点要完善信用制度体系；优化法律服务条件，重点是为法律服务主体创造公平的法治环境。拓展法律服务市场，关键是正确引导法律服务。①

① 王秀鹏：《论完善农村基层法律服务体系》，《西部科教论坛》2010年第7期。

（2）完善市、县、乡、村、社法律顾问领域、方式及功能。经过调查，课题组认为贵州省法律服务工作要以村镇为依托，面向基层、面向社区、面向群众，提供公益性、非营利性法律服务。在鼓励律师事务所在正常开展业务的同时，定向为一个或多个乡镇提供法律服务，加大司法救助的扶持力度，倡导律师每年承办一定数量的法律援助案件，组织实习律师为社区提供公益性法律服务，并将此作为考核其能否转为正式律师的重要内容。充分发挥律师在市、县、乡、村、社法律顾问中的重大作用。

为有效促进律师工作的积极性，首先必须从基层法律顾问工作的本质出发，充分尊重律师，加强与律师的合作与沟通，增进相互之间理解和支持。从主观上充分重视律师法律顾问工作，确保律师执业所应有的权利和地位得以体现。其次，还必须加大市、县、乡、村、社法律顾问律师的参与力度。适应建设“法治市、县、乡、村、社的需要，对市、县、乡、村、社基层依法行政过程中所涉及的法律事项提供相应的法律服务。让律师不仅仅只为政府提供简单的法律咨询、民事诉讼、陪同领导下访等法律事项。而是从多角度、全方位全程介入法治市、县、乡、村、社基层行政单位的日常工作。建立“市、县、乡、村、社基层法律顾问团”，以律师为主，同时吸收法律教学、法律研究等专业领域的法律专业人才，参与市、县、乡、村、社基层法律顾问工作，共同为市、县、乡、村、社基层提供优质、高效的法律服务。譬如贵州省黔南州瓮安县积极推进县、乡二级政府法律顾问制度建设，聘请常年法律顾问达100%。为了加强基层专职律师的管理，基层政府可建立“基层政府专职律师管理制度”，明确其权利与义务。市、县、乡、村、社顾问律师参与基层法律顾问工作，不仅应得到政府的有力配合，同时授予市、县、乡、村、社顾问律师一定的查阅、询问、取证等权力，以有效保障基层法律顾问工作的顺利进行。为了有效促进市、县、乡、村、社基层律师工作的积极性、保证工作的质量和效率，可建立市、县、乡、村、社基层法律顾问激励考核机制，以最大限度地发挥市、县、乡、村、社基层顾问律师的工作积极性。同时建立市、县、乡、村、社基层法律顾问经费制度，是保障市、县、乡、村、社基层法律顾问工作顺利开展的重要条件之一。律师参与市、县、乡、村、社基层法律顾问工作，为市、县、乡、村、社基层群众提供各项法律服务，还可以增强基层市、县、乡、村、社基层干部群众的法律意识。

（八）营造同步小康的良好法治环境

亚里士多德曾言：“已成立的法律应该得到人们的普遍服从。人们普遍服从的法律应该是良好的法律。”[①] 建立和完善与国家法律相配套的符合贵州实际的法律体系，是优化贵州法制环境的重要前提。有了一套完整而又良好的法律法规，才谈得上法律的宣传和教育、遵守和执行的问题。法治是治国理政的基本方式，在全面建成小康社会的整个进程中，法治发挥着非常重要而突出的作用。法治作为社会文明演进的必然选择，不仅是贵州省全面建成小康社会的重要内容和重要判断指标，还是贵州省全面建成小康社会的社会制度基础和法治保障。全面建成小康社会，就要建一个能够保障良性社会秩序的法治环境。

1. 树立科学的法治观念

法治观念的实质是指法律至上、依法治国的理念、意识与精神。而这种精神的弘扬则要求小康社会的主流价值观应该是法治，通过提升全民的法治意识、法治思维和法治能力，以达到运用法治方式治国理政、交往互动、行使权力和实现权利的目的。所以，要营造一个良好的法治环境，人民的法律思想观念的转变和创新是至关重要的。首先要树立科学的人本法治思想。人是自我权利的主体，是能动的社会的人，是生而“等贵贱”的，权利和义务的相依相生是人的天然性。权益的损害只有依“民本之法”才能获得公正的补救。而现代法治以“公平、公正”为灵魂，以法这架天平来称量是非曲直，“法无赦”“法无亲”，追求官民平等，世事以法为核心的尚法生活，尚法可以促进社会共同价值观的形成。故“人无法，则怅怅然”。其次培育执法者的法律信仰。法律信仰是人们对法律的态度，达到一种超然的状态和宗教般的虔诚，也就是人民对法所表现出的忠诚意识、神圣崇尚、巨大热情和高度信任，是社会主体对法的现象理性认识的基础上油然而生的神圣体验，是对法的心悦诚服的认同感和归属感。思想决定行动，有了法律信仰，执政者就会重视法治；执法者就不会僭越法律随意执法；司法者就不会亵渎法律伤害社会公平正义；公民就会自觉守法依法行事。为此，我们结合贵州实际，要培育执法者的公仆意识、守法意

---

① 〔古希腊〕亚里士多德：《政治学》，颜一、秦典华译，中国人民大学出版社，2009，第68页。

识和法律至上意识。最后要加强普法教育。法治是公民的一种生活方式，是公民日常生活的大事。贵州省公民法治教育体系主要是通过制度或法律法规的形式，为贵州省公民所提供的教育服务系统，侧重于提升贵州省公民的整体素质，尤其是贵州省公民的基础能力素养。邓小平同志指出，“法制教育要从娃娃开始，小学，中学都要进行这个教育”[①]。法治观念（主要是权利意识、规则意识、公平正义感等）法治思维必须从小就开始培养，正如公民道德意识教育一样，应该融入从小学到大学的语文和政治课本里，用古今中外的法治故事、法谚等让孩子们在学习祖国语言文字的同时就开始树立法律信仰，同时将法律常识教育、法治建设的实践实录、法治热点难点讨论、法律专家法律实务工作者与公民关于法治的互动、法律文库及法律服务指南等均放在网上。培育法治思维，这样才能将法律信仰和法治思维融进民族的血液。这才是法治建设必须具备的土壤。

2. 深化体制改革以塑造健康法治机体

2012 年，贵州全面建设小康社会实现程度为 69%，这一数据比全国平均水平落后 6 年左右。同时“国发 2 号”文件这样概括：贵州是我国西部多民族聚居的省份，也是贫困问题最严重的欠发达省份。一个“最”字道出了贵州历史与现实之际的沧桑。而现在贵州人那种固有的人文惰性又阻碍了改革开放的深入发展。所以深化体制改革，克服落后观念的束缚，使之逐步痊愈而“雄姿英发”的旷世宏略。为此，当前我们要做好三个方面的工作：一是大力加强政治体制改革。政治体制改革适应公民参政积极性的提高，有利于调动群众的积极性，营造公平、公正的社会环境，维护社会稳定，推进我国各项事业的发展；反之，无视，甚至压制公民参政积极性的提高，会极大地危害社会、危及政权。我们应该明确，在保障人民的民主权利和合法权益，最广泛地动员和组织人民依法管理国家事务和经济、社会、文化事务，创造条件让人民批评和监督政府，坚决惩治贪污腐败，实现公平正义，使人们有安全感、有信心等各个方面，我们确实还需要做长期而艰巨的努力，任重而道远。我们要克服“家长制”，依法行政，精简机构，简政放权，扩大贵州省基层的自治权和自主权，搞好党政分开，特别是政企分开，让企业真正按照市场经济运营。正确实施民族政策，大力支持贵州少数民族地区的发展，扶持贵州民族特色产业，使贵州

① 秦荣洁：《中小学法制教育现状调查与思考》，《理论前沿》2004 年第 23 期。

省各少数民族共同富裕。二是深化经济体制改革。结合贵州省新近出台的《关于深化经济体制改革的意见》，我们应该积极推进国有企业资产资本化、资产证券化、股权多元化。通过产权股权转让、减持国有股比例等引导外资、民营资本参与国企改革重组，加快国有资产从一般竞争性领域推出。同时要深化国企产权制度改革，完善公司法人治理结构，建立健全现代企业制度。支持大企业强强联合、优强联合，通过兼并重组方式组建跨行业、跨地区经营、跨所有制的大型企业集团。建立健全国企重大资产损失责任追究制度，进一步规范国有产权交易行为。凡是政府投资和使用国有资金的工程项目建设、政府采购、国有产权交易等都要进入招投标市场。统计数据显示，截至2011年年底，贵州已有7户企业营业收入超100亿元，其中茅台集团、瓮福集团营业收入超过200亿元，利润总额上亿元企业达到10户。2013年以前将全面完成省属国有大中型企业公司制改革，使企业成为真正的法人实体和竞争实体。贵州能源资源富集，其中，已累计探明煤炭储量587亿吨，居全国第5位，素有“江南煤海”之称。此外，贵州还是20世纪“三线建设”时期的重要基地，“十二五”期间，该省将致力于建设西南地区具有比较优势的装备制造业基地，规划总投资600亿元以上。[①] 为此，贵州省人大常委制定了《贵州省开发区条例》《贵州省个体工商户私营企业条例》《贵州省促进供销合作社发展条例》《贵州省民营科技企业条例》《贵州省扶贫开发条例（草案）》等。这些法规对于发展贵州非公有制经济提供了可靠的法律保障。其中尤其是《贵州省扶贫开发条例（草案）》从形成制度性约束机制的角度，针对扶贫开发规划、扶贫资金管理、扶贫项目管理等环节进行了制度设计，将为促进贵州省打好扶贫攻坚战提供有力的法律依据。三是扩大对外开放。正如邓小平同志指出：“把自己孤立于世界之外是不利的，要得到发展，必须坚持对外开放……我们要继续开放，更加开放。”[②] 贵州经济社会发展滞后，原因是多方面的，最根本的原因之一是对外开放力度不够。作为与全国同步建成全面小康社会的贵州，其“开放”不仅是对外开放，还要对内开放。对外开放主要是积极参与国际分工，大力吸引省外国外投资，引进先进的市场理

① 王新明：《2012年贵州深化经济体制改革意见解析》，中国行业研究网：http://www.chinairn.com/news。

② 邓小平：《邓小平文选》第3卷，人民出版社，1993，第202页。

念和管理办法；对内开放主要是消除行政性壁垒，消除地区市场封锁，鼓励民营经济发展，促进企业优胜劣汰。原贵州省委书记栗战书同志认为，贵州省是典型的内陆山区省份，在一定意义上，贵州开放带来的活力比改革带来的活力还要大。这真可谓一语中的，点到了贵州的软肋。贵州省将更加注重增强改革的自觉性、坚定性、创造性，大胆探索，先行先试，以更大决心和勇气全面推进各项改革，加快破除一切妨碍科学发展的体制机制弊端。加快与西部各省或全国交流互动，携手开发，同舟共济，优势互补，形成“比、学、赶、帮”良好发展态势。如美国从 18 世纪末到 19 世纪初对西部进行了大规模的拓殖和开发，无数土地投机者和种植园奴隶主争先恐后到西部找黄金，其西部开发经历了最初的“圈地运动”似的无序状态，到 19 世纪中叶的政策规范、法制引导的有序阶段，20 世纪初的“硅谷”、电子城的规模发展这样一个渐进发展的过程，其中优惠政策的招引、人才的蜂拥而至是关键因素。[①] 贵州过去往往只注重“物的开发”，常以“资源丰富”引以为豪。现代的竞争是人才，技术和管理的竞争，特别是我们面临的国内、国际形势，我们更要重视物的开发转移到重视知识、教育、信息、技术等人的开发上来，大力发展外向型经济，探索一条既符合国际经济法治趋势和国内产业转移趋势，又能充分发挥西部在国际、国内两种环境下的比较优势，具有贵州特色的发展道路。

3. 完善立法体制以搞好依法行政

“人之道在法制，其用在是非。”[②] 法治是否完备在于立法体制的健全程度。推动贵州地方立法亦即不断完善现行地方法规政策体系。因此，应根据贵州的现实立法情况，按照“突出重点急需先立”的原则，突出抓好涉及国企改革、农村经济发展、生态环境建设、高科技发展方面的相关立法。努力推进立法的民主化和科学化，拓宽法规起草渠道，除发挥职能部门作用。采用立法调研论证会、立法听证会、媒体公布等形式，向社会广泛征求意见，以提高法规质量。在 2010 年的立法工作中，省政府法制办始终坚持科学、民主、依法立法，在“开门立法”方面进行了积极探索，将《贵州省旅游条例（草案）》《贵州省无线电发射设备销售管理办法（草

① 吴大华、徐杰：《西部大开发的法律保障》，民族出版社，2001，第 322 页。

② 刘禹锡：《天论》（上）。刘禹锡作《天论》，意在对柳宗元的《天说》作进一步的补充说明。

案)》委托社会力量进行起草。除涉密的外地方性法规、规章草案外，其他的法规规章草案都在网上向全社会征求意见，认真吸纳人民群众提出的合理意见和建议，受到社会各界的一致好评。为加大改革开放力度，组织翻译了10部省政府规章，规章翻译数量比2009年翻一番，比前三年平均数增加了200%。进行了立法后评估等制度的探索工作。2011年贵州省人大常委会共审议地方性法规案16件，通过11件，批准贵阳市地方性法规5件，批准制定、修改、废止民族自治地方单行条例、变通规定12件；继续加大法规清理和修改力度，审议通过的法规中包括2件修正案和1件修改决定；贵州省正着力抓好规范性文件备案审查工作，积极探索和实践立法协调和法规宣传贯彻工作。

围绕全省经济社会发展“十二五”规划，为在新的历史起点上加强法治政府建设，贵州省人民政府出台了《省人民政府关于加强法治政府建设的意见》(黔府发〔2011〕8号)。省全面推进依法行政工作领导小组办公室制定了《贵州省2011年依法行政工作要点》(黔法办〔2011〕号)。制定了贵州省省直行政机关、市（州、地）政府（行署）依法行政考核指标和评分标准。依法行政的关键是依法执法。坚持严格执法关键在于执法者的综合素质和作风状况。执法者要强化宗旨意识，始终铭记自己是人民的公仆，真诚为人民服务，为社会服务，切实做到执法为民，以实际行动维护党和政府的形象。要提高执行能力，有解决问题、化解矛盾、克服困难的实招，要把执法与服务结合起来，把维护环境和善待群众结合起来，真正做到“上为党委政府分忧，下为群众解愁”。要严肃各项纪律，认真执行执法行为规范，坚决纠正以权谋私等各种不正之风，对徇私枉法、吃拿卡要、粗暴野蛮执法、吃请受礼，侵犯百姓利益的行为，要严肃查处，绝不姑息。贵州省要求转变执法方式，创新管理办法。要坚持重心下移，加大巡查力度，及时发现并制止、纠正违法行为，力求将违法行为消灭在萌芽状态，最大限度避免执法冲突。要尊重当事人的人格，对确需给予处罚的，坚持“先敬礼、再讲理、后处理”的做法，做到态度有诚心，教育有耐心，执法有爱心，从而确保执法工作顺利进行。要坚持疏堵结合，特别是要为流动商贩规范经营创造有利条件，减免他们的税费，切实解决他们的实际困难，让他们不仅在理智上认同执法，且在情感上接受执法。此外，黔西南州、黔东南州、黔南州、毕节市、遵义市、六盘水市等也都通过不同方式，加强了政府法制机构与队伍建设，秉承严格执法、人性化执法相统一。

4. 逐步培养公平正义的司法环境

司法环境是法治环境的最集中表现，司法环境的核心问题是司法公平正义。强化司法职能是依法治省、改善法治环境的重要保证。故贵州与全国同步建成全面小康社会就必须培育公平正义的司法环境。一方面，可以公平地审理在同步建成全面小康社会进程中出现的各类案件从而保护各种合法权益；另一方面，树立良好的司法形象，从而为西部开发提供各种司法保障。

首先，制止司法工作中的地方保护主义。对于行政官司，由于司法机关和行政机关存在利益关系，司法的地方保护主义体现得最为明显，对于贵州些许地方的大企业、创收大户或名牌产品，司法机关也易受地方保护主义所左右。有的地区，地方保护主义与不正之风融合在一起，使司法信用和司法形象大受到贬损。审判工作中的地方保护主义实质是“个人保护主义”，故一定要克服这种倾向，公正审判，严格执法。其次，重塑司法机关形象。在贵州省同步实现全面小康的转型期，探讨如何重塑司法形象，提升司法公信力，尤有必要。而当前贵州省出现的所谓“精品意识、品牌意识，确立营销观念，做好策划、主动出击，积极地宣传自我、推销自我”，其实说白了，是司法想掩盖问题，并不是正视自己身上事实存在的某些问题，并为某些司法领导人捞取“政绩”，治标不治本的花拳绣腿式举措。此种方法与路径根本提升不了司法公信力，也重塑不了司法形象。依笔者之见，要想重塑司法机关形象，一要坦诚对外；二要从严对内；三要建立司法人员、当事人和律师之间的正确关系；四要认真落实错案追究制。这些措施表明，一边坦诚地应对民众；另一边则需要真正地下狠心去从严治警，有问题决不掩饰和迁就，没问题该澄清的要及时予以澄清。澄清的最好办法就是公开发布裁判文书，让一些子虚乌有的流言蜚语自生自灭。倘若裁判文书实在是很糟糕，且案件的裁判结果确实错了，该及时纠错的就应当及时纠错；该追究相关责任人责任的也应当要及时地追究相关责任人的责任，并将处理结果及时地在网络上公布。这样做，一方面既可以取信于民；而另一方面又可以鞭策、警醒正在蠢蠢欲动想越轨的那些不良司法官员们。如果司法能选择这一方法与路径，其司法形象和司法公信力，定能深入民心。

结 语

毋庸讳言，我国对于贵州与全国同步全面建成小康社会的讨论多数是围绕经济开发进行的，但将贵州同步小康工作纳入法制轨道，依法调整各方关系，保障社会利益，维护民族团结、国家安全和社会秩序，依法保护生态环境，实现可持续发展势在必行。这样才能为贵州与全国同步全面建成小康社会提供优质、高效、有力的法治保障。鉴于此，我们除了在立法、行政、司法、民族区域自治的完善、法律监督、法律服务等方面为贵州实现跨越式发展营造良好法治环境外，还要更加注重基础设施，生态环境，经济结构和产业结构，科技、教育、文化、卫生和引进人才，深化改革、扩大开放等方面的法治保障。

（一）基础设施的法治保障

通过基础设施建设，将有效地改变贵州全省的基础设施落后面貌，改善群众生产生活条件，逐步加快新农村建设和全面小康社会建成的进程。对高速公路、铁路（含快铁）、机场的修建或扩建，对工程的招标、投标，对土地的征用、房屋的拆迁、工业化城镇化的建设、水利水电等方面的问题提供法律援助，保障各项基础建设工程依法进行，从而确保工程质量。同时贵州省要以饱满的热情、高度的工作责任心和良好的精神风貌投入到服务基础设施建设中去，倾力为基础设施建设提供有力的法律保障。

（二）经济结构和产业结构的法治保障

贵州省立足发展地方经济，招商引资，进行产业结构调整，土地调整，扶持私营经济、个体经济、合资经济、外资经济、老牌工业的改造与更新、新兴产业的大力发展，产品的升级换代、科技兴农、牧业发展、农民的增收减负、培植新的科技园以及发展贵州特色产业。如电力、煤炭、冶金、有色、化工、装备制造、烟酒、民族制药和特色食品、建材、高新技术等十大产业振兴，加快把贵州建成国家重要的能源基地、资源深加工基地、装备制造业基地、战略性新兴产业基地和优质轻工产品基地五大基地。为保证产业集群，将大力推进、建成一批具有一定规模、各具特色的产业园区。使“十二五”时期成为贵州省改革开放以来实现经济社会发展历史性跨越、全面建成小康社会的加速期，更是贵州调整经济结构、转变发展方式的攻坚期，到2015年，全省工业总产值要达到1万亿元以上，比2010年增加1.5倍，年均增速20%以上，其中，产业园区产值占全省工业总产值的比重要达到50%以上。“十二五”期末经济总量确保8000亿元，力争翻一番，突破10000亿元大关。同时贵州产业结构的战略性调整升级必须适应与全国同步建成全面小康的形势和要求，以市场为导向，强化产业政策的引导作用，解决一产、二产、三产不合理的问题，加强农业的基础地位，加快农业和农村经济结构调整，大力推进工业经济结构优化升级，增强整体竞争力，逐步拓宽第三产业的发展领域，使贵州省的产业结构调整更趋于合理化和高级化。但这些领域的实现过程中，都会有许多的法律问题和涉法问题需要认真研究和解决，有的需要提供法律咨询，有的需要进行调解或仲裁，有的需要提起诉讼。

（三）发展科技、教育、文化、卫生和引进人才的法治保障

改革贵州科技管理体制，促进贵州全社会科技资源高效配置和综合集成，提高科技创新能力，实现科技和经济社会发展的紧密结合。必须由省委、省政府支持的在本省内从事基础研究、战略高技术、重要公益研究领域创新活动的研究机构，要按照职责明确、评价科学、开放有序、管理规范的原则建立贵州省现代科研院所等机构制度。推进贵州教育体制创新，优化教育结构，改革培养模式，提高教育质量，形成同贵州经济社会发展要求相适应的教育体制。巩固和完善贵州省以县级政府管理为主的农村义务教育管理体制，实施全员聘用和教师资格准入制度，完善和规范以政府投入为主、多渠道筹措经费的教育投入体制，形成公办学校和民办学校共同发展的格局。贵州省逐步建立转变文化行政管理部门的职能，促进文化事业和文化产业协调发展。坚持把社会效益放在首位，努力实现社会效益和经济效益的统一。贵州省公益性文化事业单位要深化劳动人事、收入分配和社会保障制度改革，健全贵州省非物质文化市场体系，建立富有活力的非物质文化产品生产经营体制。完善文化产业政策，增强文化产业的整体竞争力。强化政府公共卫生管理职能，加强公共卫生设施建设，充分利用和整合现有资源，建立健全疾病信息网络体系、疾病预防控制体系和医疗救治体系，提高公共卫生服务水平和突发性公共卫生事件应急能力。加快城镇医疗卫生体制改革，改善乡村卫生医疗条件，积极建立新型农村合作医疗制度等。

贵州省要创新人才工作机制，培养、尊重、吸引和用好各类人才。以

党政人才、企业经营管理人才和专业技术人才为主体，建设结构合理、素质较高的人才队伍。开展多层次、多渠道、大规模的人才培训，重点培养一批高层次和高技能人才。加强贵州省内人才开发，建立促进优秀人才到基层和艰苦地方工作的机制。完善人才激励制度，形成优秀人才脱颖而出和人尽其才的良好环境。对于这些问题的解决，我们既要注意因地制宜，又要用法律作保障，如此才能取得满意的效果。

（四）深化改革、扩大开放的法治保障

贵州省通过深化企业改革，进行企业重组，建立和完善适合贵州的现代企业制度，优化和健全市场经济，大力发展外贸经济、边际经济。逐步开放市场，刺激消费需求，开展国际技术交流与合作。逐步改变生产关系和上层建筑中不适应经济社会发展的方面和环节，更加有效地配置和利用资源，调整和优化经济结构，转变经济增长方式，真正做到促进城乡、区域、经济社会的协调发展，真正使人民群众共享改革发展成果，促进社会公平正义，建设和谐贵州。[10]在更加开放的新形势下，贵州省要着眼于在更大范围、更广领域、更高层次上参与国际经济技术合作和竞争，更好地利用国际与国内两个市场、两种资源，实施互利共赢的开放战略。切实转变对外贸易增长方式，既要继续扩大对外贸易规模，更要优化进出口结构，控制高耗能、高污染和资源性产品出口，增加先进技术、关键设备和短缺资源进口。深化涉外经济体制改革，完善促进生产要素跨境流动和优化资源配置的体制与政策，健全对外开放的制度保障。这些经济、社会问题的妥善解决，必定需要法律做后盾，使贵州省各方面建设在一个良好的法治环境中得到快速发展。

（五）生态环境的法治保障

按照“在保护中扶贫开发，在扶贫开发中保护”的原则搞好贵州省土地资源的管理和开发。结合贵州实际，随着贵州工业强势战略的启动，环境污染、资源过度开发导致生态失衡在全省范围的日趋严重，生物多样性减少、酸雨蔓延、森林锐减、污土地荒漠化、大气污染、水体污染、固体废物染等各种环境问题在全省范围内都不同程度地出现，并日渐突出，严重威胁贵州省的可持续发展，生态危机越来越受到社会各界的广泛关注。为此，课题组认为我们应该利用生态系统理论、景观和谐理论、协调发展理论以及生物技术工程、洁化生产线、节能无污工艺等先进技术和手段对环境污染、资源的枯竭问题、废弃物质的净化回收等重大环境问题进行超前预防和综合治理。在治理中注意加强政策和法律的引导。如树立现代生态环保法制观念①，加快地方生态环保的立法，加大行政执法力度，完善司法救济制度等。

参考文献

［1］徐爱国：《西方法律思想史》，北京大学出版社，2005。

［2］刘能：《立法中的利益表达机制研究》，《厦门大学学报》2007年第4期。

［3］胡子敬：《立法的公众参与有待深化》，《中国经济时报》（第二版）2005年6月9日。

［4］刘强：《完善民族立法，推动民族法制建设》，《中国民族报》（第三版）2011年9月5日。

［5］徐初益：《论司法公正与司法人员》，《中国法学》1999年第4期。

［6］E. 博登海默：《法理学、法律哲学与法律方法》，中国政法大学出版社，2004。

［7］怀效锋：《基层人民法院法官培训教材》，人民出版社，2005。

［8］周义程、梁莹：《公民参与态度与公民法治意识之成长》，《社会科学》2005年第10期。

［9］吴映梅：《西部民族地区社会和谐发展研究》，《云南师范大学学报》2007年第9期。

［7］吴大华、徐杰：《西部大开发的法律保障》，民族出版社，2001。

课题组组长：吴大华

课题组成员：郭志峰　王　飞　罗光亮
王晓伟　李　洁

① 现代生态法制就是要改变以往法律中体现的传统的“人类中心主义”价值观，用人类、社会、自然和谐共处，尊重自然、保护自然的价值观念指导生态法制建设，以科学发展观为统领，以可持续发展为目标，实现人与自然、自然与自然的和谐，逐步确立既遵循自然规律，又遵循社会规律，既能促进经济发展，又能维护好生态环境的社会主义生态环境法律体系。

贵州城镇化进程中的法治问题研究

第一节　背景与问题

一　当前城镇化背景与趋势

“城镇化”的概念在理论和实务界均有不同的理解，我们认为城镇化是一个在生产力发展和社会发展规律的作用下，社会农村人口及其生产生活方式转化为城镇人口及其生产生活方式，自然分散的生产要素逐渐在城镇聚集、经济结构逐步在城镇优化、城乡人们福祉日益增进的历史过程。城镇化是社会及其生产力发展的必然趋势。

城镇化涉及生产力要素在不同地域和环境间的流通和变动，涉及不同生产关系的相互作用、融入和变革，涉及现有资源、环境在不同群体间的重新配置，势必会造成不同群体、不同个人之间的矛盾冲突，必然要求按照一定科学、合理的规则进行界定和分配，这一规则在法治层面便是科学、合理、及时的法律法规规则体系以及实现法治的体制和机制。

贵州在这个城镇化加速发展的历史时期，可以用行政的、市场的手段或方法解决伴随城镇化出现的诸多问题，但运用法律手段，通过法治途径依法解决以及调和各种矛盾和利益冲突，仍是最终的、标准的解决方案。为此，贵州城镇化进程中必须做好法治并最终通过法治促进各种社会问题的解决或缓解。

（一）国际城市化趋势

根据联合国《世界城市化展望》2011 年版（*World Urbanization Prospects: The 2011 Revision*）有关数据，截至 2011 年底，世界城市人口为

36.32亿，世界平均城市化率为52.1%；从分地区的城市化率看：发达区域的城市化率为77.7%，发展中区域的城市化率为49.7%，不发达区域的城市化率为28.5%；非洲的城市化率为39.6%，亚洲的城市化率为45%，欧洲的城市化率为72.9%，拉丁美洲和加勒比地区的城市化率为79.1%，大洋洲的城市化率为70.7%。联合国秘书处经济和社会事务司（UNITED NATIONS Department of Economic and Social Affairs）预测：到2050年全世界的城市化率将达到67.2%，其中发达区域的城市化率将达到85.9%，不发达区域的城市化率将达到64.1%。在1970年，世界上人口超过1000万的特大城市只有两个：东京和纽约；截至2011年，世界上人口超过1000万的特大城市有23个，其中中国城市占4个，分别为上海、北京、广州、深圳。据联合国秘书处经济和社会事务司预测到2025年世界上人口超过1000万的特大城市将会达到37个，其中中国城市占7个，分别为：上海、北京、深圳、广州、重庆、武汉、天津。

从世界城市人口发展的历史、现状和预测数据来看：一方面，城镇化（即世界上通称的“城市化”）是人类社会发展的必然趋势，从我国中长期达到世界中等发达国家水平的目标和2050年世界发达区域平均85.9%的城市化率的预测结果，以及我国2012年52.6%的城镇化率和贵州省2012年36.5%的城镇化率的现状来看，我国尤其是贵州省城镇化的发展具有巨大潜力，贵州省城镇化率要在2050年达到世界中等发达地区水平，则需每年增加1.3个百分点。另一方面，世界上特大城市的数量在不断增加，我国包括贵州省需要在科学规划和控制特大城市规模的同时，做好特大城市出现的应对准备。

目前，世界发达城市发展正朝向智能、绿色、低碳方向发展，我国尤其是贵州省在城镇化发展道路上也应充分借鉴世界发达城市的发展经验，建设智能、绿色、低碳城镇。

（二）国内城镇化趋势

自改革开放以来，我国城镇人口比重不断提高，根据国家统计年鉴数据，我国城镇化率1980年为19.39%，1990年为26.41%，2000年为36.22%，2010年为49.95%。1980—1990年、1990—2000年、2000—2010年的3个十年我国城镇化率平均每年增长分别为0.7个百分点、0.98个百分点、1.37个百分点，可见我国城镇化是逐渐加速发展的。

改革开放以来，随着东部沿海地区经济率先发展，当地劳动人口紧缺而就业机会较多，内陆不发达地区大量劳动人口流向东部地区。这些外出务工人员在参与东部地区经济发展的同时，也随着东部地区城镇化进程的加快，部分转变为当地城镇户籍人口，部分返乡居住生活，部分虽未取得当地城镇户籍但成为当地的常住人口。随着内陆不发达地区的经济发展（西部大开发和中部崛起、东北老工业基地的振兴），内陆农业人口和部分向东部外出务工人口将会随着本地经济的迅速发展而从事非农业生产，成为城镇常住人口实现就地或就近城镇化，内陆不发达地区的城镇化进程将明显加快。

随着城市生活成本的迅速增加、新工作技术能力要求的逐渐增高，特大城市的吸引力正在减小，但其仍具有日渐巨大的惯性。部分地区率先发展的经济发达镇人口众多、经济发达、社会事务和经济事务在行政管理和服务方面的需求突出，其人口聚集和经济总量已经远超过全国一般的小城市，但由于我国等级管理的城镇行政管理体系特点，镇建制的行政管理体制机制已不能满足居民和经济发展的需求，迫切需要新的城市行政管理体制改革。随着基本公共服务的均等化发展，中小城市和中西部地区城市正成为人才流向和人口加速聚集的新区域。

但随着城镇化的大力推进，各大城市纷纷出现“城市病”：交通拥堵，空气、固体垃圾、水等污染，社会公共资源的非均衡提供等；基于城镇综合承载能力的有限性和城市建设用地供求矛盾的增加，绿色、低碳、可持续、均衡的城镇化发展模式被国家及各个地方所重视，各种层级和领域陆续进行着旨在让城镇发展更科学的试点。

（三）贵州省城镇化发展趋势

1. 城镇（常住）人口逐年稳步增长，近期呈加快发展趋势

截至2012年底贵州省常住人口为3484万人，其中城镇常住人口1271.7万人[①]，城镇化率为36.5%。2005年贵州省城镇率为26.9%，2010年贵州省的城镇化率为33.8%，2011年贵州省城镇率为35.0%。前五年，贵州省城镇化率年均增长近1.2个百分点，2012年增长了1.5个百分点，

① 《2013年贵州省国民经济和社会发展统计公报》显示贵州省城镇常住人口1268.52万人，但《贵州省提高城镇人口比重五年行动计划》（2013年9月6日）显示贵州省2012年底城镇常住人口为1271.7万人，比公报多3.18万人；鉴于《贵州省提高城镇人口比重五年行动计划》出台时间在后，且公报声明数据为初步数据，故本报告采用《贵州省提高城镇人口比重五年行动计划》的城镇常住人口数据。

城镇化率开始加速提高（如表1所示）。

表1 贵州省2005—2012年城镇化率统计

年份	2005	2006	2007	2008	2009	2010	2011	2012
总人口（万人）	3730	3690	3632	3596	3537	3479	3469	3484
城镇常住人口（万人）	1002.25	1013.27	1025.68	1046.79	1057.21	1176.25	1212.76	1271.7
城镇化率（%）	26.9	27.5	28.2	29.1	29.9	33.8	35.0	36.5

资料来源：《贵州省统计年鉴》。

2. 城镇建成区面积逐年增加，近期城镇建成区面积将加速扩大

2005年贵州省城镇建成区面积为706.2平方公里，2011年贵州省城镇建成区面积为986.5平方公里，6年时间增加280.3平方公里，平均每年增加6.6个百分点。随着《国务院关于进一步促进贵州经济社会又好又快发展的若干意见》（国发〔2012〕号）有关土地、城市建设和产业发展等政策红利的释放和落实，加之贵州省当前积极推动的100个小城镇建设项目和100个城市综合体建设项目等五个“100”工程的大力推进，以贵安新区为代表的城市新区建设的迅速发展，近五至十年内，贵州省城镇建成区面积将会大幅提高。这一趋势既为贵州省加快城镇化进程和扩大内需提供了坚实的平台，又对贵州省城镇化乃至经济社会发展的质量和结构提出了更高要求的挑战。

表2 贵州省2005—2011年城市建成区面积统计

年份	城市建成区面积（平方公里）	城市建成区面积增加值（平方公里）
2005	706.2	50.2
2006	792.4	86.2
2007	812.3	19.9
2008	821.6	9.3
2009	883.6	62
2010	973.0	89.4
2011	986.5	13.5

3. 城镇化鼓励引导政策密集出台、决策层日益重视

《国务院关于进一步促进贵州经济社会又好又快发展的若干意见》（国发〔2012〕号）对贵州省城镇化提出了实施中心城市带动战略、积极发展

小城镇、鼓励在城市有稳定住所和职业的农村人口逐步转为城镇居民、加大在土地指标支付、确定为未利用低丘缓坡实施城镇建设试点地区等战略指导和政策支持后，贵州省针对城镇化建设的多个领域出台了具体激励性政策：《中共贵州省委贵州省人民政府关于加快推进小城镇建设的意见》（黔党发〔2012〕25 号）、《贵州省人民政府关于开展农村产权制度改革试点工作的意见》（黔府发〔2012〕25 号）、《省人民政府关于推进省直接管理县（市）体制改革试点工作的意见》（黔府发〔2013〕8 号）、《省人民政府关于印发当前全省改革开放重点工作安排的通知》（黔府发〔2013〕11 号）、《省人民政府办公厅关于印发贵州省 100 个示范小城镇建设 2013 年工作方案的通知》（黔府办发〔2013〕10 号）、《省人民政府办公厅关于印发贵州省促进 100 个城市综合体健康发展 2013 年工作方案的通知》（黔府办发〔2013〕11 号）、《省人民政府关于支持“5 个 100 工程”建设政策措施的意见》（黔府发〔2013〕15 号）、《省人民政府关于印发贵州省提高城镇人口比重五年行动计划的通知》（黔府发〔2013〕23 号）、省人民政府办公厅关于引导和鼓励外出务工人员返乡创业就业的意见（黔府办发〔2013〕25 号）等系列文件，在体制及制度、土地、人口、产业等不同层面对贵州省城镇化建设及与之相关的领域予以激励和引导。

与此同时，贵州省重视城镇建设的规划和标准建设，制定了《贵州省“十二五”城镇化发展专项规划》《贵州省城镇体系规划（2012—2030 年）》《黔中经济区发展规划》《贵安新区总体规划（2013—2030 年）》《乌蒙山片区（贵州省）区域发展与扶贫攻坚实施规划（2011—2015 年）》《武陵山片区（贵州省）区域发展与扶贫攻坚实施规划（2011—2015 年）》等系列规划，对全省城镇化建设和重点区域的城镇化建设进行激励、引导和约束。

2011 年、2012 年、2013 年省委省政府召开了全省有关城镇化建设的推进和发展会议，部署全省城镇化建设中的重大问题，2014 年全省还将在安顺市召开第三届全省小城镇建设发展大会。省人大常委会就全省 100 个小城镇建设开展专题调研，通过发现小城镇建设中的重要问题并提出注重产城互动、重视民生保障、坚持依法行政、加强城镇体制机制创新对策建议等方式对贵州省城镇化建设工作予以监督和支持。随着贵州省支持城镇化建设领域及相关领域配套改革的政策文件的落实和细化，全省各部门的高度重视、群策群力，贵州省城镇化进程必将迅速提升。

4. 产业力量基础薄弱、发展速度加快

众所周知，没有产业基础做支撑的城镇化是不可持续的，有可能出现其他省市现出的所谓“睡城”甚至“鬼城”的怪象。

贵州省产业基础在全国范围来看，仍较薄弱。根据2013年中国统计年鉴数据，2012年底，贵州省人口为3484万人，在全国31个省、市、区中居第19位；贵州省地区生产总值为6852.20亿元，在全国31个省、市、区中居第26位；贵州省人均生产总值为19667.23元，在全国31个省、市、区中居第31位。可见，贵州省经济在总量上处于靠后位置，人口平均生产总值更是在全国31个省、市、区中处于倒数第一的位置。一方面，形势紧迫，贵州省经济发展潜力很大；另一方面，必须高度重视贵州省城镇化发展的产业支撑等因素。随着贵州省“100个产业园区”“100个旅游景区”和“100个高效农业示范园区”工程的推进，贵州省第二、第三产业和第一产业必将进一步快速发展；政府推动型的城镇化建设将因产业经济基础的增强而更具发展潜力和可持续性。

第二节 当前贵州省城镇化过程中面临的主要问题

当前贵州省城镇化过程中面临的问题，有些是全国性的问题，有些是国家西部地区的共同性问题；问题的普遍性同时也说明了解决问题的重要性和艰巨性。

（一）城镇数量不少，但城镇化质量不高

一是，截至2012年底，贵州省共有808个镇和街道办事处（其中街道办事处有79个），有710个乡，全省镇和街道办事处的数量已经超过乡的数量，占全省乡镇级行政区划数的53.2%，然而贵州省的城镇化率却只有36.5%。二是，城镇规划程度和规划协调程序有待加强，据《贵州日报》报道，截至2013年8月底全省100个小城镇总体规划设计全部完成，目前正在积极推进小城镇的控制性详细规划设计；由此可见，贵州省城镇规划，尤其是小城镇规划工作需要进一步加强。目前，我国的城镇建设规划体系包括了城镇体系规划、城市规划和镇规划，城市规划和镇规划分为总体规划和详细规划，同时又将详细规划分为控制性详细规划和修建性详细规划；贵州省城乡规划条例[①]又将城镇体系规划细分为省域城镇体系规划、州（地区）域城镇体系规划和省域重点地区城镇体系规划。我国城乡规划法和贵州省城乡规划条例等法规对贵州省的城镇化建设从规划的顶层设计角度进行系统规定，但就规划之间如何科学有效协调与衔接，尤其是在与国民经济与社会发展长期规划、周边地区的相关规划相协调方面仍需进一步加强。三是，近期贵州省城镇化任务艰巨，城镇化的经济支撑面临考验。从贵州省着力推进的100个小城镇建设项目来看[②]，近三年贵州省在小城镇建设投资方面要达到284.9亿元，其中省级30个示范小城镇建设投资为107.6亿元；平均每个镇每年城镇建设投资要达到0.9亿元，在当前财政管理体制和乡镇经济发展水平下，这些属于乡镇级行政区划的小城镇的城镇建设和投融资能力面临考验。

（二）人的城镇化明显滞后于土地的城镇化

作为全国城镇化的普遍问题之一，贵州省人的城镇化也明显滞后于土地的城镇化，贵州省2011年底35.0%的城镇化率是以半年期的常住人口来计算的，如果按照户籍人口计算，贵州省2011年底非农业户籍人口占总人口的比例为16.2%。尽管贵州省逐步放宽了城镇落户的限制，但多种因素制约着贵州省城镇化中的核心即人的城镇化问题。首先，除大中专毕业生在城镇就业而转为城镇人口外，农村外出务工人员是今后城镇化的主体。一方面，工作岗位缺乏稳定性，发展能力不足：农村外出务工人员多数从事目前劳动密集型的建筑、家政、餐饮等行业，其工作的流动性大，部分岗位还具有很强的季节等波动性，其从事非农业生产的能力多体现于体力劳动上，而相关的技术、技能及专业化的知识结构尚有待提高；另一方面，完整城镇模式生活的成本过高，低水平城镇生活的舒适度未必优于农村生活：这些农村外出务工人员多只身一人或夫妻两人在城市工作，老人和儿童多留守在乡村，如果把老人及儿童带进城镇共同生活，加之在城镇购买房屋，其城镇生活成本将大大增加甚至会超过其在城镇的收入，进而成为城市贫民。此外，当农村外出务工人员举家入户城镇后，其作为村集体成员在原农村享有的土地权益、集体经济组织成员经济权益等财产性权益如何按照市场规律实现流动和退出，尽管国家和省出台政策予以保

① 《贵州省城乡规划条例》第2条第2款。

② 《100个示范小城镇2013年建设任务表》。

留，但财富和权益的流动仍需进一步探索和法律上的顶层设计。

（三）城镇化过程中的制度供给和制度束导不健全

城镇化是一个系统过程，涉及农村人口向城镇转移的城乡互动发展，涉及新的城镇化需求和第二、第三产业之间的互相促进，涉及人口素质提高与传统经济发展和转型的互动，涉及城乡两元的原有体制、制度的改革和融和。现有的行政级别制城镇体制与城镇化的市场推动模式并不能在每个地方很好地互动；现有城乡二元的、碎片化的社会保障制度并不能很好地适应主要针对农业人口转移的城镇化；现有城乡规划体系注重了上下层级的一致性而地区间、不同领域间的规划协调却未得到有效的实施；现有出台的城镇化、城乡一体化推进政策众多，但其稳定性、科学性和统一性有待通过法律手段予以强化；这一切都呼唤新的城镇化体制、新的财产制度、新的社会保障制度等制度供给和制度束导。

总之，舒适、可持续城镇化的发展道路是一个长期过程，它需要充分而长远的管理和服务智慧，构建符合城市发展和市场规律的城镇化推动模式，注重信息化和信用制度在推进各种层面的城镇化方面的应用，通过增强城镇的人文底蕴和舒适的生活工作环境，提高城镇化对人们生活的吸引力，逐步形成人与城镇的良性互动。

第三节　城镇化中行政制度改革探索的法治化

一　城镇化中的行政制度需求

目前，贵州省加快城镇化进程的重要平台是“100个小城镇”和“100个城市综合体”工程，小城镇工程多布局在各市州发展条件较好的乡镇级行政区划的镇，而城市综合体工程多布局在各市州政府所在地的城区和下属县市政府所在地的城区。快速推进城镇化建设需要大量投资及引导专项资金，需要大量建设用地，需要科学的规划和及时的审批，需要相应吸引人口流入的人口政策和社会保障供给，需要教、科、文、卫等领域配套公益单位的及时设置，需要公共交通、通信及能源方面的基础设施配置，需要环境和生态保护方面的制度管理和硬件建设。在我国城市管理和运营权力系按城镇行政级别配置的体制下，这些事务对于省会城市、地级市来说或许是职责之内、权限之内的事务，还可以集中全市财力办好某一城区的大事，但对于一个县级市或乡级镇来说，却往往是职责之内、权力之外的事，通常要靠薄弱的县级或乡级辖区范围内的财力去支撑城镇化建设。因此，在现行行政管理体制下，需要给予小城镇尤其是镇在城镇化建设和运营方面更相匹配的事权和财权。

（一）城镇化管理权方面的制度需求

在城镇化管理权方面，镇需要被赋予在城镇建设方面的职责和权力，以充分的城镇化自主管理权来确定当地城镇化的重点内容和建设模式。然而根据《地方各级人民代表大会和地方各级人民政府组织法》有关规定，目前镇政府并没有管理"城乡建设事业"的职权①，相关的城镇建设职能由县级政府职能部门及其在镇的派出机构承担和行使，造成了与城镇建设相关的财、权在县上，事在派出机构上，责在镇上；然而经济发展条件比较好的镇同样面临着转移当地农业人口为城镇人口的任务和机遇，迫切需要被赋予城镇建设方面的事权和财权；可以考虑在下放给镇更多城镇建设自主管理权的同时，建立相应的激励和约束机制，有权即有责，保障镇政府正确行使权力。

（二）城镇化发展权方面的制度需求

在城镇化发展权方面，需求比较突出的是经济条件比较好和人口规模比较大的镇，以乡镇级行政区划建制的经济强镇，其城区人口可能超过了县城乃至县级市的城区人口，然而乡镇级建制却影响了行政机关向城区人口提供充分的公共服务和有效的管理，导致大量协管、协勤等行政辅助人员的出现，管理不善就容易导致行政失误甚至社会事件。经济条件比较好的镇迫切需求被赋予更多的城镇化发展权，以提高城镇化的质量。

（三）城镇化联动发展方面的制度需求

小城镇的城镇化还需要协调的城镇化联动行政机制。基于大、小城镇

---

① 《地方各级人民代表大会和地方各级人民政府组织法》第59条规定：县级以上的地方各级人民政府行使下列职权：（五）执行国民经济和社会发展计划、预算，管理本行政区域内的经济、教育、科学、文化、卫生、体育事业、环境和资源保护、城乡建设事业和财政、民政、公安、民族事务、司法行政、监察、计划生育等行政工作。第61条规定：乡、民族乡、镇的人民政府行使下列职权：（二）执行本行政区域内的经济和社会发展计划、预算，管理本行政区域内的经济、教育、科学、文化、卫生、体育事业和财政、民政、公安、司法行政、计划生育等行政工作。

的基本功能和国家及省有关以大带小的城镇化带动战略，小城镇与大城市之间、小城镇之间必然存在也需要进行区域分工，这种区域分工最终是通过市场机制和各小城镇比较优势形成的，但在当前政府主导的加速城镇化环境下，小城镇与大城市之间、小城镇之间建立城镇化联动发展的行政机制仍是必要和迫切的。小城镇如何通过服务大城市方式获得自身的发展空间？小城镇之间如何强强联合、强弱互补？如何实现区域中心城市、大城市、小城镇之间的产业互补、良性互动？构建城镇化联动行政机制是解决这些问题的必要条件。

二　贵州省有关探索措施

近年来，贵州省在国家指导下积极进行城镇化行政制度方面的改革和探索。

（一）积极探索省直管县制度，激发县级政府自主发展能力

2009 年起，贵州省首先从财政制度改革方面探索省直管县制度，在市辖区和州所在地市以外确定了 31 个县（市、特区）实施省直接管理县财政改革[①]；2012 年 9 月，贵州省又将省直接管理县财政改革试点调整增加为 42 个县（市）[②]。明确市（州）不得再集中改革县（市）的财力，转移支付由省直接下达到省直管县（市）。2013 年，贵州省大力开展省直接管理县全面行政体制改革，出台了《省人民政府关于推进省直接管理县（市）体制改革试点工作的意见》（黔府发〔2013〕8 号），确定仁怀市、威宁县、福泉市、镇远县、黎平县 5 个县（市）为改革试点县（市），其中仁怀市和威宁县先期开展试点，试点县（市）在主要领导干部任用、财政分配、行政审批、经济社会发展权限方面直接由省级职能部门对接管理，试点县（市）在经济和社会发展事务方面被赋予了更多的自主权和责任。[③] 通过省直接管理县改革及今后的全面展开，贵州省县级城市在城镇

---

① 参见《贵州省人民政府办公厅转发省财政厅关于实行省直接管理县财政改革意见的通知》（黔府办发〔2009〕95 号）。

② 参见《贵州省人民政府关于进一步完善省直接管理县财政改革的通知》（黔府发〔2012〕35 号）。

③ 参见《贵州省人民政府办公厅关于推进省直接管理县（市）体制改革试点工作的实施意见》（黔府办发〔2013〕24 号）。

化方面的自主发展权将进一步增强，可以利用辖区内的政府财力开展并引导社会投资于城镇化建设的各个领域，从而改善和增强本地市场需求，推进产业结构优化。

（二）大力下放审批权限，扩权强县

为赋予县（市、特区）在经济和社会发展方面的自主发展权，除推进省直接管理县体制改革外，贵州省还从管理机制上进一步下放县（市、特区）权限，出台《中共贵州省委办公厅贵州省人民政府办公厅关于扩大县（市、特区）经济管理权限的通知》（黔党办发〔2012〕1号），要求能放则放，凡是法律法规没有明确规定必须由省级及市（州）级行政部门行使的权限，均由县在权责一致的前提下行使；出台《贵州省人民政府办公厅关于进一步推进扩权强县工作的实施意见》（黔府办发〔2012〕24号），将原有省级主管部门行使的审批核准等权限的53项事项直接下放由县（市、特区）行使，同时减少79项由省级行为管理部门行使审批核准等权限的经济管理事项层级，由县（市、特区）主管部门直接报送。

（三）加紧对小城镇赋予更多城镇化建设权限的探索

在赋予县级政府以更多权限的同时，全省也加紧对小城镇在城镇化建设赋予更多权限的探索。在2013年9月全省第二届城镇化发展大会上，陈敏尔省长提出要“扩权强镇”，在干部任用上，对于小城镇建设优秀突出的小城镇主要党政领导，在保留镇党委书记、镇长职务的同时可以兼任副县级岗位，“享受副县级工资待遇和政治待遇”[①]。这一干部任用措施将会从人事制度上直接激励小城镇的城镇化建设，将推动贵州省在小城镇建设用人制度改革的系统完善和扩权强镇方面的体制、机制的改革创新。

三　法治化的空间

上述旨在推动县域经济和小城镇经济社会发展的简政放权和激励的制度措施，在现行法律法规层面并未进行明确规定，可以考虑对重要措施和成熟做法通过立法形式予以制度化；另外，可以及时清理现行地方法规和政府规章与增强县级政府和镇政府经济社会发展权限的措施不相适应的规

① 《陈敏尔省长在第二届全省小城镇建设发展大会上的讲话》。

定，通过修正案予以修改；此外，还可以根据县级政府和镇政府权限扩大的趋势，通过法规形式确定对应的责任追究和督促机制。

（一）省直接管理县、扩权强镇行政体制改革的法治化

可以就省直接管理县、扩权强镇行政体制改革制定配套法规，针对贵州省试点县（市）和经济强镇的现实做法、迫切需求，在《地方各级人民代表大会和地方各级人民政府组织法》范围内，根据《立法法》规定，制定具体的省直管县方面的条例或实施办法，必要时可以充分利用民族区域自治制度制定、修改相应的自治条例或单行条例，通过法规形式为县（市）、经济强镇简政扩权的行政体制改革提供制度支持。

（二）省级部门下放的行政许可权限的法治化

就省级部门下放的行政许可权限可以通过修改地方法规设定的行政许可方式予以支持，通过制度设计定期对法规明确规定由省级行政部门行使的行政许可事项进行评估，对于不必要的行政许可事项可以予以取消；对于县级行政部门有能力实施的许可事项，可以规定由县级行政部门直接实施；为进一步激活经济强镇发展活力，可以通过法规或决定等形式明确赋予县级行政部门委托或授权、交办给镇政府的行政许可、审批事项的权限。

第四节　促进人的城镇化的法规供给

城镇化的核心问题就是“人的城镇化”，这一论断已经成为现阶段全社会的共识，其原因在于前一个城镇化阶段我国土地城镇化速度远超人的城镇化速度，人的城镇化问题已经成为当前城镇化进程中的主要矛盾，贵州省当前在大力推进土地城镇化建设的同时，必须妥善处理好人的城镇化这一课题。

一　探索新形势下的户籍服务管理模式，逐步形成宽松无障碍的户籍管理法规制度

（一）户口迁移管理法规与制度现状

系统规范我国户口迁移城镇的法规较少，法律层面只有1958年全国人

大常委会颁布的《户口登记条例》，目前该条例已落后于社会发展的需要和实际，对于户口迁移的条件多由各级政府或公安管理部门通过规范性文件的方式予以确定，加之前期在计划经济环境下不鼓励人口过多地向城镇流动，因此，全国各地甚至全省各地的城市入户条件均不一致。《户口登记条例》第十条第二款规定“公民由农村迁往城市，必须持有城市劳动部门的录用证明，学校的录取证明，或者城市户口登记机关的准予迁入的证明，向常住地户口登记机关申请办理迁出手续”，各地不断在此基础上放宽入户条件，贵州省也在落实国家城镇入户条件的同时，探索符合各市（州）城镇化发展特点的入户政策。

近年来，贵州省城镇入户条件呈逐渐放宽态势。（1）贵州省于1998年出台了《贵州省人民政府批转省公安厅小城镇户籍管理制度改革试点方案和关于加强农村户籍管理工作意见的通知》（黔府发〔1998〕11号），其中小城镇户籍制度改革试点方案将小城镇入户条件放宽和明确为特定范围内的农村户口人员在小城镇有合法稳定的非农职业或收入来源的，有固定住所居住满2年的，可以在小城镇入户并登记为非农业户口①，但应在其承包地和自留地予以收回后方予以办理入户手续。1999年贵州省出台《贵州省人民政府关于加快城镇化进程的决定》（黔府发〔1999〕40号），文件对这一条件予以明确，并强调在小城镇入户后在不荒弃的条件下五年内可继续保留原承包地。（2）贵州省于2000年出台《贵州省人民政府批

---

① 该通知《小城镇户籍管理制度改革试点方案》第三部分规定：“下列农村户口人员，在小城镇已有合法稳定的非农职业或者已有稳定的生活来源，而且在有了合法固定的住所后居住已满两年的，可以办理小城镇常住户口：（一）从农村到小城镇务工或者兴办第二产业、第三产业的人员及其共同居住的直系亲属；（二）经劳动、人事等有关部门批准招收的，在小城镇企、事业单位工作的农业户口职工及其共同居住的直系亲属；（三）小城镇机关、团体、企业、事业单位聘用的专业技术人员、管理人员及其共同居住的直系亲属；（四）在小城镇购买了商品房或者已有合法自建房屋的居民及其共同居住的直系亲属；（五）外商、华侨和港澳同胞、台湾同胞在小城镇投资兴办实业，经批准在小城镇购买了商品房或者已有合法自建房后，如有要求，可为他们需要照顾在小城镇落户的大陆亲属办理城镇常住户口。在小城镇投资兴办实业的其他外来人员，可参照此款办理；（六）普通高、中等院校招收的农业户口毕业生毕业后被小城镇企、事业单位录（聘）用的；（七）投靠小城镇职工、居民生活的直系亲属；（八）在小城镇居住未办理常住户口的户口待定人员；（九）在小城镇范围居住的农民，土地已被征用需要依法安置的，可以办理城镇常住户口。经批准在小城镇落户人员的农村承包地和自留地，由其原所在的农村经济组织或者村民委员会收回；小城镇公安部门凭收回承包地和自留地的证明，办理在小城镇落户手续。”

转省公安厅关于调整部分户口政策意见的通知》（黔府发〔2000〕18 号），取消了小城镇入户有关居住满 2 年期限限制的条件，规定特定范围内的人员只要有稳定的非农职业、生活来源和固定住所都可以办理小城镇常住户口[①]。（3）贵州省于 2009 年出台《贵州省人民政府批转省公安厅关于推进户籍制度改革的意见的通知》（黔府发〔2009〕24 号），该文件进一步将放宽城镇户口限制，规定贵州省户籍农业人口在城镇有相对固定住所和工作、居住满半年以上即可以办理所在城镇非农业常住户口[②]。该通知还规定实施城镇购房入户的政策。（4）贵州省于 2012 年出台《贵州省人民政府关于开展农村产权制度改革试点工作的意见》（黔府发〔2012〕25 号），进一步取消农业人口入户城镇的限制，将农业人口的范围不再局限于"本省农业户籍"，规定农业人口在城镇有相对固定住所半年以上的，可以办理城镇常住户口，并按规定保留农村原有权益。[③] 2013 年贵州省在《贵州省人民政府关于印发当前全省改革开放重点工作安排的通知》（黔府发〔2013〕11 号）进一步明确要"加大户籍制度改革力度，加快农民市民化进程"。

（二）加快户籍制度改革

可见，贵州省乃至全国层面尚未形成稳定的、与当代社会结构发展相适应的户籍管理法规体系，调控农业人口转为城镇人口的具体户籍制度多是以政府或其公安职能部门的通知、意见等抽象行政行为的规范性文件出现，其缺乏必要的稳定性、统一性和可预见性；并且此类文件多是从限制农业人口向城镇人口转化的角度予以调控和规制的，与"人的城镇化"这

① 该通知第五部分规定："根据《国务院批转公安部小城镇户籍管理制度改革试点方案和关于完善农村户籍管理制度意见的通知》（国发〔1997〕20 号）精神，凡符合在小城镇入户条件的人员，只要有合法稳定的非农职业、有稳定的生活来源、有合法固定的住所，可以办理小城镇常住户口。同时取消《省人民政府关于加快城镇化进程的决定》（黔府发〔1999〕40 号）中规定的'凡在小城镇已有合法稳定的非农职业或者有稳定的生活来源，而且在拥有合法固定的住所后居住满两年者，都可办理城镇常住户口'的限制。"

② 该通知第一条规定："凡本省籍农业人口在贵州省城市、城镇有相对固定工作（务工、经商等）和相对固定住所（公有住房、集体住房、私有住房、租赁房屋以及其他房屋）半年以上的，可以办理本人、配偶及其直系亲属的城市、城镇非农业常住户口。"

③ 该意见第三部分规定："农业人口在城市、城镇有相对固定职业和相对固定住所半年以上的，可以办理本人、配偶及其直系亲属的城市、城镇常住户口；农业人口投靠拥有城市、城镇户口且生活、居住有保障的亲属的，可以办理城市、城镇常住户口；农业人口入伍的军人退役后，在城市、城镇有相对固定工作和相对固定住所的，可以办理城市、城镇常住户口。已办理城市、城镇常住户口的，按照有关规定保留农村原有权益。"

一城镇化的现代理念和核心不相适应。在全国性的、新的户口管理法规出台之前，贵州省可以从地方法规或政府规章角度探索新形势下的户口管理和服务制度。

1. 通过制度设计，剥离与户口相关联的社会保障、优抚和其他福利制度。可以分步实施，先行开展各城镇名目各异的与城镇户口相关联的福利和保障制度调查；针对调查情况，分类处置。能转化为城乡一体化享有的项目优先转化为城乡居民的同等待遇，能通过市场配置资源方式解决的项目优先通过市场机制解决，对于其他项目应考虑量化为伴随居民在该城镇居住生活状态的存续而存续的社会福利。

2. 基于城乡一体化的发展形势，逐步取消农业人口与非农业人口的户口登记项目，与居住证制度相衔接，统一登记为居民户口。随着经济发展、人口流动、社会分工等水平的提高，每个人都成为社会经济活动的参与者和受益者，农村人口并非一定长期从事农业，其完全有权利也有机会在城镇提供服务；城镇人口也并非一定长期从事非农业生产，其完全有机会到农村从事农业现代化生产；因此，现代社会从身份上精确区分出一个公民是农业户口或是非农业户口其可能性、意义和作用都将日渐式微。

3. 国家有关人口社会保障和福利方面的转移支付，应以居住一定时期的居民为标准确定，构建流入地城镇与流出地城镇间的利益均衡机制，形成财力和物力随人口居住地转移而联动转移的机制，同时构建社会、用工单位和转移人口自身合理承担城镇化成本的机制。

二 创新流入城镇农民的原有财产利益和人身利益保障法规建设

激励和保障以农业人口转移为城镇非农业常住人口为核心的人的城镇化进程，必须对农民的原有财产权益的保有或流转做出符合其利益需求的制度安排。通过市场机制实现该财产权益的保有或流转很大程度上符合公平、正义原则，辅以保险和社会保障、国家调控等机制最大限度控制其弊端。

（一）探索农村土地承包经营权在市场配置下的流转机制，充分发挥其交换价值和担保价值

目前，我国主要通过《物权法》《土地管理法》《农村土地承包法》

等法律和国家土地管理部门颁布的部门规章和规范性文件对农村土地承包经营权法律关系进行调整，基于农村土地系农民生活的基本保障这一功能，旨在通过建立长期、稳定的农村土地承包经营关系，提高农民从事农业生产的积极性和单位土地的农业产出效率，最终使农民富裕起来。其是建立在农民长期稳定的从事农业生产这一生活模式之上的，然而随着社会经济尤其是市场经济的发展，农民尤其新生代农民已经逐步向城镇转移，这一旨在保护农民长期稳定生活和实现富裕的土地权益设计却因无法使已经城镇化农民的原有农村土地权益按照市场价值流动或保留①，出现了农民按市场规律转移到城镇追求更好生活的需求与原有农村权益丧失或失去使用价值这一矛盾性选择。

国家已经注意到这些变化，中发〔2013〕1 号文件——《中共中央、国务院关于加快发展现代农业　进一步增强农村发展活力的若干意见》提出要“抓紧研究现有土地承包关系保持稳定并长久不变的具体实现形式，完善相关法律制度”“探索建立严格的工商企业租赁农户承包耕地（林地、草原）准入和监管制度”，《国务院办公厅关于深化收入分配制度改革重点工作分工的通知》（国办函〔2013〕36 号）提出要“按照依法自愿有偿原则，允许农民以多种形式流转土地承包经营权，确保农民分享流转收益”。

贵州省也在积极探索土地承包经营权流转和保有的做法，《贵州省人民政府关于开展农村产权制度改革试点工作的意见》（黔府发〔2012〕25 号）提出要“探索建立农村居民转为城市居民户籍后相应产权处置与利用管理机制”，《贵州省人民政府关于支持“5 个 100 工程”建设政策措施的意见》（黔府发〔2013〕15 号）提出“市民化的农村居民……可以在享有城镇福利、社保的同时，继续享有农村宅基地；在示范小城镇就业的农村居民，按本人意愿，其集体土地的承包经营权可继续保留，也可有偿退还和流转”，《贵州省提高城镇人口比重五年行动计划》（黔府发〔2013〕23 号）提出要“从制度上、政策上保障农民自愿转变身份，充分保护好农民市民化的合法权益，让农民带着资源、带着资金、带着技能、带着保障、带着尊严进城，促进农业转移人口和各种资源要素的有序流动”。

---

① 《农村土地承包法》第 26 条第 2、3 款规定：“承包期内，承包方全家迁入小城镇落户的，应当按照承包方的意愿，保留其土地承包经营权或者允许其依法进行土地承包经营权流转。承包期内，承包方全家迁入设区的市，转为非农业户口的，应当将承包的耕地和草地交回发包方。承包方不交回的，发包方可以收回承包的耕地和草地。”

基于当前社会发展形势和制度需求，在现有农村土地法规体系下，可以对农村土地承包经营权保有或流转机制进行探索和创新：（1）对于保有制度，可以规定农民转移到城镇后，在承包期内，其土地承包经营权可以保留并可以继承，发包方不予收回。这一设计与农村土地承包法第26条第3款并不冲突，因为该法规定对迁入设区的市转为非农业户口的，发包方“可以”收回承包的耕地草地，但并非“应当”或“必须”收回，并非强制性规定。（2）对于流转制度，可以探索农村土地承包经营权在坚持农业用途前提下对集体经济组织成员以外的人（自然人和法人）流转的机制，包括可以对外出租、合伙或入股经营等方式予以流转。（3）对于担保制度即农村土地承包经营权抵押、质押制度，可以在《物权法》第133条[①]规定的基础上，除农村土地承包法规定的“直接通过招标、拍卖、公开协商承包的荒山、荒沟、荒丘、荒滩等土地承包经营权”可用于抵押外，可将土地承包权出租收益作为担保标的设立权利质押，以探索全面的农村土地承包经营权抵押、质押制度。

（二）探索农村宅基地使用权流转和保有机制，增加流入城镇农民的财产性收入

对农村宅基地使用权予以规范的法规主要有《物权法》[②] 和《土地管理法》[③] 等，国家规范性文件也对农村宅基地使用权做过具体规定，但多为限制性规定：国务院办公厅1999年发布的《关于加强土地转让管理严禁炒卖土地的通知》第二条规定：“农村的住宅不得向城市居民出售”；2004年12月，国务院《关于深化改革严格土地管理的决定》再次强调：“加强农村宅基地管理，禁止城镇居民在农村购置宅基地”；国务院办公厅

---

① 《物权法》第133条规定：“通过招标、拍卖、公开协商等方式承包荒地等农村土地，依照农村土地承包法等法律和国务院的有关规定，其土地承包经营权可以转让、入股、抵押或者以其他方式流转。”

② 《物权法》第152—155条分4个条文对宅基地使用权进行了简单规定，将宅基地使有权管理的规则引至《土地管理法》等法律和国家有关规定。

③ 《土地管理法》规范宅基地使用权的规定亦较简略，只有一个条文即第62条规定“农村村民一户只能拥有一处宅基地，其宅基地的面积不得超过省、自治区、直辖市规定的标准。农村村民建住宅，应当符合乡（镇）土地利用总体规划，并尽量使用原有的宅基地和村内空闲地。农村村民住宅用地，经乡（镇）人民政府审核，由县级人民政府批准；其中，涉及占用农用地的，依照本法第四十四条的规定办理审批手续。农村村民出卖、出租住房后，再申请宅基地的，不予批准”。

《关于严格执行有关农村集体建设用地法律和政策的通知》(国办发〔2007〕71号)明确规定“农村住宅用地只能分配给本村村民,城镇居民不得到农村购买宅基地、农民住宅或‘小产权房’”。但对于宅基地使用权的保有和流转的具体制度,国家尚未有法律予以系统规定,这为贵州省保障城镇化的农民原有宅基地使用权提供了立法空间。

新形势下,《国务院办公厅关于深化收入分配制度改革重点工作分工的通知》(国办函〔2013〕36号)提出要“完善农村宅基地制度,保障农户宅基地用益物权”,为此,可以通过立法方式,一方面对城镇化转移的农民的宅基地使用权予以保留①,另一方面可以探索宅基地使用权在特定用途下向企业法人②流转的途径(如用于建设公共租赁住房或其他公益设施或符合村镇规划的其他建设),以及在此基础上形成宅基地使用权担保制度。

(三) 保障流入城镇农民原农村集体经济组织财产的收益权

对于农村集体经济组织财产管理,贵州省2002年就颁布实施了《贵州省农村集体资产管理条例》,对农村集体资产的范围、经营管理和监督做出了系统规定,规定农村集体组织在特定条件下且提取生产和社会公益资金后可进行收益分配③,并将农村集体资产的收益分配方法交由村集体经济组织成员共同行使;但农村集体经济组织财产的收益权之取得、变更、消灭和流转并未在法律上得以系统的规范。

中发〔2013〕1号文件——《中共中央、国务院关于加快发展现代农业 进一步增强农村发展活力的若干意见》提出“鼓励具备条件的地方推进农村集体产权股份合作制改革”和“探索集体经济组织成员资格界定的具体办法”,《贵州省人民政府关于开展农村产权制度改革试点工作的意见》(黔府发〔2012〕25号)提出要在农村集体财产为农村集体组织成员

---

① 这一规定与国家禁止城镇居民在农村购置宅基地的规定并不冲突,转为城镇居民的农民其取得宅基地时的身份并非城镇居民,国家禁止也只是购买宅基地时具有城镇居民身份的人。

② 这一设计与国家禁止城镇居民在农村购置宅基地的规定并不冲突,因为城镇居民在范围上并不包括企业法人(公司)等单位。

③ 《贵州省农村集体资产管理条例》第22条规定:“集体经济组织必须按照国家财务会计制度的规定,在结清全年的收入和支出,清理债权、债务,兑现承包合同和租赁合同,按照规定提取生产发展和社会公益事业所需资金后,方可进行年终收益分配。”

"共同所有"基础上实施"按份共有"[①]。

新形势下，为保障转移为城镇户口的农民原有集体经济组织财产的收益权，可以通过修改或制定法规、规章的形式：（1）保留城镇户口的农民原有集体经济组织成员的资格，并按其转移为城镇户口的时点核算其农村集体财产的收益权份额，发给其相应的收益权权利凭证。（2）对该农村集体财产的收益权，规定可以参照公司股权相关类似规则予以转让、变更或设置担保，从而激活转移为城镇户口的农民原有集体经济组织财产的收益权。

（四）以法律形式确立转为城镇户口农民的原有人身利益的稳定性

我国和贵州省根据农村实际情况出台的特殊法律规则和专门政策，农村居民享有着与城镇不一样的特殊政策（如计划生育政策、社会保障政策、民政政策、"三农"专项补贴等），转移到城镇的农民是否继续享有这些特殊优惠政策，法律法规多未明确规定，在当前大力促进人的城镇化的形势下，附期限的保留转移到城镇的农民的原有人身利益可以视为一种可行的方案。《贵州省人民政府关于支持"5个100工程"建设政策措施的意见》（黔府发〔2013〕15号）提出"市民化的农村居民继续按《贵州省人口与计划生育条例》的规定执行"。

贵州省在制定鼓励农民城镇化的法规、规章等法律时，可以对转为城镇户口农民的原有人身利益做出专门规定：（1）可以选择参加农村医疗保险或城镇居民医疗保险并分别享受对应的权利，承担对应的义务；（2）可以选择参加农村养老保险或城镇养老保险并分别享受对应的权利，承担对应的义务；（3）可以在一定时限内（如10年或5年）适用人口计划生育照顾优惠政策；（4）可以在不放弃原有农村土地承包经营权、直接或间接从事农业生产条件下享有国家"三农"专项补贴；（5）在一定时限内（如20年或10年）身故的可以选择进入国家公共墓地或原村集体墓地等。

三　完善增强人的非农产业发展能力的法规制度

在城镇化过程中，应逐步树立人的劳动能力和技能才是最重要的生存

① 《贵州省人民政府关于开展农村产权制度改革试点工作的意见》（黔府发〔2012〕25号）提出"在坚持集体资产归集体经济组织成员'共同所有'的前提下，严格按照制定方案、清产核资、资产量化、股权设置、股权界定、股权管理、资产运营、收益分配、监督管理的程序，实现向集体经济组织成员'按份共有'"。

和发展保障这一观念，着力提高转移到城镇的农民的非农产业发展能力，通过制度设计增强新城镇居民在城镇生态环境下的可持续发展能力。

（一）旨在提高劳动力素质和优化结构的就业促进制度

目前，国家《就业促进法》和《贵州省就业促进条例》对就业政策、就业培训、就业服务和就业援助做出了系统规定，妥善解决城镇化的农民在城镇的可持续发展问题上可以在充分利用国家和省出台的促进就业政策的同时，出台专门针对特定时限内转移到城镇的农民的专项培训政策：（1）对于转移到城镇不满5年的农民，可以免费接受与劳动力密集型行业相关的现场专业培训。如驾驶培训、厨师培训、物流员培训、建筑业培训等。（2）利用计算机网络技术，免费提供并开放全民共享的就业培训网络课程，内容可以根据农村劳动力素质提升和结构优化的规律，提供初级、中级、高级培训课程。

与此同时，加大对用工单位吸纳农民工尤其是新转移到城镇的农民就业和提升其工作能力的制度激励（如对取得专业技术资格的农民工的用工单位予以资金或税收优惠奖励），加大对农民工尤其是新转移到城镇的农民自主创业的支持和优惠，将贵州省出台的小微企业优惠政策①予以法制化，降低在城镇创业办公司的门槛和成本。

（二）结合失业保险、养老保险制度设立转移到城镇的农民基础保障制度

只有有基础保障的人的城镇化才是健康的城镇化，新转移到城镇的农民在初到城镇之时，其城镇居留成本较农村陡然增加，有必要为这一形态提供与结合失业保险、养老保险制度相似的基础保障制度，以使其能够“留得住”。

可以探索政府支持部分资金并利用城镇化的农民原有土地承包权、宅基地使用权、农村集体经济组织资产收益权所得部分收益，组成农民城镇化基础保障基金（保险），专项用于此种情形下城镇化的农民基本保障。也可以考虑与城镇养老保险和失业保险相衔接，让城镇化的农民以相对低的成本追溯享有较长参保年限的社会保障。

---

① 参见《贵州省人民政府关于大力扶持微型企业发展的意见》（黔府发〔2012〕7号）。

第五节　舒适、可持续城镇化的法规束导

当前，贵州省加速发展的城镇化应当是旨在实现舒适、可持续的新型城镇化。它要求，要有完善、科学、系统的城镇规划内容和制度化的规划制定及变更程序规则；要有促进效率运转的城镇管理机制；要有严格执行的城镇环境保护标准和制度；要有促进先进、包容的城市文化积淀与完善的城镇文明机制。

一　为新型城镇化规划体系提供有效法治保障

（一）城镇规划法规现状

国外发达城市的管理经验告诉我们，城镇建设管理应主要依靠城镇规划予以规范，制定并执行科学完善的城镇规划有利于城镇的可持续发展，有利于增强各层次城镇综合承载能力和吸引力。国家《城乡规划法》和《贵州城乡规划条例》对城镇规划做出系统和具体的规定，[①] 从法律法规的主要内容来看，城乡规划的制定权和批准权主要由政府行使，使得城镇规划的制定和变更具有相当程度的灵活性；虽然法律规定特定层面的城镇规划应征求同级人大常委会的意见并在城镇规划批准后报同级人大常委会备案，但作为当地经济社会发展重大事项和事关城镇居民切身利益的城镇规划，其制定、修改应当像法律法规制定那样要经过社会各界的讨论和国家权力机构的批准方为慎重。

（二）城镇规划面临的问题

目前城镇规划面临的主要问题有：（1）城镇规划编制工作滞后于城镇发展，小城镇规划编制工作尤为滞后。截至2013年8月，贵州省100个示范小城镇的总体规划才全部编制完成，[②] 目前正在推进控制性详细规划编

---

① 《城乡规划法》从规划的制定、实施、修改和监督检查等四个主要环节对全国城乡规划工作进行了规范。《贵州省城乡规划条例》亦从规划的制定、实施和监督检查等三个主要环节对全省城乡规划工作进行细化规定。

② 参见《贵州日报》2013年9月19日报道。

制工作。由此可以看出：其余示范小城镇范围之外的小城镇总体规划仍未全部编制、控制性详细规划则亦未编制完成。(2) 城镇规划中各种专项规划众多，且各城镇的专项规划项目不尽相同。由于各种专项规划多由该领域的政府职能部门起草编制，不可避免会出现专项规划之间冲突的现象。(3) 当前贵州省城镇化快速发展，各地纷纷兴建产业园区或城市新区，城镇规划修改工作频繁，城镇规划的稳定性较弱。(4) 城镇规划编制水平不高，公众参与度较低，缺乏较高的科学性和权威性。

（三） 完善城镇规划的建议

(1) 提高权力机关在城镇规划编制、修改中的决策作用。根据《地方各级人民代表大会和地方各级人民政府组织法》第 8 条有关县级以上人民代表大会职权的规定和第 9 条有关乡镇人民代表大会职权的规定，"城镇规划编制、修改工作"可以作为本行政区域内的社会发展和建设计划或重大事项通过法定程序予以决定。[①] (2) 提高城镇规划制定和修改过程中的公众参与度。城镇规划草案或修改草案提前向社会公布后，相应区域的规划应分别经该区域内居民讨论并取得一定比例的居民的同意。(3) 加强权力机关对各层级城镇规划编制工作和实施工作监督检查，督促全省系统、全面、全覆盖的城镇规划体系的尽快形成。(4) 完善城乡规划法规。参照建筑物质量保证制度强化城镇规划编制单位责任承担机制；在科学完善的城镇规划体系建立的基础上严格规划修改的法定条件，防止城镇规划修改的任意性、不科学性，增强其稳定性和可预见性；明确并出台城镇规划制定和修改过程中应当遵守的技术标准和指标，制定全省统一的城镇各领域规划技术规则。

二 城镇管理的效率运转

舒适、可持续的城镇化模式体现在城镇居民衣、食、住、行的方方面

① 《地方各级人民代表大会和地方各级人民政府组织法》第 8 条规定："县级以上的地方各级人民代表大会行使下列职权……（二）审查和批准本行政区域内的国民经济和社会发展计划、预算以及它们执行情况的报告；（三）讨论、决定本行政区域内的政治、经济、教育、科学、文化、卫生、环境和资源保护、民政、民族等工作的重大事项……"第 9 条规定："乡、民族乡、镇的人民代表大会行使下列职权……（三）根据国家计划，决定本行政区域内的经济、文化事业和公共事业的建设计划……"。

面，现阶段主要体现在城镇住房保障、城镇公共交通出行、教育医疗公共服务均等化、公共资源提供和公共基础设施建设方面。

（一）着力构建提供适足住房的城镇住房保障法规机制

当前，贵州省尤其贵阳市在大力发展以公共租赁住房、棚户区改造为重点的保障性住房建设，呈现作为住房保障手段的经济适用住房和廉租房逐步退出或并入公共租赁住房、实物配租与货币补助相结合的城镇住房保障趋势。

有关公共租赁住房等保障性住房管理机制方面，国家法律性文件有：2012 年颁布的部门规章《公共租赁住房管理办法》（住建部令第 11 号）；规范性文件主要有：《国务院关于加快棚户区改造工作的意见》（国发〔2013〕25 号）、《国务院办公厅关于保障性安居工程建设和管理的指导意见》（国办发〔2011〕45 号）、《住房和城乡建设部、国家发展和改革委员会、财政部、国土资源部、中国人民银行、国家税务总局、中国银行业监督管理委员会关于加快发展公共租赁住房的指导意见》（建保〔2010〕87 号）等。全国部分省市和地区也出台关于加强住房保障的地方法规和政府规章。如出台的地方性法规有《厦门市社会保障性住房管理条例》（厦门市人民代表大会常务委员会公告第 6 号）、《淮南市城市保障性住房条例》《深圳市保障性住房条例》等。出台的地方政府规章有：《河北省城镇住房保障办法（试行）》（河北省人民政府令第 6 号）、《江苏省公共租赁住房管理办法》（江苏省人民政府令第 73 号）、《乌鲁木齐市公共租赁住房管理办法》（乌鲁木齐市人民政府令第 114 号）等。

贵州省各级政府尤其是贵阳市先后出台了规范公共租赁住房和棚户区改造的规范性文件，出台了《关于加快发展公共租赁住房的实施意见》（黔府办发〔2011〕109 号）、《贵阳市公共租赁住房管理暂行办法》（筑府发〔2011〕32 号）；《贵阳市城中村改造暂行规定》（筑府办发〔2011〕186 号）；《贵阳市棚户区改造暂行规定》（筑府办发〔2011〕187 号）、《贵阳市保障性住房运营管理暂行办法》（筑府办发〔2013〕82 号）等规范性文件，正如 2012 年向省人大常委会所做专题报告《贵州省人民政府关于保障性安居工程情况的报告》中所言，“住房保障工作目前仅限于政策规范，缺乏相关法规约束”，贵州省可以根据目前保障性住房建设机制的成熟做法和亟待突破的机制障碍探索制定符合贵州省省情的城乡住房保障地方法规或政府规章，形成规范的城镇住房保障法规体系。分别从保障性住房的建设和运营管理、城镇中低收入群体的住房保障进入和退出机制等予以系统规范；结合城镇化这一趋势，探索利用城中村、城郊接合部农村建设用地建设公共租赁住房模式，探索按一定比例增加被征地拆迁农民的土地收益。

（二）健全符合城镇发展趋势的现代城镇公共交通管理机制

城镇是人口和产业高度聚集的地域，舒适、快捷的公共客运交通和方便、快速的物流运输是城镇健康发展的必要条件；然而，“摊大饼”形式的城镇化发展模式导致城市中心区功能高度聚集，交通拥堵的“城市病”先后在大中城市出现，各地政府和交通管理部门纷纷采取手段各异但方法相同的交通治堵措施，即或轮号限行或摇号上牌或拍卖上牌等手段，其均是通过减少和控制交通道路上的行驶车辆数量来取得立竿见影的缓解交通拥堵的效果的。

国家有关部门在 2004 年系统提出优先发展城市公共交通的策略，[①] 2012 年出台了《国务院关于城市优先发展公共交通的指导意见》（国发〔2012〕64 号），2013 年交通运输部又出台了上述指导意见的实施意见，[②] 目前国家正在研究出台《城市公共交通条例》；优先发展城镇公共交通已成为全社会的共识。

贵州省有关城镇公共交通的立法工作在全国是靠前的，出台了《贵州省城市公共交通条例》《贵州省城市公共客运交通特许经营权管理条例》等省级地方法规，确立了公交优先的基本原则，目前正在研究出台有关交通建设工程质量安全的地方法规。在治理城市交通拥堵方面，贵阳市还较早采取了轮号限行、摇号上牌、设置公交专用道、设置单行线、实施错峰上下班（学）等措施予以治理和疏导城市交通；遵义市、六盘水市也通过设置交通单行线等方式疏导城市交通。

然而，现状是虽然有所缓解但城市仍然拥堵，打车仍然难，这在增加了城市居民出行时间成本的同时，也在一定程度上降低了社会的生产效

① 《建设部关于优先发展城市公共交通的意见》（建城〔2004〕38 号）从完善交通规划、建设公交专用道路系统、实先发展公交的经济政策、提高公交科技水平建设智能交通等方面提出系统措施；2006 年又出台《关于优先发展城市公共交通若干经济政策的意见》（建城〔2006〕288 号）提出票价补贴、燃油补贴等专项经济补贴机制。

② 《交通运输部关于贯彻落实〈国务院关于城市优先发展公共交通的指导意见〉的实施意见》（交运发〔2013〕368 号）。

率，增加了城镇环境污染，不利于城镇吸引力和综合承载能力的增加。为此，应系统做好城镇的公共交通规划，利用科技手段实现智慧交通，完善低成本和差异化的交通系统，分散中心城区过多的城市功能，利用科技手段大力发展居家办公和步行区域内就业现代城镇工作生活模式。

（三）寻求城镇居民自觉遵守城市管理法规的管理机制

有关城管暴力执法和小摊贩暴力抗法的新闻事件频频见诸报端，屡见不鲜，其问题的根源在于小摊贩（多为城郊接合部农民或进城务工的农民）的生存发展权与城镇环境公共利益的冲突性，城镇大多都分居住片区建有菜市场、小吃街等场所，但基于进入固定场所成本高、摊位有限以及城镇居民固有便利生活的习惯，造成了占用城镇公共道路（尤其是人行通道）摆摊设点具有相当的市场机会和利润。此外，城镇违法建筑尤其面临城镇化改造征地拆迁的城中村和城郊接合部违法建筑尤多，甚至利用违法建筑获取高额补偿已经成为一个地下行业。贵州省已制定城市市容与卫生管理方面的地方法规，各市（州）也多有配套法规如城镇建设管理条例等对城镇管理进行规范。各城镇多通过设置城市综合执法部门进行城市的综合管理。

然而，寻求让城镇居民自觉遵守城市管理法规的方式乃是解决城镇管理的治本之道，除加强执法、严格执行法定标准以增加行为人违法成本，合理分阶段疏导以降低执法成本外，还可以通过建立信用制度的方式促进城镇居民的自觉守法行为的养成［对城镇违法（章）行为记入行为人的信用记录，在贷款、购房、购车等方面实现差别化待遇］，构建信用的高低与社会生活成本高低相关联的制度。

（四）面向城镇居民的低成本、优质公共资源配置和供给机制

区分基础服务与高标准服务，实现基础教育和医疗服务均等化、高标准教育和医疗服务市场化机制。国家和贵州省都在大力推进公共服务均等化工作，各地基础公共医疗和教育服务正在实现对常住人口（包括非本地户籍的常住人员）群体的全覆盖。形成教育（医疗）单位的人才和资源合理流动和调配机制，避免优质人才和资源过度集聚于某一特定区域，鼓励精英化的高端人才通过市场机制在公立学校（医院）与民营学校（医院）之间流动，形成差异化的基础教育（医疗）服务与高标准教育（医疗）服务提供机制，满足城镇居民基础需求的同时，利用市场配置方式满足有较

高支付能力和需求的城镇居民。

健全优质低价的公共资源提供服务机制。探索在城镇燃气、供电、供水、电信市场引入民间资本，增加多元化的、平等市场主体之间的竞争，加强监管，为城镇居民提供低价、高效的公共资源。结合三网合一发展趋势，建设智能城镇；探索建设城镇共同管理沟通及安全、高效的运营机制。

三　城镇环境保护的可持续化

城镇环境保护是城镇可持续发展和永葆吸引力的必要手段，国家和贵州省自20世纪80年代以来逐步完善环境保护法律法规，形成了比较完善的环境保护法律体系，仅由国家权力机关颁布的环境保护方面的法律就有：《环境保护法》《水污染防治法》《固体废物污染环境防治法》《大气污染防治法》《放射性污染防治法》《环境影响评价法》《清洁生产促进法》《节约能源法》等环境保护综合性法律和专门性法律；国务院及其职能部门也陆续出台环境保护方面的行政法规和部门规章及规范性文件。贵州省除制定《贵州省环境保护条例》等与国家环境保护法律配套的地方法规外，还专门对全省部分重要水域、湖泊、水库出台水资源保护与管理和法规，针对贵州省独特的气候资源优势出台了《贵州省气候资源开发利用和保护条例》；贵阳市还在全国率先出台了生态文明建设方面的地方法规，① 目前贵州省正在研究出台《贵州省生态文明建设促进条例》；客观来讲，贵州省关于环境和生态保护方面的立法工作在全国是靠前的。

自贵州省2009年提出工业化和城镇化带动战略以来，尤其是贵州省近期提出了“5个100工程”② 后，贵州省环境保护尤其是城镇环境保护工作压力迅速增大。发展必然带来或重或轻的环境污染，任何项目都不可能是绝对的“零污染”；如何在当前相对健全的环境保护法规体系下加强环境保护执法，将对立法机关、执法机关和司法机关的智慧、能力和决心提出严峻考验。为此，应重点加强环境保护的执法力度和执法监督：（1）改

① 分别是2009年颁布的《贵阳市促进生态文明建设条例》、2013年颁布的《贵阳市建设生态文明城市条例》。

② 即100个城市综合体、100个示范小城镇、100个产业园区、100个现代高效农业示范园区和100个旅游景区工程。

革现行环境保护体制，实现环境保护机构的垂直管理，以减轻其环境执法过程中来自当地政府的影响；（2）运用科技手段加强环境保护监测水平，通过大量环境保护监测仪器和方法的布设与运用，低成本、及时、客观地收集城镇环境污染数据，并以此提高执法水平和客观性；（3）积极开展环境公益诉讼，善于运用法律手段和诉讼途径解决环境污染问题；（4）加强人大监督作用，定期听取政府部门有关城镇环境保护的专项报告，开展各个专项领域的环境执法检查。

四　城镇文化的积淀与完善

城镇文化（即城市文明）是一个城镇长远发展的根基，它需要城镇文化遗产的传承、健康文明新传统的积淀、道德文明建设的普遍实践。独特的、符合人类发展规律的城镇文化是一个城镇综合实力的重要体现，往往会成为这个城镇持续发展不竭的增长点。贵州省是一个少数民族众多的省份，形成了各具特色的民族文化，这种民族文化同样存在于全省大、中、小的城镇里，已经成为人们城镇工作生活的一部分。

贵州省对于城镇物质文化和非物质文化法规主要有《贵州省文物保护条例》《贵州省民族民间文化保护条例》《贵州省非物质文化遗产保护条例》等地方法规，贵阳市还出台了《贵阳市建设生态文明城市条例》，该市还成为全省首个“全国文明城市”。这些法规对于保存和发展贵州省各个城镇的文化起到了积极作用，然而城镇文化中最朴实、最难得却是最平凡的社会道德文化在城镇的广泛实践，即“爱国守法、明礼诚信、团结友善、勤俭自强、敬业奉献”的观念在城镇化进程中的广泛应用。道德与法律同属于社会调控范畴的两种不同手段，而通过合理的法律法规手段可以有效促进良好道德的养成和广泛实践。

1. 健全信用制度。城镇化进程的加快和社会分工程度的提高使得多数城镇居民进入了“陌生人”社会，个人的失信成本、企业的失信成本甚至公共机构单个行为的失信成本常常因得不到有效约束而变成机会成本。形成一个统一、有效的信用制度后，每个城镇活动的参与者（“陌生人”）将会通过信用程度得到其他参与者的对应评价，进而获得不同成本的交易后果，这将促进城镇“诚信”文化的发展，提高城镇居民和单位的守法率。

2. 提高公共机构对公行为的透明度，通过行政公开、司法公开等制度提高行政权威和司法权威。制定并及时修订符合时代发展趋势的城镇居民行为规范（法规），通过规范引导优秀城镇文化的形成。

3. 制定并执行绿色、节约和可持续的城镇化发展制度，如贵州省颁布的《贵州省节约能源条例》作为与国家上位法配套的法规，其从制度上促进城镇“勤俭”文化的形成；再如贵州省颁布了《贵州省绿色小城镇建设评价标准》，引导当前贵州省城镇化建设朝着绿色、可持续方向发展。

结 语

新型城镇化是当代社会生产力和社会分工深度发展的结果，其在不同时期、不同阶段有不同的任务和特点，其与工业化、农业现代化、信息化紧密相连，比如如何实现产业化与城镇化的互动，如何实现城镇与农村的双向流动……是一个极为宏大的系统工程。本课题在有限的经费、时间和能力条件下，主要从法治角度对贵州省城镇化的现状与问题、城镇行政管理机制、人的城镇化和城镇化建设进行了探索，其分析和建议可能是有限的或不妥当的，然而仍是课题组在当前贵州省城镇化加速发展形势下从法治角度提出完善建议的一个尝试，希望能够对贵州省城镇化健康可持续发展有所助益。课题组今后将继续对城镇化进程的各个具体问题开展专项深入研究，比如旨在实现城镇可持续发展的新型城镇化产城互动制度和城乡产业互补制度，旨在打通人从城镇流向农村通道的城乡双向人口流动制度等。此外，建议贵州省考虑根据“5 个 100 工程”发展模式和经验，出台促进全省城镇化、工业化、农业现代化和信息化的综合促进条例，通过系统的、法治化的政策激励和约束措施实现贵州省经济社会的快速健康发展。

课题组组长：吴月冠
课题组成员：吴大华　王　飞　文新宇
孟庆艳　龚周杰

城乡等值化：贵安新区推动城乡公平发展探索

城乡等值化理念是倡导城乡等值，在农村生活“并不代表可以降低生活质量”。主要是通过土地整理、优化村镇产业结构、村庄革新等方式，将农民留在土地上。我国的南张楼村也进行了城乡等值化试验，结果使当地农民年均纯收入大大提高，文化教育、社会保险等有了明显改善，成功地将农民留在了农村，避免了大量农民涌入城市带来的问题。城乡等值化与城乡公平化有相同的地方，也有不同的地方，本文分析了城乡等值与城乡公平发展的相同点以及不同点，最后分别提出了城乡“等值化”发展对策和城乡“公平”发展对策。

一　等值化及其理论

1. 城乡等值化理论的来源

城乡等值化理论源于德国。“二战”之后，德国城乡差距不断扩大，城乡居民贫富悬殊，大量农村人口涌入城市，城市就业、社会治安、生存环境等问题突出，乡镇凋敝问题相继出现。为缓和城乡矛盾，1950 年德国赛德尔基金会开始倡导城乡等值化试验。其核心理念是：城乡生活虽然不同，但等值。该模式的主要方法是通过将零散土地集中，发展规模化农业；优化村镇产业结构，实现“在农村生活并不代表生活质量低”的目标。即通过土地整理、村庄革新等方式实现了在农村生活“并不代表可以降低生活质量”的目标。从而实现农村经济与城市经济的平衡协调发展。明显降低了农村人口涌向城市的状况。1965 年，德国巴伐利亚州制定了《城乡空间发展规划》，将区域发展空间与国土规划的战略目标相结合，将城乡发展空间与发展战略统一规划，逐渐消除农村在生活、生产质量方面与城市的差别。让农民在收入水平、就业机会、工作条件、社会保障、居住环境等方面“不同类，但等值”。德国赛德尔基金会提出的“在农村地区生活，并不代表可以降低生活质量”“与城市生活不同类但等值”的“城乡等值化”理念，在德国巴伐利亚州试验成功后，已经成为德国农村发展的普遍模式，并从1990年起成为欧盟农村政策的方向。“城乡等值化”实施并获得成功后，在德国巴伐利亚州当农民只是一种职业选择，它与在城市做其他工作是一样的，当农民不会受到任何歧视。

2. 城乡等值化的内涵与外延

城乡等值化的理论内涵在于：城乡等值化发展是一种城乡互动发展的新机制。陈菊根在《城乡等值化：发达地区新农村建设的有效途径》中提出，“城乡等值化”指通过城乡差别的消除，促进农村经济与社会发展的均衡实现，使人们在农村生活与在城市生活的质量没有多大差别。胡平等在《“城乡等值化”实验及其对我国新农村建设的启示与借鉴》中指出，“城乡等值化建设理念所追求的目标是：农村与城市生活不同类，但等值。实现这一目标的模式是：建设的基点立足农村，要与农村特点相适应，彰显农村特色，实现城乡价值同等，而不是将农村城市化”。河北省社会科学院农村经济研究所副所长穆兴增在《怎样理解城乡等值化发展》中指出，所谓等值化，指的是不通过耕地变厂房、农村就城市的方式使农村在生产、生活质量而非形态上与城市逐渐消除差别，使农村的生活条件、生活质量达到与城市生活不同类但等值的目标，包括劳动强度、工作条件、就业机会、收入水平、居住环境等。唐山市市长陈国鹰说：“城乡等值化就是让农民的购买水平、公共服务水平、社会保障水平、生活便利程度、综合素质与城里人大体相等，让全体人民都过上现代化的幸福生活。”

综合以上观点，笔者认为“城乡等值化”的核心内涵正如德国赛德尔基金会提出的“在农村地区生活，并不代表可以降低生活质量，不同类但等值，即在承认城乡存在差别（主要表现在社会形态、生产及生活方式等方面）的前提下，通过投资和财政再分配，大力发展农村经济，加强农村基础设施建设及公共服务建设，健全社会保障体系，使城乡居民享有同等水平的生活条件、社会福利，共享现代文明。

城乡等值化理论的外延可以理解为，城乡等值化是新时期统筹城乡发展的一种新理念。大家知道我国城乡发展差距大、不协调由来已久，统筹城乡发展是一个漫长而艰难的过程。然而，缩小城乡差距，解决发展中的不协调问题，是我国现代化建设的必然要求，也是发展的迫切需要。这就要求我们在统筹城乡发展中，以城乡等值化理念作为发展的指导，它要求我们的管理者在发展战略、发展规划、发展产业以及发展管理等方面要尽量一致，要尽量缩小城乡居民收入差距，使得农村人口感觉到在农村生活不比城市差，不会一味涌向城市。

总之，城乡等值化理论的核心观点包括以下几方面。

城乡等值化是社会发展的必然趋势。纵观社会发展历史，城乡关系经历了“混沌统一—城乡分离—城乡对立—城乡融合”的发展历程。城乡关系的发展演变与社会生产力发展水平紧密相连。随着生产力发展水平的不断提高，城乡物质财富的不断扩大，城乡差距必将逐步缩小，城乡等值化，即城乡居民在生活条件与生活质量上“不同类但等值”的目标一定能实现。

城乡等值化是城乡一体化的重要标志。城乡一体化是城乡关系发展的最高阶段，其发展目标是改变城乡二元结构，实现城乡在政策上的平等、产业上的互补、国民待遇上的一致，让农民享受到与城镇居民同样的文明和实惠，使整个城乡经济社会全面、协调、可持续发展。这是城乡等值化的重要特征。

“城乡等值化”的核心内涵是“不同类但等值”。不同类，是指城乡的形态、规模、产业、景观的不同类，城乡的发展目标、生产和生活方式的不同类；等值是指城乡居民劳动强度、工作条件、就业机会、收入水平、居住环境、社会保障和生活便利程度的等值。“城乡等值”不是城乡等同，也不是消灭城市或乡村，是指在承认城乡社会形态、生产和生活方式等方面存在差别的前提下，通过大力发展生产力，使城乡居民享有同等水平的生活条件。社会福利和生活质量，共享现代文明。

实现城乡等值以经济高度发达为基础。工业化国家的发展历程显示，城乡间社会福利不平等先是扩大，接着会缩小。在发展的早期阶段，一国的经济迅速集中到城镇，城乡在生产、生活福利方面的巨大不平等也随之凸显。然而，随着经济的发展，政府能力的提升，投资和财政再分配将给乡村居民带来更好的基本福利，其中包括基础设施、环境、教育和医疗保健等。因此，经济高度发达是缩小城乡差别、实现等值的基础。

城乡等值化的关键是农村的繁荣与发展。“城乡等值化”就是要缩小城乡差距，而缩小城乡差距不是要城市倒退，而是要加快农村的经济发展，不断提高农民的生活水平。因此，城乡等值化建设的立足点是农村，关键是农村的繁荣与发展。

二　城乡等值化的国内外实践

1. 德国的“巴伐利亚州试验”总结

“二战”后，德国加快了经济发展速度，然而农村地区却依然处于凋敝状态，农村经济发展落后，医院、学校、道路等基础设施严重匮乏，城乡居民生活水平差距加大，导致大量农村人口涌入城市，给城市发展带来沉重的压力。此时，赛德尔基金会所倡导的“等值化”理念开始发挥作用。主张通过土地整理、村庄革新等方式，实现“在农村生活，并不代表可以降低生活质量”“与城市生活不同类但等值”的目的，使农村经济与城市经济得以平衡发展。这一发展计划于20世纪50年代在德国的巴伐利亚州开始实施。他们的主要做法，一是制定村镇整体发展规划，包括片区规划、土地整合、道路和农田等基础设施建设；二是调整农村产业结构，积极推广机械化作业，组建合作社，发展生态；三是保护传统文明，如整修传统民居、建立博物馆等；四是加强教育培训，推广“双元制”教学，让孩子从小既学文化课，也学实用技术。

巴伐利亚州通过土地整理和乡村革新等措施，使农业的生产条件、基础设施以及农民的生活水平获得了显著的提高。目前的巴伐利亚州，农村地区全州总面积的80%以上，为近60%的人口提供居住、工作和生活空间。2003年，巴伐利亚州的社会生产总值达3709亿欧元，超过欧盟25个国家中的19个，而农业和农产品加工成为仅次于汽车和制造业的第三大产业。

2. 中国山东南张楼村的实践

1988年，山东省政府和德国巴伐利亚州以及德国汉斯·赛德尔基金会共同把南张楼村确定为“中德土地整理与农村发展合作试验区”，希望借鉴巴伐利亚州的土地整理经验，在中国实现“农村与城市生活不同类但等值”的核心理念。该项目1990年开始实施。其过程如下：首先是在德国专家的指导下制定了南张楼村的长期发展规划，根据同类功能连片的原则把村子划分为大田、教育、工业区和公共设施四个片区，按规划实施。第一步是土地整理。通过对基本农田进行土地削平、填洼、整平、划方，将400多公顷农田规划成为若干个平整的大田。第二步是修路和基础设施建设。半年内村庄居住区的道路路面全部实现硬化，对上下水管道进行统一整理，完善自来水供水系统。第三步是发展教育。在规划中的教育区重建幼儿园和初中，赛德尔基金会为学校配备了先进的教学设施，并分批送老师到外地进行培训，并且十分重视职业教育。在南张楼村，目前取得农业技术“绿色证书”、会计资格和其职称的村民已达250多人，有800多人接受了中等教育，很多青年人去西欧、韩国和日本进行研修和务工。第四是兴建文化娱乐设施。规划出“村民休闲用地”，修建了长廊、亭子等，兴建了“南张楼文化中心”和民俗博物馆。

在南张楼村进行的城乡等值化实验，部分地实现了最初的一些目标，在一定意义上是成功的。首先，各功能区经过合理定位和项目实施收到了良好的效果。目前，生活区安静祥和，没有污染，文化教育区独立，不受干扰，工厂区水电路齐全，村内的巷道胡同全部柏油化，村民住房简朴舒适。此外，村内还有文化活动中心，休闲广场、医院、村级博物馆等公共设施。其次，南张楼村现有企业100多家，2004年的村总产值近3.5亿元，其中工业产值达2.5亿元，农民年人均纯收入由试验前的不足800元提高到6000多元，增长6.5倍。最后，许多企业为农民购买了养老、医疗等保险，为农民解除了后顾之忧。南张楼村的城乡等值化试验，将农民成功地留在了农村，农民日子好过了也就不出去了。

3. 河北唐山市城乡等值化实践探索

河北唐山市的城乡等值化实践旨在让农村老百姓的生活质量与城市居民的生活质量或幸福指数大体相当，共享改革发展的成果。唐山市从2007年至2010年，先后出台了多项政策，提出构建“154”城乡统筹发展新格局。“1”，就是一个目标实现城乡等值化，具体包括实现城乡居民人均购买力水平、公共服务水平、社会保障水平、生活便利程度、综合素质的大体相等；“5”，就是五个载体，即以工业化带动城乡等值、以城镇化拉动城乡等值、以产业化推动城乡等值、以市场化促进城乡等值、以信息化驱动城乡等值；“4”，就是四项保障机制，即建立健全公共财政保障机制、公共服务保障机制、公共管理保障机制、公共政策保障机制。

唐山市在城乡等值化实践中的主要举措，一是构筑发展的产业支撑。加大对“三农”的投入，改善农村生产和生活条件，深化农业结构调整，发展农业的产业化经营，大力发展现代农业。二是不断深化农村改革。唐山市成立了市级农村土地经营权流转交易中心，构建了覆盖县、乡、村的土地经营权流转交易服务管理网络，推进土地向适度规模经营集中。市、县两级均设立了农民进城受理服务中心，为农民进城提供“一站式”服务，促进农村人口向城镇集中。三是实现公共财政向农村倾斜，不断加大对农村的教育、医疗卫生、养老等社会事业的投入，提高农村的公共服务和社会福利水平。

迁安市沙河驿镇唐庄子村是唐山城乡等值化发展模式（新农居建设“六个模式”）示范点。这里的房屋统一规划成红色斜坡屋顶，墙体全部采用新型保温建筑材料，全都安装太阳能取暖。家家户户的保温炕，就相当于一个土暖气，原来冬天取暖得烧1500公斤煤，现在500公斤就够了。屋顶的太阳能连着屋子里的取暖空调，再加上墙体都用了保温材料，到了冬天最冷的时候，外面都零下十二三度了，屋子里也能保持在十六七度。另外每家每户的吊炕（保温炕）都与沼气池的卫生厕所相连，村民做饭全部用博士灶（秸秆气化炉），非常干净。村子里配套的公园、广场一应俱全，街道整洁干净，就连路灯都是整齐划一的太阳能灯。

唐山市城乡等值化实践是从满足农民的基本需求、发展需求和安全需求出发，从创业致富、文化卫生、生活环境、矛盾调解和基础设施入手，深入开展了文化、教育、科技等“九进村”活动。特别是为了打破城乡二元结构的政策体制束缚，强力推进了“五个无障碍”，即确保农民工进城落户无障碍、农民进城就业无障碍、农民工子女就读无障碍、农民进城公共交通无障碍、农民进城就医报销无障碍。

4. 上海浦东新区城乡统筹的探索与实践

2009年上海浦东、南汇两区合并。2010年3月，新区通过了浦东新区村庄改造五年（2010～2014年）行动计划。计划从2010年起，5年内投入76亿元，对基本农田区域内的村庄进行全面综合整治改造，涉及17个镇、230个行政村、20余万农户。新区从2010年到2012年，以基本农田保护区等规划保留地区为主要实施区域，以农村道路、桥梁、河道整治、污水治理、低水压改造、村宅整治、绿化、公建配套八个方面为主要实施内容，新区累计投入约47.31亿元（其中新区财力补贴约40.1亿元）对村庄实施了改造。从改造效果看，村庄改造将支农惠农政策聚焦到经济、设施、环境最薄弱的地方，有力提升了农村的村内基础设施条件和环境面貌，有效带动了农业农村产业和社会事业的发展，受到了广大人民群众的欢迎，取得了显著的成绩，也积累了宝贵的工作经验。主要做法如下。

第一，坚持“三态建设”，科学谋划以村庄改造为核心的新农村建设。所谓“三态建设”：一是结合农业产业发展和农民增收，优化“业态”。村庄改造项目资金投放中，优先考虑基本农田区域内旅游景点、农家乐、农业产业园区附近村庄的基础设施建设，通过村庄改造，完善为农服务设施，服务现代农业园区，逐步打造一批具有丰富产业底蕴与农业旅游，农家乐特色的复合型村庄，进一步拓宽农民增收渠道；二是结合农村民生改善和社会和谐，提升“心态”。合理布局村庄改造的路网、河网，完善农村基础设施和人居环境，方便村民生产生活，进一步融洽干群、邻里关系，强化外来务工人员的社会融和，促进农村社会和谐稳定。三是结合农村生态环境保护和农村科学发展，保护“生态”。用科学发展观来指导村庄改造，重视农村生态环境的修复、保护，挖掘农村农业旅游资源，为农村的可持续发展增加动力。同时，根据中央和市关于新农村建设的要求，浦东新区村庄改造的主要目标也愈加清晰，即实现“生态环境优美，民宅村容整洁，农村特色浓郁，居住安全文明，公建配套齐全”，并最终实现“生产发展，生活宽裕，乡风文明，村容整洁，管理民主”的发展要求。

第二，坚持“三个先行”，完善村庄改造工作的建设管理机制。一是立足镇村实际，规划设计先行。以规划设计统领村庄改造工作，通过区专业部门对村庄规划的认定，将村庄改造锁定在基本农田区域范围内。项目设计方案的编制坚持因地制宜、科学合理、注重实效、符合村情民意的原则，不搞花架子工程，强调以“改”为主，以“整治”为主。二是立足村民需求，基础设施先行。重点改造农村道路、桥梁、污水治理、公建配套等公共基础设施，满足农民生产和生活的实际需要，通过村级事务“一事一议”，发动村民参与项目设计、建设和管理全程，调动群众建设美好家园的积极性，让农民自己决策怎么干，变“要我建”为“我要建”。三是立足严谨规范，依法行政先行。（1）不断健全政策体系，研究制定村庄改造差别化财政扶持等一系列政策文件，不断健全项目计划、立项、管理、验收、审计、监管等各方面的工作机制。其中，差别化扶持政策规定，区财政对村庄改造资金的扶持比例平均达到85%，并提取一定比例的计划投入资金（约占总计划投入资金的8%），按照各镇财力状况和村庄改造任务状况实施差别奖补。（2）严格落实工作要求，逐步确立起“五个不通过”的原则，并通过文件加以落实。即划设计方案未获得75%以上村民同意，项目申报不通过；设计方案与现场存在较大差异，评审不通过；项目建设方案不公示或公示后群众意见较大，项目立项不通过；项目建设期间社会反映大，项目验收不通过；项目决算与审计结果，按行业标准存在较大差距，项目资金清算不通过。(3) 规范明确工作标准。针对村庄改造项目非标项目较多的现状特点，制定了村宅整治、河道整治、污水处理、路桥建设、工程审计等方面的工作标准，编制了“浦东新区村庄改造工作手册”，连续三年举办区级层面的村庄改造业务培训班，确保村庄改造项目建设管理实现规范统一。

第三，坚持“三个加强”，大力提升村庄改造整体工作水平和实际成效。一是加强项目建设管理：(1) 建立起“项目计划由职能部门统筹，专项经费由部门预算”。(2) 规范项目招标管理，通过公开招标，确定了新区村庄改造项目工程设计、建设、监理单位的定点供应商，由各镇通过严格规范的招标程序确定本年度项目的相关参建方，通过对设计、建设、监理单位的定期考核，落实末位淘汰，进一步确保工程质量。(3) 强化资金财务管理，出台了《关于进一步加强浦东新区村庄改造项目资金和财务管理工作的通知》，对二类费用的比例和列支具体内容进行规范，明确二类费用总量控制在项目建安费的11%以内，按实列支，确保主要资金用于建安费支出。(4) 聘请了第三方机构开展工程造价咨询，既为项目设计提供了合理化建议，又有效节省了资金费用。2012年区农委综合整治类项目中14个镇有关项目的设计单位送审价核减了3080.728万元，核减率达到6.09%。二是加强项目监督管理：(1) 建立健全监管制度，制定出台了《浦东新区加强村庄改造项目建设监督管理的若干意见》《浦东新区村庄改造巡查工作制度》等政策性文件，设置竣工决算和跟踪审计机制，确保用好每一分改造资金，提高资金使用效率。(2) 建立绩效评估制度，对各年度村庄改造项目实施效果在区、镇两级分别进行评估，发现问题及时进行整改。(3) 构建立体监管体系，建设了新区村庄改造网络监管系统，面向社会公开项目建设内容，并将各村的村庄改造项目情况在“村民一点通”上进行公开公示，组建起村庄改造巡查组，逐步建立完善以“专业监管、部门监管、巡查监管、群众监管、社会监管”为内容的“五位一体”的监管体系，努力把村庄改造建成“工程优良、干部优秀、人民满意”的放心工程。三是加强项目长效管理：(1) 开展“以奖代补”的长效管理探索。出台《浦东新区村庄改造长效管理意见（试行）》，结合区级“以奖代补”考核，由镇相关部门定期或随机对村委会的长效管理工作进行检查、考核，考核结果与管理经费补贴相挂钩。(2) 广泛发动村民参与。引导农民以卫生保洁员、监督员、志愿者等形式参与长效管理，通过村规民约规范村民日常行为，逐步建立健全全体村民共同维护环境的责任机制和约束机制，做到农民家园农民管。(3) 不断细化相关扶持政策。在资产界定方面，依托村级组织进一步完善村庄改造项目建设形成资产的管理。在资金方面，新区层面予以适度支持。在人员方面，镇、村层面建立了一般管理和专业维护相结合的管理队伍，确保村庄改造的持久效益，使农村居民长期受益。

三　“城乡等值化”与“城乡一体化”的异同

城乡等值化在前面有详细描述，是指通过集中土地，发展规模化农业；优化农村产业结构；村庄革新等方式实现“在农村生活并不代表生活质量低”，从而实现农村经济与城市经济的平衡协调发展。城乡等值化含有不通过农田变厂房、农村变城市、农民离开土地进城务工的方式，使农民在工作条件、就业机会、收入水平、居住环境、社会保障等方面与城市居民不同类型，但等值。使人们在农村地区生活，并不比在城市生活的质量差，“与城市生活不同类但等值”。城乡等值化是一种理念，包含当农民只是一种职业选择，与在城市做其他工作是一样的，当农民不会受到任何歧视。“城乡等值化试验”试图通过提升村民的整体生活质量而尽可能地将村民留在土地上、留在村庄里，从而达到缩小城乡差别，使城乡之间协调发展的目的。

城乡一体化是把工业与农业、城市与农村、城镇居民与农村居民视为一个整体，统一规划、统筹谋划、综合研究，通过体制改革和政策调整，促进城乡在规划建设、产业发展、市场信息、政策措施、生态环境保护、社会事业发展等方面的一体化，改变长期形成的城乡二元结构，实现城乡在政策上的平等、产业发展上的互利、国民待遇上的一致，让农民享受到城镇居民同水平的文明和实惠，使整个城乡经济社会发展全面。协调。可持续发展。也可表述为：城乡一体化是城市化发展到一阶段后，随着生产力的发展而不断促进城乡居民生产方式、生活方式变化的过程，是城乡人口、资源、资本、技术等要素相互整合融合，互为资源、互为市场、互为服务，逐步达到城乡之间在经济、社会、文化、生态上协调发展的过程。

城乡一体化包括城乡规划一体化、城乡产业发展一体化、建设一体化、公共服务一体化、社会管理一体化和政策措施一体化。此外，胡锦涛总书记在党的十七大报告中指出：“要加强农业基础地位，走中国特色农业现代化道路，建立以工促农、以城带乡长效机制，至形成城乡经济社会发展一体化新格局。”为我们加快社会主义新农村建设，为农民增收、农业增效、农村增色，推进新型城镇化建设，推进城乡经济社会发展一体化指明了方向。“城乡一体化”，正是中国特色农业现代化道路的简明表述。

在城市学中霍华德被公认为是城乡一体发展的提出者。英国经济学家埃比尼泽·霍华德（EbenezerHoward，1850—1928）在1902年所著《明日的田园城市》一书中，提出了人类社会的发展经历着乡村人口向城市集聚，大城市郊区城市化，最后迈向城乡一体化发展的进程，城乡经济社会发展一体化格局是城乡融合发展的新形式，把工业与农业、城市与乡村、城镇居民与农村居民一体发展，有利于改变城乡二元结构，实现城乡政策平等、产业发展互补、农民与城市居民国民待遇一致，整个社会实现全面、协调、可持续发展。当然，“城乡一体化”不能简单理解成“城乡一样化”，把乡村也建设成为城市的“分散城市化”和“乡村工业化”的“一体化”。发展经济学告诉我们，“分散型城市化”和“乡村工业化”，成本太高，不切合经济社会发展的实际。我们要的是“集中型工业化”，要建立起：特大城市、大城市、中等城市、小城市、乡镇、中心村、村，形成有机结合的经济社会发展格局。

我国城乡发展经历了新中国成立以来重工业优先发展，工农产品“剪刀差”导致城乡二元结构，使城乡差距不断拉大，人们看到和感受到了这个问题的严重性。改革开放初期的1978～1984年，城乡居民收入呈逐渐缩小的趋势。20世纪90年代以后，由于市场化改革，一批胆大的城市人口“下海”获得了第一桶金，成为“富翁”，这使城乡差距进一步拉大，城乡发展问题成为学术界讨论的焦点。党的十六届四中全会指出，“在工业化达到相当程度以后，工业反哺农业，城市支持农村，实现工业与农业、城市与农村协调发展，也是一个带有普遍性的倾向”。这标志着我国进入城乡统筹发展时期。

其实，对于城乡一体化，不同学科有不同的理解。社会学和人类学界从城乡关系的角度出发，认为城乡一体化是指相对发达的城市和相对落后的农村之间，打成相互分割的壁垒，逐步实现生产要素的合理优化组合，促进生产力在城市和农村之间合理分布，使城乡经济和城乡社会生活紧密结合与协调发展，逐步缩小直至消灭城乡之间的差别，从而使城市和乡村融为一体。有的学者仅讨论城乡工业的协调发展，可称为“城乡工业一体化”；经济学界则从经济发展规律和生产力合理布局的角度出发，认为城乡一体化是现代经济中农业和工业联系日益增强的客观要求，是指统一布局城乡经济、加强城乡之间的经济交流与协作，使城乡生产力优化分工、合理布局、协调发展，以取得最佳经济效益；规划学者是从空间的角度对城乡结合部做出统一规划，即对具有一定内在关联的城乡物资食物和精神要素进行系统安排；生态与环境学者是从生态环境的角度，认为城乡一体化是城乡生态环境的有机结合，保证自然生态过程畅通有序，促进城乡健康、协调发展。

综上所述，城乡一体化与城乡等值化的异同主要表现在以下几方面。

第一，“城乡等值化”是在农村不变成城市、农民不变成市民的背景下，注重让农村老百姓都能像城市居民一样享受到改革的成果，让农村老百姓的生活质量和城市居民的生活质量或幸福指数大体相当。而“城乡一体化”是在更高的高度、更广阔的视野下，注重城乡空间上的布局，在产业和社会发展上，更注重发展战略的统筹规划和“一体化”发展。

第二，“城乡一体化”重在运用“工业反哺农业，城市带动乡村”的保证手段，激发农民的积极性、主动性和创造性，使农业、农村和农民走出一条更新思想观念、变化政策措施、调整产业布局和利益关系、创新体制机制、改进工作方法的新的发展道路。“城乡等值化”试图通过农民不离开土地的方式，重在实现城乡价值追求的等值。主要途径在于通过加大投入来获取理想的城乡等值化结果。

第三，“城乡等值化试验”自始至终都是在一系列十分精密的规划下进行的，包括科学地设计村庄发展的总体规划、详细规划等。村庄发展的功能分区就是一个典型的例子。这从一个方面反映出德国人注重规划、精于设计的重要特征。

第四，“城乡等值化试验”非常重视村庄的社会发展与环境建设，教育、卫生、文化事业与环境保护等都被提到了重要位置，该试验努力做到使经济发展与社会发展在村庄层面上得以均衡实现。

第五，“城乡等值化试验”特别重视土地与农业在村庄发展中的特殊重要性，把土地整理作为村庄发展的最重要工作来抓，把农业作为整个村庄改革与创新的最重要产业而集中有限资源加以促进。

当然，城乡等值化试验也存在问题。有学者认为“最大的问题在于：试图将这样一个曾经于50多年前在德国试验成功并得以在德国普遍推广的德国的农村发展模式在今天的中国农村加以推广可能是不现实的，而且也行不通”。从理论上讲在受多元因素（政治的、文化的、经济的、社会的等）影响下的中国广大农村环境中，试图用一种单一的发展模式来统一人们的行为选择，理论上讲不通。相反，多元化的发展资源必然带来多元化的发展方式选择。其次，试验基本理念设计是要将村民留在土地上、留在本村，不进工厂、不进城市。该试验已持续进行二十多年，村民并没有完全实践这一基本理念，却是利用国际试验这一无形资产与品牌，争取到许多发展非农业、进城、出国的机会，这反而成为试验成功的重要因素。因此，该实验不切合中国所处转型期特有的历史性特征。

最后，德国赛德尔基金会提出的“在农村地区生活，并不代表可以降低生活质量”“与城市生活不同类但等值”的“城乡等值化”理念，在德国巴伐利亚州试验成功，已经成为德国农村发展的普遍模式，并从1990年起成为欧盟农村政策的方向。正像在山东省青州市南张楼村负责“巴伐利亚试验”的维尔克先生说的那样：这是一项需要“几代人的努力”的长期事业。

四　推动贵安新区城乡等值与公平发展

这里需要重申一下“城乡等值”与“城乡公平”概念。本文中，“城乡等值”概念主要是从价值理念的角度，将城市与乡村的生活、生产看成等值的，虽然城乡之间的生活方式有所不同，但在值上是对等的，不能歧视农村。“城乡等值”观念主要是从政策上、产业上、国民待遇上对城乡一视同仁。相对于“城乡等值”概念，“城乡公平”概念则是基于城乡之间存在“不公平”现象而提出的，如我国城乡之间存在着财政分配不公平、教育、医疗条件不公平、人口的社会保障不公平等现象。“城乡等值”与“城乡公平”概念有所交叉，但二者的层次不同。“城乡等值”概念主要是从理念上、宏观上进行强调。而“城乡公平”概念更加具体，它主要从具体的某一项政策上解决城乡发展中的“不公平”现象，让农民享受到与城镇居民同样的文明和实惠，使整个城乡经济社会全面、协调、可持续发展。

1. 我国城乡二元结构体制

我国城乡二元结构来源于城乡分割。1957年中共中央、国务院颁布了《关于制止农村人口盲目外流的指示》，并采取了诸如严格禁止企业单位从农村招工，在城市设立收容站，把进城农民遣送原籍等强力措施禁止实质性进入城市。1958年，《中华人民共和国户口登记条例》的颁布成为影响城乡关系的一个重要转折点。在这一具有法律效力的文件中，国家明确将城乡居民分为农业户口与非农业户口两种不同户籍，并规定农业户籍的居民要想迁入城市，首先必须获得城市管理当局的许可，这样，便形成了严格的控制农村人口流动的户籍管理制度。

国家随后制定了与这种户籍管理制度相配套的生活资料供给制度、就业制度和社会福利制度等，规定只有持有城市合法户口的城市居民，才能获得国家配给的基本生活资料，才能由劳动就业部门安排工作，才能有资格享受各种福利待遇，等等。这样以迁移登记、人口统计为主要功能的户籍管理制度在我国演变成为一种将全国人口区分为农业户口和非农业户口两种不同社会身份的制度，筑起了一道制度性壁垒，使农村人口不能自由向城市迁移，人为地将城乡居民分割为两个发展机会和社会地位不平等的社会集团。由此，逐渐形成了“一个国家，两种政策，城乡分割治理”的二元体制。

在这一体制下，以后的工农产业价格“剪刀差”，通过对农村“抽血”来保证城市发展。再后来，就是一系列城乡政策的不公平，导致城乡之间产生巨大差距

2. 我国城乡发展中的不公平现象

由于城乡二元结构的体制，决定了我国城乡发展中许多不公平现象的出现，主要表现在以下方面几方面。

（1）城乡政策不公平，阻碍了城乡公平发展

一是农业人口、非农业人口的户籍管理制度，人为地将城市人口与农村人口分开，导致农村人口向城市的流动受到阻碍。农业人口不能享受非农业人口在就业、医疗保险、子女教育等方面的优惠政策。过去几十年，农村人口想进入城市基本是不可能的。改革开放以来，城乡人口流动加速，城市经济发展大大加快。看到城乡生活水平的巨大差距，大量农业人口（农民工）进入城市，就是已经进入城市的农民工也只是处于“半城市

化”状态。在城市，他们没有户口，没有固定居所，只能干一些城市人口不愿干的苦活、脏活、累活。

二是城乡财政政策不公平。我国的财政制度明显偏向城市。长期以来，农业财政支出占国家财政支出的比例远低于农业在国内生产总值中的比例，国家财政在基本建设投资与固定资产投资上也是倾向于城市的。近几年尽管国家在农村电网改造、水利建设、交通建设等方面增加了投入，但国家所有大型电力、交通、通信以及信息等基础设施无不紧紧围绕城市中心而展开，城乡之间基础设施的差距继续扩大。与农村比较，城市基础设施齐全、资金密集、信息畅通等方面的优势大大超过农村。这不仅造成了城乡居民在生活环境、享受的公共服务等生活水平上的差别，也使城乡居民拥有完全不同的发展机会和发展环境。企业为了追求经济效益，新项目的上马普遍都选择在基础设施条件较好的城市及其辐射地区，再加上市场竞争机制的作用，资金、市场和技术等要素也首先在城市或城市周边地区发展起来，而农村市场发育则比较迟缓，农村和农业无论是自我积累能力、自我发展能力，还是吸引和消化外来资金能力，以及适应外部环境能力，都远不如城市。这种由国家财政制度不公平带来城乡物资基础的差距必将继续推动城乡经济发展不公平。

三是城乡教育制度不公平。首先，城乡教育起点不公平。我国小学学龄儿童入学率城市高于农村，而辍学率也明显存在城乡差距。2008 年以来城市辍学率一路下降，而农村初中辍学率却一路攀升，个别边远落后地区居高不下。农村与城市义务教育相比低入学率、低升学率、高辍学率是农村义务教育的显著特点，再加上农村人口基数大，这就意味着还有大量的农村少年儿童不能如期走进课堂。其次，城乡教育在投入上、办学条件上、师资力量上都存在着显著差别。

四是社会保障方面不公平。在保障种类方面的差别：城镇户籍的居民享有养老保险、失业保险、工伤保险、生育保险和最低生活保障等，而农村户籍的居民只享有养老保险、合作医疗和最低生活保障三种。在城乡医疗保障方面，据专家估计，我国占全国人口 1/3 的城镇人口却享有 3/4 的卫生总费用，这是极大的不公平。贵州省绝大多数县乡是吃财政饭，难以支持农民医疗保障。乡村集体多为空壳，无力支持农民医疗保障，虽然最近在农村实施了“农村合作医疗保险”制度，但涉及的面和报账的比例也与城镇居民有较大差别。结果多数还是要农民自理，最后导致农村居民

“小病拖、大病挨、重病才往医院抬”“小病忍、大病扛，重病等着见阎王”，以及“因病致贫、因贫致病、因病返贫”现象十分严重。

（2）城乡居民收入分配不公平，导致消费水平差距大

总体上看，我国城镇居民收入水平大幅度高于农民居民收入水平，且增速快于农民，城乡收入差距有不断扩大的趋势，这与城乡收入再分配不公平有关。一是通过农产品价格“剪刀差”的方式，实现农村向城市、农业向工业、农民向市民的“输血”。“1978 年以前，农民每年通过工农产品‘剪刀差’的方式向国家提供的积累为 100 亿～300 亿元，此后虽然工农产品价格‘剪刀差’有所缩小，但绝对数仍在增加。1983 年为 400 多亿元，后来每年仍达 600 亿～1000 亿元。”二是城市经济发展快于农村经济。在经济发展过程中，各地圈地风盛行。在征用土地过程中，地方政府、村组织与开发商，给予农民的土地征用补偿费极低。据有关资料，“土地补偿费真正到农民手里的只有 5%～10%，村集体留下 25%～30%，其他上缴乡及乡以上政府”。这已成为新的不公平问题。虽然近年来国家取消了农业税，但国家和地方财政支农力度仍较小，这与农业在国家经济中的地位和作用不相称。国家和地方的财政支出的大部分用在城市，向城市居民倾斜，不可避免地导致城乡收入差距扩大，出现城乡收入分配结果不公平。收入水平决定消费水平，城乡收入水平的差距，决定了消费水平在总体上的差距。此外，城乡居民在消费结构、消费的基础设施方面存在显著差别。

（3）城乡居民就业机会不公平，导致人口流动不畅

我国城乡就业制度存在严重不公，国家只负责城市居民的就业安排，基本不负责农村居民的就业安排和就业登记，农村居民基本上处于自发就业状态，进城民工一般不纳入城市劳动就业管理体系，不能享受与城市职工相同的劳动保障等待遇，具体表现如下。

第一，就业不公平。城镇职工能享受到国家的就业资助和国家扶持的职业技能培训，而农村劳动力在相当长时期里享受不到相关政策支持。虽然最近国家出台了农民工培训计划，但农民在资金支持数量和培训规模上远不及城镇职工，而进城农民工还要自己负担城市综合管理费用，造成了农村劳动力与城镇劳动力在就业上的不公平。第二，就业不公平还体现在以下方面：在就业准入上，城镇职工可以自由流动，而农村劳动力转移就业受到国家种种限制。20 世纪 50 年代起，国家就开始对农民流入城市就

业设限，限制企业单位从农村招工。当前，一些地方对企业使用农民工进行行政审批，在市场准入上设置较高门槛。规定了种类繁多的限制性条件，影响了城乡劳动力双向自由流动。在就业保障上，用人单位要么不与农民工签订劳动合同，要么签订单向约束农民工的合同和农民工很少有参加工会的机会，往往得不到工会组织的保护，他们所做的工作往往是城镇职工不愿干的脏活、累活、危险活，工作和生活的环境非常恶劣，即使有些农民工与城镇职工做同样的工作，其获得的劳动报酬也要低于城镇职工。在就业服务上，国家没有将农村劳动力转移就业纳入统一的管理服务中，农村劳动力转移就业难度大。一是市场信息服务不完善，农村劳动力外出就业仍以亲友介绍为主。二是法律维权服务不健全。农村劳动力进城务工，其合法权益经常受到损害，国家又没有相应的法律援助制度，农村劳动力的合法权益得不到有效保障。

农村人口流动到城市最大的障碍一是户籍制度的限制，二是就业没有保障，这就极大地限制了农村人口向城市的流动，而城市人口又不愿流向农村，使城乡人口流动不畅。

3. 贵安新区城乡“等值化”与“公平”发展机制

（1）贵安新区“城乡等值化”思路

贵安新区规划范围涉及贵阳市花溪区，清镇市和安顺市西秀区、平坝县等县（区、市），约1560平方公里的空间范围，规划人口约500万人，规划建设用地约500平方公里。现状人口65万人，耕地2.74万公顷。贵安新区既包括了城镇，也包括了农村的地域，又是“先行先试”的试验地，因此，在贵安新区推行城乡等值化发展，既有实际意义，又可行。

贵安新区的发展目标是要把贵安新区建设成内陆开放型经济示范区、全国山地城镇化配套改革示范区、西部信息化与工业化深度融合发展创新区，建设成为贵州跨越式发展的重要增长极。要达到这些目标，在发展和管理上可以“创新发展、先行先试”。贵安新区的规划范围目前多为乡镇，正好在一张白纸上建设成城乡接合的城市新区。

按照城乡等值化思路，并不是将贵安新区所包括的农村全部城市化，而是将“不同类但等值”的思想贯穿在贵安新区的总体规划中，

避免单纯的“将农民市民化”的思维模式，而是按照规划通过有形或无形的以及双向的人流、物流、信息流、资金流、技术流，将城市和乡村有机地联系在一起，依托土地整理、村庄革新、信息技术交流、低碳生产

等方式，逐渐消除农村在生产、生活质量上与城市的差别，在新区不再将城市和农村作为明显的地域单元相互割裂，而是通过产业联系，通过人员、资金、技术、信息的双向流动，使城乡形成不同类型的新型社区，实现在农村生活与在城市生活“不同类但等值”的目的。另外，乡村可自下而上，根据自身的特点遵行经济发展规律，在生活总体等值的基础上，个性化、生态化、智能化、低碳化地推动城市化进程。

具体说来，就是以工业化带动城乡等值化发展，加速农村工业化进程；以城镇化拉动城乡等值化发展，积极构建新型城乡形态；以产业化推动城乡等值化发展，提升农村经济发展水平；以市场化促进城乡等值化发展，激发农村经济活力；以信息化驱动城乡等值化发展，推进信息化与农村经济社会发展的深度融合。

借鉴唐山市城乡等值化发展的思路，可构建“1255”城乡统筹发展新格局。“1”就是一个目标——实现城乡等值化，具体包括实现城乡居民人均购买力水平、公共服务水平、社会保障水平、生活便利程度、综合素质的大体相等。“2”就是打造高端装备制造业和电子信息产业。“5”包括两个方面：一是5个载体，即以工业化带动城乡等值，以城镇化拉动城乡等值，以产业化推动城乡等值，以市场化促进城乡等值，以信息化驱动城乡等值。二是推动产业发展5大转型：经济发展由主要依靠资源开采和初加工，向资源深度开发和资源深加工转变；由外延扩张向内涵提升转变；由传统产业独大向多元产业发展转变；由粗放、高耗、低效、单一线性发展向集约、低碳、高效、多元循环发展转变；由技术管理落后、附加值低的传统服务业向高技术、高附加值、高智力的现代服务业转型。

（2）确立贵安新区城乡公平发展机制研究

贵州省“十二五”规划纲要强调，要积极探索和健全城乡要素优化配置的体制机制，着力破解城乡二元结构，推进工业与农业、城市与农村的良性互动。换句话说，就是要处理好城市与农村、市民与农民、非农产业与农业这三对主体在效率与公平之间的关系。探讨贵安新区城乡公平发展机制，可针对过去我国城乡之间在发展上的不公平、政策上的不公平以及就业、社保等方面的不公平，从城乡之间的资源要素配置、城乡空间布局和城乡协调发展机制等多方面进行研究。

具体而言，建立贵安新区公平发展机制，首先，要在城乡公平发展理念指导下，在区域内城乡之间消除农业户口和非农业户口之间的差别，公平地看待城乡居民，使农村居民与城市居民虽然从事的工作类型不一样，但没有实质性差别，城乡人口同样享受社保、教育、医疗等公共产品。其次，在空间布局上，城乡要统一规划，合理布局，城乡人口户籍管理制度上没有等级之分，城乡人口可在城乡间自由流动。产业布局要依托资源、交通、市场等条件，在城乡间合理布局，不要人为地将产业集中布局在城市，产业也可在城乡间自由流动。再次，我们可以通过统筹城乡公共产品的供给，调整城乡公共产品供给水平，来改变城乡的生产和生活条件，从而实现城乡经济社会的协调发展。城乡公共产品供给机制的形成有五个环节：一是作为公共产品资金来源的公共财政的筹集；二是筹集到的公共财政资金在城乡两个方面的分配；三是城乡公共产品供给的决策，四是城乡公共产品投入的监管；五是城乡公共产品的使用。最后，在城乡社会发展的保障机制上，要建立一个覆盖面广、成本低廉、区域转续、城乡统一的社会保障体系，保障对象包括区域内所有公民，没有区域差别，只要符合社会保障条件，就有享受社保的权利，城乡居民同等享受社会保障，能够更好地促进城乡“公平”发展，加快实现和谐社会的构建。

城乡“公平”发展机制也可表述为积极推进“五个一体化”，即城乡规划一体化、城乡建设一体化、城乡产业一体化、城乡公共服务一体化，同时要进一步完善城乡一体化发展的公共财政、公共管理、公共政策等保障机制。

总之，贵安新区城乡等值化发展是方向，公平发展是核心。

五　贵安新区城乡等值与公平发展研究

1. 贵安新区的布局与条件

从总体布局上看，贵安新区规划为“一主三副，两带多极”。总体布局为面向山水生态的空间塑造，即“五线连符谱华章，一半山水一半城”，空间上构建串珠状的生态城镇带，形成“一主三副，两带多极”的空间形态。“一主”：天河潭新城。“三副”：高峰、邢江、旧州三个副中心。“两带”：北部生态文化特色带、南部城市综合服务带。

从贵安新区的条件看，具有以下优势。

其一，自然地理条件优越，发展空间潜力巨大。大家知道，贵州是山区，总体上山多地少，山地和丘陵占全省总面积的92.5%，地貌特征是山高谷深，沟壑纵横。位于贵阳与安顺之间的贵安新区是全省地势平坦开阔、用地条件最好、开发成本相对更低的地区。该地区气候条件优越，用地条件得天独厚，在贵州难寻其二。

第二，该地区资源丰富。能源资源富集，具有水火互济的能源优势，是西电东送的大通道，能够提供充足的能源保障；磷铝等矿产资源丰富，具有发展能源产业与资源深加工产业的组合优势；旅游文化资源得天独厚，具有发展旅游及其相关服务业的明显优势。

第三，产业基础良好。(1) 据有关资料，贵安新区由于气候、降水、土地等自然条件优越，第一产业发展基础良好，第一产业中的农、林、牧、副、渔业均有发展，其中发展较好、收益较高的主要农产品是粮食作物和蔬菜园艺作物，油料、烟草等高收益产品产量不大。(2) 第二产业中的能源及原材料、军工企业具有坚实的基础。新中国成立以来我国重要的“三线建设”和“西部大开发”战略，布局了军工、机械、电子、化工、交通、煤炭、电力、钢铁、有色金属等部门，其中军工企业大量布局在安顺。这些在很大程度上定位了贵州重工业及能源输出强省的地位。目前来看，贵安新区已初步形成了以电力和煤炭为主的能源产业；以军工企业为主的先进装备制造业；这些工业基础和结构具有重型化特征。同时，贵安新区还是中缅油气管道的集中区和核心消费区，这为构建新能源产业提供了良好的产业基础条件。(3) 贵安新区第三产业主要分布在交通运输业、仓储和邮政业、金融业、批发和零售业，以及非营利性服务业方面。因此，传统服务业仍旧是三产的主要行业。现代服务业中除金融业、非营利性公共服务业之外，其他行业比重不大。

第四，交通区位优势明显。该区域位于全国“两横三纵”城市化战略格局中的“包昆通道”纵轴南部，拥有长昆高速、贵昆、隆百、株六复线等铁路以及沪昆高速、厦蓉高速公路和黄果树机场等，整个区域将逐步形成较完善的交通网，具有成为西南地区重要门户的优越条件。同时，贵州历史上最大的水利工程——黔中水利枢纽工程的实施，将极大地改善该区域的发展条件，使其成为贵州水资源最好的地区之一。

第五，贵安新区能对贵阳、安顺两大核心城市及周边地区形成一种撬动关系：一是撬动贵阳的结构性跨越，为贵阳的发展创造结构性动力机遇；二是撬动安顺“接入链条”和“多点带动”的结构性增长，在“接入链条”的基础上，安顺以东地区出现结构性动力机遇，这两方面的作用将实现省府“提升核心”和“推动黔中”的目标；三是塑造各个空间主体间的互动关系，即安顺与贵安之间是一个版块与一条发展带，贵安新区内部则关注带状生长与网络互动，最终贵阳、安顺、贵安新区三者整体组合为互动联系的城市带。

2. 贵安新区的定位及发展目标

（1）贵安新区定位

贵安新区的开发原则：城乡统筹、创新发展、开放开发、先行先试。

贵安新区的定位：①经过5～10年的建设，把贵安新区建设成为跨越式发展的重要经济增长极，建成集文化旅游、生态宜居、新兴产业、科技创新、教育培训等城市功能为一体的城市新区。②从产业发展的角度，根据贵安新区发展的产业基础、科技教育资源、人文旅游资源、水资源，以及地理交通、石漠化山区可利用的土地等因素，可将贵安新区打造成：以航空航天为代表的特色装备制造业基地、重要的资源深加工基地、区域性商贸物流中心和科技创新中心。把贵安新区打造成全省对外开放的新高地。

（2）贵安新区发展目标

A. 总体目标是：把贵安新区打造成以文化生态传承和科技创新为特色的内陆开放型经济示范区。

B. 构建全国山地新型城镇化配套改革示范区、西部信息化与工业化深度融合发展创新区、高端服务业聚集区、生态文明建设引领区。

C. 把贵安新区建设成为贵州跨越式发展的重要增长极，成为西南地区产业集聚、功能完善、服务配套、环境优美、安全宜居、特色鲜明的山水园林城市和全国最具特色的城市新区之一。

- 近期目标：5年内，城市骨架基本形成，起步区配套服务体系基本完善，初步具备吸纳资源要素和服务业发展能力。
- 中期目标：10年内，特色产业基本形成，服务功能进一步提升，人口聚集能力显著增强，城市建设初具规模。
- 远期目标：20年内，基本建成高效集约、产业聚集、功能完善、服务配套、环境优美、安全宜居、特色鲜明的山水园林城市。

3. 贵安新区城乡等值化发展框架设计

（1）总体思路和基本原则

1）总体思路

贵安新区是贵阳与安顺之间规划出的一个新区域，是一片处女地。贵州省政府要将其打造成黔中经济区的“火车头”和“发动机”，在政策上可以“先行先试”，在发展和管理上可以有更多创新。

围绕将贵安新区打造成“产业创新的技术高地、文化创意的引领高地、生态环保以及绿色、高端消费区”的基本思路，顺应群众对美好新生活的期待，以转变发展方式为主线，突出加速发展、加快转型，推动跨越主基调，以打造“内陆开放型经济示范区、创新发展试验区、高端服务业聚集区、国际休闲度假旅游区、生态文明建设引领区”为战略取向，着力打造“城乡等值、产城互动”的现代化新区。通过项目带动，统筹推进工业化、城镇化和农业现代化，把贵安新区建设成为内陆开放型经济示范区、面向西南的重要通道、西部重要的交通枢纽和物流中心，形成以航空航天为代表的先进装备制造业基础、重要资源深加工基础、文化旅游创新区、区域性商贸物流中心和科技创新中心，构建黔中经济区现代产业体系。

按照城乡等值化思路，并不是将贵安新区所包括的农村全部城市化，而是将“不同类但等值”的思想贯穿在贵安新区的总体规划中，避免单纯将“农民市民化”的思维方式，而是按规划通过有形或无形的以及双向的人流、物流、信息流、资金流、技术流和政府转移支付、社会保障等各种“流”，将城乡有机联系在一起，依托土地整理、村庄革新、信息技术、低碳生产等方式，逐渐消除农村在生产、生活质量上与城市的差异，实现与城市生活不同类型但等值的目的。

在新区不再将城市和乡村作为明显的独立地域单元相互割裂，而是将城乡以不同的方式，通过产业联系、人员、资金、信息、技术的双向流动，形成不同类型的新型社区。二是乡村可自下而上，根据自身的特点，遵循经济发展规律，在生活总体等值的基础上，个性化、生态化、智能化、低碳化地推动城市化进程。

借鉴唐山市城乡等值化发展的思路，可构建“1255”城乡统筹发展新格局。“1”就是一个目标，实现城乡等值化，具体包括实现城乡居民人均购买力水平、公共服务水平、社会保障水平、生活便利程度、综合素质的大体相等；“2”即打造高端装备制造业和电子信息产业两个高端产业方队。“5”，一是五个载体，即以工业化带动城乡等值、以城镇化拉动城乡等值、以产业化推动城乡等值、以市场化促进城乡等值、以信息化驱动城乡等值；二是推动产业发展五大转型：经济发展由主要依靠资源开采、初加工向资源深度开发、深加工转变；由外延扩张向内涵提升转变；由传统产业独大向多元发展转变；由粗放、高耗、低效、单一线性发展向集约、低碳、高效、多元循环发展转变；由技术和管理落后、附加值低的传统服务业向高技术、高附加值、高智力的生产性服务业和现代服务业转型。

2）基本原则

——先行先试，创新发展。在城乡发展的关键领域和部位大胆进行体制机制创新，探索贵安新区城乡经济发展的新路子，构建适应经济社会发展的新的体制机制，既要充分发挥主观能动性，又要善于借助外部力量和经验发展壮大自己，把改革创新作为推动经济社会发展的根本动力，以先行先试促发展、以先行先试促开发、以创新发展促跨越。

——规划先行，统筹城乡。规划是前提，是基础，是关键，只有规划好才能建设好、管理好。首先要做好城乡统筹发展的总体发展规划。要坚持城乡整体协调、可持续发展以及城乡融合的原则，实事求是，因地制宜，科学规划，合理布局，避免建了拆，拆了建的浪费行为。一是城市与乡村发展规划，包括城乡布局、城市形态及功能区如何划分、建设用地规模如何确定等都要有科学依据；乡村规划要体现因地制宜、科学合理、注重实效、符合村情民意的原则，不搞花架子工程，以“改”为主，以“土地整理”为主。二是城乡基础建设规划，包括交通建设要统筹考虑城市与乡村发展。三是产业发展规划，要根据产业基础，发展优势产业，通过产业链将城乡联结，体现“农民不离乡，但等值”的概念。

——突出重点，科学发展。新区建设要在一张白纸上“画最新最美的图画”，万事开头难，事情千头万绪，要在加快发展的同时，抓关键促突破，抓重点带全局，努力消除和打破发展瓶颈制约，整合资源、集中力量，发挥比较优势，着力培育和形成新的经济增长极。只要符合科学发展观的要求，就要加快发展，迅速扩大经济规模、壮大经济实力。要着力转变发展方式，完善优化结构，提高发展质量和效益，增强自主创新能力，推动经济又好又快地发展。

——绿色增长，可持续发展。要把增强发展的可持续性、建设“两型”社会放在经济社会发展的突出位置，注重在保护中开发，在开发中保护，大力发展循环经济，着力推进节能减排，实现人口、资源、环境的协调发展和经济效益、社会效益和生态效益的有机统一。

（2）发展的重点领域

一是规划体系。规划是百年大计，规划要注重城乡统筹，将城乡等值化理念贯穿其中。尤其是城乡布局，一旦建成，再调整就会付出很大的代价。规划要注意以下问题：第一，规划的层次要互相协调与适应。要加强宏观层次规划的作用，完善中观层次规划的编制，重视微观层次规划的作用。加强各种规划之间的衔接，城乡建设规划要与经济发展规划、行业规划相适应。第二，要由专家来做规划。规划是一项专业性很强的工作，需要专门人才进行操作。专家站在第三者的立场，可能受到的羁绊和影响最小，或者说更公正。第三，规划要正确处理当前与长远的关系。规划既不能脱离现实，又不能对未来没有足够的估计，因此，规划要预测本地发展的方向、速度及战略，要考虑长远，同时也要随环境条件的变化适时完善规划。第四，规划要突出特色。要综合考虑区域的自然资源条件、产业特色、文化特点等基础条件，还要考虑经济发展水平、消费特点、社会文化状况以及交通、能源、文化资源等因素，规划要因地制宜、实事求是。如城市规划首先要明确城市功能定位，才能有的放矢。城市规划要体现功能区的划分，哪里是商业区、哪里是生活区、哪里是产业发展区、哪里是科研教育区等，包括用地规模的依据及规划的原则、理由，都需说清楚。

二是产业体系。产业的规划与布局要高起点、低消耗、优环境、可持续。首先，第二产业要重点发展装备制造业，资源深加工和战略新兴产业以及现代服务业，形成以航天航空为代表的特色装备制造，资源深加工基地，区域性商贸物流中心和科技创新中心。其次，第三产业要大力发展现代服务业，推进传统服务业现代化。最后，积极发展现代化农业。在政策上鼓励在土地、投资、科技创新等领域先行试行。

①按照抓“大园区”“大招商”“大项目”“大品牌”的思路，壮大存量，引进和培育增量，倾力打造装备制造、民用航空、特色食品、新型建材、生物资源加工、旅游商品、战略性新兴产业“七大产业”，走出一条科技含量高、经济效益好、资源消耗低、环境污染少、人力资源优势得到充分发挥的新型工业化路子。加快发展以航天航空为重点的装备制造业，发挥国防科技工业优势，促进军工、民用技术双向转化和科研机构资源共同加快发展以航天航空为重点的装备制造业，发挥国防科技工业优势，促进军工、民用技术双向转化和科研机构资源共享，发展壮大军民结合产业，推动军工企业与地方经济融合发展；发展资源消耗低、带动系数大、

就业机会多、综合效益好的新兴产业。培育发展新材料、电子及新一代信息技术、生物技术、新能源等新兴技术，重点开发一批具有比较优势的产品，形成新的经济增长点。如电子元器件、软件、混合集成电路等；积极开发生物技术及民族制药业；积极发展煤—电—冶一体化企业集团，推动资源深加工产业发展；大力支持特色食品加工及其他制造业、支持白酒生产企业的发展；利用工业废渣发展新型建材业。

②在发展现代服务业中，要积极发展文化旅游业，将文化与旅游融合发展，抢抓国家实施“文化产业振兴规划”和贵州“建设旅游大省”的机遇，争取将旅游发展项目列入“全省生态文化旅游业发展总体规划”中，以建设“避暑胜地、度假名城、休闲之都”为目标，全面推动旅游大区建设。利用“中国屯堡文化之乡、中国清真美食之乡”和“中国民间文化艺术之乡”的文化名片，结合自然与民族旅游资源，将资源优势转化成经济优势，着力扩大服务业总量，优化服务业结构，提升服务业集聚发展水平，营造和强化特色鲜明的文化旅游业；大力发展现代物流业，推进物流和商贸流通企业的网络化经营，实现企业信息资源的集成和共享；建设货运物流网与商贸流通网互联互通的现代物流信息平台，实现物流配送系统与仓储、生产、加工、商贸信息、交通信息服务等系统的信息共享；培育功能齐全、经营规范的现代综合性物流市场主体；大力发展金融保险、信息、会展商务等现代服务业；健康发展房地产业；积极发展社区服务业；改造提升商贸、餐饮等传统服务业，将贵安新区建设成“集文化旅游、生态宜居、新兴产业、科技创新、教育培训等城市功能为一体”的城市新区。

③以发展高效生态特色农业为重点，适度规模化建设生态种植与养殖生产基地，在确保生态环境安全的前提下大力发展特色优势农业。建立种植与养殖相互平衡、协调发展的良性循环的新型农业生产体系，推行农业无害化清洁生产，通过提高农产品品质与农业生产比较效益，有效增加农民收入。搭建特色优质农产品生产、加工、物流、市场一体化农业产业化支撑平台，建立农民增收、企业增效、政府增税的现代农业产业发展利益平衡协调机制，为全县经济社会跨越式发展提供有力的农业基础支撑。重点发展生态特色有机景观种植业、生态畜牧业、生态经济林业、农产品加工及物流与市场配送业、产业综合服务体系及新农村建设等。

三是环境体系。这里说的环境体系包括自然生态环境系统、影响环境的因素及环境管理等方面的内容。我们知道，城乡的建设与发展是跟资源环境紧密联系在一起的。城乡空间发展是一个集聚与扩散的过程，在这一过程中，无论是城市的扩大、人口的集中、经济的发展，还是交通的发展，无不与资源环境息息相关。自然生态环境系统的土地、水、植被、空气等，与人们的生产、生活方式紧密相连，为了使自然生态环境系统得到保护，国际标准化组织制定了环境管理体系ISO14000系列标准，它要求首先要符合法律法规的要求。其次预防污染、节约能源和资源是环境管理同样重要的两个方面。开发与发展必然带来土地资源的约束和生态保护的压力，因此，在城乡发展中，对土地利用、区域开发、城乡发展的综合性规划，以及工业、农业、畜牧业、林业、能源、水利、交通、城市建设、旅游、自然资源开发等专项规划都要开展“环境影响评价”，实施“环评一票否决制”。在进行产业、能源、交通水利的规划中，要进行影响环境的因素分析，如，哪些企业、哪些产品或服务会给环境造成有害的或有益的影响，生产的结果可能会对水质、空气质量、自然资源和环境造成什么影响？确保在建立、实施和保持环境管理体系时，对重要环境因素进行考虑，建立相应的环境目标和指标，目标和指标应可测量。目标和指标应符合环境方针，包括对污染预防、持续改进和遵守法律要求及企业应遵守的其他环境要求的承诺。管理者要确保为环境管理体系的建立、实施、保持和改进提供必要的资源。资源包括人力资源和专项技能、企业的基础设施，以及技术和财力资源。

四是管理体系。管理体系，是指建立方针和目标并实现这些目标的体系，是计划、组织、领导、实施的全过程。体系，就是一个纷繁复杂的系统，具有各种层次，如金字塔似的管理结构，最底层为非管理雇员，然后是初级管理者、次级、高级，每个阶层都有自己的主要管理职能。管理体系的内涵包括：组织结构、策划活动（目标、过程两方面，缺一不可）、职责、惯例、程序、过程、资源等。这里指的管理体系，包括一个政府、一个城市、一个组织，为实现其目标，把宏观、中观、微观若干来同的管理体系整合在一个架构下运行的管理体系。宏观管理体系包括目标管理体系、经济管理体系（国民收入、投资与消费）社会文化管理体系、组织及行政管理体系；中观管理体系如质量管理体系ISO9000、环境管理体系、ISO14001、职业健康和安全管理体系OHSAS18001、企业健康和安全管理体系OHSAS18001、企业与市场管理体系等；微观管理体系主要指中观管理体系分解下来的具体的、单个的管理，包括市场管理、企业管理、产品管理等。当然，这个管理体系过于庞大和复杂，我们就针对中观管理体系的质量管理体系、环境管理体系、职业健康和安全管理体系三大部分进行阐述。

在质量管理体系 ISO9000、环境管理体系 ISO14001、职业健康和安全管理体系 OHSAS18001 这三个管理体系分别涵盖了质量管理、环境管理和职业健康管理，质量管理主要针对生产与服务企业，环境管理主要考虑可持续发展的因素和人的因素，职业健康安全管理主要是从人的角度出发，以人为本，总之是从不同角度提出的管理方法和管理手段。如果单独建立三个管理体系，在运行中会出现三本手册，三套程序文件，重复内审、重复管理评审的现象，相同的工作重复执行，就会增大管理成本，降低管理效率。如果建立一体化管理体系，可以科学地调配人力资源，优化管理结构，统筹开展管理性要求一致的活动，提高工作效率，降低管理费用。可以看到，三个管理体系中的管理思想与管理方法，其基本结构等要素基本相似，进行一体化管理是可行的。可运用管理整合的基本原理和方法，探索管理体系整合的可行性、方法和整合思路。

3. 贵安新区城乡等值化与公平发展对策

贵安新区发展在政策上可以先行先试，我们在一开始就要按照“城乡等值”“城乡公平”的思路，从政策上消除对农村的歧视，搞好城乡公平发展。

（1）从城乡等值化角度，应做好以下工作。

①建立城乡等值化发展机制。

贵安新区城乡等值化发展是一种城乡互动发展的新机制。贵州省“十二五”规划纲要强调，要积极探索和健全城乡要素优化配置的体制机制，着力破解城乡二元结构，推进工农业之间、城乡之间的良性互动。显然，坚持城乡等值发展，就是要按照城乡等值化理念，着力推进城乡规划、城乡建设、城乡产业、城乡公共服务和城乡社会管理“五个一体化”，以工业化带动城乡等值化，加速农村工业化进程；以城镇化拉动城乡等值化，积极构建新型城乡形态；以产业化推动城乡等值化，提升农村经济发展水平；以市场化促进城乡等值化，激发农村经济发展活力；以信息化驱动城乡等值化，推进信息化与农村经济社会发展的深度融合。在政策上可以先行先试，积极探索、创新新区建设路径：以新区建设为重点，深入推进户籍制度改革，完善社保、住房、教育等公共服务政策，促进农村人口向城镇有序转移；深入推进中小城市和小城镇发展，积极实施城乡等值化改革试点，在城乡建设用地增减挂钩、农民工基本公共服务等方面进行探索；加强城镇规划指导和城镇管理，强化土地等要素保障；深化城镇化投融资体制改革，多渠道筹集建设资金。

②整合土地资源，缓解建设用地“瓶颈”。

土地是经济发展和城镇建设的重要资源要素，土地“瓶颈”能否缓解，直接影响贵安新区的建设。规划的贵安新区范围涉及贵阳市和安顺市的约1560平方公里的范围，建设用地500平方公里，新区面临着繁重的征地、拆迁、安置、土地收储等重大任务。一是要在原有土地利用总体规划的基础上，充分考虑新区发展对土地的需求，编制新区土地利用专项规划，从规划层面明确建设用地规模和功能，确保土地供给。二是组建新区土地收储中心，统筹对新区建设用地的管理和运作，加快土地由“生地”向“熟地”的转变，实现土地收益最大化。三是落实好国家有关土地的收储政策，探索农村集体土地转变为新区建设用地的新途径和新方法。四是通过协商和协调利益关系，做好新区内平坝农场、夏云农场、羊艾农场、排山农场四家农场的土地置换工作。

③打造融资平台，畅通融资渠道，做大产业资本。

产业资本的大小决定着产业发展的强弱，扩大投资加大以产业资本为重点的投入，始终是推动新区建设的重点。新区建设巨大的资金需求与资金来源单一、财政实力弱的矛盾会更加凸显。要千方百计打造融资平台，畅通融资渠道成为新区建设的重要方面。按照增量借力、存量整合提升的思路，加快投融资步伐。

一是加大“跑部”力度，争取国家和省级部门对贵安新区中心区在基础设施建设、公共服务领域、园区建设等方面给予资金投入。二是继续推动银政合作、银企合作，在实施好已出台的鼓励金融机构贷款政策的基础上，再研究出台金融机构参与新区建设的鼓励政策，以优惠的条件，实施“引银入区”工程；三是通过建立联席会、签订合作框架，承办试点、建立分支机构或网点等方式，加强与省内外创业投资基金、股权投资基金、风险投资基金、私募基金、信托、证券、保险等非金融机构的联系、沟通与合作。力争建立新区资本运营中心；四是以精心策划和项目包装为抓手，在新区推出一批与产业政策相契合的重点项目，通过项目招商扩大投资；五是创新项目融资方式，采用多种形式进行融资，重点在基础设施领域，分别采取 BT（建设—移交）、BOT（建设—经营—移交）、PPP（公私合营或合伙）、ABS（资产支持证券化）等模式融资；六是允许实物资本注入，按照现代企业制度，实行资产股份化，积极推进股权融资把投资公司打造成新区既有一定实力的融资和担保平台，承担新区开发建设和融资担保任务。同时在继续支持现有融资平台的基础上，采取国有资产划拨、财政资金注入等方式，成立城投（城市建设投资公司）、基投（基本建设投资公司）等融资平台；七是支持企业建立现代企业制度，实现资产股份化、证券化，推动以企业为重点的信用体系建设，力争到 2020 年有 1 ~ 2 家企业上市融资。

④强化生态建设和环境保护。

按照建设资源节约型、环境友好型社会的要求，把发展循环经济和低碳经济作为发展的重要途径，着力转变资源开发利用方式，努力做到在开发中保护、在保护中开发，实行环境保护区域责任制，加强节能减排，决不走先污染后治理、边污染边治理的老路。加快完善清洁生产机制，促进经济发展模式向高能效、低能耗、少排放模式转型。强化企业资源消耗约束机制，切实落实国家和县鼓励支持资源综合利用的各项政策。在红枫湖保护区域内拒绝化工、冶金等三类污染企业，控制发展轻工食品类企业，积极发展物流、电子、机械及三产类无污染企业。进一步完善水、土地、矿产等资源有偿使用制度。严格执行矿山生态恢复治理保证金缴纳制度，加强地质灾害治理，努力构建和谐矿区。加强矿业权管理和市场建设，建立和完善矿产资源储备机制，制定实施促进矿业节约发展的配套政策。

（2）从城乡公平发展角度，应做好以下方面的工作。

①创新城乡一体化发展思路。

城市和农村，一个是经济发展中心和消费中心，另一个地域辽阔，资源丰富，统筹考虑城市和农村，是解决城乡发展问题的一个重大创新，把城市和农村紧密联系起来，综合研究，做到联系农村研究城市，联系城市研究农村。一是统一城乡发展导向。城乡发展要以科学发展观为指导，以“以城带乡、以工促农”为理念，促进城乡整体性发展。二是必须加快城市化建设的步伐，扩大城市规模，推进城市经济的快速增长，为吸纳转移农村劳动力提供广阔的生存空间，顺利实现农民向城镇转移，着力加快城市化建设步伐，迅速改变目前城市化滞后的局面。三是加快农村基础设施建设步伐，大力加强农村生态环境、农业综合开发、农村公共设施和农村水利设施等重点项目建设，制定好科学规划，逐步推进，分阶段实施，不断改善农村的生产生活条件，提高城乡基础设施的共享度，解决农村生产生活基础设施严重滞后的瓶颈制约。

②在规划上，城乡统一规划布局。

城乡规划包括城镇体系规划、城市规划、镇规划、乡规划和村庄规划。统一城乡规划就是要确立科学的规划体系，正确处理近期建设与长远发展、局部利益与整体利益、经济发展与环境保护、现代化建设与历史文化保护的关系，促进合理布局、节约资源、保护环境、体现特色，充分发挥城乡规划在引导城镇化健康发展、促进城乡经济社会可持续发展中的统筹协调和综合调控作用，形成城乡空间一体规划。规划要注意以下问题：第一，规划的层次要互相协调与适应。要加强宏观层次规划的作用，完善中观层次规划的编制，重视微观层次规划的作用。加强各种规划之间的衔接，城乡建设规划要与经济发展规划、行业规划相适应。第二，要由专家来做规划。规划是一项专业性很强的工作，需要专门人才进行操作。专家站在第三者的立场，可能受到的羁绊和影响最小，或者说更公正。第三，规划要正确处理当前与长远的关系。规划既不能脱离现实，又不能对未来没有足够的估计，因此，规划要预测本地发展的方向、速度及战略，要考虑长远，同时也要随环境条件的变化适时完善规划。第四，规划要突出特色。要综合考虑区域的自然资源条件、产业特色、文化特点等基础条件，还要考虑经济发展水平、消费特点、社会文化状况以及交通、能源、文化资源等因素，规划要因地制宜、实事求是。如城市规划首先要明确城市功能定位，才能有的放矢。城市规划要体现功能区的划分，哪里是商业区、哪里是生活区、哪里是产业发展区、哪里是科研教育区等，包括用地规模的依据及规划的原则、理由，都需说清楚。

③在户籍管理上，统一城乡户口，保证城乡居民身份公平。

消除二元户籍制度的弊端，实现城乡统一的户口管理，取消有差别的农业户口与非农业户口两种户口性质，废止所有关于“农转非”的政策规定，实行社会待遇与户籍脱钩的政策，剥离户籍的“附加”功能，取消户籍身份上的特权，恢复户籍本来面目；实行居住证登记户口的原则，建立以常住户口、暂住户口、寄住户口为基础的户口登记制度；建立以户口簿、身份证、出生证为主要证件的户口管理办法。改革可分两步进行：第一步，实行有条件的开放户籍管理制度，降低农民工进城门槛，减少进城费用，简化进城程序，降低农民工在城市劳动和生活的成本。第二步，取消城市户籍制，用身份证管理制度取代户口制度，对城乡居民实行“一卡管理”模式，允许拥有中国国籍的全体城乡居民自由迁徙定居，这样，有利于加强治安管理，同时也有利于消除因人口管理制度差异对调整造成的障碍。

④在城乡收入分配上，加大对农业和农村支持保护力度。

加大对农业和农民收入的支持力度。第一，对农产品进行价格支持和保护，包括运用目标价格、营销差价补贴、最低支持价格、保护价收购等。第二，对农业生产进行补贴，包括直接支付、面积限制补贴、投入品补贴等多种形式。第三，对农业的一般服务支持，政府可加大对农业基础设施建设，农业科研和推广体系建设方面的投资。第四，对其他收入支持，包括提供低利率和担保的信贷政策，减轻、免税和延期纳税的税赋政策，政府补贴的农业保险政策以及灾害补贴等多方面内容。

⑤在城乡就业上，保证城乡居民就业机会的公平。

就业公平是实现农村劳动力向非农产业和城镇转移的重要条件，是促进农民增收致富的关键环节，是全面建成小康社会的必然要求。第一，设立城乡公共就业服务机构，统一管理城乡就业服务信息，以此为依托，推进城乡劳动力市场信息网络建设，完善城乡劳动力供求信息收集、分析和发布制度，加强城乡职业教育和培训体系建设。第二，建立科学的资金保障机制。资金来源，一是财政预算安排，各级财政应增加相关的资金安排，并列入年度财政预算。二是从土地流转收益和村镇集体经济分红中筹集资金。三是调整农村扶持资金等的使用方向，将一部分资金用于农村富余劳动力的技能培训和组织输出。第三，推进相关制度创新。一是深化户籍制度改革，取消限制农民进城务工的不合理规定。二是推进土地制度创新，建立有利于城镇发展和农民向城镇转移的土地制度，积极探索符合各地实际的土地流转形式，规范发展土地使用权交易市场。三是加大劳动保障监察力度，加强对劳动力市场和劳务中介组织的监管，认真清理整顿劳动力市场，依法严惩侵害农民工权益的行为。同时，加大劳动监察部门的执法力度，督促用工单位与农民工依法签订并严格履行劳动合同。

⑥在社会保险上，建立城乡统一的社会保障制度。

实行城乡公平保障原则，必须建立城乡统一的社会保障制度。首先，要不断完善城镇社会保障制度，同时逐步整合现有的农村贫困救助制度、“五保”制度、农村合作医疗制度以及正在试行的农村老人执行生育政策补贴制度，逐步建立起农村“低水平、广覆盖”的社会保障体制基础框架，以促进城乡的和谐发展。其次，应从现有实际出发，进行以下三个方面的制度建设：一是普及城乡“公平”的最低生活保障制度，依据区域的经济实力逐步把农村低收入群体纳入低保范围，同时要建立稳定的资金保障体制和科学的操作机制。二是加快推进新型农村合作医疗制度建设，在政府支持和经济扶持下，遵循农民自愿原则，通过各种合作形式，互助共济，建立适合农民需要、保障水平适度的农村医疗保障制度，同时强化理论对其进行的管理和监督。当前的农村医疗保障还远不能解决农民看病难的问题，国家还要加大这方面的投入和监管，完善相关制度建设。三是实行农村社会养老制度试点和推广。除对农村孤寡老人、丧失劳动能力且无人赡养的残疾人，实行集中供养制度外，还要引导其他农民在自愿下选择预先积累式的养老保险，建立个人保险账户，让农民在青年时开始为自己储备养老金，同时要建立科学的管理制度以保证累积金的安全和保值增值。最后，建立农业保险制度。政府要对农业保险予以补贴，使农民因灾、因病遭受的损失最大化降低。要建立健全各级政府对农业、农村和农民收入支持保护工作的考核和评价机制，做到主要指标要量化，既要有权利，又要有责任，确保对农民的工作落到实处。

课题负责人：杨晓航

课题组成员：张美涛　蒋楚麟

文化篇

创新理论　服务决策

贵州省领导指示圈示课题 2013 年研究成果汇编

贵州“三线”建设工业遗产保护与再利用研究

一　引言

三线建设，是我国自20世纪60年代中期开始以国防工业建设为中心的从备战出发进行的大后方建设。贵州处于三线建设腹地，由于地理位置、自然环境等有利于备战，同时又具有丰富的能源和矿产资源，成为国家三线建设的重点省份之一。贵州的三线建设自1964年开始，到1978年基本结束，三线建设的规模之大、投入之多、时间之长、行动之快、动员之广，在贵州建设史上是罕见的。在15年中，贵州全省累计完成基本建设项目投资98.93亿元，其中地方建设项目完成22.56亿元，占22.8%；中央直属项目完成76.37亿元，占77.2%。这些建设项目中，生产性建设项目占投资总额的88.3%。全省新增固定资产54.24亿元，相当于1950年到1963年新增固定资产的3.49倍。[①] 改革开放以来，贵州的许多三线企业要么从原先“依山傍水扎大营”的山沟或溶洞迁往城市，要么因污染严重或“退二进三”政策等原因而迁离城市，要么面临“关、停、并、转”的局面，所有这些都使各地留下了很多工业旧址、附属设施、附属建筑、机器设备等工业遗存。这些工业遗存逐渐老化，已渐渐地失去原有作用的时候，三线建设期的工业何去何从，已不单单是从建筑层面探讨的范畴，它关系着历史、政治和经济等更为宏观的社会问题。但是长期以来，对三线建设工业遗产却长期缺乏应有的重视，如何认识并合理对待三线建设工业遗产，是一项紧迫而重要的工作。曾经的三线建设时遗留下来的老厂房、老矿区、旧设备……记录着一个时代的历史足迹和辉煌，浓缩着一段

① 许峰、田花：《三线建设对贵州工业发展的贡献及其启示》，《理论与当代》2011年12期。

贵州工业发展的历史和文明。我们有必要对这段历史进行回顾和反思以启迪未来。对这些珍贵的历史遗迹进行保护和利用，让它们重新焕发活力，丰富和承载真实的历史记忆，十分重要而紧迫。

由于三线单位的军工色彩很浓厚，因此三线建设工业遗产也是一个比较敏感的话题。有鉴于此，本课题很难全方位对全省三线建设工业遗产进行一个全方位的摸底与排查，也就不能明确全省三线建设工业遗产的规模、数量、分布，只能对三线建设工业遗产予以点状的描述，由于是省领导圈示课题，与一般的研究课题不同，本课题力求精练，着力在问题描述及实施建议上展开，希望能给省领导决策提供帮助，基础研究相对来说有些不够，这也是本课题研究的不足之处，希望在下一步的研究中予以完善。

二 “三线建设工业遗产”概念的界定及研究意义

（一）概念的界定

1. 三线建设

20世纪60年代到70年代，为了防备美苏的军事入侵，以战备为指导思想，在“三线地区”——我国中西部进行了大规模的建设，即三线建设。三线建设和“156项重点工程”“大跃进”同为奠定共和国工业基础的三项举措，是我国实现工业化进程中最重要的一环，同时三线建设也初步改变了我国东部、中部、西部生产力布局严重不均衡的状况，极大地推动我国中西部经济社会发展，在三线建设基本完成时，中西部建成了大量的国防军工、民用工业、科研院所和交通设施。

2. 工业遗产

工业遗产属于世界文化遗产的一类，有广义和狭义之分。广义的工业遗产是指人类历史上各个时期与各种产业有关的，有历史、建筑、科技等多方面价值的各种遗留物，包括手工工场、古代矿物采集、矿物冶炼旧址及其遗留物。狭义的工业遗产是指工业革命以后，具有历史、社会、科技、美学等方面价值的，与近代和现代工业相关的遗留物。目前世界上普遍认同的对于“工业遗产”的定义，来源于2003年国际工业遗产保护委员会（TICCIH）拟定的工业遗产保护的第一部纲领性文件——《下塔吉尔宪章》。该宪章对于“工业遗产”的定义是：“工业遗产由工业文化的遗留物组成，这些遗留物拥有历史的、技术的、社会的、建筑的或者是科学上的价值。这些遗留物具体由建筑物和机器设备，车间，制造厂和工厂，矿山和处理精炼遗址、仓库和储藏室，能源生产、传送、使用和运输以及所有的地下构造所在的场所组成，与工业相联系的社会活动场所，比如住宅、宗教朝拜地或者是教育机构都包含在工业遗产范畴之内。”①

2006 年 4 月，国家文物局官员、中国主要工业遗产城市代表、业界专家学者齐聚无锡，通过了旨在保护工业遗产的《无锡建议》，其对于“工业遗产”的定义是：“具有历史学、社会学、建筑学和科技、审美价值的工业文化遗存。包括工厂车间、磨坊、仓库、店铺等工业建筑物，矿山、相关加工冶炼场地、能源生产和传输及使用场所，交通设施、工业生产相关的社会活动场所，相关工业设备，以及工艺流程、数据记录、企业档案等物质和非物质文化遗产。”值得注意的是，《无锡建议》提到了与工业生产活动相关的非物质文化遗产也同样属于工业遗产的范畴。

3. 三线建设工业遗产

根据前述，三线建设工业遗产指的是位于三线地区的、兴建于三线建设时期具有历史的、科技的、社会的、美学的或者经济上的价值的工业文化的遗留物。包括三线建设时期兴建和位于三线地区的工业及矿业单位的生产、办公设施和建筑，职工培训设施和建筑，职工生活、娱乐场所，为工业生产服务的科研院所等，也包括三线建设单位独特的生产工艺流程、企业精神、企业文化等非物质文化遗产。

三　贵州省三线建设工业遗产价值分析

（一）工业遗产价值总述

工业遗产的价值由历史价值、社会价值、科技价值、美学价值、经济价值等多种价值构成。《下塔吉尔宪章》指出：“工业遗产是工业活动的证据，已经具有并且继续拥有意义深远的历史价值。保护工业遗产的动机在于这种证据的普遍性价值，而不是单一遗址的特异性。工业遗产拥有社会价值，是人民群众生活记录的一部分，基于此它才拥有特别重要的意义。在制造、工程和建筑史上，它拥有技术上和科学上的价值，它可能也拥有

① TICCIH N T. *Charter for the Industrial Heritage*. 2003.

相当的审美价值，这体现在建筑、设计或者规划的品质中。这些价值内含于遗址本身，内含于它的结构、组件、机器设备和环境中，存在于工业景致和书写文档，并且还存在于无形的工业记录中，这容纳于人类的记忆和风俗习惯中。稀有性，比如在特殊加工流程的存留方面，在遗址的象征性或者景致方面，给工业遗产增加了特殊价值并且应该慎重地给予评估。早期的或者是开创性的实例就拥有特殊价值。”

（二）三线建设时期的工业遗产的价值

三线建设工业遗产，作为工业遗产的一个组成部分，具有工业遗产所共同具有的历史、社会、科技、美学与经济价值；同时，因为贵州“三线”建设工业遗产，其建设动机、地理位置、周边环境等因素具有极大的特殊性，因此贵州“三线”建设工业遗产的价值在很多方面具有其独特的特质。

1. 历史价值

三线建设是新中国在四面受敌的特殊历史时期，以备战为目的推动的“军事工业化”，其历史意义与一般的工业化进程有很明显的不同，例如：三线建设的一些项目，如六盘水煤矿基地和成昆铁路的建设，在当时被提高到了民族生死存亡的高度，当时国家领导人对三线建设的关注远远超过了其他工业项目的建设，这在全世界的工业化进程中是罕见的。三线建设工业遗产是我国最特殊的历史时期的重要见证。三线建设距今已有50年左右的历史，其时间跨度比较大，这个时期的工业遗产的历史价值是不容忽视的。

2. 社会价值

三线建设工业遗产是一代国人生产生活奋斗的记载物，是包括工人、干部、知识分子等一大批当时参加三线建设或作为三线企、事业单位的职工的社会精英和三线子弟归属感和认同感的基础。作为当时参与三线建设者或三线企、事业单位职工而言，三线建设工业遗产是他们人生中最有朝气、最具有创造力、最奋发有为的年龄阶段的记录者和见证者，他们对于自己的这一段工作经历与付出有很强的历史自豪感。作为三线子弟而言，三线建设工业遗产留下了他们童年的回忆，是他们童年时代的记录，当三线单位外迁，或他们的父母带着他们因为各种原因回到原籍的时候，三线建设工业遗产成了散布于全国各地乃至海外的三线子弟认同感和归属感的根基。

三线建设企业所在地区普遍自然环境比较恶劣，而且由于远离大城市，生产生活条件十分艰苦，而当时三线建设者与三线职工，发扬不怕困难、自力更生的精神，经历了艰苦的创业过程，在三线地区创造了一个又一个奇迹，由此产生的企业文化、理念和精神是社会的宝贵财富。另外，由于三线建设企业都配有相应规模的生活区，由于人们交往频繁，共同的身份和相关利益形成了这个区域特定的区域文化，这种文化通常与工厂密切相关，并且可以作为一种社会情感在搬迁后的企业中延续下去，形成企业的特定文化，这种文化在新时期企业发展中有极强的感召力，必然形成企业精神与归属感的核心要素，那些奋发图强、可歌可泣的动人事迹与企业的精神文化和员工的情感认同紧密相连，成为无形的工业遗产，这种精神在任何时代都是巨大的精神财富，属于非物质工业遗产的重要内容，而三线建设工业遗产就是蕴含这种精神的最佳的实物印证。三线建设工业遗产成为企业员工及当地居民心中对本企业认同的象征，他们的兴衰牵动着这里每一个人，对其的改造与更新就是对工业建筑产生的历史、文化价值的重新认同与回归。

3. 科技价值

贵州的三线建设是以备战为目的的、以重工业和军事工业为主的工业建设，与普通的工业项目建设有很大的差异性。这些工业建设的科技含量比其他工业高，其厂房、设备、生产工艺等具有较高的科技含量。同时，三线建设的特殊性同时造成了其建构筑物、生产设备与生产工艺等方面具有一定的特殊性和独到性。这是因为贵州的三线建设的绝大多数项目位于远离城市的山地和高原，自然地形条件非常复杂，为了适应不同于平原（即常规的工业项目所在地区）的特殊地形，其厂房、配套建筑等建构筑物从建筑单体到整个厂区的规划与布置，都印上了自己鲜明的特色。

三线建设强调“靠山、分散、隐蔽”，在一定时期如 20 世纪 60 年代末 70 年代初，甚至还强调“进洞”，因此，贵州“三线”建设工业遗产的特殊构造或特殊建构筑物是普遍存在的，最典型的是洞中厂房、洞中仓库以及洞中医院等。

4. 美学价值

三线建设工业遗产具有独特的建筑体量、建筑形式和专有设施，使其具有极其特殊的视觉感受和机械美感，形成了其独有的美学价值。此外，三线建设的工业遗产，由于强调“靠山、分散、隐蔽”，与周边环境一起形成了独特的工业景观。在贵州的三线建设工业遗产，必然带有贵州的地缘特征，打上贵州山水风光的总体印记。而这个地缘特征和总体印记就是贵州多姿多彩的喀斯特景观。而贵州的三线建设工业遗产景观在很大程度上可以说是贵州旅游景观的一个缩影，因此贵州的三线建设工业遗产诸多景观也具有类型多样的喀斯特地形地貌，形成了融山、水、石、林、洞为一体的丰富而奇特的自然风光，这种奇特的自然风光与贵州的三线建设工业遗产景观融为一体，形成了以古朴、奇特、神秘为特色的旅游资源。

5. 经济价值

相对于其他类型的遗产而言，由于三线建设历史尚短，且工业建筑物质寿命较长，三线建设工业遗产往往还具有良好的基础设施和主体结构。三线建设工业遗产在给排水、电力电信、交通运输等方面有较好的基础，再利用时只要稍加改进即可满足要求，同时，三线建设工业遗产的构筑物很多具有坚固、耐久的主体结构，便于进行安全可靠的改造。对于三线建设工业遗产的再利用可以明显地缩短建设周期，降低成本，取得良好的经济效益，一些生产厂房、仓库等大空间建筑在改造时有很大的灵活性，为多功能的使用提供了可能。除此之外，对洞穴、烟囱、铁轨等构筑物的再利用，往往会产生独特的效果和艺术表现力。

四 贵州“三线”建设工业遗产保护与利用现状

三线建设是在特殊的历史时期下，按照“靠山、分散、隐蔽”的方针予以布点，使得建设项目基本分散于山区，为以后的发展留下了很多问题。改革开放后，国际国内情况发生了深刻的变化，三线企业有计划、有步骤地展开了企业布局、产品结构等方面的调整。同时，随着我国工业现代化和城市现代化的进程，随着贵州经济和社会的迅猛发展，三线建设企业面临结构调整、产业升级和异地搬迁。三线建设企业众多工业文化遗产面临着重要抉择，一些有价值的工业文化遗产正在遭到破坏和损毁，其保护和合理开发利用问题以及由此带来的如何与城市发展协调并进等问题，也成为既紧迫又不可回避的现实问题。

（一）随着文物保护视野的不断扩大，对工业遗产的认知与保护力度逐渐加大，但是，这些三线建设工业遗产在贵州省遗产名录中的比例还很小

贵州对近代工业遗迹的关注很早就已经开始，最早是以工业考古的形

式出现的。1986 年 10 月，清溪铁厂遗址被镇远县公布为县级文物保护单位，是贵州第一次将工业遗产公布为文物保护单位；2003 年 5 月，大方县人民政府将中国空军航空委员会第一航空发动机制造厂公布为县级文物保护单位；2006 年 6 月，天门河水电站被贵州省人民政府公布为第四批省文物保护单位，为首个省级工业遗产文物保护单位；同年，万山贡矿遗址被国务院公布为第六批全国重点文物保护单位；在 2008 年全国文物普查重要新发现中，始建于 1966 年的红林机械厂旧址被列入其中，三线建设工业遗产开始跻身文物名录。在 2007 年 4 月开始到 2011 年结束的全国第三次文物普查工作中，三线建设重要史迹及代表性建筑开始受到关注，贵阳矿山机器厂，汽车制造厂，新添光学仪器厂，贵定 3535 厂、3610 厂、3326 厂，龙里 3537 厂旧址等典型三线建设工业遗产均被普查登录，从发展态势看，贵州省对工业遗产保护工作越来越关注和重视，但是这仅仅是一次基础性的调查，接下来还需要深度发掘文物资源，三线建设工业遗产在各种遗产名录中的比例还很小，目前还没有全国和省级文保单位，这与贵州省丰富的三线工业遗产地位极不相称，在下一步的工作中，应加大对三线建设工业遗产的重视程度。

（二） 三线企业搬迁比例很大，对旧址的再利用程度不高，再利用水平普遍很低

根据课题组的实地调研，三线建设企业很多已经基本完成迁离，大部分处于完全或基本废弃的状态，少部分处于被各种形式地再利用的状态。而目前的再利用的方式与水平普遍很低，以租用给其他企业做生产性厂房为主，企业的生产流程、对原有建筑的侵蚀比较严重；另外，蕴含于三线建设工业遗产之中的宝贵的精神财富没有得到应有的重视，大部分的再利用只凸显了遗址物质形态方面的价值，只有极个别的案例（例如安顺天马飞机制造厂旧址的再利用）对非物质文化遗产给予了重视。

（三） 由于自身特质和周边环境的差异，各遗址的现状相差极大

1. 由于重视程度、搬离时间及所在区位不同，遗址完整程度相差很大，既有格局完整、风貌较好的，也有破败不堪的，甚而有一些遗址因为各种原因已不复存在。

2. 建筑材料、建筑手法有很大差异。自身以及与周边环境的融洽度、选址条件等方面有差异。

3. 独立体系的色彩非常明显

由于三线建设的指导思想，导致三线企业的布局刻意远离既有城市，使得三线单位多布局在郊野地带，生活配套设施基本齐全，自成小社会，随着三线企业的迁移，其生活配套区内还驻留着很多的企业老职工，他们大多生活困难，成为上访和群体性事件的高发区，遗产的再利用需考虑他们的意愿与利益。

五 贵州省三线建设工业遗产保护与利用中存在困难

三线建设工业遗产的登录及公布为各级文物保护单位，使三线建设工业遗产的保护有了一定的法律保障，但由于意识、理念、人才及经济等因素的制约，贵州省三线建设工业遗产的保护仍然面临着巨大的挑战。同时，由于必须面对市场竞争的生存压力，面对就业、困难及下岗工人生活压力，企业资产不得不与短期经济利益挂钩，加上土地财政、城市经营等客观现实，社会对工业遗产的保护难以形成集体共识，致使贵州省三线建设工业遗产仍困难重重。

（一）三线建设工业遗产的普查和登录仍需相关部门的支持，仍需得到生产企业的理解和参与

在各级文物部门的努力下，第三次全国文物普查对贵州省的工业遗产进行了一次大的摸底，但由于缺乏相关部门的支持和生产企业的理解、参与，有的甚至担心成为工业遗产后会影响发展，所以文物普查也只能关注到三线建设工业遗产的冰山一角，大量的工业遗产仍没有进入文物保护的范畴。如贵阳钢铁厂、贵州铝厂、水城钢铁厂等都未能进入普查名单。

（二）三线建设工业遗产面临继续生产带来的改造压力，使遗产的真实性、完整性逐步丧失

三普记录的许多三线建设工业遗产都存在这样的问题，即工业遗产仍然继续承担着生产的任务，而且有的老厂企业生存发展和职工生活的压力非常大，不得不把闲置的厂房采取租用的方式获得一定的经费来源，投入再生产的工业建筑，由于生产工艺的更新，其建筑必然面临着被改造的命运，如新添光学仪器厂和许多在生产的三线工业遗产都面临着这个问题。

（三）缺乏科学的城市规划和单一追求经济利益，使大量三线建设工业遗产在城市发展的过程中被“拆旧建新”，工业遗产消失殆尽，这是对工业遗产最大的破坏

各级城市都在拼命追求“形象工程”和“面子工程”，忽视城市的有机更新，忽视工业遗产对延续历史文脉、丰富城市内涵、提供多样城市空间的作用。城市工业用地区位条件好、面积大、容积率低、易于拆迁，且具备一定的基础设施，往往成为房地产开发的首先猎取对象，一些非常具有代表性的工业遗产在房地产开发和美其名曰的城市经营中被夷平，以贵阳为例，2013 年 11 月 26 日，贵钢电炉炼钢厂正式停产，结束了在老城区油榨街生产钢材的历史。据媒体介绍，贵钢搬迁后，原厂区 100 多万平方米的土地开发将邀请世界 500 强企业美国艾弈康策划设计公司，用 5～8 年时间建成集商贸、旅游、文化、地产为一体的贵阳城市新地标和新经济增长点。希望机器隆隆、浓烟滚滚的贵钢远去时，给贵阳人留下一些记忆，不要为了建所谓的新地标而抹掉了老地标。

（四）三线建设工业遗产还面临着如何展示利用、提升内涵和吸引游人的问题

如果三线建设工业遗产的保护不能和有效利用结合起来，不能和商业活动、和遗产旅游结合起来，保护也将是空中楼阁。如用工业用地整治的中山岐江城市公园，将生产与博物馆展示相结合的青岛啤酒早期工业建筑，将艺术与文化创意与工业遗产结合的北京 798 艺术区等目前也只能在有条件的城市进行推广，而大量的工业遗产，尤其是贵州山区的工业遗产，并不具备这样的资金和人才集聚条件。多彩贵州城 1958、六盘水三线建设博物馆等虽然是比较不错的方式，但也还在摸索当中。目前，工业遗产保护及开发的高投入，尚不足以引起各方的重视，必须借助政府的力度和社会的力量才能实现有效的保护。

（五）三线建设工业遗产保护的法规缺乏也是影响遗产保护与开发利用的重要因素

目前我国尚未制定与工业遗产保护有关的专项法规，用《文物保护法》来保护和管理绝大多数的工业遗产都是不现实的，将三线建设工业遗产作为文物进行记录也不是最科学合理的方式，而且会不利于三线建设工业遗产的保护。三线建设工业遗产本身的特点要求保护和利用必须分级保

护、区别对待，除列为文物保护单位的工业遗产外，其他工业遗产的保护和利用应更灵活、更客观。另外，相关工业遗产保护税收优惠政策等也没有建立起来，不利于社会和企业参与保护。

（六）三线建设工业遗产的保护与利用缺乏公众参与

就目前的状况而言，三线建设工业遗产的保护与利用公众参与的现状并不十分理想。首先，大部分工业用地规划过程不够透明，公众没有机会接触并广泛参与到规划设计工作之中；其次，即便有公众参与，大都还停留在“创新”的层面，最终参与决策的人很少；再者，由于多数群众的主人翁意识不够，对旧城改造、工业遗产保护等工作认识也不到位，导致他们的参与和决策并没有过多的主动性和积极性，导致一些三线工业遗产保护工作进展不利、效果不好。

六　贵州“三线”建设工业遗产的再利用策略与模式

（一）贵州“三线”建设工业遗产的再利用的基本策略

1. 分级评价保护

同其他类型文化遗产保护一样，三线建设工业遗产也需要科学、量化的评价标准和保护体系，才能保证综合再利用的可操作性。对于遗产价值突出的工业遗存，应作为工业遗产进行保护，整体保留建筑原状，不得拆除；对于价值不高但再利用价值突出的工业遗存，应作为工业资源进行再利用，也可进行其他形式的商业开发。在具体的三线建设工业遗产保护利用规划项目中，通过对厂区工业遗存的大量细致调研工作，制定保护等级划分的量化标准，提取有代表性的保护要素，并按照不同等级确定保护与再利用策略，方案设计才更有说服力。建议从全省层面制定宏观全面的三线建设工业遗产保护规划，对全省的三线建设工业遗产进行基础资料汇编，讨论分级评判标准，为全省三线建设工业遗产再利用提出指导性建议。

2. 适应性再利用

三线建设工业遗产的保护与一般文物的保护不同，最重要的一点就是要对这些产业建筑物、构筑物进行适应性再利用，在尽可能保留、保护其工业生产类建筑的特征和所携带的历史信息的前提下，一定要注入新的空间元素、开发新的功能。对贵州省来说，三线建设工业遗产保护的目的就是再利用，如何寻求适应性再利用的切入点，寻求新与旧的平衡点，是三线建设工业遗产保护与开发工作的重要课题。再利用应充分分析城市、区域及厂区等各个层面的环境背景条件，推出合理的再利用模式，同时加入现代设计理念和构想，不仅做到使三线建设工业遗产保留下来，又能实现工业遗产的整体复苏，这样才能做到对三线建设工业遗产的整体利用、综合利用，才能实现各方面价值的最大化。

3. 多种再利用模式探索

国内外关于工业遗产保护与再利用模式已进行了多种探索，例如遍及欧盟各国的工业遗产旅游；打造以文化创意、高新技术为主的新型产业空间；开展以功能置换、空间利用、设施利用、景观利用为主的工业遗产再利用等，贵州也已进行相关案例探索，但是，各种方式都应尊重工业遗产的原有格局和结构，并尽可能与初始或主要用途兼容，而且，只有探索更为多样的利用模式，才能保证三线建设工业遗产更有活力。

（二）贵州“三线”建设工业遗产的再利用模式

三线建设工业遗产除了是一个时代、一个城市、一个地区的集体记忆外，通过其保护和合理利用，还能创造新的经济增长点和就业岗位，不仅对丰富城市的历史文脉、文化形象、城市品位具有重要作用，同时也是带动遗产经济、旅游经济的重要抓手。

1. 保留记忆，尽可能保留标志性建筑和构筑物，建工业博物馆或城市开放空间

此种方式对非文物保护单位的工业遗产比较适用。它主要采取对三线建设工业遗产进行全息式的调查、记录，对工厂历史和产品进行深入研究，将一些典型设备进行收集，适当保留一些标志性工业建筑和构筑物，再采取传统工厂博物馆的形式保存工业遗产的历史记忆，比如工厂历史、厂房建筑、生产设备、生产工艺、工厂故事等，有的还结合工厂产品开发一些具有特色的纪念品，如青岛啤酒厂工业博物馆，让人在了解整个啤酒生产的过程中，加深了对青岛啤酒的认识，这是一种高明的体验式广告。另外，中山岐江公园的模式也不失为一种办法。1999 年由中山市政府投资，2001 年建成的中山岐江公园，将粤中造船厂进行改造，保留了粤中造船厂旧址上的许多旧物，并且加入了很多和主题有关的创新设计，既保护了造船厂的工业遗产元素，也关照了城市景观和开放公园的需要，实现了

城市记忆和城市景观的双赢。在贵阳市区的贵航集团、贵阳钢铁厂、贵州铝厂等，具有很好的区位条件，完全可以采取建立工厂博物馆和适度保留工业建筑构筑物的方式来保留历史记忆。

2. 保存记忆，尽可能多地保留下工业遗产的各类建筑物、构筑物，完整展现工厂辉煌时期的生产经营状况和生活状况，建立工业露天博物馆和工业遗产体验旅游园区

此种方式适用于已经公布为各级文物保护单位的工业遗产。由于工业遗产一般规模较大，完全采取文物保护的要求并不一定合理，对于重要的代表性建筑和重大历史事件发生地，可以采取文物保护的原则进行保护。对于其他的工业遗产，则可采取结合利用和旅游需要而进行适当改造。贵州省的云马飞机制造厂、开阳761矿等，都拥有较高的资源禀赋，完全可以采取这样的方式进行保护。

3. 丰富记忆，将工业遗产的保护与文化创意园区、城市主题公园，甚至是住宅、商业开发区结合起来，让工业遗产重新焕发新的活力

此种方式主要适用于区位条件较好的城市工业遗产。德国的鲁尔工业区、北京的798工厂等已经有了很多成熟的经验，贵阳钢铁厂、贵州汽车制造厂、贵州铝厂在城市更新过程中，并非只有拆旧建新一种方式，完全可以结合贵州文化创意和城市主题公园的模式进行很好的合理利用，多彩贵州城1958文化创意园就是一种很有意义的探索，1958文化创意园，是由原贵州制药厂改建而成，主要以文化、创意为主题。目前已吸引摄影、绘画、陶艺、户外攀岩、咖啡、音乐、舞蹈等多个文化艺术类项目落户，随着多彩贵州城的建成，其必将成为贵州省的文化创意中心。对有的实在难以保留的，在住宅、商业开发的过程中，也可以适当保留标志性建筑物，作为住宅、商业区的公共建筑和城市景观，一些工厂设备也可以装点为城市雕塑和城市景观，比如老厂房的烟囱，完全对其进行艺术化的加工与再创造，改造成本地的标志性景观或地标。

4. 留下记忆，将三线遗址与当地经济社会发展和建设社会主义新农村结合，综合利用遗址遗迹

并非所有的工业厂房均需要保护，合理地利用—变废为宝—盘活闲置资产是大部分三线建设工业遗产的保护路径，三线建设遗址在基础设施建设上有比较完备的配套，厂区、生活区都有比较完整的布局，可以与现在的扶贫开发和新农村建设实际相结合，建议当地在布局移民新村和新农村

建设中，综合考虑利用三线建设生活区，这样不但可以大量节省建设费用，也可以同时保护好厂区生产车间，形成生活设施较为完备的、具有景观特色的村庄，达到一举多得的效果，也可以盘活闲置资产，搭建招商平台，充分发挥三线企业闲置资产具有无须重复投资、无须报批用地的先天优势，绥阳在这方面做了有益的尝试。在贵州省绥阳县周边，有3531、3532、3533、3535厂等三线遗址，据绥阳县风华镇工业园区的周侨主任介绍，因为政策调迁，绥阳闲置下来的厂房有20多万平方米，通过采取招商、租赁等措施，使积压资产发挥效益，现如今利用率达到70%至80%。将三线企业的区域纳入绥阳省级开发区的同步规划和建设中，加快打造机械、食品、建材等一批产业集群。如3531厂利用闲置车间，引进了绥阳县全成电子有限公司、宝雅装饰材料公司、遵义重越金属制品有限责任公司；3532厂引进了重庆一家塑料泡沫厂以及另外一家复合肥厂。近年来，绥阳县盘活三线企业改制外迁后留下的闲置资产，引进打造了一批新兴产业集群，激发了绥阳经济社会提速发展新活力。

三线建设工业遗产的保护是一个综合性的社会问题，需要各部门尤其是土地、规划、文物、工业和军事部门的参与，需要社会公众的参与和支持，需要记录、保护、参与、优惠等法规体系的建立与完善，需要大量的资金投入和保护人才的培育，这些都需要长远打算。

七　促进贵州“三线”建设工业遗产保护与再利用工作的建议与对策

贵州省三线建设工业遗产的现状充分说明，遗产的保护和再利用面临着严峻挑战，发掘和抢救处于严重濒危状态的工业遗产更是迫在眉睫。为此，我们提出如下建议和对策。

（一）高度重视，充分认识保护三线建设工业遗产的重要意义

工业文明创造的财富和对世界以及人类生活的影响，都远远超过之前几千年的总和，工业遗产则直观地反映了人类社会发展的这一重要过程，具有历史的、社会的、科技的、经济的和审美的价值，是我们社会发展不可或缺的物证。各级政府要充分认识到开展三线建设工业遗产保护的重要性和紧迫性，保留三线建设工业遗产的物质形态，弘扬三线建设工业遗存

的文化精神，既能为后世留下曾经承托经济发展、社会成就和工程科技的历史形象记录，也能为城市工业未来发展带来许多思考和启迪，更能成为提升城市品位、拉动经济发展的重要源泉。1993年4月9日江泽民总书记对三线建设做了这样的题词："让三线建设者的历史功绩和艰苦创业精神在新时期发扬光大。"三线建设精神不仅在历史上发挥了作用，还将激励后人。三线建设为我们留下了数量众多、种类丰富的工业遗产，三线精神更是一笔宝贵的精神财富。因此，保护三线建设工业遗产就是保持人类文化的传承，培植社会文化的根基，维护文化的多样性和创造性，促进社会不断向前发展。

（二）全面普查，积极开展三线建设工业遗产的登记和申报工作

通过普查掌握家底是三线建设工业遗产保护的基础，可采取条块结合的办法进行。文化、规划、经贸、档案等部门和资产经营公司等共同联手对历史建筑、特色厂区等文化遗存，机器设备、工具等重要实物，以及文献、手稿、账册、图书资料等纸质文物进行普查，建档登记，分类研究保护。要及时将一些有重要价值的三线建设工业遗产提请各级政府公布为文物保护单位，在此基础上，增加三线建设工业遗产在申报项目上的比例，力争有更多的工业遗产进入全国重点文物保护单位行列。应该逐步建立起三线建设工业遗产清单，并根据其价值及时将其公布为各级文物保护单位，逐渐形成一个以全国和省级文物保护单位为骨干的各个时期和各种工业门类较为齐全的工业遗产保护体系。

建议文物、旅游、国防工办等有关部门组织力量尽快着手收集、挖掘这一重大决策的历史背景、时代意义和取得的重大成就以及"三线建设"的人、事、物、精神，全面整理《三线建设口述史》，为历史提供细节和线索。

（三）加快立法，推进三线建设工业遗产保护的法制化进程

现行文化遗产保护法规在有关工业遗产的保护方面不够明确和完善，有待在进一步研究、论证的基础上加以充实。地方政府应尽快开展工业遗产保护相关法规、规章的制定工作，制定《贵州省三线建设工业遗产保护及认定办法》，使经认定具有重要意义的遗址和建筑物等工业遗产通过法律得到强有力的保护。同时，鉴于三线建设工业遗产的自身特点，在立法保护方面应充分考虑其特殊性，使其完整性和真实性得到切实保护。

（四）合理规划，认真做好三线建设工业遗产的保护规划制定工作

制定《贵州省三线建设工业遗产保护规划》，要将三线建设工业遗产保护纳入城市经济、社会发展规划和城乡建设规划，强化规划保护和整体保护。要结合实际，在制定城市建设和文物保护规划时制定三线建设工业遗产保护专项规划，并将其纳入城市总体规划。同时要完善三线建设工业遗产保护管理体系，建立专家质询、公众参与和听证程序，逐步形成完善、科学、有效的保护管理体系。

（五）拓宽思路，注重三线建设工业遗产保护与利用的结合

三线建设工业遗产保护只有融入经济社会发展之中，融入城市建设之中，才能焕发生机和活力。三线建设工业遗产的保护应该和社会经济发展、产业更新、再就业等结合起来，在保护其真实性与完整性的前提下进行再利用。对于目前仍在生产的企业，其被认定的工业遗产应作为不可移动文物加以保护，同时结合工业结构调整、产业升级换代和新兴产业的发展予以保护，使其成为企业的形象。对于已经或将要搬迁改造的工业遗产，可以通过审慎适度的改造和再利用，使工业建筑获得经济可行的保护。大多数的工业遗产可用于文化设施建设，保证其得以持续保存，实施可持续发展。同时要坚持“以人为本”，善待原住居民、留住原住居民，在保护好老厂房职工“活”的生活形态的同时，应改善其生活条件，实现人与建筑和谐相处的整体保护目标。

（六）积极探索，形成三线建设工业遗产保护的投入与激励机制

保护和利用好三线建设工业遗产，是一个需要较大投入而产出缓慢的事业。无论是博物馆的建设、创意园区的建设、旅游景点的打造，还是街区的整体保护和开发，都不像地产、商业和工业项目那样能够在短时期内获得收益，这就需要各级政府发挥先导作用，调动各个部门的积极性，形成合力。各级政府要安排专项资金，将工业遗产保护经费纳入本级财政预算，以确保遗产保护的基本资金需求。同时研究制定相应的财税、土地等经济文化政策，引导社会力量、民间资本进入工业遗产保护领域，促进社会各界对三线建设工业遗产保护利用的参与积极性，形成政府主导、社会参与、多方互动的工业遗产保护利用的良性格局与机制。

（七）多管齐下，加大工业遗产保护的宣传力度

提高公众对工业遗产的兴趣以及对其价值的认同，是保护遗产最可靠

的途径。2014年5月，是“三线”建设50周年，今后更长的一段时间，我们期待有更多的“三线”纪念活动，把“三线”精神永远传承下去。要结合工业遗产保护与保存情况，利用多种渠道，采取多种形式，开展保护工业遗产的宣传教育。可以通过展览、讲座、媒体宣传，整理出版具有鲜明地方特色的三线建设工业遗产书籍，拍摄三线建设纪录片与拍摄以三线建设为主线的电视剧或电影等，展示三线建设工业遗产的价值。开展“三线建设与贵州”学术研讨会，启发更多的学术团体关注三线建设的研究，为三线建设遗产保护与利用打好学术根基。建立专门的工业和技术博物馆，解说工业技术传播与发展的途径。要重视对企业和企业职工的宣传教育，使之成为三线建设工业遗产保护的主体和重要力量。通过提高公众对工业遗产的认识，使工业遗产保护的理念和意识深入人心，以充分调动社会各界保护工业遗产的积极性，在全社会营造保护三线建设工业遗产的良好氛围，推动三线建设工业遗产保护工作的顺利开展。

三线建设工业遗产保护与再利用对于贵州省而言是文化遗产保护领域的新课题，当前全省正处于经济社会快速发展时期，在这一迅速转型的时代背景下，需要我们共同承担起这记录着一个时代的历史足迹和辉煌，浓缩着一段贵州工业发展的历史和文明的三线建设工业遗产保护的历史责任，研究探索出贵州特色工业遗产利用之路。

课题组顾问：陈顺祥
课题组组长：李代峰
课题组成员：谭　茜　许　峰　纪珊珊　杜双燕

毕节彝族历史文化研究

引　言

党的十八大报告指出："文化是民族的血脉，是人民的精神家园。"正如没有血脉的生命不可能生存生长一样，没有文化的民族同样不可能生存壮大。文化是一个民族真正有力量的决定性因素，对一个民族的生存、发展和强大始终发挥着不可替代的作用。在我国五千多年文明发展历程中，各民族不断融合，团结奋斗，共同创造了源远流长、博大精深的中华文化，为中华民族的发展壮大提供了强大的精神支撑，为人类文明进步做出了巨大贡献。彝族，作为中华民族大家庭中的一员，历史上曾经取得过辉煌的成就；彝族文化，作为中华文化的一部分，历史上也曾谱写过绚丽的篇章。

尊重各民族创造的独特文化，已经成为人类的普遍共识。一个民族是历史地形成的命运共同体，维系这个命运共同体的主要纽带是其文化。历史地看，文化，是一个民族成员之间相互联结的精神纽带，是一个民族区别于其他民族的特殊印记，是一个民族凝聚力和创造力的重要源泉。一个民族历史地创造和发展了适合自身的文化，文化同时也历史地塑造了这个民族独特的品格和个性。一种文化一经产生，其影响常常是持久而稳定的，是"慢工出细活儿"，似春风化雨、水到渠成、久久为功。一个民族创造的历史文化，其影响尤其如此。消解一种文化不容易，创造一种文化更困难。我们对任何一个民族历史上创造的文化都应当重视。1982年的《墨西哥声明》曾经指出："一切文化都是一种唯一的、不可替代的价值观念，因为由于它的传统和表达形式，使每个民族能用最完美的方式表现它在世界上的存在，各国人民都应当珍视自己的民族文化财富。"当前，文化人类学界对地方性知识和地方性生存智慧的重视，也表明了同样的倾向和立场。因为世上鲜为人知的极少数人使用的语言和知识，在把握现实世界的某个方面，都极有可能会比自以为优越的文明世界的任何一种语言和知识更为丰富和深刻，我们有理由对诸如“毕节彝族历史文化”这样地域的、民族的历史文化论题，投以更多的关注。

贵州是多民族聚居省份，贵州省历来十分重视各民族，尤其各少数民族文化的发展与繁荣。千百年来，贵州各族人民共同创造的多姿多彩的民族文化，是当代贵州文化繁荣发展的不竭源泉，也是中华文化的重要组成部分。2011年10月28日，贵州省委十届十二次全会通过了《推动多民族文化大发展大繁荣的意见》（以下简称《意见》），各民族文化又一次迎来了繁荣发展的春天。《意见》提出要“充分挖掘和弘扬贵州优秀多民族文化”“努力开展具有地方特色、民族特点、区域优势的基础理论研究”“突出和彰显贵州文化的特质、特点、特色，正确把握五个重要关系”，等等。尤其提出要正确把握好五个方面的重要关系（民族共性文化与个性文化、通俗文化与高雅文化、传统文化与当代文化、整体文化与区域文化、贵州文化与外来文化），对于我们今天在贵州文化发展的总体格局中研究、发掘、传承和弘扬毕节彝族历史文化，开展这方面的专题研究，具有全局性的指导意义。因为继承和弘扬毕节彝族历史文化所要面对和处理的文化关系，与整个贵州文化发展所要把握好的五种关系，存在着诸多相似共通的地方。

我们应当高度重视贵州各民族的传统历史文化，并通过对它的深入研究与科学取舍，努力实现各民族传统历史文化的当代转换和可持续发展。贵州优秀传统历史文化与当代文化的关系应当是：前者是后者的血脉和根基，而后者则是对前者的继承、发展与创新。我们既要对传统历史文化坚持扬弃的原则，辩证取舍、科学开发，又要努力在新的实践基础上不断丰富其内容、变换其形式，发展符合时代要求的当代文化。在各民族传统历史文化的现代化进程中，我们既要在与外来文化的相互碰撞、融合、吸收、借鉴的本土化过程中，努力促进本民族传统历史文化的时代转换，实现本民族传统历史文化的重组和再生，更要增强对本民族传统历史文化的自信，充分认识到自身民族文化的价值，强化并始终保持自身文化的优秀品质和发展活力，最终实现本民族历史文化的可持续发展。

从生活世界出发，用生存方式去整体观照一个民族的历史文化，是我们一贯的立场。人类千百年来的历史表明，一个民族的文化始终伴随着这个民族的存在、发展、强大以至衰落的全过程。正如有学者所指出的那样，文化是历史地凝结成的稳定的生存方式，它并不简单地是意识观念和思想方法问题，而是像血脉一样，熔铸在一个民族总体性文明的各个层面中以及它的内在规定性之中，自发地左右着人的各种生存活动。一般而言，文化所代表的生存方式总是在特定时代、特定民族、特定地域中占主导地位的生存模式，它通常或以自发的文化模式，或以自觉的文化精神的方式存在。因此，无论是对于一个民族的历史文化的研究，还是对于一个地域的民族文化的研究，抑或是对于特定地域、特定民族的历史文化的研究（如本题），从"生存模式"的视域进行观照，将使我们的研究既突出文化的意识形态精神文化方面的内容，同时也关注这个民族丰富多彩的生活世界，以及这个民族创造的、建立在不同生产方式之上的各种制度文明成果。当然，上述三个方面所包含的物质的、精神的、制度的三种形态的文化，在现实生活世界当中原本是一体的，我们的研究很可能会将这本为一体的文化生活图景，简单分拆为不同的画面或线条来进行描述，难免蜻蜓点水，甚至会挂一漏万，但从生存模式或生存方式的总体视域来理解文化，进而观照毕节彝族历史文化，始终是我们持有的观念和立场。

彝族是我国55个少数民族之一，它如今在全国有近900万人口，主要分布在云南、四川、贵州三省和广西壮族自治区西北部地区。1990年全国第四次人口普查显示，全国彝族总人口有657.2173万人，在我国少数民族中，人口数量少于壮、满、回、苗、维吾尔族，居第6位；2000年"五普"统计，彝族总人口为776.23万人，少数民族中数量少于壮、满、回、苗、维吾尔、土家族，居第7位；2010年"六普"统计，彝族总人口为871.4393万人，比"五普"增加一百多万人，少数民族中数量少于壮、回、满、维吾尔、苗族，居第6位。

第五次全国人口普查时，贵州彝族人口共842744人。其中，毕节地区468800人，六盘水市262308人，黔西南州57956人，贵阳市29282人（其中包含大量户口迁到贵阳的在校彝族学生），安顺市7726人，黔南州6927人，黔东南州5707人，遵义市2977人，铜仁地区1061人。第六次人口普查数据显示，贵州全省民族构成仍以汉族为主，共分布有54种民族。各少数民族常住人口有1255万人，占全省常住人口的36.11%。各少数民族常住人口中数量排前5位的依次为苗族、布依族、土家族、侗族和彝族。其中，彝族人口83万，居贵州少数民族人口数量第5位，占全国彝族人口的9.5%，占全省人口的2.1%。贵州是全国除云南、四川以外的第三大彝族聚居地。贵州彝族主要分布在威宁、赫章、大方、黔西、六枝、盘县和水城，历史上安顺也曾经是彝族的主要聚居地。目前，贵州居住有 5000 以上彝族人口的县市有 16 个，全省范围内设有威宁彝族回族苗族自治县，在 9 个县设立了 58 个彝族乡。

关于彝族的族源，学术界有来源于氐羌说、卢人说、土著说等多种。大体可以说，彝族是西南土著部落在长期的发展过程中，与南下的氐羌人以及周边其他部落和外来人群不断融合而成的民族共同体。氐羌是我国古代一个势力强盛、人数众多、支系纷繁、分布辽阔的族群，最早活动于今天的甘、青、川、陕交接地区，并不断向四周发展。约在四五千年以前，古羌人就开始南下。到了西汉，羌人的一支与西南地区的土著部落结合，形成了彝族的先民——西南夷。其后，不断有外来人群加入这一群体。古代氐羌人的生活和文化习俗与历史上彝语支民族习俗有诸多共同处。如以父母姓为种号；十二世后可通婚；父没则妻后母，兄亡则纳嫠嫂；言语多好譬类；死则焚其尸等。尽管说彝族主体源于氐羌仍需要更多有说服力的证据，但至少可以说，古代氐羌族群与今西南彝语支各族存在着极深的历史文化渊源。

彝族是一个历史悠久的民族，历史上曾经取得过辉煌的成就。早在公元纪年以前，以笮都夷、昆明夷、旄牛夷、白狼夷等部族组成的“夷”系部族集团，就在西南地区形成。其经济生活为“随畜迁徙，无常处”的游牧和“或土著，或移徙”的半牧状态。“夷”系部族集团正是今天西南彝语支民族的先民。至公元 3 世纪时，它已在今云南西部、中部、东部及贵州的西北部地区发展形成了较大的政治势力。公元 8 世纪至公元 9 世纪，以彝族先民乌蛮为首，广泛吸纳白蛮等民族建立的南诏政权，在历史上极具影响力。公元 10 世纪至公元 13 世纪，在中国西南地区，彝族先民先后建立有“自杞”“罗甸”“罗施”等地方政权。元、明、清时期，彝族与西南其他民族一样，在中央王朝的统治下，先后经历了土司统治的历史和改土归流后区域发展不平衡的社会历史进程。历史地看，彝族在中国西南地区的开发和历史演进中，曾经扮演过极为重要的角色。

贵州毕节彝族的来源，据彝文典籍《西南彝志》《彝族源流》等记载，其始祖名希慕遮，大约生活在公元前 5 世纪，即春秋晚期或战国初期。他原率领部众居住在“牦牛缴外”的“邛之卤”，即今天的四川汉源一带。历经三十一世后传至笃慕，又将部众迁到泸阴之山，也就是今天的云南东北部的会泽、东川一带。笃慕生活的时代约在东汉时期。笃慕娶妻三人，共生六子，依次为慕稚考、慕稚切、慕稚热、慕稚卧、慕克克、慕济济。

六兄弟后来分别为彝族支系武系、乍系、糯系、恒系、布系和默系的始祖，史称“六祖”。六祖的后裔从发祥地“滋兹普乌”（今昭通一带）向外迁徙，繁衍成各地彝族。其中，东迁入贵州的彝族，主要是布、默两支系，另有恒系、乍系的一部分。根据《贵州通志》《明史》《大定府志》《安顺府志》等相关汉文献的记载，彝族先民进入贵州的时间，应在东汉时期。但这也就彝族先民的主体而言，据《后汉书》《华阳国志》《水经注》等记载，至迟在西汉时，彝族先民就已迁入贵州，只不过尚未形成主体民族而已。[①]

彝族是一个有着深厚历史文化传统的民族。彝族有自己的语言。彝族支系繁多，自称他称不下百余种。彝族语言属于汉藏语系藏缅语族中的彝语支，有六大方言。贵州彝语属于六大方言中的东部方言，内分盘县次方言和滇黔次方言。其中，滇黔次方言又包括4个土语：水西土语、乌撒土语、芒部土语、乌蒙土语。水西土语主要使用区域在毕节、大方、黔西、金沙、织金、纳雍、清镇一带；乌撒土语主要使用区域在威宁、水城、赫章一带；芒部土语主要使用区域在赫章一带；乌蒙土语主要使用区域在威宁、赫章一带。彝族有属于自己的文字。彝族人民在历史上曾用彝文写下了历史、文学、天文著作和医药书籍、宗教经典等。彝族有自己的历法，其《太阳历》和《十二兽历》有独特之处。因支系繁多，各地彝族的文化有较大差异，如单就服饰而言，就有近百种之多。彝族音乐富有特色，舞蹈多与歌唱相伴。传统工艺美术有漆绘、刺绣、银饰、雕刻、绘画等，都颇有民族特色。

毕节彝族历史文化，既有全民族共通性部分，如古彝文、十月太阳历、龙虎图腾、火把节、笃慕及“六祖”的祖先认同等，[②] 也有地域独特性的方面。毕节彝族历史文化的独特表现，是以历史上水西政权的千年积淀为依托而形成的水西地域文明。这一文明形态的特色体现在地域、政治、经济、军事等多个方面。如水西政治制度就不同于封建中央王朝和其

---

① 有学者认为，彝族是古夜郎国的主体民族之一。据彝文古籍《彝族源流》《益那悲歌》记载，彝族先民中的“武僰”支系建立了夜郎国。夜郎国存在于战国到西汉汉成帝河平二年（公元前27年）。若如此，则彝族作为主体民族进入贵州的时间当更早，抑或本身就是贵州的土著民族。参见白兴发《夜郎、可乐文化与彝族古代先民》，《毕节学院学报》2008年第2期。

② 李平凡：《历史文化认知与彝民族认同》，载《贵州民族学院学报》（哲学社会科学版）2010年第6期。

他地方政权而呈现三个特点："政权和族权合而为一的宗法制度，军事和行政合而为一的则溪制度，以九扯九纵为特征的职官制度。"① 毕节彝族历史文化在建筑遗迹方面，有大屯土司庄园、宣慰府遗址、九重宫官衙等。九重宫官衙体现了彝族传统的哲学理念，蕴含了彝族古代以三、六、九及其倍数为吉祥数的观念。大屯土司庄园则融入了彝族虎图腾崇拜的理念和汉族建筑文化的一些元素，体现出一种兼容并包的胸襟。威宁彝族向天坟，在今国内同类遗存中最有代表性。它既是古代观测星象的天文台，又是埋葬亡人骨灰的陵墓。其建筑呈巨大的圆锥形而顶端有凹口，为南北方向，被誉为"东方金字塔"。毕节彝族民间文学也十分丰富。口头传承方面有开天辟地神话，史诗如《洪水泛滥》《天地祖先歌》《支嘎阿鲁》等；民间故事有《阿诺楚》及其姊妹篇《阿阻阿友》《青蛙丈夫》等；民间传说有《祖摩阿纪家》等；尤其关于奢香的传说有《济火庙训子》《奢香放马》《朵尼桥》等。《撮泰吉》《铃铛舞》（克合呗）是毕节地区仍在传承着的原生态民族舞蹈，其中保留了深厚的彝族历史文化内涵，被列入国家非物质文化名录。

一 概述

西南，给旁观者的印象，是山的雄浑、水的险绝、路的崎岖；是九寨沟的秀丽深邃，是玉龙山的白雪皑皑，是黄果树的气势恢宏，是夜郎国的原始神秘；是火把节的奇风异俗，是芦笙舞的多姿多彩，是原始古朴的生活方式，是宗教信仰的虔诚痴迷。但在我们看来，西南，是万山之母、众水之源，是一片适宜万物生长的乐土，是人类远古文明的发祥地。彝族人民世世代代就生活在这片土地上，在云贵高原和康藏高原东南部的高山河谷地带，他们不断地繁衍栖息并延续创造着属于自己的生活。神奇秀美、广袤丰饶的土地江河养育了一代代彝族人，也孕育了彝族悠久的历史和灿烂的文化。

1. 西南为坤　万物滋生

西南地域，《易》配以《坤》，西南为坤地。《坤》卦性象，为大地、为母亲、为大众、为万物、为厚德、为承载、为生养、为顺应。《坤·象》云："至哉坤元，万物滋生，乃顺承天。坤厚载物，德合无疆。含弘光大，

① 王明贵、王继超主编《水西简史》，贵州民族出版社，2011，第67页。

品物咸亨……安贞之吉，应地无疆。”坤为大地，世间万物无不寄居在大地上生成长养，大地即是世间万物之母。有大地，万物才得以孳生，此所以见大地之包容无限、盛德无疆。千万年来，地处西南的各族人民正是在被称为坤的这片土地上生生不息，不断地繁衍着、成长着、创造着，不仅维持着众多族群的生存进步，而且创造了丰富多彩的文化，铸就了辉煌灿烂的文明，这一切都无不受惠于坤德之博厚广大，无不受惠于这片土地的无疆盛德！

西南是人类起源的摇篮之一，西南地域文明有自己的独特形态。中华文明历来是以中原为中心的，从历史的叙述到史迹的存留，再到考古发现，都在为这个论点提供证据。华夏文明起源于中原，向四周辐射扩散，离中原越远的地方，离文明就越远。类似西南这样的边鄙之地，进入文明的年代只会更晚，文明的程度只会更低。这种观点，在中国学术界和普通国民的心中已成定论。然而，考古界越来越多新发掘遗址的出现，对于中原中心论造成了极大冲击，对中华文明从中原向四周扩散的观点构成了挑战。四川三星堆遗址及后来的金沙遗址的出现，一种迥异于中原文明的文化已呈现于世人面前。出土文物的成熟与精美，丝毫不亚于中原出土的文物，年代上也差不多。从传承上来说，很难说三星堆文明来自中原文明的辐射。早在 1985 年，彝族教授刘尧汉先生在其所著《中华文明源头新探》一书中，就曾以大量依据作为佐证，力图证明中国文明的源头就在地处云南境内金沙江两岸的古彝文化中。饶宗颐先生也将目光转向西南，[①] 转向了三星堆和金沙，考察了显然与主流的中原文明相异质的西南文明（化）。饶先生指出了中华文明的另外一条途径，另外一种起源的可能。认为殷商时期除中原之外，在中国的边陲之地，也同时兴起有多种文明，他们之间相互交流影响，共同形成了灿烂的中华文明。其著作《西南文化创世纪》书名本身就透显出这样的含义：西南文明也是中华文明的一个起源地。早期中华文明与其他文明的交流途径，以前我们只承认西北一途，现在越来越多的考古证据证明了西南途径的存在。从云南，到四川，再到中原，这是一条非常清晰的文明传播的路线。云、贵地区发现的众多史前文明遗址，也印证了西南地域文明的独特和久远。在云南，170 万年前元谋人就

① 饶宗颐：《西南文化创世纪——殷代陇蜀部族地理与三星堆、金沙文化》，上海古籍出版社，2010。

生活在这里。考古方面先后出土了距今万年、十万年、几十万年的古人类化石，比如昆明人、丽江人、西畴人和蒙自人等。仅楚雄彝族自治州内，考古工作者就在元谋盆地发掘了下棋柳、新村等八处旧石器文化遗址和大那乌中石器文化遗址；在元谋及禄丰、南华、大姚、姚安、牟定、永仁、武定等地发现众多新石器时代遗址及这一时代的石棺墓葬群。在贵州，出现人类的历史可以追溯到二三十万年前。“桐梓人”“水城人”“大洞人”“兴义人”“观音洞人”“穿洞人”等人类化石的发现，从“直立人”到“智人”，从“早期智人”到“晚期智人”，形成了一个合乎逻辑的古人类发展序列，尤其黔西观音洞、盘县大洞遗址的发掘，以及桐梓岩灰洞发现的石器和人类牙齿化石，都证明了贵州曾经是远古人类繁衍、栖息的重要发祥地，是人类文明发祥地之一。

西南云、贵、川地区，同时也是历史上彝族繁衍栖息的主要居住区。彝族居住区横跨云贵高原和横断山脉向东延伸，自然环境复杂，既有崇山峻岭，又有宽广的山间河谷坝子，还有众多的江河湖泊。光热条件优越，属亚热带立体气候，从高山到河谷，适宜各种农作物生长。这一地区主要河流金沙江及其支流，水利资源丰富。同时，这一地区还是我国有色金属和黑色金属的主要产区。彝族地区得天独厚的地理生态环境，既对人类的进化发展提供了优越的自然条件，也为人类的长期生存和文明的孕育成长提供了丰富的物质资源。

彝族及其创造的历史文化，在西南地域文明中扮演了重要角色。在《三星堆之谜与彝族文化的渊源》一书中，[①] 许多学者认为，三星堆文明与古代彝族文化有一些共同特征，含有彝族文化的“基因”，三星堆文物与彝族文化存在着渊源关系。上文列举的不同时代的多个地方的文化遗存，反映了这一地区史前人类密集活动的状况。西南地区，尤其云贵高原，从来都是多民族频繁活动的区域。有史以来，诸多的古氏族部落都曾在这一地区活动，如百濮族系、氐羌族系、苗瑶族系、百越族系的一些氏族部落，都曾在这里互相接触、融合、分化，最终形成了今天这一地区多民族密集分布的格局。彝族居住的西南地区是古代多元文化的聚散地和分合点，是古人类的重要发祥地。它作为多重文化的积淀区，是我们探索人类奥秘和中华古文明的圣地。彝族作为生活在这一地区的重要族群，在西南

① 马德清主编《三星堆之谜与彝族文化的渊源》，中国文史出版社，2006。

地域文明的演进中扮演了十分重要的角色，其文化成就堪称西南众多少数民族文化的杰出代表。无论是古彝文、太阳历，还是土司制度，都是西南地域文明中的突出亮点。

2. 山地贵州　文化共生

贵州地处西南边陲，虽是西南地域文明的覆盖区域，却也有自身独特的地理环境，以及历史发展和民族聚合的特殊进程，由此奠定了贵州文化"多元共生"的总体格局。我们虽然可以从多个方面总结贵州文化的特征，如民族迁徙上显示的通道特征、民族构成上显示的移民特征、交通不便导致的封闭特征、不为外界了解而导致的神秘特征等，而地理环境上凸显的山地特征、历史发展中所处的边地特征、民族聚合上形成的多元特征，可以说是其中最突出的三个方面。

贵州的自然地理环境，使贵州文化深深地打上了山地烙印。贵州文化总体上是一种山地文化，这是始终难以改变的地域文化性状。贵州地处云贵高原的东部，处于四川盆地、两湖丘陵和广西丘陵之间。境内山势绵延，层峦叠嶂，是名副其实的山国。"天下之山，萃于云贵；连亘万里，际天无极。"① 贵州境内山脉纵横，大娄山横亘于北，乌蒙山阻断于西，武陵山绵延于东北，苗岭纵横于中南。群山之中，乌江，南、北盘江，清水江，赤水河等980多条大小河流把一片高原切割得沟壑林立、支离破碎，使贵州地形具有山地多、平地少的特点，形成了境内以山为主体，山地、丘陵、盆地、沟谷、洼地交错分布的地形组合。全省土地面积中，山地占87%，丘陵占10%，坝地仅占3%。贵州各族人民世世代代就生活在这样的山地环境中，其衣、食、住、行都无不打上山地烙印。山地不仅提供了贵州人的生存环境，锤炼了贵州人的品格和个性，同时也制约了贵州人的视野及生活方式。历史上，贵州的贫穷与落后、发展与进步，无不长期受到山地环境的影响和制约。山地，是贵州地域最突出的地貌，也是贵州文化最鲜明的底色。

贵州的历史发展进程，使贵州文化具有突出的边地特征。历史上，贵州的地位变化和命运转折总是与中央王朝掌控西南的战略大局有关。考查历史，"贵州"之名，始于宋代。宋太祖曾赐敕霭翠先祖普贵，有"唯尔贵州"之称，其地在今贵阳，当时只是一个羁縻州名。元以前，中央王朝

---

① 王阳明：《重修月潭寺公馆记》，《王阳明全集》，上海古籍出版社，1992。

的势力尚不足以直接控制西南，滇、川、黔、桂等地都只能通过土官来进行间接统治，当时贵州的战略地位并不突出。元代用兵西南，贵州战略地位凸显，成为兵家必争之地。元在湖广、四川、云南建立行省，直接派官员管辖，而在贵州设置了八番顺元等处宣慰司都元帅府，借以控扼黔中、黔南及思州、播州、亦溪不薛（黔西北）等地，贵州因此而成为西南的军事重地。入明以后，为实现天下一统，同时又加强对西南的统治，自然要着手经营西南，重视贵州，把贵州作为湖广、四川、云南、广西的交通枢纽，使整个西南连成一体，成为统一的中央集权统治下国家版图之一隅。历史上，贵州建省并不是因为它在经济、政治、文化等方面有很大的区域独立性，而在于贵州所处的战略位置。贵州东接荆楚，西连云南，北倚四川，南濒广西，实为“西南之奥区”。南来北往，东进西出，西南诸省莫不以之为枢纽。明万历年间贵州巡抚郭子章的《黔记》对建省原因曾经说得很明白：“我朝因云南而从此借一线之路，以通往来。”清初顾祖禹《贵州方舆纪要》也说：“惟是滇南北上，必假道兹土，故疆理制置，不容不亟焉。”明朝将湖广、四川、云南三省边地划入贵州而独立建省，使贵州文化具有了突出的边地特征。历史上，正是由于这种边地特征，加之不同的因缘际会，贵州周边地区深受荆楚文化、巴蜀文化、两粤文化、滇文化等不同程度的辐射和影响，且这种辐射和影响至今仍在延续。这在一定程度上造成了贵州文化长久以来未能形成支撑主体和鲜明个性、缺少中心聚合力的弱点。贵州文化之“边”，还不仅是处于湖广、四川、云南三省边地之“边”，从更大范围看，自人类文明轴心时代以来，它就长期处于中华文明与印度文明两大板块的边缘，处于两大文明传播的末梢，文化的滞后性尤为明显。

历史上，贵州也是多民族迁徙交融、同生共存的沃土，各民族创造的文化在这片土地上虽相互影响，却更多地保留着自身的民族性，使贵州地域出现了独特的“文化千岛”现象，使贵州文化总体上呈现“多元共生”的格局。从语言上划分，生活在贵州的少数民族均属于汉藏语系。其中，有属于藏缅语族的彝族、白族、土家族等，均出自氐羌族系，古称“氐类”；有属于壮侗语族的布依族、侗族、水族和毛南族等，均出自百越族系，古称“越人”；有属于苗瑶语族的苗族、瑶族、畲族等，古称“南蛮”；有属于百濮族系的仡佬族、蔯人、羿人等，古称“濮人”。贵州最早的土著居民是濮人，其西面居住的是氐羌，东面居住的主要是苗瑶，南面为百越民族。秦汉以降，由于政治挤压、军事征服、制度变革等多种原因，使四大族群发生变动，开始了大规模的迁徙移动。迁徙移动中，原著濮人逐渐衰落，氐羌由西向东、苗瑶由东向西、百越由南向北，纷纷涌入地广人稀的贵州山区，使贵州成为西南四大族系交汇的结合点。与此同时，伴随着中央王朝对西南边疆的开发和军事控制，大量汉族人口也源源不断地从北面和东面迁入贵州，最终形成了今天贵州地域汉族为主要族群广泛分布各地，多个少数民族按区域相对集中分布的格局。贵州多民族聚居的历史，也成就了贵州多民族丰富的文化。由于山地阻隔等原因，尽管各民族文化纷纷在这片土地上争奇斗艳，却始终未能形成更高形态的文化共同体。很多学者过去都曾用“多元一体”来概称贵州文化的总体特征，而我们的考察却始终只见多元，未见一体，故只能用“多元共生”来概括贵州文化的总体面貌。

在西南地域文明和贵州文化的总体格局中审视毕节彝族历史文化，可以说，毕节彝族历史文化，在西南地域文明自古以来，尤其秦汉以来的发展演变中具有典型意义，是贵州文化星空中璀璨的一颗，是贵州多元文化中独特的一元。历史上，主要在毕节地域延续了一千四百多年的水西政权，提供了一个解剖羁縻制度和土司制度的典型样本，提供了一个中央与地方权力合理配置，长期保持稳定关系的一个研究实例。彝族在贵州西部不仅建立了多个方国和土司政权，并且形成了独特的政治制度；毕节彝族不仅使用全民族通用的语言和文字，而且其文字记载的历史和文化可追溯数千年；毕节彝族的家支制度，不仅增强了族群内部的凝聚力，维持着统治权力在族群内部的长期延续，而且为本族群的历史提供了清晰可考的谱系脉络。毕节地区民间留存的大量彝文典籍，也见证了毕节彝族在这片土地上曾经有过的辉煌。总之，就历史文化而言，毕节彝族取得的成就是巨大的，为省内众多少数民族难以企及、堪称贵州少数民族历史文化方面的杰出代表。毕节彝族历史文化堪称贵州多元民族文化中最出彩的一元。当然，它作为贵州地域文化和整体彝族文化的一部分，也不能不打上两个方面的总体印记。比如，历史上，毕节彝族很长一段时间一直是贵州西部地域的主人（其势力强盛时曾控制大半个贵州），曾经是贵州西部地域除汉族外占据统治地位的族群，他们因此而有很强的民族自豪感和自信心，其民族精英往往有强烈的民族忧患意识，其文化总体上也往往透出一种“贵族”气质，透出一种秩序井然的稳重和雍容大度的襟怀，这显示出贵州地域历史文化传统对其产生的影响。又比如，作为贵州文化底色的山地环境，也给毕节彝族历史文化打上了深深的烙印。山地环境使毕节彝族历史文化长期处于相对封闭状态，造成其自我文化更新和接受外来文化都比较缓慢，文化创造的内生动力不足等弊端，这些弊端使其文化常常难以突破地域限制而形成开放态势，并通过快速接纳外界先进文化，促使本地区生产力水平实现大的突破，生产方式实现大的转变，最终实现本地区经济社会的跨越式发展。上述分析表明，将毕节彝族历史文化放置在西南地域文明和整个贵州文化格局中，我们会获得对它的更为全面的认识和更为准确的定位。这也是我们认识毕节彝族历史文化的一个重要维度。

3. 民族奇葩　中华一员

我国是一个历史悠久的文明古国，从远古蛮荒一路走来，途经不同历史时期，曾经谱就了一段段辉煌的文明乐章；我国也是一个多民族国家，在历史发展的长河中，各民族交流融合、团结奋斗，不仅创造了源远流长、博大精深的中华文化，而且共同形成了拥有56个成员的民族大家庭。在中华民族大家庭中，彝族堪称其中一朵艳丽的奇葩，是其中古老而值得称道的一员。从远古时代开始，彝族先民就和各族人民一道，就在为繁荣灿烂的中华文明添光加彩，为缔造和维系中华统一的多民族国家做着贡献。其突出表现，一方面是彝族人民为维系统一的多民族国家做出的各种奉献以至于牺牲；更为重要的则是彝族人民在漫长的发展道路上创造的大量独特的、璀璨夺目的文化。这些文化是彝族人民勤劳智慧的结晶，是其民族创造力的集中体现。通过长期的文化交流和民族融合，它如今已成为中华民族的共同财富，成为中华民族优秀文化的重要组成部分。

彝族在中华民族大家庭中的独特成就，首先在于彝文典籍所记载的彝族历史和文化，对于厘清中华古文明的真实面貌具有突出的参证价值。我国西南地区的彝族至今还保留着一种鲜为人知的古老历法——十月太阳历。据推测，此种历法源渊于远古伏羲，大约有上万年的历史。若如此，它将把中华文明史追溯到埃及、印度、巴比伦三个文明古国之前。中国有文字可考的历史就不是五千年，而是上万年。十月太阳历还解开了《周易》中事关中华文明起源的千古之谜。《周易》是中国文化中最重要的典籍，为儒家“六经”之首，体现了中国古代文明的最高成就。《易·系辞上》说：“河出图，洛出书，圣人则之。”“河图”和“洛书”，是中国古代流传下来的两幅神秘图案，历来多认为两者与中华文明的源头有关，后来的太极、阴阳、四象、五行、八卦、九宫等范畴皆可追溯到它，它因此而被称为“神秘的宇宙魔方”。对于《周易》中的“河图”“洛书”，后来学者的解释聚讼纷纭，莫衷一是。彝族著作《西南彝志》《彝族源流》《物始纪略》《土鲁窦吉》等，同样记载了彝族先贤对宇宙生成的看法，同样用到了“四时”“四方”“八节”“八方”等概念，同样有清浊二气、阴阳、五行、八卦、十天干、十二地支、二十四节气等范畴。在《土鲁窦吉》一书中，也有“河洛”“图书”的记载。两相比照，此书所载的“图”“书”，一有“图”“书”之形，二有“图”“书”之数，还有对“图”“书”的详尽解释。“洛书”表达的是十月太阳历的内容，“河图”表达的是十二月历的内容。“洛书”演化出先天八卦，“河图”演化出后天八卦，“图”“书”与八卦最初都是用来表达天文历法的。“图”“书”的内容和数理，“图”“书”与八卦的关系，彝文献中都用历法做了解答，由此解开了中华古文明的一大谜团。

彝族在中华民族大家庭中的成就，还在于它创造和沿用的古彝文字具有的独特价值，及其对世界文明史和中华文明起源观可能带来的重大影响。古彝文字是彝族至今仍通行的表意文字，是一种原生的古老文字，它不是借用和模仿汉字的产物。目前发现的古彝文距今有7000年至1万年，经历了文字发展的必经阶段。有关研究表明，古彝文可以与甲骨文、苏美尔文、埃及文、玛雅文、哈拉帕文等并列，成为世界六大古文字之一，并可代表世界文字的一个重要起源。香港世界文化地理研究院近年来组织有关机构和专家，对古彝文进行专门研究，并形成了有关古彝文价值评鉴的专题研究报告。专家们通过比较，发现古彝文与现今流传下来的国内国外的多种古文字和刻画符号有着很大关联。比如，在4000多个甲骨文中就有600多个字与彝文的形义相同。云、贵、川、桂地区的许多彝族毕摩和古彝文字专家，尤其贵州毕节地区有不少学者能够用彝文部分解读出距今数千年的世界古文字及国内现存的多种刻画符号。这都提供了古彝文字能够与世界上其他古文字对话交流，并可能是世界文字一个重要起源或重要同源的例证。专家还认为，古彝文是历史上中国少数民族曾创制并使用过的30多种古文字中文字与文献数量最多、体量最大、底蕴深厚、内容丰富、体制完善而成熟的古文字。在世界六大古文字中，目前只有古彝文还在中国西南彝族地区被活态传承和使用，其余五种早已作古。古彝文字表现出极强的生命力、影响力、文化力和传承力，应该对其加强保护和研究利用。

对于古彝文字的创制时间，学界有多种看法。以刘志一教授为代表的一批专家，在这方面提出了一系列新观点，值得我们重视。刘教授认为，"古彝文和古越文是中国古文字的两个源头，也是世界古文字的两个源头""古彝文在7500年传到西亚两河流域……6000年前左右，再传入非洲尼罗河""中国古彝文是西方文字的始祖"。他提出"西方表音文字与中国古彝文的西传有关""古埃及文明源于古越人西迁""长江文明是中华文明的先驱""血缘旋涡形成中华民族"等一系列论点，震惊世界。他还在《苍颌书》《夏禹书》、龙山陶文、龙虬庄陶文、华安仙字潭崖刻、意大利梵尔卡莫尼卡岩画等古文字的破译方面取得了巨大成就，为解开中华文明起源之谜提出了许多创见。《南方周末》2009年6月10日发表的由钟鸣先生写的一篇文章——《蝌蚪文是不是比甲骨文更早的文字——三星堆玉石文字考》，讨论了中国文明源头是属于中原，还是属于自古入主统治大西南的彝族（古夷人）的问题，提出了"彝族是夏代的统治者，古彝文是夏代的官方文字"的颠覆性的中华文明起源观。文章的一个主要论据是，距今5000~9000年国内的主要古文字刻画符号，从西安半坡刻符，到河南舞阳贾湖遗址刻符、甘肃大地湾、二里头、山东大汶口、湖南醴陵彭头山遗址刻符，再到《仓颉书》和《夏禹书》，这些产生于殷商甲骨文之前的文字，大多数竟能为彝语所破译，这不仅说明彝族历史的古老，更说明伏羲及其后裔与彝族有着十分密切的关系。文章认为，上溯到5000年后，汉文献所记载的远古时期的历史，远无彝文典籍所记述的厚重。且不论中华民族的摇篮是否真的就是黄河流域，还是应当定位在长江流域乃至于金沙江畔的崇山峻岭间，至少文章的观点可以引起我们去做出更多的思考，并引导我们进一步研究以便廓清中华古文明的真实原貌。

历史上，彝族同汉族及其他各族人民一道共同开发了西南地区，促进了这一地区经济文化的发展与繁荣。范文澜先生曾说："我们整个中华民族的土地是共同开发的，汉族主要是开发了黄河流域、长江流域；以蒙古族为主，开发了北部；以藏族为主，开发了西部地区；以维吾尔族为主，开发了西北地区；以彝族为主，开发了西南地区。"① 他肯定了历史上彝族对西南地区开发曾经做出过贡献。历史上，我们的国家和民族统一融合的

---

① 王天玺：《南诏对中华民族的贡献》，《中国民族报》2011年11月25日，第7版。

进程都是由局部逐渐走向全国，各民族在这一过程中都有贡献，彝族对西南地区的开发和统一做出的贡献尤为突出。历史上彝族在西南地区建立的多个政权，客观上增进了这一地区的民族融合，维持了这一地区的相对稳定，促进了这一地区的经济发展，推动了这一地区的文明进步，为中华统一的多民族国家的形成创造了条件。交通从来都是经济发展的命脉。自古以来，西南地区的川、滇、黔、桂就开辟了多条通道，有力地促进了本地区的开发以及与内地的经济文化交流。川滇、川黔、滇黔之间的古道，载之于史的，有战国时李冰开凿的“僰道”，秦时常频开凿的“五尺道”，汉代司马相如开凿的“西夷道”，唐蒙开凿的“南夷道”，隋唐时开凿的“石门关道”“清溪关道”等。滇、黔、桂之间的交往通道，肇始于民间贸易。据历史记载，从昆明至南宁的滇桂通道至迟在唐代已经畅通。这条通道为邕州道，自邕州（南宁）横山寨为枢纽，有三条主要干线，即横山寨—自杞（今兴义)—善阐府道；即横山寨—罗甸—善阐府道；即横山寨—特磨（今云南广南县境内)—善阐府道。历代中原王朝正是通过以上通道经营西南地区，促进了西南地区经济文化与外界的交流。彝区的一些经济作物、畜牧产品如香料、建昌马、凉山马、乌蒙马、德昌牛等通过以上通道源源不断地输入内地。内地的经济文化的影响也通过以上主要通道辐射到西南地区。上述通道的开辟，促进了西南地区经济社会的发展，彝族人民在其中都发挥了重要作用。尤其明代奢香夫人在贵州境内开通九驿，对贵州的开发和彝区经济发展更是产生了重大影响。

千百年来，彝族同其他兄弟民族一道为保卫祖国边疆，缔结、巩固多民族国家做出了重要贡献。历史上，不管中原地区处于统一还是分裂之中，西南地区的彝族都始终心向祖国，反对分裂。即使在当时特殊历史背景下，唐王朝对南诏政权发动了天宝战争，南诏王阁罗凤事后仍收拾唐朝阵亡将士尸体“祭而葬之”，又特地在王都太和城立“德化碑”，表朋叛唐不得已，决心“世世事唐”之意。南诏在国家统一、边疆安定、经济发展、社会进步、民族团结、文化繁荣等方面，都给我们留下了许多宝贵遗产。就水西而言，虽然水西政权也曾为了自身利益有过反对朝廷的战争，而更多的则是帮助朝廷出兵，参与反对分裂、保境安民的军事活动。从最初蜀汉建兴三年默部济火第二十四代孙妥阿哲帮助诸葛亮南征，开通道、献粮草、出兵力，后被封罗甸国王开始，到后来明代参与几次帮助朝廷平叛，保境安民的战争，都对本地区的安定做出了贡献。水西土司奢香夫人忍辱负重，维护民族团结的事迹更是彪炳千秋，名垂青史。同样，在云南巍山，彝族左氏土司就曾经被明王朝三次征调，参加了巩固祖国统一、捍卫国家领土的战争。在辛亥革命和护国战争期间，不少彝族志士都参加了旧民主主义革命。在中国共产党领导的革命斗争中，彝族人民不仅提供了巨大帮助（如长征时红军过彝区），而且踊跃参加革命，为民族和人民的解放事业做出了巨大贡献。新中国成立后，彝族人民积极投身于建设祖国、保卫祖国的伟大事业中。在20世纪50年代的抗美援朝和70年代的对越自卫还击战中，许多彝族儿女都献出了宝贵的生命。以上史实表明，彝族始终是中华民族大家庭中的一员，是统一的多民族国家的一分子。

费孝通先生在《中华民族的多元一体格局》一文中说："我这篇论文将回溯中华民族多元一体格局的形成过程。它的主流是由许许多多分散存在的民族单位，经过接触、混杂、联结和融合，同时也有分裂和消亡，形成一个你来我去、我来你去，我中有你、你中有我，而又各具个性的多元统一体。"① 历史上，正是各个民族长期的交流融合才形成了今天中华民族多元一体的格局，彝族在其间曾做出过巨大贡献。它虽然政治上不能同蒙古族、满族等建立了中央帝国的少数民族相比，而在文化方面，以其历史上所创造的巨大成就，却堪称中华民族大家庭中杰出的一员。

4. 水西文明　千年积淀

贵州境内的彝族，现主要居住在贵州西部的毕节和六盘水，两市共计人口近80万人。另外，黔西南州居住有6万人左右。彝族在贵州的这种分布，使我们用"毕节彝族"这一具有明确行政区域限定的指称，不能很好地包容和体现彝族在贵州作为民族和文化共同体的活动范围和地域分布。贵州彝族的活动区域，虽然主要在毕节但并不限于毕节，其文化成就以毕节最有代表性而其他彝区也并非可有可无，而且历史上黔西北彝区在文化与族群分布上基本呈现为一个整体。因此，结合贵州彝族的历史文化传统，我们拟用"水西"一词来泛指贵州彝族在黔西北的主要活动区域，用"水西文明"来统括以黔西北为主要聚居地的贵州彝族历史上取得的文化成就。尽管"水西"之名出现较晚（最早见于《元史》），水西政权早在康熙三十七年（1698年）即已消亡，但都不构成我们拒用"水西"之名的理由。因为，历史上已经习

① 费孝通：《中华民族的多元一体格局》，《北京大学学报》（哲学社会科学版）1989年第4期。

惯称“水西”为阿哲家族安氏统治区域，“水西”一词的这一指称并不会因为时代变迁而有所改变。历史上，安氏家族的统治区域时有宽窄，也有“水内”“水外”之别，而把黔西北以毕节为主包括水城、六枝等在内的彝区，纳入“水西”地域应该不成问题。这同时避免了“毕节”一词受行政区域限定，内涵稍显狭窄的弊端。我们不必拘泥于水西之名出现的早晚，水西政权存续的时间，水西文明，就是在水西这片地域上创造的文明，其涵盖区域可遍及黔西北彝区。水西文明，以其丰富的历史文化内涵，可以成为整合毕节历史文化资源的著名品牌。

用“水西文明”来统括毕节彝族历史文化成就有其合理性。对于文化与文明的理解，以及二者的区别，人们从未形成共识。一般的理解，文明是人类社会的进步状态和理性社会体系，是具有内在结构的有机整体，如此，则文明有三大构成：一是体现人与自然界关系的物质形态；二是体现人与人社会关系的政治制度；三是体现人与自身关系的精神成就。文明，同时也被人们看成增进文化创造的社会秩序，这方面它包含四大因素：经济的供应、政治的组织、伦理的传统，以及知识和艺术的追求。这也意味着，文明应当包括经济、政治和文化（精神）三个方面。如此理解的文明，内涵上和广义的“文化”概念并无多大区别。一般而言，文明与文化相比较，其地域性、历史性、整体性、进步性等方面的特征更为突出。我们这里把“水西文化”作为一种文明形态，着重要凸显的也是水西文化的地域性、历史性、整体性及其独特性的方面。把水西文化视为一种文明形态有如下理由。其一，水西地域上的考古发现，已经证明了这片地域是远古人类的栖息地，是人类文明的起源地之一。其二，在政治制度上，水西地方政权存续时间最长，留下了丰富的政治文化遗产，世界范围内都有代表性。其三，历史上的水西地域相对封闭，使其政治、经济、文化等要素构成的社会形态，整体上长期保持相对独立并自成一体。其四，这一地域上曾经创造了独特的文化，形成了长期共享这一文化的比较固定的人类族群。

水西文明不仅有自身独特而丰富的内容，而且经历了千年以上的历史积淀。水西，作为一个政权组织，从中国第一个古彝王国（罗甸王国）的诞生算起，历经蜀汉、唐、宋、元、明历朝历代，一直到康熙初年的改土归流，延续了1474年，成就了我国边疆治理史上的千年传奇；若作为一片地域，则是贵州历史文化中最为完整、集中和清晰的地区，有着数十万年的人类活动史和数千年的文明史。具有数千年历史积淀的水西文明，对于我们今天探索人类文明进程、总结历史经验、认识社会发展规律等都具有重大价值，而其长久以来创造的文化和形成的传统，正是在用最适合自身的“最完美的方式表现它在世界上的存在”，已经成为民族多元文化的一部分，可以为其他民族，乃至整个人类提供一种可供选择的文化生活方式。

水西文明为我们留下了众多宝贵文化遗产，主要体现在以下八个方面。

● 彝文古籍遗产。如前所述，古彝文字和彝文古籍都是全民族共同的文化遗产，而水西地区无论是在彝文金石铭文，还是在彝文古籍存留的数量、珍稀度等方面都很突出。历史上，水西地区一直是彝族文化的一个中心。由于历史延续久远，文化积淀深厚，水西地区如今拥有全世界2/3以上的优质彝文古籍，世界上字数最多的单本彝文古籍，世界上最长的彝文史书，世界上最多最好的彝文碑刻。

● 毕摩文化遗产。在中国文化中，彝族毕摩文化，无论是其系统性、完整性，还是独特性方面都堪称中华民族文化的一朵奇葩。它既是彝族文化的骄傲，也是中华文化的骄傲。毕摩文化是原始文化的综合体。毕摩文献作为毕摩文化的载体，内容涉及哲学、历史地理、文化艺术、医药卫生、天文历法、人伦规范、军事思想、农业畜牧等方面，十分丰富，它是彝族社会历史和文化的百科全书，对研究中华文明乃至世界文明，都有重要的文献价值。水西地区历代毕摩撰写和保存下来的彝文典籍，卷帙浩繁，内容广泛，在国内外都有重大影响。例如，水西地区的《西南彝志》《爨文丛刻》《宇宙人文论》以及彝文碑刻等，如今都是国家级的文物，足以和汉文、蒙文、藏文、维吾尔文等文献相媲美。西南民族大学教授罗庆春先生对毕摩文化遗产及其价值有过很好的表述：“彝族毕摩文化及其口头传统，是彝族母语古代文明和传统文化知识的核心成果，是彝族书写历史和口头演述相结合的重要文本。毕摩的经籍叙事、口头演述，既是彝族传统文化的传播形式，又是彝族历史文明的主要载体，也是彝族目前保存下来的相对完整最具典型性、最为重要的口头与非物质文化遗产。彝族毕摩文化及其口头传统还担负着彝族母语文化的教育，民族自信力的培养，民族认同感的强化，民族文化生命的坚守，民族精神独立性的保持，民族历史生命完整性的探求这样一些文化使命，从而彰显了其不可替代的综合人文价值。”①

---

① 《毕摩文献彝族文明的历史见证》，《四川日报》2006年3月1日。

•边疆开发遗产。我国统一的多民族国家的形成和巩固，是一个漫长的历史进程，其间既离不开边疆民族地区的自我发展，也离不开历代王朝对边疆地区的开发和治理。历代王朝对西南地区的开发治理有许多经验教训可供总结。对水西地区的开发治理就曾留下了十分宝贵的经验教训。边疆开发治理是一项系统性工程，涉及许多方面，如先进生产方式的输入、交通道路的开辟、文化的学习交流、中央和地方统治权力的博弈等。在边疆开发治理方面，拥有千年积淀的水西文明有丰富的历史文化遗产可供我们总结和继承。

•土司制度遗产。土司制度是我国历代中央王朝在少数民族地区，通过分封地方首领世袭官职，“因俗而治”，为实现边疆稳定而推行的一种特殊政治制度。西南是元、明、清时期土司制度最典型和推行最广泛的地区，而水西政权又是众多土司政权中的一个典型。百年的皇帝，千年的土司。土司制度的长期延续，有其历史必然性，也有政权自身的原因。对内能否顺势应变，在政治、经济、文化、军事等方面采取有力措施，力保本地区的稳定、发展与繁荣；对外能否审时度势，及时处理好与中央王朝的关系，这都是一个土司政权需要长期面对的。历史上，水西土司政权在处理内外关系上长期积累的经验，是留给我们的一份珍贵遗产。

•民族关系遗产。历史上，云、贵、川地区从来就是多个族群迁徙、交流、融合的舞台，多民族同居共处、交流融合留下的历史经验，对于今天贵州打牢多民族团结奋进的共同文化基础，构建和谐民族关系，建设共有精神家园，是一笔宝贵财富。据地方史志记载，历史上水西境内居住的民族除彝族外，尚有蔡家、宋家、六额子、侬家、仲家、龙家、羿子、苗家、革佬、僰耳子等十个族群。历史上，彝族与这些族群之间，以及与时常大量迁入的汉族之间的关系，既有相互交流、融合和同化的一面，也有相互排斥、对立和斗争的情形，其民族关系的实况已经成为照鉴当今的一面镜子，有突出的现实意义。

•生存智慧遗产。历史上，彝族曾经有过统治和被统治的双重身份，有定居和迁徙两种不同的生存方式，有主动适应生存环境和被迫做出改变的情形，对各种不同境遇的应对，既体现了一个民族的忧患意识，也潜藏着一个民族的生存智慧。一个民族的生存智慧，尤其集中体现在其生活中的生养和死葬两方面。生养方面的智慧，往往就潜藏在其民风民情和生活习俗当中；死葬方面则往往体现在其祭祀和丧葬仪式，以及仪式蕴含的各种信仰观念之中。彝族在两方面都留下了丰富的遗产。在毕节地区现存彝文典籍中，丧葬祭祀类文献占有相当大的比重，其内容除了原始宗教信仰之外，广泛涉及彝族世俗精神生活和物质生活的各个方面，其中潜藏着十分丰富的生存智慧。

• 物质建筑遗产。在物质文化方面，水西留下了极具地域特色的遗产。历史上的水西物产以漆器、咂酒、水西马最为有名，其中尤以水西马最为突出。大方漆器曾经与仁怀茅台酒、玉屏箫笛并称“贵州三宝”。水西马自宋元以来就作为贡品上贡。建筑形态，时常是一种文明其成就和特色的重要标志。水西历史上留下了官衙、庄园、民居、桥梁、坟墓等众多建筑遗迹，其中尤以宣慰府和九重宫最具民族特色。交通方面，以奢香开辟的龙场九驿及其后裔建筑的水西十桥为代表。威宁盐仓镇的向天坟，是彝族向天坟中最集中、最典型、最具代表性的，与四川小凉山、云南楚雄的向天坟并称为“中国西南三大向天坟场”。上述物质文化，都是水西物质建筑遗产的代表。

• 人文科技遗产。这方面的遗产包括文学、历史、伦理、哲学、艺术、工艺、历法、科技等多方面的精神文化成就。精神文化是彝族历史文化最重要的方面，是最重要的遗产。它涉及的门类众多，历史上彝族在各个方面可以说都取得过突出成就。如历史方面，《西南彝志》这部彝族历史巨著，据传就是水西地区热卧土目家的一位慕史编撰的。该书采用叙事诗体，概括地记述了彝族先民对宇宙和人类起源的朴素认识，系统地描述了彝族及其周边部落古代社会的面貌，反映了当时的社会形态以及政治、经济、文化的源流，记述了西南地区彝族各部落的分支及分布情况，以及各主要支系的世系源流和相互之间的关系状况。除此书外，许多彝文经籍如《指路经》《叙谱经》等，都记载有彝族历史方面的内容。彝族不仅有自己丰富的历史著述和浩繁的历史文献，而且有自己独特的史学方法论，形成了一套比较完整的史学体系。其父子连名制的谱系记代法记述的世系极少混乱，在史学领域中具有典型意义。举奢哲是相当于南北朝时期的彝族史学理论家。他撰写的《论历史和诗的写法》一文，堪称彝族史学工作的经典性文献，在彝族历史的著述方面产生了深远影响。历史文化如此，其他如文学、伦理、哲学、艺术、工艺、历法、科技等方面的文化都莫不成就斐然，它们共同成为今天彝族人民引以为自豪的文化遗产，也将会是引领整个民族开创美好未来的精神支撑。

二　集萃

历史上，毕节彝族人民和其他彝区的人民一道共同创造了璀璨夺目、异彩纷呈的民族历史文化。这些文化，是民族的瑰宝，是民族认同的重要支撑，是民族身份的重要标志，是民族凝聚力和创造力的重要源泉，代表着全民族的精神和智慧，也将在很大程度上决定着全民族的未来。面对丰富多彩、博大精深的彝族历史文化，我们这里只能选取其中具有突出代表性的方面予以呈现。下文将从六个方面，即远古神话、彝文典籍、毕摩文化、历法成就、土司制度、火的民族方面，对彝族历史文化成就进行概括性的总体阐述，同时尽可能展现这些彝族文化成就的毕节地方特色。

1. *远古神话*

彝族是一个历史悠久的古老民族，具有相当丰富的文化遗产，在民间流传着许多古老、优美的神话。这些神话，尤其洪水型兄妹婚的创世神话，集中反映了彝族人民远古时代的世界观和对客观世界的丰富想象，蕴含彝族古老的哲学、道德、宗教、历史等方面的观念和意识，是流传下来的全民族共同追溯的远古文化记忆，是全民族精神文化意象的原始形态的呈现。

洪水型兄妹婚神话，是神话中的一个大的类别，广泛流传于世界各地的多个民族中。关于洪水后人类重生的神话，《中国大百科全书·中国文学卷·民间文学》条曾经有这样的诠释："世界范围的'末世学'和'毁灭神话'。它反映了上古世界特定时期，在毁灭性洪水、地震或火山爆发等灾异之后，一双青年血缘配偶，使人类再生和发展的重大问题。"洪水神话和兄妹婚神话是彝族创世神话的两个重要元素，洪水是兄妹婚的特殊环境，是创世的大背景，而兄妹成婚则是要表达的真正主题。这类神话常常有三个特点："其一，神话传说中洪水来临之前天神送给葫芦籽种植葫芦的情节；其二，葫芦或竹子是彝族先民躲避洪水并安然复出的场所；其三，遗民或兄妹婚，或天女婚，要么生出葫芦，葫芦又生人，要么直接繁衍了人类。"① 另一种神话传说则是竹子烧爆时发出的响声催生了彝族祖先的诞生。

云南楚雄流传的彝族史诗《梅葛》，对于开天辟地创世造人的情景是

① 单江秀、杨甫旺：《民间信仰与洪水型兄妹婚神话存续之间的关系研究——以彝族洪水型兄妹婚神话为例》，《毕节学院学报》2011 年第 5 期。

这样描述的：格兹天神向大地撒下了三把雪，相继变成了三代人。前两代被太阳晒死，第三代“直眼人”良心不好，天神便发洪水淹死他们，最后仅剩下兄妹俩，兄妹俩成婚后生下葫芦。如此便与世界上许多民族的洪水神话和葫芦神话类似，由葫芦衍生了人类。不同的是，在《梅葛》里，由葫芦衍生的人类除彝族外，还有汉、白、苗、傈僳、藏、傣、回等多个民族，多民族共生共存的文化意蕴，就这么生动地在彝族创世史诗中展现出来。流传于四川大凉山的《洪水泛滥的故事》也讲述了相似的情节：很久以前，恩铁古兹派撮却阿妈到人间报复将其使者杀死的三兄弟，撮却阿妈晚上把他们白天耕好的地全部还原。三兄弟埋伏在地边抓住了撮却阿妈。老大、老二一个主张杀，一个主张打，只有老三心肠好，主张好好问一问。撮却阿妈说：“天神已经知道你们杀死使者的消息，现在决定放九个海子的水来淹没人间。”三人很害怕，请求阿妈告诉他们躲避洪水的方法。阿妈说：“大哥住铜柜，老二住铁柜，老三住木柜。”洪水过后，只有老三靠木柜生存下来。在老三救下的动物的帮助下，他娶到天神的三女儿并从天神那里得到了许多工具、牲畜和植物的种子，重新使人间又繁荣起来。婚后，天女生下三个儿子都是哑巴，这三个哑巴后来通过火塘边竹节燃烧的爆破声的惊吓恢复了正常，分别成为彝族、藏族和汉族的祖先。

流传于贵州毕节地区的彝族史诗《洪水泛滥史》也有类似的叙述：笃慕三兄弟，在洪水泛滥时，老大笃慕格选择了榆木桶作为避水工具，老二笃慕沙选择了杉木桶，老三笃慕则坐在竹桶里躲避洪水。金甲老仙给善良的笃慕一个鸡蛋让他夹在腋下，并说等孵出小鸡就把桶踢开。洪水退去后世上只剩下笃慕。笃慕后来娶了三位天女，生了六个孩子，被称为彝族的六个祖先。①

远古创世神话通过一代代的口耳相传或文本记述传承下来。洪水型兄妹婚神话，是洪水神话、创世神话等多种原型神话的交融，表现了遭遇洪水后人类再生的主题，诠释了“创世—世界毁灭—再创世”的过程，透显出原始人类对生命、生殖现象的崇拜。尽管流传在川、滇、黔、桂四省彝区中的洪水型兄妹婚神话有不同的版本，但是都把人类的避水工具或生命诞生体作为崇拜物而予以崇奉。洪水型兄妹婚神话在历代人的讲述中，无数受众在一次次的聆听中，葫芦、竹子从洪水中拯救出先祖的族源认同不

---

① 陈世鹏：《彝族婚类洪水神话琐议》，《贵州民族研究》1993年第1期。

断得到强化。于是，供奉“葫芦祖灵”和“竹祖灵”的信仰民俗便由此产生，这种信仰民俗至今仍广泛流传于滇、川、黔、桂四省区的彝族民众中。洪水型兄妹婚神话，其内在的意蕴是对一个民族生殖力、生命力、创造力的赞扬和肯定。在形成共同的民族心理和文化认同方面，洪水型兄妹婚神话起到了强化族群意识、密切成员间的关系、拉近成员间的心理距离的作用，进而维系着族群内部的长期繁衍生息和稳定团结。洪水型兄妹婚神话所反映的人类古老而永恒的主题：生存繁衍、性爱婚姻、道德禁忌、敬畏感恩等方面，都是今天人类的生存发展需要认真面对、思考和引为警觉的。洪水型兄妹婚神话，是人类远古时期的共同文化记忆，也是今天的人类应当倍加珍惜的文化遗产。

2. 彝文典籍

彝族古老文字和浩瀚典籍，记载着彝族悠久辉煌的历史文化。前文对古彝文字的价值已有述及。彝文是彝族文化的瑰宝。汉文史志称之为“爨文”“爨字”“爨书”“倮倮文”“韪文”“夷经”；彝族自己则称“诺苏补玛”“乃苏讼纳”“聂苏索”“尼斯”“阿哲苏”“纳苏缩”等。古彝文是至今各大彝区仍在通行的文字，是一种原生的古文字，而不是借用和模仿汉字的产物。古彝文的传承载体有金文、竹、木刻、竹木简、皮书、构皮纸、石刻等多种。古彝文作为彝族先民较早进入文明社会的一个重要标志，厘清它的起源和创制年代非常重要，可惜现在学界仍无定论。有创始于唐代而集大成于元末明初说；有起源于东汉以前说；有起源于两汉以前说；有彝文与西安半坡刻画符号和巴蜀铜戈铭文存在渊源关系说；有彝文创始于六千年以前说；有起源于八千年以前与汉文同源说等多种推论。

彝文典籍的内容涉及范围非常广泛，几乎无所不包，是彝族传统社会的文化宝藏，其中蕴含大量彝族人民生产生活的技能和智慧，是彝族人民认识自然和改造自然的经验积累和科学总结。卷帙浩繁的彝文古籍，在国内各大图书馆和研究、翻译机构都有大量收藏。在国外，英国、日本、法国和瑞士的一些机构也有少量收藏。对于现存彝文典籍的数量，据朱崇先先生的粗略统计，现已知各地单位和个人收藏的彝文古书应在万册以上，散存在民间的彝文经典，更是数以万计。[①] 据王子尧先生的调查表述，全国已收藏彝文典籍总数已有 14990 余册，但据彝族地区的实地调查获知，

① 朱崇先：《彝文古籍整理与研究》，民族出版社，2008，第 109—111 页。

目前存世彝文典籍总数超过已经收藏总数的近十倍，全国尚有十万余件亟待收藏。[①] 比较通行的数据是，全国彝文献藏书总数 15000 册，贵州 16 个收藏单位藏有彝文古籍 8000 余册（见下文）。

在彝族的诸多文化遗产中，用彝文著述的文化典籍尤为珍贵。它作为彝族传统文化的主要载体，以其卷帙浩繁和广博宏富的著述内容，全面系统地载录了彝族历史上各种文明成果和诸多文化事项，是中华民族文化遗产宝库的重要组成部分，是一笔珍稀并可利用的传统文化资源。彝文典籍记录的历史年代久远，从"哎哺"时期至"六祖"时期，尤其是从尼能、什勺、慕靡、举偶到"六祖"分支，直到 1664 年的 4000 年间，近 200 代父子连名谱牒世系完整相连而不间断。记录涉及哲学、历史、天文、历法、算学、文学、军事、宗教、地理、民族、民俗等多方面的内容。反映彝民族的发祥、发展、迁徙、分布、与各民族和睦相处、巩固西南边疆的稳定、维护祖国统一等情况，形成了独具特色的哲学、美学、伦理道德、教育学等学科体系。正是流传下来的浩瀚的彝文典籍，记载了彝族悠久辉煌的历史文化。

毕节地区是彝族的主要聚居地之一，其彝文典籍的收集整理、保护传承、翻译研究等在全国都有重大影响。毕节市在保护传承彝族文献遗产方面成果斐然，亮点很多，主要表现在以下十个方面："亮点一，贵州的彝文古籍文献抢救性保护整理，不仅数量多，而且很有特色。贵州彝族人口约占全国彝族人口的十分之一，有 16 个收藏单位藏有彝文古籍 8000 余册，占全国彝文献藏书总数 15000 册的一半以上；亮点二，毕节地区搜集整理翻译出版的《爨文丛刻》《西南彝志》《宇宙人文论》《彝族源流》《物始纪略》《彝文金石图录》等，属于在国内外颇有影响的彝文古籍珍品，并出现了罗文笔三代人的彝文古籍翻译世家；亮点三，毕节发现的彝文的金石铭文年代早，价值高且数量多；亮点四，贵州威宁发现的李氏呗髦珍藏、青铜铸刻的夜郎人君神印，是毕摩极为重要的法器或法印，毕摩不看中官印，故名'神印'；亮点五，大方县发现的镌刻于蜀汉建兴丙午年（226 年）的《妥阿哲纪功碑》彝文刻石，是彝文广泛使用的重要物证；亮点六，大方县征集到的罗甸水西铜钟的彝汉铭文年代为'成化二十一年乙巳岁（1458 年）四月十五日丙寅吉旦'，并且是钟鼎铭文，显示出重要

---

① 王子尧：《阿哲主摩奢香夫人与水西彝族文化调查探证》，《贵州民族学院学报》（哲学社会科学版）2009 年第 5 期。

的文物价值，比云南‘镌字岩石碑’还早48年；亮点七，贵州绘画插图的彝文古籍（如《那史彝文古籍插图》）特色浓厚，而在滇、川、桂三省区的彝文藏书中极难看到。亮点八，贵州省教育厅和省民委早于1983年就联合发文决定在有关学校进行民族语文的教学实验，彝文开始正式进入中小学，拉开了贵州省彝族聚居区的彝汉双语文教学序幕。在汉语文教学的同时开设彝语文课的‘二类模式’双语教学，是贵州彝区推行的主要教学模式，试行过程中，彝族较为聚居的毕节地区效果尤为显著。亮点九，早在1955年，贵州毕节地区就成立了全国最早的彝文翻译组，“文革”期间被迫解散，1977年10月恢复重建，取得系列重要成果。经过20多年的抢救，全国收集不足2万册，贵州毕节收集的彝文古籍就高达8000多册。亮点十，贵州毕节地区不仅加强了彝族文字文献收集、文字编译、双语应用等，而且将古彝文作为打造、传播彝族文化的重要元素，拟利用彝族文字图画之美、象形之美、厚实之美、灵变之美、多彩之美，在大方古彝文化圣地集中收集展示古彝文献，在中国十大避暑名山——乌蒙山韭菜坪创建‘天书石林，石头字典’古彝文化景观，毕节彝语歌《阿西里西》以统编教材走进全国中学音乐课堂，“阿西里西指数”同时被海内外专家机构作为山地避暑旅游与清凉人居评价指标体系的命名性代名词。古彝文的文化价值、美学价值、传承价值正被进一步激活。”①

总之，彝文古籍涉及的内容非常广泛，既有很高的学术研究价值，也有突出的当代应用价值，不仅是中华民族的珍宝，也是世界文化中的珍宝，虽然毕节市做了大量工作，但抢救和保护彝文古籍仍将任重道远。

3. 毕摩文化

在贵州高原多民族的文化百花园中，彝族的毕摩文化可以说是兀立群芳而独树一帜。毕摩文化主要是以经书和祭仪仪式为载体进行文化传承和发展的一种文化形态，内容涵盖天文、历法、宗教、历史、法律、哲学、文学、艺术、教育等方面。彝族毕摩文化，是跨学科综合性的彝族传统文化，是传统社会彝族人民最为宝贵的精神食粮和文化财富，也是人类文明史上最为珍贵的文化遗产。

在彝语里，“毕”是指念诵经文，“摩”是指使者与沟通者，“毕摩”一语，即是指通过念诵经文而与神鬼沟通的特殊使者。毕摩在彝族传统社

① 赵德静：《港台专家赞扬毕节保护世界六大古文字之一古彝文有十大亮点》，载彝学网。

会中地位很高而且神圣。彝族传统社会结构分为“兹”（土司）、“莫”（法官）、“毕”（毕摩）、“格”（工匠）、“卓”（百姓）等五个等级。其中，“兹”“莫”“毕”属于统治阶层，君施令、臣（莫）断事、师（毕）祭祖，各司其职。毕摩是彝族传统社会的知识分子，在彝族传统社会的宗教信仰、文化教育、历史传承、科学艺术、法律婚姻、人生礼仪、医学技术、丧葬预测等方面，毕摩都发挥着重要作用。毕摩阶层的主要职能，是帮助领主主持祭祀，记载家谱，制定礼仪、天文历法诸事。后代传说中，人们把文字的创造、天文历算的发明、医药的发现等许多文明因素的创造和积累，都归功于毕摩。

毕摩是毕摩文化的创立者、守护者、传扬者，是毕摩文化的核心。“毕摩文化是由毕摩们所创造和传承，以经书和仪式为载体，以神鬼信仰与巫术祭仪为核心，同时涉及包容了彝族的哲学思想、社会历史、教育伦理、天文历法、文学艺术、风俗礼制、医药卫生等丰富内容的一种特殊的宗教文化。”① 毕摩文化，就其广义而言，包括彝族的语言、文字、文学、哲学、风俗、伦理、天文、历算、医学、农学等内容；就其狭义而论，主要内容为原始巫术与宗教经典。毕摩的原始巫术，主要表现在毕摩所主持进行的占卜、禳解、诅咒、驱鬼、盟誓、神判等仪式之中，突出体现了彝族的祖先崇拜和鬼神崇拜的信仰。毕摩主要施行的巫术有占吉凶、诅盟誓、敬祖神、司祭祀等内容。对于毕摩文化的内容，我们大致可以从以下三个层面来分解：一是毕摩文献，即毕摩传抄、撰写、收藏的各种彝族原始宗教和历史文献；二是毕摩从事的各种职业性的以宗教、巫术和祭祀为主要内容的仪式活动；三是毕摩作为彝族传统社会的文化阶层以及充当的社会角色所从事的各种文化传播传承活动。

毕摩文化的显著特点，彝族学者左玉堂先生总结为下面三点，也完全适用于黔西北地区的毕摩文化。“其一，崇祖敬宗。彝族的宗教祭祀仪式繁多，诸如祭天、祭龙、祭山神等，虽是公祭，但祭期短而祭祀仪式也较简单。但祭祖仪式则名目繁多，祭期长，仪式尤为复杂和隆重，是彝族宗教活动的核心内容。如彝族最为注重的安灵、送灵、作祭、作帛、做斋，内容都是超度和祭祀祖先。为使亡灵‘随祖归宗’，彝族民众大多会请毕摩为其举行指路、送灵、安灵、作祭、作帛、做斋等仪式，并视之为子孙

① 巴莫阿依：《关于彝族毕摩文化研究的几个问题》，《凉山彝学》1997年第3期。

对父母先祖应尽的义务。因此，彝族民间特别注重丧葬仪式和祭祖仪式，尤以祭祖典礼为祭祀活动中最成套和最隆重的祭祀活动。其二，毕摩文化中，巫术与宗教意识、巫术仪式与祭祀仪式杂揉为一体。巫术与宗教，本来分属两种信仰形态。但在毕摩文化中，就总体而言二者却是相互杂糅、相互依存的。其三，融会儒学、道教、佛教文化，是毕摩文化第三个显著特点。毕摩文化在形成、崛起、兴盛的发展过程中，从原始宗教的巫术活动中，逐渐吸收了阴阳五行学说、道家学说与儒学的教义与仪式，内容变得相当杂芜，这在彝文典籍里有充分反映。”①

毕摩文化，是彝族古代灿烂文明的历史见证，是彝族传统社会最重要的精神食粮，是彝族人民安身立命的信仰支撑，同时也代表着彝族传统社会历史文化的主要传承方式。毕摩文化是彝族历史文化的核心和代表，其内容关涉彝族人民的宗教信仰、哲学思想、本土知识、民间智慧、族群记忆、母语表达，关涉彝族传统社会的社会结构、历史发展、文化传承、民族心理认同等诸多方面，是整个民族文化创新发展的源头活水。毕摩文献以其卷帙浩繁、内容丰富，堪称彝族人民世代相承的“知识宝库”和“百科全书”。就文化对社会各要素的整合而言，毕摩文化对于维系彝族传统社会的稳定有效运行作用尤为明显。在彝族传统社会中，毕摩既在政权体制中承担着记载历史、主持祭祀和传承文化的职能，又在民间行使着沟通鬼神的祭（巫）师的职能，在整个社会中得到高度尊重，同时拥有宗教（巫术）、历史和文化方面的垄断解释权，可以说是彝族文化的垄断者，具有官（礼俗文教方面）、巫、史三重身份，这在其他族群社会是很少见的。如在汉族社会，管理社会者为官，施行教化者为师，记载保存历史者为史，三种角色的分工就十分明显。总之，在传统彝族社会中，无论是丰富民众生活，支撑民间信仰，还是传播历史知识，维系社会稳定等方面，毕摩和毕摩文化都承担着十分重要的角色，发挥着十分重要的作用。毕摩文化是传统彝族社会的一个突出特征。

4. 历法成就

历法，常常是衡量一个国家和民族文明程度的重要标志。渊源久远的十月太阳历，便是彝族对中华文明做出的杰出贡献。

历法主要是通过观测天象来确定年月的周期、季节的更替。古往今

① 左玉堂：《毕摩文化试论》，《（滇）楚雄师专学报》（社会科学版）1991 年第 1 期。

来，历法为我们明了四季变化、日月轮回，顺应季节变化安排好生产生活，提供了极大方便。因此，人们对历法的基本要求就是能够准确、真实地反映寒暑季节的变化。世界上的历法可分为太阴历、太阳历和阴阳历三类。太阴历以月圆月缺来确定周期，月亮每圆缺一次定为一个月。太阳历则依据地球绕太阳运动的周期来确定年岁季节。阴阳历则结合了以上两种方法，取月亮圆缺的周期定月，取地球绕太阳运动的周期定年。经过现代科技精密测定，地球绕太阳公转一次所需的精确时间是365.2422天，天文学上称为一个“回归年”。这个数字介于365与366之间。小数点后的“零头”为历法的制定设置了难题。以地球绕太阳运动作为参照的太阳历和阴阳历都不得不通过设置“闰年”“闰月”“闰日”的方式对季节的计量偏差进行调整，也使小数点后面的数累积为一个整数。一部好的历法，通常应具备两个条件：一是一年每个月的日数整齐，使其便于使用和记忆；二是季节准确，它的元旦应与某个天文点（冬至、太寒、夏至、大暑等）相对应。只有具备这两条的历法，才算是一部好的历法。

彝族太阳历根据北斗星斗柄指向定寒暑季节，斗柄正下指为大寒，正上指为大暑。大寒和大暑两个节令把一年均分为上、下两个半年，各占五个月。前五月为太阳年，后五月为星宿年。彝族太阳历一年总共分10个月，每月36天；一年有的地方分5季，每季两个月为72天；有的地方分娩、斯、搓、粗四季，一季90天。十个月之后大寒期间的5—6天为“过年日”。彝族太阳历的纪年用“八方纪年”，即东方之年、东南方之年、南方之年、西南方之年、西方之年、西北方之年、北方之年、东北方之年。彝族太阳历的纪月方法主要有两种：一种是“十兽历”，以自然界的十种动物（十兽）来表示月份。至于“十兽”，各彝区有所不同，一般为一月黑虎、二月水獭、三月鳄鱼、四月蟒蛇、五月穿山甲、六月麂子、七月岩羊、八月猿猴、九月黑豹和十月四脚蛇。另一种把一年分为5季，一季两个月，分别用土、铜、水、木、火的五行来表示，每季又分公母。如一月土公、二月土母、三月铜公，四月铜母等，依次类推。彝族的纪日方法主要用十二属相纪日。因崇拜虎，彝族便以虎为十二属相之首，依次为兔、龙、蛇、马、羊、猴、鸡、狗、猪、鼠、牛的属相顺序。由于彝族太阳历根据北斗、太阳运转来定冬夏、明寒暑，季节划分准确、每月日数相同，简明通俗，便于记忆，生产生活中使用起来十分方便。

20世纪，就彝族十月太阳历的真伪及彝族太阳历的价值，学术界进行了广泛讨论。最后以大量的文献论据和生活中遗存下来的民俗，证明了这种历法曾经在广大的西南彝区存在并使用过，而且其来历久远。尽管黔西北彝区早在西汉时期就与中原有频繁接触，深受中原文明的影响，历法方面也是较早使用中央颁布的历法的地方，这并不等于说黔西北彝族未曾使用过太阳历，也不等于说在他们的生活中已找不到使用过太阳历的痕迹。在近现代的黔西北彝族中间，无论是民间的口头传闻，还是有关的彝族文献，均存在着使用过十月太阳历的痕迹。这方面的材料请参看陈久金等著的《贵州少数民族天文学史研究》，[①] 这里不再赘述。

彝族太阳历与中国古代历法有比较大的关联，也可能与美洲玛雅人的历法有关联，彝族教授刘尧汉先生在这方面曾进行过深入研究。他将彝族太阳历与夏代历书《夏小正》和美洲玛雅人的历法做过比较研究。他认为，“夏代历书《夏小正》的特点是十月太阳历，《诗·豳风·七月》‘一之日，十之余’为十月太阳历的过年日，《管子·幼官篇》的三十个节气为十月太阳历的三十个属相周期节气，古今史家及天文历法史家之所以不解其意，由于从典籍里找不到实例可资借鉴，因而百释不得其要领”。他进一步认为，“玛雅历和彝历同属世界罕有的两个纯阳历，两者同源于中国远古羌戎虎历。在两三万年前，印第安人远古先民离开中国经白令海峡抵美洲时，当已将虎历带去；尔后，印第安人远古先民在其基础上，又独立创造了玛雅十八月太阳历。彝族先民则继承虎历，并将其发展为十月太阳历”。[②]

实如刘教授所言，则彝族十月太阳历在文化人类学方面对于厘清华夏古文明（尤其古历法和民族源流方面）的真实面貌具有重要价值。十月太阳历是彝族古文化中的一颗明珠，是彝族较早迈入文明社会门槛的历史见证，是彝族对于华夏文明乃至世界文明做出的杰出贡献。

5. 土司制度

土司制度是元、明、清三朝在我国部分少数民族地区通过分封各族首领世袭官职，以统治当地各族人民的一种特殊政治制度。早在元朝以前，各中央王朝在少数民族地区就采用过“以土官治土民”的办法。元朝统一全国后，以宣慰使、宣抚使、安抚使、招讨使、千户、百户等官职封赠各族首

---

① 陈久金等：《贵州少数民族天文学史研究》，贵州科技出版社，1999，第四章。

② 刘尧汉：《彝夏太阳历在世界文化史上的地位和展望——彝族阳历和玛雅阳历的共性与亚、美两洲远古文化的关联》，《贵州民族研究》1983年第2期。

领，并在各族聚居的府、州、县设立土官，逐渐形成制度。明王朝在元代旧制的基础上，在西南民族地区设置“三司”，即都指挥使司、布政使司、按察使司。在“三司”之下设府、州、县各级政权机构。机构中多以原官授职，宣慰使、宣抚使、安抚使等官隶兵部，土知府、土知州、土知县等官隶吏部，给予符印，均令世袭，并规定了承袭、等级、考核、贡赋、征发等制度。明朝在彝区的政治设置，大致分为专设流官、土流兼设、专设土官三种类型。土司除对中央政权负担规定的贡赋和征发外，在辖区内依然保留传统的统治机构，享有很大权力。清初承明制。随着封建地主经济的发展，为了与之相适应，明、清两代在部分少数民族地区实行了改土归流。新中国成立前，土司制度在部分地区依然存在，新中国成立后已被彻底废除。

历史上西南是推行土司制度最普遍的地区。水西土司政权又是众多土司政权中的一个典型。在贵州，地处今黔西、大方、织金、水城、纳雍、金沙等县的毕节（水西）地区，是彝族中势力雄厚的“慕俄格”土司统治的地区。明代是水西土司政权最鼎盛的时期。明洪武初年，“慕俄格”土司霭翠归附明王朝，明王朝授霭翠为“贵州宣慰使”，管辖贵阳以西，以今大方为中心的四十八部地区。洪武二十四年（1391年），霭翠去世，其妻奢香代领其职，继续在水西进行统治。由此开启了水西土司政权最具影响力的时期。以政权和族权合而为一的宗法制度，军事和行政合而为一的则溪制度，以“九扯九纵”为特征的职官制度，到这一时期已趋于完善，成为水西土司制度最显著的特点。

以政权和族权合而为一的宗法制度，是水西土司制度的主要支撑。水西政治制度是以家支制度为基础的宗法制度，是典型的政权与族权合一的组织形式。家支制度以同一男性祖先的子孙称为一家，男性祖先的儿子分别为一房，各房不断繁衍，人口不断增多，形成家下面的支，家与支总和为一个家支。到九代或十代，一个家一般都要进行分支（家）仪式，新分出的每一支随着人口的增加，到十代后又进行分支，如此循环往复。家支发展到后来，人口越来越多，各家支都以父子连名的谱系来维系，形成共同的祖先崇拜信仰。家支实行嫡长子继承制，长房为大，负责主持家支内部的祭祀和各种重大活动。家支进行分支后可以互相通婚，没有分支相互间则不能。家支内部有互相继承财产的权利，同时有互相帮助、共同御敌的义务。将家支制度的架构移植到政权体系中，即形成了政权与族权合一的宗法制政权。水西安氏即是通过对嫡系亲属的域内分封，施行土目分治，以血缘纽带来维系其政权，形成了“十二宗亲，四十八目，一百二十骂裔，一千二百夜所”,[①] 组建起了具有水西特色的宗法制政权。

在土司制度之前，水西地区早已有一套严密完整的制度，即则溪制度。则溪制度是建立在水西彝族奴隶主、封建领主对土地的占有和分封的基础之上，宗法制、等级制、世袭制紧密结合，政权、兵权、族权合为一体的一种严密的政权组织形式。土司制度设置后，则溪制度继续存在，并被保留到土司制度的架构之中，成为水西彝族奴隶主、封建主继续进行实际统治的工具。《大定县志·土官制》载：“分其地置则溪。则溪者，译言仓也。则溪咸有官庄，耕官庄者为官户。每一则溪置一穆濯，为骂写，而以一穆魁镇之。则溪之下，又置骂写、奕续以领散地，咸称骂初。其冲要处或置二三骂写，而以一更苴统之。苗僚寨大丁强，亦为骂写、骂初，自统其兵，而隶于穆濯，之为骂写者，其任事人无禄，授以地，有功则世，否去职即撤之。”则溪制度通常以一条河流为自然疆界，疆域内由水西彝族统治者分封自己的子嗣和宗亲进行管理。水西地区早期曾分为中水、下水、底水三路，每路设四个宗亲，共分为十二宗亲。随着长时期的历史演变，十二宗亲发展为十二则溪，并逐渐转化为地方行政单位。每一则溪设有仓库，故“则溪”也有“仓库”之意。十二则溪的共同首领被称为“苴穆”。苴穆实行多妻制，由正妻长子世袭职务，其他子嗣通称为穆濯。根据土司制度的规定，他们又被称为土目。土司制度下的土目，主要就是则溪制度下的穆濯。在穆濯的子嗣中，仍以长子继承职位，其他子嗣则按照宗亲制度规定的世袭地位，被称为骂裔、奕续等。则溪制度使水西政权具有很强的域内分封、分治的特点。

水西土司政权中实行以九扯九纵为特征的职官制度。对于这种制度，《大定县志》卷八《职官志》对水西土官制做了记述：夷书曰君长曰蔺，称为“苴穆”。“苴穆”是最高的领主，分其诸弟为“峨”，授以土地，分以重器。“峨”有高低、大小之分，“大部曰穆濯，次曰骂裔，次曰奕续，通称为‘峨’”。“苴穆”为了维护和巩固其统治，除把辖区内的土地，分割为大、小不等的许多部分，分授给他的“十二宗亲”和“四十八目”外，同时还授予高低不等的官爵：更苴、穆魁、穆濯、补木、器脉、备所、骂写、貊拔、黑乍等九个品级，亦称“九纵”。此外还有司理事务的

---

① 王明贵、王继超主编《水西简史》，贵州民族出版社，2011，第69—73页。

“官凡九扯”，即九个官职：阿牧扯（管总务），补突、濯苴（管礼仪），拜苏、拜顶（管门户），扯墨（管祭祀牲牺），项目（管器物），园约（管保卫），苏文（管战争），慕施（管宣诵），诚慕（管祠祭）。这些官员分别居住在九室之中，各司其职，各有等第，以相统属。苴穆（土司）、穆濯（土目）和骂裔、奕续（峨），均属于贵族等级，在社会中的地位最高。彝族贵族内部在婚姻关系上严格实行等级内婚制。在经济上，土司和土目占有大量土地，对各族人民进行残酷剥削。他们的土地所有权世代相袭，不能随意买卖和转让，下层劳动者也不能自由选择田主，形成了“租种土司田地民人，即为土司所有”的现象，存在着严重的人身依附关系。

水西彝族的土司制度，是建立在封建领主经济基础上的一套政治上层建筑——它的等级制度已较完善，分工已相当细致，组织机构已相当严密。水西土司政权的这种政治制度，把政权、兵权、族权三者合一，使政治、经济、军事三位一体，其主要职能是对内进行残酷统治，对外征战掠夺，以维护水西贵族领主的利益，巩固其统治。这套政治制度以整个族群的血缘家支制度为基础，具有比较牢固的支撑和超强的稳定性，历史上也曾延续了多年，但它同时也阻碍着生产力的发展和社会进步，正如余宏模先生所言：“由封建王朝决策设置的土司制度，及水西地区沿袭已久由苴穆、穆濯实际统治的则溪制度，正是造成水西彝族地区长期贫困落后、社会经济停滞不前的罪恶渊薮。”①

6. 火的民族

彝族自古崇拜火。火，在民众生活中承担了十分重要的角色，已渗透民众生活的方方面面。“火塘，永生不灭；初生婴儿就接受火的温暖；新娘出嫁，要绕娘家的火塘三圈；到夫家要先跨三堆火；人病了，以火驱邪治病；人死了，实行火葬。从蛮荒年代起，彝家就崇拜火。火已成为彝族世代相传的集体意识。”② 火把节，已不仅仅是一个简单节日，作为彝民族生活世界历史演变过程中积淀下来的大众性文化活动，它是彝族多种文化元素和生活诉求集中汇聚的平台。整个节日活动具有纪念性、宗教性、文化性、民族性、娱乐性、地域性等多种特征。彝族人非常重视火把节。火把节，是彝族原始火崇拜文化的升华，是彝族人精神世界完整展示的舞

① 余宏模：《清代水西彝族土目和彝文田契试析》，《贵州民族研究》1979年第1期。
② 李玉军：《云南彝族火文化研究》，云南师范大学，硕士学位论文，2007，第25页。

台——彝族人的情感追求，彝族人的审美观念，彝族人的喜怒哀乐，彝族人的品格好尚，都在火把节中得到最充分的展现。火一样热烈，火一样的文明刚健，这就是彝民族的精神和品格。彝族，火一样的民族。

彝族先民自古以来就存在着对火的崇拜。火，是原始社会时期人类最重大的发现，它一经发现就在人类生活中发挥着重要作用，曾经被世界上许多民族所崇拜。“我们可以从考古发掘中了解先民崇火的情况，从各民族现存的风俗中看到先民崇火的遗风。历史上，彝族与氐羌族群有着千丝万缕联系，两者有许多共同的文化习俗，在火崇拜方面尤为突出。一方面，各地彝族在对火的禁忌上均有不同程度的表现。如不能触踏火塘或跨越火塘；不能在火塘上烧烤污物；不能将污水泼入火塘；祭祀所用的食物要在火塘上炙烤以示净化；不能用脚踏火塘边的锅庄石或三脚架等。在住居习俗上，彝族的火塘是居室的中心，以火塘为界，上方为贵，为祖先和客人之位；下方为贱，为主人和儿女之位。另一方面，各地彝族传承着丰富多样的祭火活动，如云南巍山彝族在农历三月初一祭火，称为‘祭火龙太子’；永仁县迤什丁彝族于正月初二或初三举行祭火，称为‘开火神会’；泸西县阿盈里彝族在农历正月初一和火把节期间祭火塘神，等等。”[①] 此外，彝族曾经盛行的火葬制度也是其火崇拜的突出表现。彝族崇拜虎，彝族毕摩认为，若不行火葬，死者的灵魂就不能还原为虎。因为火是人与天界沟通的媒介，只有用火才能将人的灵魂送到天上祖先灵魂所在之处。以上所述彝族对火塘的敬重和有关禁忌，有关的祭火活动以及火葬习俗等，都说明了火崇拜对彝族来说自古以来就是一种极为普遍和突出的文化现象。

历史上，火葬是彝区广为流行的风俗，也是彝族火崇拜的见证。大量文献记载表明，古代氐羌族群长期盛行火葬，而古代氐羌人正是彝族人的祖先。《荀子·大略篇》记载：“氐羌之虏也，不忧其系垒也，而忧其不焚也。”彝族先民不怕死，却怕死后不焚，认为焚后灵魂才能回到祖居之地。至少在明代以前，滇、川、黔地区的彝族仍然盛行火葬。《黔南职方纪略》说：“将死，著衣，蹑草履，屈其膝，以麻绳缚之，乃杀羊取其皮，既死，则以履尸，履已，用竹席裹之。用木二，长丈余横合之，以短木架之若梯状。别为竹编，以柴为经，竹为纬织之，广二尺许，长若梯，铺之于梯侧，置其尸于上，男则面左，女则面右，不葬而焚。”《贵州通志·土民

① 李玉军：《云南彝族火文化研究》，云南师范大学，硕士学位论文，2007，第25页。

志》说，彝人“死则集人万计，披甲胄，持枪弩，驰马若战斗状，以锦缎毡衣裹之，焚于野，而投散其骸骨”。又说：“人死以牛革裹，焚之。”死尸化成灰烬后，把骨灰装进陶罐，埋入地下或放入岩洞中。“将焚之前，姻党群至，咸执火来，至则弃火，而聚其余炬于一处相与携手吹芦笙”。焚尸“筑土为台，高二尺，覆大釜于其上”。柴用十把斧砍五棵树，焚者为男尸，柴为九层，为女尸，柴架七层。及焚之日，祭师祝告，椎牛数十头以祭。凡焚必先择地，择地之法则以掷鸡蛋于其处而不破者为吉。焚时，祭师念诵经文。置尸于柴上，“横陈而侧置之，男面南而女面北”。四位老人各持一把火站在架楼四角引火。焚尸场景，《指路经》中记载说：“火焰犹如白马飞奔，浓烟好似黑马腾飞，火花恰如花龙行空。”彝族火葬习俗，由此可窥大概。至今在云贵川各地残存的向天坟，正是彝族古代火葬习俗的见证。据刘尧汉调查：川、滇、黔三省彝区的向天坟有一百几十座之多，散布于黔西北的较多，有五六十座，较完整的有四五座；川西南雷波县有十余座，尚有五座完好；云南楚雄彝州有四十余座，完好和较完好的有十余座；而滇西的“望天坟”已名存实亡。

从远古先民第一次接触火，到学会用火炙烤食物，以至于后来广泛使用的刀耕火种的生产方式，再到今天生产生活中火的运用，彝族形成了自己丰富多彩的火文化。在各地彝族中，存在着各种关于火的认识和传说，至今对火还有很大的依赖。火把节即是远古以来彝族火崇拜文化长期演变而成的民族节日。今天，人们用火把节这一悠久传统的节日，以唤起人们对火的历史记忆，表达火与人类的渊源关系，回味火对人类生活的重要影响。彝族火把节是所有彝区的传统节日，流行于云南、贵州、四川的彝族聚居区，白、纳西、基诺、拉祜等族也过这一节日。火把节是彝族最隆重、最盛大、场面最壮观、参与人数最多、最富有浓郁民族风情的节日，是全民族的盛典。火把节一般在农历六月二十三、二十四日或二十五日举行，历时三天三夜，分为迎火、玩火、送火等环节。火把节之前，各家都要准备食品，以备节日里纵情欢聚，放歌畅饮；正式过节期间，各村寨以干松木和松明子扎成火把竖立寨中，各家门前竖起小火把，入夜点燃，整个村寨一片通明；进而人们手持小型火把结队行进在村边地头、山岭田埂间，将火把、松明子插于田间地角，最后逐渐围成一圈，唱歌跳舞，一片欢腾，彻夜不息。火把节期间，除了举办盛大的歌舞娱乐活动外，还有赛马、斗牛、射箭、摔跤、拔河、荡秋千等活动，还伴有集市贸易。

彝族的火把节习俗，使我们看到彝族的一些优秀历史文化和传统，通过长期的传承和积淀，已经以自身特有的方式逐渐融入了彝族人的生活世界当中，成为其生活世界不可分割的一部分。文化与生活的这种水乳交融，不仅说明往往一个民族最优秀、最有生命力的文化会融入其民众生活世界当中，长期稳定并潜移默化地影响着人们的行为选择，同时也说明生活世界永远是一个民族的文化得以传承不息并不断发扬光大的活水源头。往往一个民族最恒久的信仰和最深层的智慧就都熔铸在这个民族日用常行的生活世界当中。彝族的火文化即是如此。“彝族的火文化渗透彝族社会生活的方方面面，可谓内涵丰富、形式多样，它以大量的火神话和有关火的信仰习俗组成一个立体的神圣文化叙事机制，承载了彝族对火的崇拜和信仰。彝族繁杂的火神话和火习俗折射出来的远不只是其文化事相表层的片断记录，而是彝族人民传统信仰体系中的重要内容和形式，它们已经有效地融入了彝族民众的生活中，并以顽强的传承和再生能力世世代代影响着彝族民众的社会生活，由此形成了别具特色的彝族火的民族个性。”①

三　透视篇

文化，包括了人类认识和改造自然而获得的各种成果，是一个十分复杂的系统。文化的多元、多样、多态、多面，使学术界迄今为止对其仍没有形成一个具有广泛一致性认同的定义。对于文化，从不同的视角来审视，会呈现不同的面相和价值。下文将选取几种不同的视角，通过对毕节彝族历史文化的审视和分析，以使我们对其面貌有更为全面深入的认识，对其价值有更为客观准确的估量。

1. 文明形态的视角

目前，学界对人类文明形态的研究大体包括两方面：一是纵向历时态的文明历史形态的研究，以此形成不同的文明形态史观；二是横向共时态的文明类型的研究，以此划分文明为不同的类型。文明形态史观，“是指从宏观上对历史进行整体解释，并力求从整体上把握历史发展规律的一种将人类历史发展视为由各种不同文明演进史构成的历史观”。② 西方的文明

① 王倩：《火文化对彝族社会生活的影响》，中央民族大学，硕士学位论文，2011。

② 高占春：《文明形态论的合理价值及其当代意义》，《社会科学家》2013 年第 5 期。

形态史观的多元文明演进的历史观点，揭示了人类文明演进的不同模式和多样性特征，对于研究当今世界不同发展道路和多样化文明模式具有一定的价值。国外学者通常以古代文明、中世纪文明、现代文明、后现代文明的历史时序来划分文明形态，斯宾格勒、丹尼列夫斯基、汤因比等对此反对，并各自提出了基于文化视野下的文明形态史观。雅斯贝尔斯则以人类具有唯一的共同起源和共同目标为信念基础，将人类迄今的发展历史划分为四个阶段：史前时代、古代文明、轴心期文明、科技时代。国内有的学者以文化和社会形态双重标准来划分文明的历史形态。比如，阮纪正以对人类当前的生存状况的反思为基点，把文明的历史形态划分为传统文明（前资本主义即前现代的农业文明）—当下所处的现代文明（资本主义工业文明）—未来文明（后现代或曰后资本主义和后工业社会的大生态文明）[①]。国内学界主流多用历史唯物主义提供的标准来进行文明形态划分。比如，有学者认为，马克思在《政治经济学批判（1857—1858 年草稿）》中提出的人类社会发展三形态（即建立在“人的依赖关系”“以物的依赖性为基础的人的独立性”和“建立在个人全面发展和他们共同的社会生产能力成为他们的社会财富这一基础上的自由个性”三大社会历史形态）对应的正是人类文明的三形态；“有的学者根据技术社会形态把人类文明划分为渔猎社会—农业社会—工业社会—信息社会；有的学者基于经济社会形态把人类文明划分为原始文明—奴隶制文明—封建制文明—资本主义文明—社会主义文明……总体来说，在唯物史观指导下的文明形态研究，以生产方式为文明形态演进的基础，扬弃了单线文明进化论，揭示了文明发展的多样可能性，展现了文明形态之间继承与超越的关系”。[②]

“文明类型研究以不同文明及其关系为研究对象，基本视角是从自身文明出发看世界文明格局。国外学者往往把文明类型差异归因于地域、语言、历史、宗教、习俗、体制、主观认同等因素。地缘、地貌和宗教因素往往成为划分文明类型的重要参照。”[③] 因标准不同，由此导致的文明类型的划分也各式各样。比如，亨廷顿在《文明的冲突与世界秩序的重建》中划分的当代主要文明包括“中华文明、日本文明、印度文明、伊斯兰文明、东正教文明、西方文明、拉丁美洲文明”。利洛夫在《文明的对话》中划分的文明包

① 李艳艳：《当代国内外文明形态与文明类型理论研究述评》，《天府新论》2012 年第 5 期。
② 李艳艳：《当代国内外文明形态与文明类型理论研究述评》，《天府新论》2012 年第 5 期。
③ 李艳艳：《当代国内外文明形态与文明类型理论研究述评》，《天府新论》2012 年第 5 期。

括“欧洲文明、中华文明、俄罗斯文明、伊斯兰文明、印度文明、日本文明、拉丁美洲文明和非洲文明”。我国学者许序雁则将人类文明划分为大河文明、地中海文明、山地文明、绿洲和草原文明、宗教文明、斯拉夫文明和东西方现代文明等几大类。[①] 近年来我国学术界还出现了以主导型整合要素为根据来划分文明类型的思路，比如，柳昌清就依据宗教、政治、经济的力量作为文明整合要素何者起主导作用，将当代世界文明划分为作为宗教主导型文明的印度文明、作为政治主导型文明的中华文明、作为经济主导型文明的西方文明、作为“宗教/政治”主导型文明的伊斯兰文明、作为“宗教/政治/经济”主导型文明的日本文明。[②] 上述文明形态的研究，对我们更为全面地认识毕节彝族历史文化，提供了很有价值的视角参照。

任何民族的繁衍和发展，都必须依托一定的生存环境。民族的起源与发展离不开他们所依存的地缘，这就决定了任何一种民族的文化，其产生和演化都与该民族生存的环境密不可分。彝族的一切文化现象从根本上说都只能由其生活的地域来决定。总体说来，我国彝族居住的地区主要是西南地区的山地，毕节彝族居住的地区尤其堪称代表。因此，毕节彝族历史文化，从文明形态的视角来看（即水西文明）应当属于一种山地文明类型。这种山地文明的典型特点是土地贫瘠、交通不便、区间相对闭塞、生产效率低、开发成本高，这一实情最终导致所属地区经济发展和社会进步缓慢。历史地看，山地文明形态曾经有过自己辉煌的时代，而现在其所涵盖的地区，除极少数外，基本都属于欠发达和欠开发地区。毕竟，推动文明进步的最终决定性力量仍然是生产力水平。山地文明由于自身的内在局限，生产力发展缓慢，所属地区往往在与其他地区发展竞争中处于劣势，在追求快速高效的现代工业文明的背景下尤其如此。

水西文明的这种山地文明形态，若从起主导作用的文明整合要素来划分，从水西彝族的家支制度、祖先崇拜和土司制度在其文明内部所起的支撑作用来看，它应当是一种“宗教/政治”型的文明形态；若根据技术社会形态来划分，它应当主要属于前工业文明的渔猎社会和农牧社会文明；若基于经济社会形态的标准，则它主要属于前资本主义的原始制、奴隶制、封建制的文明形态。因此，从文明形态的视角来审视水西文明，在整

① 许序雁：《世界文明简史》，华东师范大学出版社，2002。

② 柳昌清：《文明类型论纲》，《河南社会科学》2009 年第 1 期。

个人类社会的发展进程中，它处于比较落后的文明发展阶段上。这是我们对水西文明的总体定位和判断。即使从文化相对主义立场出发，我们在给予水西文明取得的成就高度评价的同时也不能忘记这个总体判断。换言之，比照当下世界各地的主流文明，水西文明总体上仍然是一个落后的、需要被超越的文明形态，它曾经创造的成就无论如何辉煌，都只能作为一种文明要素被继承和改造，参与到未来更高形态文明的建构当中。因此，总体上推进工业化，促进社会转型，推动水西文明的历史跨越，仍将是该地区当前和以后很长一段时期所要完成的历史任务。

2. 文化遗产的视角

文化遗产是人类社会承袭下来的前人所创造的一切优秀文化成果，是在人类社会历史发展进程中遗留下来的、由人类创造或与人类活动有关的一切有价值的文化遗存的总称。文化遗产代表着人类历史上曾经取得的突出成就和曾经有过的生活方式，是人类开创未来可供利用的宝贵财富。“文化遗产”，概念上分为有形文化遗产和无形文化遗产，也可分为物质文化遗产与非物质文化遗产。物质文化遗产又称“有形文化遗产”，即传统意义上的“文化遗产”，“是指具有历史、艺术和科学价值的文物，包括古遗址、古墓葬、古建筑、石窟寺、石刻、壁画、近现代重要史迹及代表性建筑等不可移动文物；历史上各时代的重要实物、艺术品、文献手稿、图书资料等可移动文物；以及在建筑式样、分布均匀或与环境景色结合方面具有突出普遍价值的历史文化名城（街区、村镇）。非物质文化遗产，是指各种以非物质形态存在的与群众生活密切相关、世代相承的传统文化表现形式，包括口头传统、传统表演艺术、民俗活动和礼仪与节庆、有关自然界中和宇宙的民间传统知识和实践、传统手工艺技能等一切与上述传统文化表现形式相关的文化空间”。[①] 联合国教科文组织《保护非物质文化遗产公约》的定义：“非物质文化遗产（Intangible Cultural Heritage）指被各群体、团体、有时为个人所视为其文化遗产的各种实践、表演、表现形式、知识体系和技能及其有关的工具、实物、工艺品和文化场所。”从1972年的《世界遗产公约》到1999年的《人类口传与非物质遗产公约》，到2001年《世界文化多样性宣言》，再到2003年的《保护非物质文化遗产公约》，“文化遗产”的概念在内涵方面已有很大变化。一般而言，文化

① 《国务院关于加强文化遗产保护的通知》（国发〔2005〕42号文件）。

遗产大体可分为物质（不依托特定场所的各种实物）文化遗产、文化景观遗产以及口传与非物质遗产三大类。但这种切分与界定也不是永远不变的。“文化遗产”概念的内涵会随着理论与实践的发展而得到不断深化。

文化遗产对于人类的未来发展具有突出的借鉴、启示和反省的价值，是破解人类生存困境难得的可供利用的资源。文化遗产对人类的未来具有非同寻常的价值和意义。文化遗产，延续着人类历史文化的精髓，承载着各民族的集体历史文化记忆，是文化多样性的生动体现。而文化多样性正是人类文化繁荣发展的前提，是维系历史发展的动因之一。维护文化多样性，就是通过同等对待多种文化，促进其文化表现形式的多样性，以彰显各种文化的生命力。保护文化多样性，在当前经济全球化导致的文化频繁交流融合、文化相似性空前提高的背景下尤为重要，几乎已经成为普遍共识。《世界文化多样性宣言》（以下简称《宣言》）指出：“文化多样性是交流、革新和创作的源泉，对人类来讲就像生物多样性对维持生物平衡那样必不可少，从这个意义上讲，文化多样性是人类的共同遗产，应当从当代人和子孙后代的利益考虑予以承认和肯定。”《宣言》将文化多样性对于人类生存发展的重要性，与生物多样性对于生物界平衡的重要性相提并论，文化多样性的重要性得到了前所未有的强调。文化遗产的传承、保护和合理利用，始终是关系到人类生存发展的重大问题。长期以来，联合国教科文组织和各国文化部门对保护文化遗产从立法、宣传、规范、引导各方面做了许多工作，文化遗产的保护取得了重大进展。到2011年，已在世界范围内建立起了较全面的文化遗产的保护体系，已有188个成员批准了《保护世界文化和自然遗产公约》（以下简称《公约》），这一公约是目前缔约国最多的国际公约。2011年6月28日，世界遗产委员会宣布，在法国巴黎举行的第35届世界遗产委员会会议上共有25处遗产通过审议，被列入《世界遗产名录》至此，依据《公约》设立的“世界遗产名录”共收录各类遗产有936处，其中包括725处文化遗产，183处自然遗产，28处文化和自然双重遗产。

贵州文化遗产数量众多，呈现复杂性和多元性的特点。初步统计，到2010年，“贵州有全国重点文物保护单位39处；世界文化遗产预备名录2个；省级文物保护单位342处；地区级文物保护单位2300处；登记在册的文物点7000多处；国家级历史文化名城2座；国家级历史文化名镇4座；国家级历史文化名村3个；省级历史文化名城（镇、街区）20个；省级民族保护村寨20个；20世纪90年代，中挪共建生态博物馆4个；贵州世遗备选名录两项（23个苗、侗村寨。其中苗族村寨7个、侗族村寨16个）；2005年公布第一批省级名录91项。2007年公布第二批省级名录202项。2009年公布第三批省级名录147项。2006年公布第一批国家级名录31项（40处）。2008年公布第二批国家级名录39项（61处），属于第一批名录的扩展名录8项"。[①] 就毕节彝族历史文化遗产而言，在遗留下来的历史文化中，除极少部分糟粕外，绝大部分都可视为文化遗产。这些遗产形态多样，内涵丰富，有突出的历史人文价值。比如，黔西观音洞、盘县大洞、威宁鸡公山等遗址，都无不向世界诉说着远古以来这片地域上所发生的一切；向天坟和太阳历代表了古彝人天文历法方面取得的巨大成就；火把节作为一种民俗已深入彝族大众的生活世界当中，已成为大众化的活态文化遗产；2010年3月，四川凉山彝族毕摩文献成功列入第三批《中国档案文献遗产名录》，成为国家级文献遗产，表明彝族毕摩文献具有突出的档案价值，而毕节彝族地区的毕摩文献的数量，与之相比可以说毫不逊色，同样地厚重；仅存于贵州省威宁彝族回族苗族自治县板底乡裸嘎寨的一种古老戏剧形态——撮泰吉，被称为舞蹈"活化石"，主要反映彝族迁徙、农耕、繁衍的历史，因具有民间信仰和祖先祭祀的功能而成为当地民众祭祀祖先、祈愿人畜兴旺、风调雨顺的重要方式，深深植根于彝族的生产、生活及文化历史中。这种原始艺术具有戏剧发生学和艺术形态学等方面的研究价值，其中有关生产、生活的表演对于人类学、民族学等方面的研究也有参考价值。

从文化遗产的视角来看毕节彝族历史文化，更应当强调的是我们对历史文化的传承保护应当承担的一份责任。保护文化遗产，在某种意义上就是保存人类的历史，而历史是人类开创未来必不可少的借鉴。各种形态的文化遗产，代表着人类文化的多样性，而多样性文化的存在，正是人类未来生存和发展多样性选择的前提。保护好历史文化遗产，在某种意义上，就是在为我们的子孙后代提供更多的可供选择的生活方式和发展道路。

3. 制度架构的视角

历史上黔西北地区以彝族为主体创造的水西文明，在政权制度层面上也独具特色。水西政权始建于汉后主建兴三年（225年），终于康熙三十七年（1698年），从一世济济（或作齐齐）到八十五世安胜祖，从最初的蛮

① 王小梅：《贵州省成为"文化遗产"资源富土》，《贵州日报》2010年2月25日。

长、罗甸王到水西安抚使，封号六更，历时长达1474年，这在人类的政权史上都是绝无仅有的。通过不断的丰富和完善，水西地域社会逐渐形成了一个以家支制度为基石，以政权与族权合而为一的宗法制度、军事与行政合而为一的则溪制度、“九扯九纵”为特征的职官制度为主要架构的比较严密的土官土司制度体系。这一制度体系以政治制度为轴心，广泛整合了经济、军事、文化等各要素，其整合力十分强大，传统水西社会的方方面面都无不受其影响。这一制度体系是传统的水西社会保持其独立性、等级性和稳定性的最重要的支撑。

人类族群组织的主要支撑有血缘、地缘、政治信仰和宗教信仰等各种因素，而血缘的因素对一个族群而言可以说是最具有本源性、稳定性和长期性的一种支撑。中华文明的一个突出特征就是基于血缘之上的祖先崇拜，这种宗法性的祖先崇拜在民间信仰层面发挥了近似于宗教的许多功能。牟钟鉴先生就曾把这种在佛教、道教之外，在中华大地上存在了数千年一以贯之的基于血缘之上的信仰形态称为“宗法性传统宗教”。[①] “宗法性传统宗教以天神崇拜和祖先崇拜为核心，以社稷日月山川等自然崇拜为羽翼，以其他多种鬼神崇拜为补充，形成相对稳固的郊社制度、宗庙制度和其他祭祀制度，成为中国宗法等级社会礼俗的重要组成部分，是维系社会秩序和家族体系的精神力量，是慰藉中国人心灵的精神源泉。”[②] 这个“宗法性传统宗教”，具有仪规的宗法性、来源的古老性、发展的连续性，以及功用的教化性等若干特点。这种宗法性传统宗教在彝族社会的具体表现形态，就是传统彝族社会基于血缘之上的家支制度及其文化。这种家支制度及其文化以血缘亲情的远近亲疏为依据构筑起了一套严密的社会等级秩序，保证了彝族传统社会的长期稳定和族群内部的强大凝聚力。

从制度架构的层面来看，水西政权世代为安氏所掌，是标准的政权与族权合一的宗法制政权。安氏政权通过区域内对嫡系亲属的分封，实行土目分治，用血缘纽带来维系地方政权，形成了“十二宗亲，四十八目，一百二十骂裔，一千二百夜所”的政权架构，再辅以具有突出自然边界特征的则溪制度和“九扯九纵”的职官制度，安氏宗法制政权的制度架构已相当严密完整，这成为其对内维护等级统治、对外维护族群利益的强有力

① 曾为牟氏合作者的张践觉得“还是叫‘宗法性伦理宗教’更为妥当”。他认为，中国传统宗教在孔子时代即已世俗化为伦理宗教。《儒教与中国》，《文史哲》2004年第3期。

② 《中国宗法性传统宗教试探》，见任继愈主编《儒教问题争论集》，宗教文化出版社，2000。

保障。

从制度架构的层面来看毕节彝族历史文化，历代水西政权所形成的政治制度以及制度文化，需要我们辩证地看待。一方面，这套制度和制度文化对于维系水西传统社会的长期稳定，对于彝族内部的族群凝聚一直发挥着十分重要的作用，其积极的方面值得我们去深入发掘和研究；另一方面，这套制度和制度文化所维护的社会等级秩序以及宗法体制，长期以来维护着社会层面上较强的人身依附关系，阻碍了人的自由度的提升和社会的开放与进步，在一定程度上也阻碍了生产力的发展，因此，不能不说它也是造成水西地区长期贫穷落后、发展缓慢的一大原因。

4. 发展资源的视角

我国是一个历史文化十分悠久而且积淀深厚的国家，将历史文化当成一种发展资源来看待，是近年来史学观念上出现的巨大变化，这对我国的史学发展及经济转型都将会产生深远的影响。历史文化不仅具有突出的、普遍的科学、历史、艺术等方面的价值，同时亦具有巨大的直接或间接的经济价值。现在，人们已日益认识到这种价值在经济社会发展中的巨大作用。通过对历史文化资源的开发利用（主要是文化旅游、文化创意等方面）促进地方经济社会发展，已经成为我国不少地方普遍的做法。

近年来，毕节市十分重视对历史文化资源的保护、开发和利用，充分发挥文化在凝聚精神力量、推动经济发展、促进社会和谐中的资源性作用，文化自觉和文化自信不断增强，文化软实力显著提高。他们通过推动文化与产业、旅游、民生、社会四个方面的深度融合，精心打造一批民族历史文化品牌，极大地提升了区域形象和区域文化的竞争力。在彝族文化方面，毕节市推出了《铃铛舞》和《撮泰吉》等精品力作，两者都入选国家非物质文化遗产名录而享誉中外。创作的《阿西里西》《索玛花开》《乌蒙欢歌》等民族歌舞，也提高了毕节彝族文化的影响力。尤为值得一提的是在历史文化方面，毕节市通过深入挖掘历史文化资源，成功打造的30集电视连续剧《奢香夫人》，获得了第26届中国电视金鹰奖优秀电视剧奖和中宣部第12届“五个一工程”优秀电视剧奖，塑造了影视文化中的“毕节符号”。《奢香夫人》堪称毕节彝族历史文化资源发掘利用中的成功典范。它的播出，使水西彝族政权和奢香夫人的历史被广为人知，同时也带动了奢香故里大方县的文化旅游。据报道，《奢香夫人》播出后，大方县奢香博物馆和“贵州宣慰府”曾在3天内迎接省内外游客15000人次。

2012年中秋、国庆期间，大方县迎来了历史客流高峰，全县共接待游客49.25万人次，同比增长198%；旅游综合收入4.13亿元，同比增长223.6%，其中，仅“贵州宣慰府”就接待游客83000人次。[①] 根据规划，毕节还将以重建的贵州宣慰府和奢香博物馆为核心，建成投资近100亿元，占地面积近5平方公里的慕俄格古城古彝文化园。此项工程将把文化产业与旅游产业结合起来，拟建成中国古彝文化的交流和研究平台、国家4A级景区、影视拍摄基地等。

上述方面是毕节市把彝族历史文化当成一种资源来开发利用所进行的一些探索尝试以及取得的一些成果。对毕节而言，尽管有着十分丰富的彝族历史文化资源，而如何通过开发利用让其产生巨大的经济效益仍然是需要全面破解的一道难题。如何处理好开发中的社会效益与经济效益的关系？如何处理好传承保护与开发利用之间的矛盾？如何建立起一个良好的市场化的运作机制？如何选准开发的对象和内容、途径和方式等问题，都需要在实践中进一步探索解决。对毕节彝族历史文化，尤其需要根据其具体内容、形态和特点等进行甄别判断，选择出其中适宜市场化开发的部分，进行最大限度的开发利用，以促进地方经济社会发展，而对其中不适宜市场开发的部分则要采取有效措施坚决地予以保护。这是由“文化是人类生存发展之大用”的性质所决定的，也是由文化对创造和传播它的特有空间地域的依附性所决定的。“正如自然界中客观存在的资源并不都能够成为人类开发利用的对象一样，民族传统文化也并非全部都是可以被市场转化的资源。人类之所以要创造文化，文化之所以被代代传承，是因为文化是人类生存实践智慧与经验的结晶，人类通过文化的指导才有效地维系着生命有机体的存在和发展；同时，文化也正是因为在发挥指导人类生存与发展的过程中不断地被再创造，从而不断地巩固着其存在意义，进而不断地被注入生命的活力。离开创造与再创造文化的场景，离开指导人类物质与精神活动的场域，文化之意义与生命力必将丧失。”[②]

总之，全面深入地分析认识毕节彝族历史文化的不同构成形态及社会功用，借鉴各地历史文化资源的开发经验，在对毕节彝族历史文化进行有效保护的基础上，结合其不同形态文化产生的特殊的政治经济文化环境，

---

① 《毕节文化建设亮点扫描》，《当代贵州》2013年第16期。

② 万志琼：《阐释人类学视域下的毕摩及其信仰之意义与生命力》，《思想战线》2011年第4期。

充分挖掘其历史文化内涵，对其中适宜开发的资源进行有效的市场转化，以实现其经济社会价值，将是毕节彝族历史文化未来发展的一个非常重要的方面，甚至可以说是其未来发展的方向。毕节市在这方面进行了一些探索，取得了显著成绩，但相较于毕节彝族历史文化资源的丰饶度而言，这方面仍然有很大的开发潜力和提升空间，仍然需要做出更具成效的探索。

5. 精神财富的视角

一个社会的文化系统，大体上由物质文化、制度文化、精神文化所构成，其中，物质文化是基础，制度文化是支撑，精神文化是核心。精神文化属于精神、思想、观念范畴的文化。它是一个民族抑或一个时代人们的思维方式、价值取向、伦理观念、心理状态、理想人格、审美情趣等精神成果的总和，是人类各种意识观念形态的集合。精神文化是人的精神食粮、人的精神家园。对任何族群而言，精神文化都是一笔宝贵财富。

精神文化存在并渗透社会生活的各个领域。它是整个社会的黏合剂，它把整个社会黏合成一个整体。它是社会成员联系的纽带，是社会和谐稳定的基石，是形成社会共识的源泉，也是引领社会进步的旗帜。整个社会的精神文化氛围，构成了这个社会特有的精神面貌和精神气质。社会成员濡染其间，无不受其熏陶。整体上，精神文化代表着不同时代、不同社会、不同族群人们的生活方式，这种生活方式是野蛮的、落后的、愚昧的、迷信的，还是文明的、进步的、理性的、健康的，都完全由其精神文化所决定。精神文化是一个时代的标志、一个民族的标志，也是一个社会的标志。

在个体层面，精神文化是培育人心的沃土，滋养心灵的甘泉，安身立命的依靠，导人向善的法宝。一个人树立正确的世界观、人生观、价值观，主要来源即在于学习精神文化和接受其熏陶。一个人是否有道德、是否有修养、是否有境界，也都取决于不同的精神文化对其产生的影响。

彝族有自己悠久的历史，也有自己丰富的精神文化。这些精神文化具体表现为历代彝族先贤所创立的哲学、宗教、历史、文学等各种文化形态。比如，从文学方面来看，彝族文学具有内容丰富、体裁多样、形式齐备的特点，它包括神话、故事、传说、歌谣、史诗、叙事诗、谚语、格言等多种文学样式。它具有鲜明的民族风格和浓厚的地域特色，与彝族人民的生活紧密联系。它集中描绘了历代彝族先民的生产生活画面，赞美了彝区的山川河流，展示了彝区的风土人情，通过一个个文学作品的影响，引导着人们对真、善、美的追求。又如，在哲学方面，彝文典籍《西南彝志》《彝族源流》《物始纪略》等都无一例外地述及了天地的形成和万物的起源。彝族先民认为天地是“哎哺”演变发展的产物，“哎哺”经过不断运动变化逐渐形成了天地万物。彝族的“哎哺宇宙观”及其理论学说，体现了彝族的最高思维水平，提供了全民族对整个世界的普遍认识和观照视野，是一种最高、最一般形态的文化。千百年来，彝族人民就生活在由上述文化所构成的精神世界中。这些精神文化不仅塑造了彝族人民善良、勇武、豪爽、热情的民族品格和个性，形成了民族独有的文化传统，而且一直支撑着全民族不断地从蛮荒走向文明，走向更加美好的未来。

文化是人区别于动物的根本标志，人和动物的不同就在于人是生活在一定的文化当中的。无论是从社会的整体还是从社会构成的成员来看，精神文化的作用都是巨大的，在这方面对其作任何功利性的价值估量反而显得目光短浅和不合时宜。精神文化与人和人的生活的关系好比水之于鱼，不可分离。精神文化对人好比空气，看似无形却不可或缺。《孔子家语》言“与善人居，如入芝兰之室，久而不闻其香，即与之化矣。与不善人居，如入鲍鱼之肆，久而不闻其臭，亦与之化矣”。精神文化就是以这种潜移默化的方式影响着人的思想和行为。精神文化对社会成员的这种濡染化育之功，是任何其他社会构成不可取代的。所谓“国民之魂，文以化之；国家之神，文以铸之”，即是在表达精神文化对于一个国家，抑或一个族群及其成员具有的强大凝聚力和影响力。如前所述，彝族丰富的精神文化，是彝族历史文化中最重要的方面，是全民族共同创造、共同分享的宝贵精神财富。千百年来，它一直在丰富、充实着全民族的精神世界，为整个民族的生存、繁衍和进步提供不竭的精神动力，它亦将会是全民族未来发展的重要支撑，对于这样一笔宝贵财富，我们有责任对其细心呵护、倍加珍惜。

6. 生存智慧的视角

文化人类学诞生于西方人对人类原始文化的认识需要，这门学科的发展在20世纪后半叶出现了一个新的转向。这一转向即是对具体的地方文化传统和地方性知识的重视。与之因应，我国理论界也出现了一种文化上对工业文明进行反思，对民族性与地方性知识进行重新审视和价值重新评估的后现代思潮。地方性知识表达了这样一种观念——由于知识总是在特定的地域和文化情境中产生并得到辩护的，所以我们对知识的考察，与其关注、提炼其中蕴含的普遍性准则，不如首先着眼于分析和重视形成这些知识的具体情境，揭示这些知识与具体情境之间存在的各种联系。地方性知识的提出和强调，在文化上代表了一种文化相对主义立场。提倡地方性知识意味着对不同民族的文化及其生活方式的承认和尊重。“地方性知识是与普适性知识相对应的知识体系，是一定地域内的人类群体在所处生境中形成并总结、传承的生存知识、技能与智慧。地方性知识为特定的人类群体所独有，折射着特定生活环境下人类群体的智慧之光，其认同的内涵，使它成为特定群体及区域的文化标识。地方性知识在相当长的历史时段里对特定民族或群体的生存构成重要的作用与影响，是他们得以发展的智力武库。”①

地方性生存智慧是地方性知识的一个重要方面。它是一定地域内的人们在实践中应对各种生存性挑战而形成的，是活生生的、有效的、灵活的，或在某种程度上可以模仿传播的知识和智慧。它不遵循普遍价值，而遵循具体价值，是去价值判断和意识形态的。地方性生存智慧主要来自家庭教育和生活交往，而非正规教育、知识、学科的科学化组成。生存智慧本身常常是生态的，将人与自然融为一体。它不以国家、社会、国籍这些现代秩序概念为限定，而与各族群或社群相关联，也是与外在的自然和内在的本性相一致的。

彝族作为一个历史悠久的民族，在漫漫的历史长河中积累了本民族丰富的地方性知识和生存性智慧。这些知识和智慧不仅广泛记载在有关本民族的哲学、政治、文学、艺术、天文、历法、医药、农牧、占卜等方面的彝文典籍中，在现实生活中的建筑民居、婚庆习俗、饮食习惯等方面也有突出的体现。如彝族医药类典籍《寻药》介绍的是如何用飞禽走兽的心肝做药，《启谷署》则汇集了263个验方，是黔西北彝族民间医药取得的重要成果；农牧类典籍《耕收》谈到的是养牧、耕种、发明纺织方面的情况；工业技术类典籍《宴桌根源》《铸铜织锦》《制造器具》《造坛》，述及了宴桌、酒器、餐具、铜、木器、戈矛的发明以及置坛的工艺等，这些都具有明显的地方性知识的特征。② 现实生活中，彝族干栏式建筑正是适应山地环境的一大杰作，许多民俗如火把节、喝转转酒等，对于加深成员

① 江帆：《地方性知识中的生态伦理与知识智慧》，《山东社会科学》2012年11期。

② 《贵州“六山六水”民族调查资料选编·彝族卷》，贵州民族出版社，2008，第320页。

相互间的情感，增强族群内部的凝聚力一直发挥着重要作用，亦可视为一种潜藏的生活智慧。

毕节彝族历史文化中，尤其以毕摩文化中的丧葬、占祭、禳解、做斋类文献隐藏的地方性智慧最为独特而深邃。在现存彝文典籍中，以宗教祭祀类文献为最多，其中包括了占卜、祝颂、祭祀、作祭、法术、做斋、祈祷、百解、祭神、祭祖等各类经书。这些经书正是毕摩从事宗教祭祀活动的主要凭借，其中隐藏着彝族独特的生存性智慧。这些智慧借助毕摩主持的各种宗教祭祀活动，在民间延续保存了上千年。总之，以原始巫术和祖先崇拜为核心的毕摩文化，是传统社会彝族大众的精神家园，是人们赖以安身立命生死解脱的依靠。毕摩文化中隐藏的"生"与"死"的智慧是彝族人民最为宝贵的精神财富。正如一位学者在评价一本有关毕摩文化的著作时所述及的："通过对毕摩文化的介绍，对彝族原始宗教及其发展演化过程的展示，特别是对祭祀活动的动态性描述，我们看到了彝族先民在宗教信仰和科学技术方面的'混沌'意识。这种意识是人类在精神活动方面的原始形态，但又何尝不是人类精神活动的最高境界呢？在这样的精神层面，彝族人民把'生'与'死'的认知与体验融汇在一起，显示了一种乐观与达观的精神状态。正因为如此，才有毕摩文化的活力，才有彝族人民视为'根谱'的史诗的光辉灿烂和魅力四射，才有民间原生态的彝族文学艺术的深厚土壤和深厚底蕴。这样一笔宝贵的精神财富，是任何形式的文化史论著作所应看好的亮点。"①

地方性知识与智慧具有独特性、传统性和文化性，往往涵盖了一个特定的人类族群千百年的生存经验。地方性知识和智慧，作为一种根深蒂固的地域性与民族性的文化，往往经历过长时间的历史检验，具有顽强的生命力。它虽然与现代化的主流模式存在着某些距离，但在许多方面却与后现代的理论和诉求有着可以呼应的地方。地方性生存智慧凝聚着不同族群世世代代对所处区域环境资源的配置、利用和维护中积累起来的经验，与现代普适性知识相比，它对特定群体的生存和发展更具有针对性和有效性。地方性知识与智慧是对主流知识体系的一种补充，它既能满足某一族群根源性认同的需要，又能为该群体的可持续发展提供智力资源和精神动

① 陈九彬：《文化自觉与民族文化研究——读〈楚雄彝族文化史〉》，《楚雄师范学院学报》2012 年第 5 期。

力，同时也能为人类文化多样性的存在和发展做出自己的贡献。毕节彝族历史文化中的地方性知识和智慧十分丰富，通过深入挖掘，它不仅可以为本民族的发展提供精神动力，也可以为人类社会21世纪的文化创造提供重要滋养。

四　忧患篇

毕节彝族历史文化与毕节彝族的生存和发展息息相关。它是维系民族团结的精神纽带，是民族凝聚力的主要支撑，也是民族影响力的主要方面，还是民族创造力的重要源泉。但是，它的传承现状十分堪忧，主要表现在民族文献古籍的遗失、民族标志的淡化、民族文化传承的后继乏人、民族文化自觉的缺失等方面。究其原因，既有历史上既已形成的有碍于民族统一和文化传承的劣势因素，也有经济社会聚变式发展所造成的当下困境。

1. 历史文化与本民族的关系

历史文化是人们在长期的历史过程中创造的物质财富和精神财富的总和，它是人类对其长期生活的自然环境和社会环境的被动适应和主动改造的结果。民族历史文化是一个民族的根基和灵魂，对内是民族团结的纽带，对外是其区别于其他民族的标志。甚至可以说：民族文化是民族存在的前提和发展的基础。一个丧失了自身独特性民族文化的民族，形同无本之木、无源之水，其凝聚力和影响力的缺失是无法想象的。

毕节彝族历史文化，是八十万彝族儿女及他们的祖祖辈辈在黔西北这片广阔的地域里创造的雄浑厚重而博大精深的民族历史文化。毕节彝族是毕节彝族历史文化的创造主体，同时也是毕节彝族历史文化得以存在和延续的载体。无论是在历史上还是在今天，毕节彝族历史文化都是毕节彝族存在的前提和发展的基础，是毕节彝族的根基和灵魂，是毕节彝族凝聚力的主要支撑、影响力的主要方面和创造力的重要源泉。

民族凝聚力是维系民族团结的精神纽带，它作为一种观念形态存在，集中体现为一个民族的全体成员为了本民族的生存和发展而展现出的民族精神，而一个民族的民族精神又具体地表现在该民族的历史文化上。一个民族的历史文化是其民族精神的载体，是其民族凝聚力的主要支撑。民族历史文化一旦淡化、消失，民族精神就失去其依托，民族凝聚力也就无从谈起。彝族历史文化是彝族凝聚力的主要支撑。彝族历史文化中蕴含的民族精神，有利于培养和激发彝族人的民族自尊心、自信心和自豪感。

民族文化是民族影响力的主要方面，这在经济不发达的地区表现得尤为突出。传统意义上，民族影响力主要表现在政治、经济、军事等方面，随着现代经济产业结构的调整和科学技术的日新月异，文化与经济和科学技术交融的程度不断加深，经济的文化含量日益提高，文化的经济功能越来越强。民族历史文化的影响力显得极为特殊和重要。毕节彝族地区在经济上较为贫乏，文化上却极为富裕。丰富的彝族历史文化资源是民族影响力的主要方面。

民族创造力是一个民族特有的产生新思想、发现和创造新事物的能力。民族创造力不是凭空产生的。一个民族要有创造力，首先得有坚实的文化根基，深厚的文化底蕴。民族创造力的增强，必须从民族历史上获取经验，从民族文化中吸收养分。彝族历史源远流长，文化博大精深。这为民族创造力提供了产生的土壤和发展的空间。

2. 彝族历史文化传承现状堪忧

彝族历史文化的保护和传承已经引起了各级政府的广泛关注，也得到了社会各界的普遍支持。但是，以目前彝族历史文化所处的困境，这种关注和支持的力度还显得远远不够。

（1）彝文古籍的保护和传承堪忧

文化传承的媒介，无外乎人和物两种，后者又可分为文献古籍和其他实物，其中文献古籍的传承功能尤为重要。博大精深的彝族历史文化能传承数千年而不断，无疑当归功于卷帙浩繁的彝文古籍，这也是彝族在文化传承方面较之于其他许多有语言无文字的少数民族所具有的优势。彝文古籍形式丰富多彩，有书写在羊皮上的，也有纸质的，有雕版印刷的，也有手抄的；内容博大精深，涵盖了宗教、哲学、天文、历史、文艺、伦理、道德、教育、冶炼、畜牧、农耕、民俗、礼仪等40余类。

早在一百多年前，许多有识之士就开始意识到彝文古籍对于保护和传承彝族历史文化的重要性，开始了对彝文古籍的挖掘、搜集、整理、翻译和保护工作，并取得了一些成果。但不可否认的是，对彝文古籍的人为毁坏和自然损坏等不利因素仍然存在。

目前仍有大量急需抢救性保护的文献古籍，其中既有已经由政府收藏的，也有大量散落民间的。在已经被政府收藏的部分，虽然已经得到一定的保护，但也不无隐患。散落民间的部分，情况更加令人担忧。主要表现在以下几个方面：一，政府收藏的古籍保存在不同的单位和部门，这些地方在保护条件和重视程度上参差不齐，一些保护单位由于经费不足而无法购置先进的保护设备、配置专业的保护人才，以至于使用时无法互通有无，从而使这一珍贵的文化遗产无法发挥其应有的效益。二，传世彝文典籍绝大多数为孤本，一旦毁损或遗失，就意味着该古籍的彻底失传。三，彝文古籍的书写材料种类繁多，如竹简、布帛、手抄纸张、羊皮、牛皮、石刻、铜器铭文等，容易导致毁损的因素也不同，这就增加了保护的难度。四，现存彝文古籍大都超过了保管期限，“残损极为严重，轻则翻阅时都要格外小心，重则一页书自然断裂成几段，需要页面拼合才能阅读，正规收藏之前都需要一段艰巨的修复过程”。五，目前民族文物认定等级不规范以及相关法律法规的不完善，出现了倒卖彝文古籍的情况，甚至有外国收藏家和投机商参与其中，致使珍贵的彝族文献流落海外。

（2）经费支持力度不大

经费支持力度不大几乎是所有少数民族地区在保护和传承民族历史文化时都会遇到的共同难题，究其原因，主要有两个：一是经济落后，无力支持；二是对民族历史文化保护和传承重要性的认识不够。

毕节地处经济欠发达的西部地区，其中彝族文化重镇赫章、威宁等县属于国家级贫困县，财政在民族文化的保护和传承上已是捉襟见肘，在打造以彝族历史文化为特色的文化产业时更显得举步维艰。由于经费的不足，与民族文化传承相关的机构、人才、设备等配置难以完备。

相关的机构不健全，民族文化传承和保护的工作难以统一协调地开展。专业研究人员的匮乏，不能科学有效地保护和传承民族文化，也难以形成有影响力的文化品牌，直接影响民族文化产业的发展。对民间艺人物质上的支持不够，民族文化传承人不断减少。缺乏专项经费下乡进行田野调查、文物收集等工作，不少散落民间的文物无法收回保管，许多非物质文化遗产如酒礼歌、民间故事、神话传说等没有得到及时搜集和保护。无力购置先进的高科技设备，许多文物的保护只能依靠传统落后的手段，造成了不必要的毁损。

许多决策者和相关职能部门的负责人，对民族历史文化保护和传承重要性的认识不够，也是导致经费支持力度不大的原因之一。

（3）文化维系后继乏人

人与人的“活态”的传承，已被学界公认为非物质文化遗产传承的最佳方式。但文化维系后继乏人，多年来一直是非物质文化遗产传承过程中面临的一大问题。由于现代文明的冲击，毕节彝族传统文化的生存空间受到挤压，许多需要口头和行为传承的民族风俗、工艺技术、宗教仪式、音乐舞蹈等文化遗产在逐年消失。

语言和文字是民族文化的灵魂，是民族历史文化传承的最佳载体。博大精深的彝族历史文化历经几千年的沧桑而绵延至今，彝语和彝文可谓居功至伟。令人遗憾的是，到目前为止，彝语在毕节的使用人数在日趋减少，而彝文的情况更为严峻：除威宁盐仓、板底、狗街，赫章珠市、结构、兴发等彝族聚居地的彝族还在广泛使用彝语外，毕节境内的大多数彝族群众已经不使用或很少使用彝语了。以笔者所居住的村（彝族人口占30%以上）为例，20 岁以下的人完全不会彝语，20 岁到 40 岁的人只懂一些简单的词汇和交流，40 岁到 60 岁的人能听懂，但很少使用，60 岁以上的老年人经常使用；在文字方面，全村没有一人识字。整个毕节范围内，还在使用彝语的群体主要为上文提到的几个彝族聚居区的彝族群众和其他农村地区的彝族老年人，而居住在城市的、长年在外读书或打工的年轻人、彝族人口较少的农村地区的绝大部分彝族群众已经不能或不会使用彝语。至于彝文，目前只有少数专家学者能够认识和使用。这一方面是由于彝文自古以来就是少数人（如毕摩）垄断使用的文字，它从来就没有应用于广大人民群众的生产生活之中，因而缺乏深厚广博的生存土壤。另一方面也是各种现实的环境和原因造成的（下文将做专门论述）。毕节彝族历史文化的保护和传承缺乏人才，尤其缺乏能够使用彝族语言和文字的专业人才。

毕摩文化是彝族文化的核心和精华，彝族历史文化的传承，最急于需要传承的是毕摩文化。毕摩作为毕摩文化的主要创造者和传承人，其生存现状令人担忧。据统计，毕节市的彝族毕摩“新中国成立初期尚有 200 人，1963 年为 150 人，1980 年为 104 人，1983 年为 87 人，1987 年为 77 人。从 1980 年至 1987 年中就病逝了 27 人”。[①] 长期以来，无论是政府还是学界，都缺乏对毕摩客观的认识和评价，把他们当作一般从事宗教活动的人员，没有给予适当的保护，再加上外来宗教以及现代文明的冲击，毕

① 贵州省民族研究所、贵州省民族事务委员会编《贵州“六山六水”民族调查资料选编》（彝族卷）。

摩已经成为一个濒危的、急需保护的群体。与凉山等地不同，毕摩作为一种职业在毕节彝族地区已几近消失，目前虽然开办了一些毕摩学校、毕摩培训班，但效果还不甚明显。毕摩作为一种职业的消失，已经无法挽救，这已然造成文化生态的失衡。

彝族文化传承的后继乏人还表现在民间艺人的不断减少上。民间艺人是彝族历史文化的保护者和传承人，但民间艺人群体目前已出现青黄不接、后继无人的情况。许多年轻人整日沉浸在流行音乐里，而古老的酒礼等民族歌谣已经无人吟唱；传统的民族工艺如漆器、毡子等已经没有年轻的工匠；婚丧嫁娶的重要活动中，独具民族特色的礼仪也难得一见了。

（4）民族身份标识弱化

民族身份标识是一个民族区别于其他民族的具有自身独特性的文化符号，它包括民族的服饰、饮食、语言、宗教、风俗习惯等。毕节彝族的民族身份标识主要有丰富多彩的彝族服饰、独具特色的彝族饮食、博大精深的毕摩文化、优美动听的彝族音乐、古朴醇厚的风俗习惯等。

改革开放以来，外来物质文明的冲击不但改变了彝族人固有的生产、生活方式，同时也使得彝族的民族身份标识被逐渐弱化。在民族服饰方面，由于做工精巧复杂，学起来耗时又耗力，再加上受外来时尚潮流的影响，年轻人多不愿做也不愿穿。传统的彝族服饰及其标志性装饰物如灯笼裤、青丝帕、英雄结、绣花围腰、披风、披毡等只能在民族节日活动上才能见到。在饮食习惯方面，一些独具特色的彝族饮食及习惯已难得一见，如坨坨肉、鸡八卦、杆杆酒（咂酒）、转转酒、罐罐茶、炒面、荞饭等。在宗教信仰方面，毕摩几乎彻底退出了历史的舞台，传统的信仰也不再影响人们的生活，对各种自然神灵及龙、虎、鹰的崇拜逐渐淡化，许多宗教祭祀仪式已经消失。

如今，已经很难从一个人的衣着服饰、言谈举止、饮食习惯等方面判断他的彝族身份了。

3. 主要原因

彝族文化不是静止不变的，它在世代传承的过程中，必然会遭遇其他文明的挑战和冲击。在经济全球化和西方宗教文化向全世界扩张的时代背景下，彝族文化的保护和传承陷入了前所未有的困境。当然，彝族文化本身所固有的一些劣根性以及彝族文化所处的特殊的生存环境，也造成了许多不利于它传承的因素。

（1）经济社会发展带来的巨大冲击

彝族文化面临着所有传统文化和少数民族文化共同面临的问题，同时由于自身的特殊性，彝族文化还遭遇着一些独有挑战。究其原因，经济社会发展带来的巨大冲击是其中的一个。毕节彝族历史文化是彝族人民在长期的生产生活实践中创造出的丰富多彩的民族文化，它扎根的土壤是具有独特自然地理环境的黔西北高原，它存在的经济基础是传统的农业和畜牧业。新中国成立后，彝族地区的生产关系发生了巨大的变革，生产力得到了解放和发展。改革开放以来，特别是近些年，经济全球化和现代化的浪潮席卷而来，毕节彝族地区也发生了巨大的社会变迁。

毕节彝族地区的现代化主要表现为农村的城镇化。在农村城镇化的影响下，彝人的生产方式、生活习惯、社会风俗、价值观念等都发生了巨大的变化，彝族文化的载体在逐渐丧失，彝族文化难以得到保护和发展。城镇化过程中，许多田地和牧场因为城镇、交通建设而被圈占，彝族文化赖以生存的天然环境遭到破坏。城镇化之前的彝族地区，还保存有一些天然牧场，还看得到彝族历史上曾经有过游牧生活的点点遗迹，披毡、炒面、牧歌等游牧文化符号还可以零星见到，可惜如今这一切都已成为历史。城镇化之前的彝族地区，农牧活动中的互助行为随时随地可见：农具和耕畜的互借，耕地、播种、锄苗、秋收过程中的互换劳力，邻里之间轮流放牧等，在这种生产活动中形成的纯真朴实而热情互助的文化性格如今已难得一见，取而代之的是冷漠无情、唯利是图、金钱至上的小市民性格。

在经济全球化和社会转型的时代大背景下，毕节彝族地区的社会面貌发生了翻天覆地的巨大变化，彝族群众生产和生活的环境也与以前截然不同。打工潮的兴起，使大多数中青年彝族人成为打工者，其中许多人在城市长期居住甚至定居下来，他们由于远离彝族地区，无论是生活习惯还是价值观念都无不受到城市主流文化的影响，而他们又有意无意地将这种影响带回家乡。如今的彝族地区，很难见到常年在家的青壮年，年轻人都在外求学或务工。经济产业的调整和劳动力的缺失致使畜牧业的消失和土地抛荒现象出现，独具地域特色和民族特色的毕节彝族农耕文化和游牧文化也在逐渐蜕化和消失。

（2）外来文化交流带来的巨大影响

全球化和现代化是不可逆的历史潮流，在此背景下，任何一种文化都必然受到其他文化的影响，任何一个民族都不可能完全不受外来文化的冲击而在一个绝对封闭的空间里独自发展。彝族文化向来就具有海纳百川的包容性，毕摩文化的一大特点即是吸纳和消释了儒、释、道三教文化而独具自身特色。然而，民族文化一旦不能很好地融化外来文化，就会被外来文化同化或破坏。

近代以来，基督教在黔西北彝族地区的传播，给彝族文化带来了许多消极影响。基督教教义里有排外的一面，比如禁止设立祠堂（彝语“皮恒”）、神龛、祖宗灵位，禁止崇拜一切偶像，禁止跪拜祖先，禁止演唱彝族酒礼和一些民族音乐，红白喜事礼仪的基督教化等，导致了许多优秀的彝族传统文化的失传。在教会办的学校里，宣传更多的是宗教的价值观和文化，而很少宣传国家、民族的观念和文化。基督教的传播，还造成了彝族信教群众和不信教群众的分裂，信教群众往往把一些民族习俗误认为“迷信”（信教群众几乎把基督教以外的所有宗教活动都斥之为迷信），对毕摩和毕摩文化采取抵制态度。笔者所亲历的一件事或许可以作为一个生动的例子：兄弟两家人，一家信教一家不信教。清明祭祖时，不信教的大哥要求兄弟一家跪拜祖宗，而信教的兄弟不但对此坚决反对，还要求大哥不要在祖坟上挂纸。在信教群众较多的彝族地区，许多生产作息习惯、民族风俗、饮食文化等发生了变化，如礼拜天不劳动，过复活节、圣诞节，开祈祷大会，星期天不杀生等，同时也有许多民族传统文化在消失，如内容丰富、曲调优美的酒礼及阿迈肯等音乐文化，杆杆酒、鸡八卦等饮食文化，婚丧嫁娶活动中的礼仪文化等。

现代科学文化和技术文明不断改变着彝族青年的思想价值观念和知识结构，彝族传统文化生存的土壤在消失，发展的空间在缩小。崇尚现代生活方式和都市文化的彝族青年越来越多，很多人不愿从事与民族文化相关的工作，甚至不愿在民族地区工作。这一方面是缺乏文化自觉的缘故，另一方面也是出于经济利益上的现实考量，从事民族文化工作的研究人员和民间艺人基本上缺乏优渥的经济待遇。

（3）经济基础的薄弱

毕节市经济发展较为落后。毕节现有五个国家级贫困县，分别是纳雍县、赫章县、大方县、织金县、威宁县，而毕节彝族恰恰主要分布在这几个县。经济基础的薄弱，一方面造成了财政上无法大力支持彝族文化的保护和传承，许多相关的民族文化机构及其人员编制无法达到规范的标准，许多民间艺人因得不到经济上的保障而不能安心工作，许多亟待保护的物质和非物质文化遗产因经费的不足而遭到毁坏和遗失。另一方面经济的落后必然造成教育的落后，而教育落后给彝族历史文化的传承造成了巨大的障碍，主要表现在以下几方面。首先，在彝族历史文化传承中起着重要作用的民间艺人大多没有受过良好的科学文化教育，许多技艺的传承依赖相关研究人员的帮助，而专业的研究人员往往又没有受过彝语教育。其次，毕节地区曾经一度在各个民族中学实行过双语教育，但由于经费不足、师资缺乏、重视不够等原因，现在几乎都已停办。最后，缺乏文化自觉，对民族历史文化没有自信，保护和传承民族历史文化的观念和意识比较淡薄。

（4）语言文字的不统一

语言和文字对于民族历史文化的传承具有不可替代的作用。我国彝族居住在西南地区，高山耸立、沟壑纵横、山川相间的地理环境使得内部交流极为困难，地区之间的发展具有相对独立性。在语言上表现为方言之间差别较大。就毕节市来说，毕节、大方、黔西、金沙、织金、纳雍主要使用水西土语，威宁、赫章两县情况较为复杂，有乌蒙、乌撒和芒部三种土语，各种土语之间交流有很大困难。

毕节彝族历史文化的保护和传承，少不了要借鉴其他彝族地区的相关经验，尤其是在这方面走在我们前面的凉山、楚雄等地区。当然，我们也可以把自己的经验和取得的成果推广到其他地区。但是，在文化交流的过程中，各个彝族地区语言和文字的不统一是一大障碍。彝语的不统一主要是复杂的地理环境和历史上的长期分隔造成的，而文字的问题主要出在最近几十年。新中国成立后，各地相继对传统的彝族文字进行了规范化整理，并在彝族聚居区试验推行了各自规范（整理）后的彝文，也取得了一定的成效，但这一过程基本上是各自为政的，没有统一协调。简化后的彝文，呈现出来的地区之间的差异反而更大。

（5）文化自觉的缺失

在经济全球化的今天，各种文明之间的交流和碰撞异常激烈而又无法避免。任何民族文化都面临着外来文化的冲击，彝族文化也不例外。彝族文化在数千年的发展历程中，不止一次地接受外来文化的挑战，但往往都能积极吸纳外来文化的精华而获得新的发展，历史上对汉族文明的借鉴便是最好的佐证。但是，我们必须清醒地认识到，彝族文化如今所遭遇的种种冲击和挑战，无论是在深度上还是在广度上都是前所未有的，外来文化的影响不再是过去那种和风细雨式的浸润，而是疾风暴雨般的冲击。现代物质文明的到来，不但彻底改变了彝族人的生产、生活方式，还改变着社会风俗习惯、民族传统文化等。在这一时代背景下，许多人对自己民族文化缺乏文化自觉。

文化自觉是自我对某种文化保持清醒认识的状态。它包括两个方面：一是对自身文化的认知和认同；二是对外来文化的积极反应。关于文化自觉的两个方面，具体到彝族文化来说，目前存在的问题表现为妄自尊大和妄自菲薄两种错误的文化态度。文化自觉的前提是自知。只有深入、全面地了解彝族历史文化，才能发现彝族历史文化的博大精深、源远流长，才能意识到彝族历史文化的伟大，才能发自内心地热爱它，进而自觉地弘扬它。对彝族历史文化缺乏深刻的认识，无法察其利弊、知其长短，既看不到它光辉灿烂的一面，也看不到它的不足与短处。这样一来，在与外来文化交流的时候，便会产生上述两种错误的文化态度：前者认为自身文化完美无缺，进而抱残守缺、故步自封，不加选择地维护和继承传统；后者认为自身文化“处处不如人”，进而盲目跟风、崇洋媚外，在文化交流中失去自我，甚至被“同化”。关于自我认知的不足，根深蒂固的等级观念造成的彝族内部的长期隔阂，是其原因之一。比如，在汉化较早的彝族地区，部分黑彝群体甚至错误地认为丰富多彩的彝族传统服饰是白彝服饰而耻于穿戴。对待外来文化的错误态度，目前表现最为突出的是，广大外出务工或求学的彝族青年，对外面世界的生活方式、价值观念的盲目推崇和跟风。

五　传扬篇

当前正处于社会转型时期，在经济全球化、城镇化浪潮的冲击下，毕节彝族地区也正由传统农牧业社会向现代工商业社会转变。经济转型的同时，文化也在变化。这种变化主要表现为彝族传统历史文化的忧患与危机，如民族文献古籍的遗失、民族标志的淡化、民族文化传承的后继乏人、民族文化自觉的缺失等。面对彝族历史文化传承的忧患与危机，应该如何应对，才能更好地保护和传承民族文化，并将其发扬光大？我们认为，这需要正确处理好保护与开发、传承与创新、文化事业与文化产业、政府力量与民间力量、历史遗存中的文化遗产与糟粕五大关系，努力克服观念陈旧、人才缺乏、技术落后、资金不足、市场狭小五大障碍，同时还需努力实施好保护、传承、创新、开发四大战略。

1. 处理好五大关系

彝族历史文化的保护和传承是一项浩繁而巨大的系统工程，它具有复杂性、艰巨性和长期性，各个方面的工作必须有目的、有缓急、分步骤地来做。因此，应该正确处理好保护与开发、传承创新、文化事业与文化产业、政府力量与民间力量、历史遗存中的文化遗产与糟粕五大关系。

（1）正确处理好保护与开发的关系

我们应该清楚地认识到，保护是目的，开发是手段。开发彝族历史文化资源，当然有为地方经济发展助力的目的，但根本性的目的却是为了更好地保护和传承彝族历史文化。我们不能以牺牲民族传统、损灭民族遗产为实现经济发展的代价，就像我们不能以破坏生态环境为实现经济发展的代价一样。如果说环境问题还可以采取“先污染，后治理”的补救办法的话，民族文化遗产问题是无法做到“亡羊补牢”的。因此，对彝族历史文化遗产的开发是以不损害、不危害对其保护和传承为前提的一种保护性开发。

保护和开发并非是对立的，我们应走出保护与开发“非黑即白”的二元论怪圈。倡导保护而反对开发，就会削弱保护的动力；只顾开发而不注意保护，就会失去最根本的价值。比如彝族的民间歌舞表演，如果不把它开发成民族旅游的表演内容，就会因为没有经济利益的激励而很少有年轻人愿意参与其中，但如果将其过分地商业化和“时尚化”，也会丧失它的根本价值。对彝族历史文化资源的保护和开发是可以相辅相成的，只有保护好了，才能提供更多更好的可供开发的资源；也只有对这些宝贵的文化资源进行充分有效的利用和开发，才能将资源优势转化为经济优势，创造出巨大的经济效益，为更好地保护和传承彝族文化提供物质支持，在更高层次上实现保护和传承的相得益彰。

（2）正确处理好传承与创新的关系

关于民族历史文化传承与创新的关系，胡锦涛曾说过，“继承和创新，是一个民族文化生生不息的两个重要轮子。不善于继承，没有创新的基础；不善于创新，就缺乏继承的活力。在继承基础上的创新，往往是极好的继承。”① 毕节彝族历史文化是在长期的历史发展过程中不断地

① 胡锦涛：《在中国文联第八次全国代表大会、中国作协第七次全国代表大会上的讲话》，《人民日报》2006年11月12日。

继承原有文化且加以创新而形成的，它本身就是一个不断传承和创新的结果。

这里所说的传承，是指辩证地历史地继承毕节彝族历史文化中的精华部分。而创新是指在全球化的大背景下，吸收其他地区和其他民族的先进文化，将其与传统的彝族文化整合起来，以适应时代发展的需要。传承是基础，创新是动力。传承是保留原有文化，创新是创造新的文化，两者是一种既对立又统一的关系。毕节彝族历史文化既是毕节彝族的灵魂和精神领地，又是毕节经济社会发展的重要支撑，对其进行积极有效的传承是很有必要。但同时我们也必须认识到，要将彝族历史文化发扬光大，要将彝族历史文化资源作为一种经济资源进行开发，仅仅依靠现有的资源是不够的，还必须对其进行创新。创新是一个民族进步的灵魂。对彝族历史文化的创新，必须是在传承基础上的创新；对彝族历史文化的传承，必须是有创新的传承。

(3）正确处理好文化事业与文化产业的关系

文化事业主要是政府行为，文化产业是市场行为。文化事业具有公益性，而文化产业以实现经济利益为目的，但它在获取经济利益后可以反哺文化事业。两者既相互区别，又相互联系。要正确处理好两者的关系，需要按照各自的发展规律来寻求它们的发展路径。发展文化事业是政府的本职工作，所以政府应该把主要精力放在文化事业上，对于文化产业，应该更多地由市场和企业来决定，政府主要提供政策扶持和服务支持。

(4）正确处理好政府力量与民间力量的关系

参与彝族历史文化保护和传承的力量可分为政府力量和民间力量。其中政府的力量因其地位的特殊性而显得极为重要，但民间的力量也是不容忽视的。在保护和传承的过程中，政府应该起主导作用，组织和协调各种民间力量，使之形成合力。但是政府也不宜管得过多、管得过死，一些工作由企业、社会团体或个人去做可能会收到更好的效果。比如一些具有民族特色的文艺单位，以往一直是政府扶持的事业单位，基本上靠政府直接的资金扶持来维持运转。以后可以考虑引入市场机制，将其改为自负盈亏的企业，政府只从政策层面给予扶持。

(5）正确处理好历史文化中的文化遗产与糟粕的关系

我们对待历史文化遗产的态度是“取其精华，去其糟粕”，对其进行批评的继承。彝族历史文化中所包含的主流价值观是积极向上的，我们应该继承并将其发扬光大。由于历史的局限，其中有一些消极落后的思想价值观念和文化传统也被保存了下来，对这部分内容，要对其进行批判和扬弃。需要慎重对待的是，“去其糟粕”并非对文化遗产中的所谓“糟粕”进行简单、彻底的否定。对待毕节彝族历史文化遗产，既不能盲目崇拜和全盘继承，也不能轻易否定。

2. 克服五大障碍

彝族历史文化的保护和传承面临着重重障碍，它们主要表现为观念的陈旧、人才的匮乏、技术的落后、资金的不足、市场的狭小五个方面。要克服这些障碍问题，需要全市人民充分发挥主观能动性及创造精神，具体做到以下几点。

（1）克服观念陈旧的障碍

关于民族历史文化的保护和传承，长期以来在部分官员、学者和群众中存在着不少认识上的误区，一些落后的思想亟待解放，许多陈旧的观念必须破除。

首先，要把正常的民族文化活动与狭隘民族主义区别开来。由于没有正确认识到正常的民族文化活动和狭隘民族主义的本质区别，一些干部（尤其彝族干部）在宣传和推广彝族文化时，往往因为担心被扣上“民族主义”的帽子而显得谨小慎微、蹑手蹑脚。我们必须清楚地认识到，狭隘民族主义是一种过分夸大本民族的特点而闭关自守、拒绝接受外来先进事物的民族主义，它的特征是孤立、保守和排外。正常的民族文化活动所展现的是少数民族的民族习俗和民族文化，具有开放和包容的特性，国家不但在法律上对其立法保护，还在政策上给予照顾和支持。

其次，要把合法的宗教活动与封建迷信区别开来。毕摩及其宗教活动在历史上的长期存在，对彝族传统社会产生了深远而巨大的影响。到了今天，宗教性质的毕摩活动已经影响式微，但文化性质的毕摩活动还在坚强地延续着。不管是毕摩宗教还是毕摩文化，它们对于保护和传承彝族历史文化的作用都是不容低估的，不能因为其中存在一些消极落后的因素就一概否定。

最后，要形成正确的民族文化产业观。文化产业被公认为 21 世纪的“朝阳产业”之一。要更好地保护和传承彝族历史文化，单靠输血式的财政支持是远远不够的，还必须形成造血式的民族文化产业。但有两种错误的观念：一种是把文化视为经济的负担，把文化事业尤其是民族文化事业当作“花钱事业”；另一种是把文化视为经济的附庸或发展经济的一种工具，宣扬“文化搭台，经济唱戏”。我们必须牢记，发展民族文化产业的最终目的是保护、传承和繁荣民族文化。

（2）克服人才匮乏的障碍

彝族历史文化的保护和传承，人才是关键。这里所说的人才，主要包括彝族民间文化的传承人、从事彝族历史文化研究的专家学者以及从事彝族历史文化保护和传承的其他专业人员。要建立传承人制度，加大对传承人的保护和支持力度，使传承人在物质上没有后顾之忧，专心致志搞传承，一心一意带徒弟。要壮大从事彝族历史文化研究的专家学者队伍，对他们进行积极引导，让其研究更好地为保护和传承毕节彝族历史文化服务。此外，还要采取“筑巢引凤”的策略，引进更多的相关专业人才，并为他们提供良好的生活待遇和舒适的工作环境。当然，人才的来源应该以我们自己培养为主。要培养大量精通彝族语言、了解彝族历史、具备一门甚至多门专业技能的复合型人才。可以毕节学院为基地，建立专门培养彝族文化人才的基地，为彝族历史文化的传承和发扬输送更多优秀的人才。

（3）克服技术落后的障碍

技术落后是在彝族历史文化遗产保护和传承过程中经常遇到而且令人头疼的问题。技术落后主要是指相关工作人员的操作技术的落后以及目前所采用的相关硬件设施的落后。比如彝族文献古籍，通过搜集、记录、整理等方式将其放入图书馆或博物馆是我们最常用的方法，但在这个过程中就会因为技术的落后而产生许多问题。由于相关场馆设施、保护设备和技术的落后，书籍的损坏、影像资料的老化、音频资料的失真等问题会经常出现。

解决技术落后的问题，可以从两个方面着手：一方面需要培养一批掌握现代技术的专业人才，并且对相关工作人员进行技术上的培训。另一方面应适当加大资金上的投入，购置先进的保护设备，采用先进的保护技术，如利用先进的数字扫描、摄影、三维建模以及图像处理等相关技术对彝文古籍进行保存与存档。

（4）克服资金不足的障碍

彝族历史文化的保护和传承需要一定的资金投入，但毕节属于经济欠发达地区，政府往往更多地考虑经济上的脱贫致富，很少关注文化事业的发展。近二三十年以来，得益于毕节试验区的建立和西部大开发的政策机遇，毕节的经济已有了一定程度的发展。这种情况下，政府可以适当加大对文化事业及文化产业的投入和开发。我们应该认识到，这种投入是有偿性投入，它可以将毕节彝族地区的历史文化资源优势转变为经济优势，创造出巨大的生态效益、经济效益和社会效益。

当然，彝族历史文化遗产的保护和传承是一项浩大艰巨而长期的系统工程，它所需要的资金投入单靠政府是远远不够的。因此，需要改变过去的单一投资模式，使投资主体多元化。积极吸引个人、企业、社会团体等民间捐赠和投资。

（5）克服市场狭小的障碍

毕节彝族地区既拥有百里杜鹃、阿西里西山、织金打鸡洞、威宁草海等得天独厚的自然旅游资源，又拥有以彝族历史文化为典型代表的丰富多彩的人文旅游资源。据统计，毕节市国家级文物保护单位占全省总数的30%左右，其中许多与彝族历史文化有关，如毕节大屯土司庄园、大方慕俄格古城、奢香墓等。毕节彝族历史文化资源可分为以下几类：十月年、火把节、杜鹃花节、赛马节等节庆文化资源，荞酥、杆杆酒、坨坨肉、罐罐茶等饮食文化资源，酒礼歌、月琴曲、铃铛舞、撒麻舞等歌舞文化资源，此外还有以漆器为代表的手工艺文化资源和色彩斑斓的服饰文化资源等。虽然各种历史文化资源极为丰富，但由于市场观念和产业观念的淡薄，时至今日还没能将资源优势转化为经济优势。今后应该引入市场机制，把毕节彝族历史文化遗产的保护和传承与市场开发相结合，变文化资源为市场资源，把文化优势转化为经济优势。

3. 实施四大战略对策

彝族历史文化的保护和传承千头万绪，最重要的是做好保护、传承、创新、开发四方面的工作。

（1）保护

彝族历史文化的保护主要是对彝族历史文化遗产的保护。彝族历史文化遗产既包括饮食文化、服饰文化、建筑文化、墓葬文化等物质文化，也包括语言、文学、艺术、制度、风俗节庆等非物质文化遗产。关于彝族历史文化遗产保护，要明确两个问题：谁来保护？怎么保护？

彝族历史文化遗产由谁来保护即保护主体的问题。我们认为，在保护主体方面，彝族历史文化遗产的保护主体可分为政府、学术界、企业界、新闻媒体、普通个人。政府相关职能部门既是彝族历史文化遗产保护的组织者，也是责任者，没有政府牵头组织，一切关于彝族历史文化遗产的保护行为都将因其松散、无序而显得苍白无力。有鉴于此，我们必须强调“政府主导”在彝族历史文化保护中的重要性。长期从事彝族历史文化研究的广大专家学者，作为“先知先觉者”，他们为彝族历史文化的保护和传承都做出了巨大的贡献，与其他保护主体相比，他们的保护更强调专业性和规律性。但许多学者的研究和保护都是“书斋式”的，缺乏与其他保护主体的互动。因此，必须改变过去那种学术研究游离于实践之外、视学者和文化部门为唯一的保护主体的观念，积极整合各保护主体的力量，使之形成历史文化遗产保护的合力。企业家尤其是本民族的企业家也是彝族历史文化保护的主体，企业家参与到历史文化遗产的保护中来，许多是一种基于民族感情的自发投入，但我们也发现这种基于感情的投入往往会获得物质性的回报。近年来许多从事民俗工艺品的制作、民族风情旅游的企业已经有了不错的经济效益。新闻媒体作为彝族历史文化遗产保护的主体，其地位和影响力显得日益重要。广播、电视、报纸、互联网等媒体以各自的方式对彝族历史文化进行记录、展示和宣传，能够充分调动全社会保护和传承彝族历史文化的积极性。当然，彝族历史文化的保护主体不只局限于政府、学者、媒体和企业家，每一个彝族儿女和生活在黔西北大地上的各族群众都有义务和责任保护无比珍贵的彝族历史文化遗产。由此可见，彝族历史文化的保护主体可以归纳为政府保护、学术保护、民间保护、教育保护、产业保护五种。

彝族历史文化遗产应该怎么保护即保护形式和方式的问题。历史文化遗产的保护形式有静态保护和动态保护两种。静态保护是指用现代科技手段，以文字、声音、录像、实物等形式将彝族历史文化资料如语言文字、音乐舞蹈、宗教仪式、民俗表演、民间艺人访谈、饮食文化、特色建筑等保存在照片、磁带、光盘、图书馆、博物馆、档案馆、网络数据库等里面。通过静态保护传承下来的历史文化遗产，既可以为我们提供宝贵的学术研究资料，也便于子孙后代了解民族的历史并从中获取向前发展的不竭动力。动态保护又叫活态保护，它是指让历史文化资源通过人的世代传承，以一种活的形态继续在人们的生产生活中发挥作用。与静态保护不同，动态保护的对象主要是彝族历史文化中的口头和非物质文化遗产，保护的主体主要是普通彝族群众。每一个彝族儿女，当他说彝语、写彝文、穿彝族服饰、观看彝族歌舞的时候，他就在保护和传承彝族历史文化。

（2）传承

顾名思义，它是指对包括物质文化遗产和非物质文化遗产在内的彝族历史文化的世代传播和继承。关于历史文化的传承，也要明确两个问题：传承什么？怎么传承？

我们要传承的是民族精神。民族精神是一个民族在长期的历史发展过程中形成的反映人民群众利益、社会发展方向的精粹思想、进步观念和优秀文化，它包括民族意识、民族性格、民族信仰、民族宗教、民族文化、民族习俗、民族价值观念等，它是民族的灵魂，是民族凝聚力、影响力和创造力的集中体现。彝族作为中华民族大家庭的其中一员，其民族精神与整个中华民族的民族精神在内涵上既有高度的同一性，又有自身的独特性。就毕节彝族地区来说，彝族民族精神的表现载体即是源远流长而丰富多彩的毕节彝族历史文化。彝族人民所具有的爱国统一、勤劳勇敢、自强不息、诚信友爱等民族精神都体现在毕节彝族历史文化里。如杰出的彝族女政治家奢香夫人开发贵州和捍卫国家统一的历史事迹即是民族精神的生动体现。在全面建成小康社会的今天，我们更要发扬彝族人民长期以来敢于、善于在恶劣的自然环境下同艰难困苦做斗争的勤劳勇敢、自强不息的精神。

我们要传承的是民族文化。第一，要传承彝族文献古籍。彝族文献古籍记录保存了包括政治、经济、军事、宗教、历史、哲学、文学、医学、科技在内的彝族历史文化方方面面的内容，它既有汉文文献，也有彝文文献，主要是后者。第二，要传承民族文化标志。民族标志即彝族特有的服饰、饮食、语言、宗教、风俗习惯等，它具有地方特色和民族特色。第三，要传承民族文化的传人。民间艺人是民族文化传承的重要主体。以往的传承偏重文本传承而忽视人本传承。

毕节彝族历史文化的传承方式可分为教育传承、媒体传承和民间传承。

第一，教育传承。教育传承是彝族历史文化传承的重要方式，它包括家庭教育传承、学校教育传承和社会教育传承三个方面。在家庭教育传承方面，传承侧重点是民族文化的行为系统。我们要充分认识到家庭教育对于传承民族历史文化的重要性。我们都知道“父母是孩子的第一任老师”，父母可以通过言传身教影响孩子。在家庭生活中，教孩子说彝话、给孩子讲民族历史故事、穿民族服饰、过民族节日、行民族礼仪等，都是很好的传承民族历史文化的方式。在学校教育传承方面，要把学校打造成传承民族历史文化的堡垒和基地。学校一般以传播上层文化、主流文化、精英文化为主，很少传播民族文化，尤其很少传播少数民族文化。绝大多数学校没有乡土教材，也不进行民族语言、民族文字、民族历史、民族音乐、民族舞蹈、民族工艺制作等方面的教学，更没有将民族历史文化教育纳入素质教育体系。我们可以在毕节市范围内的各中小学甚至大学教育中加强民族历史文化的教育，可以新一轮的教育课程改革为良机，在校本课程和地方课程中加注更多民族历史文化的内容。在社会教育传承方面，应加强图书馆、博物馆、历史文化保护基地等馆场设施作为社会教育设施的功能。图书馆是人类文明成果的集散地，诚然应该包罗万象、汇聚各种门类的图书资料，但也应具有自身收藏特色而避免“千馆一面”的显现。目前的图书分类管理中，民族历史文化方面的图书被分藏于其他各种门类中。我们可以在毕节市内的图书馆中将彝族历史文化方面的图书单独收藏管理，这样既方便查阅，又有利于加强民族历史文化的保护和传承。此外，还可以建立民族生态博物馆、民族文化村、民族文化乡等彝族历史文化保护基地，并加强它传承民族历史文化的功能。

第二，媒体传承。同其他传承方式相比，媒体传承具有受众广、速度快、影响大等特点。当今时代，科学技术在文化传承中的作用相比过去显得更为突出，我们应该充分利用这一时代优势。广播、电视、电影、报纸、互联网等现代传媒都是我们传承彝族历史文化的有效载体。

第三，民间传承。如果说在民族历史文化保护中需要强调政府的、上层的、精英的作用的话，那么在民族历史文化的传承中更应该凸显民间的力量。彝族历史文化的创造主体是彝族大众，传承主体也应该是他们。彝族历史文化应该在彝族大众的生产、生活中进行传承。

（3）创新

彝族是一个富于创新精神的民族。彝族数千年的文明史，就是一部对民族文化不断地进行创新的历史。彝族文化本质上具有包容性和开放性，因此，彝族文化的创新是在继承自身优秀传统文化的基础上，广泛地吸纳各种外来文化而形成的。这方面最典型的例子是，彝族文化的核心——毕摩文化在明清时期吸收了易学、儒学、佛学和道家学说中一些有利于自己的文化因素，将它们与彝族的传统文化进行整合，使得毕摩文化适应历史发展的要求，由一种早期的原始文化发展成为一种多元文化。在历史上，彝族文化主要学习和借鉴的对象是先进的汉文化，到了全球化的今天，我们应该把学习的视野扩展到全世界各地区各民族的优秀文化上来。

（4）开发

毕节彝族历史文化资源是毕节人民宝贵的精神财富，毕节人民有义务对其进行保护和传承，同时也有权利对其利用和开发，使它变为物质财富，造福于民。对毕节彝族历史文化资源的开发，就是将这种文化资源开发成为文化产品，使它进入商品流通领域，直接创造经济价值。具体来说，可以结合地区和民族特色，打造出如下一系列彝族文化和经济品牌。

打造彝族旅游文化品牌。毕节彝族地区山川秀丽，民俗民风独特，人文古迹丰富，并且这三种旅游资源往往重叠分布，如百里杜鹃、阿西里西山、威宁草海等景区几乎都是彝族聚居区，因而发展旅游业尤其是民族风情旅游业的潜力巨大。

打造彝族饮食文化品牌。毕节彝族人民因其所生活的特殊性和复杂性，创造出了独具特色的饮食文化，许多具有民族特色的饮食及饮食习惯（如荞酥、炒面、羊汤锅、坨坨肉、杆杆酒、罐罐茶等）不仅可以成为民族风情旅游的点缀，也可以通过创新和开发，将其打造成饮食文化品牌。

打造一批文艺作品。政府可以建立相关的奖励机制，充分调动文艺界人士创作反映本土特色和民族特色的文艺作品的积极性。

此外，还可以将彝族所特有的彝医、彝酒、彝歌、彝族漆器等打造成品牌，形成品牌价值。这样既有利于保护和传承彝族历史文化，又能为彝族人民带来直接的经济利益。

六　应用篇

前文就毕节彝族历史文化的代表性方面进行了粗略描述，从不同视角对其价值进行了审视和评价，对其面临的当下处境作了一些分析，并就如何更好地传承和弘扬方面提出了一些思路。通过对毕节彝族历史文化的研究，不仅使我们加深了对毕节彝族历史文化内涵和重要性的认识，也促使我们进一步思考这一民族历史文化所具有的现实价值，以及当前境况下传承和弘扬这一文化我们应当采取的一些对策措施，下文拟对此略作陈述。

1. 深化认识

（1）深化对历史文化及其价值的认识。当今世界，文化与经济和政治相互交融，在综合国力竞争中的地位和作用越来越突出，文化的力量已深深熔铸在一个民族的生命力、创造力和凝聚力之中。历史文化是民族之魂，千百年来形成的历史文化传统，不仅塑造了这个民族的品格、精神和个性，也将是这个民族开创未来的基石。我们有必要对包括彝族历史文化在内的优秀历史文化及其价值深化认识。长期以来，我们主要用经济的功能和标准来衡量历史文化的价值，这不仅是不合理的、短见的，也是不科学的。文化的功能和价值在于它是“无用之大用”——看似无用实则作用无处不在，不可取代。“文化是一个民族的精神和灵魂，是一个民族真正有力量的决定性因素，可以深刻影响一个国家发展的进程，改变一个民族的命运。”国民之魂，文以化之；国家之神，文以铸之。文化一直发挥着铸造国家精神和塑造国民灵魂的大用。传承和弘扬包括彝族历史文化在内的优秀历史文化，对于培植民族的生存根本，维系社会的和谐稳定，增强国家的综合国力，抵御外来强权文化和异端邪教的影响，都是十分有益和必要的。

（2）黔西北毕节地区是贵州历史文化方面最为完整、集中和清晰的地区，有着数十万年的人类活动史和数千年的文明史。水西文明留下的八大遗产（彝文古籍遗产、毕摩文化遗产、边疆开发遗产、土司制度遗产、民族关系遗产、生存智慧遗产、物质建筑遗产、人文科技遗产）使其在贵州地域历史文化方面极具代表性和典型性。认真梳理、深入研究和转化利用好这些遗产，是贵州当前经济社会文化发展建设的需要，更是我们应当承担的一份历史责任。

（3）我们要在整个国家和民族的层面上来认识传承彝族历史文化的重要性。“从现实意义的角度来说，由于各个民族的亚文化共同组成的普遍文化的认同是国家统一和稳定的基础，为此世界上许多国家都十分重视少数民族和亚文化群体在相互的接触与交往中的认同问题。在中国现代化的背景下，尤其要加强对各民族文化的挖掘与保护，加强对民族文化的整合，使中华文化的内涵与外延更为丰富。此外，引导少数民族从民族认同到国家认同还应以保障他们的权利、推动其现代化发展为基本价值取向，真正把少数民族蕴含在中华民族这个不断延续的共同体之中。”① 彝族历史文化及其中所包含的民族精神，它的精华不仅凝结成了它的过去，也可以

① 李智环：《民族认同与国家认同研究述论》，http://www.aisixiang.com/data/64221.htm。

滋生出新的未来。尤其是其中所包含的特有的优秀精神品质，对于这个民族的发展，乃至对于我们国家的进步，都是十分重要的。从文化本身来看，人们所主张的只有民族的才是世界的，保护民族文化的特色，才会使民族文化具有世界意义的观点，也同样意味着民族文化在任何一个国家都具有不可或缺的国家意义、民族意义。

（4）我们要在整个贵州历史文化的总体格局中来认识弘扬毕节彝族历史文化的重要性。历史上主要以彝族为主体创造的水西文明历史悠久、积淀深厚、特点突出，堪称贵州历史文化方面的地域性代表。纵观贵州各民族、各地域的历史文化，能够与毕节彝族历史文化相比，有文字系统记载而无间断、历史悠久而文化底蕴如此深厚者，实属少见，甚至可以说没有。在贵州文化的总体格局中审视毕节彝族历史文化，它在贵州有史以来，尤其秦汉以来的发展演变中具有典型意义，是贵州文化星空中璀璨的一颗，是贵州多元文化中最出彩的一元。我们有必要对这一对贵州来说具有突出典型性和代表性的地域文化高度重视并努力弘扬。

2. 对策建议

（1）加大力度，以古彝文献的收集、保护和翻译为中心传承毕节彝族历史文化。彝文古籍是彝族历史文化的“精神内核”，保住了彝文古籍，就保住了彝族文化的底蕴和基础。建议在原有毕节彝文翻译组的基础上，成立省一级的协调领导机构，相关的市县各级政府加大投入力度，配备编制，配齐相关工作人员，充分利用地域优势，进一步挖掘、保护、传承、发展好本地彝族历史文化，推动对彝族历史文化的保护传承工作再上新台阶，切实为彝族历史文化的传承提供更大的财力支持和人力支撑。

（2）着力打造“水西文明”历史文化品牌。鼓励有关水西文明的历史题材的文艺作品的创作，支持相关题材影视剧的制作，运用多种宣传手段，打造“水西文明”历史文化品牌，使“水西文明”成为整合毕节各种历史文化资源的著名品牌，成为代表毕节，甚至贵州地域历史文化形象的知名符号。在历史文化资源的开发利用方面，支持毕节通过推动历史文化与产业、旅游、民生、社会四个方面的深度融合，为贵州省历史文化资源的开发利用探索出一条新路，为省内其他地区历史文化资源的开发转化提供可资借鉴的经验。

（3）努力搭建深入研究毕节彝族历史文化的学术平台。彝族历史文化中仍有许多未解之谜，解开这些谜团有可能使中华文明史乃至世界文明史产生重大改变。如古彝文字产生的时间、彝族太阳历与夏历的关系、彝族太阳历与玛雅文明的关系、彝族古代史与中华古文明的关系、三星堆是否古彝人的文明成就等。这些问题要有比较可靠的结论，一方面有待更多的考古实证材料，另一方面也需要组织多人进行跨学科的系统性的综合研究。搭建学术平台可选择三种方式：一是在现有的科研平台（如省长基金课题、社科规划课题等）上设立专门研究方向给予立项和经费方面的倾斜；二是在彝文古籍收集翻译的机构系统内增加专门研究人员鼓励其长期研究；三是设立专门基金通过课题招投标方式鼓励全社会对彝族历史文化加强研究。

（4）尊重彝族作为主体民族开发贵州西部地区的历史史实，更多关切彝族的合理民族诉求，畅通其民族利益表达渠道。在民族自治区域的设置及以后的调整等方面（彝族现只有威宁民族自治县），努力使其与彝族地区政治经济社会发展的客观要求相适应，确保彝区的经济发展和社会和谐稳定。

（5）编写兼具民族性和地方性的乡土教材。充分发挥乡土教材传播地方性知识的特长，以各级学校为阵地，让学生了解毕节彝族历史，热爱毕节彝族文化，将来为毕节市经济、文化、社会的发展做出贡献。

（6）对毕节彝族历史文化遗产进行立法保护。制定有针对性的关于毕节彝族历史文化遗产的地方性法律法规和保护条例，使毕节彝族历史文化的保护和传承有法律依据。

（7）把毕节学院打造成一个研究、交流、宣传彝族历史文化的平台。充分发挥毕节学院彝学研究院和彝族文化博物馆在彝学研究方面的特长。在毕节学院开设彝语专业，为彝族文化的保护和传承培养人才。开设有关毕节彝族历史文化的相关课程，主办刊物，定期举办有关彝族历史文化研究的学术会议、论坛。

课题负责人：卢祥运

课题组成员：余大江　谢　敏　黄　纲

教育篇

创新理论　服务决策

贵州省领导指示圈示课题 2013 年研究成果汇编

贵州省"9+3"教育发展模式研究

一　国内外职业教育发展模式

职业教育是与经济社会发展、企业竞争力以及个人就业联系最直接、最紧密的教育类型，是经济社会发展的有力助推器。在经济社会发展的不同阶段，人们对职业教育的认识和职业教育的培养目标都不一样。国外职业教育发展模式十分突出能力培养，我国职业教育发展则侧重对知识的培养。

（一）国外职业教育发展主要模式

1. 德国的"双元制"模式

德国作为经济和科技发达的制造业强国，教育，尤其是职业教育，对德国的工业化进程和经济腾飞起到了重要作用。德国的职业教育模式有很多种，其中"双元制"职业教育模式是最核心的模式，它是促进德国"二战"后经济崛起和快速发展的"秘密武器"。

"双元制"，是指受教育者在完成义务教育阶段学习后，在职业学校学习专业基础和技术理论，同时在企业进行实践锻炼的一种办学模式。具体而言，"双元"包括办学主体（企业、学校）、培养方式（理论学习、实践操作）、受教育对象身份（企业学徒工、学校学生）、培训者（学校理论教师、企业实训教师）、职业教育经费来源（企业、国家及州政府）和法律基础（企业培训相关职业教育法、学校教育相关法律）等方面。德国的"双元制"模式的核心是学校和企业合作，突出企业培训；理论和实践结合，突出技能培训。与以获得学历为最终目标的大多数教育模式不同，双元制不仅是一种职教模式，更是一种重能力、重实际的职教思想。[①]

---

① 邓英芝：《职业教育发展模式及效率评价研究》，天津大学硕士论文，2011。

2. 美国的“能力本位教育”模式

美国不仅是世界上科技最发达和最大的移民国家，其职业教育也是世界上最好的。在长期实践中形成的能力本位职业教育模式为美国社会培养出大量能力型的高层次创新人才。

能力本位职业教育（Competence Based Vocational Education），是一种以全面分析职业角色活动为出发点，以提供产业界和社会对培训对象履行岗位职责所需要的能力为基本原则，以CBE（Competence Based Education），即以“能力本位教育”理论为核心的职业教育模式。这种模式具有以能力为教学基础、以职业能力为教育基础，强调学生自我学习、自我评价和强调严格的科学管理，以及灵活多样的办学形式等特点。学生经过能力培养与训练，不但可以满足企业和社会需求，而且每个学员具备从事某一职业所必需的实际能力。①

3. 澳大利亚的“TAFE”模式

澳大利亚是个经济发达的多元文化国家，其从业人员的良好素质和精湛的技能主要得益于国家对职业教育的高度重视。澳大利亚的职业教育体系中，TAFE学院是世界上最成功的职业教育机构。

TAFE（Technical And Further Education），即“技术和继续教育”，是指岗位培训与学历教育相结合的一种职业教育模式。TAFE由TAFE学院负责实施教育与培训，是澳大利亚进行义务教育后最大的高等职业教育管理系统，主要是培养具有高度专业知识和技术的人才。TAFE模式在全国建立有统一的资格标准体系，全国认可学生在TAFE学院取得的学历资格。同时，该模式拥有灵活多样的办学机制，主要表现在学制、学习对象、课程安排、培养方式、教学方式和考核方式等方面的灵活多样性。TAFE模式的可持续发展得到了众多行业的大力支持。行业不仅直接参与TAFE教育过程每个环节，同时也受惠于TAFE学院为各行业输送各种各样的技能人才。②

（二）我国职业教育发展模式

1. 我国职业教育发展历程

中国历来重视教育，以前尤其重视书本知识的教育，轻视技术能力的训练。新中国建立前，我国的职业教育发展极其缓慢。新中国成立后，特

---

① 邓英芝：《职业教育发展模式及效率评价研究》，天津大学硕士论文，2011。

② 邓英芝：《职业教育发展模式及效率评价研究》，天津大学硕士论文，2011。

别是改革开放前，我国的职业教育发展充满曲折。1950年，教育部召开全国高等教育研究会，会上提出了“大力发展专科层次的高等职业技术教育，以满足当时国家建设对高级专门人才的迫切需要”的政策。1951年，政务院在《关于改革学制的决定》中明确规定了各级各类职业学校的学制情况。1952—1953年，全国高等学校院系调整破坏了已形成的良好的职业教育基础。“大跃进”时期，我国的成人职业教育得到一定的发展。“文革”时期，我国的职业教育发展停滞不前。

改革开放后，在以邓小平、江泽民、胡锦涛为核心的党的几代领导集体的高度重视和关心下，我国的职业教育发展迅速。邓小平曾强调：“扩大农业中学、各种中等专业学校、技工学校的比例”，“培养数以亿计的各级各类技能人才”；江泽民曾指出：“大力发展各种层次的职业教育”，“努力办好各类职业技术教育”；胡锦涛曾强调“大力推进人力资源能力建设”，“积极开展以提高就业和创业能力为目标的教育和培训”和“大力发展职业教育是‘十一五’规划纲要对教育事业发展提出的主要任务之一”。近年来，随着国家对职业教育投入的提高，人们对职业教育观念的转变，我国的职业教育发展更为迅速。①

2. 我国职业教育发展主要模式

近年来，我国职业教育发展模式实践取得了较大发展，如天津工学结合模式、江苏常州集团化模式、重庆永川“城校互动”模式等。

（1）天津工学结合模式。天津工学结合模式，是指在企业与职业院校密切协作、相互促进的机制上，青少年在职业院校接受普通文化知识、职业专业理论和技术及实训教育，同时又在企业中通过多种实习方式形成技术实践能力和创新能力的一种职业教育模式。天津工学结合模式具有鲜明的特色，即强调“四个为主”：以行业办学为主举办职业教育、以企业需要为主确定培养目标、以实践能力为主调整课程体系和以实训基地为主培养专业技能。②

（2）江苏常州集团化模式。江苏常州集团化模式，即江苏常州高等职业教育集团化模式，是指在政府主导下，通过一定的程序要求和政府力量，把分散的教育资源整合为可共享的优质教育资源，形成一种有组织的发展联合体。在这种发展联合体中，所有资源应以开放共享为目的。其具

① 邓英芝：《职业教育发展模式及效率评价研究》，天津大学硕士论文，2011。

② 龙德毅：《在继承中发展　在实践中创新——天津工学结合职业教育模式研究探索》，《中国职业技术教育》2006年第11期。

有多样性、开放性与共享性、主体性、主营性和独立性等基本特征。江苏常州集团化模式的成功实践得益于其“资源共享、集约发展、内外开放”的建设理念，政府主导和以大学城方式实现的资源开放与共享，以及“经科教联动、产学研结合、校所企共赢”形成的产学研集群。①

（3）重庆永川“城校互动”模式。“城校互动”模式是指城市以职业教育为特色，职业教育以城市为依托，校区建设与城市发展融为一体的职业教育发展模式，是重庆职业教育独创的一种职业教育发展模式。互动机制是“城校互动”模式的核心要素，主要通过校地合作、校企合作、院校合作、产学研合作等方面体现出来。在重庆市、永川区各级部门为“城校互动”模式发展提供一系列强有力的政策、组织和公共服务保障机制下，形成了永川举全区之力共同建设职业教育高地和“校地合作、资源共享”职业教育发展机制的特色，开创了统筹农村城市化与职教发展互动和统筹区域职业教育发展改革创新的先例。②

我国职业教育发展模式实践取得了一定的进步，但与世界发达国家相比仍存在较大的差距。新中国建立前，我国职业教育模式主要学习欧美模式；新中国成立后，主要学习苏联模式。改革开放后，我国的职业教育在借鉴苏联模式与欧美各国模式之间摇摆不定。一些省份或地区也大胆地尝试，取得了一定的进步，但还没有形成全国统一的具有中国特色社会主义的职业教育发展模式。

二 贵州省“9+3”教育发展现状

（一）贵州省教育“9+3”计划实施的背景

贵州省教育“9+3”计划最早发端于赵克志书记参加党的十七届七中全会时要求省教育厅就全面普及高中阶段教育做经费测算，之后在省委十一届二次全会上提出并在全省经济工作会议上得到进一步深化。在党的十八大贵州团讨论中，赵克志书记提出了实施“9+3”义务教育及三年免费中等职业教育计划。贵州省委、省政府经过充分调研、论证和测算，决定

① 王明伦：《政府主导：高等职业教育集团化发展模式之选择——以常州高等职业教育园区为个案》，《中国职业技术教育》2010 年第 25 期。

② 林勇：《“城校互动”职业教育发展模式研究》，重庆大学出版社，2008。

从2013年开始，投入116亿元在全省实施“9+3”计划，进一步巩固提高九年义务教育水平，千方百计防止学龄儿童辍学；加快高中阶段教育特别是中等职业教育发展，用3年时间基本普及高中阶段教育，为贵州到2020年与全国同步全面建成小康社会奠定良好的人才基础和提供智力支持。根据国家有关法律法规和政策，结合贯彻落实党的十八大、省委十一届二次全会精神，2013年1月14日印发了《贵州省人民政府关于实施教育“9+3”计划的意见》（黔府发〔2013〕1号）文件，并将教育“9+3”计划列为全省“十大民生工程”之一，同时决定削减各级行政开支的5%帮助计划全面实施。

教育“9+3”计划是贵州省委、省政府根据全省经济社会发展特别是教育实际，站在与全国同步建成全面小康社会的高度上做出的重大战略决策，体现了省委、省政府对教育的高度重视。启动实施“9+3”计划，是贯彻《义务教育法》、推进义务教育均衡发展的根本要求，是实现贵州工业强省战略的现实需要，是巩固提高义务教育、加快普及高中阶段教育的必然选择。通过实施“9+3”计划，贵州省义务教育、中等职业教育将得到长足发展，对办好人民满意的教育，让每个孩子有学上、上好学、成长得更好，对贵州解决教育瓶颈问题、推动教育事业后发赶超和促进社会公平和谐具有十分重要的意义；对繁荣经济、增加就业、消除贫困具有重要的促进作用，是提高贵州省人口素质，培养技能型人才，将人口压力转化为人力资源优势的有效途径；对贵州与全国同步小康将起到重要的作用及对贵州的今后发展都将产生深远的影响。实施教育“9+3”计划，切中了贵州教育发展的软肋和瓶颈，将有力促进解决贵州省义务教育和高中阶段教育的短板问题，标志着贵州教育迈入了一个崭新的历史发展阶段。

（二）贵州省教育“9+3”计划的内涵与目标任务

1. 贵州省教育“9+3”计划的内涵

“9”指巩固提高9年义务教育、“3”指实行3年免费中等职业教育，即在巩固提高9年义务教育基础上，确保以县为单位，到“十二五”末基本普及高中阶段教育；从2013年起，对全省中等职业学校学生实行3年免费教育。在“9+3”计划中，“9”的重点是巩固提高和均衡发展，难点是“控辍保学”；“3”的重点是大力发展中职教育，难点是扩大中职招生和在校生规模。

2. 贵州省教育“9+3”计划的目标任务

《贵州省人民政府关于实施教育“9+3”计划的意见》（黔府发

〔2013〕1号）明确了教育“9+3”计划的总体目标，即9年义务教育：到2015年，以县为单位，小学生辍学率控制在1.8%以内，初中生辍学率控制在2.8%以内，9年义务教育巩固率达到85%以上，办学经费得到保障，义务教育学校符合办学标准，开齐开足国家规定课程，基本消除城镇“大班额”，教师整体素质大幅提升，教育教学质量进一步提高，60个以上县（市、区、特区）实现县域内义务教育初步均衡。3年中等职业教育：到2015年，普通高中和中等职业学校在校生人数比例达到1∶1，规模分别为85万人，高中阶段毛入学率达到85%，以县为单位基本普及高中阶段教育。从2013年秋季学期起，免除本省户籍省内中等职业学校在校学生学费，60%以上的中等职业学校一、二年级学生享受国家助学金。

2013年：以县为单位，小学生辍学率控制在2%以内，初中生辍学率控制在3%以内，9年义务教育巩固率达到82%以上，农村小学生寄宿率达到18%以上，农村初中生寄宿率达到62%以上，建成20所城镇义务教育阶段学校，10个县实现县域内义务教育初步均衡。普通高中招生31万人，中等职业学校（含技工学校）招生34万人，高中阶段毛入学率达到66%，启动实施中等职业教育“百校大战”，新建、改（扩）建50所以上中等职业学校，秋季学期招生免除本省户籍省内中等职业学校在校学生学费，60%的中等职业学校一、二年级学生享受国家助学金。

2014年：以县为单位，小学生辍学率控制在1.8%以内，初中生辍学率控制在2.8%以内，9年义务教育巩固率达到84%以上，农村小学生寄宿率达到25%以上，农村初中生寄宿率达到65%以上，建成35所城镇义务教育阶段学校，17个县实现县域内义务教育初步均衡。普通高中招生32万人，中等职业学校（含技工学校）招生35万人，高中阶段毛入学率达到74%，中等职业教育“百校大战”学校建设基本完工，全部免除本省户籍省内中等职业学校在校学生学费，60%以上的中等职业学校一、二年级学生享受国家助学金。

2015年：以县为单位，小学生辍学率控制在1.5%以内，初中生辍学率控制在2.5%以内，9年义务教育巩固率达到85%以上，农村小学生寄宿率达到30%以上，农村初中生寄宿率达到70%以上，建成40所城镇义务教育阶段学校，23个县实现县域内义务教育初步均衡。普通高中招生33万人，中等职业学校（含技工学校）招生36万人，高中阶段毛入学率达到85%，普通高中和中等职业学校在校生人数比例达到1∶1，规模分别为

85万人，全面完成中等职业教育“百校大战”建设任务，全部免除本省户籍省内中等职业学校在校学生学费，继续扩大中等职业学校一、二年级学生享受国家助学金范围。

表1 贵州教育“9+3”年度目标任务

年度 \ 目标任务	小学生辍学率	初中生辍学率	9年义务教育巩固率	农村小学生寄宿率	农村初中生寄宿率	高中阶段毛入学率
2013	<2%	<3%	>82%	>18%	>62%	66%
2014	<1.8%	<2.8%	>84%	>25%	>65%	74%
2015	<1.5%	<2.5%	>85%	>30%	>70%	85%

（三）贵州省教育“9+3”计划实施的情况

1. 现状

截至2012年年底，贵州共有各级各类学校3.05万所，在校生人数1069.49万人。其中，幼儿园3159所，在园儿童98.25万人；小学11529所，在校学生380.08万人；初中2215所，在校学生210.09万人；普通高中446所，在校学生77.30万人；特殊教育学校56所，在校学生1.37万人；中等职业学校229所，在校学生38.34万人；普通高等院校49所，在校学生38.38万人，成人高等学校4所，在校学生8.56万人；全省各级各类民办学校（教育机构）3032所（含8所独立学院），在校生共计90.49万人。义务教育巩固率78.6%，学前三年、高中阶段、高等教育毛入学率分别为62%、62.2%、25.5%。人均受教育年限7.64年。①

表2 2005—2012年贵州省中小学、中职学校数

单位：所

年份	各类学校数	中等职业学校	普通中学			小学
				高中	初中	
2005	18880	217	2666	473	2193	14258
2006	18798	219	2633	482	2151	14076
2007	18546	244	2674	485	2189	13645

① 贵州省教育厅-政务网络，http://www.gzsjyt.gov.cn。

续表

年份	各类学校数	中等职业学校	普通中学			小学
				高中	初中	
2008	18093	259	2626	456	2170	13107
2009	17928	255	2614	451	2163	12862
2010	17589	249	2592	444	2148	12422
2011	17661	227	2641	447	2194	12008
2012	17692	229	2661	446	2215	11529

注：①各类学校数包含普通高等学校、成人高等学校、中等职业学校、普通中学、小学、特殊教育学校、工读学校及幼儿园；②初中（含九年一贯制学校）2011年起含职业初中。

资料来源：贵州省统计局、国家统计局贵州调查总队编《2013年领导干部手册》。

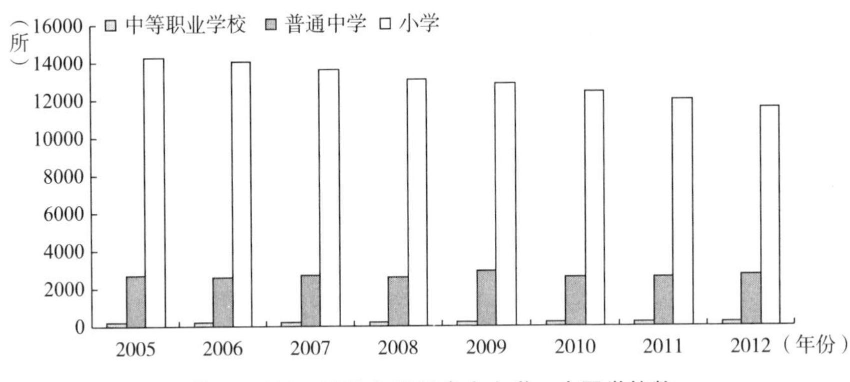

图1 2005—2012年贵州省中小学、中职学校数

表3 2005—2012年贵州省中小学、中职学校专任教师数

单位：人

年份	专任教师数	中等职业学校	普通中学			小学
				高中	初中	
2005	342483	8012	122721	25638	97083	183679
2006	355036	8404	128274	28121	100153	188762
2007	364694	9954	131087	29226	101861	191991
2008	377987	10237	135360	30284	105076	200024
2009	383955	10889	139302	31413	107889	199189
2010	388474	11291	142508	33072	109436	197913

续表

年份	专任教师数	中等职业学校	普通中学			小学
				高中	初中	
2011	397380	11635	147396	36223	111173	197094
2012	414981	12585	156325	41572	114753	197983

注：1. 资料来源：贵州省统计局、国家统计局贵州调查总队编《2013 年领导干部手册》；2. 专任教师数包含中等职业学校、普通中学、小学、特殊教育学校、工读学校及幼儿园的教师人数；3. 初中（含九年一贯制学校）2011 年起含职业初中。

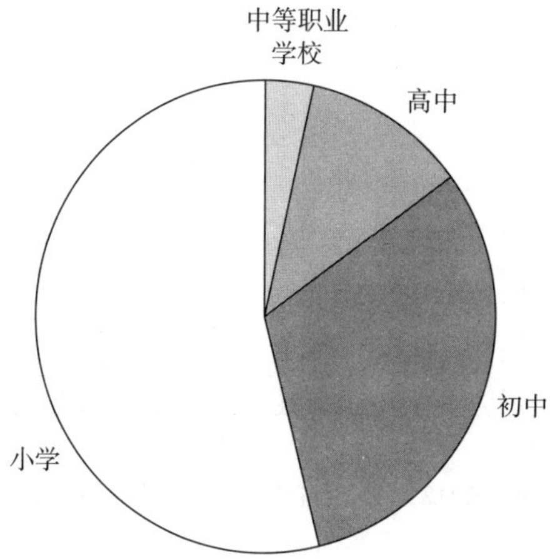

图 2　2012 年贵州省中小学、中等职业学校专任老师数

表 4　2005—2012 年贵州省中小学、中职学校在校学生数

单位：万人

年份	在校学生数	中等职业学校	普通中学			小学
				高中	初中	
2005	855. 83	20. 14	254. 96	49. 52	205. 44	473. 76
2006	869. 71	27. 74	256. 31	53. 09	203. 22	474. 38
2007	867. 35	33. 34	256	54. 59	201. 41	466. 31
2008	880. 57	35. 67	261. 78	56. 21	205. 57	469. 79
2009	882. 15	38. 69	269. 45	58. 16	211. 29	456. 87
2010	868. 52	37. 57	275. 68	62. 02	213. 66	433. 5

续表

年份	在校学生数	中等职业学校	普通中学	高中	初中	小学
2011	862.32	37.99	282.71	68.9	213.81	408.74
2012	853.74	38.34	287.39	77.3	210.09	380.08

注：1. 资料来源：贵州省统计局、国家统计局贵州调查总队编《2013 年领导干部手册》；2. 在校学生数包含普通高等学校、成人高等学校、中等职业学校、普通中学、小学、特殊教育学校、工读学校及幼儿园的学生人数；3. 初中（含九年一贯制学校）2011 年起含职业初中。

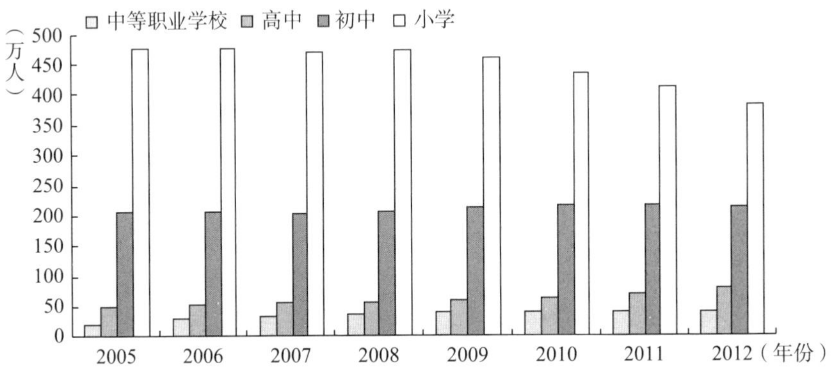

图 3　2005—2012 年贵州省中小学、中职学校在校学生数

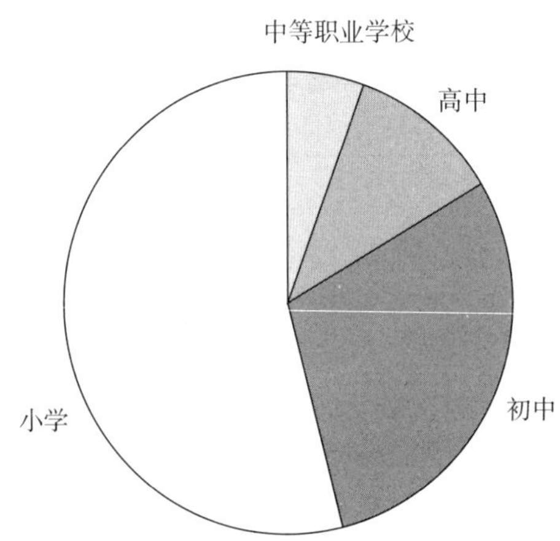

图 4　2012 年贵州省中小学、中职学校在校学生数

表 5 2005—2012 年贵州省中小学、中职学校毕业生数

单位：万人

年份	毕业生数	中等职业学校	普通中学			小学
				高中	初中	
2005	198.21	4.38	74.65	11.92	62.73	74.21
2006	203.09	4.73	78.74	13.71	65.03	73.14
2007	209.71	6.2	79.47	14.93	64.55	75.19
2008	208.33	7.56	78.58	16.13	62.45	76.31
2009	208.44	8.26	78.09	16.54	61.55	78.46
2010	214.28	10.1	80.75	17.17	63.58	79.82
2011	217.89	9.1	83.08	18.02	65.06	77.3
2012	231.1	10.03	85.91	19.59	66.33	76.02

注：1. 资料来源：贵州省统计局、国家统计局贵州调查总队编《2013 年领导干部手册》；2. 毕业生数包含普通高等学校、成人高等学校、中等职业学校、普通中学、小学、特殊教育学校、工读学校及幼儿园的学生人数；3. 初中（含九年一贯制学校）2011 年起含职业初中。

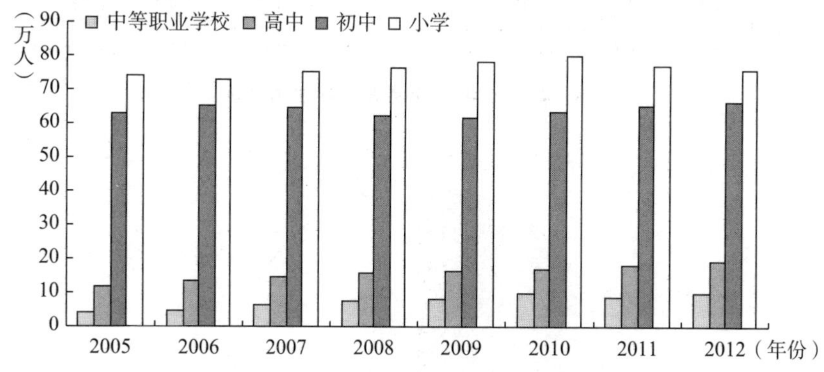

图 5 2005—2012 年贵州省中小学、中职学校毕业生数

表 6 2005—2012 年贵州省学生入学率

单位：%

年份	小学适龄儿童入学率	初中阶段毛入学率	高中阶段毛入学率	高等教育毛入学率
2005	98.3	98.7	30.5	11
2006	98.6	100.5	37.7	11
2007	98.6	97.5	42.2	11.5
2008	97.2	95.9	47.9	11.8

续表

年份	小学适龄儿童入学率	初中阶段毛入学率	高中阶段毛入学率	高等教育毛入学率
2009	98.4	98.2	53.4	18.4
2010	97.9	96.7	55	20
2011	98.6	94.2	58.9	23.2
2012	99.3	97.4	62.2	25.5

注：1. 资料来源：贵州省统计局、国家统计局贵州调查总队编《2013年领导干部手册》；2. 初中（含九年一贯制学校）2011年起含职业初中。

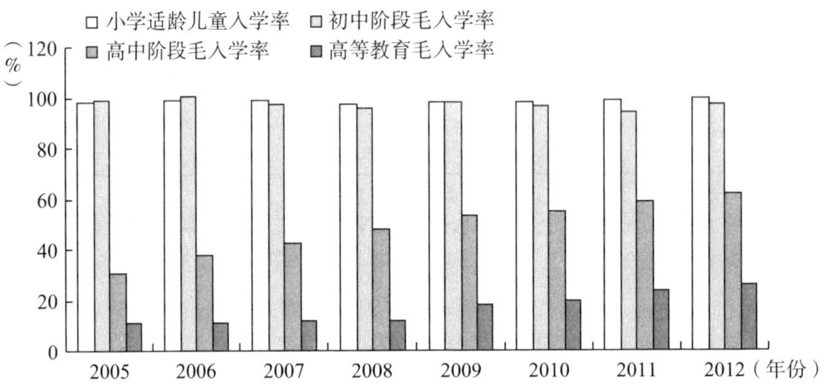

图6　2005—2012年贵州省学生入学率

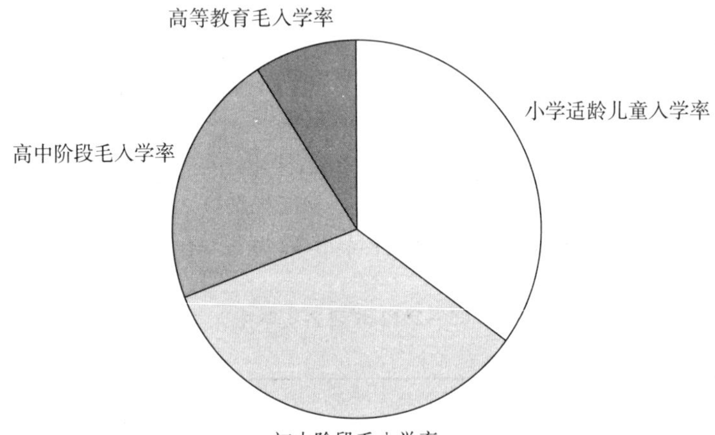

图7　2012年贵州省学生入学率

因基础薄弱、欠账较多等原因，贵州教育办学条件差、教学质量低、辍学率反弹，全省义务教育多年来一直处于低水平、不稳固、易反复阶段。2012 年，全省小学和初中辍学率高达 2.98% 和 5.09%，高辍学率造成约 23.7 万人辍学。高中阶段尤其是中职教育学校偏少、规模不大、专业单一，2011 年、2012 年全省分别有 20 万、11.6 万初中毕业生不能升入高中阶段学习。在基础教育方面，贵州优质教育资源匮乏、教育质量差，特别是全省农村有 3404 个教学点，边远、分散、落后而且师资不足。在职业教育方面，贵州在大力改善现有办学条件的同时，还需增补大量职业教育专业师资，仅毕节市就需增加 3200 多人。[①] 贵州教育与全国平均水平差距较大，大部分指标在西部垫底，如九年义务教育巩固率为 80.2%，低于全国平均水平 11.3 个百分点；高中阶段毛入学率为 58.9%，低于全国平均水平 25.1 个百分点；高等教育毛入学率为 23.2%，低于全国平均水平 3.7 个百分点。15 岁及以上国民平均受教育年限仅为 7.61 年，尚未达到全国 2000 年 7.85 年的水平，人力资源开发水平比全国落后 10 年以上。[②] 中职教育师资方面，全省现有中职在校生 38.34 万人，教师 12585 人，生师比 35∶1，学历达标 78%，按 20∶1 生师比国家标准，缺口 6583 人；预计 2015 年中职生达到 85 万人，需要新补充 16000 人，二者相加缺口共 22583 人。在校生方面，全省现有普通高中在校生 77.3 万人，而中职在校生仅 38.34 万人，普职比约 7∶3。[③] “十二五”期间，贵州预计新增 35 万个中等职业学校在校生，相应需要新配备中等职业教师 2.3 万名，缺口极大。教育成为制约贵州发展的“短板”，其中义务教育是贵州教育发展的最大软肋、国民素质提升的最大瓶颈。目前，随着全省工业化、城镇化、农业现代化进程的加快，技能型人才短缺的问题日益凸显。推进义务教育均衡发展，大力发展现代职业教育显得十分重要和紧迫。

2. 贵州教育事业取得的成就

近年来，在省委、省政府高度重视、教育系统艰辛努力和社会大力支持下，贵州教育事业取得了较好的成绩，服务经济社会发展的能力不断增强。

一是 2009 年，全省“两基”工作通过国家督导评估验收，基本解决

① 黄晓青、郑官怡、任玉梅、谢庆生：《应实行中等职业教育特岗教师计划》，《当代贵州》2013 年第 9 期。

② 霍健康在全省教育系统解放思想“十破十立”大讨论启动会上的讲话，2012 年 12 月 21 日，贵州省教育厅网站，http://www.gzsjyt.gov.cn/。

③ “‘9+3 计划’中职的机遇还是挑战?”，2013 年 3 月 7 日，《贵州都市报》数字报。

了义务教育阶段适龄儿童“有学上”的问题，标志着贵州省义务教育站在了新的历史起点上。

二是不断加大对学生资助工作的力度。2012 年，各级各类资助资金近 35 亿元，资助学生 238.21 人次。其中，资助农村义务教育阶段家庭经济困难寄宿学生 103.5 万人，资助金额 12.2 亿元；资助中职学生 63 万人次，资助金额 6.73 亿元。此外，还为 546 万名农村义务教育阶段中小学生及特殊教育学校（班）学生免费提供教科书。①

三是教育事业全面提速。2012 年，全省建成 300 所乡镇公办幼儿园、93 万平方米农村学生宿舍、3404 个教学点简易食堂、1.9 万套教师公租房及周转宿舍、97 所高中阶段学校，4 所职业院校入驻清镇职教城办学，5 所高校入驻花溪大学城办学。启动实施“农村义务教育学生营养改善计划”试点，以学校食堂供应午餐为基本特征的“贵州模式”学生营养餐惠及 1.5 万所学校 405 万农村学生，基本实现“校校有食堂，人人吃午餐”的目标。同时，省内 47 所高校与省外 58 所高校签订了对口帮扶协议，为全省高校扩大开放带了一个好头。高中阶段学校的对口帮扶也取得了初步成效。②

四是采取一系列有力措施千方百计“控辍保学”。省教育厅“以营造‘两基’的氛围，使用‘两基’的办法”确保完成“控辍保学”目标任务。第一，加强领导、组织控辍。层层成立“控辍保学”领导小组，落实“一把手负责制”，严格执行“控辍保学”目标完成情况排名、通报、约谈、督察、考核等机制。第二，强化管理、制度控辍。坚决落实已下发的一系列制度和文件，形成政府、学校、社会和家庭齐抓共管、常抓不懈的“控辍保学”格局。第三，明确职责、责任控辍。层层签订“控辍保学”“双线”目标责任书和县长、教育局长、乡（镇）长、村长、校长、家长、师长的“七长”责任状，层层落实责任，并实行“一票否决制”。第四，依法治教、法制控辍。将每年 2 月、8 月定为“控辍保学宣传月”，贯彻执行《义务教育法》和《贵州省实施义务教育法条例》。第五，提升水平、质量控辍。第六，细化措施、管理控辍；第七，打造品牌、特色控辍。

① “贵州今年大力实施‘9+3’教育计划”，2013 年 2 月 25 日，新华网贵州频道。
② “贵州将启动‘9+3’义务教育及 3 年免费中等职业教育计划”，2013 年 1 月 21 日，《贵州日报》。

3. 贵州省教育“9+3”计划总体推进情况

（1）总体推进情况。省委、省政府做出实施教育“9+3”计划决定后，全省各级政府、省教育厅等有关部门高度重视，积极行动，省教育厅及省直有关部门、有关学校认真组织学习省委、省政府关于实施教育“9+3”计划的政策文件和赵克志书记、陈敏尔省长等省领导的有关重要指示，全面启动实施教育“9+3”计划，取得了阶段性成效。

加强组织领导。一是建立机构。2月22日，省政府成立了省实施教育“9+3”计划工作领导小组，下设办公室在省教育厅。各市（州）、县（市、区、特区）相继成立了教育“9+3”计划工作领导小组及办公室，统筹领导辖区内教育“9+3”计划实施工作。二是出台实施方案。继《贵州省人民政府关于实施教育“9+3”计划的意见》（黔府发〔2013〕1号）文件出台后，3月14日，省人民政府办公厅印发了《贵州省教育“9+3”计划实施方案》，进一步细化目标任务和工作措施，将主要目标任务按年度分解并细化到市（州）。同时，出台了《贵州省实施教育“9+3”计划约谈制度》。各市（州）、县（市、区、特区）按照省政府要求相继出台或印发了贯彻《贵州省人民政府关于实施教育“9+3”计划的意见》，逐级细化目标任务和工作措施。

明确目标责任。一是省教育厅、省人社厅相继召开全省教育“9+3”计划启动暨清镇职教城西区开工仪式、全省贯彻落实《贵州省人民政府关于实施教育“9+3”计划的意见》暨教育“9+3”计划责任分解视频会、全省技工院校落实省政府教育“9+3”计划工作部署会议、全省中职“百校大战”启动视频会议、全省中职“百校大战”项目建设规划审查会议、全省基础教育工作视频会议等，各市（州）、县（市、区、特区）也召开了一系列有关会议，安排布置相关工作。二是4月10日，省政府召开了全省推进教育“9+3”计划电视电话会议，对实施教育“9+3”计划进行再部署、再落实、再检查，省政府与9个市（州）签订了《2013年教育“9+3”计划目标责任书》，4月底前各市（州）政府与所辖县（市、区、特区）政府签订《教育“9+3”计划目标责任书》。三是省教育厅按照霍健康厅长“实职处级干部原则上一人挂帮一县”的要求，共安排处级干部86名挂帮85个县，有3个县安排主要业务处室调研员3名挂帮。

推动计划实施。在巩固提高9年义务教育方面，一是建立健全“控辍保学”工作长效机制，建设中小学生学籍信息管理系统，大力宣传“控辍保学”政策，全力抓好“控辍保学”工作，确保2013年小学生和初中生辍学率分别控制在2%和3%以内，到2014年分别控制在1.8%和2.8%以内。二是科学调整中小学校点布局，加快建设农村寄宿制学校和城镇义务教育阶段学校，优化义务教育资源。三是继续实施免费师范生教育制度、“特岗计划”“国培计划”，加快培养造就一批教学名师和骨干教师，提高育人质量。四是加快推进义务教育信息化进程，加强省优质数字教育资源中心建设，以信息技术手段推动数字教育资源广覆盖，缩小区域间、城乡间的教育资源鸿沟。在大力发展3年免费中等职业教育方面，一是从2013年秋季学期起，全部免除省内中等职业教育在校学生学费，60%以上中等职业教育学生享受国家助学金。二是以中职“百校大战”建设为主要载体，加强全省中职学校基础能力建设，扩大中职招生和办学规模。每县办好一所中职学校，建设毕节、铜仁、六盘水、黔东南、黔西南等市（州）职教园区，省级加快清镇职教城建设，其中重点建设115所中职“百校大战”项目学校。三是支持社会力量举办民办中职学校，到2015年建成1000人以上规模的民办中职学校15所以上。四是建立现代职业教育体系，大力推动“政校企合作”、工学交替，大力发展专业化、区域化职教集团，进一步畅通“中职—高职—本科立交桥”，调整专业设置，培养适销对路人才。五是加强中职师资队伍建设。采取省内其他高校调整专业扩大招生、从企业和行业聘用“双师型”教师、加大从大学毕业生中招考、争取中央支持实行职教特岗教师计划等措施，大力补充中职师资，提高技能型人才培养质量。

加大宣传力度。一是省实施教育“9+3”计划工作领导小组办公室编印了教育“9+3”计划工作简报；二是省政府网站和省教育厅政务网开辟了教育“9+3”计划专栏；三是积极配合省级相关媒体宣传报道教育“9+3”计划，各市（州）、县（市、区、特区）则通过电视、广播、新闻媒体、网络、编印简报、张贴标语等形式，积极开展教育“9+3”计划宣传、控辍保学宣传和中职招生宣传；四是确定每年2月和8月为教育“9+3”计划宣传月，多形式宣传“控辍保学”和中职招生政策，营造全社会共同支持和共同推进实施教育“9+3”计划的良好氛围。

争取各级支持。一是抢抓国家领导人、有关部委来黔调研的机遇，恳请国家支持贵州省教育“9+3”计划等项目；二是主动赴京向国家有关部委汇报教育“9+3”计划情况，力争取得政策和资金支持；三是通过贵州省参加全国“两会”的人大代表、政协委员，以建议和提案的形式争取国家支持贵州省教育“9+3”计划。

拓宽资金渠道。一是除原保障义务教育工作所需经费外，统筹省级财政高中阶段突破性工程专项资金、城市教育费附加的30%以及压缩全省各级党政机关行政经费的5%用于支持教育“9+3”计划的实施；二是积极争取中央支持以及通过其他渠道筹措资金，采取以奖代补和贷款贴息的形式，重点支持中职学校建设。

认真督察考核。一是实行月调度、季检查、半年通报、年终考核，进行全过程、全方位、常态化督促检查；二是建立实施教育“9+3”计划考核办法和约谈制度，严格落实责任。

（2）实施教育“9+3”计划的难点。一是控辍保学难度较大。2013年，贵州省小学生、初中生的辍学率要从2012年的2.98%和5.09%降至2%和3%以内，辍学人数要在2012年23.7万人的基础上减少近8万人。二是完成中职招生人数难度较大。2012年，全省中职完成招生任务24万人，2013年中职招生任务为34万，比2012年增加10万人。一减一增，是2013年实施教育“9+3”计划最为艰巨的任务。

表7 贵州实施“百校大战”中等职业学校名单（不含技工学校）

序号	市（州）	县（市、区）	学校名称
1	黔东南州	黄平县	黔东南州黄平县中等职业技术学校（民）
2		锦屏县	锦屏县中等职业技术学校
3		丹寨县	丹寨县民族职业技术学校
4		台江县	台江县民族中等职业技术学校
5		凯里市	黔东南中等职业技术学校
6			凯里市第一中等职业技术学校
7			贵州省农业机电学校
8		从江县	从江县中等职业技术学校
9		三穗县	三穗县职业技术培训中心
10		施秉县	施秉县中等职业技术学校
11		剑河县	剑河县民族中等职业技术学校
12		天柱县	天柱县中等职业技术学校
13		黎平县	黎平县中等职业技术学校

续表

序号	市（州）	县（市、区）	学校名称
14	黔西南州	兴义市	兴义市高级职业中学
15		兴仁县	兴仁县民族职业技术学校
16		安龙县	安龙职业技术学校
17		普安县	普安县职业教育中心
18		望谟县	望谟民族职业高级中学
19	黔南州	龙里县	龙里中等职业技术学校
20		瓮安县	瓮安中等职业技术学校
21		罗甸县	罗甸中等职业学校
22		惠水县	惠水中等职业技术学校
23		长顺县	长顺县中等职业技术学校
24		平塘县	平塘县职业中学
25		三都县	三都中等职业技术学校
26		贵定县	贵定师范学校
27		福泉市	福泉职业高级中学
28		都匀市	贵州省内贸学校
29		独山县	独山县职业技术学校
30		荔波县	荔波中等职业技术学校
31	遵义市	务川县	务川职教中心
32		正安县	正安县职业技术学校
33		湄潭县	湄潭县职业技术学校
34		汇川区	遵义市重美职业技术学校（民）
35			遵义航天工业学校
36		余庆县	余庆县职业教育培训中心
37		红花岗区	遵义市红花岗区职业教育园区
38			遵义市职业技术学校
39		遵义县	遵义县职业技术学校
40		绥阳县	绥阳县高级职业技术中学
41		赤水市	赤水市职业技术学校
42		习水县	习水县职业技术学校
43		仁怀市	仁怀市综合职业培训中心
44		桐梓县	桐梓职高
45		道真县	道真职教中心

续表

序号	市（州）	县（市、区）	学校名称
46	遵义市	凤冈县	凤冈县中等职业技术学校
47	六盘水市	六枝特区	六枝职业技术学校
48		钟山区	六盘水市理工职业技术学校
49			六盘水市西南计算机职业技术学校（民）
50		盘县	盘县职业技术学校
51		水城县	六盘水市民族职业技术学校
52			六盘水市艺术中等专业学校
53	安顺市	西秀区	西秀区高级职业技术中学
54			安顺职业技术高级中学（安顺旅游学校）
55			安顺市中等职业技术学校
56			安顺市民族职业技术学校
57		普定县	普定县职业技术学校
58	贵阳市	观山湖区	贵阳市交通学校
59			贵州省化工学校
60			贵阳市工业职业学校（民）
61			观山湖区职教中心
62		云岩区	贵州省财政学校
63			贵州省水利电力学校
64			贵州省商业学校
65			贵州省经济学校
66			贵阳市经济贸易学校
67			贵阳市卫生学校
68			贵阳市女子职业学校
69		白云区	白云区职校
70			贵州省建设学校
71			贵州省林业学校
72		南明区	贵州省人民医院护士学校
73			贵阳幼儿师范学校
74			贵州省物资学校
75			贵州省贸易经济学校
76			贵州省机械工业学校
77			贵州省轻工业学校

续表

序号	市（州）	县（市、区）	学校名称
78	贵阳市	清镇市	清镇市中等职业技术学校
79			贵州省旅游学校
80			贵州省机电学校
81		花溪区	贵州省电子工业学校
82		开阳县	开阳县职业技术学校
83		乌当区	乌当区民族职业中学
84			贵州省畜牧兽医学校
85	毕节市	织金县	织金县职业技术高级中学
86		七星关区	毕节市工业学校
87			毕节市财贸学校
88			毕节市农业学校
89			毕节职业技术高级中学
90			毕节幼儿师范学校
91			毕节市卫生学校
92		黔西县	黔西县职业技术高级中学
93		纳雍县	纳雍县职业技术高级中学
94		赫章县	赫章县职教中心
95		金沙县	金沙县职业教育中心
96		威宁县	威宁县职业技术高级中学
97			毕节工程职业学校
98		大方县	毕节同心农工技术学校
99	铜仁市	碧江区	铜仁市中等职业学校
100			碧江区职校
101		思南县	铜仁市永晟职校（民）
102			思南县中等职业学校
103		石阡县	石阡县中等职业学校
104		德江县	德江县中等职业学校
105		沿河县	沿河土家族自治县中等职业学校
106		江口县	江口职校
107		松桃县	松桃职校
108		玉屏县	玉屏侗族自治县中等职业学校

三 贵州省义务教育发展与“9+3”教育计划中“9”的实施情况

（一）贵州省义务教育取得的成就

1. 巩固提高义务教育水平

2009年贵州省“两基”工作通过国家督导验收后，省委、省政府继续把义务教育巩固提高工作作为基础教育的重中之重，相继出台《贵州省人民政府关于进一步巩固“两基”成果提高义务教育水平的意见》《贵州省“十一五”期间义务教育阶段学校办学条件标准（试行）》《贵州省人民政府办公厅转发省教育厅关于进一步推进全省中小学布局结构调整指导意见的通知》《贵州省教育厅关于进一步加强“控辍保学”工作的意见》等文件。2011年7月，省政府与教育部签署《义务教育均衡发展备忘录》，省政府与各市（州）政府签署《义务教育均衡发展目标责任书》，确定了贵州省义务教育均衡发展的“时间表”和“路线图”：到2017年年底，全省各县（市、区、特区）（以下简称“县”）实现县域内义务教育初步均衡，即：县域内义务教育阶段教育投入、教育设施、教师资源等基本办学条件实现均衡；到2020年年底，全省实现义务教育基本均衡，省内区域间、城乡间义务教育发展差距缩小。

2. 改善办学条件

2011年建成9961个农村中小学食堂，2012年建成3404个教学点简易食堂，实现了农村中小学（教学点）“校校有食堂”目标；开工建设学生宿舍150万平方米，2012年建成90万平方米，采取公租房形式建设教师周转宿舍2.06万套，2012年建成1.9万套。同时还实施农村义务教育薄弱学校改造计划、校舍改造类项目，推进义务教育均衡发展，着力解决进城务工人员子女就读和“大班额”等突出问题。

3. 减负提质增效

把规范办学、提高质量作为义务教育改革发展的核心，先后出台了坚决规范中小学办学行为、切实减轻学生过重课业负担、进一步提高中小学教育教学质量、加强农村寄宿制学校管理、农民工子女入学、治理“择校”、治理乱收费、规范教材教辅等方面的相关政策。2012年，省人大审议通过《贵州省义务教育条例》，使贵州省义务教育进一步走上法制化轨道。相继实施了“农村义务教育阶段薄弱学校改造计划”“农村寄宿制学校建设攻坚工程”、优美教室建设、安全围墙建设、农村教师公租房建设等一系列工程，不断改善中小学办学条件。

4. 启动新一轮中小学布局调整

下发了《贵州省人民政府办公厅转发省教育厅关于进一步推进全省中小学布局结构调整指导意见的通知》，适应和满足贵州省经济社会结构调整和城镇化进程加快的需求，围绕“教育要争做城镇化带动战略的排头兵”指导思想，推进农村中小学布局结构调整。坚持“小学到乡镇，初中到县城，高中到城郊”，逐步实现“退高、进初、进小、普幼”，并保留和办好必要的村教学点，使中小学布局结构趋于更加科学合理。

5. 高度关注弱势群体教育

先后出台《中共贵州省委办公厅贵州省人民政府办公厅关于进一步做好农村留守儿童工作的通知的意见》《贵州省教育厅关于进一步加强进城务工人员子女义务教育和农村“留守儿童”教育工作的通知》《贵州省教育厅办公室关于建立进城务工人员随迁子女接受义务教育投诉制度的通知》，先后召开农民工子女接受良好义务教育现场会、留守儿童教育工作现场会，参观现场、经验交流、安排部署工作。制定《贵州省特殊教育“十二五”发展规划》，加快特殊教育学校建设，确保全省 30 万人以上人口县都有一所特殊教育学校。优化特殊教育功能布局，加快残疾人普通高中、中职教育、高等教育。探索开发医教结合的特教课程体系，提高特殊教育质量和水平。

6. 全面实施素质教育

深入贯彻落实《中共中央国务院关于进一步加强和改进未成年人思想道德建设的若干意见》，以“三生、四爱、五心、五好”主题教育活动为载体，召开德育工作、校园文化工作现场会，打造贵州德育工作品牌；相继开展学科渗透法制教育、“中小学弘扬和培育民族精神月”“祖国好·家乡美”主题系列活动等，把德育渗透于教育教学各个环节，在中小学生中唱响共产党好、社会主义好、改革开放好、各族人民好、伟大祖国好的时代主旋律，从根本上扭转中小学德育教育、法制教育缺失的状况，培养合格的社会主义建设者和接班人。

（二）贵州省义务教育存在的不足与改进措施

1. 存在的不足

贵州省义务教育发展滞后，与全国平均水平差距依然很大，成为贵州经济社会加快发展的一个瓶颈。一是 2009 年贵州省“两基”工作虽然已通过国家督导验收，但数量和质量实效不容乐观。二是全省义务教育仍然处于低水平、不稳固、易反复阶段。尤其是义务教育阶段学生辍学率呈逐年上升趋势。三是受经费投入不足制约，全省中小学办学条件还不够好，尤其是农村中小学整体办学条件亟待提高，农村寄宿制学校建设和农村“留守儿童”教育工作需要进一步加强。四是受传统应试教育思想的影响，部分家长和部分学校教师为片面追求升学率，节假日补课、有偿补课等现象还存在，额外增加了学生负担。五是优质资源不足和城镇教育资源短缺，导致一些地方还存在农民工子女“就读公办学校难”以及“大班额”现象。六是需要进一步调整中小学学校布局结构。七是课程改革深入推进不够。八是城乡义务教育均衡发展不够等。

2. 改进措施

按照贵州省教育厅“12345”工作思路，以“9 +3”义务教育及三年免费中职教育计划为载体，以“控辍保学”和均衡发展为重点，巩固提高义务教育水平，办人民满意的教育。

一是全力抓好“控辍保学”工作。把“控辍保学”工作纳入教育工作的“重中之重”，建立健全“控辍保学”工作长效机制。各级政府把“控辍保学”工作纳入重要议事日程，问责机制层层落实；职能部门齐抓共管；全社会关心支持；教育行政部门和学校着力提高教育质量，全面实施素质教育，多措并举，增强学校对学生的吸引力。坚持和完善义务教育学生辍学报告制度。均衡九年义务教育发展，合理配置教育资源，加强薄弱学校达标建设，大力推进义务教育学校标准化建设，提高师资、仪器设备、图书配置水平。坚持以县为单位，实行“控辍保学”分年度目标任务，到 2015 年，小学生辍学率控制在 1.5% 以内，初中生辍学率控制在 2.5% 以内；九年义务教育巩固率达 85%；共计 61 个县实现县域内义务教育初步均衡。

二是优化和规范义务教育阶段中小学布局。按照科学规划、着眼发展和规范审批的原则，主动适应城镇化深入发展和社会主义新农村建设的新形势，采取“退高、进初、转小、改幼”的方式优化中小学布局，规范学校布局调整程序，逐步实现义务教育学校科学合理布局。

三是大力推动农民工子女平等接受义务教育。加快市县（镇）学校的扩容改造，在县城加快建设一批接纳农民工子女入学的学校，解决全省43万农民工子女平等入学问题。做到农民工子女与城区学生入学、升学一视同仁，收费标准一视同仁，表彰奖励一视同仁。

四是高度重视农村留守儿童少年接受义务教育问题。加快推进农村寄宿制中小学建设，到2015年，实现小学生在校寄宿率达30%、初中学生在校寄宿率达70%目标，优先满足全省116万留守学生进入寄宿制学校的需求。构建学校、家庭和社会各界广泛参与的留守学生关爱机制。

五是关心扶助需要特别照顾的学生。30万人口以上的县（区）至少有1所特教学校。落实城市低保家庭和农村家庭经济困难寄宿生生活费补助政策。实施好农村义务教育学生营养改善计划。关心扶助需要特别照顾的留守儿童、农民工随迁子女、后进生、厌学生。

六是加强教师队伍建设。高度重视师德师风建设和业务水平提高。县域内农村学校和县镇学校实行同一编制标准核定教职工总编制。加快培养造就一批中小学教学名师和学科带头人。逐步在全省师范院校实施师范生免费教育制度。实施好国家“特岗计划”。加强教师培养培训基地建设。保障教师各项待遇，引导和鼓励教师到农村和偏远学校任教。建立县域内教师校长轮岗交流机制，促进教师资源合理配置。

七是加快信息化进程，推动优质教育资源广覆盖。建立义务教育阶段学生电子学籍管理系统，对学生的流动实行动态监管，形成学校—乡镇中心校—县教育局—市（州）教育局—省教育厅五级网上联动管控。到2015年，全省中小学实现“宽带网络校校通”“优质资源班班通”“网络学习空间人人通”。

八是加强促进城乡义务教育均衡发展的法律保障举措。明确政府均衡发展义务教育的职责，政府维持城乡义务教育均衡发展的公平性。要均衡配置义务教育经费、师资、办学条件等资源。采取弱势补偿原则，向农村民族地区倾斜。规定违反义务教育均衡发展的法律责任。

（三）贵州省“9+3”教育计划“9”的实施情况

1. 实施“9+3”，巩固提高9年义务教育和实行3年免费中等职业教育计划

把“控辍保学”作为主要内容，成立“9+3”工作领导小组和联席会

议，形成齐抓共管的工作格局。

2. 锁定工作目标

到2015年，小学生辍学率控制在1.5%以内，初中生辍学率控制在2.5%以内，九年义务教育巩固率达85%以上，累计不少于60个县实现县域内义务教育初步均衡，并以县为单位实现“控辍保学”分年度目标任务。

3. 全面实施素质教育，多措并举，增强学校对学生的吸引力，努力做到“减负提质增效”

一要遵循教育规律和学生身心发展特点，坚持德育为先、立德树人，开足、开齐体、音、美、劳等课程，严格执行“八个严控”（严控在校时间、严控课程课时、严控家庭作业、严控集体补课、严控教辅资料、严控考试次数、严控招生秩序、严控择校择班），规范义务教育阶段办学行为和中小学招生行为；二要以“三生四爱五心五好”为抓手，开展丰富多彩的校园文化活动，使每一个学生都能得到全面或个性发展，增强学生的学习兴趣和自信心，激发学生在校学习积极性；三要钻研课程教材，增强课堂教学有效性和吸引力，提高教育教学质量。

4. 强化问责机制，层层签订“控辍保学”“双线”目标责任制

把“控辍保学”作为“义务教育均衡发展考核”“县级党政主要领导教育工作督导考核”“县级人民政府教育工作督导评估”的首要考核指标，实行“一票否决”。

5. 加大宣传力度

“控辍保学”宣传进机关、进厂矿、进社区、进农村、进学校、进家庭，宣传到村、到户、到班、到人，营造良好的“控辍保学”社会氛围。每年2月和8月为全省“控辍保学”宣传月。成功举办全省“9+3”宣传周活动和“9+3”现场观摩会。

6. 严格执行“三项工作制度”

各级教育行政部门要督促检查和指导学校认真执行《贵州省义务教育阶段学生整班移交制度》《贵州省义务教育阶段学生排查报告制度》《贵州省义务教育阶段辍学生劝返复学制度》等“三项工作制度”，及时排查和劝返辍学生（或疑似辍学生）返校复学。

7. 重点解决农民工子女、留守儿童教育

加快市县（镇）学校的扩容改造，在县城加快建设一批接纳农民工子女入学的学校，解决贵州省40万农民工子女平等入学问题，做到农民工子

女与城区学生入学、升学一视同仁，收费标准一视同仁，表彰奖励一视同仁。加快推进农村寄宿制中小学建设，到2015年，实现小学生在校寄宿率达30%、初中学生在校寄宿率达70%目标，优先满足全省116万留守学生进入寄宿制学校的需求。

8. 加强师德师风建设和业务水平

教育广大教师认真践行“贵州教师誓词”，牢固树立“爱校如爱家、爱生如爱子”思想，牢固树立正确的教育观、质量观和人才观，建立平等、民主、合作的师生关系。使每一个学生，特别是学困生、学差生都能感受到学校、教师的温暖与关爱，增强师生间的亲和力，以情感生、以情留生。教师要努力改进教学方法，增强课堂教学效果。严禁教师歧视、羞辱、体罚或变相体罚学生，严禁开除学生。因学校或教师教育教学行为不当导致学生辍学的，对直接责任人和相关负责人给予严肃处理。

加快培养造就一批中小学教学名师和学科带头人，实施好教师“特岗计划”，加强教师培养培训基地建设，保障教师各项待遇，引导和鼓励教师到农村和偏远学校任教。建立县域内教师校长轮岗交流机制，促进教师资源合理配置。

9. 加快完善中小学生学籍信息管理系统

加强对学生流动的动态监管，动态掌握中小学生流动和辍学情况，切实提高对义务教育阶段学生学籍的管理水平，形成学校—县教育局—市（州）教育局—省教育厅四级网上联动管控。学校对学生转出（转入）等变动情况及时登记造册。重点加强对进城务工人员随迁子女和农村留守儿童学生学籍变动管理。贵州省中小学生学籍信息管理系统在全国率先建成，全省1.8万所中小学、658万中小学生学籍信息全部入库。全国中小学生学籍信息管理系统现场会在贵州省召开，会上，贵州省做了经验发言。10月，教育部召开全国中小学生学籍信息管理系统建设视频会，贵州省再次做经验介绍。贵州省的工作得到教育部领导的肯定。贵州省中小学生学籍信息数据已与全国中小学生信息数据库联网共享，在全国率先取得全国统一使用的学籍号。积极推动全省信息化建设，到2015年中小学实现“宽带网络校校通”“优质资源班班通”“网络学习空间人人通”，实现优质教学资源共建共享。

10. 实行定点联系帮扶制

贵州省教育厅每位厅班子成员定点联系一个市（州），对义务教育

“控辍保学”问题多、难度大的县（市、区）进行重点帮扶。

贵州省“9+3”教育中的“9”，即九年义务教育事业已经取得了很大的进步，特别是在义务教育巩固提高方面得到了较大发展。根据省委、省政府“两加一推”主基调和“三化同步”战略部署，贵州省“9+3”教育的重点在“3”，即本课题重点研究贵州省中等职业教育发展模式。

四 贵州省“9+3”教育发展中存在的主要问题及原因分析

（一）贵州职业教育发展经费投入不足及原因分析

1. 经费投入不足

目前，贵州中等职业教育建设资金由省级财政统筹高中阶段突破性工程专项资金、城市教育费附加的30%、压缩全省各级党政机关行政经费的5%和争取中央支持，以及通过其他渠道筹措资金等构成。采取以奖代补和贷款贴息的形式，重点支持中职学校建设。从资金筹措使用情况看，主要存在问题有：

（1）资金缺口大，缺乏包括资金筹措、偿还等全部内容的完整的资金保障方案，后续保障乏力。

（2）筹资手段老套，缺乏创新安排，筹资成本高。主要依靠银行贷款、企业垫资等形式筹措资金，筹资成本高。各地政府以BT形式建设中职学校，年利率在12%左右，并以借新债还旧债的方式逐年展期。以平均6年还清债务测算，加上建筑业25%的毛利润率，单资金利息和建筑业利润将使全省中职学校建设成本增加一倍。若再加上普通高中、高校等举债建设投入，资金利息和建筑业利润将使全省增加成本400亿元以上。

（3）中职学校规模普遍较小，分散办学、分散投资，办学成本高。

（4）资金使用分散，扶贫、人力资源等部门均有职业培训费用，但使用分散，缺乏统筹。

（5）引入社会资金办学方面，优惠政策的含金量不高、缺乏突破性手段。

2. 原因分析

贵州是我国欠发达、欠开发省份之一，经济落后是导致职业教育发展经费投入不足的根本原因。筹资融资方式改革力度不够也是重要原因之一，主要表现在经费投入缺口大。根据贵州省教育“9+3”计划，到2015

年，按高中阶段入学率85%计算，需增加中职学生40万人，普高学生31万人。按照教育部颁布的中等职业学校设置标准测算，新增1名中职学生办学资源需投资4万元，新增1名普高学生办学资源需投资2万元，高中阶段学校基础设施建设经费合计需170亿元。到2015年，按高中阶段入学率100%计算，需增加中职学生58万人，普高学生50万人，需新增256亿中职与普高基础设施建设经费。

（二）贵州职业教育发展不平衡及原因分析

1. 发展不平衡

职业院校的层次和教育投入的水平，必然对应相应的教育发展水平。贵州职业教育发展不平衡主要表现在四个方面。

（1）区域之间基础性条件发展不平衡。贵州职业院校办学资源跟不上办学规模的发展，生均资源量呈下降态势。2012年，贵州中等职业教育生均校舍建筑面积约为9.5平方米，比上一年下降1平方米，比2010年约下降2平方米；生均图书约为15.6册，比上年减少0.6册；生均仪器设备值约为2102元，比2010年下降44元。从区域间分布情况来看，办学资源差距很大。2012年，省城中等职业院校生均校舍建筑面积约为13.3平方米，地、州、市中等职业院校生均校舍建筑面积约为10.5平方米；生均校舍建筑面积超过8.5平方米的3个地、州、市集中在贵阳市、安顺市、遵义市，不到8平方米的2个地、市集中在铜仁市、六盘水市；省城地区中等职业院校生均仪器设备值约为3000元，比上一年增长11.6%，地、州、市约为2050元，比上一年下降了2.5%，地、州、市相差三分之一。

（2）院校之间发展不平衡。贵州职业院校之间发展不平衡由来已久，主要表现在教育资源、教育水平、教育研究、教育结构、教育结果和师生比例等方面不平衡。如一些职业院校仅靠科研进行商业化生产或工程投入，其年纯收入就非常可观。而与之形成鲜明对比的其他大多数职业院校，不但科研实力落后、科研水平低下，甚至连基本的科研条件都不能满足学校发展的需要。职业院校之间发展不平衡，使好的职业院校发展得更好更快，差的职业院校发展更加艰难。这种发展使职业院校之间不平衡的程度加剧和形成恶性循环，进而影响贵州职业教育公平和谐发展。[①]

（3）专业发展不平衡。专业发展不平衡主要体现在各专业在校生人

---

① 刘志臣：《中国教育发展不平衡现状分析》，《中国科技信息》2010年第8期。

数、就业和建设水平等方面。仅从各专业学生就业来看，毕业后从事非本专业工作的人数较多。如某职业学校2012年生物化工专业毕业生，毕业后进入生物化工领域工作的人数是25人，从事非生物化工专业的人数是9人，分别占本届毕业生人数比例的73.53%和26.47%。职业院校生物化工毕业生从事非本专业行业在一定程度上体现了职业院校毕业生与社会之间供需不平衡，同时也凸显职业院校之间及地区间存在专业发展不平衡。①

（4）内部发展不平衡。贵州职业教育主要体现在教育管理部门与实施部门之间权属不清。作为教育管理部门，受官本位思想影响，以“官”自居，对教育实施部门管得太多太死，如对职业院校领导任命、专业建设、课程规划，以及招生人数等方面的限制都能体现这一点。另外，教育实施部门内部中的行政部门与各院系职权、管理人员数量与专职教师数量及各教研室之间等也存在发展不平衡。②

2. 原因分析

造成贵州职业教育发展不平衡的原因十分复杂，既有历史的影响，又有现实的原因，它是各地区经济、社会、历史文化和地域环境等多种因素共同作用的结果。地区间经济发展不平衡是造成贵州职业教育发展不平衡的直接原因。从国家相关统计看，我国东部、中部、西部地区的国民生产总值、人均收入等存在较大差距，贵州的差距更大。经济上的差距必然会影响贵州职业教育的发展水平。自然环境是影响贵州职业教育发展不平衡的重要客观因素。从贵州东部、西部的自然环境比较而言，西部地区更为复杂。石墨化、自然灾害和水土流失等问题造成了贵州西部地区人口居住分散和交通不便，给职业院校布点、信息传播、师生身心健康和职业教育投入成本等带来严重影响。职业教育政策缺陷也是造成贵州职业教育发展不平衡的现实原因之一。贵州各级党委政府的教育政策和教育思想的不完善一定程度影响职业教育的发展快慢。凡是重视并真正落实切实可行的政策措施、真抓实干办职业教育的地区，职业教育事业发展就快，反之则慢。

（三）贵州职业教育实训基础差及原因分析

1. 实训基础差

实训是职业教育中最重要的环节，实训基地建设是职业教育建设最重

① 刘志臣：《中国教育发展不平衡现状分析》，《中国科技信息》2010年第8期。

② 刘志臣：《中国教育发展不平衡现状分析》，《中国科技信息》2010年第8期。

要的基础之一。贵州各职业院校都进行了积极的探索与努力，实训基地建设得到了一定的发展，但仍存在许多不足。

（1）职业教育发展经费不足，实训基地建设和运行困难。贵州以中职“百校大战”为主要载体，除每个县办好一所中职学校外，集中力量在大中城市和人口大县办一批实训设备完备、教育质量较高的龙头职校。贵州省5000人规模左右的职校建设，需要4—5亿元资金，实训投入约为1250万元（每人2500元，2012年生均大约1972元，排西部第8位）。尽管各级政府切实加大了教育经费投入，并在拨地中有商业用地支持，但筹集这样一大笔所需资金一时还十分困难。受财力所限，目前贵州职业教育办学基本只能维持职校刚性支出，设备更新的速度慢、维修难。

（2）实训基地建设缺乏系统性和规范性。主要体现在技能性实训基地设施设备不健全、基地建设不配套，以及缺少生产性实习基地。一些职业院校本身没有相应的实训基地就一哄而上地开设专业，没有考虑本校实际办学，因地制宜地开展适合本区域的专业，而是跟风开设所谓的热门专业，从而影响了职业院校的教育教学质量。①

（3）校外实训基地建设滞后和校企共建形式化。主要表现在有些职业院校只有校内实验室，缺乏校外固定的实训基地，使校企合作无法开展。即使有些职业院校与某些企业合作，建立了实训基地，但在专业设置、课程开设和实训内容等方面缺乏深度合作，导致实训基地未能发挥应有的功能。贵州一些企业发展水平不高，从自身经济利益考虑，不愿意接受学生实习，缺乏对职业教育提供技术、实习场所、实习设备和技术人员支持的积极性。②

（4）师资不足和“双师型”教师短缺。2012年贵州中职师生比1∶30（国家标准1∶20），排西部第9位，“双师型”教师（3203人）占专任教师（12585人）比25.5%（国家标准30%）。按照2013年贵州省教育“9+3”计划目标，教师缺口8000人。随着实训任务量的增加，大多数职业院校“双师型”教师短缺，特别是实习指导教师严重短缺。因为机制体制、技能型实训教师学历普遍不高（2012年贵州职校教师队伍中硕士占

① 袁向军、赵丽娟：《黑龙江省中等职业学校实训基地建设存在的问题及改进建议》，《教育探索》2010年第12期。

② 袁向军、赵丽娟：《黑龙江省中等职业学校实训基地建设存在的问题及改进建议》，《教育探索》2010年第12期。

3.5%，本科占76.5%，专科20%）和“双师型”教师招聘引进的待遇等问题，使职业院校很难吸引到企业高技能人才。此外，因师资队伍建设规划和措施不够，也影响了师资队伍的建设。①

2. 原因分析

导致贵州职业教育实训基础差的首要原因是社会上人才观念陈旧，轻视职业教育的心态普遍存在。大部分家长希望子女进普高、考大学。学校教师大都认为理论知识学习重要，轻视技能学习和训练，“双师型”教师少。政府的高中阶段经费投入，也是重视普高而忽视中职学校。由于投入不足，各职业学校实训基地数量不足、条件落后。有的学校虽有实训基地，设施设备也十分陈旧落后，大多实验实习设备是企业淘汰机器，多是六七十年代的设备，即使采购的最新实训设备，也没有发挥其价值。

（四）贵州职业教育发展体制机制不顺及原因分析

1. 体制机制不顺

贵州现行职业教育管理体制机制存在的合理性日趋失却，暴露出种种弊端，限制了政府、业务部门和职业院校职能的充分发挥，成为职业教育事业进一步发展的障碍。其主要表现在五个方面。

（1）职业院校行政管理体制不完善。在我国，职业教育体系中的职业院校与技工学校分属两个不同的系统。职业院校归教育部门管理，属于学历教育；技工学校归人社部门管理，属于劳动技能培训教育。在这种管理体制下，不同的职业教育主管部门会按照自己的管理方式，利用本系统的资源开展职业教育。这种管理制度导致职业教育布局不合理、资金投入分散和职业教育水平难以统一衡量，以及职业院校大中专文凭与技工学校学生学历相互不统一等问题。②

（2）职业院校发展定位不准。贵州许多职业院校开设相关专业的目的是为了创收，不关注职业教育的可持续发展，更没有形成自己的特色。而一些民办职业院校为了生存，则更加无法顾及自己的发展定位。此外，国家尚未制定单独的职业教育院校（含技工学校）设置、教学评估和专职教师拥有量等标准和办法，基本套用普通院校的模式管理职业院校，这种做

---

① 袁向军、赵丽娟：《黑龙江省中等职业学校实训基地建设存在的问题及改进建议》，《教育探索》2010年第12期。

② 张晓芳：《浅谈我国高等职业教育管理体制改革》，《教育理论与实践》2012年第6期。

法完全误导了职业教育发展定位。[①]

（3）职业院校制度安排不合理。目前，贵州职业教育体系存在着严重的结构性缺陷，在制度设计上主要存在实用型高级技能人才培养渠道不畅、未设立单独的职业教育教师职称评定序列、未建立职业教育发展经费保障机制和缺少行业企业对职业教育指导等四个方面的突出问题。同时，职业院校缺乏行业对人才结构、技能要求、数量规模等方面的要求，导致职业教育缺乏行业标准和规范。[②]

（4）政府政策导向有误区。职业教育的发展与政府的政策导向有很大的关系。政府还没有建立企业参与职业教育办学的补偿机制和给予企业一定的税收优惠，影响了企业缺少参与职业院校办学的动力和积极性。此外，我国的职业教育学历体系中尚未设立本科层次教育，现行的专升本政策迫使高等职业院校为了满足学生专升本的要求开设相应课程，这也导致了学生对技能培训不关注。[③]

（5）职业院校专业设置审批粗放。受办学经费来源渠道单一和文科类专业办学成本低的影响，职业院校文科类专业设置和招生数量的比重过高是贵州职业教育的一大特点。职业教育主管部门缺少对社会需求专业相关信息的把握，而是以职业院校提供的信息作为审批专业的依据，导致所设专业不适应企业。同时，为了一些职业院校眼前的生存和稳定，政府相关部门迫于压力，放宽专业审批的条件。[④]

2. 原因分析

缺乏统一的规划、规范管理和统筹安排是贵州职业教育体制机制面临的主要矛盾，它不仅造成有限的职业教育资源严重浪费，也致使各类职业院校在许多方面存在较大差异。职业教育体系中教育和人社分属两个部门，它们各自按不同标准审批职业院校、下达招生计划和执行不同政策规定，导致职业院校布局不合理、办学条件差距大、学历与技术认定不统一、重复建设和生源竞争激烈等问题，使有限的资金投入无法集中使用。没有形成适合贵州职业教育发展政策和未建立有效的职业教育投入保障机制，导致职业教育经费来源渠道单一。校企合作不深入，企业和学校有被

---

① 张晓芳：《浅谈我国高等职业教育管理体制改革》，《教育理论与实践》2012年第6期。

② 张晓芳：《浅谈我国高等职业教育管理体制改革》，《教育理论与实践》2012年第6期。

③ 张晓芳：《浅谈我国高等职业教育管理体制改革》，《教育理论与实践》2012年第6期。

④ 张晓芳：《浅谈我国高等职业教育管理体制改革》，《教育理论与实践》2012年第6期。

边缘化的倾向。这些体制机制性障碍，各级政府解决不够，使一些职业院校逐步出现向普通院校靠拢的趋势。

（五）贵州职业教育发展水平低及原因分析

1. 发展水平低

近年来，贵州职业院校办学条件特别是中等职业教育办学条件得到改善，但其发展水平仍处于低水平层次。主要表现在三个方面。

（1）办学条件简陋。贵州职业院校办学条件差，校园狭窄、校舍不够、仪器设备不达标和学生住宿紧张等问题突出。如水城县职业技术学校，设计规划为8000人规模，学校尚欠土地116亩，规划未建设的校舍建筑面积69000平方米，资金缺口达到15189万元；实训设备落后，设计总投入为8400万元，而现有设备为1300万元，资金缺口达到7100万元。

（2）教师数量不足。按照高等职业院校编制的最低标准1∶16计算，目前贵州缺高等职业院校专任教师10000人以上；按照每班50人，每个班配备教师4人（相当于1∶13的较高标准）的标准计算，专任教师缺额高达15000人以上。中等职业教育的教师则更为紧缺，缺额高达22500人。贵州职业院校教师只有34628人，中等职业院校专任教师中有专业课教师12585人。由于专业和实习的需要，贵州职业院校应该编配比普通学校更多的教师。但从目前情况来看，贵州职业院校编制的教师比普通学校少。

（3）招生难。初、中等专业技术人才是任何社会生产力结构中不可缺少的组成部分，但受“重身份、轻技术”传统教育观念的影响，以培养技术人才为目标的职业院校地位低下、难以招生。职业院校自身问题也在不断加剧其招生难。一方面，职业院校之间的反宣传损害各自的声誉；另一方面，职业院校不断降低生源要求，放弃分数线和基本素质要求，对学生来者不拒，造成了职业院校在教育、教学、管理等方面水平迅速下降。尤其是一些极差生进入社会后成为职业院校的反面教材，使职业院校声誉雪上加霜。此外，为争夺生源，给初中老师吃回扣也严重损害了职业院校的形象和扰乱了职业院校的可持续发展。

2. 原因分析

尽管经过大力的改革，贵州职业教育得到不同程度的发展，但其发展水平较低。教育思想观念滞后，存在错误的学生观和质量观。专业设置缺乏及时性、前瞻性、针对性和可持续性，不能适应市场经济发展需求。教材实用性不强、更新慢，缺乏教学性、可读性，形式单调，教学内容与社会需求不符。专业结构不合理，缺乏专业教师，难以及时培养社会急需的人才。优秀人才难以引进，很难从非师范院校或优秀企业引进理论水平高、操作能力强、经验丰富的优秀人才。“双师型”教师极为欠缺。目前贵州职业院校大多是通过大跃进方式形成的，教学设施落后，甚至不具备职业教育办学的基本条件。招生已成为贵州职业教育除教学之外最大的压力。为了招生，学校把招生任务分解到每个老师，要求教师在完成本片区的任务外，必须到外县市去寻找生源。这不仅加重了教师的身心负担，也加重了经济负担。在学生没落实之前或者劳而无获，费用都得教师自己承担。

（六）贵州职业教育校企合作不深入及原因分析

1. 校企合作不深入

校企合作是职业院校与企业合作教育的简称，是一种利用职业院校和企业两种不同的教育环境和教育资源，课堂教育与学生参与实际工作有机结合，以培养应用型人才为主要目的的教育模式。[①] 贵州职业教育校企合作不深入主要表现在四个方面。

（1）职业院校与企业合作的认识不深刻。企业、职业院校、政府和社会等校企合作参与各方对校企合作价值的认识，还存在着如重局部、轻全局，重眼前轻长远等问题。出于自身经济利益的考虑，不少把培养人才的主要责任推给政府和学校。受传统办学模式惯性思维的影响，许多职业院校则把校企合作视作应付上级部门检查评估学校教育教学工作的权宜之计。此外，缺乏有力的政府财政和政策支持，以及社会重理论轻技能的舆论氛围，这些都阻碍了校企合作的深入开展。[②]

（2）校企合作缺乏政策和制度保障。校企合作一方面是职业院校和企业的合作，同时也是生产、科技、经济和社会等之间的合作。校企合作深入开展必须有配套的法律法规做保障，以起调节、规范和推动的作用。近年来，我国出台了多部如《中华人民共和国职业教育法》《社会力量办学条例》《关于大力推进职业教育改革与发展的决定》《关于大力发展职业教育的决定》等关于校企合作的法律法规，但还没有建立起权威、完整的校

---

① 杨伟、高菊生：《高职文科专业校企合作问题与对策》，《职业》2011年第9期。

② 杨伟、高菊生：《高职文科专业校企合作问题与对策》，《职业》2011年第9期。

企合作准则和规范，特别是缺乏对企业参与职业教育的正向激励和刚性要求。[①]

（3）职业院校自身实力不强。目前，贵州职业院校自身存在着专业设置与社会需求脱节、课程开发不适应职业岗位要求、教师思想认识不到位、“学术本位”观念严重、实训基地条件差、学生缺乏社会阅历等自身实力不强的问题，这些问题导致了职业院校难以吸引企业和与企业开展深层次合作。

（4）校企合作整体水平低。贵州省校企合作大多还建立在靠“关系和信誉”基础上的浅层次、低水平合作。许多职业院校为谋生存、求发展，主动向企业寻求合作，但企业作为市场主体，在缺乏足够的利益驱动的情况下，不可能主动为社会培养技能型人才，这就抑制了与职业院校合作办学的动力和积极性。多数企业给予职业院校的资助仍停留在教学设备捐助、实习基地提供、员工培训和技术开发项目等方面，这种合作离建立可持续发展的校企合作良性循环机制、实现教育资源的优化整合与共享和实现办学的整体效益等校企合作目标相距甚远。

2. 原因分析

校企合作不仅是职业教育发展的重要途径，也是企业发展壮大的必然选择。目前，贵州职业教育校企合作多形式化，少实质性合作。首先，企业对校企合作认识存在误区。认为企业的主要任务是生产和经营，而不是培养人才，职业院校则是培养人才。其次，政府宏观调控与监督不够。相关职业教育法规只是原则性地规定了企业、学校开展职业教育的义务。对于企业具体有何义务、承担何种责任，政府并未制定相应的实施条例。最后，学生素质难以适应企业需要。职业院校的专业设置、培养方式、实训渠道等方面与企业需求不符，学生所学知识、技能与现代企业要求差距大。顶岗实习期间，在思想和技术技能上学生不能以企业员工的标准要求自己，这样就加大了企业管理难度及影响了企业参与校企合作的积极性。参与校企合作的各方存在的不足，导致校企合作的机制不健全。校企合作没有形成完善的体制机制和制度保障，校企合作缺乏宏观配套政策和有效的合作机制。

① 杨伟、高菊生：《高职文科专业校企合作问题与对策》，《职业》2011 年第 9 期。

五　完善贵州省“9+3”教育发展模式的建议

目前，投入不足、经费短缺一直是阻碍贵州职业教育发展的“瓶颈”问题。由于政策缺乏配套措施、管理体制不顺、拨款与教育效益脱节等诸多因素造成贵州省职业教育发展慢，更严重的是中职教育政府公办一统天下，存在成本高、机制僵化，不适应市场需求等问题。要解决这些问题，必须从制定法律法规、理顺机制体制、改善财政拨款等模式入手。解放思想，通过“向上争、财政给、社会融、企业投、对口帮、存量换”等举措加大对职业教育发展经费投入和改变融资渠道方式来源来解决贵州职业教育的可持续发展问题。

（一）建议制定配套的法规制度，增强各级政府和社会投资的积极性，改革投资模式，实行投资“3331”长效模式

1. 制定《贵州省职业教育实施细则》

（1）建议规定职业教育财政拨款的增长要高于财政经常性收入的增长，人员经费、生均公用经费和生均基建费的增长要达到一定的比例。[①]

（2）建议中央加大对贵州职业教育的投资力度，以一般转移支付和专项转移支付的形式缩小职业教育的地区差异。提升职业学校的办学条件，以助学贷款的形式资助职业学校的贫困学生，争取国家发展改革委将贵州省重点建设的中等职业学校全部纳入国家中等职业教育基础能力建设各期规划。[②]

（3）规定地方政府定时向中央汇报本地区运用中央拨款发展职业教育的情况，中央以经费使用的效率作为下次对地方拨款的重要参考，保证经费真正用于发展职业教育。[③]

2. 制定《贵州省地方职业教育财政拨款条例》

（1）研究制定本地区职业教育生均拨款有效标准。包括人员经费标准、公用经费标准和基建费标准，规定各主管部门要按此标准拨款。[④]

---

① 汤大莎：《职业教育政府投资问题初探》，《文史博览（理论）》2007年第11期。

② 汤大莎：《职业教育政府投资问题初探》，《文史博览（理论）》2007年第11期。

③ 汤大莎：《职业教育政府投资问题初探》，《文史博览（理论）》2007年第11期。

④ 汤大莎：《职业教育政府投资问题初探》，《文史博览（理论）》2007年第11期。

（2）规定职校自主办学的权限制度认可制。即只要明确不许可的，其他都视为许可。各主管部门要保证学校的办学自主权，不得干涉所管辖学校教师招聘、专业设置等。主管部门只负责行使投资职责，并对学校经费使用情况进行监督。[①]

（3）规定地方政府把职业教育工作列入年度教育工作报告的重要内容。定期向人大、政协报告职业教育工作情况，并接受其检查和指导及社会监督。把职业教育工作作为各职业教育主管部门重要的考核内容，对未完成或完成不好的主管部门及责任人，给予相应的处罚。[②]

3. 建议采取投资的“3331”模式

所谓“3331”模式，是指政府投资30%、金融渠道30%、社会筹资30%、公益争取10%。政府投入的30%来源于财政，金融的30%来源于学校各种金融方式，社会的30%可以通过发行债券及社会资金参股，公益的10%争取公益基金募捐等。另外，争取亚行、世行贷款用于贵州省职业院校建设。加大金融机构对职业院校和职业培训机构改善基础设施、购置教学设备和发展校办产业的信贷支持。尽管2013年至2014年，省级财政每年调整省突破高中阶段教育发展项目学校工程专项资金12亿元用于发展中等职业教育，压缩行政办公经费5%（有可能还会逐年递增），通过“以奖代补”方式支持职业教育发展。从2013年起，每年在省级教育费附加和地方教育费附加中安排1亿元建设中等职业教育公共实训基地。2013年至2015年，各地城市教育费附加用于职业教育的比例分别达到31%、32%、33%以上。2014年至2015年，分别统筹省级财政法定增长安排教育专项资金和地方债券资金5亿元用于职业院校建设，这种政府主投模式很有限，各省本级党政机关时间长了也会有意见。只有改革投资模式，这样既解决政府投资压力大、融资成本高，现有资金安排不能满足需要的问题，又可增加学校办学自主权，向资金使用求效益的利益模式推进。

（二）出台优惠政策，加强园区基础设施建设，重点支持职业院校进园区

实行政府规划创办园区，企业建设标准厂房，教育部门配套发展职业教育的联动发展方式，深化“产业园区+标准厂房+职业教育”等校企合

① 汤大莎：《职业教育政府投资问题初探》，《文史博览（理论）》2007年第11期。

② 汤大莎：《职业教育政府投资问题初探》，《文史博览（理论）》2007年第11期。

作模式。将中等职业学校、职教园区、公共实训基地等建设纳入当地经济社会发展总体规划，列为重点建设项目，优先解决建设资金和用地指标，形成学校园区、课堂车间一体化。按“省校省管、市校市管”原则对入驻院校给予支持。出台相关优惠政策，鼓励和引导企业、学校、社会资本在产业园区、企业车间和职教园区建设多种性质的实训基地。

（三）改革完善职业院校招生考试制度，建议建立解决技能与学历兼顾的“322”绿色直通车

中等职业教育学生实行注册入学不受年龄、地域、时间限制，鼓励中等职业学校招收往届初高中毕业生、进城务工人员、返乡农民工、城市失业人员、复转军人，实行学分制等灵活学制，允许学生休学并保留学籍或修完学分提前毕业。实行“技能+知识”考核录取办法，自主确定招生计划和招生专业。对获得一定职业技能奖的职校毕业生可直接升读高一级职校。

所谓“322”模式，是指建立职校学习三年、专科学习二年、本科学习二年，以就业为导向的职业教育和学历教育并举的绿色直通车通道。现在本硕连读、硕博连读都已推行，通过实施“订单式”培养，推行“双证书”制度，职专本完全可行。关键是找准定位，办出特色。“定位”包括培养目标、办学层次和经济重心等三方面的定位，即培养什么样的人才、办什么层次的学校和围绕什么经济重心。

目前我国高等职业学校教育主要有普通本科院校下设的二级学院（职业技术学院）、高等专科学校、独立设置的职业技术学院和成人高校。职业教育的高等化，使其功能从原来为学生提供单一的技能培训方式转型为技能培训与学历教育并举的复合方式。功能的拓展使得高等职业教育获得了更广阔的发展空间，人们开始接纳并选择接受高职教育，高职院校现在有了“大学”的名号，在心理上可以缓解被排除在“大学”外的自卑感和家长的担忧问题。此外，要防止高等职业教育出现高等职业教育仅是进入更高教育层次的跳板，却忽视职业技能训练的问题，这与职业教育发展初衷背道而驰，所以要坚持把握住对学生职业技术技能的考察考核。①

① 杨健：《高等职业教育发展中的几个问题》，《浙江工商职业技术学院学报》2004年第9期。

（四）建立职业院校现代管理制度，改变实训师资严重短缺的“双轨制”模式，突破发展水平低问题

深化职业院校内部管理体制改革，建立专业管理人才参加的学校理事会或董事会，建立健全职业院校决策管理机制。全面推行聘用制度和岗位管理责任制度，支持企业高级管理人员与院（校）长、技术技能骨干与骨干教师相互兼职、任职。通过改革创新促进教师队伍建设，每年聘用一定数量企业管理人员、工程技术人员、退休技师和能工巧匠担任学校专兼职技能型教师。

所谓“两轨制”模式，是指在校内培训两种师资（现行技术教育、挖掘技术教师同时培养）、校外聘用两种师资（现行技能教师、原潜能教师同时优选）并举的模式。比如：汽车驾驶与维修专业，在原基础上，可在校内实行培训两种师资，行政岗位凡驾龄有一定年限要求考教练证后兼职。既可调动积极性，还便于管理。另外，目前在校外，许多机关干部中有相当部分原来是从企业考入的，他们中间有许多既有理论，又懂技术的人才。此外，还有一批贵州原许多老技校的教师。可以聘这几种人为特岗教师来带领、发挥重振贵州职校的作用。

建议省里出台企业接收教师实习和教师到企业实践的相关的政策和制度。要求并支持专业教师定期到企业或其他实训基地学习，积累专业技能和实践经验，以改善教师的知识结构和培养“双师型”师资。建议实行职业院校文化课教师与技术技能教师分类管理制度，执行不同的考核评价制度、工资制度与工资标准，提高中职学校技术技能教师工资水平。支持和鼓励学校从企业引进或聘请有丰富实践经验的技术人才到学校做专职或兼职教师，以充实教师队伍，特别是充实实训师资。规划实施贵州省中高职学校教师提升学历计划。

（五）建议实施实训问题“123”长效机制模式，以点带面解决发展不均问题

所谓“123”模式，“1”是指在职业院校和企业相对聚集的中心城市建立综合性实训基地，制定政府采购制度购买实训设备，加强政府主导。“2”是指做好学校和企业两家的校企合作。校企联合建设实训基地是目前大多数地区较认可的一个方式。保证参与实训基地建设各方的社会效益和经济效益，尤其是经济效益，才可能实现实训基地建设的可持续发展。政

府对企业按一定额度资金直接拨付给企业进行实训合作，增加企业实训联动的积极性，并建立考核的双向长效机制。“3”是指重点支持示范性、区域性、综合性三种重点实训基地建设。在职业院校和企业相对聚集的中心城市建立综合性实训基地；在市区范围内选择在相应专业领域能起骨干示范和辐射作用的职业院校和企业，建立区域性实训基地；在县（区）范围内建设在某一专业领域能起骨干示范和辐射作用的专业性实训基地。使实训基地不仅能解决辖区内职业院校学生实训问题，又能承担培训辖区内其他如高素质技能人才培养、农村实用人才培养、成人继续教育和再就业等多项任务。①

（六）深化校企合作的管理模式创新，实施省级职教集团化办学模式，解决发展体制机制不顺问题

建议出台企业参与办学的补偿机制和给予企业一定的税收优惠政策，支持职业院校开展现代学徒制试点，实行校企“双元”联合招生培养，企业和学校、学生签订用工合同，实现招生即招工。目前贵州正在实施工业强省战略，有各类大型集团企业数十家，它们有着无比丰富的技术人才资源和需要技能人才的空间，也潜藏着巨大的就业的前景，对职业教育的学生有一定的吸引，如果将其发挥好，必将对贵州省职业教育起到巨大作用。另外，贵州目前有许多民办职校，规模不大、各自为政，如果能有效整合，形成一定规模集团化，既可打破公办职校一统天下的格局，又能释放办学机制活力，从而解决各种教育资源匮乏、配置不均衡，改革管理体制僵化、教育质量不高的问题。

1. 建议出台专项优惠政策，鼓励大型企业参与发展职业教育

推广“学校筹资先建、政府贴息贷款、上级专项奖补、老校置换还本”职业院校建设模式，按照“盘活存量、经营校产”原则，通过重组、合并等方式，盘活教育资源，职业院校老校区土地置换收益中省、市分成部分，按照“收支两条线”全额用于职业院校新校区建设。将集团化引进到职业教育中来，可以实现职业教育资源的优化配置和效益最大化。在职业教育投入有限的情况下，职业教育集团化运作能集中人、财、物等资源条件，形成资源优势，获取更大的规模效益。贵州省职业教育还可以发挥

① 袁向军、赵丽娟：《黑龙江省中等职业学校实训基地建设存在的问题及改进建议》，《教育探索》2010年第12期。

生源充足的优势。建议还可与东部强势的职业院校共同组建具有一定联合基础的院校进行集团化办学，可实现职业教育资源优势互补和职业教育资源的有效配置和利用，资源共享，形成品牌效应。

2. 建议建立以毕水兴经济带为中心的能矿职业教育集团，以黔东南为中心的文化旅游职业教育集团，以黔北地区为中心的轻工职教集团，以贵阳市为中心的装备制造职业教育集团等职业教育集团

这些区域性职业教育集团，可以促进该区域职业教育办学水平和服务社会能力的提升。具体而言，可以从集群式、集合式、集束式和集成式等着手进行。①

（1）集群式。打造“一体两翼多中心”，即以清镇职教城为主体，以遵义、毕节职教园区为左翼，以铜仁、凯里职教园区为右翼，以其他市州中心城市和中职教育发达的县市为区域中心（7—8 个区域职教中心），构建多层次、多元化的职教体系。以职教城、职教园区及区域职教中心为中心，聚集各种优质的职业教育资源，形成数校一地集中发展的态势，实现职业教育资源共享、开放办学和效益最大化。

（2）集合式。以“322”模式为纽带，统筹管理和整合义务教育阶段后的“中职—高职—本科”学制，改革高等院校招生考试制度。把包括贵州大学、贵州师范大学、贵州民族大学等本科院校，各高职院校和各中职学校等院校联合起来，在专业设置、招生计划、文凭发放、教学指导、质量检查等方面，整合贵州普通高校和职业院校的资源并实行集约化管理，从而实现贵州职业教育发展体制机制的突破。

（3）集束式。贵州职业教育的现状，必须着力开展“走出去、引进来”的战略，向我国中东部学习，并在中东部扶持与帮助下，促进贵州经济和教育发展。采取与中东部职业学校联合办学、送学生去中东部职业院校学习和与中东部职业院校进行教师交流等方式。这样就可以超越传统的界限，建立广泛的联盟，立足贵州，辐射全国，从而促进贵州职业教育发展。

（4）集成式。作为农业省份且农业落后的贵州，必须以县（市、区、特区）职业教育中心为龙头，以其他职业学校和乡镇成人教育中心为主

① 顾坤华、侯波：《基于职业教育集约化发展的江苏模式研究》，《江苏经贸职业技术学院学报》2007 年第 3 期。

体，实行数校合一、一校多牌，形成多功能、多层次、范围广的贵州农村职业教育网络体系，提高整体办学效益。

（七）解决职校毕业生就业的建议

1. 创新制度、努力扩大社会对职校学生劳动力的有效需求

发改、经信、人社部门应为贵州产业需求的岗位情况提供信息供给的预期导向服务和信息平台建设。坚持"先培训后就业""先持证后上岗"的原则，企业新招录职工必须优先录用具有职业院校学历证书、职业资格证书和职业培训合格证书人员。

2. 宏观调控、激励职校学生劳动力的有效供给量

对贵州省教育体制机制进行再深化、再改革，结合市场需求，最大限度调整专业、课程设置，坚持"就业优先，质量为好"的理念，教育、人社部门应为贵州产业发展衔接供给做好充分准备。

3. 完善市场，建立开放、规范、有序的职校学生劳动力就业市场

各级人力资源社会保障、工商行政管理等部门要加大对就业准入制度执行的监察力度，对属于国家规定实行就业准入控制的职业（工种），违反规定、随意招录未经职业教育培训人员的部门、单位和个人严肃处理。对获得高级工职业资格的毕业生从事本专业（工种）的，在工资福利等方面参照大专学历人员待遇执行，同时优先为职业院校毕业生开办企业等提供小额贷款。充分发挥国家对小微企业的支持作用，扩大受益对象到职校毕业生。

4. 自我完善，努力提高职校学生劳动力就业核心竞争力

各级政府安排一定的财政经费为职校学生就业来显身手，将微小企业的优惠政策扩大到职校毕业生。

5. 横向联系，鼓励学校加强与用人单位有效合作

让每位学生在学期间有至少半年以上的实习经历，下大力气组织和引导学生到基层锻炼。

顾　　问：左定超　蔡志君
课题负责人：曾国强　罗成华
课题组成员：张玉林　魏　霞　杜小书　田满华
黄健勇　宗静娟　李　宏　殷权生
万　山　罗小平　郑久平　曾　石
朱静媛

贵州省进城农民工子女教育问题研究

一 绪论

谁是中国未来发展的希望与动力？也许尚无定论，但有一种事实倾向却不可否认：农民工子女既可发展成为城市的“未来动力”和“新生力量”，也可成长为农村未来发展的“储备人才”乃至“创业精英”。但无论是成为前者还是后者，教育对农民工子女的生存和发展都是至关重要的。为此，积蓄社会发展的未来力量、播种中国明天的美好希望、培育城市发展的强劲动力、营造城乡建设的和谐环境，都有必要从关注“农民工子女教育”问题开始。

（一）选题背景与研究意义

随着改革开放的深入、“四化”进程的加快，进城农民工子女逐渐呈现一系列的新情况、新问题、新趋向，而农民工子女教育问题无疑是最突出的问题。然而，当前如何让城市教育之光公平、公正、合理地“普照”农民工子女，真正实现进城农民工子女与城市子女之间的“一视同仁”，已逐渐演化成为中国社会发展尤其是“城镇化”问题的一种新的表征。对此，值得引起学界、政界、社会界的共同关注和思考，更值得引起社会学界的研究与探讨！诚然，这也是社科界同人应尽的“道义”和“责任”。

1. 选题背景

人口流动作为一个国家或地区工业化、城市化过程中普遍存在的现象，对中国经济社会的发展有着重大而积极的影响。改革开放以来，随着工业化、城镇化、市场化进程的加快，我国出现了大规模的人口迁移，大量的农村劳动人口进入城市，形成了一个特殊群体——农民工。受制度政策和代际流动关系的影响，广大进城农民工子女同样以农民的身份出现在城市中，他们如同父辈一样难以摆脱城市“边缘人”的身份标签，因而难免受到城市社会的集体排斥和歧视，造成农村代际人口流动的恶性循环，严重阻碍了城镇化的进程，也阻碍了合理社会结构的构建。

更值得关注的是，伴随着“举家式”迁流所带来的农民工及其子女的剧增，致使越来越多的随迁子女离开原户籍所在地、受教育地，其对城市教育的刚性需求也日趋强烈。遗憾的是，由于受经济水平、社会建设、公共服务等因素的制约，使得大中城市在解决进城农民工子女的教育供给与教育需求时困境重重，呈现力不从心的尴尬局面。尤为突出的是，由于受地方政府教育政策的本土化设置与地方教育资源供给的差异性、城市学校对民工子女教育选择方式的差异化、农民工家庭条件与经济能力的制约性等因素的影响，使得进城农民工子女对公办教育仍“望门兴叹”，对国家“两为主”教育的政策仍更多处于预期阶段，其“权利平等”到“机会平等”仍相距甚远，等等。

作为我国最具典型意义的欠发达、欠开发地区，贵州经济发展滞后、城市化水平低、城乡差距明显、贫困人口面宽、务工人口比重大……几乎浓缩了我国落后地区社会发展的基本特征、凸显了落后地区教育发展的重重障碍与发展困境的一般共性。为此，将贵州省作为典型个案研究，这有助于更深入地研究中国落后地区基础教育（义务教育）的基本特性、发展轨迹、未来走势；有助于欠发达地区拟定切合本地区实际的可行对策与措施，并有预见性、针对性地谋求农民工子女教育发展的政策法规与方略。

2. 研究意义

从宏观视角看，关注和探究农民工子女教育问题，不单是一个义务教育或未成年人成长的问题，而是一个关系我国“城镇化进程”“全面同步建成小康社会”“城乡协调发展”“和谐社会建设”等的重大社会问题。基于此，在经济转轨、社会转型加速化的背景下，在“城镇化带动”战略和“四化同步”发展战略的政策形势下，深入关注和解决进城农民工子女教育问题，不仅具有重要的战略意义，也具有积极的现实意义。

（1）战略意义

第一，农民工子女是城市化发展的未来动力。历史表明，消灭工农差别、城乡差别、脑力劳动与体力劳动的差别，是社会发展的必然趋势。而无论是城乡一体化还是社会现代化，都要以经济发展为基础。显然，农民工及子女进城顺应了这一社会发展要求。农民工进城既是劳动力市场配置的客观要求，又是市场经济发展的必然结果；农民工进城不仅提高了农民收入，拉动了农村经济，也对城市建设、经济发展产生了重要而深刻的影响，是城市发展的强劲动力。

进一步看，农民工子女既是农民工（第一代、新生代）代际关系的延续，也是城市劳动力供给的一种延续。由此可以说，如果农民工是城市化发展的现实动力，那么，农民工子女则无疑是城市发展的未来力量。这主要体现在三个方面：一是农民工子女是未来城市建设的重要人力资源；二是农民工子女是现代城市的未来建设者；三是农民工子女是城市化的直接动力。①

第二，农民工子女是工业化建设的新生力量。伴随着人口老龄化问题的日益突现，迫使人们不得不对中国未来劳动力尤其是城市劳动力予以关注。伴着第三次人口出生高峰带来的劳动力红利的终结，加之城市化进程的快速推进，客观上需要大量劳动力继续给予城市发展支持，而未来数十年里农民工子女必将以劳动力主体的角色充斥在城市之中，并继续发挥不可或缺的重要贡献与作用。这主要体现在：一是农民工子女是国民财富的未来创造者；二是农民工子女是未来工业化建设的主要人力资源；三是农民工子女是未来市场化建设中的重要配置资源。

第三，农民工子女是农业现代化的人才储备。“四化同步”战略是我国未来发展的长期战略。而农业现代化既是“四化同步”战略的重点，也是难点。为此，如何构建适应我国农业现代化发展的劳动力支持体系，是一项重要的战略性命题。而农民工子女作为我国农村发展的精英层人才储备，无疑为解开这道难题提供了“钥匙”。这是因为：农民工子女是未来农村政治建设的组织精英；农民工子女是未来农村经济建设的创业精英；农民工子女是未来农村社会建设的文化精英。

第四，农民工子女教育问题是现代化的关键环节。建设“富强、民主、文明”的现代化国家，是中华儿女的伟大理想。要实现这一伟大理想，我们将面临众多的问题与挑战。而在中国，农民工子女教育问题无疑是破解中国现代化难题的关键环节所在，绝不容忽视。其主要理由有以下几个方面：首先，实现农民工子女受教育权的“法律平等”向“现实平等”，是对现代民主的客观要求，也是实现现代化发展的重要前提；其次，

① 蒋太岩等主编《从歧视走向公平——中国农民工及其子女教育问题调查与分析》，东北大学出版社，2008，第54页。

解决农民工子女教育问题是构建和谐社会的重要保证，也是解决众多社会矛盾的起点和破解“三农”问题的核心；最后，解决农民工子女教育问题是培育“四化”建设新兴职业阶层的根本要求，也是今后相当长一个时期社会建设对未来人力资源的重要选择。

（2）现实意义

基于上述分析，就贵州而言，在新形势、新阶段、新背景下，及时围绕与贵州省“民生工程”相关的“进城农民工子女教育问题”展开系统的研究与探讨，是必要而重要的，除具有上述普遍性的战略意义外，还具有积极的现实意义。

第一，开展“进城农民工子女教育”问题研究，是加强贵州民生建设的需要。

近几年来，贵州党委、政府始终将保障和改善民生作为头等大事来抓；在“十二五”规划中，贵州新一届领导班子更是“给力”民生建设，让“民生工程”占据了“半壁江山”。显然，无论贵州省党委、政府“关注民生，重视民生；保障民生，改善民生”相关政策措施的出台，还是贵州“十大民生工程”的推出，都充分体现了新一届领导班子的民本思想。

第二，开展“进城农民工子女教育”问题研究，是顺应贵州工业化发展的需要。

事实表明，随着“工业化强省”战略的全力推进，贵州既面临着有利的机遇，又面临着巨大的挑战。这种挑战一方面来自高层次工业型人才的缺乏；另一方面来自中低层现代工业劳动力的不足。为此，农民工子女作为贵州工业化发展的新生力量，省委、省政府理应将该群体列为未来现代工人培育的重要对象，并将这一工作视为“科教兴省”“人才强省”的重要内容。

第三，开展“进城农民工子女教育”问题研究，是推进贵州同步建成小康的需要。

根据省委、省政府的要求，贵州到2020年将与全国同步建成小康社会。显然，在未来五年乃至十年的时间里，作为城市弱势群体之一，如何改善和提高进城农民工及子女的素质、技能，无疑将成为贵州省实现全面建设小康社会的重点和难点之一。若不能关注和解决好这一特殊人群的教育、培训等方面的问题，必将阻碍和影响贵州全面建成小康社会的进程。

第四，开展“进城农民工子女教育”问题研究，是加快贵州“四化”进程的需要。

实现“居有所安、行有所便、学有所教、壮有所事、老有所养、病有所医、困有所济、闲有所乐”的发展目标，不仅是贵州人民的共同心愿，更是进城农民工子女的殷切期盼。随着贵州进城农民工子女群体规模的扩大，其对城市乃至全省经济社会发展的影响是明显的。而如何尽可能地关注好、解决好、落实好这一庞大群体在城市中的教育、生活、学习、适应等方面的问题，并使其顺应工业化、城市化、市场化、现代化的发展需要，是贵州省正在面临并将继续面对的重要课题。

第五，开展“进城农民工子女教育”问题研究，是构建贵州和谐社会的需要。

进城农民工子女群体作为城乡二元社会结构的特定产物，其不仅是一个复杂而敏感的社会群体，而且也是一个危机与风险并存的社会群体。鉴于此，能否科学审视和落实好该群体的教育发展问题，不仅是解决好贵州省农民工问题的关键环节所在，而且事关贵州省城市社会乃至整个社会的稳定与和谐。

基于上述理由，根据2013年省委、省政府主要领导的直接指示及精神要求，我们对新形势、新阶段、新发展背景下的“贵州省进城农民工子女教育问题”予以专题关注和深入调研。那么，当前贵州进城农民工子女的教育发展有何新变化、新特点，存在哪些新问题、新困境，应采取什么新对策、新举措。针对这一系列问题，本课题在吸取和借鉴已有相关研究成果的基础上，着重从时效性、咨政性、应用性的角度出发，通过科学的方法和扎实的调研，紧紧围绕贵州省“两加一推”主基调、“四化同步”战略、“城镇化带动”战略的发展要求，并从推动城乡协调发展、同步建成小康社会、构建和谐社会等战略高度，提出开拓性、可行性的对策建议及思路，以供省委、省政府及相关职能部门决策参考。

（二）研究现状及成果评价

全面、系统地总结和比较国内外已有研究成果，既是完善研究思路的需要，也是进行理论探讨的要求，更是推动相关后续研究的前提。就本研究而言，同样如此。

1. 研究现状

全国及各地区农民工子女教育问题日益突现，已引起了各级党委和政府的高度重视。同时，也引起了学界、社会界的积极关注，并提供了越来越多的学术关怀和社会支持。

从国内看，“农民工子女”教育问题已较早成为社会学研究的一个重要视角，并以此透视农村社会的发展与变迁。无论回溯“农民工子女义务教育”政策文本的演变，还是综观已有的研究文献，不难看出“农民工子女教育问题”自 20 世纪 90 年代中期以来，便已逐渐成为政界、学界、社会界共同关注的重要议题。截至目前，从我国已有的研究文献和网络信息看，“农民工子女教育”问题的研究已形成了丰富的成果，相关文章达 10000 余篇（CNKI）、相关著作达 452600 余部（贵州数字图书馆）、博士硕士论文达 230 余篇。目前，学界主要从“教育政策”“教育公平”“教育模式”“教育现状”“城市适应”“教育意愿”“心理健康”“身份认同”“学习差异”“对策措施”“合法权利”等方面对农民工展开研究并形成了一系列代表性成果。具体来看，我国社会学学术界对“农民工”问题展开的研究大体上涉及以下几方面的内容。

第一，从教育政策的角度展开研究。不少研究者从政策层面进行了探讨，并着重关注了有关农民工子女教育政策文本的演变过程，一致认为我国农民工子女教育政策大体经历了起始阶段、发展阶段和改进、完善阶段，并呈现阶段的特征。宋小香、马博、袁凤琴在《农民工子女教育政策变迁分析》中，通过从政策角度入手，将有关农民工子女教育政策分为起始阶段、发展阶段和完善阶段，并对其各阶段的政策特点予以分析，最后对今后农民工子女教育的政策演变进行预测，以期为更好地解决农民工子女教育的问题提供帮助。[①] 周佳在《“农民工子女义务教育”政策文本的演变》一文中，从政策文本演变的视角入手，较全面系统解读了从《流动儿童少年就学暂行办法》到《关于进一步做好进城务工就业农民子女义务教育工作的意见》之间政策内容的转变，并由此揭示国家对农民工子女义务教育问题认识的深入，也展示了“两为主”政策的合法化过程。[②] 李文彬在《农民工子女义务教育政策执行阻滞研究综述》中，对农民工义务教育执行的阻滞问题进行了关注，并指出其阻滞的主要原因在于政策设计的缺

① 宋小香、马博等：《农民工子女教育政策变迁分析》，《贵州师范学院学报》2012 年第 4 期。

② 周佳：《“农民工子女义务教育”政策文本的演变》，《中国教师》2005 年第 5 期。

陷、政策执行遭遇制度和体制障碍、政策资源不足以及利益冲突等方面，并据此提出了提高政策执行效果的对策建议。[①] 朱晓斌在《流动人口子女义务教育政策的价值分析》中，从选择性、合法性和有效性三维度对民工子女义务教育政策进行了价值研究。[②] 周佳在《进城务工就业农民子女义务教育政策执行研究》一文中，从政策执行过程分析入手，针对进城务工就业农民子女义务教育问题，循着政策执行问题察觉、政策执行问题界定、政策执行问题陈述的逻辑顺序和分析框架进行研究。[③] 张璐璐在《进城农民工子女教育问题分析：一种政策视角的考量》中指出，户籍制度、属地管理模式、政策执行中的路径依赖等因素，严重影响了进城农民工子女的教育，进而从政策策略的视角提出了改革户籍管理制度、建立中央财政为主的义务教育财政体制、发放"教育券"、建立全国联网化的学籍管理制度等方面的政策路径。[④]

第二，从教育公平的角度展开研究。蒋太岩等在《从歧视走向公平——中国农民工及其子女教育问题调查与分析》中，从弱势群体的视角切入，深入关注和探讨了规模庞大的中国农民工子女的教育现状及教育公平等问题，并就如何改进进城农民工子女的就学出路、对策建议等进行系统探索[⑤]。孙红玲则在《浅论转型时期流动人口子女的教育公平问题》中，将农民工子女等流动人口子女受教育机会不均等的原因，归因于社会转型时期教育结构、社会结构的调整相对滞后、城乡义务教育资源配置差异及民工家庭背景不同[⑥]。张迎宪在《教育公平：构建和谐社会的基础——四川省农民工子女教育问题的调查》中，指出农民工子女教育问题成为构建和谐社会和确保可持续发展的重要制约因素，因此，从构建和谐社会的视角出发，深入探讨了实现农民工子女教育公平对于推进和谐社会建设的重

---

① 李文彬：《农民工子女义务教育政策执行阻滞研究综述》，《西北农林科技大学学报》（社会科学版）2010 年第 1 期。

② 朱晓斌：《流动人口子女义务教育政策的价值分析》，《教育评价》2003 年第 2 期。

③ 周佳在：《进城务工就业农民子女义务教育政策执行研究》，《清华大学教育研究》2006 年第 4 期。

④ 张璐璐：《进城农民工子女教育问题分析：一种政策视角的考量》，《商丘师范学院学报》2012 年第 8 期。

⑤ 蒋太岩等：《从歧视走向公平——中国农民工及其子女教育问题调查与分析》，东北大学出版社，2008。

⑥ 孙红玲：《浅论转型时期流动人口子女的教育公平问题》，《教育科学》2001 年第 1 期。

要作用，具有积极现实意义。[①] 洪冬梅在《当代社会农民工子女教育公平论》一文中，指出农民工子女教育公平，主要应具备三个特点：政府主导性、权利平等性和相对差异性。[②]

第三，从教育模式的角度展开研究。舒毅彪、马元斌在《农民工子女幸福教育模式的构建》一文中，从构建农民工子女幸福教育模式出发，提出了在教育的人文关怀与心理疏导中体验幸福、在搞好教育服务中分享幸福、在教育劳动创造中提升幸福等思路。[③] 沈小革在《广州市外来人员子女教育模式的社会学分析》中，从学校、学生、教学质量、家长4个指标对教育模式进行分析，并指出这些因素影响了外来人员子女向上流动和与当地社会整合的机会、代际传递明显，不利于帮助处于弱势地位的阶层和群体缩小事实存在的不公平。[④]

第四，从教育现状的角度展开研究。王涤在《关于流动人口子女教育问题的调查》一文中，运用调查数据与资料，从学生、教师、家长等多个层面深入剖析中国目前农民工子女等流动人口学校教育现状，进而对当前解决流动人口子女教育的两种基本途径进行了研究与评价，并着重针对现实存在的问题，围绕中国现行教育制度的改革、新教育制度的创建等，提出了具体的对策建议。[⑤] 沈年耀在《进城农民工子女教育问题现状及对策》中，指出农民工子女在上学、管理、心理诸方面面临的问题日益突出，在很大程度上影响着他们的健康成长，因而必须采取切实有效的措施，使他们同城市孩子一样，接受公平的教育，真正融入他们所生活的城市。[⑥] 贺巍巍、王中男在《农民工子女教育现状透视及对策研究》中，利用文献资料分析的形式，较全面透视了当前我国农民工子女教育现状，阐述了农民子女问题产生的原因，进而探寻解决农民工子女教育问题的对策。卢静在《农民工子女教育现状的分析和研究》中，分析指出了当前我国农民工子

---

① 张迎宪：《教育公平：构建和谐社会的基础——四川省农民工子女教育问题的调查》，《调研世界》2005年第12期。

② 洪冬梅：《当代社会农民工子女教育公平论》，广西民族大学硕士生毕业论文，2008年4月。

③ 舒毅彪、马元斌：《农民工子女幸福教育模式的构建》，《辽宁教育行政学院学报》2008年第9期。

④ 沈小革：《广州市外来人员子女教育模式的社会学分析》，《天府新论》2005年第1期。

⑤ 王涤：《关于流动人口子女教育问题的调查》，《中国人口科学》2004年第8期。

⑥ 沈年耀：《进城农民工子女教育问题现状及对策》，《特区经济》2007年第8期。

女教育的现状不容乐观，表现在农民工子女失学率高、农民工子弟学校境况堪忧、农民工子女适应困难。[①] 秦莹、王宁在《农民工子女在城市中的受教育现状研究》中，分析了农民工子女在城市中的教育现状，阐述了农民工子女获得平等受教育的意义，探讨了农民工子女教育存在的问题及其影响因素，指出了改善农民工子女教育现状是城乡统筹建设发展的根本保障。[②] 此外，还有不少研究者从各地区的实际出发，展开了一系列的调查研究，并揭示了农民工子女教育现状的地区性本土特征，如陈萨莎的《贵阳市随迁农民工子女教育问题及对策研究》、

第五，从心理状况的角度展开研究。不少研究者从心理学的视角着手，深入关注和探讨了有关农民工子女教育过程中的心理问题。熊猛、叶一舵在《中国城市农民工子女心理健康研究述评》一文中，指出中国城市农民工子女心理健康的总体水平低于城市当地儿童，社会认知方面存在着一定的歧视知觉、相对剥夺感和身份认同危机，情绪情感方面表现为情绪不平衡、孤独（抑郁）倾向较强和自卑（自责）心理严重，社会适应方面显示出社会适应不良、人际关系紧张与敏感、学习适应性较差和问题行为较多。[③] 熊易寒在《城市化的孩子——农民工子女的身份生产与政治社会化》一书中，以当代中国城市化浪潮中出现的城市外来务工人员子女的身份认同这一重要问题为分析对象，基于政治学理论与田野调查基础，研究这一主题及其背后所存在的学术问题；通过对个案的调研，作者发现农民工子女的身份认同对于他们的政治态度与行为模式有着至关重要的影响，一方面揭示了农民工子女政治社会化的深层机制；另一方面也补充和修正了政治社会化的一般理论[④]。

第六，从教育意愿的角度展开研究。刘成斌在《留守与流动——农民工子女的教育选择》中，从“城乡和谐发展”的视角，运用社会学社会化理论、人口流动理论、人力资本理论、组织理论对流动农民工子女的教育选择问题进行了深入分析。史柏年、孙立平、周晓春、刘小平在《城市边

① 卢静：《农民工子女教育现状的分析和研究》，《青年文学家》2013 年第 11 期。

② 秦莹、王宁：《农民工子女在城市中的受教育现状研究》，《绿色科技》2012 年第 6 期。

③ 熊猛、叶一舵：《中国城市农民工子女心理健康研究述评》，《心理科学进展》2011 年第 12 期。

④ 熊易寒：《城市化的孩子——农民工子女的身份生产与政治社会化》，上海人民出版社，2010。

缘人——进城农民工家庭及其子女问题研究》中，对城市流动人口中学龄儿童择校意向、城市二代移民的职业期望与社会工作、打工子弟职业教育需求与供给等问题，进行了实证调查分析，进而揭示了进城农民工家庭选择把子女送到简易学校就读的真实原因，呼吁全社会共同帮助城市二代移民真正融入城市社会生活，指出为打工子弟提供职业教育和培训是一种既符合需求又切实可行的选择①。

第七，从对策措施的角度展开研究。陈拓在《改善农民工子女教育现状的对策》一文中，结合当前农民工子女教育呈现“家庭教育的不当”“学校教育的忽视”等问题，提出了改善农民工子女教育的对策，包括“父母必须树立正确的家庭教育观念”“学校对农民工子女要给予更多的关爱”“农民工子女的教育需要家庭、学校、社会三方通力合作”等。② 卢静在《农民工子女教育现状的分析和研究》中，从农民工子女教育的现状出发，在深入探究造成这种现状的原因的基础上，进而寻求完善农民工子女教育问题的具体对策，即“改革户籍制度，加大政府政策的支持”“采取多渠道办学，规范和扶持农民工子弟学校”“依法强化农民工重视子女教育的观念”。③ 王光华、刘永红在《农民工子女教育问题的现状与对策分析》中研究指出，随着经济发展、社会转型、城市农民工的日趋增多，当前我国农民工子女教育问题的现状还很不容乐观，问题主要表现在农民工子女的受教育机会、学业成绩、心理状况以及民工子弟学校的师资和教育教学设施等方面；以此为基础，提出未来农民工子女教育政策的构建必须立足于和依赖于这些复杂的、深层次的问题的解决，并具体就如何解决这些问题提出了有益的对策建议。④ 闫广芬、邵彩玲在《农民工子女融入城市的教育对策》中研究指出，农民工子女的城市融入是一项系统的工程，必须拓展教育视野，构建家庭、学校、社会全方位的教育体系。⑤

从国外看，由于工业化和城市化是同步的，农民进了工厂，也就自然

① 史柏年等编著《城市边缘人——进城农民工家庭及其子女问题研究》，社会科学文献出版社，2005。

② 陈拓：《改善农民工子女教育现状的对策》，《基础教育研究》2009年第1期。

③ 卢静：《农民工子女教育现状的分析和研究》，《青年文学家》2013年第11期。

④ 王光华、刘永红：《农民工子女教育问题的现状与对策分析》，《攀枝花学院学报》2008年第1期。

⑤ 闫广芬、邵彩玲：《农民工子女融入城市的教育对策》，《当代教育论坛（宏观教育研究）》2008年第12期。

成为城市居民。换句话说，从“农民”向“市民”的身份转变是一步完成的，因此，对于发达国家来说，已不存在农民工问题，更无农民工子女的教育问题，这是中国现代化进程中的特色所在。而对于国外一些发展中国家（如巴西、印度等）而言，虽然没有成功地化解了“农民”向“市民”转变中的“半城市化”问题，但也没有形成“农民工”问题，而是演变成另一个结构性问题——“城市贫民窟”现象。不过，值得关注的是，国外有关人口迁移和移民教育理论方面的研究成果较多，如曼努埃尔·加米奥主张各民族在平等、交往、互助的基础上结合成一个国家、一个国民；James A. Banks 提出的多元文化教育，主张给学生提供文化选择的权利与机会，努力消除对亚文化和少数民族的歧视及由此而产生的心理痛苦，培养学生跨文化的适应能力，等等。虽然这些理论大多是站在完全市场化的基础上进行研究的，但无论对我国开展有关农民工子女教育问题的理论探讨还是应用研究，都具有重要的参考价值。

从省内看，贵州同类研究起步相对较晚、滞后，从事研究的人员也大多为实际部门的工作人员，因此形成的理论性研究成果较少。综观已有的文献和网络信息，贵州省有关“农民工子女教育”研究的期刊文章仅为 15 篇，如肖庆华的《农民工子女教育研究的立场》、刘明的《农民子女义务教育问题研究》、宋小香等的《农民工子女教育政策变迁分析》、王正福的《想方设法解决农民工子女教育问题》、罗倩的《论从完善法律制度上保障农民工子女教育权的实现》、张怀德、鲁雪梅、邹忠典、曾蝶、余杰的《贵阳市农民工子女教育问题研究》、陈萨莎的《贵阳市随迁农民工子女教育问题及对策研究》、张雪丽的《贵阳市农民工子女融入城市教育的调研》、吴振华、吴晓萍的《农民工子女教育问题——贵阳市农民工子女教育状况访谈》等。

2. 成果评价

从国内看，无论早期（20 世纪 80 年代末至 90 年代）有关农民工子女教育问题的研究及成果，还是当前（进入 21 世纪后）相关农民工子女教育问题的研究及成果，无疑对推进我国农民工子女问题研究都做出了应有的努力与贡献。在这些成果中，无论是有关农民工子女教育问题的理论探讨还是实证研究，其相关成果都具有宝贵的参考价值。值得指出的是，由于研究者所处时代、阶段的不同，加上研究视角、领域、方法、层面等方面的偏好，因此不同成果之间又存在差异。但是，从总体上看，有关农民工子女教育问题研究的区域性、民族性、欠发达性等视角的关注不够，仍需要进一步强化、补充、丰富和完善。具体来看，在国内已有的农民工子女教育问题研究中，其“四多四少”现象值得引起关注。

第一，针对全国、东部发达地区的研究较多，而针对西部地区尤其是欠发达地区的关注少。通过文献比较分析后，不难发现，目前学者们更多地将目光集中到对全国、东部发达地区农民工子女教育问题的关注与研究上，相反对西部欠发达地区有关农民工子女教育问题的关注力度则相对不够，以至于研究过程中极难从已有文献资料中收集到有关西部地区农民工子女教育问题的专题研究与成果内容。针对这一现状，积极关注和探讨贵州这类西部欠发达地区农民工子女教育问题，理应成为西部学者研究的一项重要内容。

第二，从单学科开展研究的较多，而从多学科进行综合研究的较少。在有关农民工子女教育问题的已有研究及成果中，人们或侧重于政治学或侧重于教育学或侧重于社会学或侧重于经济学或侧重于人口学或侧重于心理学等单一学科的关注与考察，而对农民工子女教育问题进行多学科交叉性综合研究的相对较少。

第三，从横向上进行静态式考察的较多，而从纵向进行动态式跟踪研究的较少。出于种种原因，加上研究条件的限制和影响，致使已有农民工子女教育的研究成果更多停留在静态式的考察与分析，而专门针对某一专题、某一区域所进行的长期性动态式跟踪调查研究则较少。这些研究多是从某一时点、截面切入，对相应的农民工子女教育问题进行横向研究，而从纵向的视角展开对相应问题的长期性研究则不多见。

第四，基于定性分析研究的较多，而将定量与定性有机结合的综合研究较少。在已有农民工子女教育问题的已有研究及成果中，人们更多借助于文献资料（包括二手资料的开发利用）展开定性研究与分析，而借助第一手实证调查资料（包括问卷调查、座谈访问、个案调查等资料）进行定量与定性相结合的综合性研究较少。

鉴于上述分析，本课题在汲取、借鉴已有研究成果和克服选题“偏好”的基础上，着重围绕欠发达贵州地区“进城农民工子女教育”这一问题展开，并使其成为融理论性与应用性于一体、定性与定量相结合的综合性研究。具体来看，本课题从贵州省“经济社会、教育政策、农民工子女”三大主体的构成形态出发，系统、准确、深层次地揭示“经济水平与农民工子女教育发展”“政策法规与农民工子女就学机会”“育人环境与农民工子女社会化”等方面的关系特征、运作机制、影响程度。

（三）概念分析及研究思路

1. 概念分析

出于研究之需，在正式展开进城农民工子女教育问题的理论和实证分析之前，我们有必要对课题研究中相关的几个重要概念进行简要的分析与说明，以便更好地理解和认识农民工子女教育问题。

农民工子女

正如“农民工”的研究与界定一样，关于“农民工子女”的含义，出于研究者的需要，人们分别进行了相关的研究与界定。总体上看，尽管这些研究与界定的内容各有侧重，但又有相同之处。

从广义上看，“农民工子女”是指在本地乡镇企业或者进入城镇务工的农业户口人员的子女；从狭义上看，它是指随父母进入城镇或留在农村学习生活的农村务工人员子女，包括农民工的“随迁子女”和“留守子女”。

进城农民工子女

基于上述分析，在这里对我们所探讨的“进城农民工子女”进行界定。在本研究中，我们着重探讨的“进城农民工子女”，主要是指跨区域外出进城务工的农村劳动力子女，不包括就地务工的农村劳动力子女（如乡企工人），是一种狭义上的概念。具体而言，在本研究中的“进城农民工子女”是指具有农村户籍，处于适学年龄阶段，并随父母或其他监护人离开原居住地，到所在县（区）地域以外的省内城市中学习生活的农村务工就业农民子女。从年龄上看，进城农民工子女主要是处于6至17周岁；从类型上看，主要是指具有农村户籍的城市小学生和城市初中生。之所以这样进行界定，主要是为了保持与国家有关农民工子女教育政策法规中的主体一致性，意指进城务工就业农民的适龄儿童、少年，即接受义务教育的未成年子女。

教育

“教育”是一个广泛的概念，它是培养新生一代准备从事社会生活的整个过程，也是人类社会生产经验得以继承发扬的关键环节，还是一个人社会化的整体过程。①

---

① 资料来源：http://baike.baidu.com/view/3496.htm。

从广义上讲，是指增进人们的知识和技能、影响人们的思想品德的一切活动。从狭义上讲，主要是指学校教育，其含义是教育者根据一定社会的要求，有目的、有计划、有组织地对受教育者的身心施予影响，把他们培养成为一定社会所需要的人的活动；其类型有正规教育、成人教育、技术教育、特殊教育、终身教育等。①

在本课题研究中，我们所探讨的“教育”概念，是狭义上的，具体主要指未成年子女的义务教育②。之所以进行这样的界定，一是基于现行有关农民工子女教育政策法规之规定③，二是出于研究对象主要是进城农民工的未成年人子女。

基于此，在本研究中，我们所关注和探讨的“进城农民工子女教育”，主要是指进城农民工未成年子女的义务教育，因而对农民工子女的学前教育、普通高中教育等未作过多关注。为此，若无特殊说明，本研究中探讨的“进城农民工子女教育”，均指在本省城市范围内的农民工子女义务教育。

2. 研究思路

全面关注和解决农民工子女教育问题，事关“三农”问题的解决，事关“四化同步”战略的推进，事关国家及地区现代化的进程，事关整个经济社会的发展与稳定。而对于贵州而言，如何在“城镇化带动”战略、“四化同步”战略的政策背景下，积极关注和解决进城农民工子女教育问题，更具有重要的现实意义和应用价值，其涉及未来数十年贵州经济能否持续增长、社会能否和谐稳定和城乡能否协调发展的基本问题。

基于此，本研究力求一切从贵州地区的实际出发，结合“经济、政治、文化、社会”几大主体的构成形态，揭示“同一政策”文本在不同地区的差异性运作模式；进而深入分析体制设置、政策规定的合理性与现实

---

① 资料来源：http://www.360doc.com/content/11/0308/14/64202_99227575.shtml，2011-06-06。

② 在这里需要说明的是，义务教育是基础教育中的重要组成部分，但不等同于基础教育，基础教育还包括学前教育和普通高中教育。

③ 根据《中华人民共和国义务教育法》规定：“第十二条：适龄儿童、少年免试入学。地方各级人民政府应当保障适龄儿童、少年在户籍所在地学校就近入学。父母或者其他法定监护人在非户籍所在地工作或者居住的适龄儿童、少年，在其父母或者其他法定监护人工作或者居住地接受义务教育的，当地人民政府应当为其提供平等接受义务教育的条件。”

执行的矛盾性之间的内在成因；并进一步深入剖析不同人群因户籍身份标签所造成的教育机会及资源分享的非均衡化；从而最终全面、系统、深层次地对西部欠发达地区教育在政策、环境、条件等方面的滞后性与农民工子女教育及社会化过程的不利性，进行整体把握。以此为基础，通过对贵州城市教育政策和运行方式的反思与整理，从而积极推进该地区教育政策与法规的健全与完善，进而确立以制度创新为核心、以提高农民工子女素质为目标、以实现城市教育公平为宗旨的发展战略和长远方针。

具体来看，本课题以文献查阅、问卷调查、个案访谈为主要研究方法，从“教育公平”视角入手，分七个部分展开论述。

第一部分为“绪论”。介绍了本课题的选题背景与研究意义、研究现状与文献述评、概念分析与研究思路、研究方法与数据来源等问题。

第二部分为“国家及地方教育政策法规的调整与影响”。通过文献法，从国家及地方的视角出发，就农民工子女教育政策法规文本的演变过程、内容变化及影响作用，进行了系统的回顾与梳理。

第三部分为“贵州进城农民工子女教育条件的审视与反思”。该部分结合贵州经济社会发展实际，就进城农民工子女教育过程中经济水平的制约性、政策法规的滞后性、教育机会的差异性、学习条件的有限性等现实条件及问题，进行了科学的审视与反思，并做了理性的考察与评判。

第四部分为“贵州进城农民工子女教育的现状与特征”。该部分以问卷调查数据为基础与依据，并结合人口普查、统计年鉴以及其他相关调查数据，翔实分析了贵州进城农民工子女在城市中的教育资源与现实分布、就读环境与条件选择、家庭教育与监护管理、学习表现与成绩比较、人际关系与身心健康、城市归属与身份认同等六大方面的现状与特征。

第五部分为“制约贵州进城农民工子女教育发展的主要因素”。该部分从政治、学校、家庭、学生入手，系统分析了这四大因素所面临的问题与困境，并揭示了这些问题与困境对贵州进城农民工子女教育发展的现实影响与制约作用。

第六部分为“贵州进城农民工子女的社会心理与预期”。以问卷调查数据为基础，并结合社会心理学的相关理论知识，深入探讨了贵州进城农民工子女对教育政策法规的社会认知、态度评价、心理预期等方面的问题，并就其态度倾向与预期进行了比较分析。

第七部分为“改进农民工子女教育环境的发展路径与对策建议”。从实际出发，结合贵州“经济、政治、文化、教育”的发展形态，系统、全面地探讨了改进农民工子女教育环境的“三大”发展路径和“五大”对策建议。

基于以上研究思路与分析框架，本课题力求实现以下几方面的创新。

一是在深入分析贵州进城农民工子女教育形态及特征的基础上，进一步揭示农民工子女这一“边缘群体”在政策、环境、心理等多重因素影响下的社会化模式。

二是以欠发达地区贵州为典型个案研究，并将其与全国、中东部地区进行比较，以考察彼此之间在“质”与“量”上的差异性特征，进而对“同一教育政策”文本在不同城市环境里的运行状态、效能与趋势等进行理论层面上的总结和提升。

三是首次就贵州进城农民工子女教育问题展开全面、系统的研究，并运用社会学与经济学、政治学、法学、心理学等多学科相结合，注重理论与实践、定性与定量、多学科交叉分析等并用，最终形成相对完善的研究框架和理论体系。

四是结合“工业强省”战略、“城镇化带动”战略和“四化同步”战略的政策要求，通过对贵州地区农民工子女教育问题这一特定层面进行关注，并运用社会学理论解释农民工及子女产生“半城市化”“边缘化”等现象，剖析其城镇化进程中“融而不入”的深层根源，最终总结和反思促进贵州省进城农民工子女教育环境与条件改善的发展路径与对策建议。

（四）研究方法与数据来源

1. 研究方法

本课题采取社会学、经济学、政治学、教育学、法学、心理学、人口学等多学科结合和边缘性交叉的研究模式，使本项目成为融理论性、政策性、可行性为一体的创新性研究；以实证分析、文献分析、定量分析与定性分析相结合，最终达到为欠发达地区、地方决策机构、职能部门、实际工作者提供具有开拓性、指导性的教育发展路径和对策方案。在具体开展实证研究时，我们将以问卷调查为重点、座谈访问为基础、个案研究为补充。

文献研究

通过文献研究，我们一方面可以间接了解到有关农民工子女教育的基本情况及特点；另一方面可以系统整理有关农民工子女教育研究的书面材料、文字材料、网络资料等，进而分析学术界在农民工子女教育研究上取得的进展、成效等。在此基础上，还可进一步总结和归纳出已有研究的基本方向、优点缺点、存在问题等。为此，根据课题研究的需要，我们先后收集相关文献资料100余万字，其中包括专著、报告、论文、报纸、文件、领导讲话及各种网络资料，等等。显然，这将有利于全面收集与系统整理有关“进城农民工子女教育”的理论素材（书面材料、文字材料、网络资料等）；有利于间接了解省内外尤其是贵州进城农民工子女教育的现状、特点、趋势。

座谈访问

课题组组织项目成员前往贵阳、遵义、凯里、铜仁、毕节等城市开展座谈访问工作。通过对全省及各地教育部门、学校、人口普查办等部门的座谈，一是有利于真实掌握贵州省进城农民工子女教育的现状与特征；二是有利于听取部门、基层人员的宝贵意见与建议。

问卷调查

通过精心的组织和安排，课题组带领20名调查员前往被调查城市开展“贵州进城农民工子女教育状况”问卷调查活动。在实施调查的过程中，课题组成员进行现场的指导和监督，由调查员采取访谈式进行问卷调查，从而确保此次调查的质量和代表性。

在问卷调查中，我们以贵阳市、遵义市、凯里市、铜仁市、毕节市等地为主要研究范围，以进城农民工子女为研究对象，从各类在读农民工子女中抽取一定数量的人构成调查样本。此次调查抽取400名不同性别、不同年龄、不同民族、不同年级、不同班级的贵州进城农民工子女（10—17岁）作为问卷调查对象。在具体实施问卷调查的过程中，正式发放调查问卷400份，回收有效问卷346份，有效回收率86.5%，符合大型社会调查的要求与标准。在有效问卷中，贵阳市占29.19%，遵义市占17.92%，凯里市占16.76%，铜仁市占17.34%，毕节市占18.79%（见表1）。

表1　2013年“贵州进城农民工子女教育状况”抽样调查样本分布

问卷分布 / 地区	发放问卷（份）	回收有效问卷（份）	占有效问卷的比例（%）
贵阳市	110	101	29.19
遵义市	80	62	17.92

续表

地区 \ 问卷分布	发放问卷（份）	回收有效问卷（份）	占有效问卷的比例（%）
凯里市	70	58	16.76
铜仁市	70	60	17.34
毕节市	70	65	18.79
合计	400	346	100.00

通过对本次有效问卷的统计分析，其样本的基本情况请见表2。

表2　本次回收有效样本的基本情况

变量	选项	频次（人）	百分比（%）	累计百分比（%）
性别	男	191	55.1	55.1
	女	155	44.9	100.0
年龄	10岁	7	1.9	1.9
	11岁	19	5.6	7.4
	12岁	38	11.1	18.5
	13岁	125	36.1	54.6
	14岁	99	28.7	83.3
	15岁	40	11.6	94.9
	16岁	11	3.2	98.1
	17岁	7	1.9	100.0
民族	汉族	239	69.0	69.0
	少数民族	107	31.0	100.0
户籍所在地	贵阳	34	9.7	9.7
	遵义	100	29.0	38.7
	安顺	14	4.1	42.8
	黔南	5	1.4	44.2
	铜仁	16	4.6	48.8
	毕节	136	39.2	88.0
	六盘水	8	2.3	90.3
	黔西南	6	1.8	92.2
	在省外	27	7.8	100.0

续表

变量	选项	频次（人）	百分比（%）	累计百分比（%）
家庭人口	3 人	45	12.9	12.9
	4 人	158	45.6	58.5
	5 人	73	21.2	79.7
	6 人	43	12.4	92.2
	7 人及以上	27	7.8	100.0
兄弟姐妹数	1 个	33	9.6	9.6
	2 个	128	37.0	46.6
	3 个	87	25.1	71.7
	4 个	47	13.7	85.4
	5 个	27	7.8	93.2
	6 个	20	5.9	99.1
	7 个及以上	3	0.9	100.0
进城读书兄弟姐妹数	1 个	82	23.6	23.6
	2 个	138	39.8	63.4
	3 个	72	20.8	84.3
	4 个	29	8.3	92.6
	5 个	15	4.2	96.8
	6 个及以上	11	3.2	100.0
学校类型	公办学校	133	38.4	38.4
	民办学校	213	61.6	100.0
父亲文化程度	文盲	11	3.3	3.3
	小学	102	29.4	32.7
	初中	151	43.5	76.2
	高中	32	9.3	85.5
	大学	3	0.9	86.4
	不清楚	47	13.6	100.0
母亲文化程度	文盲	21	6.0	6.0
	小学	167	48.4	54.4
	初中	84	24.2	78.6
	高中	19	5.6	84.2
	大学	5	1.4	85.6
	不清楚	50	14.4	100.0

续表

变量	选项	频次（人）	百分比（%）	累计百分比（%）
父亲职业	工人（在工厂、企业、建筑、环卫等）	181	52.4	52.4
	服务员	10	2.9	55.3
	个体经营者	72	20.9	76.2
	家务劳动	8	2.4	78.6
	私营老板（雇请8个以上工人）	12	3.4	82.0
	农业劳动者	12	3.4	85.4
	其他工作	51	14.6	100.0
母亲职业	工人（在工厂、企业、建筑、环卫等）	109	31.5	31.5
	服务员	37	10.8	42.3
	个体经营者	83	23.9	66.2
	家务劳动	63	18.3	84.5
	私营老板（雇请8个以上工人）	11	3.3	87.8
	农业劳动者	10	2.8	90.6
	其他工作	33	9.4	100.0
父亲平均务工收入	800元以下/月	15	4.2	4.2
	800—1500元/月	50	14.4	18.5
	1500—2000元/月	48	13.9	32.4
	2000元以上/月	77	22.2	54.6
	不清楚	157	45.4	100.0
母亲平均务工收入	800元以下/月	33	9.6	9.6
	800—1500元/月	61	17.7	27.3
	1500—2000元/月	53	15.3	42.6
	2000元以上/月	42	12.0	54.5
	不清楚	157	45.5	100.0

说明：本表中各变量的“百分比”是指样本的有效百分比，均不包括缺失值的情况。

2. 数据来源

根据研究的实际需要，本项目研究所采用的数据主要来源于以下几方面。

第一，2013年“贵州进城农民工子女教育状况”问卷抽样调查数据。主要包括贵阳市、遵义市、凯里市、铜仁市、毕节市等城市的问卷调查资料（样本规模400份，有效问卷346份）。

第二，贵州省人口普查数据。主要包括1982年、1990年、2000年、2010年贵州省人口普查资料。

第三，贵州统计年鉴数据。主要包括1983—2012年贵州统计年鉴资料（由于各年度统计年鉴需到次年年底才能出版发行，因此，本课题研究所引用资料，主要反映的是2012年及以前的统计数据）。

第四，其他相关调查数据。主要包括：2011年贵州省社科院重大课题“贵州省社会发展形势及趋势预测”子课题“贵州省新生代农民工问题研究”抽样调查数据①；2011年贵州省哲学社会科学规划青年课题“贵州‘新生代’农民工的生存状态及发展对策研究”抽样调查数据②；2012年贵州省社会科学院著作出版资助项目“农民工：城镇化进程中的边缘群体”问卷抽样调查数据③。

二　国家及地方教育政策法规的调整与影响

随着我国城市化进程不断加快，自20世纪90年代以来，农村进城务工人数急剧增加，并呈现“举家式”迁流的特点，致使进城农民工子女教育问题日益突出。为此，国家及各省、自治区、直辖市在十余年来，先后出台了一系列法律法规及相关政策，为解决农民工及其子女教育问题起到了重要的引领作用，也提供了相应的法律性、制度性保障。

（一）国家有关农民工子女教育政策的调整与影响

1. 农民工子女教育政策文本的演变

1995年，教育部将研究解决流动人口子女教育问题列入当年的议事日程，并由基础教育司义务教育处与北京市教育科学研究所联合开始调查，正式研究流动人口子女入学问题。

1996年4月，教育部印发了《城镇流动人口中适龄儿童少年就学办法

① 2010年“贵州省新生代农民工基本状况”问卷抽样调查，样本规模400份，回收有效问卷353份。

② 2011年“贵州新生代农民工生存与发展状况”问卷抽样调查数据，样本规模800份，回收有效问卷759份。

③ 2011年“贵州城市农民工生存与发展状况”问卷抽样调查数据，样本规模1000份，回收有效问卷886份，在有效问卷中，新生代农民工为582份，非新生代农民工为304份。

(试行)》，并在部分省、市、区进行试点。①

1998年，国家教委、公安部联合发布《流动儿童少年就学暂行办法》(以下简称《办法》)。《办法》规定："第七条　流动儿童少年就学，以在流入地全日制公办中小学借读为主，也可入民办学校、全日制公办中小学附属教学班（组）以及专门招收流动儿童少年的简易学校接受义务教育。"② 这是国家首次以法规政策的形式，将以农民工子女为主体的流动儿童少年纳入国家教育发展规划之中，为该群体的教育开启了一扇窗。

2001年6月，国务院印发了《关于基础教育改革与发展的决定》，进一步明确"要重视解决流动人口子女接受义务教育问题，以流入地区政府管理为主，以全日制公办中小学为主，采取多种形式，依法保障流动人口子女接受义务教育的权利"。这样，使公办学校成为解决流动人口子女入学的主渠道。③

2003年1月15日，国务院办公厅发布《关于做好农民进城务工就业管理和服务工作的通知》。第6条规定"要保障农民工子女接受义务教育的权利。流入地政府应采取多种形式，接收农民工子女在当地的全日制公办中小学入学，在入学条件等方面与当地学生一视同仁，不得违反国家规定乱收费，对家庭经济困难的学生要酌情减免费用。要加强对社会力量兴办的农民工子女简易学校的扶持，将其纳入当地教育发展规划和体系，统一管理。简易学校的办学标准和审批办法可适当放宽，但应消除卫生、安全等隐患。教师要取得相应任职资格。教育部门对简易学校要在师资力量、教学等方面给予积极指导，帮助完善办学条件，逐步规范办学，不得采取简单的关停办法，造成农民工子女失学。流入地政府要专门安排一部分经费，用于农民工子女就学工作。流出地政府要配合流入地政府安置农民工子女入学，对返回原籍就学的，当地学校应当无条件接收，不得违规收费"。④

2003年9月30日，经国务院同意，教育部、中央编办、公安部、发展改革委、财政部、劳动保障部联合发布《关于进一步做好进城务工就业

① 国家教委：《城镇流动人口中适龄儿童、少年就学办法（试行）》，1996年发布。

② 国家教委、公安部：《流动儿童少年就学暂行办法》，1998年联合发布。

③ 国务院：《关于基础教育改革与发展的决定》，2001年6月印发。

④ 国务院办公厅：《关于做好农民进城务工就业管理和服务工作的通知》，2003年1月15日发布。

农民子女义务教育工作的意见》（以下简称《意见》）。《意见》规定：进城务工就业农民流入地政府（以下简称“流入地政府”）负责进城务工就业农民子女接受义务教育工作，以全日制公办中小学为主。地方各级政府特别是教育行政部门和全日制公办中小学要建立完善的保障进城务工就业农民子女接受义务教育的工作制度和机制，使进城务工就业农民子女受教育环境得到明显改善，九年义务教育普及程度达到当地水平。农民子女城市学生上学收费一视同仁。”① 该《意见》出台，标志着我国有关进城务工就业农民子女教育的专项政策诞生，具有划时代的意义。

2006 年 6 月 29 日，中华人民共和国第十届全国人民代表大会常务委员会第二十二次会议审议通过了新修订的《中华人民共和国义务教育法》，明确规定“第十二条：适龄儿童、少年免试入学。地方各级人民政府应当保障适龄儿童、少年在户籍所在地学校就近入学。父母或者其他法定监护人在非户籍所在地工作或者居住的适龄儿童、少年，在其父母或者其他法定监护人工作或者居住地接受义务教育的，当地人民政府应当为其提供平等接受义务教育的条件”。② 这在很大程度上标志着进城务工就业农民子女公平接受义务教育问题再也不是局限在一个有无法律保障的问题，而是提上了法律层面，转变成一个以法律为依据的政府行为。③

2006 年，国务院发布《国务院关于解决农民工问题的若干意见》，其中规定“保障农民工子女平等接受义务教育。输入地政府要承担起农民工同住子女义务教育的责任，将农民工子女义务教育纳入当地教育发展规划，列入教育经费预算，以全日制公办中小学为主接收农民工子女入学，并按照实际在校人数拨付学校公用经费。城市公办学校对农民工子女接受义务教育要与当地学生在收费、管理等方面同等对待，不得违反国家规定向农民工子女加收借读费及其他任何费用。输入地政府对委托承担农民工子女义务教育的民办学校，要在办学经费、师资培训等方面给予支持和指导，提高办学质量。输出地政府要解决好农民工托留在农村子女的教育

---

① 教育部、中央编办、公安部、发展改革委、财政部、劳动保障部：《关于进一步做好进城务工就业农民子女义务教育工作的意见》，2003 年 9 月 30 日联合发布。

② 中华人民共和国第十届全国人民代表大会常务委员会：《中华人民共和国义务教育法》，2006 年 6 月 29 日第二十二次会议审议通过新修订。

③ 周佳：《“农民工子女义务教育”政策文本的演变》，《中国教师》2005 年第 5 期。

问题”。[①]

总体看来，自20世纪90年代以来，我国有关农民工子女教育政策文本的演变，大体上经历了限制阶段、被动应对阶段和高度重视且积极解决阶段。每个新的阶段都是对前一阶段的发展与延伸，并在农民工子女教育权利方面有所拓展，有所进步，充分体现了党和政府对农民工及子女的政策关怀与支持。

2. 农民工子女教育政策调整的意义

20世纪90年代以来，纵观我国农民工子女教育政策，涉及不少的政策法规文本，但是，其中最具代表性的政策法规有两项，即1998年《流动儿童少年就学暂行办法》（以下简称《办法》）和2003年《关于进一步做好进城务工就业农民子女义务教育工作的意见》（以下简称《意见》）。无论是《办法》还是《意见》，均是针对农民工子女这一主体的政策法规。因此，通过比较两者之间差异及内容变化，便可窥视我国农民工子女教育政策的调整及现实意义。从某种意义上说，我国农民工子女教育政策文本的演变史，也是农民工子女教育权利及机会不断增多的变迁史。

下面我们从《办法》到《意见》中的“六大”转变，解读我国农民工子女教育政策调整的意义。

第一，政策对象由“相对主体”到“直接主体”的转变。《办法》规定中的“流动儿童少年”是一个相对宽泛的政策对象，而“农村进城务工人员子女”只是这一政策对象的组成部分，因此，其在政策规定中只是一个“相对主体”[②]。《意见》规定中首次将“进城务工就业农民子女”作为直接的政策对象予以明确，并由国务院办公厅转发，成为国办〔2003〕73号文件；作为解决农民工子女义务教育的一项具体政策，《意见》还将进城务工就业农民子女义务教育问题定位为“我国城市化进程”中的重大社会问题。如此一来，这一问题也不再是一个单纯的教育政策问题，而是一项重大的公共政策问题。正如《意见》指出“第一条：做好进城务工就业农民子女义务教育工作，是实践‘三个代表’重要思想的具体体现……各级政府要以强烈的政治责任感，认真扎实地做好这项工作”。[③] 由此可见，

① 国务院：《国务院关于解决农民工问题的若干意见》，2006年发布。

② 国家教委、公安部：《流动儿童少年就学暂行办法》，1998年联合发布。

③ 教育部、中央编办、公安部、发展改革委、财政部、劳动保障部：《关于进一步做好进城务工就业农民子女义务教育工作的意见》，2003年9月30日联合发布。

实现由《办法》中的“相对主体”向《意见》中的“直接主体”的转变，表明了国家已逐渐将进城农民工子女纳入了政策核心，具有重大的战略性意义。

第二，行政区划由“户籍所在地”到“流出地”的转变。《办法》规定“流动儿童少年常住户籍所在地人民政府应严格控制义务教育阶段适龄儿童少年外流”[①]，可见，此时流动儿童少年常住户籍所在地人民政府的责任，是控制外流。《意见》规定“进城务工就业农民流出地政府（以下简称“流出地政府”）要积极配合流入地政府做好外出务工就业农民子女义务教育工作”的表述中，用“流出地”代替了“户籍所在地”的提法，由此削弱“户籍制度”带来的刚性障碍。不仅如此，《意见》在对流入地政府做出“做好外出务工就业农民子女义务教育工作”约束的同时，对流出地政府所应承担的责任和义务也做了明确的规定：“流出地政府要建立健全有关制度，做好各项服务工作，禁止在办理转学手续时向学生收取费用……外出务工就业农民子女返回原籍就学，当地教育行政部门要指导并督促学校及时办理入学等有关手续，禁止收取任何费用。”[②] 不难看出，这些新的政策规定更符合农民工子女流动性强、就学不稳定等方面的特点，有利于促使该群体在不同地方的学习能够得以衔接，其对学籍的建立、延续、管理等方面也会起到积极而重要的作用。

第三，义务教育从“差别对待”到“一视同仁”的转变。《办法》规定“流动儿童少年就学应保证完成其常住户籍所在地人民政府规定的义务教育年限，有条件的地方，可执行流入地人民政府的有关规定”[③]，这就表明了各地方义务教育之间是存在着差距的。与之相比，《意见》则强调“地方各级政府特别是教育行政部门和全日制公办中小学要建立完善保障进城务工就业农民子女接受义务教育的工作制度和机制，使进城务工就业农民子女受教育环境得到明显改善，九年义务教育普及程度达到当地水平”，体现了一视同仁的政策关怀与精神要求；同时明确了“进城务工就业农民流入地政府（以下简称“流入地政府”）负责进城务工就业农民子

① 国家教委、公安部：《流动儿童少年就学暂行办法》，1998 年联合发布。

② 教育部、中央编办、公安部、发展改革委、财政部、劳动保障部：《关于进一步做好进城务工就业农民子女义务教育工作的意见》，2003 年 9 月 30 日联合发布。

③ 国家教委、公安部：《流动儿童少年就学暂行办法》，1998 年联合发布。

女接受义务教育工作，以全日制公办中小学为主”。[1] 更值得一提的是，《意见》规定中还突破性地对教育部门、公安部门、发展改革部门、财政部门、机构编制部门、劳动部门等机构的责任和义务进行了具体的约束，并要求各职能部门之间要协同完成这项任务。[2]

第四，政策理念从“单一”到“多方”的转变。《办法》规定了父母或其他监护人应送子女或其他被监护人入学接受规定年限的义务教育[3]，但无其他方面的权益关注。然而，在《意见》规定中，除了要求父母送子女入学，还充分考虑到了义务教育费用对进城务工就业农民家庭的影响，加大了对家庭经济困难的进城务工就业农民子女就学多方帮扶[4]。所有这些，充分体现了“以人为本”的施政理念，实现了从“单一”关注向“多方”支持的转型。

第五，就学方式从“借读”到“接收”的转变。在就学方式上，《办法》规定了“以在流入地全日制公办中小学‘借读’为主”[5]。而《意见》中则特别强调“以流入地全日制公办中小学作为主要的接收渠道，对进入学校学习的农民工子女要做到一视同仁”[6]。显然，这种强制性的政策要求，将有利于大大减轻农民工子女的心理压力，增强他们对城市的归属感和公平感。

第六，简易学校从“允许”到“纳入民办教育管理范畴”的转变。《意见》强调，把简易学校纳入民办教育管理范畴，加以指导和扶持。在保证师资、安全、卫生的前提下，放宽对社会力量办学的审批条件，扶持、帮助达到标准和要求的民办学校做好教学工作，提高教育质量[7]。与之相比，《办法》则规定，招收流动儿童少年就学的全日制公办中小学，

① 教育部、中央编办、公安部、发展改革委、财政部、劳动保障部：《关于进一步做好进城务工就业农民子女义务教育工作的意见》，2003年9月30日联合发布。

② 教育部、中央编办、公安部、发展改革委、财政部、劳动保障部：《关于进一步做好进城务工就业农民子女义务教育工作的意见》，2003年9月30日联合发布。

③ 国家教委、公安部：《流动儿童少年就学暂行办法》，1998年联合发布。

④ 教育部、中央编办、公安部、发展改革委、财政部、劳动保障部：《关于进一步做好进城务工就业农民子女义务教育工作的意见》，2003年9月30日联合发布。

⑤ 国家教委、公安部：《流动儿童少年就学暂行办法》，1998年联合发布。

⑥ 教育部、中央编办、公安部、发展改革委、财政部、劳动保障部：《关于进一步做好进城务工就业农民子女义务教育工作的意见》，2003年9月30日联合发布。

⑦ 教育部、中央编办、公安部、发展改革委、财政部、劳动保障部：《关于进一步做好进城务工就业农民子女义务教育工作的意见》，2003年9月30日联合发布。

可依国家有关规定按学期收取借读费。[①] 这实际上是政府对简易学校在解决农民工子女义务教育问题中所起重要作用的充分肯定，同时，也是政府为大中城市设立专门吸收农民工子女的学校提供一个前提，原因在于公立学校要全部解决农民工子女就学问题目前还不太现实，也存在着各种各样的困难。

综上所述，无论是《办法》还是《意见》，都是由中央机关制定的解决农民工子女义务教育问题的权威性教育政策；因而从两项政策文本的演变中，充分反映出国家对农民工子女义务教育问题的重视与认识的深入，也体现出“两为主”政策的合法化过程。而上述“六大”方面的转变，则充分反映了进城农民工子女教育政策经历了一个逐步调整与改善的过程，标志着农民工子女教育实现由“限制”到“共享”和“借读”到“公读”的转变。

（二）地方有关农民工子女教育政策的调整与影响

1. 贵州农民工子女教育政策文本的演变

1987 年 7 月 16 日贵州省第六届人民代表大会常务委员会第二十五次会议通过《贵州省实施〈中华人民共和国义务教育法〉暂行条例》。[②]

1994 年 11 月 29 日贵州省第八届人民代表大会常务委员会第十二次会议通过的《贵州省实施〈中华人民共和国义务教育法〉办法》。[③]

2010 年 12 月 2 日，根据党中央、国务院部署，为认真贯彻落实《国家中长期教育改革和发展规划纲要（2010—2020 年）》，进一步确立教育优先发展的战略地位，加快贵州教育改革发展进程，贵州省委、省政府制定印发了《贵州省中长期教育改革和发展规划纲要（2010—2020 年）》（以下简称《纲要》），《纲要》明确了全省教育改革发展的指导思想、总体目标、工作重点和政策措施，提出了“夯实基础、加快发展、突出特色、促进公平、实现跨越”的总体思路，是指导未来十年全省教育改革发展的纲领性文件。该《纲要》指出：“扩大城镇中小学教育资源。实施城镇化中小学建设工程，按照构建黔中经济区需要，在大中城市和县城新建 200 余所主要服务于进城务工

---

① 国家教委、公安部：《流动儿童少年就学暂行办法》，1998 年联合发布。

② 贵州省第六届人民代表大会常务委员会：《贵州省实施〈中华人民共和国义务教育法〉暂行条例》，1987 年 7 月 16 日第二十五次会议通过。

③ 贵州省第八届人民代表大会常务委员会：《贵州省实施〈中华人民共和国义务教育法〉办法》，1994 年 11 月 29 日第十二次会议通过。

人员随迁子女入学的公办中小学，确保进城务工人员随迁子女平等接受义务教育和加强入学率、巩固率等核心指标的监控；健全“控辍保学”工作长效机制；完善家庭经济困难学生完成义务教育学业资助制度；建立进城务工人员随迁子女公平接受义务教育情况的动态监测机制；建立健全政府主导、社会共同参与的农村留守儿童关爱和服务体系。[①]

2011年11月16日，为促进贵州省进城务工人员随迁子女和农村留守儿童教育问题的有效解决，根据《义务教育法》以及国家、省相关政策、法规和要求，立足贵州省实际，着眼长远发展，贵州省教育厅下发了《关于进一步做好进城务工人员随迁子女和农村留守儿童教育工作的意见的通知》，并就进一步做好贵州省进城务工人员随迁子女和农村留守儿童教育工作提出了三大意见：“深化认识，进一步增强做好进城务工人员随迁子女和农村留守儿童教育工作的责任感和紧迫感”，“强化措施，切实加大解决进城务工人员随迁子女和农村留守儿童教育问题的力度”和“加强领导，营造全社会关心支持进城务工人员随迁子女和农村留守儿童教育工作的良好氛围。”[②]

2012年7月27日贵州省第十一届人民代表大会常务委员会第二十九次会议通过《贵州省义务教育条例》（以下简称《条例》）。该《条例》规定：“第三条：本省实行九年义务教育制度，凡适龄儿童、少年应当接受义务教育。对接受义务教育的学生不收学费、杂费、借读费，逐步免除教科书费、作业本费”“第六条：县级以上人民政府应当合理配置教育资源，促进义务教育均衡发展，保障农村和贫困地区、民族地区实施义务教育，保障家庭经济困难的、残疾的、农村留守的和进城务工人员子女中的适龄儿童、少年接受义务教育”“第二十三条：县级以上人民政府应当采取措施，保证农村进城务工人员子女在入学、升学等方面，与所在城镇学生平等对待。县级以上人民政府教育行政部门和学校应当维护农村进城务工人员子女在校的正当权益，在编班、学籍管理、奖惩、考核评价等方面，与所在城镇学生同等待遇。”[③]

---

① 贵州省委、省政府：《贵州省中长期教育改革和发展规划纲要（2010—2020年）》，2010年12月制定印发。

② 贵州省教育厅：《关于进一步做好进城务工人员随迁子女和农村留守儿童教育工作的意见的通知》，2011年11月16日下发。

③ 贵州省第十一届人民代表大会常务委员会：《贵州省义务教育条例》，2012年7月27日第二十九次会议通过。

2. 贵州农民工子女教育政策调整的影响

与全国一样，在十余年时间里，贵州农民工子女教育政策法规也大致经历了一个逐步调整与改善的过程。这一过程既是农民工子女获得教育权利、实现教育公平的过程，又是体现政府执政理念逐渐转变的过程，还是实现社会管理由“管治”逐步向“服务”转变的过程。

事实上，有关贵州农民工子女政策法规的变迁，它反映了地方政府已逐步将进城农民工子女的相关权益纳入了法制范畴，并进行了明确规定。毫无疑问，这种改变是明显的、进步是巨大的。

就贵州而言，随着农民工子女教育政策法规的调整与改善，其将主要产生以下方面的功能与作用。

第一，农民工子女教育政策法规的调整与改进，有利于为贵州农民工子女的教育发展提供制度性的合法保障。

第二，农民工子女教育政策法规的调整与改善，有利于为培育贵州城市建设的未来力量而奠定基础。作为城市化建设的未来动力，贵州省进城农民工子女有待教育水平的提高，而教育法规政策的改进，正好提供了有力保障与措施。

第三，农民工子女教育政策法规的调整与改善，有利于减轻农民工家庭负担，改善农民工及子女的学习环境与条件，提高自身的主动性与能力性。

第四，农民工子女教育政策法规的调整与改善，有利于打破农民工家庭代际关系的恶性循环。

三 贵州进城农民工子女教育条件的审视与反思

伴随着国家有关农民工子女教育政策的不断调整与改进，进城农民工子女的就学环境与条件也大体上经历了一个不断改善与优化的过程。但是，长期以来，由于受城乡二元结构的刚性影响，致使农民工子女作为流动人口的主要群体，经历了一个“留守”到“随迁”、“借读”到“公读”和“歧视”到“一视同仁”等方面的曲折历程与转变。回首这种历程与转变，有利于我们更科学地审视与反思进城农民工子女教育条件的现状、困境与挑战，有利于更好地促进农民工子女教育政策法规的改进与完善。

（一）经济水平的制约性

从政策层面看，国家有关农民工子女教育政策的精神与要求是科学的，其政策预期是好的，也是进城农民工及子女迫切期待的。然而，遗憾的是，教育经费始终是我国基础教育发展面临的一个瓶颈，难以短时攻克此难题。这就意味着在目前政策规定下，需要由流入地政府解决进城农民工子女的就学问题。如此一来，各级地方政府为解决进城农民工子女入学问题将面临重重的困境与挑战，其国家政策的预期目标也难以在短期内实现。而对于进城农民工子女而言，若在政策层面无法真正实现"两为主"的目标，则意味着其为实现在公办学校就读而继续承担过重的经济负担与压力，难以实现就读环境与条件的改善。

从政府层面看，地方财力的有限，制约了进城农民工子女教育环境与条件的改善，致使公共教育资源的供给与农民工子女的需求产生了矛盾。可以说，在当前的政策背景下，单靠地方政府（流入地政府）的财力，也无法快速应对实现进城农民工子女"两为主"所带来的巨大财政负担与压力，即便是东部发达地区也是如此。显然，对于尚处于欠发达的贵州而言，解决这道难题更是困境重重，难以在短期实现"以流入地政府管理为主，以全日制公办中小学为主"的政策目标。以贵阳市为例，调查统计显示，进城农民工中48.4%的人表示养育的有子女（其中：养育1个子女的占57.5%，养育2个子女的占35.5%，养育3个及以上子女的占7.0%），而在这部分养育的有子女的农民工中，有未成年子女随同进城学习生活的占56.6%[①]；如果以40万农民工进行保守推算（据相关部门统计测算，2008年时贵阳市流动人口已超过60万人，其中绝大部分是农民工及子女），那么目前贵阳市进城未成年农民工子女的学生数量不少于10万人。如果以10万未成年农民工子女计算，并按贵阳市现有的文件规定"农民工子女生均财政经费为300元/人"[②] 执行，那么，贵阳市政府单是一年就得承担不低于3000万元的农民工子女就读财政补贴的经费投入。显然，这

① 根据2011年"贵州城市农民工生存与发展状况"抽样调查数据进行推算。样本规模886人，有效样本883人（引自周芳苓《农民工：城镇化进程中的边缘群体》，贵州大学出版社，2012）。

② 按照规定：在300元钱中，100元用于给农民工子女交杂费，100元多一点给教师上社会保险，剩下的不到100元用于支持学校购买易耗品、美化校园环境（不包括固定资产投资）等开支。

是一笔较大的财政投入，相对于有限的财政来说是一个不小的经济负担。

从家庭层面看，由于受就业类型、职业层次、工资收入等方面的影响，造成农民工家庭经济水平偏低、供给能力有限，进而制约了进城农民工子女就读环境与条件的改善。2013 年问卷调查显示，当前贵州省进城农民工子女的父母主要从事工人、个体经营者（小商贩）、服务员、农业劳动者（受雇）等低层次职业，其比例超过八成（85.0%），其中还有一成（10.5%）是从事“家务劳动”的；而表示进城农民工子女的父母是私营老板（雇请 8 个以上工人）的仅占 3.3%（见表 3）。进一步调查表明，2013 年贵州省进城农民工（有随迁子女）的平均收入为 1534.05 元/月（均值），而进城农民工家庭的平均人口规模为 4.57 人（标准差 1.108）①。若按父母中只有 1 人拥有收入来源进行推算，那么在城市中进城农民工家

表 3　目前，你父亲/母亲在城里从事的主要是什么工作（职业）?

单位：%

基本状况 / 职业类型	父亲、母亲从事的主要工作（职业）		综合比例
	父亲	母亲	
工人（在工厂、企业、建筑、环卫等）	52.4	31.5	41.8
服务员	2.9	10.8	6.9
个体经营者	20.9	23.9	22.4
家务劳动	2.4	18.3	10.5
私营老板（雇请 8 个以上工人）	3.4	3.3	3.3
农业劳动者	3.4	2.8	3.1
其他工作	14.6	9.4	11.9
总计	100.0	100.0	100.0

资料来源：2013 年“贵州进城农民工子女教育状况”抽样调查数据。有效样本 344 人，缺失值 2 人。

① 根据 2013 年“贵州进城农民工子女教育状况”抽样调查中“你父母平均每月的务工收入大概是多少元?”数据显示，当前贵州进城农民工的平均工资收入为 1534.05 元/月（均值）。具体来看，进城农民工子女的父母的平均工资收入在“800 元以下/月”的占 12.5%，“801—1500 元/月”的占 29.3%，“1501—2000 元/月”的占 26.7%，“2001 元以上/月”的占 31.5%。由此可见，当前进城农民工的工资性收入主要集中分布在“800—2000 元/月”区间上，其所占比例接近 6 成（56%）。由此表明，2013 年贵州进城农民工的月均工资收入（1534.05 元/月）远远低于全省城镇职工月均工资收入（如 2011 年人均 2281.8 元/月）。

庭的人均收入仅为 335.68 元/月，如果按父母 2 人都有收入来源进行推算，那么进城农民工家庭的人均收入为 671.36 元/月。不难看出，与 2011 年贵州进城农民工的平均工资收入 1672.24 元/月（均值）[①] 相比，当前贵州省进城农民工的平均收入水平有所下降。

显然，在此家庭经济条件下，贵州省进城农民工子女很难拥有主动选择就读学校、改善就读环境的机会与能力。正如问卷调查表明，在进城农民工子女中，近 4 成（38.8%）的人表示“学校收费低”“学校距离家里近”“学校交通方便”“农民工子女都在这所学校读书”“教材和课本与家乡的一样”等因素，是父母送自己到民办学校读书的主要原因，而只有 48.8% 的人表示选择到民办学校的主要原因是“学校的教育质量好”（见表 4）。这说明，目前选择民办学校、打工子弟学校等低层次学校作为就读场所，并不是进城农民工及子女的真实意愿，而是家庭经济水平限制下的被动选择。

表 4　当时家里送你到这所学校读书，其主要原因是什么?

基本状况 / 主要原因	频数（人）	百分比（%）	有效百分比（%）	累计百分比（%）
学校的教育质量好	164	47.5	48.8	48.8
学校收费低	9	2.7	2.8	51.6
学校距离家里近	81	23.3	23.9	75.6
学校交通方便	16	4.6	4.7	80.3
农民工子女都在这所学校读书	20	5.9	6.1	86.4
教材和课本与家乡的一样	8	2.3	2.3	88.7
其他	38	11.0	11.3	100.0
总计	337	97.3	100.0	
缺失值	9	2.7		
合计	346	100.0		

资料来源：2013 年“贵州进城农民工子女教育状况”抽样调查数据。

① 根据 2011 年“贵州城市农民工生存与发展状况”抽样调查数据显示，贵州进城农民工的平均工资收入为 1672.24 元/月（均值），其中最高值为 5000 元/月，最低为 500 元/月（引自周芳苓《农民工：城镇化进程中的边缘群体》，贵州大学出版社，2012，第 43—44 页）。

（二）政策法规的滞后性

与全国及兄弟省区相比，贵州省有关农民工子女教育政策法规的建设历程，呈现滞后性。这滞后性既表现在法规政策自身的建设方面，也表现在政策法规运行的实际效力方面。

从政策法规的建设看，尽管贵州农民工子女教育政策法规也经历了一个逐步调整与改善的过程，但是，从整体上看，其相关政策法规的制定处于滞后的状态，表现在：有关农民工子女教育政策法规的制定，更多的是落实党和国家的有关政策法规的精神与要求，只是实现国家政策文本的复制，但却缺乏必要的创新，更缺少本土性新规新策。截至目前，贵州有关进城农民工子女教育的专项政策、法规尚属空白，与发达地区之间存在着明显的差距。

从政策法规的运行看，由于自身政策法规建设的滞后性，客观上影响了对国家政策法规的执行力与运行效率。事实上，越是欠发达地区，其执行国家政策法规的难度就越大，运行效力也会越差。以《关于基础教育改革与发展的决定》为例，该文件明确指出“要重视解决农民工子女接受义务教育问题，以流入地政府管理为主，以全日制公办中小学为主，采取多种形式，依法保障农民工子女接受义务教育的权利”。[①] 但是，全国及各地区实现这一政策目标的程度却不尽相同，据相关统计资料显示，北京、上海、广东、江苏、浙江等省、市早在“十一五”期间，其农民工子女就读于公办学校的比例就已达到60%以上；然而，西部欠发达地区却尚未达到这一水平。就贵州而言，尽管越来越多的公办学校开始成为进城农民工子女就学的主要渠道（部分公办学校中的农民工子女比例达到60%以上），但是，从总体上看，贵州省进城农民工子女在公办学校就读的比例却远未过半。

由此可见，无论在有关农民工子女教育政策法规的制定上，还是国家相关政策法规的执行上，贵州省都处于相对滞后的状态，这在较大程度上影响了进城农民工子女教育的发展，也制约了该群体教育环境与条件的改善。

（三）教育机会的差异性

从教育资源占有机会看，在城乡二元社会结构的框架下，其存在依附

---

① 国务院：《关于基础教育改革与发展的决定》，2001年6月印发。

在户籍身份之上的二元化特征。对于拥有城市户籍的人来说，其几乎可以享受到充足的城市教育资源，与之相反，对于生活在城市但仍旧是农村户籍的农民工及子女来说，至今未能平等获得这种同等待遇。无论是第一代农民工、还是新生代农民工，抑或是农民工后代，虽拥有城市工作、生活、学习等方面的机会，但却无法拥有与城市人一样的权利，他们仍处于城市边缘地带，被赋予了“边缘人”“城市里农村人”的身份标签。

从教育资源获取机会看，尽管国家随着农民工及子女问题日益突出，赋予了不少法规政策上的平等权利，但是，在现实中，受重重障碍的影响与干扰，致使较多教育机会难以兑现。以《关于基础教育改革与发展的决定》《关于进一步做好进城务工就业农民工子女义务教育工作的意见》为例，早在10年前国家就明确规定了“两为主”方针政策，但是，这些政策至今仍远未达到目标预期的成效，甚至当这些政策法规运行到地方政府部门时，便会困难起来，难以正常运转。正如王春光在其论文中所述“政策碎片化”① 特征一样。

上述表明，在现有制度安排的背景下，加之欠发达、欠开发等多重因素的影响，致使贵州进城农民工子女教育机会的获取显得更加不易，其与城市孩子之间的资源占有存在较大的差异。这种差异，既是教育资源非均衡占有的体现，也是教育机会不平等的体现。

（四）学习条件的有限性

学习条件作为教育条件的重要组成部分，其好坏将在一定程度影响着教育的质量与效果。从整体上，当前贵州省进城农民工子女的学习条件是有限的，也是相对较差的。这种有限性不仅在于拥有就读公立学校的机会较少，而且也在于自身家庭现实条件的缺陷。

从学校条件看，由于当前进城农民工子女大部分仍在民办学校、打工子弟学校就读，因此，与公办学校相比，民办学校的校园环境条件相对较差。我们调查发现，在调查或走访过的民办学校、打工子弟学校中，其校舍破旧、基础设施不齐、教室窄小且采光极差、缺少基本的书桌、凳子，更缺少实验室、图书馆、计算机教室及网络等教学设施。

从家庭条件看，由于进城农民工及子女流动性大，加上经济收入有限，因此，这就决定了家庭提供给子女的学习环境与条件也不太理想，表

① 王春光：《农村流动人口的“半城市化”研究》，《社会学研究》2006年第5期。

现为居住面积窄小，孩子大多没有专用的书桌，也没有专门的学习房间或场所。

调查结果显示，从居住形式看，贵州进城农民工以“集体居住”“合租住房”为主要形式，其合计比例超过6成（66.0%），而“独立租赁住房”和“自购房”的比例较小，分别为22.8%和9.3%；从居住面积看，在不考虑是否是集体居住、合租住房的情况下，贵州进城农民工家庭的实际人均居住面积的最大值不超过23.52平方米（其中最小值1平方米，标准差34.8804）（见表5）。

表5　贵州进城农民工家庭的住房形式

住房形式＼基本状况	频数（人）	百分比（%）	有效百分比（%）	累计百分比（%）
单位或雇主提供的工人宿舍	315	35.6	35.8	35.8
直接在生产经营场所居住	87	9.8	9.9	45.7
与人合租住房	178	20.1	20.3	66.0
独立租赁住房	200	22.6	22.8	88.7
自购房	82	9.3	9.3	98.1
其他	17	1.9	1.9	100.0
总计	879	99.2	100.0	

资料来源：根据2011年“贵州城市农民工生存与发展状况”抽样调查数据进行整理。样本规模886人，有效样本879人（引自周芳苓《农民工：城镇化进程中的边缘群体》，贵州大学出版社，2012，第52页）。

上述表明，贵州省进城农民工及子女的居住环境很差，不仅居住面积窄小，而且居住场所的条件较差，仍有近半数的人居住在生产车间、工厂工棚、简易房、集体宿舍中，而且大多缺少厨房、厕所、淋浴等基本的生活设施，也缺少电视、电话等物品。

正是家庭居住条件的有限性，致使进城农民工子女中仍有高达近半数（49.3%）的人表示家里没有自己的书桌（专用书桌），也有高达47.4%的人表示家里没有自己的学习房间或场所（见表6）。我们调查走访过程中发现，通常在一间十余平方米的房间里，除了一些生活用具外，很难发现几件与孩子学习相关的物件，更不用说单独的学习房间、书桌，因此，不少进城农民工子女在放学回家后，他们或是蹲在光线较暗的床边做作业，或是将书包放在膝盖上做作业，如此等等。

表6　目前，你家里是否有自己的书桌、房间（专用书桌、学习房间）？

单位：%

学习条件＼基本状况	你家里是否有自己的书桌、房间？		综合比例
	专用书桌	学习房间	
有	50.7	52.6	51.6
没有	49.3	47.4	48.4
总计	100.0	100.0	100.0

资料来源：2013年“贵州进城农民工子女教育状况”抽样调查数据。有效样本344人，缺失值2人。

此外，进城农民工家庭的经济条件有限性，还制约了子女在学习用品、生活质量、交通出行等方面条件的改善。问卷调查显示，目前进城农民工子女平均每周的零花钱为27.86元（均值），标准差29.545，其中最大值为152元/周，最小值为0元/周。换句话说，当前贵州省进城农民工子女平均每天的零花钱为5.57元，如果除去必需的2元公交费和2—3元午餐费（只能在学校食堂，否则外边最低消费不低于5元/顿），则只剩0.57—1.57元（见表7）。

表7　目前，进城农民工子女平均每周的零花钱情况

零花钱＼基本状况	频数（人）	百分比（%）	累计百分比（%）
0元/周	29	9.0	9.0
1—10元/周	110	33.5	42.5
11—20元/周	44	13.5	56.0
21—30元/周	43	13.0	69.0
31—40元/周	25	7.5	76.5
41—50元/周	38	11.5	88.0
51—60元/周	7	2.0	90.0
61—70元/周	5	1.5	91.5
71—80元/周	3	1.0	92.5
81—90元/周	2	0.5	93.0
91—100元/周	15	4.5	97.5
101元以上/周	8	2.5	100.0
总计	327	100.0	

资料来源：2013年“贵州进城农民工子女教育状况”抽样调查数据。有效样本327人，缺失值19人。

综上所述，当前贵州省进城农民工子女在学校、家庭等方面的学习条件都不理想，总体上仍处于低层次、低水平的有限状态，部分农民工子女尚处在极度恶劣的学习环境之中。对此，值得引起政府、社会、学校的关注与重视。

四　贵州进城农民工子女教育的现状与特征

由于受地方经济发展水平的限制，加上财政投入的不足，严重影响了公共教育资源发展，也制约了公共教育资源的有效供给，进而造成教育供给与教育需求之间的矛盾与困境。在城市与农村之间，由于二元社会结构的影响，造成了城乡教育资源分配的严重失衡，表现为优势教育资源更多集中于城市，而农村教育资源较少、甚至严重缺乏。随迁进城读书后，受政策、学校、家庭等多重因素的影响，进城农民工子女对教育资源的获取、就学环境的选择等方面仍处“边缘化”状态，给该群体的学习、生活、心理带来了不少障碍，进而造成家庭教育的缺位、人际关系的畸形、身心健康的病态、城市归属的不利、身份认同的模糊等一系列困境与问题。

（一）教育资源与现实分布

1. 教育资源的非均衡

教育资源尤其是义务教育资源的均衡问题，一直是人民群体共同关注的话题。这个话题之所以成为焦点，是因家家户户都面临着子女上学问题，而上学问题又往往与国家教育规定及教育资源供给之间有着密切的关系。在公众眼里，人们并没有在教育资源多少的现状上产生多少分歧，而更关注的是如何分享这个教育资源的方法，并对此产生不同的质疑。对于普通群众来说，人们想要实现教育资源的均衡，其本质是想实现对教育资源占有机会、公平选择的平等，而并非结果的均等。正如“不患寡而患不均”。

那么，从现实看，义务教育资源均衡到底指的是什么？在本课题组看来，教育资源的均衡应包含以下几个具体层面。

第一，政策信息的平等。只要是有关教育政策的信息，无论是基础教育的信息，还是特定教育的信息，抑或是有关教育方面的规定、规则，都应向社会公开，让所有的教育政策信息不再是属于少数人群的专利，而是一种面向公众共享的信息资源，真正实现“你知我知，我知你知”的格局。

第二，财政资金的平等。只要是在同一个教育区域范围内，每个受义务教育者所享受的行政拨款就应该是相同的，而不能因其民族的不同、户籍所在地的不同、家庭背景的不同而不同，更不能因其所在学校的不同、分层教育的不同而不同。换句话说，每个被义务教育者应该享用课本、书桌、数字教育资源、图书馆服务、食宿资源、教室人均面积、体育器材等方面的同等待遇。

第三，教师资源的平等。对于义务教育阶段每个学生，应该拥有平等选择老师的机会，而每个教师也应该拥有自由选择岗位的权力。更重要的是，在国家层面上，必须保障每个教师尤其是义务教育阶段的教师，其待遇不因所在区域不同、学校不同、教育对象不同而不同；同时，对教师的晋升考评，应根据所教导学生的进步幅度来衡量，而不仅根据学生考试成绩来衡量。只有这样，才能保证学生都有均等的机会去选择和接受每一个老师的教育。

第四，学校资源的平等。对于每个孩子，都应拥有选择上任何一所学校的机会，而每一个义务教育阶段的学校都不应完全拒绝有就读需求的未成年子女。对于学校来说，调整生源比例的方法可以有也应该有，但这个权力应交由具体的学校和教师，而不应是政策性规定或行政性命令，更不应是建立在特殊部门、特殊人群、特殊权力之下的权力分配。

基于上述的分析与理解，城市教育资源是否实现了“均衡”？对于进城农民工子女而言，其对教育资源的占有状况又如何？

从政策信息看，由于受宣传方式、舆论导向等方面的影响，使得公共教育政策的信息共享呈现区域性、阶层化的趋势。在这背景下，相对于城市家庭来说，农民工家庭呈现明显的弱势，造成对教育政策信息的认知、获取、应用等方面的不足。正是这种不足，在一定程度上影响了农民工家庭对子女教育资源的选择机会。正如我们调查发现，由于政府职能部门教育政策执行不到位，不仅造成农民工对国家教育政策的关注不够，也造成了农民工子女对相关政策法规的认知度偏低（仅为44.9%，尚未过半）。

从财政资金看，由于现行制度设计的缺陷，致使公共教育资源难于落实到农民工子女人头上，一方面“流出地政府”不会主动将相关经费提供给农民工子女；另一方面“流入地政府”出于种种因素的考虑，也不情愿投入经费到农民工子女身上，这就造成了义务教育经费难于落实到农民工子女身上，将该群体置于城市义务教育过程中的尴尬境地。从我们实地调查情况看，对于就读于城市公办学校的农民工子女，其地方性义务教育生均费落实得相对好一些，但对于就读于民办学校（包括打工子弟学校）的农民工子女，目前仍有相当一部分未能得到具体落实，并面临重重的障碍与困境。调查发现，即使各种审核条件符合规定、证件齐全的民办学校，其地方性的财政经费支付大部分也未兑现，而对于其他民办学校就更是难上加难了。显然，这种“政策”与“现实”的差距，本身反映财政资金分配的失衡。

从教学资源看，作为农民工子女就读的主要场所，目前民办学校与公办学校之间往往存在着的较大差异。表现在：一是优质教师资源远远不如公办学校，且呈现队伍不稳定、素质结构参差不齐等方面的问题；二是学校环境与条件明显落后于公办学校，包括教室、书桌、图书馆服务、食宿资源、信息化教育资源、体育器材、厕所、运动场及相关设施设备等方面相差甚远。显然，这种显现的教学资源的差异，反映了进城农民工子女教育环境与条件的差距，也体现了教育资源分配的不均衡。

2. 现实分布的边缘化

正如父辈被边缘化一样（如无法与市民一样享有同等的就业机会、就业待遇，在人格上受歧视等），进城农民工子女在教育过程中也同样存在着被边缘化的问题。这种被边缘化，主要体现在公共教育资源的边缘化、学校区域分布的边缘化、学习场所安排的边缘化、教学过程的边缘化，如此等等。

从教育资源分布看，尽管国家相继出台《意见》（2003 年）、《关于做好免除城市义务教育阶段学生学杂费工作的通知》（2008 年 8 月）等法规政策，并被人们解读为进城打工农民工子女城市求学带来了福音，它意味着进城农民工子女可以更多地在公办学校就读，可以与城市子女公平享有城市公办学校等方面的公共教育资源。但遗憾的是，这些法规政策的运行状态及成效并不理想，无论是全国各地传来的消息，还是我们此次调查结果都表明，当前进城农民工子女享有城市公共教育资源的道路仍然十分坎坷，困难重重。问卷调查统计显示，当前贵州省进城农民工子女就读的途径有三种：一是进公办学校；二是进民办学校（包括经审批合格的打工子弟学校）；三是进打工子弟学校（即未经审批合格的打工子弟学校）。进一步看，与过去相比，公办学校吸纳进城农民工子女就读的人数不断增加，但总体上远未达到“两为主”政策预期，所占比例也尚未过半。我们调查发现，在贵州民办学校、打工子弟学校仍吸纳着大部分（超过60%）的进城农民工子女，成为当前最主要的就读途径。此外，本项目采取随机抽访的形式，通过对100名进城农民工（有子女在城市读书）的调查也发现，仍有六成以上的进城农民工子女就读于民办学校、打工子弟学校，而公办学校则只占三成左右，而且越是中心城区的公办学校，其接纳农民工子女就读的比例就越低。以贵阳市为例，据相关统计，2007年贵阳市约有学龄阶段的进城农民工子女12万人①，2008年约有学龄阶段的进城农民工子女12.5万人②；2009年上半年增长到了约13万人③，2010年上半年进一步发展到约15.7万人，下半年增长到了约16.5万人④，若按照2007—2010年期间的平均增幅（超过两位）进行保守推算，那么到2013年年底贵阳市有学龄阶段的进城农民工子女将超过20万人（即按年均10%增幅推算）。与之相比，2007—2010年在贵阳市公办学校就读的进城农民工子女的增长速度则要慢得多（如2009—2010年进城农民工子女在公办学校入学增幅只有6.5%⑤）。到2010年年底，在贵阳市学校就读的进城农民工子女167702人，占全市学龄阶段学生总人数的31.74%，其中公办学校就读的进城农民工子女为75270人，仅占同年就读进城农民工子女的44.88%。若按2009—2010年进城农民工子女在公办学校入学增幅只有6.5%进行推算，那么到2013年在贵阳市公办学校就读的进城农民工子女将超过9万人。这表明，伴随着学龄阶段的进城农民工子女的迅猛增长，必然导致贵阳市公办教育资源的紧缺，进而导致不少农民工子女面临就学困难甚至失学的现象。由此可见，进城农民工子女对公共教育资源的享有仍处于边缘化状态，而要真正实现“两为主”政策预期目标，尚需经历一个较长的

---

① 贵州民盟省委网：《贵阳市进城务工农民工子女受教育情况调查》，http://www.mmgzsw.com/czyz/201011/811.html。

② 贵州民盟省委网：《贵阳市进城务工农民工子女受教育情况调查》，http://www.mmgzsw.com/czyz/201011/811.html。

③ 贵州民盟省委网：《贵州省政协十届五次会议提案选材之一》，http://www.mmgzsw.com/czyz/201202/1215.html。

④ 贵州民盟省委网：《贵州省政协十届五次会议提案选材之一》，http://www.mmgzsw.com/czyz/201202/1215.html。

⑤ 陈萨莎：《贵阳市随迁农民工子女教育问题及对策研究》，陕西科技大学硕士学位论文2012年6月，第6页。

过程。

从学校区域分布看，调查发现，进城农民工子女就读的学校，无论公办学校还是民办学校，其主要集中分布在城市的边缘地带（如城郊、城边区域等）。在这里，公办学校大多属于“三类”学校（通常人们将学校分为三类，即“一类”为好学校，“二类”为一般学校，“三类”为较差学校），并吸收着较多进城农民工子女，其比例在六成以上；民办学校、打工子弟学校成为这些区域的主体，并占据着数量上的优势，通常拥有一所公办学校的地方，周边就拥有几所民办学校或打工子弟学校。

从学习场所安排看，调查发现，在进入公办学校的进城农民工子女，其往往被安排在普通班就读，而当地户籍学生则安排在所谓的实验班、重点班之类的班级就读。正是因为如此，据不少教师反映，在教学过程中明显发现同一级学生中，其彼此之间的素质差异极大，好班级中的学生素质要好很多，而差班级中的学生素质则普遍较低，上课难度较大，也较吃力。

从教学具体过程看，由于进城农民工子女整体素质偏低，因此，除了在学习场所进行分类外，在现实教学过程中，也同样存在着差异化的教学。调查发现，在过去相当长的一段时期，由于农民工子女成绩不计入考核的范畴，也不与教师的绩效挂钩，因此，不少教师在教学过程中，往往对农民工子女的教学态度冷漠甚至毫不关心，采取放任的形式。这种教学过程中的歧视，对农民工子女的不公平，不仅严重伤害了农民工子女的自尊心，也容易挫伤其学习的积极性与主动性。

（二） 就读环境与条件选择

事实表明，无论是教育资源的非均衡，还是其现实分布的差异化，客观上都不利于进城农民工子女就读环境与条件的改善。

1. 就读环境的低层次

从整体上看，当前进城农民工子女的就读环境不容乐观，存在不少问题与困难。具体体现在以下几方面。

第一，校园环境较为恶劣，不利于身心健康的发展。进城农民工子女大多仍在民办学校、打工子弟学校就读，但是，这些学校所处的地理位置较差，学校校舍简陋、破旧、拥挤。调查发现，贵州省民办学校、打工子弟学校大多处于流动人口聚居的城市近郊区，位置偏僻；学校校舍大多是租借的破旧厂房、民房或临时搭建的简易平房；多数学校没有操场或活动场地，校内厕所、食堂、教室都程度不同地存在着安全、卫生等方面的隐患。从问卷调查结果看，进城农民工子女对所在民办学校的校园环境的满意度仅为35.4%，而对所在公办学校的校园环境的满意度却高达84.7%。这表明，与公办学校相比，民办学校（包括打工子弟学校）的校园环境的确是较差的，不利于进城农民工子女身心健康发展。

第二，学校声誉相对较差，不利于办学水平的提高。随着进城农民工子女教育问题日益突出，民办学校、打工子弟学校也不断面向社会，并逐步获得了政府承认和认可。但是，从现实看，当前社会对该类学校的接纳程度和评价还是相对较低的。学校教育作为一个人社会化过程中的重要组成部分，与家庭教育、社会教育共同构成了“三位一体”的教育体系，并最终通过这一体系影响着一个人成长。然而，民办学校、打工子弟学校学生几乎都是来自农民工家庭，其家庭教育相对较差，因此，致使民办学校、打工子弟学校将面临更大的挑战：一是学生家庭教育的差距，增加了学校培养人才的难度；二是社会声誉不佳，影响了办学规模、办学水平等方面的提高；三是学校声誉较差，客观上影响了政府对该类学校的重视程度。我们调查发现，正是由于部分农民工子女缺乏良好的家庭教育，加上社会教育的缺位和社会环境的影响，致使不少学生行为介于社会失范的边缘。显然，这些不仅客观上增加了民办学校培养学生的难度，而且也会因学校学生失范或越轨的高发性而影响学校的社会形象与声誉，进而不利学校办学水平的提高。

第三，师资水平整体偏低，不利于教学质量的提升。受校园环境、学校声誉等因素的不利影响，难以吸引优秀人才加入学校师资队伍；而工资待遇低、工资无保障等方面又导致了教师流动性加大。所有这些，客观上导致了民办学校、打工子弟学校师资水平偏低，教学质量难以保证，进而制约了整体教学质量的提升。

事实上，当前民办学校、打工子弟学校所面临的问题与困难远不仅这些，诸如政策、法规、制度、管理等方面的因素，才是更深层次的制约民办学校、打工子弟学校发展的根源。

不难看出，当前进城农民工子女的就读环境整体较差、问题较多、层次较低，不利于该群体教育、学习、心理、健康等方面的培育与养成。

2. 条件选择的被动性

由于受家庭经济条件差、社会地位低、文化资源少等多重因素的影响，大大降低了进城农民工子女选择就读环境的自主性。在现有家庭条件下，绝大部分农民工家庭只能给子女选择较低层次的民办学校、打工子弟学校等作为主要的就读环境。正如问卷调查显示，在进城农民工子女中，超过八成（81.5%）的人表示当时家里送自己到民办学校、打工子弟学校读书是出于学校收费低、学校距离家里近、学校交通方便、民工子女都在这所学校读书、教材和课本与家乡的一样等原因，而并非这类学校的条件好；与之相比，高达68.5%的进城农民工子女则表示当时家里送自己到公办学校就读的主要原因是学校的教育质量好。因此，两者之间形成了鲜明对比。

调查表明，家庭经济条件的有限性，是造成进城农民工子女被动选择就读学校的重要原因。如前所述，贵州进城农民工子女的父母主要从事工人、个体经营者（小商贩）、服务员、农业劳动者（受雇）等低层次职业，其比例超过八成，其中还有一成是从事“家务劳动”的；进城农民工子女的父母是私营老板（雇请8个以上工人）的不足5个百分点（见前表3）。显然，该职业状况决定进城农民工子女的家庭收入不会太高，相反，却更多呈现偏低的状态。如问卷调查统计显示，2013年贵州进城农民工（有随迁子女）的平均收入为1534.05元/月（均值），若结合平均人口规模为4.57人（均值）进行推算，那么，当前进城农民工家庭的人均收入为335.68—671.36元/月（均值）。

由此可见，当前贵州省进城农民工的家庭收入水平很低，在除去生活费、房租费、交通费等基本费用后，几乎所剩无几。在此情况下，进城农民工家庭往往已无力承受为子女选择学校而支付过高费用，只能选择条件较差且费用较低的学校就读了。

（三）家庭教育与监护管理

1. 家庭教育的缺位

研究表明，家庭教育是促进一个人健康成长的重要因素，也是不可或缺的重要内容，其与社会教育、学校教育共同构成“三位一体”的教育体系。家庭教育的好坏，在很大程度影响着孩子学校教育、社会教育的效果，进而影响其社会化过程。

当前贵州省进城农民工由于尚处于“生存型”向“发展型”过渡的阶段。面对家庭贫困、生存压力大等多重因素制约，加上忙于生计，早出晚归，致使进城农民工极少有时间辅导子女学习，造成家庭教育的缺乏甚至是缺位，影响了子女的正常社会化过程。进一步看，即便是有时间对进城农民工子女进行学习辅导，但因父母文化素质低（77.4%属于“初中及以下”)，使农民工子女接受家庭教育方面显得力不从心，也无能为力。正如问卷调查表明，“父母无法辅导自己”，已成为进城农民工子女学习生活过程中面临的最大问题之一，显居前三位，而这也正是进城农民工子女感到“学习压力大”的重要原因。

不仅如此，我们进一步调查表明，当问及学习遇到困难时，也较少有进城农民工子女觉得爸爸妈妈对自己的帮助最大，其比例仅占一成(11.7%)，而表示“学校老师”“好朋友”“同班同学”“没有谁，只能靠自己”对自己帮助最大的比例分别高达22.1%、20.2%、19.7%和16.0%(见表8)。这表明，父母作为进城农民工子女的主要监护人，其在家庭教育过程中既未扮演好自身的角色，也未发挥好自身的功能。

表8 在城市里，当学习遇到困难时，你觉得谁对你的帮助最大？

基本状况 / 帮助	频数（人）	百分比（%）	有效百分比（%）	累计百分比（%）
爸爸妈妈	39	11.4	11.7	11.7
哥哥姐姐	25	7.3	7.5	19.2
同班同学	66	19.2	19.7	39.0
好朋友	68	19.6	20.2	59.2
学校老师	74	21.5	22.1	81.2
没有谁，只能靠自己	54	15.5	16.0	97.2
其他人	9	2.7	2.8	100.0
总计	337	97.3	100.0	
缺失值	9	2.7		
合计	346	100.0		

资料来源：2013年“贵州进城农民工子女教育状况”抽样调查数据。

此外，通过交叉统计分析发现，在公立学校就读的进城农民工子女，其接受家庭教育的机会相对多一些，而在民办学校、打工子弟学校就读的进城农民工子女，则一般极少能真正获得家庭教育的机会，进而造成相当部分进城农民工子女在家庭教育上的缺位。

2. 监护管理的乏力

当前，从进城农民工子女的监护情况看，大致可分为四种类型：一是父母监护，主要由自己的父母或父母一方充当监护人；二是长辈监护，通常由爷爷奶奶、外公外婆等祖辈充当监护人；三是由父母的同辈或亲朋好友充当监护人；四是同代监护，包括哥、姐监护和自我监护两种情况。①问卷统计结果表明，在当前进城农民工子女中，属于“父母监护”的显居首位，其比例高达 87.4%；而属于“长辈监护”“同代监护”等方面的较少，均不足一成。

具体来看，无论是父辈监护，还是长辈监护，由于文化偏低、精力不济、能力不足，加上忙于生计、早出晚归等影响，只能提供基本的生活保障，而对于孩子的教育、学习、心理等方面却力不从心，进而造成对孩子的管理不足甚至管理缺位，产生了一系列问题。

事实上，无论是处于上述哪一种情况，进城农民工子女都很难获得有效的监护与管理，进而造成监护、管理乏力的现象，其教育、学习、生活等方面受到影响也就不可避免。

（四）学习表现与成绩比较

在以往的学术成果中，有不少学者对农民工子女的学习状况进行了关注与研究，并指出“留守子女”与“非留守子女”之间的差别。但是，人们对“农民工子女”与“城市子女”之间的学习状况及差异性问题，则关注甚少，更缺少深入的探讨与研究。在这里，我们将根据问卷调查结果，并结合课题组所作系列个案访谈资料，真实展现当前贵州省进城农民工子女与城市学生之间的学习表现及差异性特征。

1. 学习心态趋于“积极主动”

对于进城农民工子女而言，影响学习成绩的因素很多（如政策、学校、家庭、个人等因素），而教育环境与条件无疑是最重要的因素，从一定程度上直接影响和制约着该群体学习心态的好坏。

在城市里，尽管与公办学校相比，进城农民工子女就读的环境与条件处于明显劣势，但与户籍所在地的农村相比，则该群体的受教育条件、校园环境、教学质量等方面又都有了一定的改善。这不仅是一种客观事实，也是进城农民工子女的一种真实感受。正如调查结果表明，在被调查进城农民工子女中，高达近六成（57.5%）的人认为随爸妈进城后自己的学习环境和条件是“变好了”，这也是“众值”所在，只有 6.6% 的人认为是“变差了”（见表 9）。

① 刘玉连、周芳苓：《西部民族地区农村“留守儿童”的生活状态及成长困境分析——以贵州省为典型个案》，《江西农业学报》2011 年第 6 期，第 198 页。

表9 随爸妈进城后，你觉得自己的学习环境和条件是变好了还是变差了?

变化评价 \ 基本状况	频数（人）	百分比（%）	有效百分比（%）	累计百分比（%）
变差了	22	6.4	6.6	6.6
没变化	44	12.8	13.2	19.8
变好了	193	55.7	57.5	77.4
说不清楚	76	21.9	22.6	100.0
总计	335	96.8	100.0	
缺失值	11	3.2		
合计	346	100.0		

资料来源：2013年“贵州进城农民工子女教育状况”抽样调查数据。

正是基于上述学习环境和条件在客观、主观上改善，有利于调动进城农民工子女的学习积极性与主动性。事实上，随父母进城后，进城农民工子女面对全新的教育环境与条件，不仅绝大部分（84.5%）的人能够适应城市里的学习、生活，而且还表现出较高的学习热情与积极性，其整体学习状况也有了较大的改善。调查表明，在进城农民工子女中，表示自己是班里的“学生干部”的人占3成（31.8%），3.3%的人是“三好学生”，两者合计比例已超过1/3（35.0%）（见表10）。这表明，尽管受到来自政策、学校、家庭、个人等因素的多重影响，但仍有相当一部分进城农民工子女表现出积极主动的学习状态，而争当学生干部、“三好学生”就是最好的印证。

表10 目前，你是班里的学生干部或“三好学生”吗?

类型 \ 基本状况	频数（人）	百分比（%）	有效百分比（%）	累计百分比（%）
学生干部	108	31.1	31.8	31.8
三好学生	11	3.2	3.3	35.0
两样都不是	220	63.5	65.0	100.0
总计	338	97.7	100.0	
缺失值	8	2.3		
合计	346	100.0		

资料来源：2013年“贵州进城农民工子女教育状况”抽样调查数据。

2. 学习成绩处于"中等偏好"

如果说随迁进城农民工子女进城后的学习心态是积极主动的，那么，在现实的学习过程中，其学习成绩的状况又如何呢？与城市学生之间的成绩差异又怎样？

从班级成绩看，进城农民工子女在同班同学中的学习成绩整体上处于正常状态，未表现出自身的明显劣势。问卷调查结果显示，从总体上，当前进城农民工子女在班级中学习成绩优良程度的综合评价指数为2.70（指数为1—4，数值越大表示学习成绩的优良程度越低），虽介于"良好"与"中等"之间，但更接近"中等"水平的刻度（3.0）。具体来看，与同班同学相比，进城农民工子女表示自己学习成绩属于"优秀"的占9.3%，"良好"的占22.9%，"中等"的占41.1%（"众值"所在），而认为"差"的占15.0%，还有11.7%表示"说不清楚"（见表11）。由此可见，在班级中进城农民工子女的学习成绩整体处于"中等偏好"的状态，离优良还有一定的差距。

表11　与同班同学相比，总体上你的学习成绩属于哪一类？

评价 \ 基本状况	频数（人）	百分比（%）	有效百分比（%）	累计百分比（%）
优秀	31	9.1	9.3	9.3
良好	78	22.4	22.9	32.2
中等	139	40.2	41.1	73.4
差	51	14.6	15.0	88.3
说不清楚	39	11.4	11.7	100.0
总计	338	97.7	100.0	
缺失值	8	2.3		
合计	346	100.0		

资料来源：2013年"贵州进城农民工子女教育状况"抽样调查数据。

进一步看，若将进城农民工子女与城市学生的学习成绩相比较，则可以发现两者之间存在着一定差距。调查表明，从总体上，当前进城农民工子女学习成绩好坏的综合评价指数为2.89（指数为1—5，数值越大表示学习成绩越好），介于"差一些"与"一样"之间，但尚未达到后者的刻度。具体来看，在进城农民工子女中，表示学习成绩比城市学生差（包括

“差很多”和“差一些”）的比例为27.4%，表示学习成绩比城市学生好（包括“好一些”和“好很多”）的比例为26.0%，而表示两者学习成绩一样的比例为16.0%（见表12）。由此可见，当前进城农民工子女的整体学习状况不甚理想，与城市学生之间还存在一定的差距。

表12 与城市学生相比，你觉得自己的学习成绩是好还是差？

基本状况 评价	频数（人）	百分比（%）	有效百分比（%）	累计百分比（%）
差很多	39	11.4	11.4	11.4
差一些	55	16.0	16.0	27.4
一样	55	16.0	16.0	43.4
好一些	71	20.5	20.5	63.9
好很多	19	5.5	5.5	69.4
说不清楚	106	30.6	30.6	100.0
总计	346	100.0	100.0	

资料来源：2013年“贵州进城农民工子女教育状况”抽样调查数据。

当然，在我们调查过程中也发现，不少在民办学校或农民工子弟学校就读的学生，考上重点高中的不在少数，甚至不乏考上北大、清华的学生。由此，从本质上说，农民工子女也比较优秀，若能获得与城市子女同等受教育的机会与条件，那么无论是学习表现还是学习成绩，都应该不会比城市学生差，甚至在吃苦、勤奋、耐劳等方面具有更多的优势与能力。如据贵阳市赛文学校负责人介绍，近年来该校每年都向重点高中输送优秀毕业生，最多时达十多名，最少时也有数名。而据贵阳市新星实验学校负责人介绍，通过该校培养的小学毕业生，素质全面，成绩优秀，几年来一直成为附近几所公办中学主动索要的优质学生。

（五）人际关系与身心健康

人际关系与身心健康的状态，在很大程度影响着一个人正常的社会化过程。而对于正处于社会化关键时期的进城农民工子女来说，这种影响将会更加明显，也更加深远。为此，关注和探讨当前贵州省进城农民工子女的人际关系与身心健康状态，是一项重要的工作，对于改善进城农民工子女在城市中的学习生活环境与条件，加快城市融入进程，都具有重要的意义与作用。

1. 人际关系的畸形化

从交往心理看，调查结果表明，进城农民工子女中有84.8%的人表示“愿意”跟城里的孩子交朋友，而2.9%的人则表示“不愿意”跟城里的孩子交朋友，还有12.3%的人表示“说不清楚”（见表13）。这表明，从整体上看，进城农民工子女在内心上是愿意与城市孩子交往的，有利于更好地融入城市社会。

表13 请问你愿意跟城里的孩子交朋友吗？

基本状况 评价	频数（人）	百分比（%）	有效百分比（%）	累计百分比（%）
愿意	273	79.0	84.8	84.8
不愿意	9	2.7	2.9	87.7
说不清楚	39	11.4	12.3	100.0
总计	322	93.2	100.0	
缺失值	24	6.8		
合计	346	100.0		

资料来源：2013年“贵州进城农民工子女教育状况”抽样调查数据。

从交友规模看，统计结果显示，在城市里，进城农民工子女平均交好朋友的个数为14.45人（均值），标准差为14.443，其中最小值为0个，最大值为70个。进一步调查发现，仍有高达4成以上（45.8%）进城农民工子女的交友规模不足10人；而在这些已有的“好朋友”中又主要是同班同学，且大多是拥有相同的境遇与经历的农民工子女。与新生代农民工相比，进城农民工子女在城里的交友规模要大一些，后者（14.45人），是前者（7.81人）的1.85倍。这表明，虽然进城农民工子女的交友规模大于新生代农民工，但却呈现更强的同质化特征。

从现实生活看，与父辈一样，受现实种种因素的影响，进城农民工子女同样缺乏城市认同感、归属感，仍程度不同地感受着“边缘人”的角色。因此，虽身处城市之中，但却生活在较为封闭的生活圈子和有限的人际交往中。由于担心被城里孩子看不起，因此，进城农民工子女往往将相同身份、相同境遇作为人际交往的标准，这也是安全交往的需要。

上述分析表明，当前贵州进城农民工子女与城市居民子女之间都存在着畸形化、同质化的人际关系：即从心理取向上该群体是“接受”对方的，但在现实生活中又是“排斥”对方的，进而将自己的人际关系局限于同质化的交往圈子中。显然，这种畸形化的人际交往关系，不利于增进进城农民工子女的城市适应能力与融入。

2. 身心健康的病态性

身心健康的状态，从很大程度影响着一个人正常的社会化过程。对于正处于社会化关键时期的进城农民工子女来说，更是如此。然而，遗憾的是，由于“举家式”频繁的迁流，不仅严重影响农民工子女的正常生活，也打乱了其正常的学习，使其随迁到城市后呈现文化、观念、心理、人际、学习等诸多的不适应，这种不适应，给进城农民工子女身心健康造成了不小的影响。

调查表明，在进城农民工子女中，高达近6成（57.8%）的人表示在城市里会（包括“经常会”和“偶尔会”）感到孤独，只有36.2%的人表示“从来不会”感到孤独，还有6.0%的人表示“说不清楚”（见表14）。这说明，在城市里，该群体的幸福指数并不高，并较多经历着孤独之痛。

表14 在城市里，你会感到孤独吗？

基本状况 / 程度	频数（人）	百分比（%）	有效百分比（%）	累计百分比（%）
从来不会	125	36.1	36.2	36.2
偶尔会	160	46.1	46.3	82.6
经常会	39	11.4	11.5	94.0
说不清楚	20	5.9	6.0	100.0
总计	344	99.5	100.0	
缺失值	2	0.5		
合计	346	100.0		

资料来源：2013年“贵州进城农民工子女教育状况”抽样调查数据。

更值得关注的是，进城农民工子女又是如何面对孤独、缓解自己情绪的呢？调查显示，当孤独的时候，进城农民工子女缓解自己情绪的主要方式是“听音乐”“看电视”“沉默不语（自己忍受）”和“上网”，分别占30.7%、20.0%、16.3%和10.2%，累计占77.2%；而表示通过“哭泣”“喝酒”“发脾气”“找人倾诉”等方式来缓解自己孤独情绪的人也超过1成（12.5%）（见表15）。这表明，即使遭遇孤独之时，进城农民工子女选择缓解自身情绪的方式也呈现封闭性、伤害性等方面的特征。

表 15　当孤独的时候，你主要选择哪种方式来缓解自己的情绪？

方式 \ 基本状况	频数（人）	百分比（%）	有效百分比（%）	累计百分比（%）
听音乐	104	30.1	30.7	30.7
看电视	68	19.6	20.0	50.7
上网	35	10.0	10.2	60.9
睡觉	20	5.9	6.0	67.0
哭泣	5	1.4	1.4	68.4
喝酒	5	1.4	1.4	69.8
找人倾诉	25	7.3	7.4	77.2
发脾气	8	2.3	2.3	79.5
沉默不语（自己忍受）	55	16.0	16.3	95.8
其他方式	14	4.1	4.2	100.0
总计	340	98.2	100.0	
缺失值	6	1.8		
合计	346	100.0		

资料来源：2013 年“贵州进城农民工子女教育状况”抽样调查数据。

上述分析表明，尽管随迁农民工子女可避免因与父母分离造成的情感缺失，但进入城市学习生活中，仍摆脱不了因文化、观念、习俗等差异造成与同龄群体人际关系紧张、情感互动缺失、缺少宣泄渠道等病态的身心健康。所有这些，不可避免会影响该群体正常的教育、学习、生活等，也不利于其正常社会化进程的推进。

（六）城市归属与身份认同

研究表明，对于一个缺乏社会归属与认同的群体而言，其极难融入相应的主流社会，因而只能处于“边缘人”的角色。为此，进城农民工子女能否真正融入城市，其对所在城市的归属感及自我身份的认同度尤显重要。①

① 刘玉连、周芳苓：《贵州新生代农民工的城市融入与社会心理分析》，《贵州民族学院学报》（哲学社会科学版）2011 年第 6 期，第 79 页。

1. 城市归属的不利性

对于大部分进城农民工子女而言，其城市认同的程度最终取决于心理适应的状态。调查显示，55.8%的进城农民工子女表示自己曾经在老家上过学（不少于1年时间），44.2%的人表示没有在老家上过学。事实上，尽管进城读书后，大部分（84.5%）进城农民工子女表示适应城市里的学习、生活，但是进一步调查发现，高达近半数（49.3%）的进城农民工子女却表示当前在城市里面临的最大问题是“学习压力大”，而有17.5%的人则表示面临的最大问题是经常被人打骂、受老师歧视、受城里孩子歧视和没有好朋友，还有18.5%的人表示“父母无法辅导自己”是自己面临的最大问题。所有这些，都无疑会加重进城农民工子女的心理负担与压力，特别是将自己与城市孩子比较后，却发现自己虽身处城市之间，但并未过上与城市孩子一样的生活，于是产生莫名的陌生感和不适应感。显然，这种心理状态不利形成对所在城市的认同感和归属感，而是将自身置于城市社会之外的封闭世界。

调查显示，55.8%的进城农民工子女表示自己曾经在老家上过学（不少于1年时间），44.2%的人表示没有在老家上过学。事实上，无论是上过学还是没有上过学，对于随父母进城读书的农民工子女而言，他们对所居住的城市是既熟悉又陌生的，熟悉的是城市环境，而不熟悉的是天天接触的城里人。即便是在城市中生活多年的进城农民工子女，这些心理感受与困惑也使他们难以对城市产生认同感。

2. 身份认同的模糊性

农民工及子女的身份认同，在很大程度上影响着该群体的市民化进程，也影响着城市社会的和谐与稳定。那么，在现实生活中，进城农民工子女对自我的身份角色又如何评价呢？调查表明，尽管进城农民工子女已在城市学习、生活，但由于来自家庭背景、乡村文化等因素的影响，大大降低了农民工子女对城市文化的认同，也影响了自我身份的认识与评判。

在问及“进城里读书后，你觉得自己是城里人还是农村人?”时，超过4成（43.5%）的农民工子女对自我的身份表示“不清楚”，仍表示自己是“农村人”的占26.9%，不足两成（19.9%）的人认为自己是“城里人”，而表示自己“两者都不是”的占9.7%（见表16）。这表明，当前贵州省进城农民工子女在对自我身份的认同上，呈现模糊性的特征。

表 16 进城里读书后，你觉得自己是城里人还是农村人？

评价 \ 基本状况	频数（人）	百分比（%）	有效百分比（%）	累计百分比（%）
城里人	68	19.6	19.9	19.9
农村人	92	26.5	26.9	46.8
两者都不是	33	9.6	9.7	56.5
说不清楚	148	42.9	43.5	100.0
总计	341	98.6	100.0	
缺失值	5	1.4		
合计	346	100.0		

资料来源：2013 年“贵州进城农民工子女教育状况”抽样调查数据。

那么，是什么原因造成这一现象的产生呢？调查发现，进城农民工子女身份归属的模糊性，其客观原因主要在于该群体认为自己“没有城市户口”，而更深层的原因则在于来自父辈城市融入及市民化过程的失败。事实上，正是这种农民工子女父辈融入城市主流社会，成为正式城市居民等方面的目标预期的失败，直接深度影响着其子女对自我身份的认知与判断。进一步看，一方面农民工及子女内心渴望成为真正的城市人；另一方面受现实中不同的政策性、制度性、社会性等方面的歧视与排斥，又严重阻碍着该群体的身份转型与认同。

不难看出，这种身份归属的模糊性，客观上影响了进城农民工子女的城市融入，也影响着该群体的学习、生活、交往等，进而影响其正常的社会化过程。

总之，无论是城市归属的不利性，还是身份认同的模糊性，都不利于进城农民工子女角色与心理的转型，造成该群体与城市学生之间的隔离与排斥，使之难以融入城市同龄群体之中。显然，这种群体性的不适应，既不利进城农民工子女的学习生活，也不利文化、观念、心理、人际、交往等方面的调适与融合。

五 制约贵州进城农民工子女教育发展的主要因素

时至今日，进城农民工子女作为生活在城市中的重要群体，已经拥有了相关法规政策的制度性保障。但是，在现实生活中，他们却未能真正与城里孩子一样享有均等的教育机会与权利，更难言接受相同质量的教育。究其原因是多方面的，既有来自政府和学校方面的因素及影响，也有来自家庭和学生方面的因素及影响。那么，这些因素又是如何影响和制约进城农民工子女的教育发展，并成为主要障碍的呢？显然，正确认识和厘清这一系列问题，有利于更好地消除和避免城市教育过程中的歧视与排斥，真正让国家公共教育之光"普照"进城农民工子女，还他们一个公平、平等接受教育的权利与机会，让他们健康快乐地成长，有尊严地生活，成为城市化建设的有用之才与未来动力。

（一）政府因素及影响

1. 法规制度缺陷的影响

新中国成立以来，我国有关流动人口方面的法规制度较多，但是，与农民工及子女密切相关且产生巨大影响的法规制度，莫过于1958年国家颁布的《户口管理条例》和20世纪90年代颁布的《中华人民共和国义务教育法》（以下简称《义务教育法》）。也正是在这两大法规制度的共同影响与制约下，将我国分割成农村农业人口和城市非农业人口两大社会集团，形成了一个刚性的城乡二元社会结构。

无可否认，《户口管理条例》《义务教育法》等法规制度，都曾在国家经济社会发展过程中发挥了重要作用，在社会管理中也发挥了重要功能。但是，在我国工业化、城市化、市场化进程中，这种以户籍管理为典型特质的二元社会结构，已经难以适应时代发展的客观需要，不利于经济社会的良性运行与协调发展，并逐渐演化成为社会经济发展的阻碍因素。

具体来看，根据《义务教育法》规定，适龄儿童接受义务教育，以县为主，实行地方负责，分级管理，主要由其户籍所在地政府负责；适龄儿童在户口所在地就近免试入学；等等。而根据《户口管理条例》规定，实行严格的户籍管理制度，并使之与就业、保障、教育等相联系起来；通过户籍制度，各级地方管理部门将社会群体划分为农业人口和非农业人口，并使具有不同户籍的人口固定在相应的区域范围内，彼此之间难以流动。不仅如此，与二元户籍制度对应，形成了城乡二元教育结构和资源分配方式，造成了城市人和农村人分别享受着不同的教育资源和权利。

事实上，即使在新《义务教育法》颁布的法律框架下，受现有户籍管理制度的影响，当前进城农民工子女上学遇到最大障碍仍在于他们没有城市户口。正如我们问卷调查统计结果，高达23.5%的进城农民工子女将

“没有城市户口”视为在城市生活中家庭面临的最大困难，并在所列九大困难中居“首位”。在贵州，尽管在地方法规的制定上不断寻求创新，但整体上难以脱离国家法律框架的限制，因此，诸如《贵州省义务教育条例》（2012）、《贵州省民办教育促进条例》（2006）等法规，同样存在着缺陷。以《贵州省义务教育条例》中“适龄儿童、少年”的年龄规定为例，“6—14 岁”或“7—15 岁”的界定不符合贵州进城农民工子女等流动人口的入学实际，目前仍在因种种原因而造成入学年龄偏大的部分农民工子女就读于城市学校（尤其集中在民办学校），其比例超过 5%。

不难看出，《义务教育法》《户口管理条例》等相关法规制度的设计，一方面从法律上规定了农民工子女等适龄儿童的就学权利；但另一方面也对农民工子女的就学条件进行了明确的地域限制，使进城农民工子女难以获取城市户籍而实现“合法”身份的转型，因而也难以切实获得流入地政府的教育支持，处于进退两难的境地。事实上，即便是 2008 年国务院下发了《国务院关于做好免除城市义务教育阶段学生学杂费工作的通知》（国发〔2008〕25 号）的政策背景下，虽然明确规定了“地方各级人民政府要按照预算内生均公用经费标准和实际接收人数，对接收进城务工人员随迁子女的公办学校足额拨付教育经费”[①]；但是，对于吸收进城农民工子女最多的民办学校、打工子弟学校等部门的生均公用经费问题，却仍未得到全面落实，不少地方政府往往以种种理由拖延或拒绝向进城农民工子女支付生均公用经费，致使该群体的教育环境与条件迟迟未得到改善，严重制约了其教育发展的步伐。

在义务教育经费转移问题，尽管学界、社会界已予以了较多关注与探讨，但真正实现全国性转移支付的法规政策仍未出台。就其原因，在于进城农民工及子女流动性大，给政府实施人口管理增加了难度，同时也对相关外来人口管理制度提出了挑战。事实上，正是有关流动人口管理制度上的缺陷，直接导致了进城农民工子女管理上“缺位”，致使其受教育的权益不断受到损害。因此，如何实现义务教育经费随着人口流动而进行跨区域之间的有效支付，仍是国家面临的一大难题。只有真正解决了这道难题，进城农民工子女的教育问题才有望获得更好的解决，才能实现由教育

① 国务院：《国务院关于做好免除城市义务教育阶段学生学杂费工作的通知》（国发〔2008〕25 号），2008 年下发。

资源的“权利”平等向“机会”平等的转变。

2. 城市政府取向的影响

如果法规制度设计的缺陷是造成进城农民工子女教育发展的客观性障碍，那么，来自流入地政府尤其是城市政府的施政理念及取向，则是阻碍进城农民工子女教育发展的主观性因素。

从施政理念看，曾在相当长的时间里，流入地城市政府对农民工及子女更多采取的是堵、防、禁的方式，试图将这一庞大流动人群排斥于城市之外。尽管这些措施未能完全阻止农民工及子女的流入，但却实实在在给广大农民工及子女带来了巨大影响与障碍。当然，单有政府的一相情愿是无法改变农村劳动力向城市流动的趋势，这既是经济社会发展的必然规律，也是城市化发展的客观需要。时至今日，随着农民工在城市化建设过程中重要性的提升，加上党委和政府的高度重视，从中央到地方，各级政府对待农民工及子女的态度有较大改变，逐渐实现从“管制”向“服务”的转变。但是，受现有制度设计的刚性制约与影响，致使现有法规政策框架下，还无法向农民工及子女兑现“同城同待遇”市民化权利与机会。因此，在现实生活中，如同父辈的境遇一样，进城农民工子女尽管从法理层面上可享受到现行政策法规框架下的相应权利与机会，但仍面临着同一政策文本在不同城市之间的差异运行问题。当前，就大部分城市政府来看，考虑城市经济社会发展的实际水平与能力，同时考虑过多农民工及子女流入所带来的风险与成本，因此，绝大部分城市政府基本上仍更多采取的是保守的施政观念，部分城市政府则持明显的观望心态。所有这些，客观上阻碍了进城农民工子女教育环境与条件的改善，也影响了农民工子女的市民化进程。

从施政取向看，流入地城市政府一方面希望通过农民工这个庞大的劳动力群体为城市经济社会发展做出贡献，提升 GDP 增速，建设繁荣美丽的城市环境；另一方面却不愿意承受因农民工及子女涌入而给自身带来的压力与负担。正是受这种“只求获取而拒绝付出”的管理理念的影响，曾在相当长一个时期里，不少城市政府排斥进城农民工及子女进入其管理范围，因为在他们看来，进城农民工及子女流入越多，自然不安定因素就越多，社会治安就会越差，从而会影响到他们的政绩。对此，来自政府的一些管理者在有关农民工及子女的座谈会上，明确将“城市犯罪、城市治安等问题”直接归因于“进城农民工”。不仅如此，一些地方政府为所谓的

"政绩"，通过设置各种障碍迫使进城务工人员子女难以在本地上学，进而迫使农民工另找地方就业，达到尽可能地不让农民工及子女进入其本辖区。显然，流入地城市政府的如此做法，往往比公开驱赶农民工及子女更有效，也更不容易遭到社会舆论的谴责，堪称一绝。因此，进入公办学校就读，对绝大部分外来农民工子女来说，仍是可望而不可即的。

3. 财政经费拨付的制约

早在15年前，国家教委、公安部就发布了《流动人口儿童少年就学暂行办法》（1998），强调流入地人民政府应为流动儿童少年创造条件，提供接受义务教育的机会。遗憾的是，由于当时我国的教育经费沿用传统的划拨方式，没有考虑到流动人口子女在城市上学的现实，流入地政府和流出地政府在教育经费问题上没有形成必要的经费转移形式，造成流动人口子女教育经费在城市的"空白"，也给流入地政府和教育部门造成巨大的就学压力。

值得欣喜的是，随着进城农民工子女教育问题的日益突出，促使2008年国务院下发《国务院关于做好免除城市义务教育阶段学生学杂费工作的通知》（国发〔2008〕25号），从政策层面上解决了《流动人口儿童少年就学暂行办法》中有关教育经费转移等方面的难题。国务院决定，在全面实施农村义务教育经费保障机制改革的基础上，免除城市义务教育阶段学生学杂费，切实解决好进城务工人员随迁子女就学问题，第一次对接收进城务工人员随迁子女接受义务学校的教育经费问题予以明确："对符合当地政府规定接收条件的进城务工人员随迁子女，要按照相对就近入学的原则统筹安排在公办学校就读，免除学杂费，不收借读费。地方各级人民政府要按照预算内生均公用经费标准和实际接收人数，对接收进城务工人员随迁子女的公办学校足额拨付教育经费。中央财政将对进城务工人员随迁子女接受义务教育问题解决较好的省份给予适当奖励。"①

从根本上讲，国发〔2008〕25号文件的政策预期是好的，也是进城农民工及子女所期待的。但是，教育经费仍是我国基础教育发展面临的一个突出问题，原因在于，在目前政策背景下，完全由流入地政府解决进城农民工子女的就学问题，将面临重重的困境与挑战，也难以短期内实现政策

① 国务院：《国务院关于做好免除城市义务教育阶段学生学杂费工作的通知》（国发〔2008〕25号），2008年下发。

预期。

从现实情况看，流入地城市政府要解决进城农民工子女的就学问题，就意味着必须承担该群体的巨大教育投入，显然，这无疑是一种沉重的财政压力与负担。以贵阳市为例，若需兑现有关政策文件规定，市政府一年用于进城农民工子女教育投入的财政补贴经费将不低于3000万元。事实上，不仅贵阳市如此，北京、深圳、海口、厦门等发达城市都存在类似情况。进城农民工子女数量的不断增长，使政府和教育行政部门财政压力日益增大，教育资源也变得尤为紧张，致使流入地城市政府无法满足所有进城农民工子女的就学要求。

（二）学校因素及影响

学校是一个人成长的重要场所，也是一个正常社会化的重要环节。学校环境条件、教育理念、教学管理等方面，都会对学生的学习、素质、能力产生重要的影响。那么，当前进城农民工子女又面临一个怎样的学校环境与条件，其产生了什么样的影响？

1. 资源性不足的影响

众所周知，无论是公办学校还是民办学校，都涉及教育成本、办学经费等问题。因此，教育经费是学校的一种重要资源，也成为影响学校发展的重要因素。

按照《中华人民共和国义务教育法》及相关法规政策之规定，我国的教育经费是根据生均教育成本划拨到适龄儿童户口所在地政府的。这意味着在教育经费不足的条件下，流入地政府在接纳进城农民工子女入学的同时，还需承担教育经费上的负担与压力，这就可能造成流入地政府因财力不足而出现“力不从心”的尴尬局面。

在过去相当长的一段时间里，即使在政府允许收取部分借读费的前提下，也不足以补偿学校因招收进城农民工子女入学而增加的投入。显然，NJ市的一项调查结果，正印证了当前学校因为招收进城农民工子女入学而造成教育经费不足的客观事实[①]。

---

① 据NJ市的一项调查表明：一个小学生实际的生均教育经费为1500元/年，按政府规定借读费只能收取480元/年，多收一个流动儿童入学，就意味着学校要多负担1000多元（引自蒋太岩等主编《从歧视走向公平——中国农民工及其子女教育问题调查与分析》，东北大学出版社，2008，第179页）。

从公办学校看，受教育成本、办学经费等方面的限制，使其在接受进城农民工子女入学上也是困难重重。在贵州，调查发现，对于已接受进城农民工子女入学的公办学校，往往面临着教育设施不足、师生比严重失调等一系列问题，而这些问题都直接与学校资金不足有着关联。以贵阳市BYQZ 学校为例，随着接收进城农民工子女入学的人数及比例增加，目前该校也面临着教室供给不够、教师职数不足、教育设施缺少等方面的突出问题。该校负责人表示，在无政府教育经费支持的情况下，这些问题将难以解决，并由此制约学校教育质量的提升，不利于学校今后的发展，也不利于进城农民工子女的进一步吸纳。

从民办学校看，教育资金缺乏更是制约其教育质量提升的拦路虎。按照贵州省有关规定，地方政府对民办学校学生实行生均 170—200 元的财政补贴，这对于解决民办学校经费不足将起着重要的作用。但在我们深入贵州省民办学校进行调查走访时，却发现大部分民办学校的生均财政补贴费并未到位，呈现开“空头支票”的现象。以贵阳市赛文学校为例[①]，这所曾经拥有上千学生规模的农民工子弟学校，如今已锐减为 300 人左右，究其原因，除了受市场非理性竞争、政府政策限制、学校师资不足等方面的影响，资金严重不足便是最大的问题所在。也正是受资金不足的影响，该校已谋划数年试图修建一间新厕所的计划至今仍未变成“现实”，致使数百名农民工子弟和数十名教师至今仍旧使用着那间破旧、狭小、脏乱的厕所，严重影响了该校师生的卫生健康。可以说，贵阳市赛文学校是贵州民办学校的一个缩影，几乎体现了民办学校尤其是农民工子弟学校的发展与困境。

不难看出，教育经费不足，是制约公办学校和民办学校发展的资源性瓶颈，此题无解，则意味着“两为主”政策预期将难以实现，广大进城农民工子女仍将继续面临入学难、费用高、易辍学等方面的困境。

2. 认识不到位的影响

曾几何时，当人们为一篇文章[②]中的女童感到痛心和同情时，似乎便

① 该校始建于 1998 年，是一所农民工子弟学校，位于贵阳市实验三中附近的一条小巷子里，其周边全是当地居民自建的民房，是一个较集中的农民工及子女聚居地。

② 搜狐博客中的一篇文章写道：“登封市滨河路小学，一个 6 岁的小女孩被赶出教室，在窗外听了二十几天的课。她为何不能像其他孩子一样走进课堂？据该校校长说：‘那是按照教育局有关规定这样做的，她是进城务工农民的子女，不是片区的学生。’”（引自凤凰网论坛“是谁冷漠地将农民工女儿清理出教室?”，http://bbs.ifeng.com/viewthread.php?tid=3407287）

能感受更多进城农民工子女在城市就学的艰难困苦，而此女童的遭遇正是广大进城农民工子女在流入地城市就学之路上的一个缩影。与之相比，文章中校长有关“教育管理规定”的内容则让人反感，也让人难以理解，这似乎折射出流入地政府尤其是教育行政部门、公办学校及相关管理者对进城务工农民工子女城市就学的认识与态度。

那么，在有关进城农民工子女教育法规政策不断趋于完善的背景下，各地城市公办学校又是如何对待广大进城农民工子女的就学问题呢？调查发现，尽管教育部、公安部等六部门联合颁布的《关于进一步做好进城务工就业农民子女义务教育工作的意见》中明确规定了“两为主”政策，但遗憾的是，教学设施完备、教学质量高、管理规范的城市公办学校对于更多进城农民工子女而言，仍仅仅是一个梦想，可望而不可即。事实上，相对于规模庞大、拥有强烈刚性教育需求的进城农民工子女，各地城市公办学校并没有如中央政府要求的那样发挥预期的主导作用，也未能切实推进“两为主”政策的实施，相反，各城市公办学校却给进城农民工子女的入学设置了重重障碍。更值得关注的是，即使国务院〔2008〕25号文件中已明确免除城市义务教育阶段学杂费，对接收农民工子女入学与接收城市孩子同等划拨学费的今天，仍存在着不少学校间接或变相收取进城农民工子女“借读费”的现象。事实上，尽管我们对不少城市公办学校的收费情况进行走访时，相关负责人均表示未向进城农民工子女收取任何费用，然而，在我们问卷调查过程中，却频频出现所谓“代借费”“转读费”“代培费”的问题，致使不少进城农民工子女在有关改善农民工子女教育的建议与意见中，明确将“减少或免除城市公办学校的借读费，真正实现与城市子女一视同仁”等内容作为自己的主要希望填写在问卷中。①

上述可见，即便是在国家拥有教育法规政策的背景下，城市公办学校尚且如此，那么在没有经费划拨的情况下就更加可想而知了。之所以如此，一方面是因为相关部门缺乏对学校及教育行政部门的监管；另一方面主要是学校及教育行政部门的认识不到位。事实上，从某种意义上讲，这是对国家政策法规的漠视，是对进城农民工子女基本权利的侵犯，因此，加强对学校及教育行政部门的监管工作，也成为一项迫切的重要任务，也

① 问卷中进城农民工子女的希望与建议：“希望学校减少赞助费，与城市学生享受一样待遇”“减免代读费，与城市学生同等对待”等。

是保证国家政策法规得以贯彻落实的重要保证。

3. 教学性歧视的影响

进城农民工子女与城市子女之间存在教学质量的差异，是一个不容否认的客观事实。这一现象即使在政府不断强调教育公平、拥有法规政策保障的背景下，仍程度不同地存在于城市公办学校之中。究其原因，除了受教育政策的影响，还与城市公办学校存在着明显的教学性歧视有关。

事实上，在城市各级各类公办学校中，进城农民工子女通常被视作特殊学生加以对待，不能与当地城市子女享受平等的教育机会和同等的教育条件。当前人们将城市公办学校大致划分为三类："一类学校"质量最好，"二类学校"质量较好，"三类学校"则质量较差。调查发现，目前已经进入城市公办学校就读的农民工子女，其绝大部分聚集在"三类学校"中，其比例高的可达7成，低的也可达半数；在"二类学校"中，进城农民工子女则不足1成；而"一类学校"中更是极少甚至没有一个进城农民工子女。显然，这种将城市公办学校划分三、六、九等，并将进城农民工子女统一推向"三类学校"的做法，本身就是一种教育机会的不平等与差异化。

不仅如此，即便是进城农民工子女进入"三类学校"就读，其内部仍存在着分班（实验班、普通班）、分类（城市子女、随迁子女）等现象。通过走访和个案访谈发现，不少被调查者（包括部分班主任、上课老师）反映，在公办学校中，仍存在着分班的现象，而进城农民工子女往往处于被动安置的状态，他们大多分流于普通班，而有机会进入实验班、重点班的机会甚少。显然，这种做法并非教学之必需，而是一种歧视性的教学手段，不利于进城农民工子女平等享有城市公办教育资源，与国家倡导教育公平的理念不符。

从教学管理层面上看，我们似乎难以发现有关学校、教师等对农民工子女存在歧视的现象。但是，在现实生活中，却难以避免这一现象的发生。调查发现，有的学校担心进城农民工子女的增多会降低学校的升学率，影响学校的声誉，于是，不少学校不把他们的成绩纳入教学质量评估之中；有些公立学校认为进城农民工子女学习普遍较差，他们的考试成绩通常也不计入教师的业绩考核，因此进城农民工子女学好学坏都与教师的教学业绩和利益没有关系，导致教师不拿农民工子女当自己的学生看，对其学习放任不管。

由上可见，当前城市公办学校仍较多地存在教学性歧视，这种歧视既有来自学校管理方面的，也有来自教学方面的，还有来自教师方面的。所有这些，都不利于进城农民工子女教育水平的提高，也难以真正体现公办教育的公平性与公正性。

（三）家庭因素及影响

对于孩子而言，家庭是一个人社会化的重要场所，而家长则是最好的启蒙老师。家庭环境及家长能力的现状，将直接影响家庭教育的效果，对进城农民工子女的未来生存与发展产生重要影响。事实上，良好的家庭教育不仅是学校教育的有力补充，而且也是进城农民工子女实现正常社会化的重要影响因素。然而，进城农民工大多数受自身经济条件的制约，加之文化程度低、教育观念滞后、教育能力不足、家庭流动性大，致使许多进城农民工难以承担起子女教育的职责，也难以真正胜任好家长的角色。所有这些，客观上制约了进城农民工家庭环境及条件的改善，影响了进城农民工子女的教育过程和教育效果，进而成为进城农民工子女教育的主要障碍。

1. 家庭意识观念的滞后性及影响

事实表明，家庭的教育观念和意识对未成年子女的影响甚为重要，其作用也较明显。农民工大多来自经济欠发达地区，受自然经济环境、传统文化观念等方面的影响较深，因此通常存在着子女多、重男轻女、不重视读书等问题。

不少农民工家庭受传统、陈旧、落后思想观念影响，严重制约了其子女的教育进程，也影响了其子女教育程度、水平和质量的提高。

大部分家长希望孩子通过读书的途径改变父辈贫困、落后的状况。但是，也有相当一部分人受自身文化水平低的影响，尚未意识到教育对子女的重要性。这部分家长往往认为读书没有多大的实际效用，其原因在于城市工人纷纷下岗、大学生毕业也很难找到工作等，因此他们认为自己孩子即使读了书，今后也未必能找到合适的工作，与其这样浪费钱财，不如让孩子早点学做生意，多赚些钱。在他们看来，孩子只要能认几个字、写个信、记个账就行。正是这种家庭在教育问题上的认识偏差，往往导致了其子女的主动辍学或失学。

对于孩子而言，家长是最好的启蒙老师。然而，遗憾的是，在现实生活中，却出现农民工家庭家长言行举止不良的现象。如通过我们对部分学校负责人的座谈与了解，发现农民工家庭家长让子女随意流动而不给学校说明或不打招呼等现象是较普遍的。这不仅不利于学校的管理，也不利农民工子女良好品德行为的形成，影响该群体正常社会化的进程。

2. 家庭教育能力的低层次及影响

未成年子女教育是家庭的大事，关系家庭的未来。因此，为了孩子的健康成长，家长理应抽出时间加强对子女的教育和辅导。

农民工往往处于城市社会底层，绝大部分职业层次低、收入低，因此为了忙于生计，极少有空暇的时间对子女开展必要的家庭教育，也疏于对子女进行必要的监督管理，而是采取放养的形式。

从家庭教育取向看，在面对生存压力的情况下，进城农民工家庭家长出于改变现实处境的急迫心理，往往表现出更强的功利思想，因此，在对待子女的教育时，通常只注重智力教育，而忽视德育教育。对于大多数家庭来说，关注的重点是孩子的学习成绩，而不是把关注重点放在帮助孩子端正学习目的、学习态度，形成良好的学习习惯上；也不放在对孩子的优良人格和良好品德的培养上。很显然，这种功利教育心理影响了子女的全面教育和成人，是其子女教育的又一障碍。因此，家长必须提高自身素质，学习一些家教方面的知识，以身作则，以身立教，注重子女的全面教育和培养。

从家庭教育行为看，由于家长自身素质低，导致他们对子女的教育能力不足，也不能对子女进行很好的辅导。问卷调查显示，在被调查的219名进城农民工子女中，其父亲文化程度普遍处于初中及以下文化阶段，而其母亲文化程度则更低，整体介于小学与初中之间。更值得指出的是，即使部分家长有能力对子女进行辅导，但却因忙于生计而顾不上辅导之事。调查统计显示，进城农民工子女的父母大多是工人、个体经营者（小买卖），因此通常早出晚归，难以实现对子女的教育辅导工作。事实上，正是因为父母文化程度低、忙于生计，造成家庭教育行为的缺失，较大程度地影响了农民工子女教育水平的提高。

事实上，无论家庭教育能力的不足，还是家庭教育功能的弱化，必将严重影响家庭教育的效果，进而不利于进城农民工子女的健康成长，成为对子女教育的一大障碍。

3. 家庭经济收入的低水平及影响

调查表明，由于进城农民工文化素质低（超过75%的人处于初中及以下文化程度）、劳动技能缺乏（高达74.2%的人没有技能），因此，其大部分在流入地城市中只能从事低层次的职业，其特点是劳动强度大、工作时间长、工资收入低。同时，由于进城农民工缺乏必要的社会保障，加上城市生活成本高，往往造成农民工家庭贫困，甚至出现入不敷出的现象。显然，这种家庭经济收入的低水平，无法为进城农民工子女的教育提供必要的物质基础与保证，进而成为进城农民工子女教育的主要障碍。

第一，家庭经济收入水平影响子女受教育的机会与条件。对于收入较低的进城农民工家庭来说，子女的教育费用是一个不小的经济负担。如前所述，当前进城农民工的经济收入水平不高，平均月工资收入在1500元左右，这笔收入需要支撑整个家庭的吃、住、穿、用、行等方面的费用。事实上，在除去吃、住、穿、用、行等方面的必要费用后，对农民工家庭来说，家庭收入基本上已所剩无几了。在这种情况下，进城农民工家庭经济往往已呈现家庭贫困、入不敷出等现象。因此，对于收费较高、环境条件较好的公办学校来说，进城农民工子女只能可望而不可即。更为糟糕的是，尽管国家有关法规政策已明确规定不允许向进城务工农民工子女收取或变相收取各种借读费，但现实生活中，我们调查中仍发现部分公办学校间接向进城农民工子女收取几百元甚至几千元的借读费，而且需要农民工家庭一次支付数年的费用。所有这些，都严重超出了进城农民工家庭的经济承受能力，进而制约了进城农民工子女对良好教育机会与条件的选择。

第二，家庭经济收入水平影响家庭教育的效果。对“举家式”迁流的农民工家庭来说，家庭经济收入的低水平对进城农民工子女的家庭教育产生了较大影响。主要体现在以下几个方面：一是家庭经济困难，难以提供家庭教育的基本条件。良好的家庭教育应具备一定的物质条件，如学习的空间、学习用具等。然而，由于家庭经济条件较差，往往不具备这些条件。如调查显示，当前仍有49.3%的进城农民工家庭无法为子女提供简易书桌，47.4%的家庭则无法为子女提供单独的学习房间或书房。这表明，当前贵州省进城农民工子女的学习条件是艰苦的。二是家庭经济困难容易使家长放任子女的学习。面对城市生存的压力，进城农民工往往对金钱等物质方面的东西更感兴趣，这容易使子女受到感染而变得不爱学习。三是家庭经济困难往往疏于对子女的管教。由于进城农民工忙于生计而对子女的异常举动通常也不能察觉，甚至有子女已误入歧途父母却浑然不知，这是导致进城农民工子女产生失范行为甚至走向犯罪的重要诱因。四是家庭经济困难容易使家庭关系变得紧张。由于家庭经济问题，进城农民工夫妻之间容易产生吵架、打架等不良行为，造成其子女内心易产生严重的焦虑、多疑、敏感、心神不定、无所适从等方面矛盾心理，严重的还会出现变态人格和反社会行为。这种夫妻间关系的扭曲，不仅影响了父母和子女在家庭中的角色行为，也不利于进城农民工子女的学习成长。

（四）学生因素及影响

如果说政府、学校、家庭等方面的问题，是影响进城农民工子女教育发展的客观因素，那么来自进城农民工子女自身的问题，就是影响该群体教育发展的主观因素。

伴随着父母在不同城市间不停地迁流，极易造成进城农民工子女身心疲惫，难以适应不断变换的新城市环境。不仅如此，在学习基础薄弱、心理健康不佳、城市融入困难等因素影响下，容易导致其学习成绩不稳定、自信心不足，甚至因受到歧视、打击而出现辍学、失学等方面的问题。

1. 学习基础薄弱的影响

调查表明，进城农民工子女大多来自欠发达农村地区，多数地方不同程度地存在着教学条件差、基础设施不齐全、师资水平低、教育质量低等问题，直接导致了该部分农民工子女学习基础薄弱、学习能力不强的不利局面。对此，教育部基础教育司的相关调查数据充分说明了这一客观事实①。作为西部最具典型的欠发达地区，贵州更是如此。调查显示，当前贵州进城农民工子女中超过 9 成（92.2%）的人来自毕节、遵义、铜仁、安顺等贫困区县，而只有 7.8% 的人是来自省外。

正是由于这种“后天”不足及不平等造成的学习基础薄弱、学习起点低等方面的困境，加上对新城市校园环境的不适应，给进城农民工子女学习教育造成了诸多的负面影响，极易导致该群体丧失学习动力、兴趣，使其与城市学生之间的学习成绩差距拉大，进而造成不少学生辍学的现象。

2. 心理健康失衡的影响

心理健康状态不仅影响一个人性格的形成，也影响一个人正常的教育及社会化过程。对于进城农民工子女而言，无论是在公办学校还是在民办学校里，乡村与城市之间的巨大差距，都对该群体造成了巨大的心理冲击，加上来自政府政策、家庭经济、城市社会等多方面的压力，使幼小的

① 据教育部基础教育司对西部省区的 364 个到 2000 年仍未能通过“普九”验收的县的统计，有 122 个县的小学教师学历合格率低于 90%，有 181 个县的初中专任教师合格率低于 80%，有 36.9% 的县小学和 47% 的县初中校舍危房率高于 3%。这些因素在客观上就造成了流动人口子女先天的学业基础的薄弱……（引自蒋太岩、刘芳、谷颖、王坤主编《从歧视走向公平——中国农民工及其子女教育问题调查与分析》，东北大学出版社，2008）

心灵难以承受而变得畸形。

事实上，进城农民工子女的心灵是敏感而脆弱的，也是容易受伤的。当他们怀着满满的期望、好奇的目光来到一座座美丽而繁华的都市时，迎来的却是城市社会的歧视与排斥、城里人的蔑视和欺辱、学校老师的轻视与不公。如此种种，都不同程度地在进城农民工子女的心灵深处埋下阴影，进而逐步转变成为孤独、自卑、焦虑、自闭等不良心理。

从现实生活看，在课题调研过程中，我们发现，相对于城镇学生，进城农民工子女在教学过程中自卑、不自信等心理是较突出的，对于老师所提的问题，往往处于不敢或不善于表达的被动状态。而问卷统计结果也同样显示，由于受客观因素和主观因素的影响，致使高达半数（49.3%）的进城农民工子女感到学习压力过大，并成为该群体进城后面临的最大问题，居“首位”。

不难看出，无论是进城农民工子女心理健康的失衡，还是因焦虑、烦躁、孤独、自卑等心理问题造成的学习压力增大，都不利于该群体教育、学习及能力的提升，也不利于健康人格及性格的养成，并不同程度地影响其正常的社会化过程。

3. 城市融入困难的影响

进城农民工及子女的城市融入，既是一个经济问题，也是一个社会问题。这是因为，进城农民工及子女不仅需要实现工作、生活、教育等方面的城市化，更需要实现文化、观念、心理等方面的市民化。①

曾几何时，由于长期受城乡二元社会结构的影响，致使我国城乡关系始终处于不协调的状态，主要体现在农民与市民之间的差异化国民待遇上。改革开放尤其是20世纪80年代末以来，伴随着农村人口特别是农村富余劳动力向城镇流动速度的加快，不仅打破了城里人的生活格局，也给各地城市政府带来了新的压力与挑战，于是针对农民工群体的各种制度性排斥与政策性歧视便不断出现，“城市边缘人”“都市里的农村人”也不断成为农民工的社会标签而得以强化。更为糟糕的是，这种不利的影响通过代际流动延续到农民工子女的身上。

从人际交往看，由于各大城市都不同程度地存在对农民工子女的歧

① 刘玉连、周芳苓：《贵州新生代农民工的城市融入与社会心理分析》，《贵州民族学院学报》（哲学社会科学版）2011年第6期。

视，使他们难以真正融入城市社会。在城市社区里，进城农民工子女很难与当地城市孩子交朋友、社区公共服务设施很难与城市孩子共享、社区文化活动很少吸纳他们参加等，所有这些，都犹如一道道屏障将进城农民工子女与城市孩子分割开来，使两者之间无法正常来往、沟通、交流。进一步看，即便是有机会与城市孩子进行交往，进城农民工子女也因受家庭条件、自尊心、文化观念等方面的限制，造成该群体人际交往的畸形化，表现为对同质人群的选择性和对城市孩子的排斥性。

从社会融入看，对于进城农民工子女而言，其社会融入主要体现为文化、观念、心理等方面的不断调适与融合，以适应城市生活、学习、工作等方面的需要。随着贵州省农民工在工作、生活等条件上的不断改善，特别是在实现由“生存型”逐渐向“发展型”转变后，客观上有利于促进进城农民工及子女的社会融入能力。然而，由于受城市社会歧视与排斥的影响，使进城农民工子女在文化、观念、心理等方面往往处于“融而不入”的“边缘化”境地。在文化上，该群体始终游离于城乡文化之间，呈现内心渴求融入而现实又无法融入的尴尬局面。在观念上，该群体从乡村到城市的迁流过程中，一方面摆脱不了乡土文化的深度影响；另一方面又避免不了城市文明的熏染，造成彼此之间文化与观念的交织与错位。在心理上，该群体大多存在着城市归属感不强、身份认同不清等方面的问题。①

从城市归属看，进城农民工子女能否真正融入城市社会，取决于其对所在城市的归属感、身份的认同度。然而，如前所述，无论是进城农民工子女对所在城市的“过客心理”“边缘人”等感受，还是该群体对自我身份的模糊性认识，客观上都不利于进城农民工子女的城市融入，也不利于该群体的学习、生活、交往等，进而影响其正常的市民化进程。

综上所述，从总体上看，当前贵州进城农民工及子女在经济层面上基本实现了城市融入的目标，但在社会层面上的融入却并不理想，主要表现为人际交往的畸形化、社会融入的边缘化和城市认同的不利性。毫无疑问，所有这些，都将不利于进城农民工子女的健康成长，不利于该群体教育的发展，不利于该群体的正常社会化。②

---

① 刘玉连、周芳苓：《贵州新生代农民工的城市融入与社会心理分析》，《贵州民族学院学报》（哲学社会科学版）2011 年第 6 期。

② 刘玉连、周芳苓：《贵州新生代农民工的城市融入与社会心理分析》，《贵州民族学院学报》（哲学社会科学版）2011 年第 6 期。

六　贵州进城农民工子女的社会心理与预期

社会心理作为人们自身所持的一种内在心理状态，是对社会客观事实的一种折射，往往表现为社会认知、评价、预期等内容。它既是衡量经济社会发展好坏的重要指标，也是影响经济社会发展的重要因素。因此，科学、全面、及时地了解当前贵州省进城农民工子女对教育发展的真实感受及心理预期，具有积极的现实意义和应用价值。①

（一）社会认知

1. 趋于模糊的政策关注

任何政策的出台与实施，必然引起相关社会群体的关注。那么，当前贵州省进城农民工子女对教育政策的关注情况如何？调查结果表明，从总体上看，在被调查农民工子女中，有31.7%的人对“农民工子女”教育政策的变化表示“关注”，其比例尚未达到1/3；而有12.8%的人表示“不关注”；另有超过半数（55.5%）的人表示“不清楚”（见表17）。这表明，从整体上看，当前贵州省进城农民工子女对“农民工子女”教育政策变化的关注意识尚处于形成阶段，呈现模糊性特征。

表17　被调查者对“农民工子女”教育政策变化的关注情况

关注情况 \ 基本状况	频数（人）	百分比（%）	有效百分比（%）	累计百分比（%）
关注	109	31.5	31.7	31.7
不关注	44	12.8	12.8	44.5
不清楚	191	55.3	55.5	100.0
总计	344	99.5	100.0	
缺失值	2	0.5		
合计	346	100.0		

资料来源：2013年“贵州进城农民工子女教育状况”抽样调查数据。

从性别看，在被调查进城农民工子女中，男性关注“农民工子女”教

① 刘玉连、周芳苓：《贵州新生代农民工的城市融入与社会心理分析》，《贵州民族学院学报》（哲学社会科学版）2011年第6期。

育政策变化的比例为31.4%，略低于女性的比例32.0%，后者高于前者0.6个百分点；与之相反，男性不清楚“农民工子女”教育政策变化的比例却高于女性，前者比后者高出5.9个百分点。

从民族看，在被调查进城农民工子女中，汉族学生关注“农民工子女”教育政策变化的比例为35.3%，明显高于少数民族学生的比例25.4%，前者高于后者近10个百分点；与之相反，少数民族学生表示不清楚的比例却高于汉族学生，前者比后者高出5.5个百分点。

从学校看，在被调查进城农民工子女中，公办学校学生关注“农民工子女”教育政策变化的比例为37.9%，远远高于民办学校学生的比例22.9%，前者高出后者15个百分点；与之相反，民办学校学生不清楚“农民工子女”教育政策变化的比例高达69.9%，高出公办学校学生相应比例23.7个百分点（见表18）。

表18　被调查者对“农民工子女”教育政策变化关注的性别、民族、学校比较

单位：%

关注＼基本状况		请问你关注“农民工子女”教育政策的变化吗？			总计
		关注	不关注	不清楚	
性别	男	31.4	10.2	58.5	100.0
	女	32.0	15.5	52.6	100.0
民族	汉族	35.3	11.5	53.2	100.0
	少数民族	25.4	15.9	58.7	100.0
学校类型	公办学校	37.9	15.9	46.2	100.0
	民办学校	22.9	7.2	69.9	100.0

资料来源：2013年“贵州进城农民工子女教育状况”抽样调查数据。

通过比较，不难发现，因性别、民族、学校类型不同，进城农民工子女对教育政策变化的关注情况也不尽相同，甚至存在着较大的差异。

2. *有待提高的法规认知*

如果说进城农民工子女对教育政策变化的关注，表明的是该群体对这一政策的心理意向，而了解相关法规政策的基本内容，则反映的是该群体对这些法规政策的认知状况。那么，当前贵州省进城农民工子女对相关法规政策的认知程度又如何呢？

问卷统计结果表明，从总体上看，在进城农民工子女中有41.9%的人对所列举的《义务教育法》《未成年人保护法》《儿童权利公约》三项法规政策表示“知道”，这也是“众值”所在；表示“听说过”的占34.1%；另外，还有24.0%的人表示“不知道”。进一步看，根据变量设计，如果将调查问卷中的选项指标按“知道”等于3，“听说过”等于2，“不知道”等于1分别进行赋值，那么，可准确测算出当前贵州省进城农民工子女对所列“三项”法规政策的综合认知指数为2.18（认知指数为1—3，数值越大，表示认知程度越高），介于“知道”与“听说过”之间，但远未达到“知道”（3.0）的刻度。这说明，当前贵州省进城农民工子女对《义务教育法》《未成年人保护法》《儿童权利公约》三项法规政策的认知程度还较低，整体处于“听说过”的水平。此外，从进城农民工子女对《义务教育法》《未成年人保护法》《儿童权利公约》的单项认知情况看，其认知指数分别为2.27、2.40、1.87（均小于3.0），也同样可印证该群体对相关法规政策认知水平偏低的事实（见表19）。我们实地走访时，不仅进城农民工子女对相关法规政策的认识程度偏低，其父母同样对上述法规政策缺乏了解，相当一部分农民工尚不知道这些法规政策的存在。显然，这在一定程度影响了农民工及子女教育权利的维护。

表19　被调查者对相关法规政策的认知程度

单位：%

基本状况 / 认知内容	知道	听说过	不知道	总计	综合认知指数（均值）
《义务教育法》	44.6	37.6	17.8	100.0	2.27
《未成年人保护法》	55.1	29.4	15.4	100.0	2.40
《儿童权利公约》	25.6	34.9	39.5	100.0	1.87
综合	41.9	34.1	24.0	100.0	2.18

资料来源：2013年“贵州进城农民工子女教育状况”抽样调查数据。有效样本218人，缺失值1人。

综上所述，当前贵州省进城农民工子女对相关法规政策的整体认知程度还较低，而对法规政策的具体内容，则知之甚少，大部分人尚处于“法盲”的状态。显然，这不能不说是一种遗憾和忧虑。[①]

① 刘玉连、周芳苓：《贵州新生代农民工的城市融入与社会心理分析》，《贵州民族学院学报》（哲学社会科学版）2011年第6期。

（二）态度评价

由于人们所处家庭、文化、生活、观念等背景不同，因此，对于不同社会群体来说，其对社会问题的看法与评价也不尽相同，甚至可能差别很大。就进城农民工子女而言，在农村和城市“二元文化”的双重影响下，特别是在经历城市学习、生活后，其态度评价与观念意识也相应地会发生一定的变化。① 显然，关注这些变化，有利于更好地认识和把握进城农民工子女的社会心态及倾向，并提供必要的引导与帮助。

1. 教育政策的区域评价

从全国到地方，有关农民工子女教育的政策法规，往往既有相同之处又存在着区别。这种区别体现在人们对相关内容的评价上。下面我们将分别从全国、地区、城市三个层面着手，考察进城农民工子女对区域性政策的态度评价及倾向。

调查统计显示，从综合情况看，当前进城农民工子女对有关“农民工子女”教育政策好坏评价的众值落在“不清楚”上，占43.4%；表示教育政策“好”的比例为43.1%；而明确表示教育政策“不好”的比例为13.5%。进一步看，在全国、贵州、所在城市三种区域性的评价中，其教育政策好坏评价的“众值”分别是“不清楚”“好”和“不清楚”，依次占43.2%、46.9%和47.2%；均有超过一成（分别为15.0%、12.3%和12.7%）的人认为当前有关农民工子女的教育政策是“不好”的（见表20）。不难看出，在全国、贵州、所在城市三种区域性的评价中，贵州有关“农民工子女”教育政策的评价相对较好，而全国、所在城市的有关教育政策的评价相对偏差，但无论是从贵州还是从全国、所在城市的整体评价看，都是肯定性评价强于否定性评价。

表20　被调查者对教育政策的地区性评价

单位：%

基本状况 / 态度评价	你觉得有关“农民工子女”的教育政策好不好？			综合比例
	从全国看	从贵州看	从所在城市看	
好	41.8	46.9	40.1	43.1

① 刘玉连、周芳苓：《贵州新生代农民工的城市融入与社会心理分析》，《贵州民族学院学报》（哲学社会科学版）2011年第6期。

续表

态度评价 \ 基本状况	你觉得有关“农民工子女”的教育政策好不好？			综合比例
	从全国看	从贵州看	从所在城市看	
不好	15.0	12.3	12.7	13.5
不清楚	43.2	40.8	47.2	43.4
总计	100.0	100.0	100.0	100.0

资料来源：2013年“贵州进城农民工子女教育状况”抽样调查数据。有效样本217人，缺失值2人。

上述可见，在进城农民工子女中，尽管最高比例的人对教育政策好坏的评价处于“不清楚”的状态，并在一定程度上削减了人们对农民工子女教育政策评价的倾向性，但是，这尚未改变该群体对当前教育政策的肯定性评价倾向强于否定性评价的客观事实。之所以造成“不清楚”选项比例偏高的现象，一种原因在于，无论是全国性的还是地方性的教育政策，其宣传工作不到位，导致农民工及子女的知晓程度偏低，大多数人对此无法做出准确、清晰的评判；另一种原因在于，尽管从全国到地方都制定了相关的政策法规，但目前运行的效率不佳，未能让更多农民工及子女更好地感受政策的好处。所有这些，值得相关职能部门重视。

2. 教育机会的现实评价

经过二十年来发展，农民工子女受教育的权利逐渐获得了法律法规、制度政策的保障，其受教育的机会也不断增多。可以说，随着农民工子女受教育机会的增多，其获得公共教育资源的均衡机会也随之增加。那么，与城市子女相比，进城农民工子女在享受义务教育、选择就读学校、拥有师资力量等方面是否获得均衡占有的机会呢？

调查结果显示，在城市社会中，进城农民工子女中42.5%的人认为“农民工子女”与“城市子女”在享受义务教育机会上是“一样”的，但仍有超过1/4（25.5%）的人认为两者之间是“不一样”的，在一定程度上反映了两者之间教育机会不均衡的现象。在学校态度上，进城农民工子女中有近两成（18.7%）的人认为“农民工子女”与“城市子女”获得学校教育、关心、爱护等方面的机会是“不一样”的，而认为两者之间是“一样”的比例为57.0%。在老师态度上，被调查者中只有7.0%的人表示当前学校老师对待“农民工子女”和“城市子女”的教育态度是“不一样”的，而近七成（67.8%）的人表示老师对两者之间的态度是“一样”的（见表21）。

表 21　被调查者对“农民工子女”和“城市子女”获取教育权利、机会、待遇的差异评价

单位：%

评价内容 \ 基本状况	不一样	一样	说不清楚	总计
“享受义务教育的机会”是否一样	25.5	42.5	32.1	100.0
“学校态度”是否一样	18.7	57.0	24.3	100.0
“老师态度”是否一样	7.0	67.8	25.2	100.0
综合	17.3	55.4	27.3	100.0

资料来源：2013 年“贵州进城农民工子女教育状况”抽样调查数据。有效样本 218 人，缺失值 1 人。

由上可见，从综合情况看，当前贵州省进城农民工子女中大部分人（55.4%）认为“农民工子女”与“城市子女”在获取义务教育、学校、老师等方面的权利、机会、待遇是“一样”的，只有 17.3% 的人认为是“不一样”的，还有 27.3% 的人表示“说不清楚”。

3. 教育状况的满意评价

学校环境、教师教学、家庭条件、学习成绩等方面的好坏现状，在很大程度上反映了当前进城农民工子女的教育现状，也影响着其对教育状况的满意度评价。与城市学生相比，尽管进城农民工子女的就学环境与条件相对较差，但是，从总体上看，当前贵州省进城农民工子女对自身教育状况的满意度评价还是较高的。

调查结果显示，当前贵州省进城农民工子女对教育过程中的校园环境、教师教学、家庭条件、学习成绩等方面的综合满意度达到六成以上（60.5%），而明确表示“不满意”的人只占两成（20.9%），另有 18.6% 的人认为“说不清楚”（见表 22）。

表 22　被调查进城农民工子女对学校、教师、家庭、个人的满意度评价

单位：%

评价内容 \ 基本状况	不满意	满意	说不清楚	总计
学校校园环境	20.7	66.7	12.7	100.0
教师教学状况	7.0	76.5	16.4	100.0

续表

评价内容＼基本状况	不满意	满意	说不清楚	总计
家庭学习条件	7.9	69.2	22.9	100.0
个人学习成绩	48.6	30.4	21.0	100.0
综合	20.9	60.5	18.6	100.0

资料来源：2013年“贵州进城农民工子女教育状况”抽样调查数据。有效样本218人，缺失值1人。

进一步看，进城农民工子女对校园环境、教师教学、家庭条件、学习成绩四个方面的满意度评价又有所不同。具体来看，被调查者对教师教学状况的满意度评价最高，其比例达到76.5%，说明城市教师的教学状况相对较好；而对个人学习成绩的满意度评价最低，仅为30.4%，说明了进城农民工子女不仅学习压力大，而且自我学习的效果也不尽如人意；对学校校园环境、家庭学习条件的满意度评价也较高，分别达到66.7%和69.2%，说明该群体对自身的校园环境、家庭环境也较满意。

4. 学习生活的问题困难

(1)“学习压力大”成为群体面临的最大问题，高居八大问题之首位

从自身情况看，当前贵州省进城农民工子女在城市里学习生活的过程中，其面临的最大问题是什么呢？

问卷调查结果表明，在所列举的8个选项中，进城农民工子女认为当前自己在城市中面临的最大问题是“学习压力大”，几乎占到被调查总人数的一半（49.3%），显居首位；排在第二位的是“父母无法辅导自己”，占到总人数的近两成（18.5%）；而认为“家务活过多”“没有好朋友”“经常被人打骂”“受老师歧视”“受城里孩子歧视”是最大问题的分别占6.2%、4.7%、4.7%、4.3%和3.8%；此外，还有8.5%的人认为是“其他”问题（见表23）。不难看出，如何尽快适应城市的学习生活，并获得家庭的有力支持，是当前贵州省进城农民工子女所寄望的重大内容，必须予以足够的关注与重视。

(2)“没有城市户口”成为家庭面临的最大困难，显居九大困难之首

从家庭困难看，调查显示，在所列举的9个选项中，进城农民工子女将“没有城市户口”作为在城市里家庭面临的最大困难排在首位，约占到被调查总人数的1/4（23.5%）；排在第二位的是“家庭收入不稳定”，约

表 23　在城市里，当前你认为自己面临的最大问题是什么？

最大问题 \ 基本状况	频数（人）	百分比（%）	有效百分比（%）	累计百分比（%）
学习压力大	164	47.5	49.3	49.3
受城里孩子歧视	13	3.7	3.8	53.1
父母无法辅导自己	62	17.8	18.5	71.6
经常被人打骂	16	4.6	4.7	76.3
受老师歧视	14	4.1	4.3	80.6
家务活过多	20	5.9	6.2	86.7
没有好朋友	16	4.6	4.7	91.5
其他	28	8.2	8.5	100.0
总计	333	96.3	100.0	
缺失值	13	3.7		
合计	346	100.0		

资料来源：2013 年“贵州进城农民工子女教育状况”抽样调查数据。

占到总人数的 1/5（20.7%）；“其他”则处于第三位，占总人数的 16.4%；居于第四、五位是“家庭贫困”和“交通不方便”，分别占总人数的 11.3% 和 10.3%。此外，也有近两成（17.8%）的进城农民工子女将“教育费用过高”“生活费用过高”“住房困难”和“无钱看病”视为当前家庭面临的困难（见表 24）。

表 24　在城里生活，你认为你们家面临的最大困难是什么？

最大困难 \ 基本状况	频数（人）	百分比（%）	有效百分比（%）	累计百分比（%）
家庭贫困	38	11.0	11.3	11.3
没有城市户口	79	22.8	23.5	34.7
教育费用过高	24	6.8	7.0	41.8
家庭收入不稳定	70	20.1	20.7	62.4
生活费用过高	24	6.8	7.0	69.5
无钱看病	2	0.5	0.5	70.0
交通不方便	35	10.0	10.3	80.3
住房困难	11	3.2	3.3	83.6
其他	55	16.0	16.4	100.0

续表

最大困难 \ 基本状况	频数（人）	百分比（%）	有效百分比（%）	累计百分比（%）
总计	337	97.3	100.0	
缺失值	9	2.7		
合计	346	100.0		

资料来源：2013年“贵州进城农民工子女教育状况”抽样调查数据。

由此可见，如何解决城市户口问题，并拥有一份稳定的家庭收入，已成为进城农民工子女的最大心结，这也可能继续成为其城市立足的困境。事实上，从现实来看，进城农民工子女群体之所以将“没有城市户口”视为九大困难之首，在于其如同父辈一样深感城市户口之要害。正如胡晓登在论文中指出的一样：“城市户口不仅是一个单一户籍，而是相应赋予了六十余项权利、利益、福利、保障等内容。”①

（三）心理预期

1. 教育条件的未来预期

如前所述，由于受政策、学校、家庭等多重因素的制约，致使当前绝大部分农民工子女就读环境与条件仍相对较差。尽管如此，这些现实状况并没有打击进城农民工子女对今后教育环境与条件改善的美好期待与信心。

调查显示，从教育条件预期看，贵州省进城农民工子女对未来教育环境与条件的改善充满信心。具体来看，在被调查进城农民工子女中，超过六成（64.5%）的人认为自己上学的环境和条件“会比现在好”，只有2.8%的人认为“会比现在差”，认为“和现在一样”的人占6.5%，还有1/4左右（26.3%）的人则表示“说不清楚”（见表25）。由此可见，尽管“理想”与“现实”之间存在较大差距，但是，进城农民工子女对未来就学环境与条件的改善仍较有信心。

作为教育资源的重要部分，学校是衡量教育条件好坏的主要指标之一。一般而言，公办学校的教育条件要优越于民办学校，而民办学校的教学条件又整体好于打工子弟学校。那么，对于当前主要就读于民办学校、

① 胡晓登：《城镇化的核心是人的城镇化》，《当代贵州》2013年第9期。

表 25　如果再过 5 年，你认为自己上学的环境和条件会发生什么样的变化？

基本状况 变化	频数（人）	百分比（%）	有效百分比（%）	累计百分比（%）
会比现在差	9	2.7	2.8	2.8
和现在一样	22	6.4	6.5	9.2
会比现在好	221	63.9	64.5	73.7
说不清楚	90	26.0	26.3	100.0
总计	343	99.1	100.0	
缺失值	3	0.9		
合计	346	100.0		

资料来源：2013 年"贵州进城农民工子女教育状况"抽样调查数据。

打工子弟学校的进城农民工子女，其对未来就读条件的改善有何期盼？该群体更希望今后选择到什么类型的学校读书？我们的调查统计显示，从学校类型预期看，在今后有条件的情况下，绝大部分进城农民工子女对自身未来学校类型的选择主要集中在"公办学校"上，其比例高达八成（80.9%）；而表示仍愿意继续选择"民办学校""打工子弟学校"作为未来就读学校的比例均不到一成，分别仅占 9.8% 和 4.2%；此外，还有 5.1% 的人将"其他学校"作为未来学校的预期（见表 26）。这表明，进城农民工子女对未来公办学校的目标预期比例相对较高，与当前的实际就读比例之间还存在较大的差距。

表 26　如果今后有条件的话，你希望自己选择到什么类型的学校读书？

基本状况 学校预期	频数（人）	百分比（%）	有效百分比（%）	累计百分比（%）
公办学校	275	79.5	80.9	80.9
民办学校	33	9.6	9.8	90.7
打工子弟学校	14	4.1	4.2	94.9
其他学校	17	5.0	5.1	100.0
总计	340	98.2	100.0	
缺失值	6	1.8		
合计	346	100.0		

资料来源：2013 年"贵州进城农民工子女教育状况"抽样调查数据。

事实上，进城农民工子女对自身教育条件改善的未来预期，远不仅仅在学校类型方面，还包括对校园环境、教师队伍等方面的选择与预期。尽管真正要实现与城市子女同城同待遇的教育预期还有些困难，但这并没有影响到进城农民工子女的美好期待与愿望。

2. 文化程度的目标预设

从文化程度看，调查显示，绝大部分贵州进城农民工子女对提高自身的文化水平都拥有较高的目标预期，且主要集中在“大学”和“研究生”上。具体来看，在被调查进城农民工子女中，表示希望将来读书到“大学”的占34.7%，达到“研究生”的占34.3%，两者合计高达69.0%；而希望读书到“高中”“初中”和“小学”的人分别为6.6%、3.3%和1.9%（见表27）。

表27　如果有条件的话，你希望将来读书到哪一个阶段（即文化程度）？

文化预期＼基本状况	频数（人）	百分比（%）	有效百分比（%）	累计百分比（%）
小学	6	1.8	1.9	1.9
初中	11	3.2	3.3	5.2
高中	22	6.4	6.6	11.7
大学	117	33.8	34.7	46.5
研究生	115	33.3	34.3	80.8
说不清楚	65	18.7	19.2	100.0
总计	337	97.3	100.0	
缺失值	9	2.7		
合计	346	100.0		

资料来源：2013年“贵州进城农民工子女教育状况”抽样调查数据。

进一步看，如果按“小学”为“1”至“研究生”为“5”分别进行赋值，那么贵州省进城农民工子女对文化水平的综合预期指数为4.19（预期指数1—5，数值越大，表示文化预期程度越高），标准差0.920，介于“大学”与“研究生”之间。这说明，当前贵州省进城农民工子女对未来文化水平的整体预期为“大学”程度以上。

然而，当我们对进城农民工子女家庭（家长）调查时，却只有30%左右的家庭表示自己的孩子能够达到大学及以上水平。若将当前进城农民工子女的目标预期与家庭父母的现实预期相比，则父母的现实预期明显低于子女的目标预期，前者比后者低了近 40 个百分点。

由此可见，当前贵州进城农民工子女对未来文化水平的整体预期达到相当高的水平，但该群体对文化程度的“心理预期”与家庭的“现实预期”之间存在较大的差距。

3. 留城意愿的目标选择

如前所述，进城里读书后，尽管身份认同上的模糊性与不确定性，影响了进城农民工子女“市民”的定位。而制度、政策、文化、观念、社会等因素的排斥、隔离与不适，也增加了该群体融入城市社会的难度，并长期处于被“边缘化”的境地。但是，所有这些，并没有真正打击农民工子女留城的愿意与期待。

那么，在现实生活中，进城农民工及子女的留城意愿又如何呢？又面临哪些方面的困境与问题？

调查结果显示，在被调查的进城农民工子女中，如果今后有条件的话，超过六成（62.5%）的人表示“希望”继续留在城里学习、生活，而明确表示“不希望”的人仅为 4.6%；此外还有近两成（19.9%）的人表示“没想过”和 13.0% 的人表示“说不清楚”（见表 28）。

表 28　如果今后有条件的话，你希望继续留在城里学习、生活吗？

基本状况 / 留城意愿	频数（人）	百分比（%）	有效百分比（%）	累计百分比（%）
希望	213	61.6	62.5	62.5
不希望	16	4.6	4.6	67.1
没想过	68	19.6	19.9	87.0
说不清楚	44	12.8	13.0	100.0
总计	341	98.6	100.0	
缺失值	5	1.4		
合计	346	100.0		

资料来源：2013 年“贵州进城农民工子女教育状况”抽样调查数据。

进一步看，如前所述，当前进城农民工家庭在城市中工作、生活、学习等过程中，其所面临的前五大困难分别是“没有城市户口”“家庭收入不稳定”“教育、生活费用过高”“家庭贫困”“交通不方便”，分别占

23.5%、20.7%、14.0%、11.3%和10.3%，五项合计高达79.8%。显然，如何解决进城农民工家庭面临的这些问题，事关农民工及子女能否实现城市化问题，也事关该群体能否实现留城的目标预期。

上述表明，从留城意愿预期看，尽管城市融入问题是复杂的，也是困难的、残酷的。但是，这并没有打断进城农民工子女对留城的强烈意愿。进城农民工子女的市民化，在很大程度取决于未来制度政策的设计，而政府如何顺应广大进城农民工及子女留城的意愿，则是值得加以重视的问题。

七　改进农民工子女教育环境的发展路径与对策建议

从未来发展趋势看，解决进城农民工子女教育问题将是一个长期性、系统性的社会工程。事实上，由于受欠发达、欠开发等因素的限制，加上政府、学校、家庭、学生等主要障碍及相关影响因素的存在，使贵州进城农民工子女教育问题面临更多的曲折、困难和障碍；而城乡二元结构、户籍制度及现行政策法规设计缺陷的存在，则注定进城农民工子女要实现“教育权利”平等向“教育机会”平等的转型，同样需要经历一个较长的过程。

如前所述，从政策层面看，进城农民工子女已实现了从“留守”到“随迁”、从“借读”到“公读”等方面的巨大转变；但是，从现实层面看，有关农民工子女在教育发展、身份转变、代际流动、市民化进程等方面，仍面临着难以化解的“重重困境”：农民工子女教育诉求与政策碎步化调整之间的困境；农民工子女教育发展高预期与获取教育机会低能力之间的困境；农民工子女教育权利“平等化”与现实机会“边缘化”之间的困境；等等。所有这些，仍像一道道篱笆阻碍着进城农民工子女教育环境的改善和教育水平的提高，也制约着该群体市民化的进程，有待学界、政界、社会各界的共同关注，并寻求多元化的发展路径和构建全方位的政策体系，以共同致力于进城农民工子女教育问题的解决。

基于此，立足国情、省情，从贵州城镇化的视角出发，积极探索科学、有效、合理的进城农民工子女教育出路与对策建议，事关贵州省城镇化的建设步伐，事关“四化同步”战略的进程，事关城乡社会的协调发展。

（一）“三大”发展路径

进城农民工子女教育，不仅仅是一个单纯的教育问题，也是一个复杂的社会问题。为此，切实解决进城农民工子女教育问题，必须从实际出发，统筹兼顾，坚持多元化的发展路径。

1. 坚持“两为主”，充分挖掘公办学校办学潜力

在我国，经过几十年的努力，义务教育阶段办学已取得了丰硕的成果。但是，从整体上看，我国有关农民工子女教育政策法规的运行效能还较差，还面临一系列问题与困境。只有突破这些问题与困境，才能更好挖掘公办学校的办学潜力，以吸纳更多的进城农民工子女进入公办学校就读，最终实现“两为主”政策的目标。同时，必须结合当前制约进城农民工子女教育发展的主要因素，并寻求破解办法，才能消弭来自政府、学校、家庭、学生等多方面的不利因素及影响，进而促进进城农民工子女教育的有序发展。

（1）强化政府职能，消弭多重因素的不利影响与障碍

为了应对和解决日益突出的进城农民工子女教育问题，各级城市政府应履行好自己的角色与职能。

一是要制定切合本地实际的具有可操作性的地方性政策与法规，真正确保国家政策的贯彻与落实。当前，各级地方政府都程度不同地存在着政策法规缺乏创新问题。这就使得相关政策法规到地方运行效能差，呈现“机械性、缺乏本土特色、不能接地气”。因此，只有构建起一个适合国家政策法规要求，但又切合地方实际的可行性政策法规，才能消除制度性障碍的影响与制约，从而推动进城农民工子女的教育问题得以更快更好的贯彻落实。

二是要理顺财政投入机制，强化农民工及子女受教育的权利。各级城市政府应转变理念，不能只看到农民工及子女给城市政府带来的压力，而更应该看到农民工为城市经济建设所做出的巨大贡献。正如笔者在《农民工：城镇化进程中的边缘群体》中指出，每年贵州省内农民工为 GDP 增长提供 70 多亿元的劳动力红利。换句话说，农民工作为纳税人，其子女理应得到和城市孩子同等的受教育机会，这就要求各级城市政府应尽快建立健全农民工子女受教育的保障机制，以切实保障他们的受教育权得到实现。

三是要逐步探索推行学籍信息管理制度。各级城市政府应按照《中小学学生学籍信息化管理基本信息规范》（2007 年）的精神与要求，逐步探

索推行学籍信息管理制度。即依据学籍信息管理制度，每个适龄儿童在任何地区的任何实施国家义务教育的学校，都可入校接受教育，这便于对每个学校就读的进城农民工子女（学生）进行统计，也便于义务教育经费随学生流动。如贵州在全国率先建成了“中小学生学籍信息管理系统”，发挥了较好的示范作用。在此基础上，可以推动实行“教育券”制度的步伐，做到义务教育经费随学籍走。

(2) 加大教育经费投入，扩大公办学校的规模与容量

与进城农民工子女对公办学校的刚性需求相比，当前贵州省城市公共教育资源尤其是公办学校供给严重不足。这就客观上要求必须加大教育经费的投入力度，创造条件新建设一批公办学校，才能拥有吸纳更多进城农民工子女就读的能力。否则，仅凭现有公办学校的资源，是无法满足当前进城农民工子女的刚性教育需求的。以贵阳市为例，当前城市公办学校吸纳农民工子女就读比例介于30%至40%，而进城农民工子女的现实需求比例却至少在80%以上，造成教育供给与需求之间的巨大反差与差距。具体来看，加大教育经费的投入，各级城市政府应把握好以下两方面的工作。

一是坚持以中央财政投入为主，地方政府为辅的原则。换句话说，中央政府既不能完全将农民工子女教育的财政负担全部推给地方政府，反过来地方政府也不能将解决农民工子女教育的经费投入全部寄望于中央财政的支持，必须结合本地实际进行必要的财政投入，以共同致力于解决农民工子女教育发展过程中的经费严重不足问题。例如，我们建议可从市中心城区中小学布局调整的土地转换资金收益中，提取30%作为专项基金，用于城郊区县新公办学校的建设，并集中接纳进城农民工子女入学。值得一提的是，通过采取此项政策，有可能比较有效地调动城郊区县的积极性，促进他们认真做好接收进城农民工子女在公办学校入学的工作。

二是设立农民工子女教育专项基金，实行专款专用。为了保证农民工财政专项经费的合理利用，必须加大监管力度，实行专款专用制度。在调查中发现，当前不少地方仍存在着农民工子女教育财政经费落实不到位的现象，其主要原因是未能实现专款专用，同时也与地方政府职能部门执行政策不力、管理秩序混乱等因素有关。如调查发现，有关行政职能部门对民办学校、打工子弟学校设置重重障碍，使其农民工子女的人头经费未能真正地落实到农民工子女的身上，这不仅限制了民办学校的发展，也影响

了农民工子女教育环境与条件的改善，进而制约了该群体义务教育水平的提高。

（3）整顿非公办学校资源，创建公办式民工子女学校

事实上，当前不少民办学校、打工子弟学校本身拥有了相当的资源与条件，但出于资金缺乏、师资不足等方面原因，难以很好地发展起来。因此，各级政府及职能部门，应加强对非公办学校的资源的有效整合，并提供一定资金支持，配备一定的师资力量，实现民办为主向公办与民办合作联办的办学模式。这类学校建立起来后，各级政府及职能部门要加大监督与管理力度，使之走向有序、健康、科学的发展之路，真正成为广大进城农民工子女就学的理想场所。这一方面可以减轻现行公办学校吸纳农民工子女就读的压力，又可以分流那些不合格农民工子弟学校中的在读农民工子女学生，保证其接受合格的九年义务教育。如此一来，不仅极大地拓展了原本紧张的校舍资源，而且在一定程度上避免了低水平建校、建校周期过长等造成农民工子女教育延误，进而引发的新的社会问题。以贵阳市为例，我们调查发现，该市已有不少拥有一定规模的民办学校和打工子弟学校，其规模大的达到1000人以上，小的也达300人左右。对于这类学校，城市政府只需适当投入一定的资金，并提供部分师资上的支持，便可实现民办向公办学校转变。这样不仅有利于为实现“两为主”的政策目标而提供硬件上的保证，也可实现民间资源的有效整合与利用，实现政府与社会联办公共教育的目标预期。

不仅如此，各市城郊区县还拥有相当数量的原有公办学校校舍（现为民办学校校舍），通过加强对这些民办学校的监督和管理，整顿合格学校，取缔其中的不合格者，利用原有校舍，举办集中接收农民工子女的公办学校，是一种较为可行而又现实的办法。当然，在取缔这些不合格的农民工子弟学校的同时，要做好疏导工作，将在这些学校就读的农民工子女，分流到其他公办学校或集中招收农民工子女的学校，接受合格的九年义务教育。这样既拓展了原本紧张的校舍资源，又在很大程度上避免了因低水平建校而延误流动适龄人口的教育和引发新的社会问题。

（4）充分挖掘公办学校教育资源潜力，适当增班扩容

在农民工聚集区域的公办中小学，各地城市政府要挖掘其现有教育资源的潜力，积极接收进城农民工子女就学。以贵阳市为例，目前在该市农民工子女集中的城郊区县，可暂缓执行小班化教学的政策，并适当地增加

班额，将班额由35人扩大到40—50人；充分利用现有的教育资源的同时，应按免试就近入学的原则，将进城农民工子女与本地城市学生混校、混班，进而开展农民工子女与城市子女之间的组织教学；此外，在教师编制的核定、教育经费的划拨和教学管理上，应坚持农民工子女与城市子女一视同仁、共享公共资源。

（5）加快基础教育均衡发展，推进公共教育服务进程

从长远发展看，加快基础教育均衡发展，不仅要将农民工子女义务教育纳入公共教育服务体系，也应将其学前教育、普通高中教育逐步纳入公共教育服务体系。目前，贵州省正探讨和实施有关“9+3”发展规划，因此，我们建议在推进和实施这一规划的同时，应将农民工子女基础教育与整体发展规划结合起来，参照国家中长期教育发展改革纲要及有关教育政策，构建科学合理的贵州公共教育服务管理体系。

进一步看，加快义务教育均衡发展，推进城市公共教育服务进程，一是应加大城市新建、改扩建居民区配套建设中小学校的力度，为吸纳更多农民工子女在公办学校就读创造条件；二是应加快购买教育服务的工作进程，有效整合社会教育资源，缓解进城农民工子女对公办教育需求与现实供给之间的矛盾；三是应积极收集、整理、归纳、总结各级城市教育行政部门针对农民工子女教育制定出台的政策与措施，并加快那些可行性强、科学有效的政策措施的推广与运用。如贵阳市在强化公共服务改善农民工子女教育问题上，已经做了大量探索与实践，并积累了不少成功经验与有效措施，值得进一步完善及推广，并上升到政策法规的层面。

2. 坚持“多元化”，整合资源促进民办学校发展

随着改革开放的不断深入，中国国民教育已进入多元化的时代。各级党委、政府通过积极引进外资、利用民间资本等形式，不断加大国民教育的投资力度，使我国的国民教育逐步形成了良性运行与协调发展的可喜格局。

值得指出的是，由于受国情、国力等方面的影响，致使公办教育资源的供给严重不足，而民办学校的发展却在很大程度上缓解了这种压力，并越来越凸显自身在中国教育发展中不可替代的重要作用。

我国基础教育改革与发展的历程表明，单一化的公办学校并不能完全满足社会的教育需求，也无法满足广大进城农民工子女的教育需求。所有这些都为民办学校的发展提供了有利的社会环境与条件。进入21世纪后，

伴随着民办中小学校的重新起步，客观上从不同层面弥补着公办学校的不足，并彰显出自身的重要地位与作用。表现在：第一，在义务教育阶段发展民办学校，有利于促进教育事业“重中之重”任务的落实，巩固国家“两基”成果；第二，在义务教育阶段发展民办学校，有助于解决进城农民工子女就学难的问题；第三，在义务教育阶段发展民办学校，有利于顺应多种社会教育需求，缓解选择教育给公办学校带来的压力与困难，等等。①

正因如此，在现实国力尚不能完全实现以公办教育吸纳进城农民工子女入学的情况下，积极探讨“多元化”道路，全面整合社会资源，以促进民办学校的规范、有序、健康发展，是重要而必要的，并具有积极的现实意义。

在这里，所谓“多元化”道路，即在推进民办教育发展的过程中，实现办学投资主体的多元化、办学性质的多元化、办学形式的多元化。

从办学投资主体看，针对民办学校办学经费不足、办学困难等现实困境，在国家法律法规允许的前提，应积极鼓励社会资金投入民办教育中去，而对于相关资金的来源、多少、性质，则不必控制得过严过紧。在必要时候，国家及各地政府需要正确处理好资金投入与经济回报之间的关系，以充分体现市场经济的规律与作用。

从办学性质看，在坚持“公办为主，民办为补”方针的基础上，民办学校应拥有更多的自主权。而这种权利已有相应的法律法规作为保障。如在新修订的《中华人民共和国义务教育法》中，民办教育是有其法定的存在和发展空间的，对民办教育的地位和价值也有着明确的说明和规定，使民办教育在《中华人民共和国宪法》、《中华人民共和国教育法》和《中华人民共和国民办教育促进法》等的指导下，又有了进一步明确和对应的国家法律依据。不仅如此，有关政府决策部门及行政教育管理部门，也同样应该认真学习和领会新《中华人民共和国义务教育法》等法规政策的精神，明确法规政策赋予民办学校的责、权、利，同时也可以有效地运用这些法规政策及规定，更科学有效地实施对民办学校的有序管理，并避免各种违规违法行为的产生。

① 蒋太岩等：《从歧视走向公平：中国农民工及其子女教育问题调查与分析》，东北大学出版社，2008。

从办学形式看，只要能为现有体制所容纳，各种参与民办教育的模式都不应该完全被拒绝。事实上，正如我们调查发现，几乎所有被调查的民办学校，其都是在当地城市政府“默许”的情况下而存在的，不管学校规模是大还是小，也不管学校的办学特色是以什么为主。

基于上述分析，国家有关农民工子女教育的政策法规的目标是为了保障流动儿童有学上、上好学、学得好。因此，针对当前在政府不可能大幅度增加投资和大量建设新公办学校的情况下，必须全面整合社会资源，采取优惠政策吸引、鼓励各种社会力量（如打工人员、社会人士等）开办以接收农民工子女为主的民办学校。具体对策建议如下：第一，要进一步明确义务教育阶段民办学校的基本定位；第二，要深化民办学校改革，实现多重角色的合理转型；第三，从注重正确引导着手，推动民办学校走“质量与特色并重”的办学道路，等等。

3. 坚持“正规化”，全力推动打工子弟学校发展

打工子弟学校的形成是不合理的户籍制度、教育管理制度等诸种因素造成的。而实事求是地讲，城市教育资源又不可能完全接纳打工子弟入学的。这就需要调动一切可以调动的因素办学，化解教育资源的紧张，让打工子弟能够入学，接受义务教育。而打工子弟学校是对教育资源最好的补充形式。从这个方面来说，城市教育主管部门理应将打工子弟学校纳入城市教育管理体系，纳入整个教育规划，给予必要的财政支持和其他方面的扶持。

我们期待着有更多的打工子弟学校走向正规的、健康的发展之路，成为城市教育中不可或缺的一部分，让所有的打工子弟都能够走进学堂，完成义务教育。为此，在今后相当长的一个时期，各级党委、政府必须重新审视和定位打工子弟学校的角色与地位，并采取积极的政策与措施予以支持与帮助。

（1）要正确认识义务教育阶段打工子弟学校存在的必然性

第一，家乡就读是无奈的选择。从前面的调查结果来看，打工者子女更多的在家乡就读，这是不得已的选择，从家长的角度讲，都非常愿意把孩子带在身边，而不是留在老家。

这首先是因为情感上的需要：流动人口倾向于把孩子带在身边，这是人之常情，是完全正当和合理的愿望，也是孩子健康成长的保证。其次他们也希望孩子能够接受更好的教育。有相当一部分打工者在思想上已经认

识到家乡学习条件差，在经济状况允许的条件下，希望给孩子一个更好的成长空间。从某种意义上讲，打工者对子女寄予更深厚的期望，生活的经历让他们意识到知识的重要性。他们希望自己的孩子接受更好的教育，将来过更好的生活。但现实上，对于现在有子女在家乡就读的家长而言，只有10.5%的调查对象表示近一两年内要接孩子来城市读书。不接孩子来城市最主要的原因是收入太低，家长在外面工作不稳定。

第二，在相当一段时间里，打工子弟学校仍更适合打工子女就学。打工子弟学校和城市公立学校相比，城市公立学校在各方面的优势都是无法比拟的，在硬件上和软件上两者的差距都是巨大的。但是从目前的状况来看，打工子弟小学是更适合打工者子女的：一是公立学校虽然学费不高，但对农民工子女往往会收取间接性教育费用，每年少则几百元，多则数千元，大大加重了农民工家庭的经济负担；二是公立学校就读门槛仍偏高，少则需要“三证”，多则需要“五证以上”，这些附加条件往往将不少农民工子女挡在公办校园之外；三是公立学校对农民工子女往往采取差别对待，而教师则不拿农民工子女当自己的学生，对其学习采取放任态度，不利于农民工子女学习的提高。

第三，打工子弟学校与家乡学校相比具有优势。与城市公立小学相比，打工子弟学校有很多不足之处，与家乡学校相比，尽管外界看来打工子弟学校教学设施和条件十分简陋，39.1%的家长认为家乡学校好，但打工子弟学校具有比较优势。对于打工者来说，他们的理想的选择序列为：城市公立学校（如果降低门槛的话）、城市的打工子弟小学、家乡学校。

就目前的客观条件，城市的打工子弟学校具有比较优势，但是就总体而言，城市公立学校和打工子弟学校加在一起也还远远不能满足打工者子女的教育需要。

（2）要正确认识打工子弟学校具有不可替代的功能与作用

第一，打工子弟学校存在许多问题，但积极作用仍是主要方面。这些简陋的学校在不利的环境中，坚持为那些对城市的发展做出贡献的打工者的子女提供教育，这不仅对孩子和社会具有未来意义，而且弘扬了知识的价值、文明的价值和人生精神追求的价值。所有这一切对建设社会主义精神文明，对提高民族素质，对社会的稳定，都有着不可忽视的意义。

第二，继续保持打工子弟学校的边际地位。打工子弟学校还存在着一定的生存和发展空间，还存在着改进和完善自身的内在动力，不必过早地将其纳入主流办学形式。政府尤其是教育行政部门，可以采用顺其自然的方式，因势利导。

第三，适度改善打工子弟学校的生存和运作环境。改善可以集中在改变对学校办学资格要求和儿童就读要求上。所谓“八证齐全”的要求，没有必要。适当放宽对打工子弟学校的要求，有利于学校的生存和发展，有利于学生的学习和成长，也有利于维护法律的尊严。必须坚持“适度”的原则，否则“保持边际地位”将成为空文。

第四，谨慎处理打工子弟学校运作中的市场要素。义务教育在性质上是社会财富通过国家而实现的第二次分配。当国家不便或无力提供义务教育，而民间慈善等“第三次分配”方式又尚未成熟之际，教育机构借助市场的“第一次分配”便有其必要性和合理性。事实上，打工子弟学校主办者即使赢利，其获得暴利的可能性也很小。政府主管部门通过办学许可和证书发放加上规定公立学校的借读费用，可以从行政和市场两个方面加以监管和控制。反过来，需要警惕的倒是随着打工子弟学校地位改善而来的有关部门的乱收费。

第五，积极引导社会力量以智力投入的形式支持打工子弟学校。从目前打工子弟学校的紧迫需要，以及城市的优势和社会资助的影响等方面综合考虑，采取社会力量的智力投入的方式来支持帮助打工子弟学校比较可行和可取。

（3）要正确认识打工子弟学校在解决农民工子女教育问题中的原则与路径。当前我国正处于城市化的高速发展期，在今后一个较长的时期内，大中城市外来流动人口刚性增长的趋势不可能改变。大城市打工子弟学校教育问题将长期存在，对打工者子女的教育服务是一项长期的任务，须从长计议。可以说，保障打工者子女的教育权利，关系到全社会当下和长远的和谐稳定。解决农民工子女的教育问题，应该遵循以下几个原则和路径。

一是在财政上可以建立各级政府的分担机制。我国义务教育管理实行“以县为主”的体制。外来流动儿童集中在少数几个区，在区内也集中在少数乡镇，分布很不均衡，给地方教育财政增加较大的压力。为此，可考虑建立市、区、镇三级政府分担的财政机制，使各级政府共同分担流动儿童的教育责任，为农民工子女接受平等的教育提供充足的资源。

二是在办学场地、教师培训、教师职称评定、办学经费等方面予以支持和鼓励。政府应将农民工子女接受义务教育工作纳入当地教育发展规划，列入教育经费预算。借鉴外地的经验，建议按城市学生人均公用经费的1/3或2/3的标准资助打工子弟学校，促进其提高教育质量。另外，地方教育行政部门应将合格的打工子弟学校的专职教师的进修培训、教研活动等纳入统一管理和服务，对符合教师资质的教师资格认定、业务培训、职称评审、晋级、评优、教龄计算等与公办学校教师同等对待。

三是要多管齐下解决流动儿童接受义务教育问题。当前主要通过政府投资、公办学校挖潜改造来扩大接收流动儿童入学的能力，以及在流动人口集中的地区，由政府投资建设简易学校等方法。发挥政府在促进教育公平上的主渠道作用，是完全正确和必要的，但同时要继续坚持和扩大。还要扩大社会力量办学的渠道，形成公办学校、民间组织、打工子弟学校三方面的合力。

（4）要正确认识政策法规对打工子弟学校的保证作用

国务院以及教育部等相关部门从1996年开始陆续出台了一些政策法规，就有关问题进行规范，如1997年教育部颁布了《流动儿童就学暂行规定》，2003年9月30日教育部等六部委联合出台了《关于进一步做好进城务工就业农民子女义务教育工作的意见》；中央“一号文件”下发后，越来越多的人关注农民，关注农民工子女的教育，各地结合中央的政策也相应地制定了一些地方性法规和一些具体的措施和办法。各地解决的方法总的看来大同小异：以公办学校接纳为主，其他渠道就读为辅。

中央到地方各级教育主管部门都已经认识到，公办学校在接纳农民工子女就学方面具有义不容辞的职责，有条件的学校必须接收农民工的子女上学，而且免收借读费。可是各地由于农民工子女多少不同，公办学校能提供的座位数多少不一，甚至有些地区由于认识上的差距，解决农民工子女入学的力度大小也不一样。从总体上看，当前大部分地区的农民工适龄子女在就学中仍存在着不少问题。目前，农民工适龄子女在城市中数量较大，就学质量还很差，义务教育普及率还不能令人满意。农民工适龄子女就学问题的解决必然要经历一个过程，不能因几个文件的出台，就一下子解决好了。我们应该正视现实，在不同的地区积极鼓励用不同的渠道和方法解决才是良策。从根本上讲，通过完善政策法规为打工子弟学校提供保障，应着重注意以下两方面问题。

首先，应该明确承认打工子弟小学存在的合法性，给其留出制度化发展的空间，允许不同教育方式之间的竞争，而不是一味地以治安为名对打工子弟学校进行打压。对办学条件好、生源丰富的学校，应予以扶持和指导，鼓励他们的发展。

其次，建立公正的教育标准、责任计量以及教育监督，采取更为灵活和符合实际的措施，实施对打工子弟学校的科学管理。如出台打工子弟学校的办学标准等。

（二）“五大”对策建议

在这里，本研究将着重以此次调研作为民意依据和参考，并具体结合当前贵州省进城农民工子女面临的教育条件及局限、基本现状与困境、制约因素及影响、心理诉求与预期等内容，提出“五大方面”“十九条对策建议”，供贵州省党委、政府及相关职能部门决策参考。

1. 立足长远，提高农民工子女教育的战略认识

进城农民工子女是在我国经济社会转型期出现并将长期存在的社会群体，其教育问题也将是一个长期的社会系统工程。为此，在新形势、新阶段、新政策背景下，各级政府、部门、社会组织，必须立足长远，加强对农民工子女教育问题的战略认识，并采取切实可行的政策措施予以解决。具体来讲，就是需要从加强农民工子女教育问题的战略重要性、必要性、双重性等方面入手，深化认识，不断增强做好进城农民工子女教育工作的责任感、使命感和紧迫感。

（1）明确加强农民工子女教育战略认识的重要性。事实表明，农民工子女教育问题，不仅是一个单纯的教育问题，而且是一个复杂的社会问题，也是当前和今后一个时期最迫切需要解决的重大民生问题，事关国家或地区“四化同步”战略的发展。为此，如果关注不够、解决不力，势必造成多方面的不利影响，既不利于全民文化素质的提高，也不利于未来发展动力的培育；既不利于经济社会的协调发展，又不利于和谐社会的科学构建。

基于此，在新形势、新阶段、新政策背景下，各级政府、部门、社会组织，要站在全局和战略的高度，充分认识解决好进城农民工子女教育问题的重要性，增强责任感和紧迫感，按照《义务教育法》以及国家、省相关规定和要求，改善进城农民工子女教育环境，促进他们健康成长和全面发展。

（2）明确处理农民工子女教育发展中几大关系的必要性。事实上，要

科学、有效地推进农民工子女教育环境条件的改善，涉及方方面面的环节与内容，而如何认识和厘清农民工子女教育发展过程中三大关系问题，是必要而重要的。

一是要正确认识公办学校与民办学校的关系。按照国家政策，必须坚持“两为主”的方针，让更多的农民工子女进入公办学校就读，但是，面对进城农民工子女对教育发展的刚性需求，公办学校的教育供给无法一时全部予以，这就需要通过民办学校的教育供给予以补充。因此，坚持“公办为主，民办为辅”的发展思路，促进公办与民办学校之间的协同发展，是现实发展的客观需要。事实上，在今后相当一段时期，在无法完全兑现“两为主”政策的前提下，进城农民工子女对民办学校的刚性需求仍将继续存在。这就意味着，教育行政管理部门尚无绝对理由阻止民办学校的存在与发展，更无绝对理由将进城农民工子女的就学需求置于不管的境地，否则，一切教育管理行为都是枉然，更是一种失职！

二是要正确审视办学条件与教育支付能力的关系。关于民办学校、农民工子弟学校的办学条件问题，不能搞一刀切，只能根据现实发展的实际需要而做出决定。如前所述，与公立学校相比，无论是民办学校还农民工子弟学校，其办学条件肯定是较差的。但是，这仅仅是该类学校存在问题的方面，却并不能成为政府及相关管理部门取缔其办学资格的合法性理由。进一步看，根据当前进城农民工家庭的实际收入水平和支付能力，其子女是否非得要求高标准的教学条件呢？毫无疑问，答案是否定的。事实上，如果政府不能完全负担进城农民工子女教育的费用，那么，我们就不能一概以优质的教学条件作为农民工子女入学的门槛，更不能由此加重农民工家庭的经济负担而增加其子女在城市中的失学风险。换句话说，在公办学校尚无能力与条件完全解决进城农民工子女的入学之前，与其说让进城农民工子女失学，还不如让其进入民办学校、农民工子弟学校就读。由此可见，如何审视办学条件与教育支付能力的关系，不仅事关民办学校、农民工子弟学校的生存与发展问题，而且事关进城农民工子女就学渠道的取向问题。

三是要科学把握教育体制改革与社会发展需求的关系。根据《义务教育法》之规定，我国适龄儿童都有接受九年义务教育的权利。在此教育法规的背景下，如果未成年人子女在户口所在地失学，则由当地政府负责；但是，如果未成年人子女在父母打工地区失学，却往往无责可问；值得指出的是，尽管国家明确提出“两为主”的政策，但进城农民工子女在流入地公办中小学实际花在教育上的费用却高于本地户口的学生，显然，这不能不说是城市教育政策对农民工子女的集体排斥与歧视。虽然这些政策的排斥与歧视没有法律根据可言，但它在现实生活中却的的确确存在，并充分反映了我国教育法规与教育政策的矛盾关系。从根本上讲，这是由我国教育体制改革滞后造成的，表现在现行教育体制和政策的改革没有完全跟上新形势、新阶段、新发展的要求。进一步看，由于我国义务教育阶段实行的是“分级办学、分级管理”，即义务教育由县、乡财政管理的教育体制。这就意味着适龄未成年人子女的义务教育经费主要由户籍所在地的地方政府负担。但是，由于进城农民工子女没有流入地的户口，因而无法或难以享受到流入地政府负担的财政教育经费。当前，尽管随着户籍制度的改革、有关农民工子女教育政策法规的不断健全，客观上赋予了该群体在流入地受教育的权利，规定了流入地政府对于农民工子女负有教育的义务，取消了公办学校对农民工子女歧视性的收费政策。但是，在现实生活中，国家有关农民工子女教育的法规政策往往都会遇到这样那样的障碍，造成相关法规政策难以达到应有的政策预期，而农民工子女获得流入地教育的权利与机会也大打折扣。显然，这一现状无法满足社会发展对教育的需求，更无法满足广大进城农民工子女对义务教育的刚性需求。由此可见，如何科学把握教育体制改革与社会发展需求的关系，是国家政策法规制定过程应予以关注的重要问题，也只有处理好了这两者之间的关系，才能更好地解决进城农民工子女在流入地接受教育的种种困境，也才能真正实现“政策规定”向“现实机会”的转变。

（3）明确正视农民工子女教育问题的双重性。如前所述，农民工子女是我国城市化建设的未来动力，是工业化建设的新生力量，是农业现代化建设的人才储备，是现代化建设的关键环节。鉴于此，农民工子女教育问题能否获得科学、合理、有效的解决，事关该群体的发展及影响问题。如果解决得好，对全国及各地区经济社会的发展必将产生积极而巨大的推进作用，反之，则可能产生多重而不利的负面影响。

从正面影响看，进城农民工子女教育问题是一个系统的社会工程，因此，解决好了该战略性的问题，有利于培育经济社会发展的新增长点，有利于促进我国政策法规的健全与完善，有利于破解我国现代化过程中的多重难题，有利于加快民主法治的进程等。从负面影响看，进城农民工子女教育问题解决不好，将制约我国社会劳动力整体素质的提升，影响现代化进程；将制约教育公平的实现，导致社会认同危机；将制约农民工子女的正常社会化过程，导致社会失范行为的产生，进而增加社会管理的治理成本与风险，等等。

总之，正确认识农民工子女教育问题的有利性与不利性，并充分发挥其正面功能，避免或消弭其负面影响，是今后解决进城农民工子女教育问题的重要前提，不容忽视。

2. 健全法规，确保农民工子女教育合法性权益

人的城镇化，是一个急待解决的全国性问题。党的十八大报告明确指出："加快改革户籍制度，有序推进农业转移人口市民化，努力实现城镇基本公共服务常住人口全覆盖。"这是这一问题第一次写入党的报告。可见，解决人的城镇化问题已刻不容缓，而农民工及其子女便是这一问题的主体。

就贵州而言，关注和解决农民工子女教育问题，是贵州省推进城镇化战略的重要任务，也是推进农民工及其子女市民化的重要手段。而农民工及其子女的市民化，将面临户籍、就业技能、文化程度、能力素质、子女教育、住房、社会保障、资产代际转移、城镇资产建设、政治参与等方面的障碍，而农民工子女教育则是最根本性的障碍。而要切实克服和解决这一系列问题，必须从健全农民工子女教育的政策法规着手，这是最根本性的路径与保障。

正是基于此，贵州省制定和健全有关农民工子女教育的法规政策时，必须明确并解决好以下几个问题。

（1）解决进城农民工子女教育问题必须从政策法规的层面着手

作为城镇化的重要组成部分，进城农民工子女既是未来贵州省城镇化的重点，也将成为难点，而如何从政策法规的高度予以关注，并赋予直接和明确的权利与机会，这是切实解决好进城农民工子女的教育问题的根本前提与制度性保证。

（2）制定教育政策法规时必须将农民工子女推向政策的主体位置

到目前为止，从国家到地方有关农民工子女教育的政策法规已有不少，但直接针对进城农民工子女教育的专门政策法规却很少。基于此，作为西部劳动力输出的重要省份，贵州应加快政策法规的探索与构建步伐，制定更多有关农民工子女教育的专门政策法规，并真正将农民工子女置于

政策对象的主体地位，而不再是其他政策法规制定过程中的“附属物”（即在制定其他政策法规时，相应地对农民工子女问题予以关注）。

（3）农民工子女教育政策法规的设计必须接地气

尽管贵州省先后制定了《贵州省实施〈中华人民共和国义务教育法〉办法》（1994）、《贵州省实施〈中华人民共和国义务教育法〉办法》（1994）、《贵州省民办教育促进条例》（2006）、《贵州省义务教育条例》（2012）等一系列的法规政策。但是，通过比较不难看出，这些政策法规更多的是对国家相关政策法规的一种变向复制，而缺乏区域性的创新与设计。基于此，今后贵州省加强有关农民工子女教育政策法规的制定与设计时必须接地气，体现政策法规的本土化、区域性、针对性，并坚持科学、务实、有序的原则，真正将农民工子女纳入政策关注的核心。以户籍制度改革为例，我们必须通过该项制度的设计，分阶段、有重点、有序地推进农民工及其子女的市民化。因此，在进行户籍制度的改革与设计时，应区别第一代农民工、第二代农民工以及农民工后代，并将新生代农民工、农民工子女作为户籍改革过程中的重点目标，并体现新生代农民工、农民工子女“优先入户”的政策。显然，若对此加以明确，有助于厘清贵州省进城农民工子女教育政策改革的思路、方向和目标，并以此确立以农民工子女为重点的教育制度改革战略。

（4）制定农民工子女教育政策法规必须与市场经济相结合

发达国家和发展中国家已有的行之有效的经验表明，从未来发展看，市场经济体制的社会是法制社会，市场经济体制改革也需要用法律来维护和保障。在20世纪90年代，由于缺乏有关民办中小学校的法律法规，加之对义务教育阶段民办学校的认识尚不统一，因而基层对民办学校的管理存在一定的随意性、混乱性。这不仅影响了相关教育的有效管理，也影响了进城农民工的切身利益。

3. 令行禁止，彰显法规政策的权威性与执行力

从总体上看，当前全国及地方有关进城农民工子女教育的法规政策也不算少，为何仍存在这样那样不利于进城农民工子女教育的发展格局呢？从根本上讲，法规政策的权威性与执行力不足，是影响进城农民工子女教育的重要因素。如同前述，国家关于农民工子女教育问题的相关法规政策是科学合理的，但是，这些法规政策一旦到地方，往往就变了味、走了样，甚至出现“有法不依”“上有政策下有对策”的不良现象。显然，这

不仅是对国家法规政策的蔑视，也是对法规政策权威的挑战。

鉴于此，在坚持正确办学方向的基础上如何不断强化已有法规政策的权威性与执行力，将是一项重要工作，具有重要的作用。这是更好落实国家大政方针、促进国家教育公平、确保进城农民工子女平等享有教育权利与机会的重要前提。就贵州而言，要不断强化法规政策的权威与效率，应着力做好以下几方面的工作。

（1）加强进城农民工及子女教育法规政策的宣传工作

以新《义务教育法》《实施意见》《未成年人保护法》等为主要宣传内容，充分利用广播电视传统媒体的阵地作用，同时利用好网络、手机等新媒体的宣传功能，不断提高社会对有关农民工子女教育政策法规的认知水平。同时，特别要将农民工及子女、教学从业人员、教育行政部门工作人员等作为深度宣传的主要对象。

（2）令行禁止，杜绝各种不利农民工子女教育发展的行为产生

以新《义务教育法》《实施意见》等为主要内容，加强对教学、管理、相关职能部门从业人员法规政策意识的强化，提高职业操守，杜绝各种不利于农民工子女教育发展的行为或因素，真正做到“有法必依”、公正、廉洁、为民。

（3）加大违规违纪过程中相关责任的惩罚力度，确保法规政策的权威性与执行力

无论是实际教学部门还是教育行政管理部门，一经发现存在着针对进城农民工子女教育的违规违纪行为，必须予以严肃处理，绝不姑息。这是确保法规政策的权威性与执行力的重要前提。

4. 强化监管，严格规范教学与行管部门的秩序

从教学管理看，在接收农民工子女的接受义务问题上呈现“两面性”特征，部分学校一方面做有关政策层面的表面工作；另一方面则暗地设置入学门槛，间接收取代读费、转学费、借读费、人情费等，让广大农民工家庭望而止步。这种现象，越是在教学条件好的公办学校，就越易发生。

从管理部门看，调查发现，有关农民工子女教育的部分行政管理部门，呈现服务意识差、管理官僚化，甚至出现不良行政之举，给民办学校尤其是农民工子弟学校在办理审批证、组织机构代码等方面设置人为障碍，导致不少有条件、资质的民办学校、农民工子弟学校无法及时获取合法的组织名分，进而影响了农民工子女义务教育生均费的到位，严重制约

了民办学校、农民工子弟学校的正常发展，也影响了农民工子女教育环境条件的改善。

显然，这种“有法不依”“上有政策下有对策”等现象的产生，除了受市场经济的冲击与影响外，根本原因还在于从中央到地方、从地方到部门缺乏健全有力的监督管理机制，致使不少教学单位、行管部门的部分工作人员，为达到个人利益之目的而采取非法行为，直接或间接向民办学校、农民工子弟学校收取各种名目的人情费（少则几千，多则超过一所农民工子弟学校全年的收入①），这不仅加重了民办学校、农民工子弟学校的办学困难，进城农民工子女就读的负担，也间接增加了农民工子女就学的成本，造成不少农民工子女因无法承担相关经济压力而失学或辍学。

鉴于此，必须加强对现行教学、行政管理部门的行为监督与管理，坚决杜绝各种有损于农民工子女教育发展的因素存在，为农民工子女营造公平合理的教育环境。具体建议如下。

（1）建立全省进城农民工子女入学“动态监测”体系

为保障进城务工人员子女平等接受义务教育的权利，争取做到不让一个孩子因家庭经济困难、就学困难或学习困难而失学。为此，构建进城务工人员随迁子女公平接受义务教育情况的动态监测机制是十分必要的。而在具体构建过程中，教育行政部门必须实现与科研单位、高等院校联姻，实现理论与实践的充分结合，并保证监测过程的科学性、准确性、指导性及应用性。

（2）探索制定一套进城农民工子女教育管理与服务评估体系

结合进城农民工子女教育发展的实际需求，教育行政管理部门通过面向社会招标的形式，加强对进城农民工子女教育管理与服务的研究，以构建起一套科学、合理、客观、具有可操作性的评估指标体系。通过评估指标体系的运用，并借助科研单位、高等院校的力量，及时考察教学、管理

---

① 据某农民工子弟学校负责人在座谈会上反映，该校在贵阳市另一区办学时，曾“两证”俱全，只因将学校的办学地点换到现在的这个区，相关管理部门要求一切手续重新办理，否则将进入“黑名单”，直至取消。后出于无奈，该校只好按照复杂的程序重新申请办理了审批证。而仅为办理此证，除了托人找关系外，还几乎花掉了该校1年的全部收入（即该校200余名农民工子弟的全部学费）。目前，该校因种种障碍，至今组织机构代码证仍未能办理，致使该校农民工子女的人均财政性经费也未到位，严重制约了该校环境条件的改善和教学质量的提升。

等部门在农民工子女教育管理与服务过程中的质量与水平，并针对存在的问题提出限期整改的意见与建议；对于评估过程中发现存在突出问题的教学和管理部门，予以通报批评，甚至追究相关负责人、工作人员的责任。

（3）实行进城农民工子女教育工作不定期检查制度

为了改变过去只强调管理而忽视服务的现象，应成立以专家学者为主体的督导检查组，不定期加强对进城农民工子女教育工作的检查工作，并将教学单位、教育行政管理部门以及相关部门作为检查的重点对象，着重针对管理秩序、管理规范、服务意识等方面进行检查。

5. 改革创新，构建科学合理的教育政策管理体系

改革开放的发展史，从某种意义上讲也是我国经济社会的变迁史。然而，在城乡二元社会结构的刚性影响下，一系列社会问题伴随着经济转轨、社会转型的加速而不断凸显出来，农民工及子女教育问题无疑是这一过程中的代表性问题之一。进一步看，经济社会的发展与变迁，更是经济体制与社会政策体制“二维”驱动的结果。因此，解决农民工及子女教育问题，也必须从机制体制的改革入手，而改革的关键又在制度政策的创新与优化。

（1）通过制度创新解决农民工子女教育问题

第一，逐步解除教育体制与户籍制度挂钩的传统模式，削弱户籍制的身份标签功能，建立与市场经济发展相吻合的居民身份制度。

第二，全面深化经济制度改革，消除城乡二元体制的刚性制约，缩小城乡之间的经济、社会、保障、教育等方面的差异。

（2）加快义务教育经费分配方式的改革

第一，要逐步实行“教育券”通用制度。政府将用于教育的公共经费以券的形式直接发给学生，学生自由选择学校并用教育券支付学费和相关费用；学校则向政府兑取与券值相等的现金流入。学生可凭教育券到所在区域内的任何一所学校就读。学校之间也会因为学生掌握主动权而增加竞争，提高教育质量。采取这项制度的关键是保证了农民工子女教育经费的落实，也可以打破地区和户籍限制，为农民工子女入学提供条件。[①]

---

① 蒋太岩等：《从歧视走向公平——中国农民工及其子女教育问题调查与分析》，东北大学出版社，2008。

第二，要构建起以国家宏观调控为主的义务教育投入机制。尽快改革义务教育以县为主的制度安排，实现以国家中央本级投入为主，中央和地方各一半的责任界定。

（3）优化国有公共教育资源的配置机制

第一，通过优化国有公共教育资源的配置，有利于打破现有教育资源的分布格局，真正实现有限资源利用的最大化。这也是坚持"以公办学校为主，民办教育为辅"的根本前提。

第二，改革农村义务教育管理体制，调整现有义务教育格局。实现由"县、乡、村三级办学，县、乡两级管理，以县为主"向"在国务院领导下，由地方政府负责，分级管理，以县为主""中央和省级人民政府要通过转移支付，加大对贫困地区和少数民族地区义务教育的扶持力度"的体制转变，真正全方位地将农民工子女教育从体制外纳入体制内。[①]

（4）加大义务教育经费统筹力度，破解"两为主"政策难题

从近期看，当前国家有关农民工子女教育政策法规的落实，取得了较大成效，进城农民工子女进入公办学校就读的比例得到提高。但是，从长远看，国家"两为主"政策的施行仍面临两大难题：一是地方政府投入的积极性问题；二是落实具体经费的操作性难题。

从地方政府投入的积极性看，由于国家"以流入地政府管理为主，以公办中小学为主"是解决进城农民工子女就学问题的基本原则，这就意味着在具体落实政策的过程中，流入地政府需要为此投入大笔经费。同时，中央提出，要对解决农民工子女就学问题做得好的地方进行奖励，但是，这不足以缓解地方政府为落实"两为主"政策所带来的巨大负担。因此，如果流入地政府长期承担这笔开支，必会产生一定的疑虑与情绪，诸如是否会导致更多人的流入，流出地政府又该充当什么角色、承担什么责任，等等。基于这一事实，在各地方政府投入吃力的情况下，解决进城农民工子女就学的公办学校，就有可能在政府的"默许"下乱收费，仍旧容易造成进城农民工子女就读的成本增加、负担加重。

从落实具体经费的操作性难题看，在对进城农民工子女实行免缴学杂

① 蒋太岩等：《从歧视走向公平——中国农民工及其子女教育问题调查与分析》，东北大学出版社，2008。

费政策时，由于公办学校的管理正规、学籍管理制度比较严格，可以保证按规定落实农民工子女的人头经费；但是，对于民办学校、农民工子弟学校而言，由政府职能部门审批程序复杂、办理周期过长，造成相当一部分学校未获得审批资格，加之学生流动性大、办学规模难以确定，增加农民工子女就读人数的统计难度，最终导致民办学校、农民工子弟学校就读学生的人头经费难以兑现。如此一来，同样会使地方政府产生疑虑，诸如在进行补助时怎样保证补助到人、会不会有学校弄虚作假套取国家资金，等等。

基于上述分析，要切实贯彻“两为主”政策，国家必须正视和解决以上两大问题。首先，要加大中央财政对义务教育经费的统筹力度，促使流出地、流入地教育发展走向均衡。一方面中央财政的转移支付进入了流出地；另一方面流入地却没有获得中央财政的转移支付，显然，这就不利于调动流入地政府保障农民工子女学生义务教育的积极性，因此，必须加大中央财政对现行义务教育经费的统筹力度，推动财政转移支付方式的改革，真正将义务教育经费落实到农民工子女就读所在地。这是调动流入地政府提高农民工子女义务教育积极性的根本保障。其次，要建立义务教育经费的长效保障机制。从短期看，流入地政府可以承担流入农民工适龄子女的义务教育经费保障责任，但从长远看，则会加重流入地政府的财政负担，进而导致进城农民工子女就读成本增加、负担加重等方面的问题产生。为此，从中央层面建立义务教育经费的长效保障机制，这是提高地方政府投入积极性的定心丸。

（5）实行购买和扶持民办学校发展的制度

第一，对于条件成熟、质量较好的民办学校，政府可以出资购买，并予以办学主体相应的奖励，用于解决农民工子女教育问题。

第二，对条件较差、质量不高的民办学校，政府应给予必要的扶持（如资金、政策等方面），使其不断提高教育质量和规范教学管理。

（6）建立农民工子弟学校教师激励机制

第一，要提高农民工子弟学校的教师待遇，一方面有利于稳定现有师资队伍；另一方面有利于吸收高学历、高素质的教学人才。

第二，建立农民工子弟学校教师正常晋升机制，一方面政府可通过教师特岗、同等条件优先等政策，将优秀的师资力量整合到公共教育资源中来，以进行更合理的配置；另一方面通过“对口帮扶”的形式，加强公办学校与农民工子弟学校的之间师资交流，请农民工子弟学校的教师参加公办学校的公开课及教研活动，而公办学校的教师则以“支教”形式加入农民工子弟学校的教学管理中，以提供有益的帮助。

顾　　问：史昭乐　黄德林
课题负责人：周芳苓
课题组成员：王兴骥　刘玉连　高　刚　何　昕
高　芸　杨红英　林　苑　杜双燕
王义飞　周丽华　张少芬

贵州省农村留守儿童教育问题研究

一　贵州农村留守儿童现状分析

（一）调查对象的特点与基本方法

1. 调查对象的特点

本研究选取花溪区 A 学校、毕节市 B 学校、都匀市 C 学校、三都县 D 学校和丹寨县 E 学校等 5 个学校为调查对象，师生共有 1600 余人。选择这些学校作为调查对象的理由主要有：一是花溪 A 学校和毕节市 B 学校位于城乡接合部，类似于这些学校因距离城市较近，留守儿童如失去监护，他们最容易演变为流浪儿童；二是都匀市 C 学校、三都县 D 学校和丹寨县 E 学校都坐落在边远山区，这些学校的经费投入十分有限，农村留守儿童的数量比较多，且少数民族学生的比例较大；三是这 5 所学校在贵州省内具有一定的代表性。

2. 调查方法

本课题主要采取个案访谈的方法。由于本课题组研究精力有限，没有专门采取测验量表法和发放问卷调查的方法，而是通过面对面地进行交谈，但课题组每到一个学校调研均收集到了相关的有效数据和信息，包括农村留守儿童的数量、学习成绩、心理状况以及监护人的情况等。课题组一共选择 5 位校领导、2 位村干部、6 位教师、8 位留守儿童监护人、5 位非留守儿童、15 位留守儿童进行了访谈。

（二）农村留守儿童的基本状况

1. 农村留守儿童父母外出打工情况

调查显示，5 所学校的农村留守儿童的父母外出打工的情况存在较大差异，其情况如表 1。

表1　农村留守儿童父母外出打工情况

学校名称		父亲外出打工	母亲外出打工	父母双方外出打工
城乡接合部学校	花溪A学校	53%	38%	9%
	毕节B学校	56%	33%	11%
边远山区学校	都匀C学校	68%	7.5%	24.5%
	三都D学校	71.4%	6%	22.6%
	丹寨E学校	74.5%	3%	22.5%

表1反映如此事实：（1）城乡接合部学校的留守儿童的父母外出打工情况为：父母一起外出打工的情况比较少，要么是父亲出去打工，要么是母亲出去打工，或者是父母双方各自到不同的地方打工。究其原因是，在城镇化的不断推进下，城乡接合部地区的大量农民土地被征剥，当地农民可从中获取一定的补偿资金，其收入比其他农村地区要高得多。加之，他们因距离城市较近而容易实现就地就近就业。但由于贵州工业发展较为滞后而难以容纳太多的劳动力，尤其是适合男性的工作岗位比较有限。相对而言，适合女性的一些服务业的工作岗位较多，女性实现就地就近就业的机会要比男性大，大多男性只能流动到省外打工。因此，在这样的家庭结构中，留守儿童比较缺乏父爱。不过，值得注意的是，在一些留守儿童的家庭中，母亲虽然没有外出打工，但这些留守妇女的生活方式已发生了较大的变化，她们有的已热爱上网，有的喜欢逛街，甚至有的已沉迷于打麻将等。很显然，她们在子女的教育上并未付出百分之百的努力，且她们的一些不良行对子女产生了一些负面影响。（2）边远山区学校的留守儿童的父母外出打工情况为：母亲单独外出打工的情况较少，大多是父母一起到同一个地方打工的情况比较多。究其原因是，在边远山区，尤其是在少数民族的村落中，男主外女主内的传统文化根深蒂固，加之妇女的文化程度较低而不能单独外出打工。但因其家庭经济状况较差，促使了夫妻双双外出打工。因此，他们只有将子女托付给长辈、邻居和学校监护。即使有一部分的妇女留在家里，但由于男人外出后，妇女要承担起所有的农事活动，过去那些由男人承担的诸如犁田、挑粪、砍伐、社交等事务，现在已落到了妇女的身上，即女人几乎承担了男人过去所有的劳动，我们将之称为“农业女性化”，其家庭结构和社会分工已发生了巨大的变化。然而，留守妇女因承担如此繁重的事务后，她们对子女的教育的精力投入就会被

大打折扣，况且留守妇女的文化程度普遍较低，她们对子女的教育显得力不从心。

2. 父母外出打工地点及其与子女见面与联系的情况

城乡接合部的A学校和B学校的留守儿童的父母外出打工的地点大多在省内，边远山区的C、D、E学校的父母外出打工的地点大多在省外。调查发现，都匀、三都和丹寨3所学校的留守儿童的父母外出打工的地点主要集中在广东省和浙江省，他们主要在一些家庭小作坊从事诸如玩具、水晶石等加工工作；花溪A学校和毕节B学校的留守儿童的父母则主要在贵阳等省内的一些城市工作，有相当一部分是从事搬运、建筑等工作。父母外出打工的地点直接影响到他们与子女之间的见面频率。在省内打工的父母，他们回家的次数较多，而在省外打工的，回家的次数就要少得多。以在省外打工的父母为例，他们外出打工期间，回家的次数以及与子女的联系沟通的次数非常有限。调查显示，父母每半年至少回家1次的占28%，每年至少回家1次的占62%，每月至少回家1次的仅占3%，还有7%的留守儿童几年见不到自己的父母。父母与子女的联系方式绝大部分是通过电话联系，但有的父母1个月才给子女打1次电话，有的甚至几个月才给子女打1次电话。还有15%的父母在外打工期间从未与自己的子女联系。

3. 农村留守儿童的监护状况

（1）留守儿童的监护人。调查发现，留守儿童的监护类型主要包括：父母单方监护（母单亲或父单亲）、隔代监护（爷爷奶奶或外公外婆）、家属或亲戚监护（叔叔或姑姑等）、学校老师监护和自我监护。隔代监护、家属或亲戚监护的比例较多，父母单方监护次之，只有少部分是学校老师监护和自我监护。在隔代教养监护人中，由于爷爷奶奶和外公外婆的文化程度较低，有的甚至是文盲，加上他们有的是老弱病残，因此他们难以对留守儿童进行监护，更谈不上对孩子们的教育，留守儿童只要不出任何安全事故，对他们来讲就已经是万事大吉了。在家属或亲戚监护人中，他们对留守儿童的监护往往存在两种情况：一种情况是对留守儿童的监护十分严厉，有的甚至是对孩子们采取棍棒教育；另一种情况是对留守儿童的监护十分松散，甚至是对孩子们不闻不问，对孩子们放任自由。在学校老师监护中，学校老师面对如此之多的留守儿童，他们不可能做到对每一个留守儿童进行监护，即使是对他们的监护，也主要是表现在对他们学习上的监督，对他们生活上的照顾比较缺乏；在自我监护中，有相当一部分的留守儿童是自觉地学习的，但也有一部分留守儿童处在游荡的状态，甚至有的参与一些犯法犯罪的活动。

（2）留守儿童与监护人之间的沟通情况。调查显示，有不到1/4的留守儿童经常与监护人沟通；有1/4之多的留守儿童有时候会与监护人沟通；有近一半的留守儿童较少与监护人沟通；还有个别的留守儿童从不与监护人沟通。可见，留守儿童与其监护人之间存在严重沟通不畅的问题。花溪A学校六年级的小林（化名）说："叔叔很严厉，每次到我家来，首先要看作业做得如何，写得不好也被他大骂一顿，我想跟他说我在学校遇到一些困难，但没有机会，他骂完就走了。"可见，监护人在与留守儿童交流中，往往都是涉及学习生活层面的叮嘱与询问，很少涉及深层次的内心与情感交流。

4. 农村留守儿童的生活状况

留守儿童的劳动能力和自我管理能力都比较强。调查发现，留守儿童和非留守儿童参与家务事和农事活动所用的时间，以及他们所投入学习的时间都有一定的差别。这是因为父母外出务工后，他们必然将其所承担的劳动转嫁到监护人和留守儿童身上，但由于监护人年龄较大，这迫使一些留守儿童担负起繁重的家务事和农活，他们复习功课的时间也就被大大缩减。与非留守儿童相比，留守儿童的独立性较强。例如，留守儿童能够自己煮饭、自己洗衣服、自己打理书包等。父母外出打工后，在客观上能够为孩子们提供锻炼的机会，很多留守儿童对父母在外打工也比较理解，他们深知父母的艰辛，从而十分乐意承担起家务和农活，这使他们从小就得到了很好的锻炼。

5. 农村留守儿童的学习状况

不可否认，留守儿童的学习成绩与父母外出务工有着一定的关系，但农村留守儿童的学习成绩并非就远远不如非留守儿童的学习成绩，甚至在一个班级里，成绩最好的往往是留守儿童，不过成绩最差者往往也是留守儿童。也就是说，留守儿童的学习成绩主要处于较好和较差之中，而非留守儿童的学习成绩主要处于中等水平之中。留守儿童与非留守儿童之间的差异主要表现在他们的学习态度和学习习惯两个方面，对留守儿童而言，因父母外出打工后，监管他们学习的力度就会下降，这对他们养成良好的学习态度和学习习惯产生不良的影响。但并非所有的留守儿童都会因失去监管而没有自觉地学习，在他们内部也是存在差异性的，有的留守儿童会因此而失去学习的自信心，对学习成绩的自我认知度远低于非留守儿童，也有的留守儿童会以此为动力而刻苦学习，并取得非常优异的成绩。

6. 农村留守儿童心理健康及情感状况

很多学者认为，农村留守儿童的心理健康及情感存在特殊情况，但调查发现，农村留守儿童的整体心理健康水平是处在正常范围之内的，有个别出现异常情况也是比较正常的，只要通过及时、适当的心理干预措施是完全可以朝着良好的方向转化的。但需要注意的是，留守儿童内部的心理健康水平同样存在适应性差异，他们最突出的问题是自信度较低。父母外出打工后，其家庭结构发生了变化，家庭的非完整性导致亲子依恋关系弱化，其后果是加剧了留守儿童的情感冲突，并表现为消极的情感。外出父母与留守儿童情感交流与联系存在一定障碍，加之监护人又难以满足他们的情感需要，因此许多心理问题的存在都与留守儿童的情感诉求得不到有效满足相关。

二　近年来贵州省解决农村留守儿童教育问题的经验与做法

（一）坚定“穷省办好大教育”的决定，着力为留守儿童创造良好的学习环境

2010 年，在全省工业大会、全省支持贵阳加快发展动员大会等一系列贵州省经济发展相关会议之后，紧接着召开了全省教育工作会议。时任省委书记的栗战书在全省教育工作会议上指出，要解决认识问题，牢固树立“富民必先强教，兴黔必先兴教”的思想。会议强调，要举全省之力，用两个五年的时间把贵州的教育搞上去，力争达到全国平均水平，推动贵州省教育事业科学发展。在全省教育工作会议召开之前，时任省委副书记、省长的赵克志主持召开了《贵州省中长期教育改革和发展规划纲要（2010—2020 年）》（以下简称《规划纲要》）编制工作情况汇报会，他要求《规划纲要》的编制要与贵州省“十二五”规划相衔接，在发展目标、项目安排、资金投入等方面做好协调安排。2010 年全省教育工作会议，明确了贵州未来 10 年的教育发展方向和目标。

2013 年 1 月 14 日，省政府以 1 号文件的形式印发了《关于实施教育“9＋3”计划的意见》（黔府发〔2013〕1 号）。次日，赵克志书记、陈敏尔省长就一起视察了清镇职教城，并强调教育仍然是制约贵州发展的“瓶

颈”和“短板”。实现贵州与全国同步小康的“中国梦”，最重要的是靠人才、靠教育、靠国民素质的全面提升。要求全省各级党委、政府要把教育事业发展摆到更加重要的战略位置，要以“穷省办好大教育”的决心，坚持教育优先发展。赵克志书记还多次强调“经济能解决今天的问题，科技能解决明天的问题，只有教育能解决后天的问题”。进一步指明了贵州教育事业的发展方向。充分体现了省委、省政府领导对贵州省教育软实力的高度重视，以及对提高贵州省教育水平的决心。

今年以来，中央政治局常委、全国政协主席俞正声，中央政治局委员、国务院副总理刘延东先后到贵州考察，充分肯定了贵州省坚持教育优先发展战略，大力实施教育“9＋3”计划等工作措施，对教育事业改革发展做出了一系列重要指示。刘延东还特别强调：“巩固提高普及义务教育水平有两个特别需要关注的群体，就是留守儿童和流动儿童。”充分表明了中央领导对贵州省教育工作的高度重视，进一步增强了贵州省办好大教育的坚定信心。

（二）促进城乡教育均衡发展，维护农村留守儿童受教育的权利

近年来，省委、省政府克服重重困难，优先保障教育投入，多渠道筹措教育经费，为促进教育公平，适当向农村学校倾斜，确保教育事业健康发展。围绕推进县域义务教育均衡发展，拟定全省县域义务教育均衡发展实施规划，省政府与教育部签订《义务教育均衡发展备忘录》，明确了全省各县义务教育均衡发展的时间表和路线图。各市（州）政府与省政府签订《义务教育均衡发展承诺书》，确定到 2017 年年底，全省各县（市、区、特区）实现县域内义务教育初步均衡，到 2020 年年底，全省实现义务教育基本均衡。

全省各级政府以农村中小学校舍建设为重点，通过实施国家贫困地区农村义务教育工程、中小学危房改造工程、农村寄宿制学校建设工程、薄弱学校改造工程、农村初中校舍改造工程等，不断提高中小学的办学条件。不断创新农村地区教师补充机制，大力实施“特岗计划”，不断充实和加强农村地区中小学师资力量。继续实施国家“农村义务教育阶段学校教师特设岗位计划”，并参照该项计划模式，同时实施了县级“农村义务教育阶段学校教师特设岗位计划”，仅在 2011 年，就面向社会公开招聘录用了 6987 名大学毕业生到威宁等农村学校任教。

通过多方努力，贵州省农村教育取得了较大成绩，进一步维护了农村

留守儿童受教育的权利。截至 2011 年年底，全省共有中小学专任教师 344490 人，比上年净增 4069 人。其中，小学专任教师共 197094 人，师生比为1∶20.74，这当中，农村小学教师共 122388 人，占小学教师总数的 62.10%；普通初中专任教师共 111173 人，师生比为 1∶19.23，这当中，农村初中教师共 40694 人，占初中教师总数的 36.60%；普通高中专任教师共 36223 人，师生比为 1∶19.02，这当中，农村高中教师共 1185 人，占高中教师总数的 3.27%。截至 2012 年年底，全省小学适龄儿童入学率达 99.3%，较 2011 年的 98.6% 增加了 0.7 个百分点；初中阶段毛入学率达 97.4%，较 2011 年的 94.2% 增加了 3.2 个百分点；高中阶段毛入学率达 62.2%，较 2011 年的 58.9% 增加了 3.3 个百分点。

目前，贵州省出台了《贵州省人民政府关于深入推进义务教育均衡发展的实施意见》，今年率先在白云区、余庆县、丹寨县、麻江县开展义务教育基本均衡发展省级督导评估验收，2014 年接受国家对这四个县的首批认定。贵州省义务教育均衡发展的时间表和路线图已调整为：到 2015 年，全省义务教育巩固达到 85%，60 个县（市、区、特区）实现县域内义务教育基本均衡；到 2020 年，全省义务教育巩固率达到 95%，所有县（市、区、特区）实现县域内义务教育基本均衡，省内区域间、城乡间义务教育发展差距缩小，达到“五化三高”目标，即县域义务教育均衡化、城乡教育一体化、经费投入法制化、学校布局科学化、办学条件标准化和普及程度高、师资水平高、教育质量高。

（三）强化农村学校对留守儿童的责任和管理，逐渐构建学校监护网

近年来，贵州省针对农村留守儿童问题，进一步研究和出台了相应的政策和规定，不断强化了农村学校对留守儿童的责任和管理，逐渐构建学校监护网。例如，2012 年 9 月，贵州省出台了《贵州省农村寄宿制学校管理办法（试行）》，以加强贵州省农村寄宿制学校管理，推进义务教育均衡发展，促进中小学生健康成长；2013 年 3 月，贵州省在全国率先建成了中小学学籍信息管理系统，建立了农村留守儿童信息数据库和健康档案，全省的留守儿童信息已收集录入该系统，对农村留守儿童的入学就读进行了实时监控，加强留守儿童监护人资格审查，将监护人基本情况纳入留守儿童档案建设。协调同级医疗机构开展农村留守儿童的疫苗接种等相关工作，定期为义务教育阶段农村留守儿童体检，建立完善农村留守儿童健康

档案；2013年9月底，贵州省制定出台了《关于进一步加强义务教育阶段农村留守儿童关爱和教育工作的意见》，将解决留守儿童问题纳入教育系统干部考核内容。此外，贵州省进一步做好农村留守“四加强”（加强留守儿童受教育全程管理、加强留守儿童心理健康教育、加强留守儿童法制安全教育、加强学校联动组织）工作。贵州省进一步实施好农村留守儿童营养改善计划。加大对留守儿童家庭经济困难学生的资助力度，对义务教育阶段家庭经济困难寄宿生进行生活补助，对集中连片地区农村义务教育学生的营养餐进行补助，确保留守儿童不因家庭经济困难辍学，促进他们健康成长。

（四）不断创新工作模式，积极探索全社会共同解决留守儿童问题的有效途径

近年来，贵州省切实以关爱留守儿童为出发点，不断创新工作模式，探索了许多解决留守儿童问题的有效途径。例如，以“奉献互助、真诚关爱、和谐贵州”为宗旨，以空巢老人、留守儿童、残疾人为重点，持续开展了“和谐贵州·三关爱”“绿丝带”、春晖行动等志愿服务行动，不断深化拓展具有贵州特色的志愿服务品牌活动。2013年，省人民政府办公厅印发的《构建“六大体系”责任分工方案》和《2013年省政府重点工作责任分工方案》（黔府办发〔2013〕5号）明确由慕德贵副省长牵头抓好实施关爱外出民工、关爱留守儿童、关爱空巢老人的“三关爱工程”，加强对留守儿童等的帮助。2010年12月，贵州省农村留守儿童关爱网正式运行，是全国首个专门针对农村留守儿童建立的门户网站。通过网络平台，搭建了爱心桥，让全社会共同关爱农村留守儿童。

全省各地不断探索关爱留守儿童的工作模式。例如，2012年9月，兴仁县东湖街道五峰村第十八小学成立了村级“留守儿童之家”，通过建立活动基地，以全面了解掌握辖区内留守儿童的分布情况、基本状况和学习生活需求，为留守儿童健康成长打造一个关爱平台；2013年6月，黔西南州望谟县成立了“留守儿童乐园”，为留守儿童设立免费与家长沟通的亲情电话以及为他们申请QQ号、建立QQ群，方便他们与家长视频聊天，为留守儿童与家长搭建了信息交流平台。此外，有的地方还成立了留守儿童专项救助基金，全力帮助留守儿童的健康成长。例如，2012年11月，针对毕节七星关区5名男孩垃圾箱内死亡事件，毕节市设立了留守儿童专项救助基金，采取一对一帮扶措施。实行各级政府、各级教育部门“双线

包保”责任制和县（区）长、教育局局长、乡镇长、校长、村长（村委会主任）“五长”负责制，进一步落实教师一岗双责，加强学生管理，层层落实责任，准确及时掌握每一个班级及每一个学生的学习、生活、家庭情况。为留守儿童的健康成长探索了许多有效的途径。

2013年，贵州省新建成了800个“农村留守儿童之家”，进一步加快关爱服务载体建设；采取措施提高农村留守儿童教育教学质量，针对贵州省农村留守儿童群体普遍存在的学习困难较大、学业水平不高，性格较为孤僻、渴望关爱关注和沟通等问题，采取措施重点帮助思想品德有偏差、心理状态有异常、学习生活有困难的留守儿童，多渠道提高他们的生理、心理健康水平，强化安全防范意识，增强自我保护能力，从而全面提高农村留守儿童的教育教学质量。

（五）积极吸引农民工返乡创业就业，从源头上破解留守儿童教育难题

贵州自实施“工业强省”和“城镇化”带动战略以来，大批出省务工人员返乡就业、创业的趋势明显。据有关部门综合各地情况，贵州在2013年预计有上百万农民工留在家门口就业，原来80%的农民工出省务工，现在留在省内的达50%，出现大量回流的情况。很多返乡农民工表示，现在在家门口就业比较合算，一方面沿海地区受到金融危机的影响，很多企业开出的工资比原来少了；另一方面贵州现在的就业岗位增多了，又有优惠的创业政策，最重要的是在家门口就业能够照顾家中的老人和小孩。一些贵州企业的老板也表示，近两年来，由于很多产业园区的快速发展，新项目开工较多，因此本地企业用工需求明显增加，“家门口的用工争夺日趋激烈”。都匀市某返乡就业的蒙大哥告诉我们，他以前在广州打工一个月有3000元的工资，现在家门口的某家新建立的工厂上班一个月有2200元的工资，虽然工资少了，但离家近，非上班时间就在家居住，算下来比在广州打工划算。在瓮安县年初所举办的一场招聘会上，80多家县内外企业为当地提供了5000多个工作岗位，有家编织袋厂给技工开出了每月3000元的高工资，而且还提供保险等待遇。

为开展创业带动就业，贵州省还在财政补贴、税收奖励及融资担保等方面出台了一系列措施，扶持返乡创业的农民工。2013年4月，省人民政府办公厅印发了《关于引导和鼓励外出务工人员返乡创业就业的意见》（黔府办发〔2013〕25号）提出了引导和鼓励更多的外出务工人员返乡创

业就业方面的一系列意见。据贵州省工商局发布的数据显示，在 2012 年贵州新增的小微型企业中，返乡农民工成为兴办微型企业主力军，约有 7150 人，农、林、副、渔业是返乡农民工创业最集中的领域，注册资本接近 15 亿元。到 2010 年年末，贵州就业小额担保贷款余额达到 1.57 亿元，是 2007 年年末的 3.89 倍。三都县潘某告诉我们，他和妻子之前一直在浙江打工，已有十来年，积累不到 10 万元的资金。政府出台资金扶持政策后，他于 2011 年通过小微信贷获得了 8 万元的贷款，搞起了养殖业，开始养 20 头牛，现在发展到 50 多头，年利润在 15 万元左右。他高兴说，现在在家乡创业，比打工 10 年才挣 10 万元要强很多，最重要的是能照顾孩子，他打算要好好培养孩子，一定让孩子读到大学。

三 贵州农村留守儿童教育面临的困难及其原因分析

（一）与西部省份相比，贵州农村留守儿童数量仍处于高位

贵州部分地区农村富余劳动力转移工作的重点，正在由过去向省外劳务市场输出转为千方百计吸引农民工就地就近就业和创业，农村留守儿童教育面临的困难与压力得到了一定的缓解。但由于贵州农村留守儿童的基数较大，要在短时间内扭转这一局面相当困难。据有关部门统计，2013 年，全国农村留守儿童数量约为 5800 万，占全部农村儿童总数的 28.29%。而在贵州，全省有 630 万农民工外出务工，在校农村留守儿童数量高达 116 万，其中小学 77 万，初中 39 万。贵州省留守儿童主要集中在贫困地区和民族地区。例如，据黔东南州教育局 2012 年年底的统计数据，黔东南州现有义务教育阶段的留守儿童共 173324 人，其中小学阶段有 113007 人，初中阶段有 60317 人，留守学生占义务教育学生总数的 31.06%；父母双亲均外出务工的学生达 114770 人，占留守学生总数的 66.22%。一些较为边远的贫困县的留守儿童的规模更加惊人，如有研究者对天柱县进行调查显示，2011 年天柱县义务教育阶段在校生有 36829 人，其中留守儿童就有 15977 人，占在校学生人数的 43.38%。

贵州农村留守儿童规模难以下降是因为贵州省是个劳务输出大省，截至 2011 年年末，贵州省农村劳动力在外就业总规模达到 704.6 万人，其中在省外就业的就有 536.2 万人，占 76.10%，农村劳动力总规模和在省外就业同比分别增长 7.9% 和 63%。

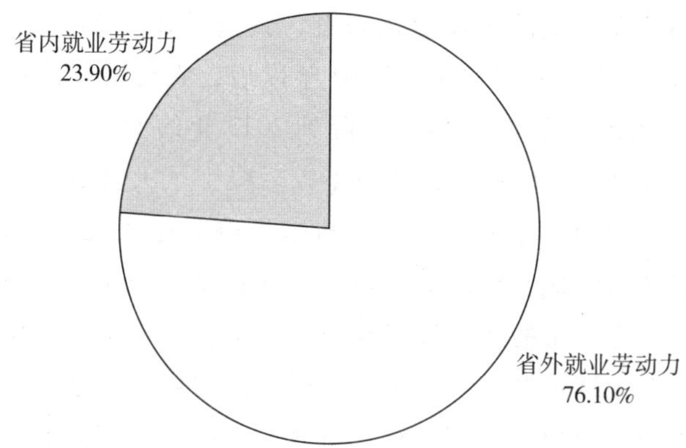

图 1　2011 年贵州省农村劳动力在外就业对比情况

资料来源：《2012 年贵州统计年鉴》。

与西部省份相比，贵州省农村留守儿童数量仍处于高位，应引起高度重视。从 2005 年到 2010 年，在西部 12 个省份中，贵州省农村留守儿童规模基本保持在第 3 位。

表 2　2005 年与 2010 年西部省份 0—17 岁农村留守儿童数量对照

省（区、市）	2005 年		2010 年	
	总人数（万人）	占全国农村留守儿童百分比（%）	总人数（万人）	占全国农村留守儿童百分比（%）
全国	5861	100.00	6102.55	100.00
四川	792.60	13.52	692.03	11.34
广西	359.44	6.13	404.60	6.63
贵州	334.69	5.71	314.28	5.15
重庆	220.61	3.76	217.25	3.56
云南	144.47	2.46	209.93	3.44
陕西	153.50	2.62	147.07	2.41
甘肃	152.39	2.60	140.36	2.30
内蒙古	26.91	0.46	32.95	0.54
新疆	24.01	0.41	49.43	0.81
宁夏	15.62	0.27	12.82	0.21
青海	10.76	0.18	23.19	0.38
西藏	8.07	0.14	18.92	0.31

资料来源：根据全国妇联儿童工作部编《农村留守流动儿童状况调查报告》（社会科学文献出版社，2011）和《中国 2010 年第六次人口普查资料》推算。

单从贵州留守儿童的规模变化来看，其数量在2005年之前曾一路飙升，2005年至2010年趋于稳定。2010年以后，农村留守儿童的数量下降比较明显，从2010年的314.28万下降到2013年的116万，这主要归因于贵州省实施工业强省和城镇化带动战略以后吸引了大量的农民工返乡就业和创业，以及沿海地区企业受金融危机的影响，迫使大量的农民工返乡。但是，我们必须清醒地看到，要保持贵州省农村留守儿童数量一直下降是比较困难的，留守儿童的规模将随着一些不确定性因素而发生变化，如沿海地区一些企业已逐步摆脱了金融危机所带来的影响，企业用工数明显上升，甚至有的企业出现了"用工荒"的现象，因此很多企业已采取提高工资待遇的手段吸引农民工重返本企业就业。

（二）撤点并校、交通枢纽建设等引发的安全问题，给本就缺乏足够人身安全保障的农村留守儿童雪上加霜

1. 撤点并校引发的安全问题

在过去十多年的时间里，全国各地为了节约教育成本、方便管理学校，一哄而上地采取了大规模的学校撤并行动，但这一行动与学校布局调整的政策初衷渐行渐远。就贵州农村而言，撤点并校引发的一个最大的问题之一，就是学生上学的安全问题。由于贵州很多村寨分布在深山区、石山区，交通十分落后。撤点并校后，很多孩子要步行到学校读书，加之这些孩子大都是留守儿童，没有老人随行，安全难以保障。例如，被媒体于2012年9月所曝光的《贵州威宁孩子踩着泥泞上学》报道了威宁县石门坎乡云炉小学500余名学生散居在大山深处，每天走读。最远的学生家离学校近10公里山路，每天早晨6点钟就要从家里出门，借着手电、火把的光亮在沟沟壑壑里跋涉2小时左右才能赶上8点钟开始的早读课。该学校的老师说，学生上学面临的最大困难是路途遥远，一旦遇到雨雪天气，很多学生是一路连滚带爬，带着一身泥水赶到学校上课。

2. 交通枢纽建设引发的安全问题

随着贵州交通枢纽等诸多项目工程的建设，很多外来流动人口不断涌入农村，打破了其以往的宁静。但有的外来流动人口在暂住农村期间，没有遵纪守法，个别乡镇中心学校的女生面临着被骚扰的威胁。有的留守女儿童在缺乏父母的照顾和学校的监护下，容易面临各种人身安全。在调研中，都匀市某乡镇中心学校的老师告诉我们：由于贵广高铁的修建，这里来了很多外来务工者，有个男务工人员在某晚上闯入学校女生寝室，幸好

被学校老师及时发现。还有的包工头使用金钱对一些留守女学生进行诱惑，学校现在已经注意到这些问题的严重性，希望当地公安机关对外来流动人口密切监控。

（三）家庭教育严重缺失是造成农村留守儿童问题的最大障碍

1. 父母缺位是造成留守儿童教育问题的重要因素，家长不可推卸责任

父母外出务工虽然可以提高家庭的经济收入，但对孩子的家庭教育产生极大的负面影响。父母双方或一方常年不在孩子身边，导致留守儿童在生活上、学习上获得来自父母的帮助和监督大大减少，绝大部分的留守儿童长期处于一种无人过问的状况，他们的学习成绩普遍较差。同时，父母长期离开孩子，他们对子女的关爱、关心、鼓励等都很难直接地传达到位，他们与子女的交流次数非常有限，交流的方式也比较单一。例如，课题组通过对都匀市某村寨进行抽样调查发现，该村寨有 80% 左右的人常年外出务工。外出务工人口中，具有父母身份的占 65% 以上。这些父母外出打工期间，回家的次数以及与子女的联系沟通的次数非常有限。还在读小学六年级的小书（化名）含着眼泪告诉我们：他父母常年在浙江打工，已有 3 年没有回家，他现在居住在外婆家，由于外婆家没有电话，父母也很少联系到他，一般都是快到开学的时候才电话联系他，他打算小学毕业后，就去浙江和父母一起打工，这样就可以和父母团聚了。外出打工的大部分父母，对自己的孩子不闻不问，孩子所面临的一切问题，父母具有不可推卸的责任。

2. 监护人的能力难以承担留守儿童的家庭教育，他们对留守儿童基本上是放任自由

由于父母外出打工，孩子的教育责任往往由其他监护人来承担，因此出现了诸如单亲监护、隔代监护、同辈或自己监护、亲戚监护等现象，但是这种监护方式存在很大的问题。例如，如在毕节市“11·16”儿童死亡事件中，5 个死亡儿童同属一个祖父母，由于他们父母长期外出打工，他们被托付给双目失明的 81 岁的祖母和在家的伯伯监护，伯伯照顾自己的家庭就已经投入了极大的精力，对这些孩子的照顾，只是负责买米等事务，平时都是孩子们自己做饭，孩子们基本是自己在照顾自己。有两个孩子的父母已离异，严重缺乏家庭温暖感。这 5 个孩子的父亲，有 1 个从未上过学，只有 2 个读到小学二年级，他们即使在家照顾孩子，也都难以引导孩子养成良好的生活、学习和品德习惯。这 5 个孩子的监护人都是无力管教，

对孩子放任自由，使他们长期处于失管状态，孩子离家出走后无力寻找，并未及时向当地公安机关报案，也没有及时向当地政府反映情况，导致了悲剧的发生。留守儿童在缺乏监护的情况下，逐渐离家出走，走上街头，形成了流浪儿童。早在2008年，有研究者就对贵阳市流浪儿童进行了调研，发现贵阳市的流浪儿童来自本省的占87%，其中来自毕节市的比例较大，占37.6%，来自贵阳各市区的占10.8%，来自遵义市的占10%左右，来自安顺、铜仁和六盘水的占总人数的16.8%，来自黔南、黔东南和黔西南三个民族自治州的占总人数的12%，来自外省的流浪儿童占总人数的13%左右。

（四）教育落后是造成农村留守儿童教育问题的直接原因

1. 穷省的农村教育举步维艰，严重挫伤了孩子的读书积极性

教育经费严重不足一直是贵州教育发展的主要矛盾，其影响最深的是农村地区的教育，而农村教育的落后直接挫伤了孩子的读书积极性。据有关部门统计，2011年，贵州省小学、初中、中职生均预算内教育事业费和生均预算内公用经费分别为3419.25元、4134.17元、4921.87元和834.21元、1371.62元、1641.77元，分别比西部平均水平低37.8%、38.5%、29.8%和48.8%、41.9%、43.7%。全省教育支出占财政预算支出的比重从2010年的17.9%下降到2011年的16.75%。

在贵州农村地区，其情况更加严重，大部分农村地区的教育经费远远低于全省的平均水平。全省各地因受到自身财力的限制，其教育经费配置情况存在很大的差异。例如，截至2011年年底，贵阳市教育事业拨款为41.92887亿元，铜仁市教育事业拨款为28.60636亿元，比贵阳市少了13.32251亿元。虽然这两个地方的人口基本接近，但其教育事业拨款却显得十分不均衡。

表3 2011年贵州省与部分省份教育经费比较

地区	生均预算内教育事业费（元）			生均预算内公用经费（元）		
	小学	初中	中职	小学	初中	中职
全国	4966.04	6541.86	6148.28	1366.41	2044.93	2212.85
西部	5493.95	6727.55	7014.49	1627.92	2360.66	2913.36
重庆	4773.15	5604.96	4917.11	1501.87	1966.78	1914.20
四川	4164.05	5210.02	4806.77	1020.36	1508.40	1623.48

续表

地区	生均预算内教育事业费（元）			生均预算内公用经费（元）		
	小学	初中	中职	小学	初中	中职
广西	4003.29	5359.96	5903.56	994.53	1676.52	2918.25
云南	3704.84	4872.34	6223.29	979.16	1454.77	1907.77
湖南	3619.25	5941.36	4419.99	1346.32	2141.89	1151.22
贵州	3419.25	4134.17	4921.87	834.21	1371.62	1641.77

资料来源：根据《2011 年全国教育经费执行情况统计表》整理。

与此同时，贵州农村寄宿教育还有待加强和规范。在调查中发现，很多已经建立的寄宿学校管理非常薄弱，其教育资源也非常有限，监护的范围比较小，监护的现状达不到要求。一些寄宿学校硬件设施很不完善，儿童居住的条件比较简陋，生活管理老师配备较少。如毕节市某乡镇的寄宿学校，在一个不到 20 平方米的宿舍里，有 15 个学生寄宿，整个学校有近 200 名寄宿学生，但只有 3 名管理人员，孩子们的生活起居等没有得到细心的关照。

2. 农村教育师资队伍建设与农村教育发展不相适应，难以引导孩子树立正确的人生观、价值观

贵州省教师队伍建设，尤其是农村地区的教师队伍建设不容乐观。截至 2011 年年底，全省小学、初中师生比例远高于全国的平均水平，分别列全国倒数第三和末位。

表 4　2011 年贵州省小学、初中师生比例与全国平均水平对照

全国/省份	小学师生比	初中师生比
全国	1∶17.71	1∶14.38
贵州	1∶20.74	1∶19.23

资料来源：贵州省教育厅。

各县市农村中小学普遍反映农村学校编制配备的规定不符合山区农村学校的实际。虽然农村教学点较为分散，学生人数较少，但同样要设置相应的班级和开齐课程。从这个意义上讲农村学校的师生比应低于城镇学校，但现执行的有关编制规定正好与此相反。因此，贵州省义务教育阶段专任教师，尤其是小学专任教师的队伍结构严重失衡。截至 2011 年年底，全省共有 197094 名小学专任教师，但高级职称教师只有 763 名，仅占

0.39%。各民族自治州的情况更加严重，例如，截至2013年5月底，黔东南州共有18172名小学专任教师，但无高级职称教师，副高级职称只有14人，仅占0.08%。此外，教师学科结构性短缺问题也非常突出，尤其是英语、音乐、体育、信息技术等学科教师比较缺乏，特别是缺少名师名校长。例如，毕节市现有各级各类学校3590所，教师近8万名，但仅有市级名校长17名、市级名师27名、骨干教师1800余名。

贵州省农村民办教师比重仍然较大。20世纪八九十年代，贵州省民办教师数量超过了公办教师。虽然现在他们中的部分已退休，但有的县比例仍然很高。例如，纳雍县至今还有民转公教师近900人，占该县教师总数的20%左右。这些民转公教师长期扎根在边远山区辛勤工作，为贵州省农村教育做出了历史性的贡献。现在他们年龄普遍偏大、知识陈旧、观念落后，很难适应农村基础教育课程改革的要求。

农村学校还面临着人才流失的问题。由于农村教师收入低，工作条件差，住房不落实，看病就医难，生存状况较差，但因经费投入不足难以改变现状，既影响了教师的身心健康，又动摇了他们扎根乡村、献身农村教育的决心。许多教师想方设法往城市、省外学校调走，或通过考学、考公务员、弃教经商等渠道离开农村学校，造成贵州省农村教师队伍极不稳定。尤其是刚大学毕业的特岗教师，他们有的只是想借助特岗教师这样的平台，在获得正式的编制后，往往会设法调动到县城工作，有的县城学校在缺乏教师资源的情况下，也往往将在大山里任教的特岗教师借调到县城工作。三都县教育部门的某同志告诉我们：有个从省外考来的大学毕业生，被安排到三都县某边远山区的农村学校任教，该大学毕业生在到学校报到的第二天，就辞职不干了。这个学校原有一名唯一具有大学本科学历的年轻老师，可是刚任教两年，就被调到县城工作了。

3. “控辍保学”依然严峻，留守儿童的基本权利难以保障

近年来，贵州省各级各类教育与全国平均水平的差距较大，学前三年毛入学率、九年义务教育巩固率、高中阶段毛入学率、高等教育毛入学率等都低于全国的平均水平。贵州省初中毛入率从2009年的98.2%下降到2011年的94.2%，九年义务教育巩固率仅为78.6%，低于全国平均水平12.9个百分点。贵州目前15岁及以上国民平均受教育年限仅为7.61年，还没有达到全国2000年7.85的水平，落后全国平均水平10余年。近三年来，全省辍学率逐年升高，小学、初中辍学率分别从2010年的2.18%、

5.00%升高到2012年的3.04%和5.30%。这当中，有的市（州）的情况更加糟糕，如安顺市的小学、初中辍学率分别为6.66%和10.18%，安顺市镇宁县的小学、初中的辍学率却高达18.26%和26.35%。需要注意的是，在这一庞大的辍学儿童中，留守儿童数量占的比例相当高。据贵州有关部门统计，2012年，贵州省义务教育阶段辍学儿童达23.7万，每年有将近12万未成年人既不能就业，也没有进入校园，在社会上游荡，在缺乏法律的保护和教育部门监督的乏力下，这些留守儿童的基本权利难以保障。

表5　2011年贵州与全国入学率比较

全国/省份	学前三年毛入学率（%）	九年义务教育巩固率（%）	高中阶段毛入学率（%）	高等教育毛入学率（%）
全国	62.3	91.5	84	269
贵州	60	80.2	58.9	23.2

资料来源：贵州省教育厅。

（五）社会对留守儿童的关爱严重缺乏

对留守儿童的关心爱护除了需要来自家庭、学校外，社会是一个重要的力量。而社会支持的力度不足首先是政策方面的因素，例如户籍管理、人口流动、社会保障制度的改革等都明显与社会发展的速度不相适应，严重制约了留守儿童的健康发展。尤其是城乡隔离的户籍制度使得农民工难以与城市人口享有同等的权利与权益，造成了农村子女获得公平教育相当困难。

同时，现代化的生活方式给农村地区带来便利的同时也造成了相当程度的冲击，尤其在农村地区，原本是一个熟人的社会，逐渐演变为一个陌生人的社会。在调研中，我们发现即使是在边远的乡镇中心学校，也出现了各种新式的娱乐场所，如小网吧、台球室等，网吧里挤满了未成年人，但无人禁止。再如，在毕节市“11·16”事件中，5名死亡儿童事发前在外流浪11天的时间内，没有被任何部门在巡查中发现他们，没有主动去帮助他们，没有采取有力措施去救助他们，也没有获得来自社会其他人员的帮助，导致了悲剧的发生。这些问题原本可以通过当地传统教育方式，即社区教育来解决的。但在现代化的冲击下，社会教育趋于失灵。社区干部也缺乏对留守儿童的关注。某村干部告诉我们：监护留守儿童应该是其亲戚朋友和学校的责任，不是社区管理的范围，更不是社区干部的职责。

（六）农民工返乡对农村留守流动儿童带来了新的问题

大量的农民工返乡就业创业，当然是政府的意愿，但大量农民工返乡就业创业后，政府以及农民工本身似乎没有做好充分的准备，对农村留守流动儿童造成了一定的影响。在农民工返乡给农村留守儿童带来的变化和影响方面，返乡的父母已经成为留守儿童最熟悉的“陌生人”。在调研中发现，一些孩子对父母返乡已不习惯，父母返乡对他们来讲当然是一件好事，至少使他们重新获得了来自父母的爱，但他们长期的自由状态已被打破，父母对他们的学习监督，一时间给他们带来了很大的心理压力。因此，有的留守儿童并非希望父母长期待在家里；在农民工返乡给农村流动儿童带来的变化和影响上，随着大量的农民工返乡，一部分之前随着父母外出的农村流动儿童也跟着父母返乡读书。返乡读书的部分流动儿童在城市里就读时曾接触过较好的教学资源，他们回到家乡后对农村的办学条件当然就很不满意，在与同学的交往中，也存在一些隔阂，出现抵触情绪，从而产生了厌学、弃学的想法，给学校管理带来了新的挑战。此外，还有一部分流动儿童并非跟随父母返乡，他们独自留城就读，成为城市里的留守儿童，这一部分儿童独自在城市读书中，在缺乏父母的监护下最容易沦为流浪儿童，这不仅给他们所在的学校在管理上带来新的问题，也给返乡父母带来了很多的焦虑，因此有的返乡父母重回城市打工的可行性就大大增加，返乡农民工处于摇摆不定的状况。

（七）“读书无用论”抹杀了农村孩子走出大山的希望

农村家庭因贫困而需大量劳动力外出务工以解决生计问题，但其劳动力大都是在剥夺子女接受教育权利的基础上实现，子女进入更高阶段学习的机会逐渐减少。据有关部门统计，贵州省目前辍学初中毕业生数量已达10万以上。在国家包分配工作的年代里，农村孩子可通过读书来改变“面朝黄土背朝天”的命运。但在大学生就业难的当今社会，农村地区的教育遭受了重创。农村大学生含辛茹苦，毕业后找不到工作，又因常年读书而错过了学习农事活动的最佳年龄阶段，处在既没有工作又不能适应农事活动的两难境地。大学生已经失去以往所具有的耀眼光环。“早知道这样就不用读书了”“读书没有用”“即使考上大学，也找不到工作，他们毕业后也和我们一样出去打工”等已成为农村地区年轻人用来看待教育的话语。

黔东南州民委曾在一份调查报告中这样写道：“由于打工潮的出现，打断了黔东南少数民族地区和少数民族学习文化知识、学习谋生技能和掌握谋生手段、提高人口素质的正常链条，大量的在校学生看到外出打工可以比较轻易地赚到钱，于是辍学打工、逃学打工形成潮流。”在这样的社会环境下，农村地区的绝大部分学生只完成九年义务教育阶段，升入高中学习的只是少部分人，考上大学的就更少了。

课题组在调查中发现，一些父母从小就给孩子灌输了“读书无用论”的思想。例如，都匀市某村寨的蒙某说：“现在孩子读书没有用了，他们村寨在20世纪90年代初就出了大学生，到2000年之前，村里共有4名本科生，还有1名大专生和1名中专生，他们现在都是国家在编公职人员。而从2001年到现在，村里只有2名本科毕业生，这两名大学生中，有1名毕业已有6年，现还在待业，有1名毕业已有1年，现在自愿服务西部计划。”蒙某经常给村里的孩子们说这一例子，并鼓励孩子们早日脱离读书，加入打工队伍。“读书无用论”的观点常常被一些父母用来教育孩子，使一些留守儿童很早就有想外出打工的念头，有的未完成九年义务教育就随同父母到省外打工。例如，该村寨所在的乡政府中心校的初中部的吴老师告诉我们：他们初中部每届初一新进学生有3个班，每个班约50人，可是到了初二上学期后，就合并为2个班了，因为有近1个班的同学辍学了，到了初三，情况更糟，基本上就只剩下1个班的同学了。

需要引起注意的是，“读书无用论”还蔓延到学校的老师中，包括乡镇和县城里的一些老师。就读于都匀市某乡镇中学的初三学生的小昆（化名）说，他们在初中毕业填报志愿的时候，学校老师包括校长都在极力劝说他们填报中职学校，不提倡填报高中，老师们的解释是，因为即使上了高中，上了大学，最后也还得去打工，不如早日上中职，学点技术，将来好就业。同样，就读于都匀市县城里某民族中学的高三学生小燕（化名）说，他们在高考填报志愿的时候，学校很多老师极力劝说他们填报高职，老师们的解释同样是上高职容易就业，上大学反而找不到工作。这些种种不良的引导，使很多农村学生升入更高层次读书的人数逐渐减少，即使有很多的农村学生考上大学，但考入一本、二本的比较少，高职的比例逐渐上升。“读书无用论”抹杀了农村孩子走出大山的希望，更是把农村留守儿童逼到“绝路”。

四　解决贵州农村留守儿童教育问题的对策建议

（一）就地就近解决农村富余劳动力的就业问题

一是要进一步促进农民工就地就近转移就业与工业园区企业用工的有效对接。全省各级政府必须进一步加大引导农民工向省内工业园区、向新兴产业转移就业的力度，尽最大努力使有劳动能力和就业愿望的农村富余劳动力都实现转移就业。要千方百计确保农民工的基本权益，督察企业为农民工办理各种保险，包括农民工养老保险、医疗保险、工伤保险等。政府要加强企业工资收入分配的宏观指导，尽快完善贵州省最低工资保障制度，建立既有利于保障农民工权益，又有利于企业发展的最低工资标准。着力为农民工创造一个良好的工作环境，让他们安心留在省内工作。

二是要妥善解决农民工进城就业后子女入学的问题。目前很多农民工已逐渐认识到，子女教育比外出打工更加重要，这也是他们选择返乡就业的重要原因之一。但他们最大的忧虑是，即使他们在本省县城就业，也难以使自己的子女实现入学，他们往往都是通过交借读费等高费用来解决。因此，贵州省应尽快出台有关政策，妥善解决农民工进城就业后子女教育的问题，各企业、工厂应主动出面协调，积极帮助农民工子女实现入学，硬性要求每个学校每年接纳一定数量的农民工子女入学。要创造条件使农民工子女享受到与城市儿童平等的教育资源，对进城就业农民工子女就读做到“三个一视同仁”，即进城务工就业农民工子女就读升学、收费标准、教育奖励与城区学生一视同仁。要让随父母进城的农民工女子获得公平的教育机会，让每一个农民工都安心工作。

三是建立以政府为主导、社会参与，以不同层次和类型的培训主体对农民进行多层次、多方向、多目标教育的培训体系。政府作为农民教育培训的管理主体，要负责培训的总体规划、资金支持以及组织协调等。要配合好中央，在省内形成中央、省、市（州）、县、乡（镇）5级农民教育培训体系。要引入竞争机制，不断地优化培训资源，鼓励民间教育培训机构、农民合作社、专业技术协会、农业龙头企业、政府机构、高等涉农院校以及农业职业技术学院共同参与投标。要成立省级农民教育培训监督考核专门机构，建立考核评估制度，严格监督考核，确保农民的利益。培训的内容要以农（林、渔）业种、养大户为重点，培训一批农业技术人员、农业专家，依托职业教育，培养农业后备人才。只有培养和造就一批有文化、懂技术、会经营的新型农民，才能留住农民长期在家乡工作。

（二）探索建立统筹城乡教育均衡发展的长效机制

省委、省政府多次强调，要让所有的孩子不仅有学上，还要能上好学，要织好网、补短板、兜住底、促公正。要解决好这些问题，关键是要解决好教育资源的分配问题，促进城乡教育的均衡发展。国务院副总理刘延东在贵州考察期间强调，“整个教育资源要向贫困地区、边远地区、民族地区倾斜”。贵州省边远和贫困地区自然条件差，必须更加关注“后20%的农村儿童”教育问题。

一是要按照“小学到乡（镇）、初中到县城、高中到城郊，保留和办好必要的教学点”和“公平优先、就近入学”的要求，根据当地具体的地理条件、人口密度、风俗习惯等进行学校规划和布局，保留和恢复必要的村小和教学点，发展“小规模学校”，采取特殊政策加以扶持。建议对学生规模不足100人的村小和教学点，按照100人核定公用经费，保证正常运转。

二是积极推进农村学校“义务教育标注化学校”建设，加快寄宿制度学校建设，加大改进农村学校和城镇化薄弱学校的建设力度，按照贵州省教育“9+3”计划和“4+2”教育突破工程部署强力推进基础设施建设，全省“十二五”期间应建中小学学生宿舍达375万平方米以上，优先满足农村留守儿童的寄宿学习要求。

三是建立健全城乡教师配置和教师交流及服务期制度，促进城乡中小学教师队伍均衡配置。第一，根据实际情况实施编制动态管理。各县要建立中小学编制年度报告制度和定期调整制度，实行动态管理。在调整编制时，要充分考虑贵州省农村山高谷深、生源分散、教学点多、寄宿生多等因素，切实保证农村中小学及教学点对师资、人员编制的基本需求。第二，设立农村教师附加编制或流动编制。贵州省农村中小学区域广，生源分散，教学点多，农村学校按现行规定的师生比来配备教师，显然不能满足村小、教学点的教学需求。根据国务院办公厅国办发〔2001〕74号文件中的规定，即“对山区、教学点多的地区，原则上可适当增加编制”，建议对贵州省农村学校按当地中小学教职工编制总数的一定比例增加农村教师附加编制，同时，用一定的流动编制支持城镇教师到农村支教工作。第三，建立乡（镇）中心小学和村小教师的轮换制度以及城镇同层次学校间的交流轮换制度。第四，建立城镇中小学教师到农村或薄弱学校任教服务期制度，农村教师到城镇任教锻炼制度。服务教师的比例一般掌握在学校教职工编制总数的3%—5%。切实保护农村留守儿童教育的基本权利。

（三）大力实施“9+3”义务教育及三年免费中等职业教育计划

大力实施“9+3”义务教育及三年免费中等职业教育计划，是解决贵州省农村留守儿童教育的有效措施。只有大力发展贵州省各种教育，才能为农村留守儿童创造更好的学习环境，才能避免更多的留守儿童面临辍学，才能有效改进贵州省当前教育资源不均衡的现状，促进城乡间、地区之间的教育公平。但需要注意的是，实施“9+3”义务教育及三年免费中等职业教育计划，只是起点不是终点，如果仅停留在办学而不考虑办学后，如何使更多的学生实现就业，那只能暂时起到缓解留守儿童数量的压力，但没能从根本上解决他们的问题。

中职教育必须更加明确学科设置和就业服务方向。国务院副总理刘延东对贵州省提出明确要求：“职业教育的定位要与发展需求接轨，学科、专业设置要与市场需求相适应。”根据贵州省实际情况，中职教育学校要办到园区去，专业围着产业办。要重点加强特色专业建设，特色化、差异化办学。完善现代职业教育体系，大力推进“政校企合作”“订单办学”。切实为贵州省农村学生尤其是留守儿童学生提供一个学习、就业的平台，以彻底扭转当前贵州省农村教育落后、农村留守儿童规模庞大的不利局面。

（四）建立和完善农民工子女就学保障机制

一是要率先推行户籍制度改革，逐步消除城乡差别。贵州省可率先推行户籍制度的改革，打破诸如教育、就业、医疗、住房等制度的壁垒，逐步消除与户籍相关联的城乡隔离的各种制度，确保流入城市的农民工享有与城市人口平等的权利和社会权益。

二是要进一步完善义务教育经费保障机制，不断探索经费投入多元化模式。贵州省要根据《国务院关于深化农村义务教育经费保障机制改革的通知》精神，尽最大努力为农民工子女上学提供经费支持，以保障进城的农民工子女享有同城市孩子平等的受教育权利。全省各级政府要合理分担农民工子女的教育成本，省政府要参照市（州）的财政实力，就义务教育经费分担问题对各市（州）实行分类对待，市（州）一级政府也要参照各县（市）的财政实力，就义务教育经费分担问题对各县（市）实行分类对待。与此同时，要积极吸纳社会力量、民间资金投入教育上来，大力兴办民办教育，力争到 2015 年，民办教育覆盖全省学前教育的 38%、义务教育的 10%、高中阶段教育的 15%、高等教育的 5% 以上，以弥补贵州省教育经费的不足。

三是进一步完善法律法规，保护留守儿童的合法权益。当前，我国现有的诸如《宪法》《婚姻法》《民法通则》《义务教育法》《预防未成年人犯罪法》《未成年人保护法》《劳动法》等一系列的法律法规和政策措施对留守儿童这一特殊对象的权益保护缺乏可操作性。为更好地保护留守儿童的合法权益，必须通过立法从法律上对留守儿童的权利进行保护，明确农村未成年人家长在监护和教育子女方面的职责，提高监护人对留守儿童教育的责任和义务的意识，切实保护留守儿童生存、发展的权利。

（五）建立政府、家庭、学校、社会对留守儿童的“四位一体”关爱服务体系

政府、家庭、学校、社会必须携起手来，共同应对留守儿童的教育问题。建议建立由政府牵头，教育、民政、财政、妇联、公安、团委、关工委等部门共同参与，整合社会资源，努力形成政府、家庭、学校、社会“四位一体”的关爱服务体系。各级政府要拿出专项资金，在所辖的乡镇、村（社区）建设留守儿童之家、留守儿童活动室，尽可能地丰富留守儿童的精神文化生活，促进留守儿童与非留守儿童之间的交流。充分调动社会各界的积极性，组建由爱心人士和教师、心理咨询师、社区工作人员等各类人员共同参与的关爱服务队伍，为留守儿童提供亲情关爱、生活救助，弥补留守儿童缺失的亲情和缺位的监管。通过各种培训，千方百计提高农民的教育素质，使留守儿童家长及监护人能够承担起教育孩子的能力，设法为留守儿童营造和谐温馨的家庭环境。通过建立政府、家庭、学校、社会协同联动及相互通报机制，切实做到留守儿童思想道德教育、法制教育、权益保护的“无缝对接”。此外，要加强与省外有关部门的联系，建立流动人口流出地与流入地的互动协调机制。贵州省是一个劳动力输出的省份，要解决好农村留守儿童的教育问题，单靠一方力量是不够的，必须积极与贵州省流动人口的流入地联系沟通，建立各种互动协调机制，才能更好地为贵州省农村留守儿童的教育提供服务。

与此同时，要强化“控辍保学”责任机制。全省各地要落实好“双线包保”和“五长”责任制度。“双线包保”包括党政线和业务线：党政线

为“市—县（区）—乡（镇）—村”；业务线为“市教育局—县（区）教育局—学校—教师”。“五长”责任制，即为县（区）长包县（区）、局长包片区、乡镇长包镇、村（居委会）主任包村、校长包校制度。建立完善的辍学通报制度、辍学学生报告制度和动员复学制度等工作制度，确保适龄儿童该入学的一个都不能少，已经入学的一个都不能跑。切实做好留守儿童帮扶工作，以村和校为单位，建立留守儿童档案和成长记录档案。强化党委政府和教育部门控辍保学目标责任追究，认真落实义务教育法，坚决防止未成年人失去监管、流入社会。

（六）探索对留守儿童进行媒介素养教育的有效路径

在当今媒介化社会，媒介素养已经成为公民的基本素质之一，对留守儿童进行媒介素养教育成为一项迫切而现实的课题，当前已有一些研究者注意到了这一重要问题，并提出了一些具有价值的参考意见。例如，郑素侠探讨了参与式行动方法在留守儿童媒介素养教育中的运用策略，并对如何实现留守儿童真正的、最大限度的参与，以及如何实现媒介素养教育的“赋权”目标进行反思。[①] 在探索对留守儿童进行媒介素养教育的有效路径中，需要政府担任主导和协调角色并在政策层面予以支持，以及包括传媒、学校、公益性社会组织在内的多方力量的共同参与和努力，共同构成对接机制。在这对接机制中，政府要给予政策支持，例如，政府要对农村中小学教师进行媒介素养培训，全力支持地方媒体开办公益性的媒介知识普及栏目、版面、频道，划拨一定的经费支持志愿者行动的开展等；媒体要在舆论上给予大力支持，例如，通过新闻报道，营造全社会关心留守儿童的良好舆论氛围，改变报道视角，倾听留守儿童的声音，为留守儿童提供参与媒介的机会等；社会要积极参与到各种行动中来，例如，高校大学生可利用寒暑假期间赴农村地区开展针对留守儿童的媒介素养教育行动。各企、事业单位可通过捐资捐款来支持志愿者行动和改善留守儿童的媒介接触环境等。

课题负责人：蒙祥忠
课题组成员：陈晓静 陶 俊 余 丹
余 娜 叶 森

① 郑素侠：《农村留守儿童的媒介素养教育：参与式行动的视角》，《现代传播》2013年第4期。

专题篇

创新理论　服务决策

贵州省领导指示圈示课题 2013 年研究成果汇编

贵州省城市流浪人群的生存状态及其治理研究

毕节市“11·16”事件引发了全社会对城市流浪人群特别是流浪儿童生存及救助状态的广泛关注。事实上，我国对城市流浪人群的救助管理体系早已建立，但各地还是会出现城市流浪人群受到各种伤害甚至因得不到救助而死亡的案例。这就说明，我国的救助管理体系是存在问题的。因此，系统研究城市流浪人群的治理难点并思考优化对策，对构建社会主义和谐社会具有重要意义。

一 贵州城市流浪人群的特征及生存状态

新中国成立初期，高度统一的计划经济体制一方面保证了弱势群体的基本生存问题；另一方面，国家采取了控制人口流动的政策，这使得流浪乞讨现象在我国曾一度减少甚至消失。改革开放后，农村人口逐渐大量涌入城市，而城市的社会保障体系并没有覆盖到涌入城市的农村人，当流动人口遇到生存困境之后，便会沦为城市流浪人群。甚至，在城市里出现了以乞讨为生的流浪者。

1.1 城市流浪人群的界定

根据国务院颁布的《城市生活无着的流浪乞讨人员救助管理办法》，民政部于2003年7月21日发布24号令，公布了《城市生活无着的流浪乞讨人员救助管理办法实施细则》。《实施细则》第二条对《救助管理办法》规定的“城市生活无着的流浪乞讨人员”的解释是：“指因自身无力解决食宿，无亲友投靠，又不享受城市最低生活保障或者农村五保供养，正在城市流浪乞讨度日的人员。”也就是说，城市流浪人群的界定标准需要同时满足四个条件，即自身无力解决食宿、无亲友投靠、不享受城市最低生活保障或者农村五保供养、正在城市流浪乞讨度日。《实施细则》为救助管理机构把握救助对象提供了依据。但这四个条件的规定在实际操作中根本无法落到实处，因为真正的流浪乞讨人员往往是不愿意进救助站的，原因是流浪乞讨人员认为在救助站无法获得乞讨带来的收入，同时也不自由。救助站的工作人员面对前来求助的人员，一般都在参考《实施细则》的基础上做变通处理。从实际救助的人员来看，据经常从事救助工作的人员介绍，多是打工未果生活难以为继或上访多日无力解决生活问题的人，与制度规定的救助对象相去甚远。

民政部部长李学举曾指出："目前，我国城市生活无着的流浪乞讨人员既包括少数无家可归或者有家难归的城市居民，也包括流动人口中的农村困难群众，而绝大多数是后者；在流动人口困难群众中，既包括一部分因灾害、生活贫困到城市流浪乞讨的农民，也包括一些流入城市务工、寻亲访友遇到临时生存困难的人员，而后者更具有临时性、突发性和救助的迫切性。"① 这一说法丰富了城市流浪人群救助对象的内涵。

2012年，毕节市出台了《关于切实做好流浪乞讨人员救助管理工作的意见》。该文件对"流浪乞讨人员"的界定标准进行了拓展。规定"流浪乞讨人员"救助的对象包括"因自身无力解决食宿，无亲友投靠，又不享受城市最低生活保障或者农村五保供养，正在城市流浪乞讨度日的人员，或因其他各种原因遭遇生存危机，陷入困境居无定所的露宿街头人员"。与民政部《实施细则》相比，该规定的创新之处在于把"因其他各种原因遭遇生存危机，陷入困境居无定所的露宿街头人员"明确纳入流浪乞讨救助的对象。在本课题研究中，我们采用毕府办通〔2012〕158号文件的界定标准。

1.2　城市流浪人群的结构特征

1.2.1　性别年龄结构

2012年贵州全省救助站共救助6.4万人，不在站救助2.6万人，流浪未成年人救助保护中心救助0.1万人次。从受救助人员的性别年龄结构看，以毕节市救助站救助情况为例，结果显示，2012年该站全年共救助了各类流浪乞讨人员1318人次。其中，男性1137人次，占总人数的86.3%；女性181人次，占总人数的13.7%（见图1）。

① 李学举：《建立和完善新型的社会救助制度》，《求是》2004年第7期。

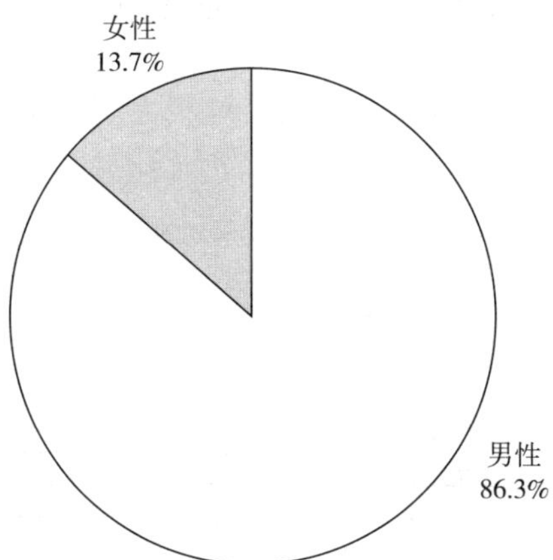

图 1　样本点城市流浪人群的性别结构

而从年龄结构来看，全年共收救未成年人 191 人次，占总人数的 14.5%；青壮年 1095 人次，占总人数的 83.1%；老年人 32 人次，占总人数的 2.4%（见图 2）。

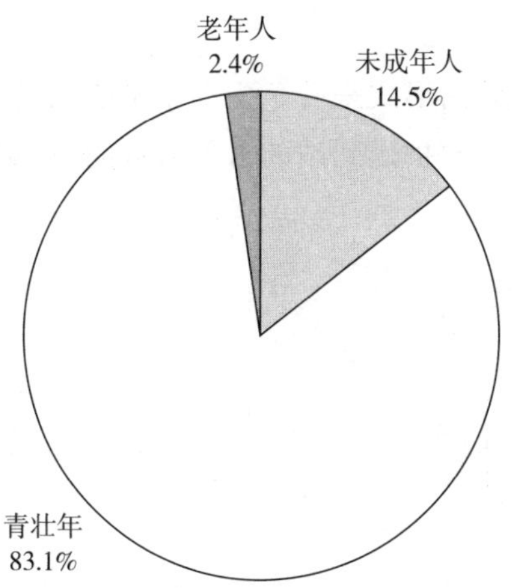

图 2　样本点城市流浪人群的年龄结构

1.2.2　身体状况结构

（1）以健康者居多

按照一般的逻辑，残疾、疾病、贫困是人之所以流浪的三大原因。但根据贵州相关救助站提供的数据，在 2012 年所救助的 1318 人次中，健康人员 1161 人次，占总人数的 88.1%；精神病人 46 人次，占总人数的 3.5%；痴呆傻 2 人次，占总人数的 0.2%；肢体残疾者 106 人次，占总人数的8.0%；艾滋病人3人次，占总人数的0.2%（见图3）。

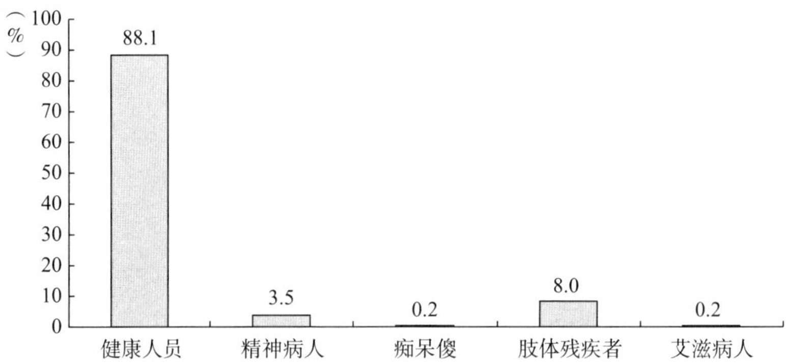

图3　样本点城市流浪人群的健康结构

（2）出现艾滋病患流浪者，提高公共安全风险

艾滋病患流浪者的出现，提高了城市公共安全的风险。曾经有一个艾滋病患流浪者，拿着注射器流浪在贵阳大街上，在人群中说自己是艾滋病感染者，吓得众人四处逃跑。

1.2.3　流浪受助情况

从流浪者到救助站的形式来看，主动求助者占总人数的65.6%；由公安机关、城管部门等引导护送到站的占总人数的34.4%（见图4）。

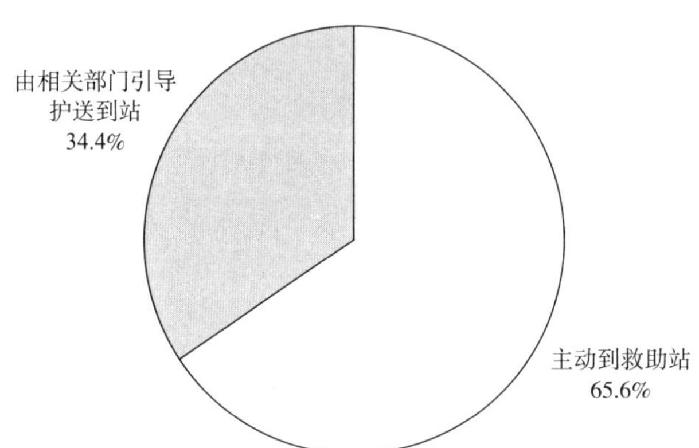

图4　样本点城市流浪人群到救助站的形式

从流浪者的去向来看，提供返乡现金的占0.8%，提供返乡车票的占74.3%，家属寄来返乡路费或由亲友、单位接回的占5.9%，由救助站工作人员护送返乡的占13.5%，自愿离站的占2.7%，滞留站内的占2.6%，送精神病医院等相关医疗机构救治的占0.9%，1人送福利院安置（见图5）。

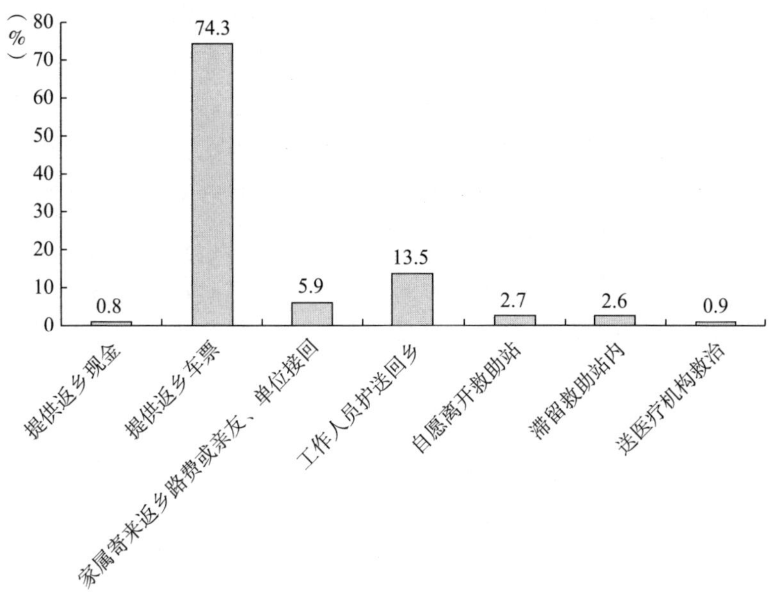

图5　样本点城市流浪人群的去向

1.2.4　乞讨行为情况

从救助站提供的数据看，在所有救助人群中，有乞讨行为的占17.9%，无乞讨行为的占82.1%（见图6）。

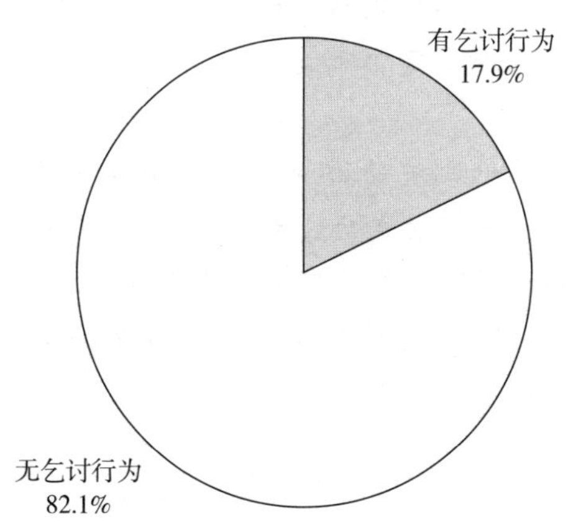

图6　样本点城市流浪人群的乞讨行为情况

1.3　城市流浪人群的类型及其生存状态

1.3.1　职业乞讨型流浪者

职业乞讨流浪者是指以乞讨为生的流浪人员。流浪乞讨是一个很古老的问题，无论是在发展中国家还是在发达国家，人们随处可以看到他们的身影。乞讨本来是缺乏劳动能力人员维持生存的一种方式。然而，由于乞讨能获得相对可观的收入，一些有劳动能力的人也加入流浪乞讨人群的行列中，甚至出现了以经营乞丐为生的“丐首”。因此，在贵阳，曾经有十余名老人在人民广场、喷水池等人流集中的地方向市民倡议“不要给流浪乞讨人员钱”，倡导市民通过更有效的方式救助乞讨人员，以防流浪儿童、残疾人沦为乞讨工具。在本课题研究中，我们把职业乞讨人群分为受控型乞讨流浪者和自主型乞讨流浪者（见图7）。

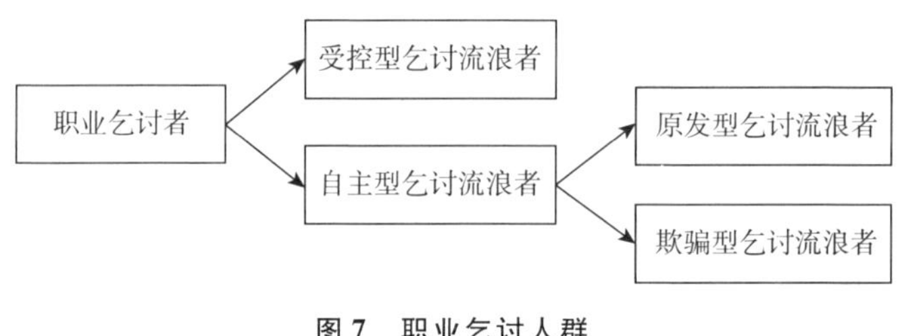

图7 职业乞讨人群

受控型流浪乞讨是指一些肢体残疾人、老年人及儿童受经营乞丐的“丐首”控制，不得不在街头乞讨，成为违法分子赚钱的工具。“丐首”往往是从农村欺骗收买一些失聪、失明或肢体不全的残疾人，让他们替自己乞讨，为自己牟取暴利；有的则从农村租借一些未成年儿童，对他们进行集中管理，要求每天完成一定金额的任务，否则就会受到惩罚。

> **案例1** 一名六七岁的小女孩在贵阳市黔灵山公园门口卖艺乞讨，她用嘴咬住一个放在地上的铁三脚架，倒立着不停旋转，在她面前路中摆着一个盆子，里面有几张路人丢下的零钱。见记者拍照，旁边一个20岁左右的男子过来收拾好行头，拉着小女孩就跑。据街边店主介绍，这两人这几天常来这里乞讨，小女孩身上常出现伤口。

对自主型乞讨流浪者而言，又可分为原发型乞讨流浪者和欺骗型乞讨流浪者。原发型乞讨流浪者是指因身体缺陷基本丧失劳动能力或劳动机会而无法养活自己，或因突遭天灾人祸被迫背井离乡外出乞讨。他们大多生活无着落，流落街头，只能通过乞讨方式来获取生存资料。而欺骗型乞讨流浪者主要以各种残疾博得人们的同情，或以父母病故辍学、夫妻一方患绝症、伪装孕妇、残疾等各种手段骗取群众同情，获取钱财。

案例 2 在贵阳市“洁安旅社”一楼和另一家旅社的 3 楼，警方当场清查出 18 个中年男女，并解救出 21 个孩子。其中，最大的孩子 13 岁，最小的才 1 岁，此外还有 4 名孕妇。旅社老板说，“这些人白天由女人带着娃娃出去乞讨，夜里很晚才回来住，几个男人则留在房间里，给他们煮饭”。这群人大约四十多人。他们一般在城市繁华街道，靠着人行道旁的绿化带栅栏或者人行天桥的栏杆坐着，在面前放张硬纸板，用几块石头压着，上面写着“落难人士请求帮助，因为钱财不慎丢失，小孩又感冒，请好心人施舍几块钱，给小孩治病和买点零食”。

1.3.2 智障被弃型流浪者

智障被弃型流浪者是指由于患有精神疾病、痴呆傻等被家庭抛弃而流浪于街头的人群。在贵州省某救助站 2012 年全年救助的流浪人群中，共有 48 名智障被弃型流浪者。其中精神病人 46 人，占总数的 95.8%；痴呆傻 2 人，占总数的 4.2%。

此种类型的流浪人群主要以三种方式流入社会：一是自行离家出走，家人寻找不着或放弃寻找，顺其自然流入社会；二是监护人不行使监护义务，以虐待、打骂、暴力等形式将其赶出家门；三是由于患者家庭经济困难，无能力抚养，将其带到异地抛弃。由于他们本身智残智障，流入社会后病情加重，只能靠流浪乞讨捡拾食物、好心人施舍等度日。他们衣衫褴褛、蓬头垢面，毫无顾忌地流浪在大街小巷，其中不乏有暴力倾向的、全身裸露的、玩火的、破坏公共设施的，给人们留下了不和谐的一幕，给社会治安带来了不安全的隐患。

1.3.3 少儿缺爱型流浪者

在调研中我们发现，贵州省流浪儿童的产生主要有三类情况：一是因家庭监护严重缺失而离家。如孤儿、被遗弃儿童、罪犯子女以及父母外出工作或因品行问题长期不管孩子；二是因家庭问题而离家的，如家庭冲突、家庭环境不良等；三是儿童外出打工没能找到工作或迷路、被拐卖后逃离而流浪的。

有研究指出：流浪儿童在家庭中缺少情感关爱，经常受到拒绝和惩罚，而家庭中儿童的弱势地位，使其没有足够力量反抗。面对困难和问题，他们无法正确对待，只能以消极方式进行应付，甚至离家出走来逃避。[①] 对留守儿童而言，由于在家庭中缺少父母的关爱，外出找不着父母后而走上流浪之路。正如贵阳市救助站有关负责人所说："不少留守儿童缺少父母的关爱，年迈的爷爷奶奶、外公外婆监护能力低，无法管教小孩，常导致一些留守儿童外出找父母。"

案例3　小贵就是在2012年12月的排查中被救助的儿童之一。父母离婚后，由于没有人愿意收养，他已经流浪了一年。由于小贵是毕节市青场镇鲍家村人，贵阳市救助站将小贵送到毕节市救助站。据小贵回忆，毕节救助站的人把他送上回家的车，留下他一个人回家。小贵下车回家后发现，家中已经没有人，房子破败、落满灰尘，也没有吃的。当天，小贵就一个人爬上一个大货车来到贵阳流浪。

像小贵这样反复流浪的儿童不在少数。自2012年1月至11月底，贵阳市"接送流浪孩子回家"专项行动共救助流浪未成年人797人次，而由亲属接回的只有203人，只占总人数的1/4。尽管一些孩子反复说自己"我没人要了""我是孤儿"……但救助站不是儿童福利院，对救助站来说，他们只想将这些"幼无所依"的儿童尽快送回"家"。一名工作人员说，有的孩子甚至一年就送过七八次。

1.3.4　慵懒成年型流浪者

正如前文统计数据显示，在救助站救助的人群中，青壮年竟然占到了总救助人数的83.1%。青壮年人群正处于劳动能力旺盛阶段，但他们为什么沦入流浪大军呢？在这个年龄阶段的人，除了有部分是由于身体残疾，或确实遇到困难的外，有不少是属于慵懒成年型流浪者。

案例4　唐国栋（化名）的两位"流浪哥哥"。唐国栋（化名），今年15岁，家住赫章县河镇乡发达村，因不想读书而流浪到贵阳。到贵阳一天半时间，他就身无分文。后来，他在火车站认识了两名"大哥哥"。一名大哥哥有30岁，不愿意找工作，就去捡瓶子卖，然后就买酒喝，"醉

① 付慧鹏等：《流浪儿童应付方式与父母教养方式的相关研究》，《中国行为医学科学》2006年第8期。

了之后就到处乱跑”；另一人有19岁，来自湖北，认为帮人干活太累，宁愿这样流浪。唐国栋并不赞同他们的观点，认为要靠自己的双手找饭吃，就试着去饭馆找工作，但人家看他年龄太小拒绝了。他和这两名“哥哥”混熟后，他们就在一起吃睡。“他们太大了，不好意思去要饭，就带我去火车站旁边的鸿通城附近的夜市上去要食物来分他们吃，他们交换的条件是把被子分我盖。”唐国栋说。这些天，他就这样过来了，白天去要饭，晚上和“大哥哥”睡觉，捡瓶子卖了钱，他们还会去买烟来抽。

1.3.5　临时遇困型流浪者

在城市流浪队伍中，有不少流浪者属于遭遇突发性困难，如钱物花光、丢失、被抢、被骗，上访遇到困难等，在城市又没亲友投靠，生活无着落只好临时陷入流浪状态的人群。他们大部分会主动到相关机构寻求救助，在得到相应的救助使得生存危机得以解除后，便终止了他们的流浪行为，脱离流浪群体。

据遵义市救助管理站统计，自该站成立以来实际救助的5149人中，长期以流浪乞讨为生的人员有1127人，仅占救助人员总数的21.9%。来遵义上访路费用尽、衣食无着主动要求救助的人员有469人，占救助人数的9.1%，因钱物花光、丢失或被盗、被抢、被骗等造成生活一时无着，自愿求助但尚无流浪乞讨的人员却占了一半以上，有3553人，占了救助人员总数的69%。也就是说，临时遇困型流浪者竟然占总数的78.1%。

1.3.6　职业跑站型流浪者

所谓“跑站”，就是无休止地“光顾”全国各地的社会救助站，骗取救助站的免费伙食、住宿和车票，从而达到旅游全国甚或“发家致富”等目的的行为；或者指以通过编造虚假个人信息并利用相关制度漏洞骗取社会救助资源为职业的现象。[①] 职业跑站者一般都声称自己的身份证因种种原因遗失，家里没有电话，用事先准备好的假姓名、假地址，编造需要救助的原因。即使现在各地救助管理站都开通了“救助管理信息系统”，但

① 刘光华等：《“职业跑站”现象的法社会学透析及治理》，《甘肃社会科学》2008年第5期。

有的“跑站者”冒名顶替他人的真名及地址，加大了核查难度。

> **案例5** 3名30岁左右的男子来到贵阳火车站救助点，称老家在昆明，由于钱包被盗无钱返家，要求工作人员为他们买票。在昆明当过兵的救助站工作人员问3名男子：“老家在昆明什么地方?”其中一男子含含糊糊说了一个地名，工作人员上网一查，根本没有这个地名。“属于哪个派出所?”工作人员又问，该男子变得哑口无言。最后，3男子见谎言被戳穿，只好交代他们都是河南人，专门以“跑站”为生，此次从河南出来后，一路上编造各种理由，到当地救助站骗取免费车票，已经在张家界、浏阳河、红枫湖等景点游玩，下一个目的地是昆明。

二 贵州治理城市流浪人群的做法及主要经验

为了有效治理城市流浪人群问题，使需要救助的流浪人群能得到及时救助，骗救者得到有效甄别，贵州各级政府及救助管理部门一方面积极落实国家相关政策，一方面又结合贵州实际，大胆创新，完善机制，探索出不少好经验、好做法。

2.1 完善工作机制，强化保障措施

城市流浪人群的治理是一项社会系统工程，涉及行为规范、身心矫治、文化教育、返乡安置等多个方面，涉及流出地、家庭、学校、社会、流入地等多个环节，需要社会各方面和各部门的通力协作，如公安、城管、教育、卫生、人力资源和社会保障等多部门在流浪未成年人保护教育工作中均承担相应的工作职责。目前，由于尚未建立相应的联动协调机制，在流浪未成年人救助保护工作中还存在着各方认识不够统一、部门之间协调力度不够等问题，降低了流浪未成年人保护教育的工作效率，影响了该项工作的业务开展和水平提升。

直到毕节市“11·16”事件发生以后，全省各地才开始真正重视城市流浪人群的管理救助问题。从各地出台的文件可以清楚看出，相关文件主要都是在事件发生后才出台的。党委政府的重视，加上体制机制的完善，使得城市流浪人群得到很好的救助。

省公安厅、省民政厅、省社会管理综合治理委员会办公室联合下发《关于切实加强全省流浪未成年人救助保护工作的紧急通知》（黔公通〔2012〕147号），对加强贵州省流浪未成年人救助保护工作进行安排部署。黔南州人民政府办公室下发了《关于印发黔南州流浪乞讨人员救助管理工作联席会议制的通知》（黔南府办函〔2013〕44号），进一步促使各相关部门履行职责，统一协作，形成合力，整体提升黔南州流浪乞讨人员救助管理工作水平。毕节市接连下发了《毕节市民政局关于加强流浪乞讨人员救助管理工作的紧急通知》（毕民〔2012〕107号），对救助管理工作做了进一步的细致安排，要求各县（区）必须按照《毕节市人民政府办公室印发关于切实做好流浪乞讨人员救助管理工作意见的通知》（毕府办通〔2012〕158号）、《毕节市人民政府办公室印发关于加强和改进流浪未成年人救助保护工作实施意见的通知》（毕府办通〔2012〕159号）要求，落实好各部门职责，发挥联席会议制度的作用，及时研究和解决救助管理工作中出现的问题。切实强化联合工作机制，将工作任务细化落实到县（区）直有关部门、乡（镇、办事处）、村（居）委会（社区），形成政府领导、民政牵头、部门协作、齐抓共管的工作局面。

为了使工作落到实处，毕节市还定期对县（区）级工作情况进行督促检查，确保流浪未成年人救助保护工作落到实处。将救助管理纳入各级政府及相关部门的目标管理，对政策落实不到位及工作不力的要严肃追究相关负责人的责任。

另外，各地提高了救助管理工作的相关保障力度。一是落实救助管理工作人员、工作经费、救助专用车辆及相关办公设备。二是抓紧制订具体实施方案并报县（区）政府批准后印发执行，将责任细化到各部门、乡（镇、办事处）、村（居）委会（社区）、施工工地，甚至居民住宅区物管部门和单位个人，并纳入工作目标考核。三是各县（区）必须及时指定“流浪乞讨人员危重病人救治定点医院”和“流浪乞讨精神病人救治定点医院”。四是通过新闻媒体加大对流浪未成年人救助管理政策宣传，在闹市区设点发放宣传资料，提高社会各界和广大群众对国家流浪乞讨救助管理政策的知晓率，在所有城区和乡镇办事处，特别是城郊接合部设立救助引导牌、指引标志，公布求助电话，保证电话畅通。五是加大巡查救助工作力度，建立24小时值班制度，确保流浪人员能及时被发现，及时得到有效救助。

2.2　加快设施建设，健全管理网络

毕节市针对救助管理设施匮乏现状，全力加快救助管理设施建设力度。市政府将落实救助管理机构建设、人员编制、经费等纳入了2012年各县工作考核目标，目前，各县救助管理机构编制均已落实，人员正在逐步到位。2012年以来，纳雍、黔西、大方三县救助管理站和市流浪未成年人救助保护中心先后建成并投入使用，黔西县流浪未成年人救助保护中心和市救助管理站先后完成主体建设，开工建设了织金县救助管理站和威宁县流浪未成年人救助保护中心。

在加快基础设施建设的同时，该市还不断健全对流浪人群的管理网络。首先，在城市街道、镇（乡、办事处）设立救助指示（引导）牌318块、温馨提示牌165块，在镇（乡、办事处）、社区、社区网格工作室、公安警务室挂牌设立救助点647个。配合团组织在各城区、各闹市区规划建成“微笑小屋”23个。

其次，增加救助人员编制和救助车辆。市救助管理（站）增加了15名编制，大方县救助站增加了5名编制。市、县加大救助管理设施设备资金投入，市政府将市流浪未成年人救助保护中心建设资金缺口全部纳入财政预算，据实拨付，同时将市救助管理站救助工作经费从每年20万元增加为40万元，并为市救助管理站增购12座救助专用车一辆。七星关区、金沙县、威宁县财政拨款各购置了救助专用车一辆。市级使用福利彩票公益金资助大方县、黔西县、纳雍县、赫章县购置了救助专用车。织金县发动社会爱心团体，为该县捐助了一辆“依维柯”作为救助专用车。

最后，加强对流浪人群的摸底排查并建立档案台账。该市下发了《毕节市民政局关于做好流浪乞讨人员排查工作的紧急通知》（毕民发电〔2012〕30号），在全市范围迅速开展对象排查工作，充分发挥县乡两级政府和村级自治组织的作用，对流浪乞讨人员和其他重点对象进行全面深入细致的排查。做到县不漏乡、乡不漏村、村不漏组、组不漏户、户不漏人，自下而上地建立流浪未成年人档案和台账。

2.3　落实包保责任，强化源头预防

市、县、乡三级政府和村级自治组织实行包保责任制，逐级签订包保责任书，明确第一管控责任单位。在包保区域内发现流浪乞讨人员的，必

须第一时间通知救助管理部门及时进行救助。各级民政部门在管辖区域内做好救助返乡、经常性回访、协调帮助其解决生活困难问题，千方百计保证其不再重复流浪。

为了从源头减少流浪人群的产生，各地教育部门加大了控辍保学工作。以赫章县为例，该县教育局下发了《赫章县教育局关于切实抓好义务教育阶段控辍保学相关工作的紧急通知》（赫教〔2012〕193 号）。通知要求在全县全面开展“控辍保学”大排查大整治工作。对本辖区所有未成年人（包括流浪乞讨未成年人员）进行全面深入细致的排查。必须做到不留死角死面，县不漏乡、乡不漏村、村不漏组、组不漏户、户不漏人。全面准确填报辖区内儿童、少年情况，准确掌握留守儿童、孤儿、流浪乞讨的未成年人员情况。

对在学校就读的学生，学校对其父母或者监护人的情况进行调查了解，对在校外租住民房的学生逐一进行登记造册，认真核查学校与房东、学生家长签订的三方监管责任书，落实监管责任。准确掌握辖区内校外租住民房学生的情况。

2.4　搭建管理平台，提高救助水平

为了提高对临时工作无着落农民工的救助能力，贵阳市救助站下设了一个农民工临时寄宿点，据称这是全国首个针对无家可归或临时生活困难者提供临时住宿救助的机构，该机构从 2009 年设立，四层楼 32 个房间至少提供 150 个床位，为城市低收入者甚至无固定居住场所的农民工以及流浪者提供临时住宿救助。

由于法律、法规层面尚缺乏有力依据，与全国其他地方的救助站一样，对职业“跑站”群体的甄别难、核实难、管理难和处理难成了贵阳救助站工作中的老大难问题。为此，贵阳救助站引入了 3 套“救助管理指纹甄别系统”，该系统分为指纹识别、入站管理、出站信息等几个项目，每名受助人员的指纹、姓名、年龄、住址、家人情况、联系电话、救助结果、救助后流向等信息将输入电脑保存。已存有受助处理记录的“跑站骗票”者重复求助时将收到不予救助的通知书，有异议的可向上级主管部门申诉。该系统不仅能够甄别出重复申请救助的“跑站骗票”人员，同时将逐步建立起无行为能力的流浪老人和儿童的基础信息档案。针对流浪儿童，贵阳市救助站与流浪儿童户籍所在地派出所进行联系，核实其真实身份；已录入身份信息的老人如再次走失，就能及时与其家

属取得联系。

随着指纹数据库信息的不断充实，以跑救助站骗取国家救助财物为目的的“跑站骗票”行为得到了有效遏制。同时，真正有困难的流浪群体将会得到更加科学及时的救助。

2.5 创新活动载体，丰富救助形式

贵州省各级救助管理部门积极落实民政部相关部署，认真开展了诸如“接送流浪孩子回家”“流浪孩子回校园”等专项活动。除此之外，各级救助管理部门还不断创新活动载体，丰富救助形式。

2012年11月以来，面对逐渐寒冷的天气，贵州各地陆续开展针对街头流浪人群的寒冬救助行动。车站广场、繁华地段、地下通道、桥梁涵洞……每一个流浪乞讨人群集中活动和露宿的场所，都能看到救助人员的身影。对街头流浪人群来说，这个冬天不再寒冷。贵阳市救助站站长徐志强介绍，寒冬救助行动将延续到2013年3月底。在街头搜寻到流浪者后，救助人员会先将他们送到百花社区医院进行健康检查，病情轻微的在这里治疗，严重的送往贵医附院救治。健康检查没有问题的流浪者，统一安置在救助站内的临时安置点。

不仅是贵阳，2012年11月份以来，贵州省九个市、州相继启动了寒冬救助专项行动。为让每个流浪人员得到救助，各地均采取多种方式广泛宣传救助政策，开通24小时热线电话，畅通求助渠道，方便流浪人员到站求助。不仅如此，为了整合救援力量，民政部门与公安、城管等部门协作，每天定时出动流动救助车，以车站广场、繁华地段、地下通道、桥梁涵洞等流浪乞讨人员集中活动和露宿场所为重点区域，加大巡查力度。同时，根据救助对象情况，采取有针对性的救助措施：积极劝导、引导流浪乞讨人员进入救助管理站接受救助；不愿入站的，根据其实际情况提供必要的饮食、衣被等援助；对救助对象中的年老、年幼、体弱者实施重点救助，并及时安排返乡；对救助对象中的危重病人、精神病人先行救治，再进行妥善安置。

据不完全统计，自寒冬救助行动开展以来，截至12月6日，全省共救助城市生活无着流浪人员1万余人次，出动工作人员7000余人次，发放棉衣2000多套。寒冬救助行动给这个冬天带来了融融暖意，救助人员用辛苦换来了流浪人员的平安。

三　贵州城市流浪人群的治理难点及原因分析

从目前对城市流浪人群治理的基本思路来看，大体上可以归纳为三部曲，即“街面搜救→引导至救助站临时安置→查明身份护送回家”。然而，这并不能有效解决流浪人员的根本问题，因此也就有不少人会重复流浪。在调研中我们发现，对每个流浪个体而言，他之所以流浪街头，其背后都有着一个惊心动魄的故事。而每个故事又蕴含着深刻的经济社会原因及体制机制困境。只有把“人为什么流浪”背后的经济社会原因及体制机制困境分析清楚，并以此为基础去采取措施，才能从根本上解决城市流浪人群的救助问题。

3.1　救助制度亟待完善

职业流浪乞讨是一个复杂的社会问题，特别是欺骗型乞讨和经营乞丐的“丐首”，他们干扰了人们的正常生活，严重扰乱了社会治安。可目前的情况却是这主要体现为救助制度管制功能的缺失难以有效管控职业乞讨流浪者。有人将这一局面形象地概括为“城管看不见，民政问自愿，公安管不了，群众有抱怨”。当这些人员影响到城市形象或者公民利益时，竟然没有一个部门有权去加以管理。出现了“告知不听、救助不去、劝阻无效、制止不服”的尴尬局面，这是相关部门治理城市流浪群体问题时遇到的最棘手问题。

出现以上情况的原因就在于管理职业乞讨者的综合治理手段和强制性手段不足。根据《救助管理办法》第四条的第 2 款规定：“公安、卫生、交通、铁道、城管等部门应当在各自的职责范围内做好相关工作。”这只是一个规范性总则，但对于如何实施相关工作，并未对有关部门具体的职权范围和工作内容做出明确的规定。如对社会发现的危重病乞讨人员救治和死亡处理上，各部门之间的交接环节缺乏必要的手续和责任规定等。也就是说，目前的救助管理，公安、城管部门与交通、卫生部门，甚至和一个普通公民的功能和作用是一样的，只有对城市流浪人员进行告知和劝说救助的义务，不再体现治安管理特色的功能。这在一定意义上加剧了目前城市流浪乞讨问题的复杂局面。

经过多年的实践探索，各级救助管理部门已经发现了目前救助制度存在的诸多弊端，为了整合各部门的功能，出台了诸如《关于印发黔南州流浪乞讨人员救助管理工作联席会议制的通知》等综合协调机制。但据救助管理部门的工作人员反映，虽然已经建立了联席会议制度，明确规定了各个管理部门的职责，可牵头的民政部门并没有考核相关部门的权力，统筹协调能力不足，其他业务部门也往往是有事的时候做一下，平时则基本上很少开展工作。

另外，《救助管理办法》规定了自愿求助原则，没有把职业乞讨者列入救助范围，也没有对职业乞讨者的乞讨行为做出任何规定，直到目前，我国均未有专门针对职业乞讨者的相关法规，而且也没有专门的关于打击正常乞讨行为的法律条款。用救助管理部门工作人员的话来说：没有哪条法律规定不准乞讨。因缺乏相关法规的明确规范，对流浪乞讨的治理有时显得无可奈何。《治安管理处罚法》在处理乞丐违法问题上更是力不从心。

3.2　救助方式救多扶少

首先，救助管理与社会福利制度缺乏有效衔接。救助办法《实施细则》第十二条规定："救助站应当根据受助人员的情况确定救助期限，一般不超过10天；因特殊情况需要延长的，报上级民政主管部门备案。"然而对流浪乞讨人员而言，除部分临时遇困型流浪者受助返乡后能自食其力外，多数流浪者回家后都是需要继续救助的。因此，要帮助受助人摆脱困境还需要相关社会福利制度的及时跟进，比如农村社会保障制度、农民工就业和保障政策等。如果不能得到相关制度的帮助、不解决造成他们生活困境的根本问题，许多人会重新走上外出流浪乞讨的道路。而目前的情况是救助管理制度与这些制度之间很难衔接，削弱了救助制度的实施效果。

其次，救助保护机构因职能及权力有限而难以推动流浪人群社会保障权益的实现。2006年，民政部下发的《关于加强流浪未成年人工作的意见》要求对问题流浪儿童"进行必要的行为约束和矫治"及"施行心理疏导和调适等干预措施，加强对他们的思想教育和正面引导"。2011年，国务院办公厅下发的《关于加强和改进流浪未成年人救助保护工作的意见》中明确提出"坚持救助保护和教育矫治并重。积极主动救助流浪儿童，保障其生活、维护其权益；同时加强流浪儿童思想、道德、文化和法制教育，强化心理疏导和行为矫治，帮助其顺利回归家庭"的救助原则和内容。但是，我国2003年颁布的《救助管理办法》明确规定"救助站对流浪乞讨人员的救助是一项临时性的社会救助措施"，2006年下发的《意见》也明确规定"对流浪未成年人提供的救助保护只是临时性措施"。在政策的具体实践中，救助保护机构遵循“就高不就低”的法理原则，主要执行的是《救助管理办法》中的临时性救助原则，也就是为流浪人群“提供食宿、急病救治、联系亲属、护送返乡”。而其他政策规定的诸如要加强心理辅导、行为矫治、技能培训、职业介绍、回归辅导等促进流浪人群自食其力、顺利回归社会的帮扶性措施由于受各种条件的限制却很少得到落实。

3.3 救助人才专攻不足

救助站在解决救助人员的吃、穿、住方面并无大碍，但在教育、心理疏导以及医疗等方面则显得力不从心。救助站每周要保证3天至5天上街开展救助工作，往往会带回不少精神病人或是重病且无家可归的流浪者。其中，一部分流浪乞讨人员身体素质较差，大多数人患有不同程度的慢性病、皮肤病等接触传染病、精神病，有些人甚至达到危重程度，这就要求救助站配备医护人员，随时为他们提供基本的医疗救助。同时，非专业性的救助管理人员，在接触传染病患者、精神病患者等特殊流浪人群的过程中，自身安全保障的风险也会更大。

但是，救助站却难以招到优秀的专业技术人才。贵阳市救助站负责人这样解释其中的原因：“新毕业的医学院大学生需要在单位实习两年才可以考取资格证，获得处方权，而且他们觉得在我们这里起点低；老医生则觉得在我们这里的工资收入比不上大医院，而且工作量很大，不愿意来。”在救助站工作的医护人员，不论是薪酬还是劳动强度都和社会上的医生有不小差距。从就业者的角度看，与救助站相比，他们更愿意选择去医院就业。“去救助站工作总觉得心里疙疙瘩瘩的，学了几年医，难道要天天和流浪汉打交道?”在2012年救助站救助的人群中，发现了艾滋病、结核病患者等特殊群体，由于缺乏医务人员，救助管理工作存在较大的困难。

为进一步增强救助能力，贵阳市政府加大资金投入，准备选址龙洞堡新区扩建救助站，其建筑面积超过1万平方米。整个工程完工后可增设900张床位。“站内现在有40多个工作人员，要承担每年约8000人的救助量，工作忙得不可开交，没有医护人员工作更难开展了。”

3.4 救助平台建设滞后

首先，救助管理机构边缘化严重。一直以来，民政救助管理部门在政府系统中被边缘化了。用一位民政系统工作人员的话来说：“民政救助是个‘雷声大、雨点小’的系统，这几年社会关注度高，但对地方政府来说，却是一个不被注意的小单位。”就以毕节市救助站为例，总共15人的编制，现在只有12个工作人员，一辆车，有时候一天的救助对象就十几个人，人手、车辆和经费都紧张。

由于条件有限，民政救助仅仅担负着救急的过渡性角色。为了节省开支，救助站一般是“争取当天就联系家人或当地救助部门接走，最长的住在这里也不超过10天，否则就无法运转下去”。

其次，社会福利机构建设严重不足。从全省情况看，2012年有农村五保对象13.1万人，集中供养2.01万人，集中供养率为15%。敬老院1008所，其中贵阳市57所、遵义市223所、六盘水市68所、安顺市54所、铜仁市106所、毕节市252所、黔西南州96所、黔东南州88所、黔南州64所。目前的1008所敬老院中，有床位3.7万张，还需新增床位4.4万张才能满足目前养老需求。即使毕节市实现了乡乡有敬老院的目标，也还存在5000张床位缺口。从以上两组数据可以清楚地看出，目前贵州省敬老院不仅数量不足，在地区间的分布也很不均衡。而且这些敬老院多数建于20世纪八九十年代，房屋破旧，设施落后，远远不能满足广大农村五保对象集中供养的需要。与“五保集中供养率达到50%”的国家标准有很大差距。

由于社会福利院等福利设施建设严重不足，收养能力很有限，这些机构对接收对象又有着严格的标准。因此，只有极少数的孤残人员会被送去社会福利院。其他只要能查到家庭的流浪者，不管家庭经济条件或监护人的监护能力如何，一般都是送回家。这就会导致不少流浪者回家后无法生活而重复流浪。

最后，没有社会力量参与流浪救助。课题组对省内救助部门进行了解，在问及是否有社会力量或者民间组织参与城市流浪人群的救助时，几乎所有救助站都反映，没有民间组织参与流浪人群的救助。我们在省民政厅民间组织局了解也发现，没有参与城市流浪救助的民间组织。毕节市民王兵的经历就说明这一问题：在毕节市区开广告公司的王兵曾经想申请成立一个“流浪儿童之家”，但并没有获得民政部门的支持，他分析：“政府可能觉得有这样的民间组织，好像意味着这个地方有很多流浪儿童，面子上过不去。”然而在国外，民间组织才是流浪救助的主力军。

3.5　智障人群救助困难

从救助智力缺陷者的情况看，主要存在如下难点：一是询问难。问不出他们的情况，更谈不上与其家人联系了，只能将其带回站里暂住。而现在救助站是开放式管理，无法对其进行有效监护。二是接触难。这类人员进站后，工作人员首先要为其洗澡、更衣、理发等，他们往往不予配合；三是安置难。国家对这类人员的安置定位尚不明确。留在救助站安置，救助政策规定只能救助10天。交当地福利院安置，福利院主要接受本地籍的孤儿、老人、弃婴；送精神病院，这类人员又不同于精神病患者，且多数难以治愈，精神病院不愿接收，其他医院更拒绝接收，理由是非专科医院无法对其有效救治。因此，这类人员就很可能出现流浪→救治（救助）→再流浪→再救治（救助）的无限循环，由此浪费国家的财力，达不到对此类人员救助管理应有的效果。

从精神病患者的救助情况看，主要存在如下问题：首先，法律规定模糊、缺乏司法解释是重性精神病患者管理的首要难题。《精神卫生法》规定了监护人、有关单位应协助管理精神病患者，但并没有说明不协助该怎么办。这就导致“有关单位”对这一项工作的可做可不做，重视配合程度不够。另外，当前《精神卫生法》的自愿原则虽然体现了对人权的尊重，但在实际工作中，一些有暴力倾向的患者却由于缺乏相应的司法解释而不能及时被管理、收治而流浪于街头。其次，精神病医院床位紧张，与实际需求量相差太大。最后，从家庭监护的角度看，由于精神病人的医疗费非常昂贵，患者发病率高、病程长、易复发，很多患者家庭因无法负担昂贵的医疗费用而放弃治疗。而且精神病患者在家里也很难管制，有的只能用铁链拴在家中。长期的管理对家人是一种极大的折磨，所以有的只能放任不管而让其流浪，自生自灭。

3.6 流浪源头不易消除

首先，监护人失责使有家难归的流浪者容易重复流浪。有家难归的流浪者主要是指那些有监护人，但监护人没有履行自己的监护责任，任没有劳动能力的老人或孩子在外流浪。即使救助管理部门把这类流浪者送回家中，但他们的监护人仍然不管不问，导致此类“有家难归者”重复流浪。

案例6 流浪儿童陈晓江，他父亲早年去世了，后来母亲改嫁。几年后，母亲在煤矿里去世了，后父又娶了后母。后父和后母对他都非常苛刻。“他们让我背煤，一百多斤我背不动，他们就打我，用鞭子抽。我的后父经常喝醉酒，醉了也打人。”他指着额头处一块拇指大小的伤疤说，那是他后父留给他的“纪念”。

对于为什么流浪，年仅9岁的陶冲是这样说的：“不想回家，妈妈已经嫁人了，回家要被爸爸打，他一喝酒就打我，有时候把我按在地上打，我真的不想回家，只要你们叫他接我，我就要逃跑。”民政部门的人联系他的父亲，结果对方回答：“我不要了，他爱到哪里就去哪里，我们在外边打工也难。”负责接送流浪儿童的救助站工作人员说：“孩子们不想回家的理由几乎很一致，不是完全没有亲人，而是在家里像是多余的，没有人给他们好脸色看。”

其次，学校的难点。一位长期战斗在教育一线的校长这样抱怨道：“现在的工作整天围绕着一堆数据指标转。”最近新增的一个考核指标是“义务教育巩固率”，即用一个学校期末考试的学生数除以开学时报名的学生数，相对于模糊的“小学辍学率”而言，这一考核更能反映现实。毕节市公布的教育数据中，这一指标是81%，这意味着初中学生的流失率更高，“很多孩子勉强读完小学，就跟着家长出去打工了”。

这位小学校长向我们分析说，他自己常常处于一种两难的境地：“现在的教育经费都是按照学生的人头数拨付，学校想多收学生，但在校生的安全又是一条高压线，有些学生在学校特别调皮，老师担心安全出问题，有时候怕担责任，去家里动员两次，再不来上学就算了。”

四 贵州城市流浪人群治理的对策建议

在对城市流浪人群产生的原因及各种治理措施的分析中我们发现，仅仅从物质层面对流浪人群提供帮助并不能从根本上解决问题。因为产生流浪人群的原因是多维的。因此，对流浪人群的救助安置手段也应该是多维的。正如2011年出台的《国务院办公厅关于加强和改进流浪未成年人救助保护工作的意见》中提出的那样，预防未成年人流浪是家庭、学校、政府和社会的共同责任，做好源头预防是解决未成年人流浪问题的治本之策。不仅对未成年流浪群体，对所有流浪群体的治理，都需要多方共同努力，在制度完善的基础上，实现合作治理、标本兼治，才能有效解决城市流浪人群问题。

4.1 完善与救助制度相关的配套机制

4.1.1 完善职业乞讨的配套治理机制

《救助管理办法》规定："为了对在城市生活无着的流浪、乞讨人员（以下简称"流浪乞讨人员"）实行救助，保障其基本生活权益，完善社会救助制度，制定本办法。"也就是说，救助管理制度是对"生活无着落的流浪乞讨人员"的救助，即对弱势群体的救助。根据学者们的解释，弱势群体是指那些依靠自身的力量或能力无法保证个人及其家庭成员最基本的生活水准，需要国家和社会给予支持和帮助的社会群体。[①] 可以看出，"依靠自己的力量或能力无法保证个人及其家庭成员的最基本的生活水准"是弱势群体的主要界定标准。

对真正"生活无着"的城市流浪乞讨人员即弱势群体实施救助是政府的基本责任。但是，对本来不属于弱势群体，甚至一些欺骗型乞讨的流浪人员，应一定不予以救助。从各国对待流浪乞讨人员的法律来看，遵循的就是"软硬兼施"的救助原则。也就是说，对有救助需要的人就要救助，而对诸如欺骗型乞讨甚至以经营乞丐为生的违法犯罪现象，必须进行严厉打击，从而避免流浪乞讨行为危及社会秩序。例如，英国政府秉承的就是既要保障人的生存权、乞讨权，又要确保社会的尊严、祥和与安定的治理理念，实行该帮的帮、该禁的禁、该管的管。[②] "软"与"硬"还体现在解决问题的不同方式上。如美国救助乞丐的原则是鼓励被救助者自食其力，它通过制定与实施《反乞丐法》，对乞讨者的行为做出种种法律规定。

从救助站救助的人群看，青壮年占总人数的83.1%，健康人员占总人数的88.1%。可以看出，在受救助的人群中，大部分应该不属于丧失劳动能力的流浪人群。对有劳动能力的职业乞讨者，尤其是慵懒成年型流浪者和经营乞丐的"丐首"，他们恶意占用救助管理资源，或者伤害善良市民的公益心，已经产生了比较严重的社会影响，在目前的救助管理制度背景下，他们还会给城市治安管理带来很多难题。因此，必须尽快出台与救助管理政策相衔接的法律，有效控制违法乞讨行为，并限制职业乞讨者数量。

---

① 郑杭生、李迎生：《全面建设小康社会与弱势群体的社会救助》，《中国人民大学学报》2003年第1期。

② 张芝年：《英国分类管理乞丐》，《环球时报》2004年7月30日。

首先，出台一个管理流浪乞讨的省级工作条例。对《救助管理办法》中流浪乞讨人员接受救助的“自愿性原则”进行补充，特别是对未成年人的乞讨行为，明确救助站可实行保护性救助，可强制性带回救助站，并辅以心理矫治、教育引导、物质资助等，让其能回到学校、回到家庭。条例可参照美国的做法，如设置“禁讨区”，禁止“侵犯性乞讨”，禁止“欺骗性乞讨”，禁止在公共场所游荡，禁止在人行道上卧、坐等。对原发型职业乞讨者，经核实后政府可试点颁发“乞讨证”，并划定乞讨区域，这样一方面可对其乞讨行为进行适当的管理和规范，另一方面便于爱心人士对其献爱心。

其次，对现行社会管理、城市管理等相关法律法规进行完善，弥补对城市流浪乞讨人员乞讨行为管理上的不足。在规制乞讨行为方面，我国《刑法》第262条第2款规定了组织残疾人、儿童乞讨罪，《治安管理处罚法》第41条对威迫、诱骗、利用他人乞讨和纠缠式乞讨的行为进行了规制。已有的这两个条款并不足以管理好当前我国庞大的城市流浪乞讨人员，可以考虑在《治安管理处罚法》中增设条款规制妨害公共秩序、影响公共安全、侵犯他人权益的乞讨行为，同时在《城市市容和环境卫生管理条例》《交通管理条例》中增设相应条款，约束那些影响城市环境卫生、影响正常交通秩序的乞讨行为。

4.1.2 提高民政部门统筹协调的能力

从目前全省各地的救助管理工作来看，部门间的协调联动机制是已经建立了的。现在最大的问题是负责统筹牵头的民政部门没有足够的协调能力。相关制度只规定其他部门的职责及被要求应当配合民政部门做好救助工作，但对如果不配合并没有明确的处罚机制，造成民政部门无法有效调动相关资源进行流浪救助。因此，在目前已经建立的协调联动机制的基础上，还应明确规定相关的考核办法和处罚机制，以提高牵头部门的协调能力，以便更好地开展流浪救助管理工作。

4.1.3 发挥基层组织参与救助的职能

完善基层组织的救助参与机制。按照救助管理工作的具体要求和“属地管理、分级负责”的原则，在乡镇街道和社区村（居）委会设立专门的救助窗口，购置相应的办公设施，连接全国救助信息系统。派出专人负责救助管理工作并明确规定乡镇（街道）救助点的职能职责。积极引导社区救助管理工作的开展。引导社区志愿者或热心人士对车站、码头、河堤、涵洞、桥洞等流浪人群容易出没的地方进行巡察，发现流浪乞讨人员及时劝导和救助。进一步增强社区群众参与救助的意识，对流浪乞讨者不直接给予钱财施舍，而是热心地劝导和引导至救助站，这一方面帮助了真正有困难的乞讨者，另一方面也利于打击骗乞、经验乞讨等不良行为。

4.2 建立救助制度与福利制度的衔接机制

4.2.1 建立源头预防与社会保障的衔接机制

民政部指出，“得不到及时救助是街头乞讨者增多的主因”。在一个社会出现贫富差距等诸多不平等的时候，政府应尽可能照顾关爱社会的弱势群体。因此，建立救助制度与福利制度的衔接机制是治理城市流浪群体的根本方法。

按照属地管理原则，基层政府应对本辖区居民尤其是留守儿童和有流浪经历人员的生活等基本情况开展调查摸底，按照年龄、身份、身体健康状况以及困难程度等元素，分门别类造册登记建立居民信息台账，按照政策规定和要求，有针对性地分类施救，认真落实国家的各类社会保障政策，把低保、临时救助等各项民政民生政策与对困难群体的摸排情况联动起来，发现一例就保障一例。落实市、县、乡（部门）、村、社、党员“六级包保”责任制，把受灾贫困户和特困户适时纳入救济程序，确保受灾户的基本生活。

4.2.2 建立家庭收养与民政救助的衔接机制

目前，收养门槛比较高，孤儿身份认定程序烦琐，普遍需要公安、计生、民政等多个部门开证明，“收养证”甚至需要省级民政厅审核颁发。一些地方在申请时还需出具孤儿父母死亡证明或人民法院宣告孤儿父母死亡或失踪的证明等多种资料，造成孤儿民间收养难。这导致了两方面的后果，一是民间非法收养情况严重，政府监管困难；二是部分孤儿因没被收养而流入社会成为流浪儿童。因此，应简化收养程序，让符合条件的家庭能够合法顺利地收养弃婴和孤儿，让孤弃儿有“家”可归而不再流浪。对无人收养的孤弃儿，政府实行兜底政策将其纳入社会福利机构进行集中养育，确保此类孩子能够健康成长

4.2.3 建立救助送返与保障制度的衔接机制

对送返家庭的流浪人员，核实家庭情况后，对确有困难的家庭，当地民政部门必须马上把其纳入低保对象加以照顾，以保障他们基本的生活。对于流浪乞讨的五保老人和城镇“三无”人员，必须解决好他们的住房、

医疗问题，切实做到应保尽保、按标施保。对送回家庭的残疾人，应努力解决好他们在康复、就业、教育、生活等方面的突出困难。对由患重大疾病或其他突发性、不可抗拒因素，造成生活特别困难而流浪的人群，送回家庭后应配套跟上临时救济和其他民生政策，确保基本生活不出问题。

4.2.4 建立救助管理与就业保障的衔接机制

英国1601年出台的《济贫法》就有这样的规定。对于一些智力正常、身强体壮但又不愿自力更生（不提供家庭住址，依赖救助）的人来说，组织他们参加劳动，既能帮助其体验自己的社会价值、树立劳动谋生的观念，又有助于解决救助管理工作的资金问题。换句话说，这种做法有一定的自救性质，受助人在一定程度上是自己帮助自己，维护了自己的尊严。正如美国经济学家罗塞尔·罗伯茨曾经这样评价美国的救助制度：“美国政府在20世纪30年代大萧条时期建立的救助和救济机制只能‘授之以鱼’，而不能‘授之以渔’，没有教育和职业培训的配合，政府的救助于事无补。”这启示我们，促进有劳动能力的人自食其力是帮助他们摆脱流浪乞讨最重要的途径。因此，政府应根据流浪乞讨人员各方面的特征特意去开发和创造一些技术要求低并且比较容易让流浪乞讨者上手的工作岗位，比如搬运工、清洁工等。同时，对那些真正有意愿、有恒心提高自身劳动技能的流浪乞讨者给予有针对性的免费培训，让他们运用自己所学到的技能去寻找或者创造就业机会。

4.3 提高救助管理的科学化水平

4.3.1 畅通外部智力参与流浪救助的渠道

各地民政部门和救助管理机构可以通过与社会工作机构、心理咨询机构、康复治疗机构、教育培训机构和社会组织开展项目合作的方式为流浪乞讨人员提供心理疏导、教育矫治、行为干预、康复训练和技能培训等专业救助服务。同时，建立志愿服务机制，引导支持医生、教师、法律工作者、社会工作者、心理咨询师等专业人士为流浪乞讨人员提供专业志愿服务。再者，救助站可与本地高校建立志愿者联盟，积极开展社工外展工作。以高校社会工作专业学生以及志愿者为依托，积极深入街头、火车站、商场、社区等地对游荡闲散的青少年和其他流浪人员进行劝导并提供相关的心理疏导和物质帮助。

4.3.2 提高内部员工开展救助管理的水平

建立基层工作人员培训制度，加强基层社会救助工作人员培训工作，有效提高社会救助工作人员的业务水平和操作能力。尤其加强对救助站工作人员进行基本的社会工作知识、医疗知识、心理学知识及相关救助法规知识的培训。同时，政府采取一定的补贴政策，引进医疗工作者、心理咨询师等专业技术人才到救助站工作。

4.3.3 提高对职业跑站型流浪者甄别的能力

2005年民政部着手建立流浪乞讨人员救助管理信息系统，基本实现了全国范围内的联网，这个系统通过网络把民政部、各地民政部门乃至每个救助管理站联结起来，为开展救助工作搭建了新的平台。然而，流浪乞讨人员的地域流动性增加了救助站对求助人员甄别的难度。对此，应该充分发挥当代互联网的作用，并充分利用“救助管理信息系统基本实现全国范围内联网”这一特点，为每位流浪乞讨人员建立一个网上的个人档案，把其各项基本信息、在哪里接受过救助、救助实施情况等记录下来。在这一问题上，还可以借鉴“指纹识别”的方式，从而优化个人档案系统，避免人员信息的重复记录或虚假记录等问题。另外，对于无法提供自身基本信息的流浪乞讨人员，救助站依旧可按照上述方法对其进行身份认定，而后通过官方新闻等发布信息，为走失亲人的家庭提供可查询的信息平台。由此，不仅可以节省调查时间，提高工作效率，而且可以优化救助站的资源配置，避免对职业乞讨人员过多投入不必要的资金。

4.4 完善救助管理的平台建设

4.4.1 完善现有救助平台体系

已有的各级救助站、福利院、养老院、流浪未成年人保护中心、农民工之家、精神病康复中心等是目前开展流浪救助管理工作的平台体系。要更好地开展工作，不断完善现有救助平台体系的建设是关键。各级政府应按照财政部、民政部、中央编制委员会办公室《关于实施城市生活无着的流浪乞讨人员救助管理办法有关机构编制和经费问题的通知》（财社〔2003〕83号）文件要求，30万以上人口的县（区）要建立救助管理设施，设立由当地民政部门主管的流浪乞讨人员救助管理站，落实人员编制，将救助管理工作经费（含流浪乞讨人员中危重病人和精神病人的救治经费）列入财政预算。各地应按照国家规定足额落实经费。此外，建议给救助站工作人员设立传染性津补贴，因为救助站工作人员经常接触患有艾滋病、麻风病、结核病等的特殊救助人员。

同时，投入资金加大各地社会福利院、养老院、未成年人保护中心等基础设施的建设力度。对建设缺口资金，各地政府应纳入财政预算，据实拨付，以保证工程建设的顺利推进和机构的正常运转。

4.4.2 建立一个省级救助平台

也就是说，要建立贵州省救助站。这一机构在全国部分兄弟省市是已经建立了的。建立这一机构的好处在于该机构可以统筹指导全省的救助管理工作，加强全省各地工作的经验交流等。同时，该机构还可承担一个“兜底”的职能。如对下级救助站中实在无法查到原籍的流浪者或患有严重智障疾病的流浪者，都可送到省级救助站集中供养。另外，省级救助站可试点建立一个劳务基地，让有劳动能力的流浪者能在里面进行劳动训练，在劳动训练的过程中辅以心理矫治。流浪者劳务基地相当于在贵州省已获得成功的社区戒毒社区康复的“阳光工程”。使流浪者通过技能获得和心理矫正，顺利回归社会。

4.4.3 搭建一套民间救助平台

对于流浪人群的救助工作，政府虽然具有不可推卸的责任，但从现实省情来看，政府投入在财力、物力和人力上都有很大缺口，需要其他供给主体的参与。因此要积极引导慈善机构、志愿组织、社会团体、社区和企业等参与流浪救助工作，以弥补政府工作的不足。首先，民政部门应积极引进省外甚至国际上从事流浪救助或未成年人保护的公益组织，与之合作建立符合贵州省省情的流浪救助公益机构。其次，鼓励支持公益人士、爱心企业等社会力量建立专门从事流浪救助的民间组织。

4.5 完善智障流浪者的救助机制

4.5.1 明确救助主体分类实施救助

由民政、公安、执法、财政等相关部门为成员单位，建立一个专门处理流浪乞讨精神病人事务的组织机构，相互协调配合。加强公安部门的责任制度规范，对于流浪乞讨精神病人应先进行适当的询问与初步鉴定，如实在无法沟通与鉴定的，可送入救助站进行下一步处理；健全救助运行程序，从发现救助对象到救治、康复后的救助等一系列运行程序，必须严格规范其中相关部门单位的职责和义务，避免相互推诿、无人管事的尴尬局面产生。

建立全省智力残疾流浪乞讨人员救治救助安置中心，使寻找不到监护人的智残流浪乞讨人员的基本生活和合法权益不受侵害，让他们在安置中心一方面可以及时得到观察治疗，一方面能够过上正常生活。对智残程度较轻的，可以安排他们从事生产劳动、娱乐活动等，并根据需要，选配专业医生、特殊老师、保育人员等管理人员。同时，不断完善安置中心建设，创造良好的救治救助环境。

在确定救助主体的基础上，针对流浪乞讨精神病人的特殊情况，政府应在指定医院内建立专门的医疗小组，对这类人提供长期、定时的医疗服务。针对流浪乞讨精神病人的不同类型，实行不同类别的管理措施，采取不同的医治手段。对重度精神病患要进行强制性收容的医疗治理，实行专门隔离管理，对病情较轻微的给予关爱式辅导和咨询等。

4.5.2 摸清救助对象实现主动救治

各单位、乡镇、街道、村居应把所在辖区智力残疾患者的监护与治疗摆上重要议事日程，摸清情况，跟踪管理。建立健全智力残疾的流浪乞讨人员档案，做到一人一档，以便备查。内容包括：救助（救治）的时间、救治及救助的地点、患者病情恢复情况、认领人情况、护送接收情况、如何安置或待安置等情况，使所有被救治（救助）的智残流浪乞讨人员全都在救助站的监督和掌控之中。

对于有家庭监护人的，要督促智残患者家庭成员承担监护职责，同时建立政府财政补贴制度，对其家庭进行相应资助，帮助家庭监护人在家庭内部照顾智障人员。对没有监护人或监护人实在无力承担监护责任的，政府应实行兜底政策，将其收入当地福利机构或省级救助站长期安置救助。

4.6 建立流浪源头预防机制

4.6.1 建立问题家庭监督机制

按照新修订的《未成年人保护法》的规定：“父母或者其他监护人不依法履行监护职责，或者伤害未成年人合法权益的，由其所在单位或者居民委员会、村民委员会予以劝诫、制止。”因此，需要完善以社区组织为主的问题家庭的监督机制，对本社区有未成年人和老人的问题家庭进行筛查，建立重点监控系统，及时发现使孩子或老人处于不利或危险境地的问题家庭。

4.6.2 建立监护失责惩戒机制

根据《未成年人保护法》规定：“父母或者其他监护人不履行监护职责或者伤害被监护的未成年人的合法权益，经教育不改的，人民法院可以根据有关人员或者有关单位的申请，撤销其监护人的资格，依法另行指定监护人。”对于监护人“侵犯未成年人的人身权利或者其他合法权利，构成犯罪的”“虐待未成年的家庭成员，情节恶劣的”依法追究刑事责任。2011年8月，国务院办公厅发出《关于加强和改进流浪未成年人救助保护工作的意见》中也有对失责监护人的惩戒措施。

也就是说，对失责监护人的惩戒，现有法律规范已存在，只是很少落实。对一些失责严重的监护人，应切实落实相应惩戒制度，以起到一定的威慑作用，形成监护人认真履责的良好氛围。对确无监护能力的，由救助保护机构协助监护人及时委托其他人员代为监护。

4.6.3　建立困难学生帮扶机制

学校要加强学生思想道德教育和心理健康辅导，根据学生特点和需要，开展职业教育和技能培训，使学生掌握就业技能，实现稳定就业；对品行有缺点、学习有困难的学生，要进行重点教育帮扶；对家庭经济困难的学生，要按照有关规定给予教育资助和特别关怀。教育部门要建立适龄儿童辍学、失学信息通报制度，指导学校做好劝学、返学工作。

4.6.4　建立未成年人保护制度

围绕家庭保护、学校保护、社会保护和司法保护，调动社会各方面的力量，通过建立“防乞保学”、“控辍保学”、关注留守儿童、预防家庭暴力等相关制度，强化教育引导，加大对乞讨人员帮扶力度，加强流浪救助基础设施建设等一系列措施，统筹协调，形成合力，共同推进未成年人社会保护工作的开展。

课题组组长：高　刚
课题组成员：王兴骥　周芳苓　林　苑　杨红英
杜双燕　王义飞

贵州省特色产业开发与具有山区特色的新型城镇化和城乡统筹发展体系研究

一　贵州省城镇化发展的系统审视

1.1　贵州省城镇化发展概况

1.1.1　贵州省城镇化发展历程

由于受经济体制条件以及国家宏观政策环境的影响，贵州省的城镇化经历了一个曲折发展的过程，如表1所示。总体来看，大致可以划分为六个阶段。

（1）城镇化的起步发展阶段（1949—1957年）

新中国成立后，经过三年的经济恢复，国民经济虽然得到了根本好转，但那时我国仍然是一个不折不扣的、落后的农业国，工业化水平极其低下。为此，党和政府制定了发展国民经济的第一个五年计划（1953—1957年），其任务和目的就是“通过优先发展重工业，以初步建立起我国独立的工业体系、奠定社会主义的工业化基础，并由此迅速发展社会主义的生产力”。正是受此“战略”的影响，包括贵州省在内的大量农村劳动力随之流入城镇以满足工业发展和城市建设对劳动力的需求，亦即在这样的一个过程中就诱致了贵州省城镇的发展和城镇化的起步。例如，贵州省的城镇人口就由1949年的106.3万人增加到了1957年的165.5万人（见表1），净增加59.5万人，增长率高达55.7%，年均增长5.69%。此时贵州省已设有两个建制市，即分别是贵阳市和遵义市。在城镇化水平方面，此时的城镇化率（即城镇人口在总人口中的占比）已由1949年的7.5%提高到了1957年的9.8%。当然，若换一个角度来看，也就是说9年间其城

表 1　贵州省历年城镇化发展情况

年份（年）	年末总人口（万人）	城镇人口（万人）	城镇化率（%）	年份（年）	年末总人口（万人）	城镇人口（万人）	城镇化率（%）	年份（年）	年末总人口（万人）	城镇人口（万人）	城镇化率（%）
1949	1416.4	106.3	7.5	1970	2180.5	277.3	12.7	1991	3314.6	645.0	19.5
1950	1417.2	103.5	7.3	1971	2259.0	271.8	12.0	1992	3361.0	666.8	19.8
1951	1444.7	105.6	7.3	1972	2323.2	281.5	12.1	1993	3408.7	688.6	20.2
1952	1489.9	107.7	7.2	1973	2395.2	292.1	12.2	1994	3458.4	710.4	20.5
1953	1521.5	109.5	7.2	1974	2463.4	296.2	12.0	1995	3508.1	732.2	20.9
1954	1557.1	114.8	7.4	1975	2531.0	298.3	11.8	1996	3555.4	754.0	21.2
1955	1586.8	122.6	7.7	1976	2585.1	301.4	11.7	1997	3605.8	755.8	21.0
1956	1628.1	147.1	9.0	1977	2640.1	316.0	12.0	1998	3657.6	797.7	21.8
1957	1680.9	165.5	9.8	1978	2686.4	324.0	12.1	1999	3710.1	819.5	22.1
1958	1710.0	344.4	20.1	1979	2731.0	378.1	13.8	2000	3755.7	896.5	23.9
1959	1744.0	350.3	20.1	1980	2776.7	432.1	15.6	2001	3798.5	910.1	24.0
1960	1643.0	359.0	21.9	1981	2826.8	486.2	17.2	2002	3837.3	932.1	24.3
1961	1623.5	270.9	16.7	1982	2875.2	540.2	18.8	2003	3869.7	958.5	24.8
1962	1664.3	206.0	12.4	1983	2901.5	550.6	19.0	2004	3903.7	1025.9	26.3
1963	1703.6	202.9	11.9	1984	2931.9	560.9	19.1	2005	3730.0	1002.3	26.9
1964	1752.0	213.1	12.2	1985	2972.2	571.3	19.2	2006	3690.0	1013.3	27.5

续表

年份（年）	年末总人口（万人）	城镇人口（万人）	城镇化率（%）	年份（年）	年末总人口（万人）	城镇人口（万人）	城镇化率（%）	年份（年）	年末总人口（万人）	城镇人口（万人）	城镇化率（%）
1965	1820.7	225.5	12.4	1986	3025.9	581.7	19.2	2007	3632.0	1025.7	28.2
1966	1885.0	235.9	12.5	1987	3072.6	592.0	19.3	2008	3596.0	1046.8	29.1
1967	1957.0	244.9	12.5	1988	3127.3	602.4	19.3	2009	3537.0	1057.2	29.9
1968	2035.0	254.5	12.5	1989	3171.0	611.9	19.3	2010	3479.0	1176.3	33.8
1969	2108.0	264.3	12.5	1990	3267.5	623.2	19.1	2011	3469.0	1212.8	35.0

资料来源：［1］1949～1999 年的年末总人口数、1949～1978 年的城镇人口数均来自于：贵州统计局编《贵州六十年》，中国统计出版社，2009，第 245 页。

［2］1979～1999 年的城镇人口数均来自于：单晓刚、孔维林、陈隆诗《贵州省城镇化水平分析与预测》，《贵州科学》2007（增刊），第 283 页。

［3］2000～2011 年的年末总人口数及城镇人口数均来自于：贵州省统计局、国家统计局贵州调查总队编著《贵州统计年鉴（2012）》，中国统计出版社，2012。

镇化率仅提高了2.3个百分点，即平均每年仅提高0.29个百分点，比全国同期每年0.59%的平均增速[①]还低0.3个百分点；且从时间序列来看，贵州省的城镇化率在1949—1954年基本上都维持在7.2%—7.5%的水平，[②]而真正呈现明显增长态势则始于1955年，为7.7%，其后的1956年、1957年才分别提升到9.0%、9.8%，不过也均未超过10.0%的水平。因此从这个方面来说，这个阶段的贵州城镇化发展只能谓为“起步阶段”。

（2）城镇化的无序化发展阶段（1958—1965年）

从1958年到1965年的短短8年间，中国社会经历了“大跃进”“自然灾害”及其后的“调整整顿”的三大“特殊事情”。在这样的一个大背景下，与之相“对应”的就是包括贵州省在内的全国城镇化发展的“大起大落”。例如，1958年到1960年的“大跃进”时期，贵州省的城镇人口也得到了跃进式增长——由1958年的344.4万人增加到1960年的359.0万人（见表1），净增加14.6万人，增长率高达116.97%，年均增长29.46%；城镇化率相应由1958年的20.1%上升到1960年的21.9%，提升了1.8个百分点，年均提升4.03个百分点。

然而，由于以户籍管理制度为代表的城乡二元制度在这期间的逐渐形成，以及“大跃进”带来的“后遗症”问题和三年“自然灾害”（1959—1961年）的严重影响，都使得贵州农村人口流入城镇受到了极大限制。特别是1961年初在全国范围内对国民经济实行的“调整、巩固、充实、提高”方针[③]更是进一

① 简新华、何志场、黄锟：《中国城镇化与特色城镇化道路》，山东人民出版社，2010，第199页。

② 7.2%—7.5%的城镇化率，实际上可认为是城镇人口的自然占比，而并不能反映出是由于农村人口流入城镇所导致的城镇化发展的结果。一般来说，城镇人口的增长有两种方式，即城市人口的自然增长和外来人口流入城镇时的机械增长。

③ “调整、巩固、充实、提高”方针也称为“八字方针”，于1961年1月党的八届九中全会正式通过实施。其中心主旨就是要对国民经济进行全面的、大力度的调整，基本内容为：一是压缩重工业生产，并对工业企业关停并转以缩短基本建设战线。如全国施工的基本建设项目就由1960年的8.2万多个，减为1962年的2.5万多个，其中大中型项目由1960年的1815个减为1962年的1003个，减少了812个；全国工业企业数由1959年的31.8万个，减少到1962年的19.7万个，减少38%。二是调整农村生产关系，积极加强对农业的支持。如为了充实农业劳动力，国家通过精简职工和城镇人口方式以进一步压缩城镇人口。到1961年6月，全国共精简职工1887万（主要是1958年以后来自农村的职工），城镇人口2600万。参见《“调整、巩固、充实、提高”八字方针和三年调整》，人民网，http://www.people.com.cn/GB/shizheng/252/5531/5539/20010626/497933.html，2001-06-26。

步精简和压缩了城镇人口。如到1961年6月，全国共精简来自农村的职工1887万，城镇人口2600万。正因如此，贵州省的城镇人口也由1960年的359.0万人猛减到1961年的270.9万人，净减少88.1万人；城镇化率也由1960年的21.9%下降到16.7%，降低5.2个百分点。到1962年时，贵州城镇人口进一步下降到206.0万人，城镇化率也降到了12.4%，相较1960年下降了近10个百分点。不过，经过持续、全面、有力的调整，在其后的二三年时间内（1963—1965年）国民经济发展也有了新转机，此时的贵州城镇人口才基本趋于稳定并略有增加，城镇化率大体维持在12.0%左右。总之，这个时期的贵州城镇化发展是处于一种大起大落的状态。

（3）城镇化的停滞发展阶段（1966—1978年）

1966—1976年，中国国内发生了灾难性的文化大革命，以工农业生产为重点的国民经济发展陷于崩溃，再加之受“上山下乡”运动以及国家实施的三线建设政策影响，大量的城市知识青年和干部职工被下放到农村。在这种情况下，就使得我国尤其是类似于贵州这样的西部山区省份的城镇化推进异常缓慢。例如，贵州省城镇人口从1966年到1978年的13年间仅增加了88.09万人，年均增加7.34万人、年均增长率仅为2.68%。且据有关学者的研究，[①] 这种城镇人口的增加可能更多地属于一种自然增长，真正属于农村人口流入城镇的机械增长的比重并不大。亦即城镇人口的增长是随着贵州省人口总量的增长而增长的，这样就导致了其城镇化水平始终徘徊在12.0%—12.5%的现实，甚至在个别年份如1975年、1976年还下降到了12.0%以下，尤其是1978年对比1966年而言，其城镇化率整体上还下降了0.4个百分点，即由1966年的12.5%下降到了12.1%。由是观之，则可间接表明贵州城镇化发展的停滞化状态。

（4）城镇化的恢复性发展阶段（1979—1984年）

1978年，党的十一届三中全会做出了把工作重点转移到国家经济建设上来的战略决策，从而开启了我国改革开放的历史新时期，其首要“举措”就是在全国全面推行家庭联产承包责任制，从而也极大地激发了农民生产潜能、提高了农业劳动生产率。正因如此，农村非农产业也以此为基础才有了发展的机会和条件，这样又直接助长了乡镇企业的发展壮大。例如，从1979年到1984年，贵州省的乡镇企业数从24129个增加到了

① 汪冬梅：《中国城市化问题研究》，山东农业大学，博士学位论文，2003，第66页。

203830个；乡镇企业从业人数也相应地从276379人增加到了754368人（见表2）。这也意味着我国城市工业化和农村工业化的“并驾齐驱”，在这样的“双轮”甚至是“多轮”驱动下，我国农村城镇化的步伐也明显加快，城镇化率也得到了显著提高。在此背景下，贵州省城镇人口就从1979年的378.1万人快速增加到了1984年的560.9万人（见表1），净增加182.8万人，增长率为48.3%；城镇化率也相应从13.8%上升到了19.1%，提高了5.3个百分点，基本快赶上1958年“大跃进”时20.1%的水平。这就是说，贵州的城镇化伴随着农村经济体制改革进入了恢复性发展阶段，即恢复到先前的较高水平状态。

表2　贵州省乡镇企业发展及从业人员情况

	1979年	1980年	1981年	1982年	1983年	1984年
乡镇企业数（个）	24129	30674	30206	40837	50765	203830
企业职工人数（人）	276379	262058	269252	363334	442553	754368

资料来源：农业部乡镇企业局组编《中国乡镇企业统计资料（1978—2002年）》，中国农业出版社，2003.

（5）城镇化的相对快速发展阶段（1985—1991年）

1984年，党的十二届三中全会确立了从农村走向城市的以城市为重点的经济体制改革方向，其中一项重要的政策就是鼓励发展小城市以及农村集镇，以此来吸纳从农业释放出来的农村劳动力；与之不同的是，政府在大城市则采取了严格限制农村人口流入的政策，其目的是为了规避人口过多地流入大城市所带来的经济社会问题。这样一来的结果，就是包括贵州省在内的全国各地的小城镇都得到了快速发展，城镇化程度也相对维持在一个高位水平，不过也很难出现如原先那种跃迁式的发展。譬如，1985年贵州省的建制镇有390个，到1991年时增加到了496个，[①] 6年间增加106个，增长幅度可谓之大；不过，其城镇人口只相应地从571.3万人增加到了645.0万人（见表1），净增加73.7万人，增长率仅为12.9%，年均仅增长2.04%；城镇化率从1985年的19.2%到1991年的19.5%仅仅提高了0.3个百分点。因此我们说，这个阶段的贵州省的城镇化几乎是在匀速发展（城镇化率“恒定”为19.3%左右），只不过相对过去的37年

① 贵州统计局编《贵州六十年》，中国统计出版社，2009，第41页。

（1949—1985 年）而言又是一个较高水平的匀速。

（6）城镇化的快速健康发展阶段（1992 年—）

1992 年，党的十四大正式提出了建立社会主义市场经济体制的改革目标，这标志着我国工业化、城镇化的发展已进入了一个新的历史发展时期。特别是随着改革的深入以及市场经济体制的日益完善，原先一些阻碍农村人口流入大中城市务工经商的限制性政策也逐渐松绑，亦即为城镇化发展创造了更加有利的条件，从而也使得我国城镇化进程得到了加速度推进，当然贵州省的城镇化发展也享受到了这种改革带来的“红利”。例如，贵州省的建制镇数量 1991 年时还只有 496 个，而到 1992 年时激增到了 653 个，即一年内净增 157 个；且自 1993 年以来贵州省城镇化率基本上都维持在 20.0% 以上（见表 1），并且每年还在以大小不等的速度提升，特别是进入“十一五”时期后，这种提升的速度明显加快。

1.1.2　贵州省城镇化的速度和水平

从表 3 可看出，改革开放以来贵州省的城镇化发展总体上保持了一个稳步推进的态势，只不过在不同时期其城镇化率提高幅度和程度不尽一致。如“六五”时期贵州省的城镇化率年均提高 0.72 个百分点，而“七五”时期、“八五”时期其提高幅度明显下降，分别仅为 -0.02%、0.36%。到“九五”时期、“十五”时期时，其城镇化速度又开始提升，基本上是以每年 0.6 个百分点的匀速度在推进；尤其是“十一五”时期时，其城镇化推进速度更是上升到了每年 1.38 个百分点，几乎相当于全国

表 3　不同时期的贵州省城镇化率比较

单位：%

		“六五”	“七五”	“八五”	“九五”	“十五”	“十一五”
		1981—1985	1986—1990	1991—1995	1996—2000	2001—2005	2006—2010
贵州	期初城镇化率	15.6	19.2	19.1	20.9	23.9	26.9
	期末城镇化率	19.2	19.1	20.9	23.9	26.9	33.8
	年均提高程度	0.72	-0.02	0.36	0.60	0.60	1.38
	不同时期全国城镇化率年均提高程度	0.86	0.54	0.53	1.43	1.35	1.39

资料来源：[1]“贵州城镇化率年均提高程度”系根据表 2-1 提供数据计算得出。

[2]“全国平均城镇化率”数据来自简新华、何志扬、黄锟《中国城镇化与特色城镇化道路》，山东人民出版社，2010，第 236 页。

同期的平均增速。也就是说，贵州省的城镇化速度大致呈现的是一个“由快到慢、由慢到快并趋于加速”的“V”字形发展过程。

随着城镇化的加快，贵州省的城镇发展也进入了一个新阶段。据统计，到2012年末，贵州全省共有建制市或设市城市13个。其中：地级市或地级以上城市有6个，分别是贵阳、六盘水、遵义、安顺、铜仁和毕节；县级市或县级城市有7个，即清镇、赤水、仁怀、凯里、都匀、兴义和福泉。另有建制镇729个，[①] 比2011年的694个增加了35个，这也是近年来贵州省一次性增加建制镇个数最多的一年，同时也意味着有一批中心镇正在崛起。例如，到2011年末，贵州省建制镇中镇区人口超过1万人的就已发展到了146个，[②] 比2003年的84个净增62个。与此同时，贵州省的城镇化率到2009年末基本宣告进入了3.0的时代（即城镇化率大于等于30.0%的时代[③]），如2010年、2011年其城镇化率则分别增长到了33.8%、35.0%。到2012年末，贵州全省常住总人口3484万人，比上年末增加15万人。其中，城镇人口1268.52万人，比上年末增加55.76万人；乡村人口2215.48万人，比上年末减少40.76万人。年末城镇化率为36.4%。[④] 可以说，这些“成绩”的取得都是城镇化的结果。

1.1.3　贵州省城镇化水平的横向比较

近些年来，虽然贵州省的城镇化进程明显提速，但若横向比较，我们认为无论是其城镇化速度、城镇化水平还是城市数量、城镇规模等级等都处于一种低水平状态。

（1）城镇化速度比较

从表3可以看出，“六五”时期我国的城镇化率年均提高0.86个百分点，而同期贵州省的年平均增速则为0.72个百分点，较全国平均水平低0.14个百分点，“七五”时期其差距更是扩大到了0.56个百分点。“八五”时期其差距虽一度有所缩小，但到了“九五”时期、“十五”时期其差距反而进一步拉大了，分别相差0.83个百分点、0.75个百分点。可喜

---

① 数据来源：《中国统计年鉴（2013年）》。

② 数据来源：《中国建制镇统计年鉴（2012年）》。

③ 2009年末贵州省的城镇化率为29.9%。根据国际经验，城镇化率达30%是一个拐点。城镇化率小于30%，则为低水平的城镇化；城镇化率超过30%以后，城镇化步入快速发展期，若达30%—70%，则为中等水平城镇化；城镇化率大于70%时才为高度城镇化。

④ 贵州省统计局、国家统计局贵州调查总队：《2012年贵州省国民经济和社会发展统计公报》，贵州省人民政府网，http://www.gzgov.gov.cn/xxgk/gggs/77584.shtml，2013-02-27。

的是，“十一五”期间贵州省城镇化的速度与全国平均水平仅仅相差0.01个百分点，几乎等速。

（2）城镇化水平比较

由于城镇化动力不足以及缺乏规划等原因，长期以来贵州省的城镇化率都要较全国平均水平低，且其城镇化水平也有进一步拉大的趋势。如1949年时，贵州省的城镇化率为7.5%，全国平均水平为10.6%，仅相差3.1个百分点（见图1）；到1965年、1975年和1985年时其差距有所扩大，分别相差5.6个百分点、5.5个百分点和4.5个百分点。尤其是进入20世纪90年代后，城镇化水平的发展差距更是显著拉大，1997年时其城镇化率相差10.9个百分点，亦即其差距首次超过了10.0%；到2009年时，其城镇化发展水平一度相差高达18.4个百分点，这也是新中国成立以来的最大差距值，而后几年又相对有所缩小。到2012年末，贵州省的城镇化率仍比全国52.6%的平均水平低16.2个百分点，仅为36.4%，这又意味着什么呢？

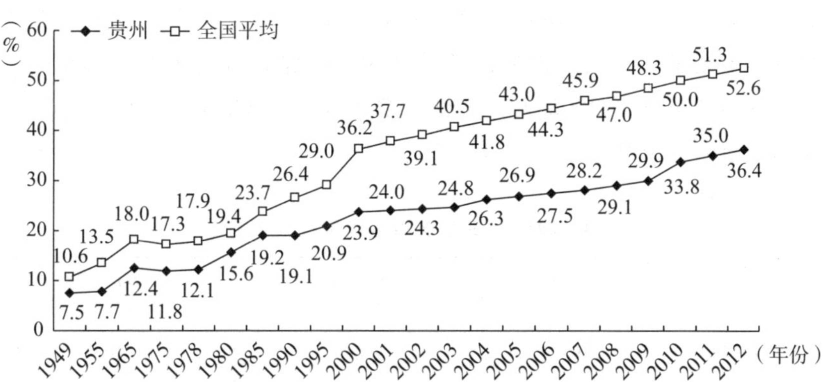

图1　贵州与全国城镇化发展水平比较

资料来源：根据表1以及《中国统计年鉴（2013年）》提供数据绘制而成。

——其城镇化水平在全国31个省份中位列倒数第二，仅高于西藏22.8%的水平，也是全国城镇化率低于40.0%的四个省份之一（除了贵州、西藏外，另两个是云南39.3%、甘肃38.8%）。

——比西部地区44.7%的平均城镇化率低8.3个百分点；比西部地区城镇化率最高的内蒙古（57.7%）低21.3个百分点；比全国城镇化率最高的上海（89.3%）更是低52.9个百分点。

——大致分别相当于2000年的全国城镇化率（36.2%）、2007年的西部地区城镇化率（37.0%）①，即贵州的城镇化发展分别滞后全国平均水平约12年、西部地区平均水平约5年。

（3）城镇数量比较

截至2011年末，全国共有设市城市658个，② 其中贵州省有13个，仅占比1.98%，在全国27个省份（除4个直辖市外）中排名倒数第五位，只比西藏、宁夏、青海、海南等省（区）的城市数稍多，而比全国城市数最多的山东省（48个）要少35个，比西部地区城市数最多的四川省（32个）少19个。

截至2012年末，全国共有建制镇19881个，城镇密度为20.7个/万平方公里。其中贵州省有建制镇729个，占全国建制镇总数的3.67%，建制镇密度为42.9个/万平方公里，是继重庆、陕西之后的西部地区分布密度第三高的省份（见表4）。当然这可能与西部地区“地广人稀”的特征有关，某种程度上不具有可比性，但若和中东部地区比较其差距依然明显，如其城镇密度比东部地区每万平方公里64.4个、中部地区每万平方公里50.4个的平均水平就分别要少21.5个、7.5个。事实上，贵州省建制镇数量虽然相对较多，但近80.0%的建制镇镇区人口都在1万人以下，有些甚至不到2000人，亦即“数量多、规模小、集聚力弱”是贵州省小城镇的显著特点。

表4　2012年西部各省区建制镇分布密度

	数量（个）	国土面积（万平方公里）	城镇密度（个/万平方公里）
全国平均	19881	960.0	20.7
东部地区	5897	91.6	64.4
中部地区	5180	102.8	50.4
西部地区	7275	686.7	10.6
重庆	604	8.23	73.4
四川	1831	48	38.1
贵州	729	17	42.9
云南	659	38	17.3

① 资料来源：根据《中国统计年鉴（2013年）》提供数据计算得出。

② 资料来源：《中国城市统计年鉴（2012年）》。

续表

	数量（个）	国土面积（万平方公里）	城镇密度（个/万平方公里）
西藏	140	120	1.2
陕西	1136	19	59.8
甘肃	470	39	12.1
青海	138	72	1.9
宁夏	101	6.6	15.3
新疆	262	160	1.6
广西	715	23	31.1
内蒙古	490	110	4.5

资料来源：《中国统计年鉴（2013年）》。

1.2 贵州省城镇化发展中的“问题化”分析

目前，贵州省的城镇化发展除了存在水平低下、速度慢、城镇结构体系不完善的问题外，还存在着“五非”问题。

1.2.1 贵州省城镇化发展的非协同

城镇化是近现代社会发展的主旋律，工业化则是近现代经济发展的主旋律。一般来说，工业化是城镇化发展的基础，也是城镇化的主要推力，尤其是在城镇化的起步阶段，工业化更是扮演了“发动机”的角色；同时，城镇化又会反作用于工业化，一定条件下是工业化的重要促进力量。可以说，二者是互促共进的关系。实践中，只有二者真正处于同向同步状态时才能对城镇化的发展产生正能量；否则，如果城镇化长期滞后于工业化或经济非农化，城镇化的进程就会受阻。基于这种认识，我们有必要对贵州城镇化与工业化或城镇化与经济非农化的协同状况进行鉴定。

（1）城镇化与工业化的发展状况比较

判断城镇化与工业化的发展协同状况，理论界有多种方法，如钱纳里发展模型推测法、偏差系数法等。这里尝试采用偏差系数法进行分析。据研究，国外城镇化水平与工业化水平的偏差系数（城镇化率/工业化率 -1）一般为正值；[①] 若为负值，则可判断城镇化水平滞后于工业化发展水平。

① 简新华、何志扬、黄锟：《中国城镇化与特色城镇化道路》，山东人民出版社，2010，第238页。

本项目中城镇化率是通过城镇人口占总人口的比重来测算；工业化率是通过第二产业产值占GDP比重来测算。如此一来，我们就得出了贵州省城镇化与工业化的偏差系数（见表5）。

通过表5可以看出，自新中国成立以来贵州省的工业化率一直高于城镇化率，反映在偏差系数上即其全部为负值，这说明贵州省的城镇化发展处于滞后状态。尤其是1978年时，二者的偏差一度达到了28.1个百分点，偏差系数也高达-0.70，亦即当时贵州工业化和城镇化发展的不协同性是非常严重的，或者说其城镇化是严重滞后的。不过，经过1978年以来的改革开放以及一系列政策的调整、实施，贵州省城镇化滞后的状况也逐渐得到了改善，2008年时其城镇化率和工业化率的偏差下降到只有9.4个百分点即10.0%以内，可以说经过这次历史性的突破后，其偏差每年下降的幅度更甚，到2012年时二者的偏差仅为2.6个百分点，偏差系数低至-0.07，这说明贵州的城镇化发展尤其是实施城镇化带动战略以来的城镇化发展更是有了质的飞跃。

（2）城镇化与经济非农化的发展状况比较

经济的非农化是指一国或一地区的经济发展中非农人口或劳动力、非农业产出占比逐步提高的过程。衡量经济非农化的指标可以第二、三产业产值占GDP比重或第二、三产业就业人数占总就业人数的比重来表示。同样地，也可依据经济非农化的程度来判断一个地区的城镇化发展状况。通常地，国际上采用的是非农就业比率（N）与城镇化率（U）的比值即N/U的值来判断城镇化滞后与否的。[①] 依据实践经验，“当经济非农化与城镇化发展较为协调时，N/U的值大致为1.2。若N/U的值明显小于1.2，则说明城市不仅集中了从事非农产业的人口，而且也集中了相当数量的农业人口，这说明城镇化超前发展了；相反，若N/U的值明显大于1.2，则说明大量从事非农产业的劳动力，仍然滞留于农村地区，城市化滞后发展”。[②]

从表5可以看出，1978年以前贵州省的城镇化明显滞后于非农化，如1978年时N/U的值达到了1.42，可以说这一表征基本上与当时所采取的重

① 简新华、何志扬、黄锟：《中国城镇化与特色城镇化道路》，山东人民出版社，2010，第240—241页。

② 张妍、黄志龙：《中国城市化水平和速度的再考察》，《城市发展研究》2010年第11期。

表 5　历年贵州城镇化与工业化、经济非农化的发展状况比较

		1952	1960	1965	1970	1978	1985	1990	2000	2005	2008	2009	2010	2011	2012
工业	工业产值（亿元）	1.59	9.49	5.63	9.56	18.7	49.9	92.8	391.2	821.2	1370.0	1476.6	1800.0	2194.3	2655.4
	占 GDP 比重即工业化率（%）（I）	18.6	41.4	23.1	33.7	40.2	40.3	35.7	38.0	40.9	38.5	37.7	39.1	38.5	39.0
第二、三产业从业人员	合计（万人）	73.9	180.5	113.4	172.6	180.8	316.8	359.5	561.0	447.0	516.9	542.6	561.3	598.5	635.4
	占总从业人数比重（%）（N）	11.7	26.3	13.9	17.9	17.2	23.7	21.8	30.1	23.0	27.7	29.5	31.7	33.4	34.8
第二、三产业产值	合计（亿元）	2.7	14.34	9.16	13.21	27.2	73.5	160	758.7	1636.5	3022.3	3362.4	3977.1	4975.6	5912.2
	占 GDP 比重（%）（M）	31.6	62.5	37.5	46.6	58.3	59.3	61.5	73.7	81.6	84.9	85.9	86.4	87.3	86.9
城镇化率（%）（U）		7.2	21.9	12.4	12.7	12.1	19.2	19.1	23.9	26.9	29.1	29.9	33.8	35.0	36.4
偏差系数（U/I－1）		－0.61	－0.47	－0.46	－0.62	－0.70	－0.52	－0.46	－0.37	－0.34	－0.24	－0.21	－0.14	－0.09	－0.07
非农就业比率/城镇化率（N/U）		1.63	1.20	1.12	1.41	1.42	1.23	1.14	1.26	0.86	0.95	0.99	0.94	0.95	0.96

注：此表中的“工业”是广义上的“工业”概念，实际上就是指第二产业。工业产值也就是指第二产业产值。

资料来源：［1］贵州统计局编《贵州六十年》，中国统计出版社，2009。

［2］贵州省统计局、国家统计局贵州调查总队编著《贵州统计年鉴（2013）》，中国统计出版社，2013。

工业优先发展战略相吻合。不过，自1985年始由于贵州省的城镇化进程加快以及非农化发展缓慢，城镇化滞后于非农化的状况有所改善，尤其是进入2000年后随着城镇化的加速，其与非农化的差距才有了显著缩小。这里需要注意的是，虽然从2005年以来N/U的值下降到1以下（如2012年为0.96），但我们仍不能据此断定“贵州省的城镇化过度了”。其缘由在于：一是贵州省的经济结构相当不合理。如2012年时所有从业人员中有65.2%的人都集中在第一产业，而其创造的产值却只占GDP总量的13.1%，亦即65.2%的人只创造了13.1%的财富，所以从这点来说当前贵州省的非农化质量不甚高。显然，我们就不能以质量不高的非农化来反推出“城镇化过度”的事实，至多只能说现阶段贵州省的城镇化确实提速了。二是若以非农产业的产值占GDP的比重（M）作为参照系，某种程度上说城镇化也是滞后于非农化的。例如，1952—2012年，贵州省第二、三产业产值（非农产值）占GDP的比重就由31.6%提升到了86.9%，即上升55.3个百分点，年均提升0.92个百分点；而同期的城镇化率只从7.2%提升到了36.4%，净增29.2个百分点，年均只提升0.49个百分点，即比前两者分别少26.1个百分点、0.43个百分点。若以改革开放后的1978年为起始点分析的话，则2012年非农产值占GDP的比重比1978年时提升了28.6个百分点，年均提升0.84个百分点；而城镇化率只相应提升了24.3个百分点，年均提升0.71个百分点，即比前两者分别少4.3个百分点、0.13个百分点。若以2012年的截面数据来看的话，第二、三产业产值占GDP的比重为86.9%，而其城镇化率只为36.4%，较前者低50.5个百分点。由此可见，现阶段贵州省的城镇化仍然滞后于非农化进程，这应该说是不争的事实，只不过差距在缩小，甚至是加速缩小。

所以综合上述分析，我们认为：当前贵州的城镇化仍然是低水平的城镇化，还一定程度地滞后于工业化和非农化发展水平，即城镇化的非协同特征明显。不过，近年来通过实施城镇化带动战略后贵州省的城镇化进程确实加速，大有与工业化及非农化走向协同发展的趋势。

1.2.2 贵州省城镇化发展的非均衡

2000年以来，虽然贵州省的城镇化发展速度较快，但各地区发展水平仍不尽一致，主要表现在以下几方面。

（1）城镇人口年均增长率不同。从表6可以看出，从2000年到

2010年的10年间，贵州省各地市州中城镇人口年均增长率最快的三个地区是：毕节市（7.0%）、黔西南州（4.8%）、贵阳市（3.6%），而城镇人口年均增长最缓慢的铜仁市（-0.5%）、安顺市（0.6%）和黔南州（0.9%）。

表6　贵州省各地（市、州）城镇化水平比较

	2000年		2010年		2000—2010年	2010年城镇化率比2000年增长（个百分点）
	城镇人口（万人）	城镇化率（%）	城镇人口（万人）	城镇化率（%）	城镇人口年均增长率（%）	
全省	896.49	23.87	1174.78	33.81	2.7	9.94
贵阳市	206.42	61.17	294.63	68.13	3.6	6.96
六盘水市	60.44	21.00	81.69	28.65	3.1	7.65
遵义市	164.06	22.98	214.57	35.02	2.7	12.04
安顺市	65.28	25.87	69.01	30.04	0.6	4.17
毕节市	86.95	12.59	171.12	26.18	7.0	13.59
铜仁市	84.32	22.50	80.34	25.98	-0.5	3.48
黔西南州	49.6	16.73	78.98	28.15	4.8	11.42
黔东南州	69.11	16.36	90.57	26.02	2.7	9.66
黔南州	86.25	22.71	93.87	29.05	0.9	6.34

注：2010年的数据是第六次人口普查的数据。

资料来源：［1］2000年的数据来自贵州统计局编《贵州六十年》，中国统计出版社，2009。

［2］2010年的数据引自《贵州人口城镇化的发展特点》，贵州省人民政府网，http://www.gzgov.gov.cn/xxgk/tjxx/tjfx/75690.shtml，2013-2-6。

（2）城镇化推进效率不同。从2000年到2010年间，城镇化率推进最快或者说城镇化率提升幅度最高的三个地区分别是毕节市、遵义市和黔西南州，其分别提升了13.59个百分点、12.04个百分点和11.42个百分点，这三个市州也是城镇化率年均提升幅度超过1个百分点的地区，基本上接近于全国同期的平均增速（1.33个百分点/年）。而其他6个市州的提升幅度均在1个百分点以下，其中铜仁市城镇化推进最慢，10年间城镇化率仅提升了3.48个百分点，即每年仅提升约0.35个百分点。

（3）城镇化水平不同。到2010年，贵州省城镇化率排序居前3位的地区分别是：贵阳市（68.13%）、遵义市（35.02%）、安顺市（30.04%）。相对而言，其他地区均还未进入3.0的时代（城镇化率均低于30.0%），它们分别是：黔南州 29.05%、六盘水市 28.65%、黔西南州 28.15%、毕节市 26.18%、黔东南州 26.02%、铜仁市 25.98%。若和全省城镇化的平均水平（33.81%）相比，贵州省内只有贵阳市、遵义市的城镇化率高于全省平均城镇化率，而其他 7 个地市州的城镇化率均低于全省的平均城镇化率。

（4）城镇分布密度不同。从表 7 可以看出，截至 2012 年末，贵州省建制镇数为 729 个，其中：遵义市有 167 个、毕节市和黔南州均为 101 个，其占建制镇总数的比重分别为 22.9%、13.9% 和 13.9%；全省建制镇总数不到 50 个的地区有 3 个，分别是安顺市（44 个）、六盘水市（38 个）和贵阳市（31 个），其占建制镇总数的比重分别为 6.0%、5.2% 和 4.3%。若以分布密度来比较，全省建制镇分布最密集的地区是遵义市（密度为 54.3 个/万平方公里），其次是安顺市、黔西南州和铜仁市，其建制镇分布密度分别为 47.5 个/万平方公里、44.0 个/万平方公里和 43.9 个/万平方公里，同时这 4 个市州的城镇分布密度也均高于全省 41.4 个/万平方公里的平均分布密度。也就是说，其他 5 个地市州的建制镇分布密度均在全省平均水平之下，而黔东南州又是全省建制镇分布最稀疏的地区，其城镇密度仅为 31.1 个/万平方公里，每万平方千米比最高的遵义市少 23.2 个建制镇，比全省平均水平则少 10.3 个建制镇。

表 7　2012 年贵州省各地市州小城镇分布比较

	建制镇数（个）	各地区镇比例（%）	总面积（平方公里）	城镇密度（个/万平方公里）
全省	729	100.0	176074	41.4
贵阳	31	4.3	8034	38.6
六盘水市	38	5.2	9914	38.3
遵义市	167	22.9	30762	54.3
安顺市	44	6.0	9267	47.5
毕节市	101	13.9	26853	37.6
铜仁市	79	10.8	18003	43.9
黔西南州	74	10.2	16804	44.0
黔东南州	94	12.9	30223	31.1
黔南州	101	13.9	26214	38.5

资料来源：《贵州统计年鉴（2013 年）》。

总之，我们在看到贵州省城镇化水平逐年提高的同时，千万不要忽视其“非均衡”发展的特点，这也许是今后城镇化建设中要着力解决的一个重要问题。

1.2.3 贵州省城镇化发展的非规整

贵州省在推进城镇化建设进程中往往是土地城镇化快于人口城镇化，即存在外延式发展迹象。例如，从1996年到2008年的13年间，贵州省的城镇化率相应地只从21.2%提升到29.1%，即提升7.9个百分点，年均每年仅提升0.66个百分点；而同期由于城镇化的推进，贵州省的耕地面积相应地由1996年的4903.5千公顷减少到2008年的4485.3千公顷，[①] 净减少418.2千公顷，减少8.5%，平均每年减少0.74个百分点。也就是说，耕地面积减少的速度要快于城镇化率提升的速度，当然这只是反向的推导，如果从正向角度来考察，这种状况可能更明显。

例如，2001年时贵州省城市的建成区面积还只有304.08平方公里，而到2012年增加到了586.1平方公里，[②] 净增282.02平方公里，增长92.7%，即平均每年增长6.15个百分点；而城镇人口相应地从910.1万人增加到1268.5万人，12年间只增加358.4万人，增长率为39.4%，平均每年仅增长3.06个百分点，即比城市建成区面积的增速分别低53.3个百分点、3.09个百分点。进一步比较还可发现，贵州城镇化率从2001年（24.0%）到2012年（36.4%）只提升了12.4个百分点，平均每年提升1.13个百分点，即无论是其提升的幅度还是提升的速度都要显著低于城市建成区面积扩张的幅度和速度，二者之间的“对应关系”是城镇化率每提高1个百分点，则城市建成区面积就扩大7.48个百分点——土地扩张与人口城镇化的背离由此窥见一斑。

1.2.4 贵州省城镇化发展的非对接

推进城镇化发展绝不只是助推农村人口转移到城镇就完事，而是要通过城镇化来反哺农民、反哺农村。一方面是要让进城农民过上像城里人一样的生活，即生产生活方式的城镇化、行为习惯的城镇化以及社会保障的同权化等；另一方面是要让仍留守在农村的农民享有和城市居民一样的发展机会和空间以及基本的公共产品和服务等。然而，在城镇化推进中贵州

---

① 资料来源：《中国统计年鉴（2001—2013年）》。

② 资料来源：《中国统计年鉴（2001—2013年）》。

省这方面的对接统筹工作还不太到位。

（1）对进城农民来说，他们因为户籍制度的羁绊以及标签化了的身份而与城市居民相比往往是“同工不同酬”“同城不同权”，甚至是“同命不同价”。据笔者对贵州省392个进城农民的调查，“2012年所有受访农民工的月平均收入约为2110.0元，其中尤以1500—2500元这个区段的人数为最多，占比达40.8%，月均工资性收入超过3000元以上的仅占比12.7%”。[①] 而同期贵州省非私营单位（指国有单位、集体单位等）在岗职工的年平均工资为42733元，[②] 折算后即月平均工资为3561.1元。也就是说，这个正式工群体比农民工这个临时工群体的月工资高出了1451.1元，可见其差距之大，若考虑到进城农民大多从事最脏、最累、最差的重体力活这个因素的话，其实际差距可能更甚。这且不论，对大多数进城农民来说，其生存生活质量都很低，他们几乎都蜗居于工地工棚或简易出租屋，“三月不知肉味”者大有人在。政治上基本处于真空地带，所谓的选举权与被选举权在他们身上基本未得到体现，以及其他诸如受教育权、说理权、受尊重权、健康权、受保障权等也很难得到切实有效的保障。显然，这种“工人中的农民”现象都说明贵州省城镇化发展中对接的不足。

（2）对贵州农村留守居民来说，其在城镇化推进中的受惠程度可能不如城市居民大，甚至某些方面还有拉大趋势，最为典型的就是城乡公共产品和服务供给的差异。譬如，由于城镇化的推进必然会带来城镇公共基础设施的同向改善，公共财政也会因城镇化建设的需要而优先向城市居民提供诸如教育、医疗、社保、通信等公共服务和产品，而在政府财力有限或一定的情况下，由于“扁担效应”使然就会相应减少对农村公共服务和产品的供给，至少供给的速度和程度不如城镇。以贵州省城乡居民最低生活保障支出为例，2012年用于城镇居民保障支出的费用为155819万元，比上年增长8.9%，年人均保障金为2940.0元；而用于农村居民保障支出的费用为575593万元，虽然比上年增长4.7%，[③] 但低于用于城镇居民保障费的增长率4.2个百分点，年人均保障金也仅为1122.0元。也就是说，城

① 李华红：《西部地区农民工可持续就业的困与变——基于贵州样本的分析》，《现代经济探讨》2013年第1期。

② 资料来源：《贵州统计年鉴（2013年）》。

③ 资料来源：《贵州统计年鉴（2013年）》。

乡居民年人均保障金之比为 2.62∶1。因此我们说，这样的城镇化某种程度上是强化了马太效应，是违背城乡统筹要求的城镇化，是“两张皮”式的发展，实践中还亟须采取措施予以纠偏和进行城乡对接。

1.2.5　贵州省城镇化发展的非持续

近些年来，贵州省的城镇化发展迅速，城乡面貌也得到了很大改观，这是可喜的一面。然而，伴随着城镇化发展也出现了一些未曾预想到的问题，即出现了一些“发展中”的负向性问题，这些问题对城镇化的可持续推进来说无疑是一道道“梗阻”。

（1）城镇建设或城镇化规划的偏失。其一是贵州省的城镇建设“形式大于内容”的问题突出——“重硬件轻软件建设、重有形轻无形建设”，即重地上轻地下、重建房轻绿化、重经济效益轻社会效益及生态效益等现象较为普遍。其二是城镇化以粗放式推进为主，普遍存在着对各种资源能源粗放型利用的问题，特别是由于缺乏科学规划而造成的土地资源浪费更是严重。如贵州省个别重点镇在建设过程中就曾发生过在相隔不到 100 米的地域范围内建了两条宽 20 米的镇区主干道的事件；又如在贵州省的洪家渡水库移民搬迁到织金县八步镇的移民安置工作中，新建移民街道路建设宽 25 米，道路两边的移民建筑仅两层①，这些都是造成土地资源极大浪费的典型例子。事实上，我们大力推进城镇化建设就是要集约节约利用各种资源尤其是土地资源，就是要对贵州脆弱的自然生态环境予以保护；而现实恰恰相反，在少数地区城镇化的结果不是保护，而是浪费，是破坏，甚至是“圈地”，显然有违城镇化的初衷。其三是城镇化规划缺乏一定的前瞻性。本来是生态脆弱的民族地区或资源型地区应积极发展城镇化，但往往这些地区的城镇化水平相对低于全省平均水平，如毕节市、黔东南州、铜仁市就是贵州省城镇化发展相对最靠后的三个地区，2010 年时其城镇化率分别仅为 26.18%、26.02%、25.98%，不仅低于全省 33.81% 的平均水平，而若与城镇化水平居前的贵阳市、遵义市相比较其差距就更甚，亦即就未能达到通过实施城镇化战略以缓解地区生态环境压力之首要目的。因此我们说，诸如此类现象都是城镇化缺乏规划或规划指导性不强的结果，都直接或间接地违背了城镇化的初衷，从而将对贵州省城镇化建设与可持

① 《贵州小城镇建设面临五大问题》，璧山畜牧信息网，http://www.cqagri.gov.cn/，2005 - 07 - 04。

续发展带来极为不利的影响。

（2）日益突出的“城市病”问题。我们发展城镇化就是要解放生产力、发展生产力，就是要集约节约利用资源以及保护好我们的“家园”，就是要改变传统的农耕文化并逐渐树立开放、包容、和谐的城市文化和城市精神，就是要降低人们生产生活的成本以及提高人们日常生活的便捷性、舒适度和幸福感，等等。然而，随着城镇化的发展，“城市病”问题——交通拥挤、环境污染、资源紧张、物价飞涨、文化流散、社会冲突——也越发突出，使得我们所期待的理想生活又蒙上了一层“面纱”。例如，城镇化后的工业生产尤其是一些小酒厂、小造纸、小炼矿等就可能对当地城镇水域或大气造成最严重的环境污染。当然，上述“城市病”问题不是说在贵州省的每个城镇都集中显露出来了，但在局部地区尤其是一些大中型城市已初现端倪，如就曾有网友这样调侃贵阳市的“城市病”问题，“贵阳建设得像印度似的，规划得像迷宫似的，消费像纽约曼哈顿似的，堵车跟北京似的，打车跟求爷爷似的，街道跟伊拉克被炸过似的，上班累得跟孙子似的，挣的工资少得跟非洲难民似的，菜价涨价跟愚人节似的，找个好大夫看病跟抽奖似的，节日去逛街的人像看演唱会似的，喝酒跟喝水似的……”毋庸置疑，这些“城市病”问题一定程度上也会延缓贵州省城镇化建设的整体进程。

二　城镇化热中的冷思考：走有山区特色新型城镇化道路

前文已从不同侧面对贵州省当前城镇化发展中存在的问题进行了厘析，某种程度上说，这种方式的城镇化是不符合科学发展观精神的，因此要扬长避短就必须走符合贵州省实际的、具有山区特色的新型城镇化道路，这是进一步加快贵州省城镇化推进速度、提高城镇化质量以及城镇化建设走向纵深的必然要求，也是城乡统筹发展的必然趋势。

2.1　相关概念及范畴界定

2.1.1　“新型城镇化”的科学含义

党的十八大明确提出了“新型城镇化”的概念，显然新型城镇化属于“内涵式城镇化”的范畴，它是相对于“外延式发展”的旧城镇化而言的，即它是从“质”的方面对城镇化发展所做出的新要求。具体来说，本研究所述的新型城镇化是指“以科学发展观为引领，以促进人的全面发展与构建和谐社会为目标，以市场机制为主导，强调产业支撑并以与新型工业化、信息化和农业现代化为互动，以统筹兼顾为原则，城市化和农村城镇化并举并以全面提升其质量和水平为重点，走集约、智能、绿色、低碳、个性鲜明、城乡一体、大中小城市和小城镇协调发展的城镇化建设路子”。[①] 简而言之，新型城镇化的“新”是指在城镇化建设中所体现出的观念更新、体制革新、技术创新和文化复新，它着重强调了如下几个要点：（1）新型城镇化绝不能像旧城镇化那样搞所谓的建高楼、建广场式的“造城运动”，即不能一味地走土地城镇化或房地产化之路，而其更强调内在质量的转型提升。（2）新型城镇化不能像旧城镇化那样存有“重大轻小、重城轻镇”的倾向，而其强调的是城市群、大中小城市和小城镇协调发展的城镇化。（3）新型城镇化不能像旧城镇化那样搞所谓的“重城轻乡”式的城市优先发展战略，而应注重城乡互补、城乡一体化发展。当然，城乡一体化并不是说城乡“一样化”发展，即不是要将农村都变成城镇，而是指城乡要素市场一体化、城乡产业布局和生态环境一体化，以及城乡公共服务均等化所致社会发展一体化的理想状态。（4）新型城镇化不是千城一面、产业雷同的城镇化，而是传承了自身文脉、注重特色塑造且产业优势明显、产业错位发展的城镇化。（5）新型城镇化是要实现与新型工业化、社会信息化和农业现代化的相辅相成，而不是像旧城镇化建设中城镇化与工业化或城镇化与“三农”问题的解决是分裂开来处理的。（6）新型城镇化坚决杜绝粗放式的用地、用能，亦即绝不以牺牲农业和农村、生态和环境为代价，而更注重走规划超前、资源节约、环境友好、社会和谐的城镇化道路。（7）新型城镇化的核心是“人”的城镇化。这里又包含两层意思，即一方面是要实施均等化的公共服务以促农民工“市民化”——要让农民进得来、留得下、有尊严；另一方面是要让暂时还留守在农村的农民过上和城市居民一样的生活以及享有同等的公共服务。

总之，新型城镇化除了要求城镇本身在规模、布局、功能等方面的协调一致外，它还是人口、产业、生态、社会、城乡“五位一体”的城镇化，但又以人的城镇化为核心要义和最终的落脚点。

---

① 胡际权：《中国新型城镇化发展研究》，西南农业大学，学位论文，2005，第73页。

2.1.2　山区特色新型城镇化释义

在贵州，推进山区城镇化面临着这样几个约束条件：边缘性和封闭性、脆弱的生态本底、经济结构的单一性、传统文化的厚重性、城镇空间布局的离散性。这就是说，推进山区特色新型城镇化显然除了要符合新型城镇化的要旨外，对贵州省来说可能还有一些特殊要求和特点。

（1）要因地制宜走资源节约型、环境友好型的城镇化，切勿一味模仿大中城市尤其是东部发达地区的那种“摊大饼”式的、“村村像城镇、镇镇像农村”小规模分散的城镇化，因为贵州的资源环境承载能力非常有限，决不允许这样的“大手笔”。而且，城镇化推进中生态环境保护与民族传统文化保护要一起抓，不能顾此失彼。

（2）大自然赋予了山区很多为平原和城市所不具有的资源优势条件，如因海拔高差而形成了多层次生物圈，因光、热、水、湿等条件的不同而形成了名特优的农产品，以及特殊的地形地貌所蕴藏的矿产资源、山清水秀的自然风光等都是山区人的“本钱”。因此，发展山区特色城镇化就一定要坚持“靠山吃山、靠水吃水”的原则，即要以善于开发和利用当地的特色产业，并以特色产业为支撑来推进城镇化建设。切勿为了政绩、GDP或为了城镇化而搞城镇化，更不可搞有城无市或有人无市的“空壳”城镇化，也不能违背经济规律而搞自身没有产业比较优势的城镇化。同时，要充分利用山区“十里不同景”的特点走有个性化差异、特色鲜明的城镇化发展之路。某种程度上说，特色就是“激情”，特色就是内生力。

（3）贵州省在走山区特色新型城镇化道路过程中，除了协调处理好大中小城市之间以及大中小城市与小城镇之间的关系外，还必须要以农村城镇化为战略重点和突破口来推进贵州省城镇化建设，这样才符合山区实际，才是真正彰显山区特色。这里有两个关系要加以区分，即“城市化指人口向城市的集中过程，农村城镇化指农村人口向县域范围内城镇的集中过程或者说是形成小城镇的过程”。[①] 那么为什么说要以农村城镇化为战略重点和突破口呢？原因将在后文中分析，这里略去。

（4）“三农”问题一直是悬在贵州省干部群众头上的一把“达摩克利斯之剑”，其核心就是农民的脱贫致富问题。长期以来，贵州省农村

① 简新华、何志场、黄锟：《中国城镇化与特色城镇化道路》，山东人民出版社，2010，第223页。

的贫困面之广、贫困程度之深、脱贫之艰难是大家有目共睹的。据统计，目前贵州省仍有扶贫开发重点县（简称“国定贫困县”）50个，占全国国定贫困县总数（592个）的8.4%，也是全国国定贫困县个数第二多的省份（仅次于云南省的73个）。到2012年末，贵州省有农村贫困人口923万人，贫困发生率26.8%，其中国定贫困县农村贫困人口718.4万人，贫困发生率33.8%。[①] 更值得关注的是，这些贫困人口大多生活在高寒、高海拔的石山区、深山区，且这些地区也是少数民族聚居区，贵州省生态退化的重灾区，社会发展的迟滞区。因此，发展山区特色新型城镇化还必须要以解决贵州省“三农”问题为落脚点，并把与改善农村生态环境、发展农村社会事业结合起来，而切勿开山造地只抓城市建设而忽略对农村的关注，切勿搞“两张皮”式的、“一头重（城镇）、一头轻”的城镇化。总之，切勿主次颠倒，违背山区发展城镇化的本意和宗旨，而且我们认为在山区发展城镇化就是要更加注重利用好城乡统筹这把“利器”。譬如，城镇交通基础设施在规划建设时就可以向农村地区再延伸一步，也许就能很好地解决农村地区长期为公共服务“最后一公里”所困的问题；城市产业发展规划时也可以将产业链再适度延长，从而就能惠及当地更多的老百姓。

2.2 贵州走山区特色新型城镇化道路的重大意义

2.2.1 推动贵州经济更好更快发展

目前贵州省经济发展水平与全国平均水平及中东部地区还有不小差距。到2012年末，贵州省GDP为6852.2亿元，仅占全国GDP总量的1.32%，在31个省份中排名第26位；人均GDP为19710元，比全国38449元的平均水平低18739元，仅为全国平均水平的51.3%，在全国排名倒数第一位。从城乡居民收入水平来看，2012年贵州省城镇居民人均可支配收入为18701元，农村居民人均纯收入为4753元，分别只占全国平均水平的76.1%、60.0%。[②] 面对这种状况，改变之的一条可行途径就是大力推进新型城镇化发展。其原理在于：一是新型城镇化发展将为城乡劳动力提供更多的就业岗位，从而直接提高其收入水平。“汪泓等学者利用1981年到2009年的就业数据研究得出，就业增长与城镇化水平之间存在

① 资料来源：《贵州统计年鉴（2013年）》。
② 资料来源：《贵州统计年鉴（2013年）》。

着长期的相关均衡关系，城镇化水平每升高1%，城镇就业人口就增长1.267%；马晓河研究得出，第三产业就业人数与城镇化呈线性相关关系，城镇化率每提高1个百分点，第三产业就业人数增加663.84万人。”[①]“‘十一五’前四年，贵州省城镇化率每提高1个百分点新增就业23.93万人。”[②] 也就是说，贵州省的城镇化大发展，则城乡居民尤其是农民非农就业就越多、越充分，收入提高也就越明显。据课题组测算，从2006年到2012年，贵州省农村居民家庭人均年纯收入中（不考虑价格因素），工资性收入由715.5元增加到了1977.7元，增长176.4%，年均增长18.5%；工资性收入占年纯收入的比重也相应由36.1%提升到了41.6%；在其人均年纯收入相应由1984.6元增加到4753.0元的过程中，工资性收入对年纯收入增长的贡献率达45.6%。二是新型城镇化的发展将为工业发展创造良好环境，并促进地区工业化水平的提高。因为城镇化发展可以带来基础设施的改善，以及劳动、资本、技术、土地等生产要素的集聚，从而在工业化发展中将产生成本节约效应、规模经济效应等；同时城镇化推进还有利于非农产业发展以及地方产业结构的优化升级，有利于扩大内需进而为工业化发展创造新的需求条件，亦即会为工业化发展带来明显的“市场扩展效应”。三是新型城镇化发展可以提升整个经济发展的效率。城镇化发展除了可以优化资源配置带来规模经济效益、集聚经济效益外，更重要的是在贵州这样的西部农村地区还极大地促进了社会分工，提高了劳动生产效率，解放了人们的思想，改变了祖辈遗留下来的、落后的生产生活方式。

若按照GDP的“支出法”予以进一步归纳的话，新型城镇化发展的利好起码表现在：一是新型城镇化发展可以拉动农村消费市场，升级整个社会的消费需求结构，从而提高了消费需求总量。迟福林教授认为，“未来10年左右，通过彻底打破城乡二元结构，我国人口城镇化率有望达到50%以上，城乡居民消费需求将有望达到45万亿—50万亿元，居民消费率将达到50%左右，最终消费率达到60%左右。这样，将基本形成以消费为主导的经济增长格局”。[③] 同样地，在贵州这种趋势也是存在的。二是城镇化进程的加快将推动城镇建设性投资需求的增加。按照贵州省委省政府

① 苗树彬、夏锋：《以人口城镇化释放内需最大潜力》，《光明日报》2013年4月16日。

② 赵克志：《坚定不移实施工业强省战略》，《贵州日报》2011年6月28日。

③ 迟福林教授所说的城镇化率是指农民工真正市民化后的真实城镇化率。参见苗树彬、夏锋《以人口城镇化释放内需最大潜力》，《光明日报》2013年4月16日。

部署，到2018年贵州省拟增加城镇人口430.3万人。[①] 这意味着每年有86.06万人的农村人口转为城镇人口，相应地就需扩大城镇面积172.12平方公里，而每平方公里的城镇基础设施建设综合投资按2.5亿元计算[②]（2003年不变价格），每年共需基础设施投入430.3亿元。另若按照务工农民市民化以人均10万元的固定资产投资计算，[③] 也就是每年增加860.6亿元的投资需求。总之，随着消费需求、投资需求的增加，地区的经济“蛋糕”（GDP）[④] 也就必然会增大。

2.2.2　推动贵州城乡一体化发展

加快新型城镇化建设可有效破解贵州城乡二元结构问题，真正实现城乡一体化发展。其机制在于：

其一是新型城镇化发展促进了城乡经济的一条化。因为城镇化发展可以促进诸如劳动、资本、技术、信息等生产要素在城乡区域间的相互“对流”和优化配置，从而就为缩小城乡经济差距提供了起码的基础条件。

其二是新型城镇化发展促进了城乡公共服务的一条化。新型城镇化建设的起码要求就是要将“农村”和“城市”看成一个整体，置于一个体系下统一筹划，而绝不是“重城轻乡”“重镇轻村”的畸形城镇化，这就必然要求诸如基础设施、社会保障、文化教育、生态文明建设以及包括社会管理和社会治理在内的公共服务和产品的统一政策、统一标准、统一供给，并最终趋于均等化。

其三是新型城镇化发展促进了城乡居民生活方式的一体化。新型城镇化建设必然打破农村社会封闭式的生活方式，一方面是进城农民因受城市文明的熏陶而逐渐“城市化”，另一方面是随着城市社会的新思想、新观

---

① 根据贵州省委省政府提出的发展目标，贵州城镇化率今后5年将增长9.5个百分点（即从2013年的36.5%提高到46%），城镇人口从1271.7万人增加到1702.0万人，增加430.3万人。到2020年，贵州省城镇化水平将达到50%，城镇人口将达到2050万人。参见《贵州省政府出台贵州省提高城镇人口比重五年行动计划》，贵州省人民政府网，http://www.gzgov.gov.cn/xxgk/xwfbc/118118.shtml，2013-09-25。

② 路言志：《关于贵州城镇化的几个问题》，《经济信息时报》2003年7月22日。

③ 苗树彬、夏锋：《以人口城镇化释放内需最大潜力》，《光明日报》2013年4月16日。

④ 按照马晓河等学者观点，城镇化率每提高1个百分点，按1978年不变价格计算的人均GDP将增加124.5元，按2010年价格计算每个百分点为人均GDP增长贡献670元。在我国近十年年均10%的经济增长率中，城镇化率贡献了3个百分点。参见苗树彬、夏锋《以人口城镇化释放内需最大潜力》，《光明日报》2013年4月16日。

念不断渗透农村，留守农民原先那种封闭式的生活方式也不再封闭，而是逐渐地与城市社会那种文明的、开放的、现代化的生活方式接轨。[①]

其四是新型城镇化发展可以逐渐打破一些制度坚冰。为了配合城镇化建设，原先一些制约农民进城就业、安居的制度必将随之松动或消亡，如二元化的户籍制度、就业制度、公共财政制度、分配制度以及社会管理制度等都可能会成为“历史”。很显然，制度坚冰的破解对消除城乡二元结构、促进城乡真正走向一体化具有实质性意义。

2.2.3 推动贵州生态环境的改善

贵州境内山脉众多、山高坡陡、层峦叠嶂，是全国唯一没有平原和大型山间盆地支撑的省份，其中92.5%的面积为山地和丘陵，山间小盆地仅占7.5%；全省土地平均坡度值为17.78度，且15度以上约占60%。贵州的喀斯特地貌出露面积为10.91万平方公里，占全省总面积的61.9%；近80%的县（市、区）喀斯特面积占一半以上，甚至有10%的县（市、区）喀斯特面积占90%以上；近98%的城镇和工矿区人口、95%的农村人口都分布在喀斯特地形发育区。[②] 正因为这种特殊的地形地貌，使得贵州农村的人地矛盾问题更加突出，也因此就形成了一种所谓的PPE怪圈，即“贫困（poverty）、人口（population）和环境（Environment）之间形成的一种互为因果的关系，更确切地说，是贫困—人口增长—环境退化的恶性循环”。[③] 因此，要打破这种循环就必须改变贵州农村社会的生产方式，显然新型城镇化建设就是一剂“良药”。它一方面要求城镇本身在规划建设中必须遵循“集约、智能、绿色、低碳”原则，而更重要的是随着大量农民的非农化就业，贵州农民就可能从此结束向山坡林地要粮、“越穷越垦、越垦越穷”的生产生活方式，从而最终使得生态得到修复、环境得到改善。

2.2.4 促进了“人”的解放和“人”的全面发展

“人的解放与发展是人的根本需要，也是人的普遍权力。自有人类以来，人为实现这一根本需要和普遍权力的努力就没有停止过。一部人类社

---

① 李华红：《西部农民工可持续就业语域中的社会管理创新研究》，《东疆学刊》2013年第1期。

② 贵州省教育厅组编《贵州省情教程》，清华大学出版社，2007，第2—4页。

③ 尚小清、董欣：《多维视角下中国西部城镇化发展特征解析》，《水土保持研究》2010年第2期。

会演进史就是一部分人的解放和发展的历史。"[①] 长期以来，贵州"人"——农村居民——为了求得自己的解放与发展从来就没有停止过奋斗的脚步，而如今新型城镇化的推进势必会加快其解放和发展的进程。

其一新型城镇化建设解放了农民思想。由于长期生活在大山深处以及深受传统文化影响，贵州省相当一部分农民的思想都很保守，"听天由命、消极无为的处世观，安于现状、好逸恶劳的幸福观，不求更好、只求温饱的生活观，死守田园的乡土观，等、靠、要的度日观，畏难怕险、墨守成规的人生观"[②] 也许是他们最真实的写照。城镇化后随着城市文明的渗透，必将一定程度地改变农民的这种陈腐观念。

其二新型城镇化建设解放了农民创造力。"创造是人的最高本质。人之所以为人，人之区别于世间万物者在于人的创造性。……人的存在在于创造。"[③] 城镇化的推进必将为农民提供大量的非农就业机会，亦即为其提供了一个更高的、不同于农业劳动的且更能激发其创造潜能的平台。"平台决定一切"，城市世界的一些伟大创举很大一部分就来自农民的创造。当然，这里的创造力也包括了贵州省农民在非农生产劳动中人际交往能力、社会适应能力以及团队协作等方面能力的提高。

其三新型城镇化建设解放了农民精神。温家宝同志说过，"就业不仅关系一个人的生计，而且关系一个人的尊严"。大量农民的进城就业不仅是个人能力得到提高的过程，而且还是一个人的尊严得到尊重的过程，从而他们的精神面貌也可能为之一振，他们不再唯唯诺诺、不再不自信、不再整天沉迷于酒精和赌博中，其原因归根结底就是他们的自由活动空间得到了扩大。

其四新型城镇化建设解放了农民欲望。城镇化发展不仅为农民提供了非农就业岗位，增加了其收入，而更重要的是在其非农就业以增加收入的过程中，"至少让这些进城农民还懂得了什么叫竞争、什么叫成本或收益、什么叫成功或失败等，即进城农民的市场意识、竞争意识、进取意识等也

---

① 李中元：《人的解放和全面发展的伟大历程——纪念改革开放三十周年论纲》，人民网，http://theory.people.com.cn/GB/40537/8519681.html，2008-12-15。

② 窦开龙：《西北少数民族流动人口大都市困境适应的人类学分析》，《西北第二民族学院学报》（社会科学文献版）2007年第四期。

③ 李中元：《人的解放和全面发展的伟大历程——纪念改革开放三十周年论纲》，人民网，http://theory.people.com.cn/GB/40537/8519681.html，2008-12-15。

会在此过程中得到强化”。[①] 当然，最为关键的是在其物质生活得到一定程度满足后，广大农民又可能有了进一步追求精神利益、政治利益等方面的欲望。某种程度上说，这种欲望的追求也就是广大农民不断解放和发展的过程。

其五新型城镇化建设解放了农民视野。对城镇化过程中的进城农民来说，“从封闭落后的农村来到城镇社会后的所见所闻都应该是新的，如城市人的消费生活方式是新的、社会交往方式是新的、休闲娱乐是新的、文化信息是新的等。不容置疑，这无数个‘新’充斥的结果就是开阔了进城农民视野，并助其树立起新思维、新观念、新的生活方式等”。[②]

2.3　贵州发展山区特色新型城镇化的政策主导：农村城镇化

“农村包围城市”革命道路是我党新民主主义革命时期运用马克思主义解决中国实际问题的一次伟大创举。同样地，当前形势下贵州省发展山区特色新型城镇化也应走“农村包围城市”道路，即要以“农村城镇化”作为政策主导（重点支持、优先发展）[③] 来推动贵州省城镇化的全面均衡发展，这也是提高贵州省城镇化水平和质量的战略重点和突破口。之所以如此，其根本原因还是由贵州省的客观实际所决定的。因为按照我国现行的城市等级划分法[④]划分的话，目前贵州省 13 个建制市（城市）中特大城市只有 1 个（贵阳）、中等城市有 3 个（遵义、六盘水、安顺），而其他 9 个均为小城市（见表 8）。也就是说，贵州省的城市结构体系是不健全的，中间出现了断层——缺少大城市，而且中等城市数量也明显偏少，仅占整个城市数的 23.1%。因此在这种情况下，如果贵州省的城镇化重任全部由这 13 个城市来担负的话，不仅有点“小马拉大车”的意味，而且囿于各种原因也可能是事倍功半。

---

① 李华红：《西部农民工可持续就业语域中的社会管理创新研究》，《东疆学刊》2013 年第 1 期。

② 李华红：《西部农民工可持续就业语域中的社会管理创新研究》，《东疆学刊》2013 年第 1 期。

③ 李强：《多元城镇化与中国发展战略及推进模式研究》，社会科学文献出版社，2013，第 270 页。

④ 现行的城市等级划分法规定，城市按市区非农业人口的数量划分为五等，即超大城市（人口在 200 万以上）、特大城市（人口在 100 万—200 万）、大城市（人口在 50 万—100 万）、中等城市（人口在 20 万—50 万）、小城市（人口在 20 万以下）。

其一贵州省是一个山区省份，现有城市基本上都分布在崇山峻岭间，受制于特殊的地形地貌影响，这些城市建成区不可能无限制地外扩，如果农村人口随着城镇化而过多地涌入这些城市（到2018年贵州省拟增加城镇人口430.3万人），除了造成这些城市人口的急剧膨胀、增大人口密度外，还可能带来严重的“城市病”，显然这也是不符合新型城镇化要求的。

其二贵州省城市布局不合理。3个中等城市基本上分布在贵州省的西北部及中部，而小城市中绝大多数也是位于这个方向，亦即贵州省的东部、南部城市布局明显偏少，尤其是缺乏中等以上城市。毫无疑问，这种“跛足”就必然会影响贵州省城镇化发展的区域均衡性，弥补缺陷的切实有效办法就是加快东部、南部区域的农村城镇化进程。

其三由于城镇体系的不健全以及城镇规模偏小，大中小城市之间缺乏必要的互动，尤其是梯次高的城市的辐射、传导和带动作用不能有效发挥，严重影响了贵州省城镇化整体水平的提高。按照国际经验，城市人均GDP超过5000美元，城市化率超过50%时，主城区的“极化效应”① 开始逐渐惠及相对落后地区，形成“涓滴效应”。② 若按此理论，贵阳市应该已进入从“极化效应”向“涓滴效应”过渡的阶段。然而，由于缺少大城市的过渡以及安顺、六盘水等中等城市自身的“稚弱”，使得“涓滴效应”或“扩散效应”发挥不畅，反而为“回程效应”所冲抵，亦即在“涓滴效应”作用下本已流入的人才、资本、技术、产业等要素又可能回流到贵阳这座特大城市，从而更加制约了这些中等城市的发展，并进而直接影响这些地区的城镇化发展。同样地，由于贵州省中等城市数量少、规模小且分布又不均，在地区经济发展中就很难形成“极化效应”，同时也就不能对小城市产生有效的辐射带动作用，即“涓滴效应”就不能正常发挥，并最终也就影响到了小城市的成长壮大以及小城市作为节点在城镇化向纵深发展中的作用。也就是说，在现阶段走以城市化为重点的城镇化推进模式在贵州省条件还不太成熟。

鉴于上述种种原因，课题组认为贵州省城镇化的推进就必须在协调发展好大中小城市的基础上，将立足点定位于走农村城镇化模式，亦即要将

---

① 缪尔达尔在“循环累积因果论”中认为，区域经济发展中有三种效应在起作用，即极化效应、滴涓或扩散效应和回程效应，这三种效应与生产要素的流动结合在一起，共同制约着区域内生产力分布的集中与扩散。

② 《涓滴效应》，百度百科，http://baike.baidu.com，2013-11-01。

城镇化发展的重点放在数量更多、特色更鲜明、更富有活力的县城和部分重点建制镇上。[①] 这里还有一点需要说明，有些学者如李强不提“农村城镇化”概念，而是提“县域城镇化”概念。李强认为，“县域城镇化就是指县域范围内的城镇化或劳动力流动，它是伴随着县域工业化和第三产业发展而发生的社会、经济结构的转换，这一转换主要表现为人口、非农产业、资本等要素由分散的农村向县域内城镇集中的过程。在这一过程中，县域城镇既接受大中城市文明的辐射，又要让城镇物质文明和精神文明不断向周围农村地区扩散。”[②] 不难看出，本研究所述“农村城镇化”与李强教授所提“县域城镇化”的含义基本上是一致的，但为了彰显“山区”特色，本研究还是提“农村城镇化”概念，另外也是为了尽量与国内多数学者的提法保持一致。

表 8　贵州省建制城市等级结构比较

	2005 年		2011 年		备注
	城区人口	城区非农业人口	市区人口	城区人口	
贵阳	206.3	147.6	223.7	182.0	特大城市
遵义	63.2	38.9	88.7	73.6	中等城市
六盘水	42.2	25.0	49.7	28.9	中等城市
安顺	30.4	24.2	86.9	46.5	中等城市
凯里	20.4	15.8	51.6	24.4	小城市
都匀	20.2	15.6	49.1	21.8	小城市
毕节	21.0	13.7	148.4	21.65	小城市
铜仁	19.8	11.0	44.7	24.4	小城市
兴义	23.7	10.8	82.2	29.5	小城市
清镇	13.8	8.4	51.7	14.0	小城市
仁怀	11.7	5.4	64.5	13.0	小城市

① 其实，在《贵州省国民经济和社会发展第十二个五年规划纲要》中关于“小城镇”的城镇化发展就没有“大中城市”表述得详细，只是笼统地说，“小城镇要根据各自资源禀赋、区位条件和发展基础，因地制宜积极发展具有比较优势的特色产业……提升城镇经济实力，增强对农村人口转移就业的吸纳能力。”显然，如何“因地制宜”就是我们要做文章的地方，所以本课题以农村城镇化为重点研究具有一定的现实意义和必要性。

② 李强：《多元城镇化与中国发展战略及推进模式研究》，社会科学文献出版社，2013，第 274 页。

续表

	2005年		2011年		备注
	城区人口	城区非农业人口	市区人口	城区人口	
福泉	8.0	5.0	33.9	7.1	小城市
赤水	7.1	4.7	31.6	9.9	小城市

注：2005年之后各级权威部门均未发布有关城区非农业人口的数据，所以课题组以2005年的数据作为参考来予以相关分类。

资料来源：《中国城市建设统计年鉴》(2005)(2011)。

2.4 贵州发展山区特色新型城镇化的体系形态

既然贵州省发展山区特色新型城镇化应走县域范围内的农村城镇化模式，那么新型城镇化的具体形态亦即城镇化的骨架又是怎样的呢？课题组认为应在坚持大中城市"主导地位"不动摇且又以农村城镇化为政策重点的理念前提下，构建一个具有山区特色的"五位一体"的新型城镇化体系，即县城建小城市、建制镇建小城镇、人口聚居区建小集镇、有条件合并的村或社建新型农村社区、相对零散户建幸福农家。[①]

从城镇自身发展程度及其辐射带动能力来看，各层级城镇的特点大致如下。

第一类为地市州政府所在地的大型或中等城市，如遵义市、安顺市等。这类城市大都是该地区的政治、经济、文化中心，具有较强的集聚效应和辐射功能，社会发育程度也较高，有较完善的基础设施和公共服务体系，城镇功能区划定位相对明确，城市型空间体系基本形成。不过，囿于前文所述原因，这类城市在贵州省新型城镇化建设过程中虽然居于主导地位，但并不以其作为政策主导。

第二类为县市政府所在地的县城（即县城关镇），如遵义县的南白镇、仁怀市的中枢镇、绥阳县的洋川镇、习水县的东皇镇、凤冈县的龙泉镇、正安县的凤仪镇、余庆县的白泥镇、湄潭县的湄江镇、道真县的玉溪镇、务川县的都濡镇等（见表9）。这些县城的发展程度差异较大，如遵义县的南白镇、仁怀市的中枢镇等城关镇不仅经济发展速度较快，而且城内公共基础设施也较完善，城镇空间布局相对合理，且已初具城市雏形，对地方

① 李涛：《走"五态交融"的新型城镇化道路》，广元政府网，http://www.cngy.gov.cn/ht/2013/5/158048.html，2013-05-08。

经济的辐射带动作用也很明显。不过，其他一些县城如普安县的盘水镇、长顺县的长寨镇等城关镇不仅规模小、人口少，而且其公共基础设施建设也较滞后，城镇规划也不尽合理，通常人们的生产生活区基本上就集中在一两条主干道，经济集聚效应相对较弱。在新型城镇化建设中我们就是要将这些县城建成一定规模的小城市。

表9　贵州省部分县市城关镇分布

所在地区	县市名
贵阳市	白云区（艳山镇）、清镇市（青龙镇）、修文县（龙场镇）、息烽县（永靖镇）
遵义市	遵义县（南白镇）、仁怀市（中枢镇）、绥阳县（洋川镇）、习水县（东皇镇）、凤冈县（龙泉镇）、正安县（凤仪镇）、余庆县（白泥镇）、湄潭县（湄江镇）、道真县（玉溪镇）、务川县（都濡镇）、桐梓县（娄山关镇）
六盘水市	水城县（滥坝镇）、盘县（红果镇）、六枝特区（平寨镇）
铜仁市	江口县（双江镇）、德江县（青龙镇）、思南县（思唐镇）、石阡县（汤山镇）、玉屏县（平溪镇）、沿河县（和平镇）、松桃县（蓼皋镇）、万山特区（万山镇）、印江县（峨岭镇）
毕节市	纳雍县（雍熙镇）、威宁县（草海镇）、大方县（大方镇）
安顺市	紫云县（松山镇）、关岭县（关索镇）
黔西南州	普安县（盘水镇）、望谟县（复兴镇）、贞丰县（珉谷镇）、册亨县（者楼镇）、晴隆县（莲城镇）、安龙县（新安镇）
黔东南州	从江县（丙妹镇）、锦屏县（三江镇）、镇远县（舞阳镇）、麻江县（杏江镇）、台江县（台拱镇）、黄平县（新州镇）、天柱县（凤城镇）、榕江县（古州镇）、剑河县（革东镇）、三穗县（八弓镇）、雷山县（丹江镇）、黎平县（德凤镇）、岑巩县（思旸镇）、丹寨（龙泉镇）
黔南州	惠水县（和平镇）、荔波县（玉屏镇）、瓮安县（雍阳镇）、福泉市（城厢镇）、平塘县（平湖镇）、罗甸县（龙坪镇）、龙里县（龙山镇）、长顺县（长寨镇）、三都县（三合镇）

第三类为县、市辖区内除县城关镇以外的其他建制镇，如平坝县的天龙镇、惠水县的三都镇、长顺县的广顺镇、剑河县的南加镇等，这类小城镇彼此之间的差异明显，有的小城镇经济发展和镇区规划都较好，如遵义县虾子镇，该镇公共基础设施正在逐步完善，有自己的主导产业，镇区空间环境结构基本类似于县城关镇，经济聚集效应总体上较高。而有些小城镇则属于农业和集市贸易结合性的小城镇，农业人口所占比重大，整个镇域经济较落后，公共基础设施也不健全，所谓的“城”基本上就是“一条街道，几个门店”。在新型城镇化建设中我们就是要将这些建制镇建成基

础设施相对较完善、有产业支撑的、能聚集一定数量人口的小城镇。

第四类为农村乡政府所在的人口聚居区，如花溪区的高坡、平塘县的掌布、赫章县的水塘、大方县的大水、盘县的两河等。这些人口聚居区从经济形态上看基本上就是所谓的农村，但又有点镇味的农村，农业人口比重一般在90%以上，且二、三产业滞后，农业产值在社会生产总值中的比重也高居80%以上。不过，这些人口聚居区虽然基础设施建设相对落后，但资源禀赋尤其是农业资源禀赋优势明显，我们可以通过农业特色产业开发来促其城镇化发展，以期将其建设成在城乡统筹中能发挥独特优势的小集镇。

第五类为新型农村社区。“新型农村社区，既有别于传统的行政村，又不同于城市社区，它是由若干行政村合并在一起，统一规划、统一建设，或者是由一个行政村建设而成，形成的新型社区。它由节约土地，提高土地生产效率，实现集约化经营为主导，农民自愿为原则，提高农民生活水平为目标（让农民享受到跟城里人一样的公共服务，过上像城里人那样的生活），让农民主动到社区购房建房，交出原来的旧宅用于复耕。”①在新型城镇化建设中新型农村社区作为城镇体系的一环应与县城、建制镇等一体规划、一并推进，一定条件下新型城镇化建设以及城乡统筹的突破口就可能是新型农村社区。

2.5 贵州发展山区特色新型城镇化的内源力：特色产业开发

2.5.1 城镇化动力机制：政府与市场之争

纵观我国城镇化发展的进程，可以明显地发现在不同阶段其城镇化的动力是不同的。改革开放前，我国城镇化的发展基本上是政府主导的、“自上而下”的一元化推进，即城市的布局、城市的规模甚至是数量都是在国家的政策要求下“应运而生”的；改革开放后，由于户籍制度的放松以及乡镇企业的蓬勃发展，城镇化的推进基本上由“一元”走向了“二元”，即“自上而下”与“自下而上”的合力使然；而随着市场经济体制在我国的建立与完善，城镇化的推进力量更是由“二元”走向了“多元”，企业、居民甚至包括国际组织或机构也参与到了我国的城镇化建设中来，而且这种多元化的推进模式在我国未来的城镇化建设中还将继续发挥作用。当然，这是一种按城市发展的投资主体进行的分类。如果按照城市建

---

① 《新型农村社区》，百度百科，http://baike.baidu.com，2013－11－05。

设的组织主体来划分的话，我国的城镇化基本上可以分为政府推动型城镇化、市场推动型城镇化两种①，即我国城镇化的推动力或来自政府，或来自市场。但许多发达以及发展中国家的城镇化实践又表明，完全的政府推动或完全的市场推动都存在一定的缺陷或失灵，如政府主导下的城镇化效率较低，且寻租行为及贫民窟等“城市病”问题也较严重，而市场化的“自由放任”又容易产生一些负外部性效应，如环境污染、缺少规划与组织等。

那么今后包括贵州省在内的我国新型城镇化建设到底该如何处理好政府与市场的关系呢？其实答案很简单，正如陈甬军等学者所言，“在市场经济体制下，政府在城市化中的最大作用是生成、催化与提升市场力量，政府在城市化中的作用只能建立在充分尊重和发挥市场作用的基础上”。②具体来说，政府就是要按照党的十八届三中全会精神所要求的那样管好自己该管的事——“在城镇化进程中，政府应该在提供公共物品、制定市场规则、提高行政效率和服务质量、城市布局和规划、社会公平、保护环境、基础设施建设、增加就业、产业规划、法制建设、制度创新等方面履行自己的责任，重点提高提供公共服务和宏观调控能力。”③ 对此反向理解，即在新型城镇化建设中的资源配置方面我们应充分发挥市场的基础性作用，如“产城互动”就应严格遵循市场化的逻辑。

2.5.2 城镇化市场机制的逻辑起点：产业经济力发挥

既然在城镇化发展中应发挥市场的基础性作用，那么到底应该发挥市场的哪些基础性作用呢？亦即市场化之路的逻辑起点又是什么呢？由城市经济学原理可知，保证产业经济力的发挥才是城镇化发展中市场进行资源

---

① 陈甬军等人认为，根据推动主体的不同，可以有不同的城市化模式。第一种是城市建设的组织主体，第二种是城市发展的投资主体，第三种是城市增长的产业主体。根据城市建设的组织主体，可以分为政府推动型城市化、市场推动型城市化；根据城市发展的投资主体，可以分为自上型城市化（政府为投资主体）、自下型城市化（乡村集体、个体投资为主体）、外联型城市化（吸引外资为主）、内联型（吸引内资为主）城市化等；根据城市增长的产业主体又可以分为农业发展型、商贸发展型、工业发展型、外贸推动型等。具体参见陈甬军、景普秋《中国新型城市化道路的理论及发展目标预测》，《经济学动态》2008年第9期。

② 陈甬军、徐强、袁星侯等：《政府在城市化进程中的作用分析》，《福建论坛》（经济社会版）2001年第9期。

③ 简新华、何志扬、黄锟：《中国城镇化与特色城镇化道路》，山东人民出版社，2010，第231页。

配置的着力点。某种程度上说，产业经济力是城镇化尤其是新型城镇化发展过程中的最根本动力。黄亚平等学者还将“产业经济力”喻为“作用主体的‘体力’与‘脑力’，只有‘体力’与‘脑力’的提升才是一个机体‘实力’跃迁的根本”①，在本研究中亦即才是新型城镇化水平和质量提升的根本。

世界发达国家的经验也表明，城镇化和产业发展的关系是先有“业”后有“城”，即遵循的是“产业兴镇”规律。业兴才能强镇，镇强才能兴业。产业发展集聚的过程也就是不断城镇化的过程，即产业经济推动和加速了城镇化发展，而城镇又为产业提供了集聚发展的平台或载体，正是因为“产城”的互动和融合才形成了各具特色的专业化城镇，从而也就标志着城镇化的实现。具体来说，产业经济发展对城镇化的促进作用表现在：（1）产业结构的递次演进推进城镇化。首先是由于农业的发展导致了农产品的剩余，从而也就为城镇第二、第三产业发展提供了起码的生活资料和生产资料的支持，同时农业生产效率的提高又出现了农村剩余劳动力，从而就保证了为城镇第二、第三产业发展提供丰富劳动力资源的可能。而城镇第二产业以及由第二产业带动的第三产业不仅可以提供丰富的就业岗位，而且还具有比农业更高的边际收益优势，这样在“推—拉力”作用原理下就促使了农村剩余劳动力的非农就业。更为重要的是，由于城镇工业在一定条件下能产生显著的规模经济效应和专业化效应，即导致了以工业为主的城镇第二产业的越来越强，以及由此引致的第三产业越来越壮大，这样对劳动力的需求量也就越来越大，最终也就必然导致农村劳动力向城镇大规模的流入。经过这样一个良性演进后，伴随而来的就是城镇规模的扩大、城镇数量的增加，以及城镇化程度的提高。（2）产业经济发展为城镇化发展提供了坚实的物质技术支撑。产业经济发展的经济效应就是 GDP 的增长、财政收入的增加以及财富的积聚等，而这恰恰又是城镇基础设施建设及公共服务和产品供给的可靠物质保证。产业经济发展的技术效应就是技术的不断进步与革新，从而保证了公共服务和产品供给的技术领先。“大量史料证明，工业革命前，城镇发展缓慢，直到 1800 年，世界城镇化率只有 3% 左右，城镇化进程尚未启动。但 1860 年工业革命后，则发生了

① 黄亚平、林小如：《欠发达山区县域新型城镇化动力机制探讨》，《城市规划学刊》2012 第 4 期。

较大变化，每50年翻一番，1850年为7%，1900年为14%，1950年为28.4%，2000年为60%。”[①]（3）产业经济的高效发展才能使城镇成为区域经济发展中的核心和“增长极”，并最终通过聚集和扩散原理带动地方经济发展以及促进地方城镇结构体系的建立健全等。

当然，城镇化发展也会促进产业经济的更好更快发展。其原理在于：一是城镇化发展促使各类生产要素在城镇地域空间的集聚，从而为产业发展带来了“引智”效应、成本节约效应，以及在此基础上所衍生的产业规模经济效应等；二是城镇化发展促进了消费需求增加，从而为产业发展带来了市场扩展效应；三是城镇化发展还有利于产业结构的优化升级，等等。

总之，我们必须要重视和规划好产业发展，尤其是地方特色产业的发展，只有这样才能形成富有乘数效应的产业经济力。尤其在贵州这样的集“资源能源王国”“旅游王国”“烟草王国”“民族制药基地”“农副产品加工基地”等于一身的山区省份，一旦形成特殊的产业经济力，它就将在新型城镇化建设中发挥“四两拨千斤”的巨大正能量。

2.5.3　山区特色新型城镇化推进中的特色产业开发解读

（1）“特色产业”“主导产业”“支柱产业”概念比较

特色产业是指“一个国家或地区在长期的发展过程中所积淀、成型下来的一种或几种独特资源禀赋，并以此为基础组建的具有市场核心竞争力的产业或产业集群”。[②]“特”是特色产业的主要特点，只有兼具有“特殊的资源依托性、特定的市场占有率、较高的经济效益性、特有的全局适应性”[③]等条件的产业才是特色产业。一般来说，特色产业主要强调的是产业的特殊性及具有核心竞争能力两个方面，但并不反映其在产业结构优化调整中的影响力状况，这是与主导产业以及支柱产业等不同的地方。

“主导产业是指在区域经济中发挥主导作用的产业，亦即指那些产值占有或即将占有较大比重，且采用了先进技术、增长率高、产业关联度强，并对其他产业和整个区域经济发展有极强带动作用的产业。优势产业

---

① 付保宗：《“工业化”“城镇化”：讲述互动成长的故事》，《中国经济导报》2010年5月25日。

② 郭京福、毛海军：《民族地区特色产业论》，民族出版社，2006。

③ 黄淮：《城郊型乡镇特色产业选择的个案研究》，浙江大学，学位论文，2005，第8页。

则是指那些在当前经济总量中占有一定份额，运行状态良好、资源配置基本合理，资本营运效率较高，在一定时空范围内有较高投入产出比率的产业。支柱产业指的是净产出在国民经济中占有较大比重的产业，严格来说它仍属于优势产业的范畴，但优势产业不一定都能成长为支柱产业。"①

主导产业和优势产业、支柱产业的区别：其一是在产业的生命周期中，主导产业处于成长期；支柱产业和优势产业则处于成熟期或已步入衰退期；先导产业处于初创期。其二是各自强调的重点不同，即主导产业着眼于未来的发展优势及其带动效应，强调创新；而支柱产业、优势产业则立足于现实经济的效率和规模。其三是影响力不同，即主导产业在当前经济中的影响力不一定大；而支柱产业、优势产业则一定是对地区经济发展贡献率高，且投入产出好、影响力大的产业。

当然，在县域范围内，特色产业、主导产业与支柱产业之间未必能呈现清晰的界限。例如，有些资源如能源矿产资源虽然分布在某个县域范围内，但其所有权、开采权并不属于当地，它也因此可能成为省市或国家的主导产业、支柱产业，但却并不属于这个县域的主导产业、支柱产业。因此，从这个方面来说，县域范围内的主导产业、支柱产业与特色产业可能具有一致性。在本研究中，我们也往往是将特色产业与主导产业、支柱产业等同看待的。

（2）贵州省特色资源及其特色产业扫描

特定的地理位置、复杂的地形地貌以及特殊的自然气候条件，使得贵州拥有了具有山区特色的资源禀赋优势。

矿产资源方面，全省已发现的矿产有 110 多种，多种矿产资源的保有储量居全国前几位，如煤炭储量达 488.64 亿吨，居南方之首、全国第五；锰矿储量达 11221.58 万吨，居全国第三；汞矿、重晶石储量分别达 3.09 万吨、9216.48 万吨，② 均居全国第一。

药用生物资源方面，"目前贵州已确认的野生植物达到 3800 多种，保健植物 170 多种，珍稀植物 70 多种，环保植物 40 多种，野生动物 1000 余种；贵州是中国四大中药材产区之一，拥有中药材 4290 种，蕴藏量达 6500 万吨，目前全省已有列为国家中药保护品种的药品 26 个，154 个民族

① 《主导产业》，百度百科，http://baike.baidu.com，2013-10-13。

② 数据来源：《贵州统计年鉴》（2013 年）。

药上升为国家药品标准”。①

文化旅游资源方面，贵州自然风光神奇秀美，山、水、洞、林、石交相辉映，浑然一体。贵州全省有 40 多个少数民族成分，特色人文资源相当丰富，“全省有省非物质遗产 70 项国家级名录、293 项省级名录、517 项地级名录、2335 项县级名录”②。

烟酒业方面，贵州力争到“十二五”期末，③ 烟酒产业总产值超过 1000 亿元，其中“两烟”500 亿元，白酒 500 亿元；“贵烟”品牌在高档卷烟（一、二类）行业排位进入前十名，烟叶 850 万担；白酒产量达到 50 万千升，茅台酒产能达到 4 万千升。

当然，还有丰富的能源资源、气候资源、特色食品等。若予以归纳，我们认为贵州的特色资源或特色产业主要表现在四个方面：“一是传统资源优势产业，主要包括目前已经形成的能源、冶金、化工、烟草和酿酒等产业群；二是具有发展基础并初具规模的新兴产业群，主要包括生物制药、特色食品、电子信息、装备制造、航天航空等产业群；三是具有发展条件的生态农业产业，主要包括蔬菜、茶叶、林业等产业群；四是具有深度发展潜力的旅游、文化产业，主要包括旅游及旅游产品、服务业及文化产业等产业群。”④

正因如此，《贵州省国民经济和社会发展第十二个五年规划纲要》结合地方特色资源优势明确部署了未来 5 年贵州省的工业化战略布局，即黔中地区，重点发展装备制造、磷煤化工、有色冶金、名优烟酒、电子信息、新材料、新能源、生物制药、特色食品等优势产业，加快建设贵阳—遵义、贵阳—安顺工业走廊和贵阳—都匀凯里特色产业带，建设形成装备工业和高新技术产业聚集区、原材料及资源深加工产业聚集区、名优烟酒基地和以现代中药民族药为代表的医药产业基地。西部地区，重点发展能源、煤化工、冶金、黄金、特色食品、新型建材、装备制造等优势产业，建设能源和煤化工产业聚集区，冶金、黄金、区域性绿色食品、优质烟草

① 王庆鹏：《基于特色产业发展的贵州经济历史性跨越探析》，《贵州商业高等专科学校学报》2011 年第 1 期。

② 刘旭友：《浅谈发展贵州农村特色产业》，《中共贵州省委党校学报》2010 年第 5 期。

③ 资料来源：《贵州省国民经济和社会发展第十二个五年规划纲要》。

④ 龙怀宪：《集聚优势是贵州在新一轮西部大开发中实现跨越发展的路径选择》，中共贵州省委宣传部编《开发·崛起——深入推进西部大开发论坛文集》，贵州人民出版社，2010，第 98 页。

加工基地。北部地区，重点发展能源、有色冶金、装备制造、新材料、名优白酒、特色食品等优势产业，建设能源和煤化工产业聚集区、铝工业聚集区、名优白酒产业带和特色食品加工聚集区。东南部地区，重点发展加工制造、特色食品、精细化工、能源、原材料加工、新材料、电子信息等特色新型工业产业，建设轻工产业聚集区和区域性能源、冶金、化工、旅游商品基地。[①] 当然，这是一个省域范围内的工业化布局，一定程度上也为贵州省县域范围内的特色产业开发指明了方向。

总之，特色资源开发是贵州发展经济中的产业“主打牌”，而且我们还要紧紧围绕《贵州省国民经济和社会发展第十二个五年规划纲要》要求，通过特色资源、特色产业的开发来助推贵州省新型城镇化建设，这是题中应有之义。

(3)“产城”互动中贵州省特色产业开发存在问题

其一是特色资源多，但特色产业少。由前文可知，贵州省特色资源相当丰富，各式各样的矿产资源、旅游资源、水资源、生物资源等都是其他省份所不可比拟的，可以说是一个名副其实的“资源王国”。然而，特色资源虽多，但真正在此基础上有效转为特色产业的名目并不多。相对来说，贵州省除特色农业资源、特色矿产资源、特色旅游资源等得到了一定程度的开发外，其他资源如特色人文资源、特色生物资源等的开发可以说才刚开始起步。即便是开发得比较好的资源，也不一定说是已形成了特色产业，因为从特色资源到特色产业的转化过程中还要经历多个环节，起码来说必须经历“特色资源→特色产品”“特色产品→特色产业”两个阶段。而从“特色产品”到“特色产业”就是一个社会化大生产即工业化的过程，亦即只有特色产品规模化、专业化、集约化、组织化生产并形成一定的市场竞争优势、垄断优势后，才可谓之为特色产业的初步形成。因此，从这个角度来说，贵州省真正有一定规模的特色产业还非常少，较低的工业化率（2012 年仅为 39.0%）就佐证了这点。而且我们说部分资源如特色农业资源开发得比较好，也并不是说每类农产品都已产业化，也只是少数几类如辣椒、烟叶等资源有了产业化开发的雏形，其他大部分农产品的产业化程度都还很低。

---

① 资料来源：《贵州省国民经济和社会发展第十二个五年规划纲要》。

其二是特色产业开发层次低，产业规模总体偏小。由于特色资源先天的特色优势，使得其在所谓的开发过程中要么变成了简单的卖资源，要么就是初加工，亦即所形成的所谓的特色产业链条较短、产品附加值较低、产业关联度也不高，从而对地方经济发展所起的带动作用也就必然非常有限。如2012年贵州省生产的原煤产量达15030.9万吨，而当年原煤销量有12578.2万吨，产销率高达83.7%，[①] 某种程度上说这就是一种典型的低层次的产业开发。又如，望谟县蔗香乡和贞丰县白层镇均有较好的水港优势，但在承接产业转移方面这种港口区位优势发挥并不佳。另外，贵州省特色产业规模也较小，整体实力都较弱。例如，2012年贵州全省规模以上农副食品加工企业数仅为139个，工业总产值仅为146.22亿元，利税总额8.62亿元；其他农产品加工业如食品制造业、木材加工和木、竹、藤、棕、草制品业的工业总产值也分别仅为69.48亿元、71.01亿元，[②] 真正工业总产值能上百亿元的农产品加工业很少。尤其在县域或镇域范围内，特色产业的规模化程度可能更差。据统计，2012年贵州省100个示范小城镇总共有500万元以上规模企业仅754家，平均每个乡镇仅有7.54家，不到2010年全国平均每个乡镇500万元以上规模工业企业数量的70%；截至2012年底，100个示范小城镇共有登记注册企业4276家，平均每个乡镇仅有42家，还不到同期全国平均每个乡镇登记注册私营企业数量的1/5。由此可见，贵州省特色产业规模整体偏小，在新型城镇化建设中的“引擎”作用还不明显。

其三是特色产业定位不清，易患“移情别恋”症。贵州省的特色资源分布较广，88个县市区几乎都有自己的特色资源，少则一两类，多则四五类，正是因为这种特色资源的多样化，使得当地干部群众在特色资源的选择、定位上迷失了方向。一方面是把握不住市场规律，市场上最近什么行业热，大家就一窝蜂地选择这个行业作为自己的特色产业来发展，一段时间后觉得这个行业不适合自己又马上改选他业作为当地特色产业，这种“看菜吃饭”的随意性较强，而不是根据自己的资源禀赋优势遵循市场规律原则将“特”做大做强；另一方面是特色产业的发展易受地方领导意见

① 资料来源：《贵州统计年鉴（2013年）》。

② “农产品加工业”的资源依托主要是特色农业资源，因而这里以诸如农副食品加工之类的企业为例来佐证相关特色产业的发展状况是有一定代表性的。另外，文中数据来源：《贵州统计年鉴（2013年）》。

左，因为“一个领导一个思路”，后任领导一般很轻易地就将前任领导的“产业大计”予以否定了，而更愿根据自己的“科学调研”重新上马“真正”的特色产业，其结果显然就是当地特色产业的“多样化”和“短命化”，最终受损的就是地球资源和当地百姓。

其四是特色产业同质化竞争突出，地方经济效率受损严重。一般来说，某类特色资源能开发成特色产业，其分布可能不是一个点，而是一条线或一个面，但由于存在行政区划的不同，这样就可能出现不同地方如不同镇或县在特色产业的选择上趋于雷同的问题。例如，近年来很多地方尤其是民族村寨就很热衷于搞乡村旅游开发，大家的策划方案也基本相同——烧烤、农家乐、民俗文化表演等，这样的一个最大后果就是特色雷同、竞争加剧、产业规模做不大，甚至会出现“一损俱损”的现象，从而贬损了特色资源本身应发挥的经济社会效益。当然，这还只是“产业挤兑”的后果之一。我们说，各地方之间如果不加科学规划，不采取措施进行特色资源的整合性开发，那种以特色产业来支撑新型城镇化建设的愿景就只能落空。

其五是企业自生能力不强，政策支持力有限。特色产业开发显然是一种市场行为，它更多地是由微观主体如企业或家庭来担当和推动。然而，在特色产业开发中贵州省企业自生能力也较弱，主要表现为：一是企业数量尤其是规模以上龙头企业数量少；二是整体实力不够；三是研发能力与管理能力不强。例如，2011 年贵州规模以上农副食品加工企业数仅为 208 个，占全省规模以上工业企业总数的 5.64%，而全国同类比重为 6.42%；208 个企业的总资产合计为 62.06 亿元，即平均每个农副食品加工企业的资产规模为 2983.7 万元，仅为全国同类企业平均资产规模（9440.2 万元）的 31.6%。[①] 另外，特色产业开发也需要相关的政策支持，从目前情况来看，贵州省给予相关企业尤其是非公有制企业的政策支持力度还很有限，遭遇的“玻璃门”现象也很突出，具体表现在如税收贷款、用地审批、农业保险等方面。

其六是“产城”互动不够，产业力发挥不畅。目前，贵州省特色产业开发虽然取得了一定成效，但由于特色产业规模整体还偏小，特色产业开

① 资料来源：根据《贵州统计年鉴（2012 年）》《中国统计年鉴（2012 年）》提供数据计算得出。

发对其新型城镇化建设的支撑作用还有待提高。例如，2011 年贵州省的 208 个规模以上农副食品加工企业总共吸纳的就业人员为 1.42 万人，即平均每家企业仅吸纳 68 人。若从这点来说，其对城镇化的推进明显乏力。又如，2012 年，全省 100 个示范小城镇的城镇化率仅为 30.3%，其中 70 个市级示范小城镇的城镇化水平更低，仅为 29.0%，分别较全省 36.4% 的平均水平低 6.1 个百分点、7.4 个百分点。100 个示范小城镇的镇域人口平均为 3.72 万人，显然镇区人口就更少，差不多平均只有 5、6000 人。据有关专家统计，一个小城镇只有当镇区人口达到 1 万人左右时才能发挥经济中心对镇域经济的集聚作用，2 万人时作用比较明显，超过 5 万人可以对乡镇经济发展和社会进步发挥明显作用。小城镇镇区人口达到 5 万人以上可以产生“棘轮效应”，也就是说小城镇在镇区达到 5 万人以后就会取得规模效益，不断向前发展而一般不会消亡。① 要知道，这 100 个示范小城镇是有一定特色产业支撑的、经济发展水平比较高②的小城镇，其城镇化建设水平况且如此，那么其他城镇的城镇化建设状况就可想而知了。

更值得关注的是，有些地方在发展特色产业过程中还存在对生态环境破坏的现象，社会责任感缺乏。如 2012 年末，98 个示范小城镇无垃圾处理站，95 个示范小城镇生活污水没有经过集中处理。显然，这都是山区特色新型城镇化建设中的最大禁忌。

三 贵州省城乡统筹发展再观察

农民有一个段子说城乡差别：俺们刚吃饱你们又减肥了，俺们刚吃上肉你们又吃素了。俺们刚娶上媳妇你们又独身了，俺们刚吃上糖你们又尿糖了，俺们刚用上卫生纸你们又用纸擦嘴了，俺们刚用机械干活不流汗你们又去健身房桑拿房流汗去了。③ 这种城乡差别的状况不仅在发达地区存在，而且一定程度上在贵州这样的落后地区可能更严重。那么问题的症结到底出现在哪里？是我们的政策措施不灵验，还是我们的统筹城乡发展的

---

① 孟德锋：《河南省小城镇发展研究》，河南农业大学，学位论文，2006，第 15 页。

② 2012 年，100 个示范小城镇的地区生产总值共为 961 亿元，占全省生产总值的 14.13%，人均 GDP 为 25850 元，比全省人均 GDP 水平高 32%。农民人均纯收入平均值为 5345 元，比全省平均水平高 500 多元。

③ 刘奇：《中国三农问策（卷三）——土地·农民》，安徽人民出版社，2012，第 151 页。

方法方略有偏失呢？诸如此类的问题都强烈地刺激着我们要对贵州省的城乡统筹发展问题进行再观察、再审视，尤其是在贵州正加大力度推进有山区特色新型城镇化建设的机遇期，对这些问题通盘考虑往往可能会收到事半功倍的效果。

3.1 “城乡统筹”的概念及其评价指标

3.1.1 城乡统筹的内涵

理论界关于“城乡统筹”的概念也有着不同的认识，但归纳起来它至少包含了这五个方面的要义：一是统筹城乡发展空间，实现城乡规划布局一体化；二是统筹城乡经济发展，实现产业分工一体化；三是统筹城乡基础设施，实现城乡服务功能一体化；四是统筹城乡社会事业，实现城乡就业、教育、卫生和社会保障的一体化；五是统筹城乡两个文明建设，实现城乡社会进步一体化。[①]

3.1.2 城乡关系的“演变史”

马克思、恩格斯就曾对城乡对立及其城乡融合等问题有过大胆的预言。马克思、恩格斯指出：“资本主义社会里城乡是对立的。……文明时代还有如下的特征：是把城市和乡村的对立作为整个社会分工的基础固定下来……”[②] 但同时，马克思、恩格斯又辩证地指出：“城乡对立是可以消灭的。消灭城乡对立不是空想，不多不少正像消除资本家与雇佣工人的对立不是空想一样。消灭这种对立日益成为工业生产和农业生产的实际要求。”[③]

纵观发达国家城乡发展的轨迹，我们认为城乡关系的“演变史”可表述为：乡育城市——城乡分离——城乡对立——城乡联系——城乡融合——城乡一体化[④]。也就是说，城乡统筹就是要通过“以城带乡、以乡促城”的方式来最终实现“城乡结合、优势互补、共同发展、城乡一体”之目标。当然，城乡一体并不是指“物质”形态上的一体，即不是说城市

---

① 许鹿、张妍：《贵阳市城市化进程中城乡一体化模式探讨》，贵州大学出版社，2009，第192—193页。

② 《马克思恩格斯文集》第4卷，人民出版社，2009，第196页。

③ 《马克思恩格斯文集》第4卷，人民出版社，2009，第326页。

④ 许鹿、张妍：《贵阳市城市化进程中城乡一体化模式探讨》，贵州大学出版社，2009，第192—193页。

都乡村化，也不是说乡村都城市化，而是指“文明”上的一体化，即物质文明、政治文明、精神文明、社会文明、生态文明甚至包括人的文明在内的城乡一体化。

3.1.3 城乡统筹的评价指标

根据科学性、针对性、可比性、全面性等原则，课题组认为要测评贵州省城乡统筹状况，可以考虑设置一个含有五个一级指标、若干个二级指标的指标体系。

五个一级指标就是分别指城乡经济融合度指标、城乡人口融合度指标、城乡生活融合度指标、城乡社会发展融合度指标、农业现代化指标。而在每个一级指标下又可以设置若干个数量不等的二级指标①，具体来说表现在以下几方面。

城乡经济融合度 城乡经济融合度的二级指标包括：城乡居民收入差异化系数、城乡积累差异倍数。

城乡居民收入差异化系数用S表示。其公式为：$S=1-S_1/S_2$ 其中：S_1 表示农村居民收入，S_2 表示城镇居民收入。当 $S<0.2$，表示城乡一体完成时期；$0.2<S<0.5$，表示城乡二元结构过渡期；$S>0.5$，表示城乡二元结构明显。

城乡积累差异倍数=城镇居民人均积累/农村居民人均积累=（城镇居民人均可支配收入-城镇居民人均消费性支出）/（农村居民人均纯收入-农村居民人均生活消费支出）

城乡人口融合度 城乡人口融合度指标的二级指标包括：城镇化率、农村劳动力非农就业比率。

城镇化率=区域内城镇人口/区域内总人口

农村劳动力非农就业比率=非农就业劳动力数/农村劳动力总数

城乡生活融合度 城乡生活融合度指标主要用“城乡居民恩格尔系数差异系数”来表示。

一般地，城乡居民恩格尔系数差异系数用E表示。其公式为：$E=E_1-E_2$，其中：E_1 表示农村居民恩格尔系数，E_2 表示城镇居民恩格尔系数。当 $E<5\%$，表示城乡居民生活质量基本一致；$5\%<E<10\%$，表示城

---

① 在设置这些二级指标时，参考了王昌锋、熊德斌等人的研究成果。

乡居民生活质量差异明显；E >10%，表示城乡二元结构明显。

城乡社会发展融合度 衡量城乡社会发展融合状况的指标有多个，主要是从公共基础设施建设、社会事业发展等方面来进行比较的。前者包括诸如公路通村率、通村道路硬化率、农村自来水普及率、电话普及率等；后者主要包括诸如城乡高中程度升学率比、城乡万人拥有医生数量比、城乡养老或医疗保险覆盖率比等。

农业现代化 农业现代化指标主要包括：农业商品率、二元对比系数。

农业商品率 = 农业商品产值/全部农产品产值

二元对比系数 = 第一产业劳动生产率/第二、第三产业劳动生产率 =（第一产业增加值 ÷ 全部从事农业劳动力人数）/（非农产业增加值 ÷ 全部从事非农产业劳动力人数）。通常地，二元对比系数（T）越小，表示二元结构越明显，越大则表示农业现代化程度越高，亦即城乡越趋于一体化。据研究，发展中国家的二元对比系数（T）一般在 31%—45%；发达国家的二元对比系数（T）一般在 52%—86%。

3.2 贵州城乡二元结构分析

在城乡经济融合度方面，从表 10 可知，2012 年城乡居民收入差异化系数达到了 0.75，远大于 0.5，这说明贵州省城乡二元经济结构非常明显，而且这种状况一直持续了多年，如自 2006 年以来其差异化系数就远高于 0.5，只不过最近三年稍稍有些缩小，这说明城乡居民收入差距的程度稍有所改观。当然这只是对城乡居民收入的一种现期比较，类似于是一个“流量”概念。如果从“存量”的视角来看，可发现城乡居民收入积累差异倍数是呈递增趋势的，如 2006 年时其积累差异倍数还只有 6.34 倍，到 2012 年时却上升到了 7.19 倍，而且积累差异倍数还远远高于同期的城乡居民收入比,[①] 这说明城乡居民在收入积累上的差异更甚，显然积累差异是一种“硬差异”或“硬分化”，某种程度上说它是一种财产性的差异，比单纯的收入差异对城乡统筹发展的影响更深远。

---

① 城市与农村居民收入比例（以农民人均纯收入 =1）分别为：2006 年（4.59）、2007 年（4.50）、2008 年（4.20）、2009 年（4.28）、2010 年（4.07）、2011 年（3.98）、2012 年（3.93）。

表10 历年贵州城乡统筹发展情况统计

		2006年	2007年	2008年	2009年	2010年	2011年	2012年
城乡经济融合度	城乡居民收入差异化系数	0.78	0.78	0.76	0.77	0.75	0.75	0.75
	城乡积累差异倍数	6.34	6.35	5.40	6.54	6.59	7.46	7.19
城乡人口融合度	城镇化率（%）	27.5	28.2	29.1	29.9	33.8	35.0	36.4
	农村劳动力非农就业比率（%）	36.17	39.27	40.09	40.57	42.83	44.91	—
城乡生活融合度	城乡居民恩格尔系数差异系数（%）	12.8	12.0	8.6	3.7	6.4	7.5	4.9
农业现代化	农业商品率（%）	54.2	53.3	60.2	59.6	51.5	54.3	54.2
	二元对比系数（%）	6.11	6.39	6.83	6.83	7.29	7.31	8.01

注：此表中的“农业商品率”是指“大农业”的商品率。

资料来源：根据《贵州统计年鉴（2013年）》计算得出。

在城乡人口融合度方面，可以看出2012年贵州城镇化率为36.4%，要达到国际上所说的高度城镇化70.0%的下限值的话（高度城镇化的城镇化率≥70.0%），还有很长一段路要走。另外，2011年时农村劳动力非农就业比率仅为44.91%，亦即平均每100个农村劳动力中仅有约45个在从事非农劳动，当然这45个从事非农劳动的农民还不一定都在城镇从事非农劳动，也可能有部分人仍留守在农村从事非农劳动。也就是说，在当前状态下贵州城乡人口融合度也较低，在劳动力市场上城市工人与农民（工）的界限依然清晰，当然这探讨的还只是地域空间上的融合问题，如果考虑到权利融合问题的话，则其城乡人口的融合度可能更低。

在城乡生活融合度方面，可以发现城乡居民恩格尔系数差异系数已从2006年的12.8%下降到了4.9%，这说明城乡居民的生活质量正由显著的二元结构走向一致，这是比较可喜的一面。但仔细分析发现，2012年贵州城镇、农村居民的恩格尔系数均还比较高，分别为39.7%、44.6%，比全国同期的恩格尔系数分别高3.5个百分点、5.3个百分点，这说明贵州城乡居民生活质量是在一种低水平状态下的趋同。换句话说，在生活方面贵州城乡似乎是走向了统筹，但生活的质感都还很差。

在城乡社会发展融合度方面，囿于数据不易获取，本课题未能从更明细的二级指标进行比较分析。不过，据中国统计学会研究，2010年贵州的“社会发展”类、“民生改善”类指数分别仅为65.22%、50.92%，比全国同类指数的平均水平分别低0.9个百分点、4.62个百分点；与北京市（这两类指数在全国均为最高）的差距则更大，分别相差16.95个百分点、39.71个百分点。[①] 由此可见，贵州省的社会发展水平与全国平均水平，尤其是与东部发达省份的发展水平还有不小差距，当然这种差距某种程度上也可间接说明贵州省城乡社会发展融合度还不甚理想。

在农业现代化方面，2012年贵州农业商品率仅为54.2%，比城乡一体化时所要求的90.0%[②]下限值还低35.8个百分点，这说明贵州省农产品还有很大一部分都是用于满足农民自己的消费，这一方面说明农业的市场化程度还较低，另一方面也间接反映了传统的自给自足生产方式在贵州农村依然“盛行”，显然这是与城市社会化的大生产“格格不入”的。另外，2012年时二元对比系数仅为8.01%，这说明贵州省第一产业劳动生产率相当低，与非农产业（第二、第三产业）劳动生产率根本不在一个水平，其巨大的生产效率差距一方面说明贵州农业的科技化、组织化水平的低下，离“农业现代化”的要求还有很远，另一方面也说明了农业与非农产业的二元特征明显，即城乡产业一体化水平还极低。

综上所述，贵州城乡二元结构的状况依然严重，从“二元”到“一元”即走向一体化还需我们用好“统筹”这把利器。

3.3 贵州城乡统筹发展的深度反思

按照通常的逻辑，一般都认为消除城乡二元结构的“上策”就是加大两个“反哺”（城市反哺农村、工业反哺农业）力度。确实，这样的一个思路没有错，但是也是有前提条件的，即必须要求城市、工业自身的反哺能力达到一个相当高的水平之后才可成行。而目前就贵州省来说，其工业化水平、城镇化水平都在全国居于末位位置，显然要对贵州这样的一个山区省份且欠债又深的农业省份进行所谓的“反哺”，有可能是力不从心。事实上，多年来的“反哺”实践也证明了其效果的不佳。于是乎，又有专家学者提出要通过城镇化建设来带动贵州省农村发展，并最终实现城乡的一体化，当然这也是一条可行之策，但在具体的实践中又存在一定的行为

---

① 国家统计局：《2010年地区综合发展指数报告》，中央政府门户网，http://www.gov.cn/gzdt/2011-12/23/content_2027840.htm，2011-12-23.

② 90.0%的下限水平是由王昌锋学者研究得出，这里采用了这个标准。参见王昌锋《城乡一体化发展评价指标体系建设问题探析》，贵州大学出版社，2009，第85—89页。

偏失，如很多地方的城镇化一味地“大兴土木”“要地不要人”，而且“重城轻镇”“重镇轻村”思想严重。显然，这种方式的城镇化带来的就是城乡差距越来越大的马太效应，并且在事后的经验总结中，又有人认为城乡差距拉大的原因是因为城镇化速度不快所致，所以现在又提出了“城镇化加速论”的观点，显然这样下去的结果就形成了一种恶性循环。

我们说，在贵州这样的欠发达、欠开发的山区省份，要解决“三农”问题确实应该走城镇化道路，这是目前看来一条“成本低、见效快”的最有效途径，这个大方向一定要坚持住，但在具体的操作上我们又要进行思维转向，即要由“要地不要人”的旧城镇化向“要地更要人”的新型城镇化转向。亦即只有“人的城镇化”才能真正统筹好贵州城乡发展、破解贵州“三农”难题，并最终使得贵州城乡趋于一体化。为什么呢？因为“三农”问题的核心是农民问题，且主要是农民的“收入”问题和“权力”问题，统筹城乡发展就是要通过“统筹”的方法首先处理好“人”即农民的“收入”和“权力”问题，而新型城镇化正好契合了这个要求。它一方面通过吸纳农民到城镇从事非农劳动而增加其收入，另一方面又赋予农民市民待遇，让农民享有和市民同等的受教育权、受保障权、健康权、安居权、受尊重权、就业权等。而更为重要的是新型城镇化还强调将城镇和农村置于一个体系下统一筹划，从而也保证了为农村提供基本公共服务和公共产品的可能，即实现了城乡公共服务的均等化，这对贵州农村的发展无疑是极大利好。当然，这还只是抓住了化解城乡二元结构矛盾的表皮。

其实，要让农民在城里留得下来，起码还得为其提供相应的就业机会或工作岗位，要达到这点就必须要具有一定竞争优势的产业来作支撑，尤其在贵州这样的山区省份，特色产业开发如特色农业产业开发无疑是其不二选择。而且特色产业开发往往又会带动农业产业的进一步发展，因为某种程度上说城里的特色产业开发往往是以特色农业或农产品作为开发原料的，即二者是一条产业链上的两个环节，在产业链中基本处于上、下游的关联关系。所以从这点来说，特色产业开发又带来了农业的现代化发展。另外，随着特色产业的发展壮大及其特色产业的深度开发，又可能会带来诸如基础设施的改善、生态的修复、公共服务投入的加大等正外部效应，尤其在县域范围内，这种正外部效应也会影响到农村，即使得农村基础设施建设、公共服务改善等随着特色产业开发而进一步加强。

所以归根结底，统筹城乡发展的根本推动力还是特色产业开发，即在战略上是发展新型城镇化，而在战术上则是特色产业开发，这才是落脚点，才是抓住了问题的主要矛盾。如果要用一句话来概括三者关系的话，就是用“特色产业开发”这把钥匙打开了“城”“乡”统筹的大门，进而开启了“三扇窗”（农民的市民化、农业的现代化、农村的城镇化），课题组将其理解为“一二三战略”（一把钥匙、二个门、三扇窗）。

四　特色产业开发助力山区特色新型城镇化和城乡统筹发展的路径优化

4.1　山区特色新型城镇化发展中的特色产业选择与培育

4.1.1　特色产业选择原则

在贵州发展山区特色新型城镇化应以特色产业为支撑。实践中，关于特色产业的选择应遵循以下原则。

以市场为导向原则　特色产业的选择一定要遵循市场原则，即首先要保证所选特色产业具有广阔市场发展前景。这就需要相关部门做充分的前期调研，充分保证因其“特”所带来的经济社会效应，千万不能凭自己的主观判断或地方领导意见而将其确定为特色产业，要遵循事物的自然属性。否则，我们所选特色产业从一开始也许就是一个“怪胎”，即它可能就是一种伪特色产业，是人为强加于它的“特”字号。

开放性原则　我们千万不能关起门来选择特色产业，要有开放意识，甚至要有全球性的战略眼光。因为很多特色产业在当地来说确实属于特色产业，但邻镇、邻县或邻省也在发展同样的产业，甚至还走在了我们前面，从而不免使得自己特色产业开发的效果大打折扣，即“特”字的含金量下降了。“只有站得高，才能看得远”，亦即只有以开放的眼光、积极的态度来选择特色产业，才能“优中选优”，才能真正达到“人无我有、人有我优”的效果。

带动就业原则　在发展山区特色新型城镇化过程中，所选特色产业必须要以劳动力密集型产业为主，因为在贵州当前首要的就是要以解决“人”（农民）的就业尤其是可持续就业问题为重点，这样新型城镇化才可能提速和保证质量。当然，即使所选特色产业本身的产业链不长，但如果通过特色开发，在“特”字上做文章，能够延长其产业链、充分带动地方劳动力就业的话，这也是可作为特色产业来开发的。

可持续原则　这里的“可持续”包含了如下几层含义：一是特色产业本身要能可持续发展，即其自身的延展空间要大、产业链要长，同时还要促使特色产业开发中的上、下游产业也能发展壮大，并能可持续地为其“服务”；二是特色产业在开发过程中不能以破坏生态环境为代价，即还要求生态环境的可持续；三是通过特色产业开发还要能为贵州新型城镇化建设提供可持续的原动力，不能走特色产业开发与城镇化发展属于“两张皮”式的产业开发道路，即一定要以“产城”的互促共进为准则。

4.1.2　特色产业选择思路

在实践中，人们对特色产业的选择除了要遵循一定原则外，还必须要有灵活的思路。“思路决定出路”，特色产业能不能做大做强，关键是看有没有灵活的思路。课题组认为，贵州省在新型城镇化建设中应从如下视角来选择相关特色产业。

顺其自然地选择特色产业　“从空间经济学角度来看，世界上任何两个区域空间都不可能是完全相同的，每一特定区域空间都有其独特之处，表现在自然资源、文化传统以及经济要素等多方面。这就是特色产业的‘特’，当然也是发展特色产业的基础。”① 所以相关部门就应利用差异化战略定位好属于自己的特色产业，即顺其自然地选择特色产业。

循序渐进地选择特色产业　特色产业的选择力戒贪多求量，千万不要认为本地区的特色资源多，就近乎不计成本地、撒“胡椒面”式地搞“多路突进”。其实，这往往是一种急于求成的办法，在资金、经验、科技以及组织资源等都还不太完备的情况下，搞“多路突进”只能增加特色产业开发失败的风险，尤其在贵州这样的欠发达地区更是如此。其科学的方式就是应该循序渐进地选择特色产业，即先选准某类特色产业作为重点开发的对象，待其发展壮大，并积累了一定资金、运营经验、科技创新能力以及组织资源等要素后再考虑发展其他特色产业，即理想的模式应是由“一元”走向“二元”或“多元”，而不是在“多元”中淹没“一元”的“本色”。

恰逢其时地选择特色产业　有时人们对特色产业的认识是一个不断加深的过程，因为特色资源要能变成特色产业除了受制于资源的自然本色外，也还受到很多外界因素的影响。譬如，国家宏观政策允许发展某类产

---

①　汪庆：《我国西南欠发达地区特色产业发展研究》，重庆师范大学，学位论文，2011，第40页。

业，那么这类产业才有成为特色产业的可能；若对其限制开发的话，则这类产业再有特色、再怎么特殊也是不能作为特色产业来选择的。因此，在特色产业的选择过程中要综合考虑内外部条件、市场偏好和需求、开发能力等因素。一旦时机来临，那就要毫不犹豫地将之作为特色产业开发；否则，错过机会特色将不“特”。

适得其利地选择特色产业 有些产业虽然属于特色产业，但囿于处于产业链的下端或者属于传统产业范畴，因而其获利空间非常有限，这类产业一般也不应作为特色产业来发展；但如果市场前景广阔且还能规模化生产的话，则又可适时地对其重点培育。一般地，在产业结构进行调整阶段很容易催生出一批获利空间大的行业，这时就可适得其利地选择好属于本地区的特色产业。当然，这里的适得其利也不要简单地理解为“利小而不为，利大而为之”，而是要看其获利空间。有时利小的产业做大做强了就是利大，而有时利大的产业做小了就是利亏，因此要辩证地看。

化平为奇地选择特色产业 有些产业或产品表面很平淡而并不“特”，但如果经过一番改良能化平为奇，则也可将之选为特色产业来发展。当然，改良的途径是多种多样的，如可通过技术研发延长其产业链而使之特色化，也可将分属于不同地方的两类平淡产业进行联合开发而使之共同变“特”，还可对一些产业如农业产业进行反季节经营，或对相关人文资源进行复古式开发，等等，诸如此类都是一种产业的“特”化，也都可以作为特色产业开发的对象。

“反弹琵琶”地选择特色产业 “反弹琵琶”比喻要有不同常规的思维和行为，甚至是与常规事物“对着干”。在贵州这样的山区发展特色产业更要有“反弹琵琶”的思维。譬如，在贵州千万不能把发展山区特色产业与发展平原特色产业混淆，有些产业虽然在平原是朝阳产业，但囿于地域空间限制而在贵州这种山区就可能是夕阳产业，因此我们就应反向思维发展那些为平原地区所没有或不占优的产业，如烟叶、茶叶等。近几年，贵州有些县市发展大鲵产业所取得的成功就是这方面的典型案例。[①] 其实，

① 大鲵俗名娃娃鱼。据研究，娃娃鱼对水质、水温及光线等都有严格的要求，主产于华南、西南的深山密林溪流间。《贵州省大鲵资源保护与发展规划（2010—2025 年）》提出，10 年后全省将实现大鲵产业从业人员 10 万人以上，大鲵产业综合年总产值 70 亿元以上的总体目标。目前，贵州全省已有 29 个县共 51 个点开展了大鲵养殖工作。参见刘斌《贵州娃娃鱼产业加快发展》，《贵州日报》2009 年 10 年 16 日。

一旦具备这样的反向思维能力，我们就可发现到处都有特色产业的影子，如大家都在关注山下产业的时候，我们就可以将注意力集中到如何发展山上特色产业（如畜牧业、林业等）。尤其在农业产业领域，由于存在所谓的“大小年效应”，我们更应该具备这种反向思维意识，如当大家都在搞种植业的时候我们就可以大胆发展养殖业，大家都在觉得种植大蒜能赚钱的时候我们就应反向思维去种植那些廉价的大白菜，等等。总之，特色不特色都是我们思维的结果。

4.1.3 特色产业的培育

特色资源要转化为特色经济、特色产业还必须要加强培育，这是一个硬道理。一般来说，关于特色产业的培育主要是从五大关键性要素入手予以突破。

其一是要有一定的资源优势。这里的资源优势包括自然资源优势、人文资源优势、社会资源优势等。其实，贵州就是一个“资源王国”，可以说各种各样的资源为其特色产业的开发打下了一个坚实的基础，这种先天性的资源禀赋也是其他地方所不可比拟的，关键是如何从名目繁多的优势资源中发现和挖掘出属于本地方的“可用”特色资源，这就需要一些外部条件的支撑。

其二是要有龙头企业的经营运作。特色资源选定后就涉及一个产品化、商品化的过程，即将特色资源通过一定的流程转化为各种有形或无形的特色商品或服务等，以期实现特色资源的经济价值。显然，这个流程至少包括了两个环节，即生成环节和销售环节，前者主要解决的是特色资源如何转化成特色产品或服务的问题，后者主要解决的是如何将特色产品兑现为特色商品即特色产品的营销问题，这个环节也才是真正的价值实现过程。显然，在市场经济条件下这两个环节都不在政府的职责范围内，而应由市场主体（企业、居民等）来实现。

其三是要有生产加工基地的支撑。企业生产一两个产品并不是什么问题，将产品变成商品也不是问题，但若要组织化、规模化、集约化、专业化生产以致形成一种特色产业、特色品牌，显然家庭式的、庭院式的劳作是不能达成目的的，这就必须要有标准化的原料生产基地、系统化的产品加工基地等，亦即所谓的产业园（区）。总之，从特色产品到形成特色产业，没有配套的基地支撑也是要多走弯路的。

其四是要提供配套的环境条件。这里的环境条件包括了政策环境、服务环境、市场环境、金融环境以及一定的人文环境等。区域特色产业的发展壮大必须要有使之发展壮大的土壤即环境条件，有利的环境条件可以明显缩短特色资源转化为特色产品，进而转化成特色产业的时间，而不利环境条件则可延缓甚至或阻碍特色产业的形成。

其五是要重视科技的创新引领作用。科学技术是第一生产力，也是一种渗透性要素，在贵州山区发展特色产业更要予以科技的包装。特色产业如果渗透有科技的因子，可能就是朝阳产业、“黄金”产业，不仅会在市场竞争中占据制高点、获得更大的市场份额，而且还可能美誉化、品牌化；当然，如果是传统性产业，经过科技作用也可能就内生为一种特色产业了。总之，发展特色产业必须要重视科技的作用，必须要重视创新。一般来说，获取科技企业既可自己研发，也可引知引智。

4.2 特色产业开发促进山区特色新型城镇化发展的方略对策

4.2.1 贵州推进具有山区特色新型城镇化的总体思路

贵州省应在重点建设好100个示范小城镇的基础上，通过经验积累和模式推广，以农村城镇化为政策主导，以“科学统筹、规划先行、规模适度、集约化、智能化、特色化、可持续化”为方向，以梯度城镇化和错位城镇化为战略，以特色产业开发为支撑，全面推进贵州省具有山区特色的新型城镇化建设。

4.2.2 基于特色产业开发的山区特色新型城镇化发展模式

由于资源禀赋、发展基础和发展战略的不同，不同地区城镇化推进方式可能就不同。若按照城镇所处区域和产业依托的特点，贵州省在推进山区特色新型城镇化发展中可采用如下几种模式：交通枢纽型、旅游景观型、绿色产业型、工矿园区型、商贸集散型、移民安置型等各具特色的城镇化模式。

贵州省重点建设的100个示范小城镇就是这六种模式的典型代表。其大致情况是：交通枢纽型乡镇20个、旅游景观型27个、绿色产业型9个、工矿园区型22个、商贸集散型21个、移民安置型1个；其中，省级示范小城镇（共30个）中，有交通枢纽型乡镇5个、旅游景观型8个、绿色产业型2个、工矿园区型10个、商贸集散型5个；市（州）级示范小城镇（共70个）中，有交通枢纽型乡镇15个、旅游景观型19个、绿色产业型7个、工矿园区型12个、商贸集散型16个、移民安置型1个。当然，在这些小城镇中，即使是同一类型的乡镇，也具有不同的特色，如旅游景观型小城镇，也可再细分为生态景观型、历史文化型、民族风情型；在工矿园区型小城镇中，也可再细分为重工业型、轻工业型等（详见附件）。

4.2.3　以特色产业推动山区特色新型城镇化发展的保障措施

以特色产业开发助推具有山区特色新型城镇化建设需要政府、企业、民众（农民）的协同作战。具体来说，就是需要加强如下几个方面的政策调试。

（1）制定合理的特色产业发展政策

合理的特色产业发展政策主要包括了如下几个方面的要点：其一是特色产业结构要合理，即首先是应大力发展县域特色服务业，并使之成为新型城镇化的重要支撑，然后是要通过提升工业化层次来延长产业链，使之成为新型城镇化建设的可靠保证。其二是合理的产业政策还必须是产业规划与城镇规划相一致、产业选择与城镇功能定位相吻合、产业聚集与人口聚集相协调、产业功能与社会功能相符等。只有在此基础上出台的特色产业发展政策，其才能真正成为贵州省山区特色新型城镇化的“助推器”。

（2）建立企业有效发展的扶助机制

特色产业的开发主体主要是企业或个体家庭。因此，社会应提供给企业尤其是民营企业最有利的发展土壤。具体来说，应以支持劳动密集型企业为重点，立足区域特色和产业特色，着力加强产业基地建设和创业园区建设，并从融资担保、税收优惠、教育培训、科企对接、信息平台搭建等方面予以民营企业集群式发展的制度支持。

其一是要实施无差别化的融资贷款政策。现在银行的储蓄资金几乎成了国有企事业单位发展的专供资金，即使存在大量的浪费和廉价利用现象，也要优先考虑这部分单位的需求，而对于广大的中小型企业或个体户的贷款需求则是把关非常严格甚至是苛刻。因此，要助推特色产业的发展，就必须改革相关金融管理制度——实施无差别化的融资贷款政策，尤其是对一些抗风险能力强、有一定技术积累、注重创新和发展前景比较好的民营企业要予以重点资助，并且还要简化相关手续或程序。

其二是要创新金融服务组织，以便为企业发展提供多维服务。要积极引进金融机构，大力发展村镇银行，培育新型信贷机构，支持县域城镇设立小额贷款公司、担保机构、互助型存贷组织和担保组织。建立和完善县域保险机制，通过税收等政策鼓励和支持商业保险机构进入县域保险市场，积极发展再保险业务，有条件的地方可以探索设立巨灾风险基金，其目的都是尽可能地将企业发展特色产业风险降低到最低。

其三是要实行税收减免政策。对于只要符合特色产业发展规划要求，且又能吸纳一定农村劳动力就业的民营企业或个体工商户可依其规模等级设置不同的且又富有鼓励性的营业税和增值税起征点；适当降低中小型企业或微型企业所得税税率；还可以考虑适当减免所得税中地方分享部分；甚至对规模以下企业的生产经营在头2—3年内可以不收取一切税费。

其四是要搞好特色产业园区建设。要按照布局合理、用地集约、产业集聚的原则加强县域范围内产业园区建设，尤其是要加大对特色产业发展园区建设的支持力度。产业园区一旦确定下来就要搞好水、电、路等基础设施及其配套设施建设，不断完善和改善企业发展环境。对于没有条件成立“产业园区”的地方，也要在符合城镇土地利用和环境保护总体规划要求的前提下妥善解决其生产经营用地等问题。同时，根据客观实际的需要，还应支持有条件的地方跨区域设立一批产业共建园，以期形成产业互补、特色各具、协调发展的新格局，从而打破各自为政、市场分割、产业同质化竞争现象发生。当然，在产业园区建设过程中还应积极推动产业园区和城镇新区协调发展，以实现产城融合。

其五是有条件的地方可以设置一个专门针对特色产业开发的企业信息咨询机构。这个机构的成员最好是由相关职能部门的工作人员、大学教授或专家学者以及在全国比较知名的企业家等组成。其主要职责是政策宣讲、项目介绍、搜寻市场信息并提供业务技能培训等，以期培育包括经营管理者在内的企业全体职员的市场拓展意识和创新意识，并提供一定的科技服务和智力支持等。

（3）创新农民就业培训，提高其人力资本素质

特色产业开发需要大量的、有一定素质的劳动力参与其中，在县域范围内主要就是需要高素质的农民来参与相关企业的生产经营活动。当然，从农村城镇化角度来说，就是以特色产业开发吸纳农村劳动力就业，以期解决农民“进得来”的问题。总之，无论是哪种情况，都需要广大农民有较高的人力资本素质。据统计，2012年贵州农村劳动力平均受教育年限仅为7.11年，[①] 差不多只相当于初中一年级的文化程度。面对这种情况，还需社会各界加强对农民教育培训的力度。培训的目的就是要使贵州农民由

① 资料来源：《贵州统计年鉴（2013年）》。

先前的“苦力输出”而转变成是一种“标准输出”，这种思维转向将能有效地提高特色产业开发中新型城镇化建设质量。一般来说，培训包括非正式性辅助指导和正式性培训两大块。

（Ⅰ）非正式性辅助指导

非正式性辅助指导是指以广播电视、网络、手机以及安装在农村地区的远程教育设备等为载体，将一些最新的农业技术、致富门路、就业信息以及相关社会知识等直接送上门：其一是将这些知识或信息通过远程教育网传输到村寨收视点，以便村民随时点播收看或集中收看；其二是制作一系列的实用技术培训教材和光盘免费租借给农户学习使用；其三是不定期地编制一些农村科技信息期刊或信息导报免费发放到每家每户等；其四是要搞好便民图书室、农民文化家园、农家书屋等项目建设，最大限度地调动起农村成人参与读书用书的积极性。

（Ⅱ）正式性培训

要做好贵州农民就业的正式性培训工作，可以考虑从如下几个方面着手。

培训的资源依托 其一是要搞好三大基地建设。可以选择一所高校（如贵州大学）或一二所重点职业院校作为培训农村劳动力或农民工的教学基地和后续服务基地。其二是要在全省范围内选择数十个有代表性的从事特色产业开发的企业作为培训学习的参观考察基地。其三是要搞好师资队伍建设。培训师资队伍的结构要合理，培训老师要尽量固定下来，且还必须是要有一定理论基本功又有丰富实践经验的人来担任，具体教师人员可由高校教师、企事业专家或技术骨干、政府各厅局领导等组成。

培训地点和时间安排 其实在培训地点的选择上要灵活安排，如果不是实验课或操作课，就可以请教师下乡到村寨、乡镇直接为农民讲授，而不是必须要将农民安排到培训基地学习。在时间上可选择农闲季节或农民工返乡过年期间进行集中培训；而平时的培训可选择性进行，如平时是重点加强对农村致富能人、党员干部或可塑性很强的农民进行培训。

培训内容和知识体系安排 对贵州农民的就业来说，其培训的知识体系至少应包括如下四个层次：其一是要对农民加强就业意识、就业心理品质培训，最大限度地激发他们的就业热情。其二是要开展相关人文社会知识、就业基础知识培训，如要重点加强对农民的营销管理知识、人际关系学等学科知识的培训，尤其对少数民族地区农民还要加强汉语普通话教育等，这样才能全面提高他们的就业能力。其三是具体的业务技能知识培训。要时刻面向市场、面向企业为农民提供适用的如生态鸡、猪等养殖技术、名特中药材及花卉苗木栽培技术、农家乐管理等业务技能培训，以增强他们的非农就业竞争能力。其四是注重农民思想道德教育，重点是加强信仰教育、诚信教育以及作为一个社会人的社会责任意识、合作意识、团队精神教育等。

培训管理安排 其一是要规范和健全培训的制度体系。其二是要落实培训的结业考核工作。考核合格后由省级劳动管理部门统一发放具有一定效力的，至少在全省范围内认可的职业资格证书或专项能力证书等。其三是要落实相关协调工作，保障培训经费。

（4）消除体制壁垒，建立公平的制度保障体系

我们说，通过特色产业开发初步保证了农村劳动力的进城，但是进城还只是新型城镇化所要求的第一步，因为新型城镇化的核心是人的城镇化，它强调的是进城农民的市民化问题——即“留得下”“有尊严”的问题。这就要求我们彻底消除制度上的不平等，以保障城乡居民的同权。

其一是要在国家层面稳步推进户籍制度改革。我国户籍制度作为一种制度安排被赋予了太多附加值，其最突出的弊端就是严重制约了农村人口在城乡之间的自由流动。因此，加快户籍制度改革时不可待。具体地，就是要建立以居住地登记户口为基本形式、以合法固定住所、稳定职业为基本落户条件的新型户籍管理制度。“户籍制度改革的最终目的，是要把户籍放在控制个人信息上，而不是强加给户籍太多的附加值”①，即就是要逐步剥离附加在户口上的诸如医疗、社保、就业、教育等方面的社会福利，以引导农民向城镇的有序流动和就业。

其二是建立适合农民工特点的社会保障体系。首先是要按照广覆盖、低门槛和可转移、可接续的原则在国家层面统一推进农村社会养老保险制度建设。一旦城乡社会养老保险制度的“同一性”得以实现，农民将改变那种兼业型的“两栖”就业状态，一部分能力强、视野开阔的农民就可以“毫无顾忌”地到城市社会打拼，并最终市民化。与此同时，还要加强医疗保障制度改革。其次是要把外来务工人员纳入公租房保障范畴，如可以尝试建立“阳光公寓”或集体公寓，低价出租给农民工居住。

① 何朝银：《当代中国农村人口流动与农村社会分化问题分析》，福建师范大学，2005，第54页。

其三是千方百计地为农民工增权。一方面是通过工会组织的支持切实增加农民工在就业中的议价权，以提高其工资待遇；另一方面是要完善相关法律规章，极力打破二元化劳动关系，并按照“权利一致、地位平等、制度统一、资源共享”的原则切实保障好农民工的合法权益。

其四是积极探索被“化”农民原有土地的征用流转制度。随着城镇化进程的加快，农民土地被低价征用的现象时有发生，从而也导致了土地城镇化快于人口城镇化的现实，目前这个问题也亟须改正。另外，因土地流转制度的不明晰，农民的就业也基本上处于一种“两头兼顾”“两手抓”的状态[①]——农忙务农、农闲务工，其结果就是“农”也没务活，“工”也没有做好，这也就不可避免地会影响农民的进城以及农业的规模化经营和现代化发展。

（5）健全城镇功能，完善城镇综合服务体系

特色产业开发是贵州省具有山区特色新型城镇化建设的经济动力，没有产业，城镇化就是空壳化。因此，发展特色产业除了要给予微观主体相应的扶持政策外，还必须要健全城镇功能、提高城镇综合服务能力，这既是特色产业开发的配套要求，也是新型城镇化建设的题中应有之义。

其一是立足县域实情，建设多样化、特色化和有文化含量的山区城镇。由于经济发展路径、地域特点以及人文传统等方面的不同，贵州山区城镇建设应采用诸如田园型、山水型、生态型、历史文化型等多元化的发展模式，要极力避免“千城一面”的低水平重复性建设，关于这一点贵州省有些地区的城镇建设规划就非常到位，如惠水县县域内的和平镇就定位为综合型小城镇，羡塘镇就定位为发展旅游、商业贸易及特色食品加工业的小城镇，雅水镇定位为特色种养业、优质大米种植及加工业和交通运输业的小城镇，好花红镇定位为民族风情旅游业、反季节优质蔬菜及特色经果业的小城镇等。然而，贵州省也有些地方城镇建设就违背了当地产业特色、居民生活习惯和文化传统等，盲目模仿、生搬硬套别的城镇发展模式，最终是“花钱不讨好”。

---

① 其实，关于城镇化中的农民制度保障问题，有学者也提出了不同观点，如李涛就认为应给农民“两种身份、五项权益、五大保障”——让农民在过渡期间兼有市民和农民两种身份，保留作为农民享有的土地林地、宅基地、集体资产收益、惠农补贴、计划生育五项权益，享有城镇居民就业、养老、医疗、教育、住房五项保障。这样农民就会带着资源、资产、资金、尊严定居城镇，实现市民梦想。参见李涛《走“五态交融”的新型城镇化道路》，广元政府网，http://www.cngy.gov.cn/ht/2013/5/158048.html，2013－05－08。

其二是制订和完善县域城镇体系建设规划方案。方案一定要详细具体，如城镇的等级规模结构、城镇职能、地域空间布局以及居住区、工业园区、公共设施、基础设施、公园绿地等如何定位和建设都要明确，对于有经济实力又有一定规模的城镇在发展建设过程中省、市、县政府要予以资金支持和智力保障。

其三是大力加强公共基础设施建设，改善县域城镇人居环境质量与水平。城镇的基础设施既包括诸如给水与排水系统、邮电通信系统、能源（气、煤）系统、道路交通系统、园林绿化系统、垃圾处理系统、防灾减灾系统等有形的物质性基础设施，又包括诸如科教系统、文化系统、卫生系统、体育系统、行政管理以及信息技术系统等社会性基础设施（公共服务设施）。囿于财力限制，实际工作中要根据建设规划的要求，分步骤、分阶段地推进城镇基础设施建设，在内容上应以解决企业发展和居民生活最迫切需要的项目为重点，如垃圾和污水收集处理设施、公共交通设施、医疗卫生设施等，在战略上可以用5—8年时间先形成所在城镇的基本构架，然后分期建设到位，且要求每10年一个台阶。当然，基础设施的建设应在城乡范围内统筹考虑、系统规划，这样既可以避免陷入规模不经济的困境，又可以避免因重复建设造成的浪费，还统筹了城乡发展尤其是农村基础设施的改善。

其四是加强县域城镇生态环境的治理，要把生态规划纳入农村城镇化建设发展规划中去。贵州省许多城镇傍山依水，乍一看，就像江南“美女”，但身居其中不免有邋遢之嫌。为此，一方面是要树立生态立镇思想，各级政府要做好生态环境保护与建设的宣传工作，提高干部和群众的规划与环保意识，具体可采用诸如在中小学教学活动中增加环境知识介绍、制定城镇环境管理的镇规民约等方式来建立公众参与生态立镇建设的长效机制；另一方面是要制定县域范围内生态环境保护目标，要给出一个生态建设和环境改善的明确路线图和时间表。

4.3 特色产业开发中的贵州城乡统筹发展之策

4.3.1 城乡统筹的模式①

（1）京津唐模式：大城市群带动乡村发展

京津唐模式就是以特大城市及周边大中小城市群为中心，带动区域内

① 肖良武：《城乡一体化理论与实现模式研究》，见申振东、黄钧儒、龚晓宽主编《城乡一体化发展研究》，贵州大学出版社，2009，第177—179页。

的城乡一体化发展。例如，北京针对大城市、小郊区的实际，以城市工业支援农村为基础，以带动乡镇企业发展为重点，推动了郊区的经济社会发展及城镇建设等。

（2）上海模式：城市郊区化

上海模式是指因城市发展规模不断地扩张，导致的城市工业企业向郊区转移，从而引起了农村地区非农化和城乡的一体化发展。

（3）苏南模式：农村工业化为主体

“苏南模式”是指以乡镇企业为突破点的城乡产业协调互动、农业农村现代化发展模式，即通过发展乡镇企业促进非农化，从而推动城乡一体化发展的方式和路径。

（4）成都模式：大城市带动大农村

成都模式是通过“一个主导、三个集中、三大工程、五项制度”来保障实现的。“一个主导”是指政府主导。“三个集中”即工业向园区集中、农民向城镇和新型社区集中、土地向适度规模经营集中。“三大工程”即农业产业化工程、农村发展环境建设工程和农村扶贫开发工程。“五项制度”即建立城乡统筹的社保、卫生、就业、教育和管理制度等。

（5）小城镇发展模式

这种模式强调在广大农村地区大力发展小城镇，以小城镇为节点，实现城、乡两大系统的联系。

应该说，上述模式为贵州省推进具有山区特色的新型城镇化建设提供了很好的视角，但由于经济社会发展程度低下以及贵州省城市结构体系的不健全，使得贵州省的城镇化推进基本上只能以农村城镇化为政策主导，因而城乡统筹的模式差不多就只能是以县域范围内的小城镇发展模式为主。当然，这也不是绝对的，在实践中应根据当地的经济发展水平及城市建设规划来选择最适合自己的城乡统筹发展模式。

4.3.2　贵州城乡统筹发展的总体思路

贵州省的城乡统筹发展应时刻将城乡作为一个整体来通盘考虑其建设、资源开发、产业结构调整、生产要素配置以及社会事业发展等问题。在具体过程中，应坚持一元化的方向、分类型实施的原则以及渐进式的方法。一元化方向就是指城乡二元结构终将转化为一元结构；分类型实施就是可选择经济基础比较好的县或县域城镇先行先试，然后再全面推开；渐进式方法就是指城乡统筹可能会经历一个漫长过程，不可急于求成。

4.3.3 特色产业开发中的贵州城乡统筹发展对策建议

其实，如果特色产业开发得比较好的话，城乡统筹就成功了一半。因为特色产业开发带动了农民非农就业，增加了其收入，从而一定程度地统筹了其城乡经济发展；特色产业开发还促进了城镇化建设，使得农村基础设施建设以及农村社会事业发展也随着城镇化的推进而得到了一定程度的改善；在此基础上，农业也将全面走上规模化、现代化发展之路。关于这个原理前文已分析过，在此不再赘述。

课题组在这里只想强调几点，具体如下。

其一是新型城镇化与城乡统筹具有同一性，犹如是一枚硬币的两个方面，因为新型城镇化本身就包含城乡统筹之意。所以，特色产业开发与这两者之间就是形式与内容的关系，只不过特色产业开发是这两者的动力源，起到了加速城镇化或城乡统筹发展的作用。其实，从城乡演进轨迹来看，“城镇化”也只不过是由“城乡二元”向“城乡一体”转化过程中的一个过渡性环节，就像农民到市民的转化过程中要经历农民工、准市民等环节，最终的趋势都是市民化了的市民。

其二是在新型城镇化推进中给予“人”（农民工）的城镇化的一些制度设计也应顺延到农村地区，即不只是农民进城才享有相关制度“红利”，而应将这些制度在农村地区全覆盖，如农民、市民、农民工都应平等地享有相关的就业权、受尊重权、教育权、社保权、卫生权等，亦即公共服务应在城、乡两个版块均等化供给。

其三是要通过特色产业开发来带动各类生产要素在城乡间的对流，即要打破原先那种“一江春水向东（城市）流”的怪圈。如可以鼓励城市工商资本到农村发展适合企业化经营的特色农业；还可鼓励城市资本到农村参与诸如流通、交通、包装、加工等服务业领域的生产经营，等等。应该说，生产要素的对流才是城乡一体化的最主要表征。

其四是可以在特色资源比较集中的地方探索新型农村社区建设。这样通过特色资源、特色产业的开发一方面改善了农村基础设施、发展了农村社会事业以及农村经济，另一方面还促进了“人”的就地就近就业，从而加速了城镇化以及城乡一体化的进程。其实，某种程度上说，新型农村社区建设就可能是山区特色新型城镇化建设的最重要突破口。

附 件

100个示范小城镇产业发展指引

序号	分级	市州	县	乡镇	城镇主要类型			产业功能指引	重点产业	特色产品
					主要类型1	主要类型2	主要类型3			
1	省级	贵阳市	清镇市	站街镇	工矿园区型	商贸集散型		黔中资源深加工重镇	铝及铝深加工；煤及煤化工；建材；职业教育服务业	氧化铝、电解铝及铝深加工系列产品，煤炭及煤化工系列产品、水泥
2	省级	贵阳市	修文县	扎佐镇	工矿园区型	交通枢纽型	旅游景观型	黔中综合性工业基地；黔中现代物流基地；城郊休闲旅游大镇	冶金；橡胶；医药食品；新材料；现代物流；旅游；现代农业	特殊钢、轮胎、中成药、绿色食品、森林生态旅游（高尔夫、野生动物）、无公害蔬菜
3	省级	贵阳市	息烽县	小寨坝镇	工矿园区型	交通枢纽型		西南磷煤化工产业重镇	磷化工、煤化工、氯碱化工、氟化工、硅化工；特色农业	磷、煤、氯碱、氟、硅等化工系列产品、葡萄
4	省级	贵阳市	开阳县	龙岗镇	商贸集散型	绿色产业型		开阳县南部商贸中心；现代农业示范小城镇	集镇贸易；特色农业；乡村旅游	无公害蔬菜、畜禽养殖、富硒农产品、乡村旅游
5	省级	遵义市	遵义县	尚嵇镇	工矿园区型	商贸集散型	绿色产业型	黔北铝业新城	铝及铝加工	氧化铝、电解铝及铝深加工系列产品

续表

序号	分级	市州	县	乡镇	城镇主要类型			产业功能指引	重点产业	特色产品
					主要类型1	主要类型2	主要类型3			
6	省级	遵义市	桐梓县	新站镇	交通枢纽型	绿色产业型	工矿园区型	渝黔交通要道，县域副中心	运输物流、商贸；特色农业	蔬菜、水果
7	省级	遵义市	仁怀市	茅台镇	绿色产业型	工矿园区型	旅游景观型	世界酱香型白酒主产区	白酒及相关配套产业；旅游	白酒、配套包装品
8	省级	遵义市	湄潭县	永兴镇	商贸集散型	绿色产业型	商贸集散型	湄潭县商贸重镇；黔北茶产业基地	商贸；绿色农业	茶叶、茅贡米
9	省级	六盘水市	六枝特区	郎岱镇	旅游景观型			历史文化古镇	文化旅游；特色种植	文化与生态旅游、旅游小商品、有机蔬菜
10	省级	六盘水市	盘县	柏果镇	工矿园区型			黔西能源基地	煤电化、冶金	煤炭、煤化工系列产品、新型合金材料
11	省级	六盘水市	水城县	玉舍镇	工矿园区型			贵州煤炭重镇	煤炭；旅游	煤炭、森林旅游
12	省级	安顺市	西秀区	旧州镇	旅游景观型			历史文化名镇，黔中粮仓	旅游；特色农业	屯堡文化旅游、大米、蔬菜、绿茶
13	省级	安顺市	平坝县	夏云镇	工矿园区型			黔中装备制造业基地	装备制造、高新技术	民用航空、汽车零部件、工程机械
14	省级	安顺市	普定县	白岩镇	交通枢纽型	旅游景观型		安顺交通枢纽重镇	运输物流；建材；旅游；特色农业	韭黄、花卉、果蔬；石灰石、大理石、新型节能环保建材

续表

序号	分级	市州	县	乡镇	城镇主要类型			产业功能指引	重点产业	特色产品
					主要类型1	主要类型2	主要类型3			
15	省级	毕节市	威宁县	迤那镇	商贸集散型			黔滇边贸重镇	运输物流；商贸；特色农业	特禽养殖、生态中药材、现代烟草、马铃薯、云豆；观赏石
16	省级	毕节市	纳雍县	王家寨镇	工矿园区型			黔西北特色产业基地	新兴产业和矿产业加工	矿产品
17	省级	毕节市	大方县	六龙镇	交通枢纽型	旅游景观型		毕节交通枢纽重镇	运输物流；商贸；煤炭；特色农业	煤炭、烤烟
18	省级	毕节市	赫章县	六曲河镇	绿色产业型	旅游景观型		黔西北绿色产业基地	旅游、煤炭、特色农产及加工等	煤炭、花卉园艺
19	省级	铜仁市	德江县	煎茶镇	商贸集散型	交通枢纽型		黔东北交通枢纽和商贸重镇	物流运输；商贸；烤烟	中药材、烤烟
20	省级	铜仁市	印江县	木黄镇	旅游景观型	绿色产业型		黔东北旅游重镇	白酒；旅游；绿色食品	白酒、红色文化和生态旅游、绿色食品（食用菌等）
21	省级	铜仁市	玉屏县	大龙镇	工矿园区型	交通枢纽型		黔东交通枢纽和工业重镇	电力、冶金、化工、装备制造；现代物流	火电、锰系合金材料、钡系列产品
22	省级	黔东南州	雷山县	丹江镇	旅游景观型	商贸集散型		黔东文化旅游接待中心，雷山政治经济文化中心	商贸；绿色食品加工；文化旅游等	绿色食品、旅游小商品
23	省级	黔东南州	台江县	施洞镇	旅游景观型			黔东苗族原生态文化旅游重镇	旅游；特色食品等	苗族文化旅游、特色食品

续表

序号	分级	市州	县	乡镇	城镇主要类型			产业功能指引	重点产业	特色产品
					主要类型 1	主要类型 2	主要类型 3			
24	省级	黔东南州	黎平县	肇兴镇	旅游景观型			贵州侗族原生态文化旅游名镇	旅游；绿色农业等	侗族文化旅游
25	省级	黔南州	独山县	麻尾镇	交通枢纽型	工矿园区型	商贸集散型	贵州南下枢纽重镇	运输物流；冶金等	新型合金材料
26	省级	黔南州	平塘县	卡蒲乡	旅游景观型			贵州毛南族原生态文化旅游镇	旅游；特色农业等	毛南族文化旅游、蔬菜
27	省级	黔南州	贵定县	昌明镇	交通枢纽型	工矿园区型		贵州南下枢纽重镇，黔中承接产业转移基地	运输物流；以电子为主新兴产业；承接产业转移等	电子、服装等
28	省级	黔西南州	兴仁县	雨樟镇	绿色产业型			贵州现代烟草示范基地	特色农业、中药材等	烤烟、芭蕉芋、薏仁米、中药材
29	省级	黔西南州	贞丰县	者相镇	旅游景观型			黔西南生态文化旅游重镇	旅游；商贸；旅游商品加工等	文化旅游、旅游小商品
30	省级	黔西南州	普安县	青山镇	工矿园区型			黔西南煤化工基地	煤化工、电力；民族文化产业；特色种养殖业等	煤炭、煤化工系列产品、特色畜产品等
31	市州	贵阳市	白云区	牛场乡	绿色产业型	旅游景观型		贵阳城郊农业重镇	城郊现代农业、休闲农业与乡村旅游等	花卉、苗木、蔬菜、水果
32	市州	贵阳市	花溪区	青岩镇	旅游景观型			历史文化古镇	文化旅游；商贸；特色农产品加工；城郊现代农业	古镇历史文化旅游、旅游小商品、蔬菜

续表

序号	分级	市州	县	乡镇	城镇主要类型			产业功能指引	重点产业	特色产品
					主要类型 1	主要类型 2	主要类型 3			
33	市州	贵阳市	开阳县	南江乡	旅游景观型			黔中生态旅游重镇	生态旅游；特色农业	南江峡谷景区旅游、旅游小商品、蔬菜、水果
34	市州	贵阳市	清镇市	卫城镇	绿色产业型	旅游景观型	工矿园区型	黔中新型建材重镇	特色种养殖；古镇文化旅游；新型建材、煤化工、材料等	畜产品加工、水泥、石材、煤
35	市州	贵阳市	乌当区	羊昌镇	交通枢纽型	商贸集散型	旅游景观型	贵阳市北重要节点城镇	集镇贸易；温泉旅游；特色农业等	蔬菜、水果、花卉
36	市州	贵阳市	息烽县	九庄镇	绿色产业型	旅游景观型		贵阳城郊现代农业重镇	城郊现代农业等	蔬菜
37	市州	贵阳市	修文县	六广镇	旅游景观型			贵阳市生态旅游重镇	旅游；特色农业等	水上旅游、猕猴桃
38	市州	遵义市	赤水市	官渡镇	商贸集散型	绿色产业型	工矿园区型	省际边贸城镇	商贸物流；林业、酒业；休闲旅游等	竹、酒
39	市州	遵义市	凤冈县	永安镇	旅游景观型	绿色产业型		黔北茶旅一体化重镇	茶产业；生态文化旅游等	茶叶
40	市州	遵义市	绥阳县	风华镇	工矿园区型			黔北装备制造重镇	特种铸造、精密铸造、汽车零部件制造产业；农产品加工等	汽车零部件
41	市州	遵义市	务川县	镇南镇	工矿园区型			黔北铝工业基地	煤电铝一体化等	铝

续表

序号	分级	市州	县	乡镇	城镇主要类型			产业功能指引	重点产业	特色产品
					主要类型 1	主要类型 2	主要类型 3			
42	市州	遵义市	习水县	土城镇	旅游景观型	工矿园区型	商贸集散型	历史文化名镇	红色和古镇旅游；白酒；特色农业等	白酒、旅游小商品
43	市州	遵义市	余庆县	敖溪镇	商贸集散型	旅游景观型		余庆江北中心集镇	商贸；农副产品加工；旅游等	旅游小商品
44	市州	遵义市	正安县	安场镇	商贸集散型	旅游景观型		正安县城副中心	商贸；建材、农产品加工等	石材
45	市州	遵义市	遵义县	鸭溪镇	交通枢纽型	工矿园区型		黔北工业重镇，遵义西部交通要道	煤电、白酒、汽车制造；物流运输；商贸等	酒、汽车
46	市州	六盘水市	六枝特区	木岗镇	工矿园区型	交通枢纽型	旅游景观型	装备制造工业重镇	装备制造业、建材；古镇旅游；物流运输和特色农业等	机械、建材、茶叶、中药材
47	市州	六盘水市	六枝特区	岩脚镇	工矿园区型	旅游景观型		煤化工重镇	煤化工；古镇旅游等	煤及煤化工系列产品、旅游小商品
48	市州	六盘水市	盘县	石桥镇	工矿园区型	旅游景观型		盘县煤炭重镇	煤炭；旅游等	煤
49	市州	六盘水市	水城县	发耳乡	商贸集散型	工矿园区型		贵州煤电一体化基地	煤电一体化；物流运输；特色农业等	煤、蔬菜
50	市州	六盘水市	钟山区	大湾镇	工矿园区型			贵州煤炭工业重镇	煤及煤加工；物流；特色农业等	煤、马铃薯
51	市州	安顺市	西秀区	轿子山镇	工矿园区型				煤炭工业；特色农业等	煤

续表

序号	分级	市州	县	乡镇	城镇主要类型			产业功能指引	重点产业	特色产品
					主要类型1	主要类型2	主要类型3			
52	市州	安顺市	西秀区	七眼桥镇	交通枢纽型	旅游景观型		安顺市工业和交通重镇	物流运输；商贸；屯堡旅游等	屯堡文化旅游、旅游小商品
53	市州	安顺市	平坝县	天龙镇	旅游景观型			黔中历史文化旅游名镇	屯堡文化旅游；物流；特色农业	屯堡文化旅游、旅游小商品
54	市州	安顺市	普定县	马官镇	绿色产业型	工矿园区型		能源工业重镇	电力工业；现代农业等	电力、花卉
55	市州	安顺市	镇宁县	江龙镇	交通枢纽型	绿色产业型	旅游景观型	镇宁交通要道	物流运输；商贸；农产品加工；特色农业等	茶叶
56	市州	安顺市	关岭县	永宁镇	交通枢纽型	旅游景观型		黔滇桂交通要道	物流运输；地质文化旅游；绿色食品加工、蔬菜种植等	反季节蔬菜
57	市州	安顺市	紫云县	水塘镇	旅游景观型			安顺南部旅游重镇	生态文化旅游；特色农业等	无公害蔬菜
58	市州	毕节市	大方县	黄泥塘镇	商贸集散型	移民安置型		大方县南部商贸中心	商贸；特色农业等	辣椒、牲畜、烤烟
59	市州	毕节市	七星关区	清水铺镇	旅游景观型			毕节生态旅游镇	生态旅游；特色种植等	水果
60	市州	毕节市	七星关区	青场镇	商贸集散型	交通枢纽型	工矿园区型	毕节市黔滇省际边贸重镇	商贸；特色种植等	烤烟

续表

序号	分级	市州	县	乡镇	城镇主要类型			产业功能指引	重点产业	特色产品
					主要类型1	主要类型2	主要类型3			
61	市州	毕节市	黔西县	素朴镇	旅游景观型			毕节文化旅游古镇	历史文化旅游；特色种植等	蔬菜、烤烟
62	市州	毕节市	金沙县	沙土镇	商贸集散型	工矿园区型		金沙县东部商贸中心	商贸；煤炭；旅游等	煤
63	市州	毕节市	织金县	官寨乡	旅游景观型			贵州旅游名镇	旅游业；特色农业等	旅游小商品
64	市州	毕节市	纳雍县	龙场镇	交通枢纽型	工矿园区型		纳雍县西北部商贸中心	物流运输；商贸；石材加工、煤炭；特色农业等	煤、石材、烤烟、核桃
65	市州	毕节市	威宁县	东风镇	移民安置型			威宁县移民新城，煤炭重镇	商贸；煤炭；特色种植等	煤、干鲜果
66	市州	铜仁市	思南县	塘头镇	绿色产业型	商贸集散型	旅游景观型	思南县区域性商贸中心、粮蔬基地；	集镇贸易；运输、农产品、农副产品加工、水果、蔬菜等	风味辣椒、无公害蔬菜
67	市州	铜仁市	沿河县	官舟镇	商贸集散型	交通枢纽型		沿河县西部商贸中心	商贸；物流运输；特色种植等	无公害蔬菜、特色畜产品
68	市州	铜仁市	玉屏县	田坪镇	交通枢纽型	绿色产业型	商贸集散型	玉屏县南部交通商贸中心	商贸；物流运输；建材等	石材
69	市州	铜仁市	石阡县	中坝镇	旅游景观型	交通枢纽型	绿色产业型	石阡县南部交通商贸中心	商贸；温泉旅游；特色农业（水稻、茶叶、畜牧业）	温泉健康疗养、茶叶

续表

序号	分级	市州	县	乡镇	城镇主要类型			产业功能指引	重点产业	特色产品
					主要类型1	主要类型2	主要类型3			
70	市州	铜仁市	碧江区	坝黄镇	交通枢纽型	绿色产业型	商贸集散型	碧江区西部交通商贸中心	商贸；物流运输；乡村旅游；城郊农业（果蔬）等	乡村旅游、农家乐、无公害蔬菜
71	市州	铜仁市	江口县	太平乡	旅游景观型			贵州土家族文化旅游名镇	旅游；特色种植（优质大米、蔬菜）等	佛教文化及生态旅游、旅游小商品
72	市州	铜仁市	松桃县	寨英镇	旅游景观型	工矿园区型		黔东北苗族文化旅游古镇	苗族古镇旅游；锰矿工业等	苗族古镇旅游、旅游小商品、锰
73	市州	黔东南州	丹寨县	兴仁镇	交通枢纽型	绿色产业型		丹寨县北部交通商贸集镇	商贸；运输；特色种养（蓝莓、生猪）等	蓝莓、生猪
74	市州	黔东南州	麻江县	宣威镇	绿色产业型			黔东南优质农产品生产基地	蓝莓、优势米、瓜果等	蓝莓、反季节蔬菜
75	市州	黔东南州	凯里市	龙场镇	交通枢纽型	旅游景观型		凯里市西北部交通商贸集镇	商贸物流；煤炭；特色种养殖（烤烟）等	煤炭、烤烟
76	市州	黔东南州	镇远县	青溪镇	工矿园区型			贵州酒业重镇，黔东重要资源深加工基地	白酒、电力、建材、冶金等	白酒、石材、锌矿
77	市州	黔东南州	施秉县	牛大场镇	交通枢纽型	绿色产业型		施秉县西北部交通商贸中心，贵州省中药材种植基地，黔东重要生物资源加工基地	商贸；物流；特色种养殖（中药材、烤烟、畜牧），承接产业转移等	中药材、烤烟

续表

序号	分级	市州	县	乡镇	城镇主要类型			产业功能指引	重点产业	特色产品
					主要类型 1	主要类型 2	主要类型 3			
78	市州	黔东南州	榕江县	忠诚镇	工矿园区型	旅游景观型		黔东南木材加工重镇	木材加工业；承接产业转移等	建筑木材、装饰木料
79	市州	黔东南州	剑河县	岑松镇	商贸集散型	工矿园区型		剑河县县际区域性商贸中心	林木加工、生物制药业；特色农业；温泉旅游等	装饰木料、医用药品和保健品、温泉健康疗养
80	市州	黔东南州	从江县	下江镇	绿色产业型			黔东南瓜果基地	瓜果、蔬菜、养殖；生态旅游等	生态体验和休闲观光、无公害蔬菜
81	市州	黔东南州	黄平县	旧州镇	旅游景观型	绿色产业型		历史文化古镇	文化旅游；商贸；特色种养殖等	历史文化旅游、旅游小商品
82	市州	黔东南州	锦屏县	敦寨镇	工矿园区型			黔东南木材加工业重镇	木材加工业、建材业、果品加工；精品水果、优质粮油；生态旅游等	装饰木料、石料
83	市州	黔东南州	三穗县	台烈镇	旅游景观型	绿色产业型		黔东南苗族原生态风情旅游小镇	苗族文化旅游；特色种养业（粮食、畜牧）等	苗族风情旅游、苗家美食
84	市州	黔南州	龙里县	醒狮镇	商贸集散型	绿色产业型		贵阳至龙里重要商贸集镇	商贸；砂石加工、根雕；精品蔬菜、特色农副产品（醒狮豆腐）等	根雕系列艺术品、醒狮豆腐、风味辣椒
85	市州	黔南州	都匀市	墨冲镇	工矿园区型			黔南工业重镇	冶金、建材；物流；城郊农业（果蔬）等	生铁、铁合金、石料

续表

序号	分级	市州	县	乡镇	城镇主要类型			产业功能指引	重点产业	特色产品
					主要类型 1	主要类型 2	主要类型 3			
86	市州	黔南州	福泉市	牛场镇	交通枢纽型	商贸集散型	工业园区型	福泉北部交通枢纽集镇	物流运输；商贸；煤化工；磷及磷化工；特色农业等	磷化工系列产品、无公害蔬菜
87	市州	黔南州	长顺县	广顺镇	商贸集散型	移民安置型		黔中商贸大镇	商贸；特色种植（烤烟、果蔬、蛋鸡）等	烤烟、高钙苹果、绿壳蛋鸡
88	市州	黔南州	三都县	周覃镇	交通枢纽型	移民安置型	绿色产业型	三都县南部交通商贸集镇	物流运输；商贸；电力、矿冶；特色农业（生猪）等	生铁、生猪
89	市州	黔南州	荔波县	甲良镇	商贸集散型			荔波西北部商贸中心	商贸；特色种植（大米、辣椒、茶叶）等	茶叶
90	市州	黔南州	瓮安县	猴场镇	旅游景观型	商贸集散型		历史文化名镇	文化旅游；磷化工；特色农业等	历史文化旅游、旅游小商品
91	市州	黔南州	罗甸县	边阳镇	商贸集散型	工矿园区型		罗甸县北部商贸重镇和承接产业转移集聚区	商贸；特色农副产品加工，生物医药、石材、水泥、陶瓷和化学建材等新型产业；蔬菜等	水泥、陶瓷
92	市州	黔南州	惠水县	好花红乡	旅游景观型			黔南布依族文化旅游名镇	文化旅游；特色农业（粮食）等	特色民族文化体验旅游、无公害蔬菜

续表

序号	分级	市州	县	乡镇	城镇主要类型			产业功能指引	重点产业	特色产品
					主要类型1	主要类型2	主要类型3			
93	市州	黔西南州	兴义市	清水河镇	工矿园区型			黔西南工业重镇	化工、冶金、建材等	化工冶金系列产品、水泥
94	市州	黔西南州	兴义市	泥凼镇	旅游景观型			黔西南特色旅游城镇	自然风光和名人文化旅游；特色农业（果蔬、水产、茶叶）等	自然风光和名人文化旅游、茶叶
95	市州	黔西南州	贞丰县	白层镇	交通枢纽型			黔西南水上货物集散地	内河物流运输（煤炭等）；特色农业（甘蔗、果蔬）等	甘蔗、无公害蔬菜
96	市州	黔西南州	兴仁县	巴铃镇	工矿园区型			黔西南重要能源化工基地	煤及煤化工、建材；特色农产品加工；特色农业（芭蕉、牲畜）等	煤及煤化工系列产品、石材
97	市州	黔西南州	安龙县	龙广镇	商贸集散型	旅游景观型		黔西南州重要商贸集镇	商贸；运输；特色农业（烤烟、中药材）；古镇旅游等	烤烟、中药材、花卉
98	市州	黔西南州	册亨县	坡妹镇	商贸集散型			册亨县北部商贸中心	商贸；特色种养业（仔猪、生姜、辣椒）；乡村旅游等	仔猪、无公害蔬菜
99	市州	黔西南州	望谟县	蔗香乡	旅游景观型	绿色产业型	交通枢纽型	珠江上游水陆运输枢纽重镇	港口物流；临港工业；旅游；特色种植（甘蔗、芭蕉）等	甘蔗、芭蕉、油料作物

续表

序号	分级	市州	县	乡镇	城镇主要类型			产业功能指引	重点产业	特色产品
					主要类型1	主要类型2	主要类型3			
100	市州	黔西南州	晴隆县	沙子镇	工矿园区型			黔西南农特产品加工基地	煤炭、石材加工，农特产品加工；特色种植（茶叶、草地畜牧）等	煤炭、石材、茶叶

资料来源：宋明、黄勇等．贵州省示范小城镇产业发展研究［R］．贵州省住房和城乡建设厅、贵州省社会科学院，2013.

课题负责人：李华红

课题组成员：甘　露　李迎喜　何　松
蒋楚麟　张登利

图书在版编目(CIP)数据

创新理论 服务决策：贵州省领导指示圈示课题2013年研究成果汇编 / 贵州省社会科学院编. -- 北京：社会科学文献出版社，2017.12

（贵州省社会科学院智库系列. 圈示课题）

ISBN 978-7-5201-1430-1

Ⅰ.①创… Ⅱ.①贵… Ⅲ.①社会发展-贵州-文集 Ⅳ.①D677.3-53

中国版本图书馆CIP数据核字（2017）第235439号

贵州省社会科学院智库系列 · 圈示课题

创新理论　服务决策

贵州省领导指示圈示课题2013年研究成果汇编

编　　者 / 贵州省社会科学院

出 版 人 / 谢寿光

项目统筹 / 邓泳红　陈　颖

责任编辑 / 陈晴钰

出　　版 / 社会科学文献出版社 · 皮书出版分社（010）59367127

地址：北京市北三环中路甲29号院华龙大厦　邮编：100029

网址：www.ssap.com.cn

发　　行 / 市场营销中心（010）59367081　59367018

印　　装 / 三河市尚艺印装有限公司

规　　格 / 开 本：787mm × 1092mm　1/16

印 张：31　字 数：520千字

版　　次 / 2017年12月第1版　2017年12月第1次印刷

书　　号 / ISBN 978-7-5201-1430-1

定　　价 / 138.00元

本书如有印装质量问题，请与读者服务中心（010-59367028）联系

版权所有 翻印必究